南开史学 | 成立100周年
Faculty of History, Nankai University

"南开史学百年文存"丛书

南开史学百年文存

先秦至隋唐卷

赵庆淼 主编

天津出版传媒集团
天津人民出版社
天津古籍出版社

图书在版编目(CIP)数据

南开史学百年文存. 先秦至隋唐卷 / 赵庆淼主编
. -- 天津 : 天津人民出版社 : 天津古籍出版社,
2023.9
ISBN 978-7-201-19574-2

Ⅰ.①南… Ⅱ.①赵… Ⅲ.①史学—文集②中国历史
—先秦时代-隋唐时代—文集 Ⅳ.①K0-53②K220.7-53

中国国家版本馆CIP数据核字(2023)第124057号

南开史学百年文存·先秦至隋唐卷
NANKAI SHIXUE BAINIAN WENCUN XIANQIN ZHI SUITANG JUAN

出　　版	天津人民出版社　天津古籍出版社	
出 版 人	刘　庆	
地　　址	天津市和平区西康路35号康岳大厦	
邮政编码	300051	
邮购电话	(022)23332469	
电子信箱	reader@tjrmcbs.com	

策划编辑	刘　庆　王　康　沈海涛
责任编辑	王　玚
特约编辑	曹忠鑫　杨　蕊
封面设计	汤　磊

印　　刷	河北鹏润印刷有限公司
经　　销	新华书店
开　　本	710毫米×1000毫米　1/16
印　　张	34.5
插　　页	2
字　　数	460千字
版次印次	2023年9月第1版　2023年9月第1次印刷
定　　价	188.00元

总　序

南开史学诞生于风云激荡的五四运动时期。1919年南开大学创建伊始，即设有历史学一门。从1923年正式创系，2000年改组为学院，至今南开史学走过了漫长而绚烂的峥嵘岁月。百年以来，先贤硕学筚路蓝缕，后继者恢弘开拓，逐渐形成了"中外交融，古今贯通"的学科特色和"惟真惟新，求通致用"的史学传统，从而奠定了南开史学在海内外学术界的重镇地位。

20世纪20年代初，应张伯苓校长的邀请，"史界革命"巨擘梁启超欣然来校，主讲"中国历史研究法"，揭櫫现代新史学的两大要义，即改造中国史学和重写中国历史。梁氏对于人类文明视野下的中华民族史寄予无穷之期待，并有在南开筹设"东方文化学院"、切实推进文化传统研究的非凡构想。1923年秋，南开大学迁入八里台新址，正式建立历史系，聘请"近代化史观"的先驱蒋廷黻为创系主任，兼文科主任。不久，刘崇鋐、蔡维藩接踵而至。蒋廷黻前后执教六载，系统构建了南开世界史的课程体系。南开文科还有李济、范文澜、汤用彤、萧公权、何廉、刘节、吴其昌、余协中等一批名家执教。

1937年7月全国抗战爆发，南开大学与北京大学、清华大学奉命南迁，先组"长沙临时大学"，后移昆明，定名为"西南联合大学"。三校史学系融为一家，弦歌不辍。史界翘楚如北大的姚从吾、毛准、郑天挺、向达、钱穆，清华的刘崇鋐、雷海宗、陈寅恪、噶邦福、王信忠、邵循正、张荫麟，南开的皮名举、蔡维藩，以及联大的吴晗等，春风化雨，哺育一大批后起之秀。民族精魂、现代史学赖以延续和阐扬,功在不朽。

抗战胜利以后,历史系随校重返天津,文学院院长冯文潜代理系务。文学院的规模原本不大,历史系更是小中之小,冯氏苦心擘画历史系的发展事宜。1952年全国院系调整之际,北大历史系主任郑天挺、清华历史系主任雷海宗联袂赴津,转任南开历史系主任和世界史教研室主任。杨志玖、黎国彬、杨生茂、王玉哲、吴廷璆、谢国桢、辜燮高、杨翼骧、魏宏运、来新夏等卓越史家,云集景从,历史系获得突破性发展,成为名家云集的一流重镇,一时有"小西南联大"的戏称。

20世纪五六十年代,历史系除设有中国古代史、中国近现代史和世界史三个教研室外,又经教育部批准,陆续成立明清史、美国史、日本史和拉丁美洲史四个研究室,基本确立了布局合理、学术特色鲜明的学科结构。改革开放以后,南开史学更是焕发了勃勃生机。依托历史系学科及人才的优势,南开大学先后成立历史研究所(1979年)、古籍整理研究所(1983年)、日本研究中心(1988年)和拉丁美洲研究中心(1993年),在国内高校中率先创建博物馆学专业(1980年)。在1988年公布的国家重点学科名单中,中国古代史、中国近现代史和地区国别史三个二级学科全部入选。

2000年10月,历史系、历史研究所、古籍整理研究所和拉丁美洲研究中心合并组建历史学院,南开史学步入任重致远的发展新阶段。2007年,历史学入选国家一级重点学科,拥有中国史、世界史、考古学三个一级学科博士及硕士学位的授予权及博士后流动站。日本研究中心于2012年经教育部批准成为国别和区域研究基地,美国研究中心、拉丁美洲研究中心和希腊研究中心相继成为教育部国别和区域研究备案中心,同时设有中外文明交叉科学中心、科学技术史研究中心、生态文明研究院、古籍与文化研究所、美国历史与文化研究中心等科研机构。2017、2021年,世界史学科两次入选教育部一流学科建设名单,历史学院编制通过了以世界史为龙头、中国史和考古学为支撑及协同的历史学一流学科建设规划。

从梁启超、蒋廷黻、郑天挺和雷海宗开始,南开史学历经孕育(1919—1923年)、创业(1923—1952年)、开拓(1952—1978年)、发展(1978—2000年)和持续深化(2000年迄今)五个发展阶段。每一代的南开学人坚持与时代同行,和衷共济,在中国史、世界史、考古文博的学科体系、知识体系和理论体系方面踔厉风发,取得一系列卓越的学术创获。正所谓:"百年风雅未销歇,犹有胜流播佳咏。"试举其荦荦大端者,分列三项,略述于下。

第一,立足学术传统,彰显史学重镇之本色。南开的中国古代史研究积淀深厚,成就斐然。20世纪60年代,郑天挺参与全国高等学校文科教材编选计划,主编《中国史学名著选》《中国通史参考资料》,成为全国历史学子的必读著作。郑天挺、杨志玖等主编的《中国历史大辞典》和刘泽华等撰写的《中国古代史》,被视为20世纪末学界标志性的学术成果。在郑天挺、杨志玖、王玉哲、刘泽华、冯尔康、郑克晟、南炳文、白新良、朱凤瀚、张国刚、李治安、杜家骥、刘晓、陈絜、张荣强、夏炎和马晓林等几代学人的努力下,南开古代史研究在多个基础性领域内佳作迭出,长期处于领先地位。譬如,先秦部族、家族、地理考订,汉魏户籍简帛,唐代藩镇,元代军政制度、宗教和马可·波罗,明代政治文化、典籍和佛教,清代幕府、八旗、满蒙联姻和区域经济等。不仅上下贯通,形成若干断代史学术重镇,而且薪火相传、代不乏人。

南开世界古史研究亦是源远流长。雷海宗、辜燮高、黎国彬、周基堃、王敦书和于可等前辈史家开辟荆榛,在古希腊、罗马帝国、拜占庭帝国、基督教史等领域取得丰硕成果。陈志强领衔的拜占庭学团队致力于探寻历史唯物论指导下的拜占庭史宏观理论,其重大成果颇受国际同行之认可。杨巨平首次将亚历山大帝国、希腊化世界与丝绸之路开通综合考察,为"一带一路"的建设提供学理借鉴。

史学史是对人们研究历史的过程及其思维成果的反思,是对一切历史知识的再批判。以杨翼骧、乔治忠、姜胜利和孙卫国为代表的南开学人,不仅系统构建了中国史学史的资料体系,而且突破传统的"名家名著"的研究范式,着眼于探索史学发展的社会机制、古典史学的理论体系和东亚文明视野下的比较史学,极大地拓展了史学史的视野、理念及方法。

第二,把握时代脉搏,求通致用发南开之声。地区国别史是南开传统的优势学科。在美洲史领域,杨生茂、张友伦、梁卓生和洪国起等史学前辈着人先鞭,王晓德、李剑鸣、赵学功、韩琦、付成双和董瑜等接续推进,使其成为国内实力最强的研究团队。日本史在吴廷璆、俞辛焞、杨栋梁、李卓、宋志勇、刘岳兵及王美平的带领下,风起云涌,在国内独树一帜,担当领军者角色。南开大学世界近现代史研究中心依托地区国别史的雄厚底蕴,以"世界现代化进程中的社会转型"为主攻方向,超越西方现代化理论视野,以国际视野、比较视角在政治史、经济史、社会史以及环境史、医疗史等领域,致力于建构新时代中国特色的现代化史理论,成果迭出,反响巨大。

20世纪60年代以来,在著名历史学家魏宏运、来新夏、陈振江和李喜所等带领下,南开在全国高校中较早开展"四史"研究,确立深厚的学术传统和研究特色。来新夏的北洋军阀史、陈振江的义和团等研究,学术影响很大。魏宏运开辟了社会经济史视野下的抗日根据地研究,出版了学界最具影响的抗日根据地资料汇编和抗日根据地史专著。结合"乡村振兴"国家战略,王先明悉心探究20世纪中国乡村的发展历程,《乡路漫漫——20世纪之中国乡村(1901—1949)》被译为英文在国外出版。李金铮提出原创性的"新革命史"理念和方法,江沛倡导近现代交通史的研究,李喜所、元青等的近代留学生史研究,受到海内外学界的高度重视。

南开大学是全国第一家开设博物馆学专业的高校,为我国博物馆事业发展培养了大批人才。博物馆学研究团队在博物馆数字化、文化遗产活化利用、文旅融合等具有战略性、紧迫性、前瞻性的研究方向持续发力,有力提升了中国博物馆与文化遗产领域的国际学术话语权。王玉哲主编的《中国古代物质文化》是国内物质文化史研究领域的第一本专著。朱凤瀚的《古代中国青铜器》是国内青铜器研究的扛鼎之作。刘毅在明代陵寝制度研究方面的成就国内首屈一指,主编马克思主义理论研究和建设工程教材《文物学概论》,彰显南开考古文博在国内学界的影响力。刘尊志和袁胜文等在汉唐宋元考古领域取得了良好的成就。

科技史与国家战略密切相关,南开史学顺应国内外学术发展新态势,通过人才引进和学术重组,成立了科技史研究中心,在张柏春的带领下,目前正在加强对工程技术、疾病医疗、生态环境、水利灾害等方面的科技史研究,运用生态学思想理论方法探询众多科技领域之间的广泛联系、相互作用和协同演进关系。

第三,聚焦学术前沿,引领历史学科之新潮。社会史是改革开放以来中国史学界最具标志性和学术活力的研究领域。南开史学在冯尔康、常建华的引领下,成为这一领域最重要的首创者和推动者,形成了社会结构与社会生活并重嵌合的学科体系,出版《中国社会结构演变》《中国社会史概论》等著作;提出"从社会生活到日常生活""生活与制度"等学术理念,出版《日常生活的历史学》《追寻生命史》等重要学术成果;在宗族史、家庭史研究方面做出开创性贡献,形成了南开社会史的研究特色。明清以来的华北区域社会经济研究,也是南开社会史的一大重要特色,许檀、王先明、李金铮和张思等人的研究颇具学术影响力。

21世纪以来,在南开社会史丰厚的学术土壤中,医疗社会史研究破土而出,成为南开史学颇具亮色的学术增长点。余新忠、丁见民等南开学人,从中外疾病医疗史研究出发,立足中国视角和中国经验,融汇新文化史、知识史等新兴前沿理念和方法,提出"生命史学"之标识性学术理念,在国际学术舞台上发出响亮的南开声音。

以刘泽华和张分田等为代表的"王权主义反思学派",立足于中国政治思想史的深刻研究,提出"王权支配社会"等一系列重要的命题和论断,对于把握传统政治文化与政治实践的特点,具有极高的理论创新性。刘泽华所著《中国传统政治思想反思》及主编的三卷本《中国政治思想史》被译成韩文在韩国出版,《中国的王权主义》一书正在西方学者的译介之中。"王权主义反思学派"前后出版专著四十余种,在海内外学术界产生巨大的影响。

南开史学是中国环境史研究的主要倡导者和引领者。王利华和付成双领衔的南开中外环境史团队开展多项在全国具有首创性的工作:先后组织举办中国和亚洲规模最大、层次最高的国际学术会议,主持成立第一个全国性环境史研究学术团体——中国环境科学学会环境史专业委员会。2015年,历史学院联合相关学科共同创建南开大学生态文明研究院,开展文理学科交叉的生态文明基础理论研究和教育,由十多位院士、长江学者和权威学者共同开设《生态文明》大型慕课,获得多项国家和部省级建设支持或荣誉,南开环境史在全国产生了广泛的影响力。

南开史学创系百年来,秉持南开"知中国""服务中国"的教育理念,追求"做一流学术,育卓越人才"的教育目标,以培养品德高尚、学识卓越、兼具科学精神和人文情怀的优秀人才为己任。迄今已培养数万名合格人才,桃李遍及海内外。毕业生多数工作在高教、科研、新闻、出版、文化、文物考古及博物馆等部门,成为教育文化领域的著名学者和专家,还有一大批活跃在行政、经济、军事等各类管理部门,成为各个行业的领导和骨干力量。

值此百年重逢的历史节点,历史学院决定编纂一套"南开史学百年文存"丛书,以彰显南开史家群体艰辛扎实的学术探索和丰硕厚重的治史业绩,为这不平凡的世纪光影"立此存照"。凡曾执教于南开历史学科的学者均在网罗之列,择其代表性论文一篇,难免疏漏或选择不当,望读者谅解。本套书总计十卷,包括《先秦至隋唐卷》《宋元明清卷》《中国近代史卷》《中国现代史卷》《专门史卷》《世界上古中古史卷》《亚非拉卷》《欧美卷》《日本卷》《文博考古卷》。

南开史学百年来取得的累累硕果,离不开历代南开学人的辛勤耕耘和学界同人的长期扶持。述往事,思来者。新一代的南开学人将一如既往地秉持南开的"大学之道",弘扬"新史学"的创造精神,胸怀时代发展全局,引领中国史学发展的新潮流,为创立中国自己的学科体系、知识体系和理论体系不懈奋进！

　　《南开史学百年文存·全十卷》的编辑工作及其顺利付梓，首先需要向南开史学的先辈致以崇高的敬意。特别要提到的是，确定已故史家的入选论文，得到他们的家人、弟子的热心支持，在此一并表达谢忱。其次，要向惠赐大作的诸位师友致以诚挚的感激。尤其是不少已荣退或调离的教师，对于这一项工作极为关心，慨然提交了自己的精心之作。再次，也要感谢南开大学中外文明交叉科学中心对文存出版的慷慨资助。最后，还要感谢天津人民出版社、天津古籍出版社的各级领导和各位编辑，他们对于文存的编辑和出版等各方面，给予了细致、有力的指导和帮助。

　　因编辑时间短促，编者学术水平的限制，文集中会有疏漏之处，凡此，均由文存编委会负责，恳请各位师友不吝赐正。

编委会

2023年6月

出版说明

1."南开史学百年文存"包含十卷,即《先秦至隋唐卷》《宋元明清卷》《中国近代史卷》《中国现代史卷》《专门史卷》《世界上古中古史卷》《亚非拉卷》《欧美卷》《日本卷》《文博考古卷》,每卷由各个领域相关教研室的负责人担任主编,所选取的文章为曾全职在南开大学历史学科任教的学者具有代表性的论文。在遴选的过程中,各卷均根据实际情况有所取舍,疏漏和不当之处,敬请广大学人和读者包涵。

2.每卷文章按照发表时间依次排列。

3.有些文章因撰写和发表的时间较早,有些引文一时难以核查到准确的出处,无法按照现行规范的方式标注,故这次发表保留了刊发时的原貌。

4.本文存由南开大学历史学科学术委员会策划并统筹相关学术事宜,委托各个领域相应的教研室负责人联合教研室力量开展具体编纂工作,是历史学科全体同人的集体成果。

5.在全书编校的过程中,为保持作品原貌,对文章的修改原则上仅限于体例上、错别字的勘误等,不过也有部分作品依据作者意愿,进行了增补,或依据最新出版规范,进行了删改。

编委会
2023年6月

目　录

好大王碑考释

刘 节

　　今所考好大王碑，实高句丽第十七世祖广开土境平安好大王墓上纪功碑也。"彼都考古之士云：初掩土中，三百年前渐掘渐露"①，则是碑于明清之交出土，"同治末，始传入京师，吴县潘祖荫先得之。海东工人不善拓墨，但就石勾勒，才可辨字而已。光绪己丑，清宗室盛昱，始集资令厂肆碑估李云从裹粮往拓，于是流传稍广"②。或云：出于甲午中日之役③，不可信也。1907年（光绪三十三年，丁未）四月，法国沙畹教授（Edouard Chavaunes，1865—1918年）亲至满洲访古，得是碑拓本，影载《通报》（Toung Pao Serie II Vol.IX）。以是知前者所云碑在朝鲜高山城满浦城之间④，及出于奉天凰凰厅境内之说⑤，皆属推测之词。此确实在今奉天辑安县（旧属兴京）通沟镇。通沟在鸭绿江北岸约百米（合中国百数十步之遥），当格林尼治（Greenwich）东经126度20分，北纬41度5分之地也。昔杨守敬闻之曹廷杰云："是碑初出土时，人争拓之。土人以其践踏禾苗，以牛粪涂其上，用火烧之，故剥蚀乃尔。"马叔平教授衡亦闻之朝鲜大学今西龙教授云："是碑剥蚀不可读，拓者仅就剥蚀处加泥其上，藉辨字迹，往往以意为之。"故是碑各本颇有异同，亦难考定矣。

　　此碑各拓本字数既有多寡，即所记高宽度及行数亦不相同。盖皆以拓片之大小计之，故差错乃尔。今以沙畹实测所得者为主，有与诸家不同者，间附及之，以备参考。沙畹云：旅客自抵通化后，越通沟（今属辑安县，原注）之颈，有小谷，半围通沟于鸭绿江之右岸平原中，得见一黑点，即此大块之墓碑也。经半小时之行，能达。位于通沟东冈村之高地，由暗绿色大石筑成四角柱形，

---

　　① 郑文焯《高勾丽永乐好大王碑释文纂考》。
　　② 刘承干《海东金石苑补遗》，好大王碑跋尾。
　　③ 杨守敬双钩本好大王碑跋。
　　④ 郑氏《纂考》。
　　⑤ 杨氏双钩本跋。

高约6米20厘米[1]。碑角不齐,故其四面之宽度至难测。其南面,宽1米46厘米[2],刻字11行;西面宽1米45厘米[3],刻字10行(刘本11行,末1行只存1字);北面宽1米94厘米,刻字14行[4],首一行全失;东面宽1米41厘米(合营造尺四尺四寸有奇),刻字9行。4面合计44行,每行41字。刻度甚深,每字平均长10厘米(约3寸余),宽9厘米,碑文距顶1米,直至其底。则是碑之高宽度及行数大体确定。又据沙畹文中附及者,于通沟之西有古堡,居山上,土名山城子,相传高句丽国之要隘,距碑北约2启罗米突(约二里之遥),有形似金字塔之石筑,土人所谓将军坟也。又距碑稍西有形似将军坟之构造而范围更大者,今已圮废,往往得砖,文云:"愿大王之墓安如山!固如丘!"盖即好大王之墓也。更西尚有数墓,形制一如王墓,则不及考矣。沙畹结论云:以予之研究结果,得碑文与墓地相证,则碑文所谓沸流水,即鸭绿江,忽本指通沟,城山上者,谓山城子。而东冈即今发现墓碑之东冈村也。沙畹之说颇能予吾人以可信之根据,其记载所及,尤与本文有关,先移录其大意于此,俟于释文中详其得失焉。

此碑拓本近来流传颇广,今所据以考释者有六:一是《神州国光集》(九卷第三册)影印唐风楼藏本;二是沙畹影印原拓本;三是杨守敬双钩本;四是有正书局石印本(常州吴氏藏本);五是刘氏《海东金石苑补遗》本;六是郑氏《大鹤山房全书》本。以诸本比较所得,刘氏本所存字最多,而沙畹本最得其真。碑文共44行,行41字,应得字数总共1804。今沙畹本缺299字,残字7,不明者2;刘氏本缺240字,残字8;吴氏本缺260字,残字16;《神州国光集》本影印不精,不能保存原本真相,无以计其确数。郑氏云:此碑共得字总数1709,缺字197,即依郑本少一行计之,应得字1761。今细数之,郑本实仅存字1382,缺177字,残字12,合计尚不及1700之数,则郑本为诸本中存字最少者也。所有异同,详校碑文之下。

此碑出土以来,东西学者考校训释约有十余家,涉猎所及,以郑文焯《高

---

① 今以三尺一寸二分五厘为一米突计,适合中国营造尺一丈九尺三寸七分有奇。刘氏云高二丈五尺六寸二分,郑氏云高十八尺,皆非实数。

② 合营造尺四尺五寸六分有奇,郑氏云南北二面宽五尺六寸有奇,刘氏云宽八尺二寸五分,皆不合。

③ 合营造尺四尺五寸三分有奇,郑氏云东西两面四尺四寸有奇,不合。

④ 郑氏、刘氏本皆十三行。盖此本北面第一行即刘本西面末一行。唯刘本此行多一字。

丽国永乐好大王碑释文纂考》最详赡。杨守敬双钩本跋亦有独到处。上虞罗振玉《永丰乡人稿》有《好大王碑跋》,其所考见之立碑年月,以长历推定当晋安帝义熙十年(414年)九月二十九日,与杨守敬之说同,即与《三国史记》《东国通鉴》所载之好大王弃国年代亦相当,洵为确论。吴兴刘承干《重校海东金石苑》,复辑《补遗》《附录》共八卷,在好大王碑后有《校字记》一篇,于郑本多所是正,盖所据者上虞罗氏释文也。陆心源《高勾丽广开土大王谈德纪勋碑跋》(见《仪顾堂题跋》,《十万卷楼丛书》本)所考立碑年代,亦以《东国通鉴》为据,杨守敬、罗振玉二人之说未能过之。郑文焯谓陆诚斋考是碑立于凉太元十六年(391年),不知何所本而云然。郑文焯闻之王懿荣云:其族人少卢曾为笺释而未详。光绪己丑,盛昱再得拓本,亦加考释。岁癸巳,日照丁艮善少山考之,不得卒业而殁。[①]在日本者,有那珂通世之《高丽古碑考》,以搜寻不得,未悉内容。满铁会社所出之《朝鲜历史地理》(第一卷),内有津田左右吉博士之《好大王征服地域考》一文,以《三国史记》本纪所载好大王前后战役史各条,推定好大王前后高句丽在朝鲜半岛所占之地域,颇可采择,惜所考地名确当今地者十之一而已。吾国学者所考得者更少。沙畹之文,以记载墓地碑制为主,并未详考碑文,故是碑地名八九十,而能确知为今某地者寥寥。今所考以此点为主。然海东古史缺佚颇久,虽纲罗旧闻而所得亦鲜;补苴罅漏俟夫来日,尚望师友诸君子谅之。

惟昔始祖鄒[②]牟王之创基也。

高句丽始祖创基之神话,诸史所传不一,与此碑大略相似。自《后汉书》误入高句丽事于《夫余传》[③],因是《通典·边防典》分载此神话于《高勾丽》《夫余》二传,《通志》《通考》俱沿其误。《北史》《周书》《隋书》又入《百济传》。《东国诸史》记之较详赡,其实皆夫余族传说之演化也。此神话之主人翁,即碑中所称之邹牟。《三国史记》云:一作象解。《三国遗事》曰:一作解邹牟。盖古记谓

---

① 海丰吴重熹《郑氏考释跋尾》。

② 鄒即邹字,东魏李仲璇修孔子庙碑、唐赠泰师孔宣公碑,邹均作鄒。隋龙藏寺碑作鄒。刘本作鄒。

③ 说详仁和丁氏《蓬莱轩地理学丛书》卷七《后汉书·东夷传考证》,中华书局,1965年。

夫余族以解为氏也。①而邹牟《魏书·高句丽传》作朱蒙,《三国志·夫余传》注引《魏略》作东明(《后汉书》同),邹牟为朱蒙双声之变,又古不分舌头舌上,朱读若兜②东侯封转,故朱蒙亦可变为东明。《魏书》谓朱蒙为善射之称。今按《东国诸史》,皆言邹牟善骑射,为夫余王子带素所忌,则以朱蒙为名,不无意义。按《东古文存》③载,王莽始建国元年,夫余王带素致高句丽琉璃明王书云:"我先王与先君东明王相好,而诱我臣民逃至此,完聚以成国家,夫国有小大,人有长幼,以小事大者礼也,以幼事长者顺也。今王若以礼顺事我,天必祐之,国祚永终。不然,欲保其社稷难矣。"④诸史言邹牟出亡时与马夷、陕父、摩离等同行,则诱我臣民之言可信。据上诸证推之,邹牟实夫余族之强者,脱离旧部落,自成新部落,观夫带素致琉璃王之书可知矣。

出自北夫余天帝之子,母河伯女郎,刳卵降出,生子有圣ᐅ□⑤。

《后汉书·东夷传》:夫余国在元菟北千里,南与高勾丽、东与挹娄、西与鲜卑接,北有弱水。挹娄古肃慎国也,在夫余东千余里,东滨大海,南与北沃沮接,不知其北所及。《三国志·高勾丽传》:高勾丽在辽东之东千里,南与朝鲜濊貊、东与沃沮、北与夫余接。《东沃沮传》:东沃沮在高勾骊盖马大山之东,滨大海而居。其地形东北狭,西南长,北与夫余挹娄接,南与濊貊接。据以上所记各国四至参校而得,则北沃沮为北夫余,东沃沮为东夫余,不仅字音之转变相合,⑥且其所居之地望亦相当。诸史所称夫余即北夫余,《高勾骊传》所谓东与沃沮接者,盖指东沃沮,亦即《东国诸史》及碑中所称之东夫余也。汉武帝元封三年(前108)灭朝鲜,分其地为四郡,以沃沮城为元菟郡首县,后为夷貊所侵,徙郡高句骊,故《汉书·地理志》以高句骊为元菟首县,别于乐浪郡,分岭东七县为东部都尉。《续汉书·郡国志》即不入版籍。七县中有夫租者,即沃沮,既地处岭东,当为东沃沮故地。夫余沃沮之名在吾国史籍中转变混淆者如

---

① 《三国遗事》引。

② 余杭章先生《文始》卷六东侯类。

③ 朝鲜金正喜辑《天壤阁丛书》本。

④ 书原见《三国史记·琉璃明王本纪》二十八年。

⑤ 郎即郎字,ᐅ郑本作ᐊ,误。疑是德字残缺。沙畹本石印本均缺。

⑥ 本文所用音变原理,依据余杭章先生及瑞典人高本汉说。以下不复细举原则。

是。《三国遗事》引《古记》云：北扶余于前汉宣帝神爵三年壬戌四月八日立都称王，国号北扶余，自称名解慕漱，生子名夫娄，以解为氏焉。后因上帝之命，移都于东扶余，东明帝继北扶余而兴，立都于卒本州，为卒本扶余，为高句丽之始祖。考《东国诸史》言邹牟王为扶余王金蛙养子，而金蛙为解夫娄养子，则东扶余为高句丽近祖，而北扶余为其远祖所自出。此虽神话，不能据为信史，然所依托之各国地望，尚与事实相合。

按《三国志·东沃沮传》云：北沃沮一名置沟娄，去南沃沮八百余里。北沃沮即北夫余，则南沃沮自即指高句丽。今以沙畹氏之说与诸史证之，则滨鸭绿江之辑安县一带为古高句丽发祥地无疑。由此上溯八百里，则北夫余之今地必不出此范围以内。按《新唐书·渤海传》，谓渤海国以扶余故地为扶余府。《辽史·地理志》：黄龙府本渤海扶余府，在金为隆安州利涉军，在混同江涞流河间。《渤海国志》言扶余府与郑颉府安宁郡皆相毗连，而郑颉安宁两郡皆云古藁离国地。藁离之名在吾国史籍有用指北夫余者，《三国志·夫余传》注引《魏略》云：旧志又言北方有藁离之国者[1]其王侍婢有身……即朱蒙事，此藁离即北夫余之证。《柳边纪略》以黄龙府在今石头河双阳河之间，处吉林之西混同江之南。《满州源流考》以为在今开原及开原边境之地。《吉林通志》以为在今长春农安二县境。《盛京通志》以郑颉府在开原县境。《满洲源流考》谓安宁郡当为郑颉支部。《渤海国志》云：今昌图城北三十里有藁离城。以通沟墓地有山城子东冈村之事实推之，北夫余或当今昌图之地。诸家之说虽不能切合，而古夫余之疆城亦必不甚狭小。今开原、昌图在奉天之北，长春、农安当吉林西边，其间为夫余故地，与南距高句丽八百里之说适合。北夫余高句丽之今地既得约略考定，以此推之，则诸史所谓东沃沮必在吉林之东南部。挹娄必当今吉林之中部及东北部之地，亦大体可定。此亦读是碑者不可不知之地理上知识也。[2]

夫余族为古代朝鲜半岛之北部民族，汉晋以后并吞半岛之南部民族（韩秽族，其说详下），而伸张其势力于岛之南端，此碑即其经略之事迹也。百济、新罗皆其族属（别于百残新罗条下详之）。今以前所述诸史记载观之，沃沮、

---

① 《后汉书·夫余传》引作索离，《梁书》作橐离，皆为藁字形近之误，藁离即高丽之对音，亦即沟娄之对音。

② 仁和丁氏《蓬莱轩地理学丛考》所指东夷今地，未尽确当。盖不知沃沮即北夫余，故自乱其说，然亦可供参考也。

高句丽，为夫余族已不成问题。即挹娄亦夫余族也。《后汉书·挹娄传》云："挹娄人形似夫余，而言语各异。"疑夫余各族原始皆自挹娄来，此不仅于史地上得有根据，即于语音上亦得确凿之证。挹娄之变为解夫娄，又变为解慕漱，此乃极明显之事。置沟溇，《北史》作帻沟溇，解之变为帻，犹今音解字读入照母；沟溇乃娄之叠韵所演（今朝鲜语沟溇为城之称，此亦从沟溇之专名所变，如挹娄之与邑勒，忽本之与喙评，其理详下）。此解夫娄所以能变为帻沟溇，置沟溇，而又变为高句丽之理也。挹沃双声，虞鱼同部，此名词之变化，二字连称，故挹娄可转为沃沮，复变为夫租、夫余，皆一理也。玄菟之名亦自挹娄变来，特通行于中国耳（六朝之后亦通行于海东，《三国史记·本纪》有东玄菟之称）。夫娄之名则又为解夫娄落其发声字所变，并非夫余族以解为氏也。其后又由沃沮变为勿吉、靺鞨。《宁古塔纪略》云：吉林有大小乌稽。大乌稽名黑松林，树木参天，槎枒突兀，皆数千年之物，绵绵延延，亘千里不知纪极。夏有哈汤之险，数百里俱是泥淖，其深不可测。《吉林外纪》有东海窝集部。凡沿海林木丛杂处皆称窝集，明时有十余部，清初有渥集部，即指此也。乌稽、窝集、渥集，皆沃沮一声之转。仁和丁氏云：乌稽之地必有哈汤，盖落叶积层，雨水酿成，遂成极深之泥淖，人行辄陷，万无生理，故曰弱水。《后汉吾·东夷传》谓夫余之北有弱水，盖即此也。《三国史记》大武神王五年纪：春二月，王进军于夫余国南，其地多泥涂。以此推之，挹娄、沃沮、夫余之名或即森林民族之称欤？

命驾巡车南下，路由夫余奄利大水。

《后汉书·东夷传》掩淲水，《三国志·夫余传》引《魏略》作施掩水（盖掩施误倒）；《梁书·高句丽传》《隋书·百济传》《北史·百济传》作淹滞水（局刻本《隋书》作掩水）；《朝鲜史略》《三国史记》作掩虒水（盖掩淲之误），《三国遗事》曰淹水，皆奄利水一声之变也。唯《北史·高句丽传》曰普述水，其后《通典》及《太平寰宇记》诸书即本之，通称普述水。普述水者，浿水也。普述乃浿之切语（胡三省《通鉴音注》作普盖、普大、滂沛翻。杜佑曰滂拜反。皆读泰怪韵。

贝术古音同部,故浿读普述切),浿水今之鸭绿江也①。《魏略》谓夫余产东珠,大如酸枣(《太平御览》引),故是水以贝得名,盖始用于中国。掩淲水,即《汉书·地理志》之盐难水。盐难水今之佟家江,而马訾水今鸭绿江也②。《汉书·朝鲜传》既以浿水当鸭绿江,而《地理志》又以马訾水当鸭绿江,浿水当大同江,说者岂非自相矛盾?故日人《浿水考》直以《汉书·地理志》之浿水亦为今之鸭绿江,其实不然。《汉书·朝鲜传》全据《史记》,《地理志》则班史创作。考《水经》已以浿水当大同江之地,则马訾水之为鸭绿江总在西汉后。因汉人在东夷之势力渐由北及南,当时昧于边疆地理,故浿水之称又因有盐难、马訾之名而南移于大同江矣。《北史》以后诸史又以普述水称鸭绿江者,因浿水之名六朝以后已通行海东。此神话复自海东传来,得其切音,故吾国史家又不知普述水即为浿水矣。鸭绿水之得名,诸家皆有水似鸭头绿之说③,亦非确论。鸭绿与奄利、盐难,皆双声之变。碑中有盐水(与《隋书》《三国遗事》作淹水同理),又有阿利水,皆一音之转变。盐水或为奄利水之支流,而阿利水决非奄利水之异译。何以三水皆同一语根,故疑高句丽族必名大水为奄利,或者即其部族名,如挹娄、鸭卢、奄利,亦同一语根,然鸭绿为奄利之异译而文其辞则无疑也。鸭绿水之名诸史中颇有异说,《汉书·地理志》作马訾水,《三国志·毌丘俭传》曰沸流水。《三国史记》:大武神王四年,出师伐夫余,进军沸流水上。今碑出鸭绿江北岸,故碑之沸流谷,沙畹氏谓因沸流水而得名。则沸流水当即鸭绿江。《三国遗事》又名卒本川,以地当卒本州得名。《三国史记·东明王本纪》掩淲水注云:一名盖斯水,今鸭绿东北。《太平御览·四夷部》七百八十一引掩淲水,注曰:淲音斯。《册府元龟·外臣部》九百五十六引掩淲水,注曰:疑即今高句丽之善期水。按善期当为盖斯形近之误,淲音斯,亦如掩淲之变为掩施。马訾水,杨守敬双钩本跋曰盖訾水。按《汉书·地理志》西盖马、马訾水连称,或传写者误盖为马(如为马訾水,揆之音变之理亦不合)《三国史记》大武神王三年纪:王田骨句川得神马。五年纪:扶余王带素弟至曷思水滨立国称王。按其地望,皆在鸭绿江东北一带。今鸭绿江东北水道甚多,佟家江其最大者而已。碑言路由夫余奄利大水,造渡于沸流谷。夫余族本由东北而南,

① 说详《蓬莱轩地理学丛书》,日人重野安绎《支那地理沿革图说》,《满鲜历史地理》卷一《浿水考》。
② 《大清一统志》,齐召南《水道提纲》,钱坫《新斠注汉书地理志》,杨守敬《历代地理沿革图》。
③ 始见于《通典·高句丽传》,中华书局,1988年。

奄利大水当佟家江,尚合事实①。《新唐书·东夷传》云:马訾水出靺鞨之白山,历国内城西与盐难水合,又西南至安市入海。总据以上诸说推之,马訾(当作盖訾)、盖斯、曷思、骨句与奄利、掩淲、淹施、淹滞、盐难,不仅互为鸭绿江或佟家江之旧称,且均为奄利一语之所演。其始用于中国,以义得称者,浿水而外,尚有沸流水之名也。

　　　王临津言曰:我是皇天之子,母河伯女郎,𨛦牟王,为我连葭浮龜。应声𨛦为连葭浮龜②。然后造渡于沸流谷,忽本西城山上而建都焉。

　　沙畹云:沸流谷即今通沟小谷,碑所在之地因沸流水得名,沸流水即今鸭绿江。节案:《三国史记》一名鸭渌谷,亦名卒本州。《三国遗事》一名卒本扶余,或曰鸭渌扶余。
　　沙畹云:西城山即今土名山城子之地。节案:沙畹氏所指之地则合,而西城山未必成一名词。此当读忽本西城山上而建都焉句。忽本西城与忽本东冈对称。
　　忽本:《三国史记》《三国遗事》《东国通鉴》《朝鲜史略》,均作卒本。高句丽国发祥之地也。《三国遗事》一名卒本扶余,或作鸭绿扶余,皆别于诸扶余族之称。《北史》《魏书》则作纥升骨城。③其为一地则诸家之说所同,亦事实不能否认者。《渤海国志》有率宾府,为率宾国故地。《金史·地理志》曰:恤品路《盛京通志》云:恤品路在兴京东南边外。今碑出通沟,本在兴京东南边界,足证沙畹氏通沟为忽本之地可信。卒本、率宾、恤品,皆忽本一声之变,已无疑义。即纥升骨与忽本亦为复辅音声母之变(纥骨与忽皆喉音没韵字)。余杭章氏

---

①陈澧《汉书·地理志水道图说》云:马訾水西北入盐难水,西南至西安平入海。当作马訾水西南入盐难水,盐难水西南至西安平入海。则盐难水为鸭绿江,马訾水又在其东北。记之以备一说。
②我,郑本作木,乃我之残脱。𨛦为之𨛦当是即字。因碑文剥落致与郎字相近。即本从卩,此从昌,则又为别体。《三国史料·附录·异体字类》即正作即,葭郑本作葭,释为蔽字,犹併木以渡也。陆氏释作厥字,形相近,而于义难通。《海东碑志》之别字往往不能以中国之例推之。郑氏释作蔽是也。中土诸史皆云东明奔走南渡掩淲水以弓击水,鱼鳖皆聚浮水上。《三国史记》亦云:鱼鳖浮出成桥梁。足证蔽之鳖之别字。碑中以洛为村落,盪为截荡,各省其偏旁,皆别字也。龜龜皆龟字别体。《六朝碑志》龟字别体最多,此亦可补邢氏书之不足。
③《三国遗事》纥作讫,《北史》骨作滑,《北周书》又误升为斗。

所谓一字重音也。《通典·新罗传》云：内邑曰喙评。①喙评者,亦忽本一声之转。今考《三国史记》及《高丽史·地理志》之古地名,凡遇忽皆译以城,如是者有五十余处之多。例如：白城郡本奈忽郡,阴城县本仍忽县,阳城本沙伏忽,水城郡本买忽郡,水谷城一名买旦忽,车城县本车忽县,邵城县本买召忽,童城县本童子忽县,戍城县本首尔忽县,坚城郡本冬比忽,高城郡本达忽,取城本冬忽,杆城本加罗忽,此外尚有数十例不必备举。《鸡林类事》(集成本)丽言部,名水为没。故此译买忽为水城；称谷曰丁盖,丁盖即旦之切音,故以水谷城译买旦忽；丽言名车与中国同,故译车忽为车城；取曰都啰,故译冬忽为取城；高曰那奔,故译达忽为高城；以此例彼,其余亦当以音取义,则忽之为城,已无疑义。《三国史记》东明圣王二年纪：松让以国来降,以其地为多勿都。丽语谓复旧土为多勿,故以名焉。忽勿即忽本之变失其收音也。②《三国史记·祭祀志》言,高句丽新君立国必幸卒本,祀始祖庙。则卒本为高句丽发祥故地无疑。《通典》谓之曰内邑,其数有十六,则又为旧都之义所演。至《三国史记》则变为凡城之称,足见其演化之迹愈后愈多,其始唯有忽本一名也。

　　永乐卽位,因遣黄龙来下迓王③,王于忽本东罡④,黄龙頁⑤昇天；顾命世子儒留王叺道舆治,一朱留王纪承基鼙。罡⑥至十七世孙,国罡⑦上广刑⑧土境平安好太王,二九登祚,号为永乐太王。

《三国史记》：琉璃明王讳类利。或云：孺留,朱蒙王元子,初朱蒙在夫余娶礼氏女有娠,朱蒙归后乃生,是为类利；及朱蒙王之十九年,王子类利与其

---

①　原注：喙,呼秽切。考《通典》此语出自《梁书》,今《梁书》作啄评,而《通典》有切音,当为今本《梁书》之误。

②　高本汉《中国方音字典》谓没韵字收音如L,然忽为撮口字,收音在唇,颇为自然,疑没韵字收音不必尽为舌。

③　郑云：卽疑为即之渤文,迓即迓,罗本作迊,杨本作迚,节案郑说是也。迎即迊之渤文,迊即迎之别体,《汉魏六朝碑志》迎多作迊,唐《白鹤观碑》,迊建木以疏封。

④　罗氏本作罡。

⑤　郑氏释作负,诸本皆作頁,节案负字是。

⑥　业字沙畹本作薹,罡疑是罘之渤文,郑本全缺,杨本作迊。

⑦　罗氏本作罡。

⑧　郑云碑书开作刑,与日本二天造像书开作刕同例。

母逃归,王喜之,立为太子。秋九月,王升遐,类利即位。类利,《魏书·高句丽传》《隋书·高句丽传》,皆曰闾达。《北史》:朱蒙王卒,子如栗立。《朝鲜史略》作如柔。《三国遗事·年表》作累利。碑又称大朱留王,皆儒留一声之转也。称琉璃明王者,则又后人因琉璃之名而加一明字,非本名也。

高句丽自朱蒙至谈德,据《东国诸史》传国十九君,其历十四世。①据中土史例,传国之数与世系之数本不能混为一谈。②据碑所称十七世孙,当指世系而言。与《三国史记》《东国通鉴》《朝鲜史略》所载者举不相合。今考之《三国遗事年表》③,若合符节,以是知《三国史记》等所载者皆非事实。《年表》虽晚出,④当别有所据也。《年表》载第一东明王甲申立(汉元帝建昭二年),理十九年,姓高名朱蒙,一作邹蒙,为高句丽始祖;第二琉璃王,一作累利,东明子,壬寅立,理三十六年为二世;第三太虎神王,⑤名无恤,一作味留,琉璃王第三子,戊寅立,理二十六年,三世孙;第四闵中王,名邑朱,大虎之子(《三国史记》作大武神王之弟),甲辰立,理四年,四世孙;第五慕本王,闵中之兄,名爱,一作忧(《三国史记》作太武神王元子),戊申立,理五年,四世孙;第六国祖王,名宫,亦云太祖王(《三国史记》作琉璃王子再思之子),癸丑立,理九十三年,五世孙;第七次大王名遂(《东国诸史》皆作遂成),国祖王母弟,丙戌立,理十九年(乙巳,国祖王年百十九岁,弟兄二王俱见弑于新王⑥),遂成与宫为弟兄,为东明王五世孙;第八新大王,名伯固,一作伯句,乙巳立,理十四年,⑦为六世孙;第九故国川王,名男虎(本作武,避高丽王建朝惠宗讳),或云伊夷模,己未

---

① 据《三国史记》闵中王为太武神王之弟,太祖王为琉璃王之孙,次大王、新大王皆太祖王之弟,美川王为烽上王之弟,山上王为故国川王之弟,故朱蒙至谈德适当十四世。

② 吴兴陆氏、上虞罗氏二跋皆据《东国通鉴》说,朱蒙至谈德共历十七世,于世系及传国之数两不得其当。

③ 续藏经本汉和帝以前缺,今据大正新修藏经本。

④ 高丽忠烈王时僧一然所撰,当元至元大德之间。

⑤ 即太武神王,避高丽王建朝惠宗讳作虎,《三国史记》缺一笔。

⑥ 《三国志·东夷传》云,宫战死,子伯固立。《三国史记》《朝鲜史略》皆云:临明答夫弑其君遂成,立其弟伯固。

⑦ 《东国诸史》皆以伯固为太祖王弟,《年表》独异。《三国史记》载新大王即位下令云:寡人生忝王亲,本非君德,向属友于之政,颇乖贻厥之谟。畏害难安,离群远遁,洎闻凶耗,但极摧哀。岂谓百姓乐推,群公劝进,谬以眇末,据于崇高,不敢遑宁,如涉渊海。宜推恩而及远,遂与众而自新,可大赦国内。文用友于之典,盖指解忧、遂成皆弟兄相及而言,并不能证明伯固乃太祖王之弟,弑遂成之事本出临明答夫,惟《年表》言太祖王弟兄俱见弑于新王,则临明答夫之难或出于伯固所主使乎?

立,理二十年(一本作二十年,《三国史记》作十八年,一本是),为七世孙;第十山上王,理二十一年(五字据《三国史记》补),为八世孙;第十一东川王,理二十二年(五字据《三国史记》补),为九世孙;第十二中川王,理二十三年,[①]为十世孙;第十三西川王,名药卢,又名若友,庚寅立,理二十二年,为十一世孙;第十四烽上王,一云雉葛王,名相夫,壬子立,治八年,为十二世孙;第十五美川王,一云妙穰,名乙弗,又名漫弗,庚申立,理三十一年,为十三世孙;第十六国原王,名剑,又名斯由,或云冈上王,辛卯立,理四十年,为十四世孙;第十七小兽林王,名丘夫,辛未立,理十三年,为十五世孙;第十八年国壤王,名伊连,又名于只支,甲申立,治八年,为十六世孙;第十九广开土王,名谈德,壬辰立[②],治二十一年[③],为第十七世孙。自始祖朱蒙之立,当前汉元帝建昭二年甲申;至广开土王谈德之卒,当东晋安帝义熙八年壬子,共历四百四十九年。

据碑文各条考之,永乐确为广开土王之年号,但不见于东国史乘,且高句丽诸王并无年号,足补诸史之失。

思泽[④]洽[⑤]亏皇天,威武㭞被四海[⑥],扫眺□,庶宁[⑦]其業[⑧];国富民殷,五穀豊熟[⑨]。昊天不吊,卅有九,宴驾弃国[⑩]。叹甲寅年九月廿九日乙酉,遷[⑪]就山

---

① 五字据《三国史记》补,以上三君立国年代《年表》失载,恐传写脱落,故据以补之,山上王名延优,东川王名优位居,一名位宫,中川王名然沸。此诸史所同也,并附着于此。

② 碑云:永乐五年,岁在乙未,则广开土王当辛卯年立,诸史与《年表》同,当据正。

③ 碑云:二九登祚,卅有九宴驾弃国,在位二十一年,适合。

④ 沙畹本作泽。

⑤ 郑本、沙畹本缺。

⑥ 㭞,郑释作横字。《后汉书·冯异传》正作横被四表。陈乔枞《今文尚书经说考》云:横被为欧阳《尚书》。皮锡瑞《汉碑引经考》云:樊毅复华下民田口算碑,沇子琚绵竹江堰碑,均作广被四表,俱用《尧典》光被四表之义。光,广,横,声近义通。已详《经义述闻》。《干禄字书》《广韵》,矿又通作鈝。《周礼》壯人,壯即矿字。疑横字碑原作栬。㭞又栬之渻文不清致误,郑说是也。

⑦ 罗氏本作痤,各本作寧,汉《郙阁颂》就安寧之石道,北魏《张猛龙碑》,寧异今德,唐龙朔三年《常才金刚经》,宁并作寧。

⑧ 齐《宋买造像》,业并作業。

⑨ 穀当是谷之别体,《干禄字书》谷通作穀,又《程荣造像》,五穀不毅,豊当是丰之别体,汉魏六朝以迄于唐,凡碑志中之丰字多作豊,《汉鲁相史晨祠孔庙奏铭》,以祈豊年,《西岳华山庙碑》,禋祀豊备,《东魏萧正表铭》,左眄豊貊,北齐《西阳王徐之才墓志》,豊貊加首,隋《巩宾墓志》,永豊里,《唐周公祠灵泉记》,必时泰岁豊,《三国史记别体字类》,丰并作豊。

⑩ 薨当是弃之别体,《曹全碑》遭同产弟忧弃官,《唐东方朔画赞》作弃。

⑪ 迁之别体,《汉楚相孙叔敖碑》,遷长掖太守。

陵。于是立碑铭,纪勋绩,叺永后世焉。其言①曰:

甲寅年九月二十九日乙酉,据《通鉴目录》、刘義叟《长历》及新会陈氏《二十史朔闰表》,适当东晋安帝义熙十年九月二十九日。广开土王卒于义熙八年壬子,时年三十有九,后二年,迁葬山陵。

永乐五年,岁在乙未,王叺碑丽不息,□又躬率住讨②叵富山③,负山至鹽④水上破其厇⑤。部洛⑥六七百,当牛⑦马群羊不可称数。于是旋驾,因遇骅⑧平道,东来□⑨力城,北豊⑩五备⑪狛⑫游观土境,田猟⑬而遝⑭。

《东国通鉴》广开土王以壬辰年即位,癸丑十月薨逝,凡当国二十二年。碑云二九即位,卅有九宴驾弃国,其间亦历二十二年。惟碑称乙未为永乐五年,则好大王当于辛卯年即位,壬子年弃国,越二年甲寅九月,迁就山陵。《三国遗事年表》作在位二十一年者,因好大王之二十二年,即长寿王之元年,合计传国年数,当作二十一年算。诸史称壬辰立癸丑卒者,因好大王甲寅年迁葬,推算时不合二十二年之数而致误也。今据碑正之。

碑丽不息,王躬率往讨。则碑丽为种族之名无疑。碑丽、华丽⑮、不耐,皆

---

① 当是词字之泐文,沙畹本缺。

② 郑释作往字,《汉魏六朝碑志》字体尝于彳旁字省作亻,却于亻旁字加作彳。碑中侵字作侵。案北魏孝文帝《吊比干墓文》:住者子弗及兮,住即往。

③ 郑本叵作巨,误。

④ 鹽之别体。汉《东海庙碑》:濒海鹽口;唐《伊阙佛龛记》:鹽梅王国,并作鹽。郑本负山作负碑,误。

⑤ 沙畹本作乓。

⑥ 郑云:案洛即落。

⑦ 郑本作用,杨本作甲。

⑧ 郑本作骅,今从沙畹本。各本同,字不见于中国字书。

⑨ 郑本作昌城,与各本均异。

⑩ 此豊字当不作丰字用,考之《汉唐碑志》,从豊之字亦有从丰者,亦有从本字者,如汉《乙瑛碑》春秋響礼,汉《桐柏庙碑》处正好礼,《唐三坟记》立信以示礼,皆从丰,又《汉韩勑碑》礼所宜异,《鲁峻碑》体纯和之德,《尹宙碑》君体温良,《镜铭》渴饮澧泉,皆从丰,《三国史记异体字类》,豊与丰常相混,《宋书·蛮夷传》有北豊城,此北豊当为地地名无疑。

⑪ 此字可疑,诸家皆释作备字。

⑫ 郑本作猎,杨本及沙畹本作狛,郑云,犹之别体字。

⑬ 郑云猎之别体。

⑭ 郑本刘本均作遝,今从沙畹本,隋《龙藏寺碑》"遝同兔角",字各相近。

⑮ 华与范通,疑古音华读重唇音,今读牙音,即唇音之变。余姚章氏所谓唇音遒敛为喉牙也。今湖南长醴一带读轻唇音,即由古之重唇音变来。

一声之转。不耐,扶余族之别部。《后汉书·东夷传》:高句丽为扶余别种,言语多同。凡五族:曰消奴部、绝奴部、顺奴部、灌奴部、桂娄部。本消奴部为王,后稍微弱,桂娄部代之。碑中有闰奴城,当即顺奴部所居之地(闰顺虽非双声,而同在震韵)。贯奴城当即灌奴部所居之地。又有巴奴城,豆奴城,其名虽不见《东夷传》,亦为夫余之部属则可断言。《三国史记》:高句丽太祖王二十年二月,以贯那部伐藻那部。此贯奴亦作贯那之证。故《三国史记》所载桓那、朱那[①]、刀那城[②]、沸流那、椽那[③],凡《三国史记》所称某那者,那皆奴之异译。据此,夫余族之部属实不止五部。《三国志·东夷传》:马韩有卑离国,占卑离国(原作占离卑,以下例推之,当为卑离误倒)、监奚卑离国、内卑离国、辟卑离国、牟卢卑离国、奴来卑离国、楚山涂卑离国。马韩本濊族,为朝鲜半岛古代南部土著,其地为后来百济立国之所,而马韩五十余国中,以卑离名者有八。卑离即碑丽,亦即不耐。不耐部即处满鲜古代各地,涉猎所及,有三处地域可得而言者。华丽、不耐虽为二地,实一部族所居,故同名异译。《汉地志》不耐作不而,华丽、不耐皆属乐浪郡。《后汉书·郡国志》省。又《东夷传》:元封三年灭朝鲜,分置乐浪、临屯、元菟、真番四郡。昭帝始元五年,罢临屯、真番,以并乐浪、元菟。元菟复徙居句骊。自单大岭以东(《三国志·东沃沮传》作单单大岭),沃沮、濊、貊,悉属乐浪。后以土境广远,复分岭东七县,置乐浪东部都尉。七县者:东暆、不耐、蚕台、吞列、邪头昧、前莫、夫租。《三国志·东沃沮传》:东部都尉治不耐城,别主岭东七县。《传》又云:不耐、华丽、沃沮,皆为侯国。国小迫于大国之间,遂臣属句骊。《隋书·东夷传》:新罗兼有沃沮、不耐、韩秽之地。《朝鲜史略》:东暆为临屯郡治,今江陵。则不耐等七县必在今吉林之南,朝鲜东北境之地。单单大岭,据《盛京通志》所考,为长白山脉迤南至朝鲜半岛之山脉。则今咸镜道南北,古亦为不耐族所居之地矣。《三国史记》高句丽太祖王六十六年纪:袭元菟,攻华丽城[④]。华丽与碑丽声既相通,其地望亦相合。碑云:王躬率兵往讨叵富山,负山至盐水上破其丘云云。叵富山即富山(叵富双声之变)。《三国志·高句丽传》:嘉平中,伯固乞属玄菟。公孙度

---

① 太祖王二十二年纪。
② 炤知麻立于十年纪。
③ 太祖王本纪。
④ 事同《后汉书·高句丽传》。

之雄海东也,伯固遣兵助度,击富山贼破之。富山既在玄菟之境,盐水自当为盐难水或其支流,当在今奉天东北部之地。又《汉·地志》乐浪郡二十五县,《后汉·郡国志》存十七县,省吞列、东暆、不耐、蚕台、邪头昧、前莫、夫租、华丽等八县①。据《后汉书·高丽传》,汉并临屯、真番于玄菟、乐浪;又分岭东七县为东部都尉,尚有一县,必入玄菟。既云太祖王袭玄菟而攻华丽城,华丽为八县之一,其即为入元菟之一县乎?《三国史记》新罗南解次王雄纪:华丽、不耐,连谋貊国结好,足见华丽、不耐,必相近②。碑云:因过罗平道东来□力城北丰五备③。今北丰既在碑丽之东,据此可以推得华丽即碑丽,北丰即不耐,不仅声音相通,其地望亦相合也。今考诸史,得下列不同之记载。《三国志·毌丘俭传》:刊丸都之山,铭不耐之城。《晋书·载记·慕容皝记》:咸康七年,皝迁都龙城,率劲卒四万,入自南陕,以伐宇文高句丽;又使翰及子垂为前锋,遣长史王寓等勒众万五千从北置而进。高句丽王钊谓皝军之从北路也,乃遣其弟武统率精锐五万距北丰,躬率弱卒以防南陕。《宋书·蛮夷传》:元嘉十五年(燕大兴七年),燕复为索虏所攻,败走奔高丽北丰城。《通典·四裔典·高句丽传》:贞观二十一年,李勣复大破高句丽于南苏,班师至颇利城。《新唐书·高宗本纪》:乾封二年,薛仁贵破高丽,拔其南苏、木底、苍严三城。南陕、木底连称,数见于《十六国春秋·前燕录》。足证南苏与南陕,颇利与北丰,皆同声字,一地之异称。北丰,南苏,皆高句丽西北重镇。足见《晋书·载记》之北置,实为北丰形近之误。《十六国春秋》:后燕长乐五年丙申,慕容盛率众三万人伐高句骊。以骠骑大将军慕容熙为先锋,袭其新城、南苏二城,皆克之。《三国史记》东川王二十年纪引《括地志》云:国内城即不耐城,累石为之,此即丸都山,与国内城相接。又《地理志》云:国内城即尉邢岩城④。国内城之为不耐城,为诸家所同然。所以名国内城者,因玄菟本为州司所处,土著强盛,侵占州司,此琉璃王由卒本移尉邢岩城之故。刊丸都之山,铭不耐之城,则丸都即玄菟,而不耐、玄菟,相毗连又有史实为证矣。南苏与北丰相近,已有《晋书·载记》及《通典》所录为证。北丰既为不耐,不耐即国内城,而《十六国春秋》又以新城、南苏连

---

①《郡国志》多一乐都县,不见于《汉志》,一说即吞列,不可信。

②《汉·地志》玄菟领县高句骊,即《三国史记》之国内城,亦名不耐城。以下所论之不耐,非指东部都尉治之不耐城也。

③ 罗平道不可考,《晋书·地理志》辽东郡有力城,但此文上缺二字,不能断定即是力城。

④ 邢即那之误。琉璃王二十二年:由卒本移都尉那岩城。

称，故疑新城亦不耐之别名。考《三国史记》高句丽西川王七年纪：夏四月，王如新城。注云：新城国东北大镇。案《朝鲜史略》及《三国史记》，高句丽建都自始祖东明王立国卒本，至琉璃王二十二年移都国内城。山上王十三年移丸都城。东川王二十一年以丸都经毌丘俭之乱，不可复都，筑平壤城移民及庙社。至故国原王五年正月，筑国北新城。九年，燕王皝来侵，及新城，置盟而还。十二年八月，移丸都。十二月，又被皝击破。十三年秋七月，初居平壤东黄城。得此可以证明不耐经毌丘俭之役改筑新城，故又名新城。史家沿用之，日久，而不知新城即不耐城也。《三国史记·地理志》引贾耽《道里记》（《新唐书》及《渤海国志》所引略同）：自鸭绿江口舟行百余里，以小舫溯流东北行三十里至泊汋镇，得渤海之国境。又溯流五百里至丸都城，故高句丽王都。又东北溯流二百里至神州。《新唐书·高丽传》云：鸭绿水历国内城西与盐难水合，又西南至安市入海[1]。据《新唐书·地理志》，由营州南至鸭绿江北泊汋城七百里，古安平县也。由两书所记证之，则国内城必为滨鸭绿江北岸之地。《辽史·地理志》云：西京鸭绿府有正州、神州、桓州、丰州四属。正州在鸭绿府西北三百八十余里，领东郡县，本汉东耐县[2]，在州西七十里，故沸流王故地。桓州在府西南二百里，领三县：桓都、神乡、淇水（《渤海国》引作淏水）。《满洲源流考》云：大概上京在宁古塔，中京在辽阳，东京在朝鲜开州，南京在海城县，西京在鸭绿江。据此，淇水当为淏水之误。淏水即鸭绿江，则淏水县必为滨江之地。桓都与丸都声同，桓州正州占府西南西北二部。则东耐与桓都尽有相毗连之可能。与诸史所言丸都、不耐之地望亦合。又据《汉书·地理志》颜师古注，高句骊县有南苏水，西北经塞外。则南苏城以临南苏水得名，且必在玄菟境内。胡三省《通鉴音注》：南苏在辽东[3]。《盛京通志》引贾耽《郡国记》：新城在辽东东北。《资治通鉴》：晋成帝咸康八年，皝伐高句丽。高句丽有二道，其北道平阔，南道险狭，众欲从北道。翰曰：虏以常情料之，必谓大军从北道，当重北而轻南。王宜率锐兵从南道击之，出其不意，丸都不足取也[4]。

---

① 《汉·地志》辽东郡有安平、安市二县。安平即西安平，今安东，为鸭绿江入海处。此安市当即安平之误。

② 考《汉·地志》乐浪郡有不耐县，无东耐县，此东字当为不字之误。

③ 各本皆作在南陕之东。唯《盛京通志》引作在辽东之东。南陕即南苏，当是《盛京通志》所据本合。注见晋穆帝永和元年。

④ 此文与《晋书·载记》大略相同，而不见于《十六国春秋》。汤球辑本未收入，不知所出。

胡注:北道从北置(当系北豊之误)而进,南道从南陕而入。据上举诸证,国内城不仅为滨鸭绿江之区,而又须在南苏城之北。诚如是,则贾《记》及《新唐书·高句丽传》所言国内城滨鸭绿江者,必为今鸭绿江上游之佟家江,在兴京之南,适当今之怀仁。怀仁旧名桓仁,其即桓都城之古址欤?(仁与都为同类双声)《辽史·地理志》:集州,古陴离国,汉险渎县,高丽霜岩县。霜岩即苍岩,与木底,南苏皆相近。《渤海国志》:集州,古陴离国,有浑河,领奉集县。《盛京通志》:奉集遗址在抚顺城南八十里。陴离即碑丽,抚顺在怀仁西北,与碑所云平碑丽后东来北豊之事实相合。然则今奉天东北鸭绿江以北之地,古为不耐部所居也。新罗真兴王碑称碑利城军主喙口登弥沙尺干,甘文军主喙口麦夫弥及沙尺干。《三国史记·新罗本纪》:真兴王十七年七月,置比列忽州,以沙湌成宗为军主;十八年,置甘文州,以沙湌起宗为军主。由是知甘文军主即甘文州军主,则碑利城即比列忽之军主也。《三国史记·地理志》:朔州,朔庭郡,即比列忽郡。又:善德王六年为牛首州置主,景德王改为朔州,今春州在句丽东南,濊之西,古貊地。又《职官志》:"文武王十三年,罢比列忽停置牛首停。"又文武王八年纪:伊湌仁泰为卑列道行军总管;近湌军官,大阿湌都儒,为汉州城行军总管;迩湌宗信,大阿湌文颖,阿湌福世,为卑列城行军总管;波珍湌宣光,阿湌长顺纯长,为河西州总管[1]。案比列忽为比列城已无可疑。而真兴王碑中之碑利城,亦即卑列城也。《三国史记》真兴王二十九年纪:废比列忽州

---

[1]《朝鲜历史地理》第一卷津田左右吉氏之《真兴王征服地域考》,即据此推定比列忽即卑列城。

置达忽州①。此比列忽当即卑列城，今春川之地，在古为貊国，与不耐杂处。又古马韩之地以卑离名者有八国，卑列、比列、碑利，与碑丽、不耐声同，其所居之地亦相当。则今朝鲜半岛中部及西南部之地，古亦为不耐族所居之地也。今据上举诸佐证说之，得其概括之结论如下：碑丽即不耐部，其异译有华丽、颇利、碑利、北丰、比列、卑列、卑离、陴离等异称，大都为此部所到之地，久后即以部名称其所居之地。此部与顺奴、消奴、绝奴、灌奴、桂娄等部，同为扶余之族属，散处古满洲鸭绿江北部及古代朝鲜半岛南北各地，以其名称变化之多，及地域散处之广考之，必为扶余族极强盛之部。至好大王时，其活动之迹，必早经长时间之历史。五年讨碑丽之事，不见于《三国史记》及《东国通鉴》。唯《三

---

① 津田氏疑此纪载不可信。即炤知麻立于三年纪王幸比列城之记载亦指安边。因新罗武烈王五年纪以何瑟罗地连靺鞨，人不能安，罢京置州，置都督以镇之，又以悉直为北镇。炤知麻立于比真兴王早三代，太宗武烈王比真兴王迟四代，足证炤知真兴之世，新罗尚未有何瑟罗州以北之地。其实津田氏之说未尽可信据。《三国史记·地理志》：高城在溟州，旧名达忽；真庭郡在朔州，旧名比列忽，或曰登州。《高丽史·地理志》：春川即牛首州，古朔州之地；北青州府又有朔州，东界古高句丽地有登州，即古比列忽郡，其属县曰霜阴，即古朔庭郡高城县，旧名达忽，在溟州境；霜阴本朔庭属县，在《三国史记》属朔州；溟州即何瑟罗州之别名，古濊国地，在今江原道东北之境。据《东藩纪要》：春川在今江原道，距京二百五十里，别名牛首、朔州、春州；高城县亦属江原道，距京五百十里，别名浅城、朔庭、登州；据此，达忽既在溟州，安边必更在其北；而高句丽东界并非滨海之区，尚在溟州之西。《高丽史》之登州朔庭郡自即《三国史记》之朔州朔庭郡无疑，则安边之别名为朔州为登州，必因《高丽史》谓朔庭在高句丽东界，而安边即古北青州府之朔州，或别一朔庭而致误欤，否则《东藩纪要》既以春川为朔州，而朔庭郡反远在咸镜道耶？春川、高城，既同瞩江原道，其地相距不远可知。废比列忽置达忽州之比列忽，即指春川之地，并非悖乎事实。丽语名忽为城，而《三国史记》《高丽史》中曰某火，某伐，某夫里者，皆为忽之同音语。此为津田氏《长寿王征服地域考》中一大发明。则达忽即达伐已无疑问。《三国史记》新罗助贲尼师今十五年纪，筑达伐城，足证达忽城在真兴王十二代以前己见之。津田氏执于高城尚在何瑟罗之北，故不信置达忽州为事实，殊不知何瑟罗既河西良，古溟州之通称。《三国史记·地理志》：溟州十郡二十五县，歙谷亦其属县，尚在高城之北，则废比列忽置达忽之达忽，究在何瑟罗州何地尚不能定。且该文又云：以悉直为北镇。据《东藩纪要》悉直今三陟。若依津田氏之说，何瑟罗限于江陵之地，而江陵尚在三陟之北，何以该文又言以悉直为北镇耶？新罗讷祗麻立于三十四年，高句丽将猎悉直之原，何瑟罗城主三直出兵掩杀之，乃兴师伐吾西边。若何瑟罗确为今江陵，悉直确为今三陟，处新罗东北滨海之区。高句丽猎于悉直，必先经新罗西北，或由濊地而入。可见何瑟罗之为江陵，悉直之为三陟，均未有颠扑不破之证。则武烈王纪罢京置州事，不能据以说明真兴炤知时达忽未归新罗。且达忽亦不能确定为今高城，或别一达忽，皆为事实所许。但津田氏执于何瑟罗为江陵之故，因春川尚在其西北，而疑及春川非比列忽之故地，并谓真兴王十二年以前尚为靺鞨之地。比列忽约当今加平西南杨根以北之地（此意虽未见本文，以其所作地图推之，诚如是也）。案春川之为朔州，朔州之为比列忽，为《三国史记》《高丽史》《东藩纪要》所同。文武王八年纪之河西州即溟州，汉城州即汉州，而卑列城州适当其间，朔州之地亦为津田氏所确信者，而独疑及春川非比列忽之故地，岂非囿于达忽远在江陵之北乎？吾未见其可信也。

国史记》广开土王元年九月伐契丹,虏男女五百口,又招谕本国陷殁之民一万口而归。据《唐会要》,契丹居黄龙之北、璜水之南。黄龙即辽之上京。《满洲源流考》谓在今宁古塔,璜水当今西辽河之地,在今奉天西北之地。较碑丽部所居虽同一方向而更远,或此举即为五年伐碑丽之事乎？不息者,不安之谓也。或即受契丹人之扰,王率兵讨平之乎？元年十月又有伐百济事,已与碑文相证,知其在六年纪(详下)。故此项记载,尽有即在五年之可能。且同一年之纪载中,九月北伐契丹,十月南征百济,亦为事实所不许。又碑为纪功而立,如此大功绝不至失纪。碑文纪功自五年始,盖可知五年以前无大功可纪也。故立此一说,以待事实之证明。

　　百残,新罗,旧是属①民,由来朝贡。而倭以亲②卯③年来渡海破百残,□罗,叹为臣民。叹六年丙申,王躬率水军讨利残国;军□:

《三国史记》:新罗始祖赫居世,前汉五凤元年甲子开国,国号徐耶伐。或云斯卢,或云斯罗,或云新罗。《北史》:新罗者,其本辰韩种也,地在高丽东南。《三国志·弁辰传》有斯卢国,或云即新罗也。立国在百济之后,与《三国史记》所言不合。而以上之记载皆不可信,新罗实夫余之族属也。《唐会要》:新罗者,本弁韩之地,其风俗衣服与高丽百济略同,其先出高丽。魏将毌丘俭之破高丽也,其众遁保沃沮;后归故国,其留者号新罗。《册府元龟·列臣部》:新罗或称斯罗,其王本百济人;自海逃入新罗,遂王其国。诸史皆云新罗始祖赫居世之后,即以解为氏。如南解、脱解,与朱蒙之别名象解同。其为夫余族之部属无疑。《三国遗事》云:初王生于鸡井(当是林字之误),故或云鸡林国,以其鸡龙现瑞也。《三国史记》云:脱解王九年始林有鸡怪,更名鸡林。二说皆不可信。鸡林实斯卢、新罗之同音语所演化也。新罗立国之地,据日人津田氏所考,在今江原庆尚二道之间,北连濊貊(即《三国史记》所称之靺鞨),南接任那,东界海,西北接高丽,西与百济毗连,盖据真兴王以前之地域而言也。
　　百残即百济,百济亦作伯济,诸史皆谓初以百家济海,因号百济。今碑称

---

①汉《帝尧碑》,御九州,统属理,与此同。
②北魏孝文帝《吊比干墓文》,视窍殷亲,隋《杜乾绪等造象铭》,十日亲巳,案亲即辛,郑云傅氏释作来,误。
③郑本作辛卯,杨本作来卯,误。

百残,足证上说附会,残济实同声字也。《三国志·马韩传》有百济国,或云即后后来百济立国之基。《北史》云:百济东极新罗,西南限大海,北际汉江。《旧唐书·百济传》云:百济,夫余之别种。东北新罗,西渡海至越州,南渡海至倭,北高丽。百济为扶余族,实诸史所公认。《三国史记·百济温祚王纪》云:朱蒙嗣位,生二子,长曰沸流,次曰温祚;及朱蒙在北扶余所生子儒留来为太子,沸流、温祚恐为太子所不容,遂与乌干、马黎等十臣南行;百姓从之者多,遂至汉山;登负儿岳,望可居之地,沸流欲居于海滨。十臣谏曰:惟此河南之地,北带汉水,东据高岳,南望沃泽,西阻大海,其天险地利,难得之势,作都于斯,不亦宜乎? 沸流不听,分其民归弥邹忽以居之。温祚都河南慰礼城,以十臣为辅翼。此虽神话,然可藉以说明百济与夫余族之关系。百残,碑中又称利残。利残者,罗残也。利罗双声,观下文所记各地,有在今新罗境者。碑文云:倭以辛卯年来渡海破百残,□罗以为臣民,所缺者罗字上必为新字。更可推定辛卯之役,百残新罗同附于倭,故好大王此役实兼讨罗、残二国也。碑文同声字常通用,倭以辛卯年渡海破百残之事不见于《三国史记》及《东国通鉴》。惟癸巳广开土王三年[1]夏五月,倭人来围新罗金城;秋八月,高句丽为百济所伐,丽人婴城固守。丙申讨利残事亦不见《三国史记》及《通鉴》,今已判明即广开土王元年纪十月征百济事,说详下条。

　　首攻臦[2]壹八城,臼[3]模卢城,臿模卢城,干弖[4]利□,□城,阁弥城[5],牟

---

① 诸史作二年,盖以壬辰为广开土王元年也,当据碑正。
② 郑本缺取字。
③ 郑本作血。
④ 与篆文上同。
⑤ 百济有关弥城。陆氏跋云:阁系关之误。杨氏、郑氏皆从其说。关阁本双声可通假,非误也。

卢城①，弥沙城②，□含鸟城③，阿旦城④，古利城，□利城，雜弥城⑤，奥利城⑥，勾牟城，古模耶罗城⑦，頁⑧□□□□城⑨，分而耶罗□⑩，易⑪城，禾⑫□城，□□□，豆⑬奴城，沸八酳利城⑭弥罷城，也利城，大山韩城，扫加城⑮，毁拔城⑯□□□□娄卖城，骰□城⑰，□婁城⑱，细城，牟婁城，亏婁城，苏灰城，燕婁城，析支利城⑲，岩门至城，林城，□□□□□□□利城⑳，就罷城，□拔城，古牟婁城。闰奴城，贯奴城㉑，彡穰城㉒，□□□□□罗城㉓，仇天城，□□□□□其国城。

_____

① 罗、郑二本缺城字。

② 沙畹本剥一半。

③ 沙畹本缺舍字，鸟作鸟。

④ 旦，郑氏释作旦。隋《龙藏寺碑》：旦皆作旦。然六朝别体旦与且常相混淆。与豊之有时作丰，有时作豊，同为令人眩惑之事。钱大昕《潜研堂金石文字跋尾》云：唐《开成石经》左传成公二年，旦辟左右，且作旦。梦必在夜，则旦义为长。《三国史记》十二卷六页：念其有功旦老，故宠褒之。此旦当是且字。四十二卷六页：但结好讲和。此必是但字。又二十四卷四页：修阿旦城。四十五卷十页有阿旦城。此外在本书及《朝鲜史略》有作阿旦者，有作阿旦者。然则为阿旦城抑阿旦城耶？节案当为阿旦城。汉《娄寿碑》：荣阿溺之耦耕。且即沮，阿旦者沃沮也。沃沮为夫余族之别名。

⑤ 雜即杂字。西魏《僧演造像记》：雜经三百。雜即杂字。碑下文作雜。唐《濮阳令于孝显碑》：五方雜沓。碑文下莫新罗之新字从辛。

⑥ 郑本，沙畹本均作奥。

⑦ 郑本作古须那罗城。杨本耶作那。

⑧ 沙畹本，郑本均作頁。

⑨ 城字各本均缺，郑本存。

⑩ 分字各本缺，郑本、沙畹本仅存。

⑪ 郑本作易。沙畹本自此至豆字均缺。碑下文有场城。

⑫ 郑本全缺，自此至豆字，杨本缺。

⑬ 刘本缺，惟郑本存。

⑭ 八郫二字各本均缺，惟郑本存。

⑮ 扫字郑本作埽。

⑯ 城字郑本存，各本缺。

⑰ 骰，郑本作散。

⑱ 婁字各本缺，杨氏本，沙畹本存。

⑲ 支字，沙畹本剥一半。

⑳ 利字各本缺，郑本利上连缺七字。

㉑ 贯，郑本作昌。

㉒ 彡，《说文》部首。许云：毛饰画文也。象形。所衔切，此用其音。

㉓ 罗字，郑本作卢。

此五十余城,均为罗济二国属地,可分三类言。第一类识其音训,未能指其所在处;第二类能指其所在处,不能确定其今地;第三类则能确指今地者也。第一类如:臼模卢城、若模卢城、牟娄城、牟卢城、古牟卢城等,实皆解夫娄一音之所演,其初为夫余族所居之地。《通典·新罗传》曰:其俗呼城为健牟罗。健牟罗者,若模卢之异译。可知所称若模卢、臼模卢,其初实为以其族名代表其所居之城,其后渐成为城之公名词。时日愈久异译之音歧异,又因汉字之城通用于海东,所谓健牟罗者又由公名而返为专名矣。于《三国史记》及《高丽史·地理志》中,实未能确实寻得与健牟罗同音之城名,唯《三国史记》内有屑夫娄城者,即肖利巴利城,虽未有实在之今地,其与健牟罗、若模娄同音则可断言。其省成牟娄或牟卢者,皆音变后而失其发音之故也。碑中又有古利城、奥利城、亏娄城、燕娄城、也利城,及下文之于利城,以上诸城皆同声,其语根为挹娄,亦夫余族旧所居之处,而以族名其地也。《通典·新罗传》云:其俗呼城曰健魁罗,在内曰喙评,在外曰邑勒。喙评之说已详前,邑勒实即也利、燕娄、挹娄等之异译。其成为专名词之理与健亏罗同。喙评之与邑勒,亦如京省与郡县之分。故《新罗传》又言:其国有十六喙评,五十二邑勒。邑勒比喙评低一等可知。今考《三国史记》及《高丽史·地理志》中,与邑勒同音字之名地,尚有遗迹可考。《三国史记》,疋州(疋本武字,避高丽李氏朝惠宗讳省)潘南县,即《高丽史》罗州牧潘南郡安老县,旧名阿老谷县,又名野老县。《三国史记》,疋州压海郡碣岛县,旧名阿老县。《高丽史》罗州牧灵光郡陆昌县,旧阿老县。阿老者,实为邑勒、挹娄、燕娄、也利等双声之变。又百济国都名慰礼城,据《三国遗事》,今稷山实今广州之地也。慰礼与阿老、也利,既属同声,实可推定亦为挹娄一语根演化而来,不能因邑勒限于外邑而疑之。因丽人当时实未明邑勒之语根所从出,何况其异译之字乎?《汉书·东夷传》,高勾丽有五部。顺奴、灌奴,为其中之二部。闰奴城当即顺奴部所居之地,而贯奴城亦即灌奴部所居之地也。考之东国史籍,未能得其今地,此与上列所考诸城同为一类,当陆续搜讨之。第二类如:大山韩城,《三国史记·地理志》:熊州嘉林郡翰山县旧名大山县;干上利城,《三国史记》康州居昌郡,旧名居列郡,又名居陁(《集韵》:丈尔演尔二切),《高丽史·地理志》,安东旧名古陁耶郡,又名居昌郡。干上利与古陁耶同声[1],就邹城碑下文又作就咨城;《北史·百济传》云:其都曰居拔城,亦曰固麻城。其外更有五

---

① 古干,陁上,皆同类双声,利耶虽非双声,而伽瘝国即驾洛国,知利耶同类相通假。

方,中方曰古沙城。东方曰得安城。南方曰久知城。西方曰刀先城。北方曰熊津城。久知城即就邹城也。第三类凡十城,皆已考得今地。其中二城曰人津田氏曾有成说。节案津田氏所考阁弥城则合,谓阿旦城即阿达城则未必可信。《三国史记》辰斯王八年纪:十月,高句丽攻拔关弥城;其城四面峭绝,海水环绕。又三年纪:与靺鞨战于关弥岭,不捷。故津田氏云:其地必为临津江汉江交会之点,苍波涉茫有似乎海,又为关弥岭所在,且为百济北鄙襟要;今临津江之东南岸皆山地险要,则关弥城当江口之南方亦想象可知。节案津田氏之说甚是,又百济盖卤王二十一年纪:王出逃,为高句丽将桀娄所虏,缚送于阿且城下戕之(《东国通鉴》引作阿旦)。新罗文武王十五年,靺鞨入阿达城劫掠,城主素那战死。唐兵与契丹靺鞨来围七重城,七重城即今积城。津田氏云:如果阿达城即阿旦城,则阿旦城必在临津江之北,七重城对岸之地。节案津田氏之说未是,阿旦城实阿且城,非与阿达同音,阿且即沃沮之异音,其初为沃沮部所居之地也。《三国史记·地理志》:溟州奈城郡子春县,即乙阿且,亦名永春。《高丽史·地理志》:原州永春县旧名乙阿旦。《东藩纪要》:永春距京三百六十五里,别名子春,亦名乙阿朝。可见《高丽史》作阿旦者,乃阿且之误,复由阿且声误为阿朝。然则阿且何以又变为乙阿且耶?阿乙双声所演,如巨富山即富山,高句骊即高丽。《三国史记》尚州闻韶郡安贤县,旧名阿乙兮;安贤,即阿乙兮之变音也。《三国史记》:新罗奈能尼师今十九年,王命伊伐飡利音率兵六千伐百济,破沙岘;炤知麻立干十一年,高句丽袭北边至才岘;百济辰斯王七年,靺鞨攻陷北鄙赤岘城。阿莘王二年纪:真武复石岘等诸城。久尔辛王七年纪:筑双岘城。毗有王十五年纪:遣兵袭高句丽南鄙苒双岘城。又《地理志》:汉州杨麓郡三领县,旧三岘县。上所举沙岘、才岘、赤岘、石岘、双岘诸城,与三岘城不仅字音相同,且地望亦相合。据《东藩纪要》,杨麓即今杨口(一作杨日),属江原道。节案杨麓本属汉州,当在新罗、百济、靺鞨、高句丽交界冲要之地。广开土王元年,即辰斯王八年秋八月,高句丽王谈德帅兵四万来攻北鄙,陷石岘等十余城。王闻谈德能用兵,不得出拒,汉水北诸部落多没焉。冬十月,高句丽攻拔关弥城。关弥城既为碑中之阁弥城。三岘与彡穰同声[1],则所谓石岘城者惟有彡穰

---

[1] 湖南曾运乾先生近为《喻母古读考》,证明古音匣母、定母,归入喻母。《广韵》:岘,胡典切;穰,汝阳切;今江南一带读壤穰入喻母,与岘同音。古音喻母字有从娘母字得声者,如育𦞩从肉,裔从肉之例。此余姚章氏所谓以舌音逗敛为喉牙也。

城足以当之。关弥、彡穰,皆为百济大城。广开土王元年即位,八月伐百济,九月讨契丹,十月又南征百济,拔关弥等十余城,数月之内,南北奔驰,立此殊勋,而不见于纪功碑,此事理必无者也。今碑中六年之役既得其主城关弥、石岘二城,似可推定《三国史记》误将六年之事记载于元年,以碑证史、若合符节。弥邹城今仁川,津田氏已有成说。今补考之,以足其证。《三国史记·百济纪》:温祚王三十七年,渡浿带二水至弥邹忽;新罗炤知麻立干三年,高句丽取狐鸣等七城,又进兵弥秩夫。《地理志》:汉州栗津郡邵城县,旧名买召忽县,一作弥邹。《高丽史·地理志》:安南都护府仁州,旧名邵城,又名买召忽。《东藩纪要》:仁川距京七十七里,别名邵城、庆源、仁州。今考《三国史记》及《高丽史》,弥邹又转为弥知,以弥知得名之地凡七处。《三国史记》:尚州闻韶郡单密县,旧名正(武字因避讳省一笔)冬弥知,又名曷冬弥知。《高丽史》:尚州牧化宁郡单密县,旧名武冬弥知,曷冬弥知。《三国史记》:尚州化昌县,旧名知乃弥知。又:良州高城郡西畿停,别名豆良弥知停。又正州宝城郡马邑县,旧名古马弥知,亦名遂宁县。《高丽史》:长兴府遂甯县,旧名古马弥知。《三国史记》:正州正灵郡茂松县,旧名松弥知县。《高丽史》:灵光郡茂松县,旧名松弥知县。凡以上所称弥邹、买召、弥秩、弥知者,实夫租一声之变。夫租即沃沮,说详前。故弥邹之语根实从沃沮而来。则凡名弥邹、买召、弥秩、弥知者,古必为沃沮部所居之地也。雜弥城即杂弥城。《三国史记》:汉州交河郡峰城县,旧名述弥忽县。述杂同类双声,杂弥城即述弥忽;《高丽史》在杨广道交河郡,交河别名宣坡。据《东藩纪要》:距京八十里,当汉江与临津江会合之冲。仇天城即仇知城,知天古音同在端纽。《三国史记》:熊州大麓郡金池县,旧名仇知县,亦名全义。《高丽史》:清州牧全义县,古仇知县,全义在今忠清南道之东部。豆奴城即刀那城。《三国史记》:汉州海皋郡雊泽县,旧名刀腊,亦名白州。刀腊、豆奴、刀那,皆双声。《东藩纪要》:白川属黄海道,距京二百十里,别名刀腊,雉岳城,雊泽,白州。娄卖城碑又作农卖城。《三国史记》:汉州黄正(武)县,旧名南川县,亦名利川县。《高丽史》:广州牧利川郡,旧名南川,即南买。《东藩纪要》:京畿道利川,距京一百四十里,别名南川、黄武、南买、永昌。按农卖、娄卖、南买,皆双声,又同隶汉州,为百济国地。此外古模耶罗、分而耶罗,必为驾洛国之地。《朝鲜史略》:大驾洛又称伽倻,有五部:曰阿罗伽倻,曰古宁伽倻,曰大伽倻,曰星山伽倻,曰小伽倻。《驾洛国记》(《三国遗事》卷二)云:大伽倻即六伽倻之一也,余五人各归为五伽倻主,东以黄江山,西南以滄海,西北以地理山,东北以伽倻山,南而为国尾,其地必在新罗之南,百济之东南。《三国史记》:尚州古宁郡,旧咸宁郡,即古宁伽倻国。《高丽史》:尚州牧咸昌郡,即古宁伽倻国,咸昌今属庆尚道,距京西百四十里,又《三国史记》:康州咸安,古阿尸良国,又名阿那加耶,《高丽史》属金州驾洛国。据《东藩纪要》:咸安距京八百里,属庆尚道,别名河罗、伽倻、咸州、金罗、沙罗、巴山。据上列记载,虽不能断定占模耶罗,分而耶罗之今地,而可推定二城必在古驾洛国,今朝鲜半岛南端之地。则好大王此役,实已历罗济二国而至于驾洛国境矣!其余诸城未能详悉,待考。

贼不服①气,敢②出百③戰④。王威赫怒⑤!渡阿利⑥水,遣刺迫城⑦横□□□□便国城。百残王困逼,献⑧出⑨生白⑩一千人,细布千疋⑪归王,自誓:从今以后永为奴客。太王恩赦□迷之衍⑫录其后顺之诚。于是□五十八城,村七百,将残王弟⑬并⑭大臣十人旋师还都⑮。

《三国史记》百济盖卤王二十一年纪:尽国人丞土筑城,即于其内作宫室楼间台榭,无不壮丽。取大石于郁里河,作槨以葬父骨。津田氏曰⑯:郁里河即阿利水,今汉江。汉水汉山之名,与中国交通后之称也。南平壤即北汉山,今京都汉城。慰礼城亦曰汉城,今广州。节案便国城即迫国城,便迫双声借用。广

---

① 沙畹本字作肷,郑氏释为服字。

② 郑云:敢字。汉《华岳庙碑》:骉用玄牡。唐《碧落碑》:敮忘刊记。皆敢字别体。

③ 郑本作交,杨本作督。

④ 汉《李翕天井道碑》:戰戰以为大憾。《隶释》云:戰即战字。

⑤ 郑本作奴。

⑥ 郑本作被。

⑦ 《尔雅·释诂》:刺,杀也,《说文》刀部:刺,直伤也。此作名词用,疑为士卒之称。

⑧ 杨、郑二本皆作献。

⑨ 郑本缺。

⑩ 郑云:生白,生口也。各本均作白。

⑪ 郑云:细布缲属。疋即匹字。《三国史记异体字类》:匹作疋。唐《贺兰氏墓志》:梧桐枝兮凤凰止。皆匹之别体字。

⑫ 郑本作衔字,云御字。节按:是术字泐。

⑬ 各本均作弟。

⑭ 郑本作我,误。

⑮ 旋是旋之别体。

⑯ 《慰礼城考》。

州在汉水之南,与碑文渡阿利水迫国城之说适合。时伯济都慰礼城,津田氏之说可信也。

　　八年戊戌,教遣偏师观帛(郑云:疑肃字泐文)慎土谷,因便抄得莫新(郑本缺)罗城,加太罗谷,男女三百余人。自忄(案此字)以来,朝贡论事。

　　肃慎之名见于我国史籍甚早。《国语·鲁语》:"肃慎氏之矢也。"此外《山海经》《书序》《史记·周本纪》,均有肃慎。或音转作息慎。《后汉书·东夷传》,谓挹娄古肃慎地。《三国志·毌丘俭传》:刊丸都之山,铭不耐之城,至肃慎南界。节案挹娄海东之通言,肃慎中国之译语。后来挹娄、肃慎,皆互用。故碑中沿用肃慎之名。土谷者,即古代夫余民族聚居之所。如碑中有改谷、梁谷、加太罗谷、沸流谷。《三国史记》有上谷、牛谷、悉直谷、梁貊谷、槐谷等。碑中称土谷,如土城古堡之类。津田氏《好大王征服地域考》谓肃慎土为一名,当在南韩方面,不可信。《三国史记》:西川王十一年冬十月,肃慎来侵。屠害边民。王于是遣达贾往伐之。达贾出奇掩击,拔檀卢城。疑檀卢城即加太罗谷及莫新罗城所在之处。谷与城常连称,如碑中梁谷又有梁城。《三国史记》牛谷一称牛谷城,悉直谷又有悉直国,或称悉直城。且加太罗与檀卢声音亦相近。西川王十一年之役,杀酋长,迁六百余家于夫余南乌川,吾人益信加太罗谷必在今奉天东北古挹娄族所居之地,而非在南韩方面也。

　　九年己宛[1],百残违誓,与倭和通[2]。王巡下平穰[3]。而新罗遣使白王云:倭人满其国境,溃破城池,以奴客为民,归王请命。太王恩[4]后称[5]其忠□,寺[6]脱违[7]使遣告以□□[8]。

---

　① 亥之别体,郑本作亥。
　② 与字,郑本作句。
　③ 今作壤。
　④ 郑本缺。
　⑤ 刘本作称,郑本作称,杨本作稀。
　⑥ 此是特字残,郑本作㠯,误。
　⑦ 郑本作遣,是。
　⑧ 郑本作许,各本均缺。

九年百济与倭和通事,不见于《三国史记》。唯《东国通鉴》晋安帝义熙元年丁酉,百济阿莘王六年,广开土王六年夏五月,伯济与倭结好,遣太子腆支为质。碑称广开土王即位于晋太元十六年辛卯,则丁酉为广开土王七年,百济和倭在六年之役以后。王以九年下巡平穰,百残违誓事或在此岁之前也。平穰之所在地,在东国地理上实为一难解决之问题。自来国内外学者均未有详确之答案。《史记正义》引《括地志》云:高骊都平壤城,本汉乐浪郡王险城。《汉书·地理志》臣瓒①注云:王险城在乐浪郡浿水之东。浿水在《史记·朝鲜传》为鸭绿江,已有定论,则王险城必非今之平壤矣。1925年秋间,朝鲜总督府发掘大同江南岸中和县属汉代古墓。得永光三年造孝文庙铜钟一,及半两、五铢、大泉五十、小泉直一等钱,乐浪礼官、大晋元康等残瓦当。又有乐浪大守章、朝鲜右尉、訥邯长印、王扶印信等封泥②。由是可以证明,汉乐浪郡古址必在今大同江南岸。今平壤当大同江之北岸也。今虽确知汉乐浪郡在大同江南岸中和县属之地,但亦不能断定平壤即王险,而王险即古乐浪郡地。《史记·朝鲜传》云:"汉兴,为其远难守,复修辽东故塞,至浿水为界。"又云:"东走出塞渡浿水,居秦故空地上下鄣","都王险"。又"元封二年,汉使涉何谯谕右渠,终不肯奉诏。何去至界上,临浿水,使御刺杀送何者朝鲜稗王长,即渡驰入塞"。据此所谓塞者,即指今山海关外古长城遗址,西起榆关,沿奉天西北界至开原,折为二支,一支东北极伊通门至吉林界,一支至兴京永清门转西南至凤凰厅高丽门南底于海。今奉天之宽甸安东俱在塞外,所谓秦故空地上下鄣者,必当其地。与修故塞至浿水为界之说亦合。设若王险远在大同江南岸,三渡江(大同江、大宁江、鸭绿江),然后抵塞,则所谓至界上临浿水驰渡入塞之说举不合事实,此一疑也。据《三国史记》,故国原王十三年之后建都平壤,至长寿王十五年又云徙都平壤,或曰长安城。又《地理志》引古记云:自平壤移长安。《通典·高句丽传》云:自东晋以后,其王所居平壤城,亦曰长安城,随山屈曲,南临浿水,由上二条记载推之,则东川王以来所都之平壤必非今之平壤。因国内城本在马訾水之北,而好大王讨碑丽渡盐水始至其地。今碑云王巡下平壤,可知好大王既非都国内城,又非都今平壤,此又一可疑也。有此二点,故深信鸭绿江南自义州以迄高山城满浦城一带,必有高句丽故都

---

① 刘孝标《类苑》以为于瓒,郦道元《水经注》以为薛瓒,颜师古以为傅瓒,未有定论,仍缺其姓氏。
② 见朝鲜总督府所出《乐浪郡时代遗迹》。

在。东国史籍中有同一地名而以南北为别者，如南汉山与北汉山，南带方与北带方。平壤亦有南北之分，南平壤即北汉山，今京都汉城；北平壤即今大同江北岸之地。平壤之名既可南移，安知非今平壤之北古又有一平壤乎？深望海东考古之士取吾说以求之而解其惑①。

　　十年庚②子，教遣步骑五万住救新罗。从男居城至新罗城，倭满其中。官兵方至，倭贼退。□□□□□□□来背。息③追至任罹加罗，从拔城，城即归胗④。安罗戍⑤兵，拔新罗城。屍⑥城倭满。倭溃，城六⑦□□□□□□□□□□□□□□□□□□七⑧九⑨尽。臣⑩隋⑪来⑫，安罗人戍兵满⑬□□□□□□□□□□□□□□□□□□□□□□倭溃城大土⑭□安⑮罗人戍兵，昔新罗安⑯锦未有身来朝贡⑰，□□□□□刑⑱土境好大王⑲□□□□率⑳□□□仆勾㉑□□□□朝贡。

---

　　① 今东国史籍皆以成州为沸流王松让故都。《朝鲜史略》谓国内城即义州，虽均不可信，然两地或曾为故都。

　　② 沙畹本作甪。

　　③ 郑本作息字，误。此恩字也。《南唐本业寺记》：唯酬帝祚之息。按息即恩。

　　④ 郑云：服字。

　　⑤ 郑本作戒。

　　⑥ 未详，刘本缺。

　　⑦ 郑本上四字缺。杨本溃作溃。郑本六作大，误。

　　⑧ 杨本存此残字，各本缺。

　　⑨ 郑、杨二本存，各本残缺。

　　⑩ 郑本作臣，刘本缺。

　　⑪ 杨本作陏，各本残缺。

　　⑫ 郑本作尖，罗本缺。

　　⑬ 罗、郑、杨三本均缺。

　　⑭ 上十五字沙畹本全缺，刘本存一溃字。倭上各本缺五十二字，郑本缺十字，杨本缺十九字。郑云：土系走字残缺。

　　⑮ 安字杨本作㷉，误。

　　⑯ 郑本仅存，各本均缺。

　　⑰ 郑本存，各本缺。

　　⑱ 沙畹本及刘本均缺。

　　⑲ 刘本仅存，各本缺。

　　⑳ 刘本仅存，各本均缺。率上郑本有至字。

　　㉑ 仆字，郑本作溃，疑郑本此处与下文有差错。

十年救新罗之役不见于《三国史记》《东国通鉴》。晋孝武帝太元十七年，新罗奈勿王三十七年，高句丽广开土境王二年(应作三年)春正月，高句丽遣使聘新罗。新罗王以高句丽强盛，送伊飡大西知子实圣为质。奈勿王四十六年秋七月，质子实圣还。适当广开土王十年庚子(《东国通鉴》作九年，据碑正)之岁也。男居城疑即南加罗。《日本书纪》：推古天皇八年，新罗与任那相攻，天皇欲救任那，命境部臣为大将军，以积穗臣为副将军(原注：姓名阙)，将万余众为任那击新罗，攻五城而拔。新罗王惶之，举白旗到于将军之麾之下。立割多多罗、素奈罗、弗知鬼、委陀、南加罗、阿罗等六城以请服①。又《三国史记·金庾信传》："南加耶始祖首露。"南加耶即南加罗。碑下文又作南居韩。津田氏任那考：南居韩即南加罗，今龟浦，在釜山之北，东莱县西境，当洛东江之口，为倭人入新罗海口之一。故碑云从男居城至新罗城，倭满其中。新罗城即新罗国都。《三国史记·地理志》：新罗都城曰金城，或称月城。又讫解尼师今三十七年纪：倭兵猝至风岛，抄掠边民，又进围金城。慈悲麻立干二年纪：夏四月，倭人以兵船百余艘袭东边，进围月城。奈勿王三十八年夏五月，倭人来围金城，五日不解。将士皆请出战，王曰：今贼弃舟深入，在于死地，其锋不可当。乃闭城。贼无功而退。据上述数说，足证新罗国城必为东边濒海之地，即今庆尚道之庆州。《东藩纪要》：庆州距京七百六十里，别名辰韩、斯卢、鸡林、月城。倭人进兵新罗有二道：一道从东边直达金城，一道即从任那加罗而入。《三国史记·强首传》："强首，中原京沙梁人也。及太宗召见，问其姓名，对曰：臣本任那加良人。"任那加良即任那加罗。《日本书纪》：继体天皇六年壬辰，百济遣使调贡。别表请任那国上哆唎、下哆唎、沙陀、牟娄四县。哆唎国守穗积臣押山奏曰：此四县近连百济，远隔日本，且暮易通，鸡犬难别。今赐百济，合为同国。又：钦明天皇二十三年春正月，新罗打灭任那官家。注云：一本作"二十一年，任那灭焉"。惣言任那，别言加罗国、安罗国、斯二歧国、多罗国、卒麻国、古嵯飡国、稔礼国，合十国。据饭田武乡《通释》：广开土王当在仁德天皇之世，钦明上距仁德凡十三世，百二十余年。《东国通鉴》真兴王二十三年秋八月，新罗灭大加耶。足证广开土王时任那尚属日本。加耶即驾洛国。《三国史记·地理志》：良州金海小京，古金官国，亦名伽落国。《东藩纪要》：金海，属庆尚南道，距京八百八十里，别名驾洛、伽倻、临海、金州等称。加罗为任那之首邑，故通

---

① 据饭田武乡氏《书纪通释》。

名任那加罗。安罗为任那之一邑,即今之咸安。《东藩纪要》:咸安距京八百里,别名河罗、伽倻、咸州。河罗即安罗,则咸安当为古安罗国之地。任那加罗之名见于吾国古史者皆分别言。《南齐书·东南夷传》云:倭、新罗、任那、加罗、秦、韩,六国诸军事。《通典·新罗传》:高丽人不堪戎役,相率归之,随致强盛,因袭加罗任那灭之。①

　　十四年甲辰,而倭不轨,侵②入带方界③。□□□□□石城□连船□□□□□率④□□□平穰⑤□□□相遇。王憧,要截盪刺⑥倭寇⑦溃败,斩煞⑧无数。

带方在汉时属乐浪郡。《汉书·地理志》:乐浪含资县有带水,西至带方入海。《三国志·东夷传》:建安中,公孙康分屯有以南荒地为带方郡。《晋书·地理志》以带方、列口、长岑、提奚、含资、海冥、南新七县属带方郡。则带方为乐浪郡南部之地无疑。汉江古带水⑨源出含资,而西至带方入海。则带方在带水之口,亦为必然之事实。今已发现乐浪郡古址在大同江南岸,则带方处汉江以南之地,颇合事实。再考之东国史籍,又有南带方与北带方之称。《三国遗事》云:北带方本竹军城(军,一本作覃)。注曰:今南原府。南带方曹魏时始置,故云带方之南,海水千里,曰瀚海。自注曰:后汉建安中以马韩南荒地为带方,倭韩遂属。考《三国史记·地理志》:带方本竹军城。有六县,至留县,本知留;军邘

---

① 《三国史记·地理志》:法兴王以大兵灭阿尸良国。注一云:阿那加耶任那府,又有渎卢、狗邪、安邪诸小国。安耶即安罗。俱详津田氏《任那疆域考》及《三韩疆域考》。

② 案侵之别体。东魏《义桥石像碑》:归依者尘雾莫侵。

③ 带字郑本作帯。

④ 刘,郑本存,罗本亦缺。

⑤ 郑本作仆句,恐与上文有差错。

⑥ 上三字沙畹本残脱。截字刘郑本作截,憧为㤜之别体。《汉北海相景君铭》:惊憧伤裹。《隶释》云:以憧为㤜。《汉北军中侯郭中奇碑》:悲憧剥裂。《汉执金吾丞武荣碑》:憼哀悲憧。皆以憧为㤜。要即腰字,《九经字样》隶变作腰,《广韵》云今作腰。盪即荡字,《汉蔡湛颂》:盪盪有功。《北魏张黑女志》:盪寇将军。皆以盪为荡。截,戮之义。

⑦ 《北魏张黑女志》,《唐西平郡王碑》寇皆作寇。

⑧ 刘本作煞。宋《爨龙颜碑》,胜残去煞。唐《干禄字书》,杀俗作煞。隋《申穆墓志》,敀清重其高尚。唐《皇甫诞碑》,素秋肃敀,字作敀。齐《高叡修寺碑》,字作敆。皆六朝别体。

⑨ 津田氏《浿水考》。

县,本屈奈;徒山县,本抽(中缺);半邢县,本半奈夫里;竹军县,本豆肹;布贤县,本巴老弥。该志武州有二豆肹县:一在兮岭郡薑原县,一在锦山郡会津县。又潘南郡即半奈夫里,务安郡咸丰县本屈乃县,兮岭今乐安,锦山今罗州,与务安同隶全罗南道。带方州六县之今地虽得其三,然豆肹有二,同隶全罗,未能断定孰为竹军城。而所谓带方州者,已知必在今全罗道南端濒海之地无疑。考《三国史记·地理志》:南原小京即南原府,属全州。《东藩纪要》:南原属全罗北道,距京六百三十里,别名带方。今《三国遗事》反以竹军城为北带方,而以南原府为南带方,此必《遗事》称引之误。然吾国古史以汉江流域为带方,则北带方之名应属之。其后带方之地渐次南移,今碑云倭人侵入带方界,可见在好大王时带方之地已辟至半岛之西南端无疑也。

十七年丁未,教遣步骑五万□□□□□□□□□师[1]□□合戰,斩煞荡[2]尽。厈稚铠钾一万余[3]领,军资器械[4]不可称数。遝破沙涌[5]城,婁城。遷[6]□□□□□□□□师[7]□城。廿年庚戌,东夫余旧是鄒牟王属民,中叛[8]不贡,王躬率住讨[9]。军到余城,而余城[10]国骈□□□□□郍白[11]□王恩普处,于是旋遝。又其慕化睹官[12]来者:味仇婁鸭卢[13],卑斯麻鸭卢,瑞[14]立婁鸭卢,肃斯舍□□,□□□□卢。仇[15]厈攻破城六十四,村一千四百。

陆心源《高丽国广开土王谈德纪勋碑跋》云:鸭卢即鸭绿。杨守敬双钩本

---

① 郑本作平穰,恐有差错。此据杨、刘本。沙畹本残。
② 郑本作汤,案即盪字。
③ 厈,郑本作所,汉《郑固碑》:大君夫人所共哀也。所字作厈。稚,郑云穉字之省。钾同甲。
④ 械字泐文,各本作械。
⑤ 沙畹本作溝。
⑥ 各本缺,郑本存。
⑦ 各本缺,郑本存。
⑧ 《三级浮图颂》:神怒民板。叛,正作板,与此同。
⑨ 讨,郑本作诸。
⑩ 郑本作承,误。
⑪ 各本缺,郑本存。
⑫ 郑本作陏宫。睹即随字,宫系官字之误。
⑬ 郑本三字误,作卢婁鸭。
⑭ 此据沙畹本。刘本残存土旁,郑氏本作城字。
⑮ 郑本作仇,误。凡之别体也。

跋及郑文焯氏《考释》均袭其说。节案陆氏之言未是。鸭卢,挹娄之异译也。王讨东夫余,东夫余即东沃沮,说已详前。东沃沮南邻靺鞨,北接挹娄。挹娄之语又变为邑勒,成公名词,其说已于也利城燕娄城诸条下言之。鸭卢既为挹娄,而挹娄远处北边,与邑勒即外邑之说亦相合。《三国史记》文咨王十三年本纪云:黄金出自珂则涉罗所产。今吉林黑龙江一带产金甚富,涉罗与鸭卢亦同音,疑珂则涉罗亦鸭卢之别部,皆挹娄族也。十七年丁未,及二十年庚戌,好大王征东沃沮之役,皆不见于东国史籍。沙沟城,娄城,今地未详。

守墓人烟户:卖句余①民国烟二②,看烟三;东海贾国烟三,看烟五;敦城□四家尽为看烟;亏城③一家为看烟;碑利城二家为国烟④;平穰城民国烟一,看烟十;訾⑤连二家为看烟;住娄人国烟一,看烟卌二⑥;契⑦谷二家为看烟;契⑧城二家为看烟;安失⑨连廿二家为看烟;改谷三家为看烟;新城三家为看烟;南苏城一家为国烟;新来韩秽沙水城国烟一,看烟一;牟娄⑩城二家为看烟;豆⑪比鸭岑⑫韩五家为看烟;勾牟客头二家为看烟;永底韩一家为看烟;舍蔦城韩秽国烟三,看烟廿一;古家⑬肥罗城一家为看烟;炅古城⑭国烟一,看烟三;客贤韩一家为看烟;阿旦城,雜珎⑮城,合十家为看烟;巴奴城韩九家为看烟;臼模卢城四家为看烟;若模卢城⑯二家为看烟;牟水城三

---

① 郑本作余。
② 杨本作一。
③ 亏即于字,郑本作于。
④ 郑本作看烟。
⑤《说文》訾从口此声,将此切。
⑥ 郑本作三。
⑦ 郑本作梁。
⑧ 郑本作梁。
⑨ 刘本作夫。
⑩ 郑本作卢。
⑪ 郑本残作目。
⑫ 郑氏本作本。
⑬ 郑本缺,各本皆作家,疑是宁之涉文。伽倻国有古宁伽倻。那罗,即伽倻。
⑭ 炅,《广韵》古惠切。
⑮ 郑本作弥。
⑯ 郑本误作卢模。

家为看烟;干乭利城国烟二,看烟亼[①];弥l尸城[②],国烟六[③]看烟七[④];□□□□□□[⑤]利城[⑥]三家为看烟;豆奴城国烟一,看烟二;奥利城国烟二,看烟八;须䏍城国烟二,看烟五;百残南居韩国烟一,看烟五;大山韩城六家为看烟;农卖城国烟一,看烟一;闰奴城国烟二,都烟廿二;古牟娄城国烟二,看烟八;场城国烟一,看烟八;味城六家为看烟;就咨城五家为看烟;彡穰城廿四家为看烟;散㖈城一家为国烟;㖈旦城一家为看烟;句牟城一家为看烟;于利城八家为看烟;比利城三家为看烟;细城三家为看烟。

总计以上凡五十城。综前所见各城,汰其重复,约得百余。因碑文剥落,未能确定实数。而上文云破五十八城,村七百。又云凡所攻破城六十四,村一千四百。足见好大王经略之地,碑中仅记其主要之城。今所考五十城中如碑利、平穰、新城、南苏、阿旦、杂弥、巴奴、若模卢、弥鄀、豆奴、奥利、南居韩、大山韩、农卖、闰奴、就咨、彡穰、于利、比利、那旦等二十城,已于上文分别说明。此外可考得今地者:卖句余城,《三国史记》:太武神王十三年秋七月,买沟谷人尚须与其弟尉须来投。买沟谷疑即卖句余。《三国史记·地理志》:朔州奈灵郡善谷县,即买谷县。《高丽史·地理志》:安东府礼安郡即买谷县,亦曰善谷。《东藩纪要》:礼安属庆尚道,距京五百三十里,别名买谷、善谷、宣城。《三国史记·地理志》:新城州本仇次忽,或云敦城。《高丽史·地理志》:谷州一名德顿忽,有新恩县,别名新城;侠溪县,别名檀溪。檀溪县在《三国史记·地理志》属永丰郡,隶汉州。《东藩纪要》:黄海道新溪,距京三百四十里,别名新恩、新城、丹溪、檀溪、覃州。揆之音理,德、顿与敦;檀、覃与敦,俱属双声。如覃州即敦城,则碑中敦城或即今之新恩。亏城即于县。《高丽史·地理志》:安东府顺安县,一名于县,亦名奈巳郡,仇火县,高丘县。考《三国史记》朔州奈灵郡即奈巳郡,亦曰刚州。《东藩纪要》:庆尚道荣川,距京四百六十里,别名奈灵、刚州、顺安、龟城。哉连未详。然各本㿟字皆不明晰,疑系

---

① 郑本完缺。
② 郑云:此是弥鄀城。
③ 郑本作七。
④ 三字杨本均缺,各本缺七字。
⑤ 此上各本缺五□,郑本七字下缺一,杨本连下共缺十字。
⑥ 利字刘本残,沙畹本、杨本均缺,郑本仅存。

各字之沨。《三国史记》朔州连城郡，本各连城郡，《高丽史》属交州道。《东藩纪要》：江原道淮阳，距京三百八十里，别名各连城、连城、伊勿城、淮州。梁谷、梁城，本为连属之地，其例已详前。据《三国史记》及《高丽史》，良州亦名梁州，广州牧亦有梁州。《三国史记》：新罗敬顺王三十三年，进兵西伐梁貊，取高句丽县。又东川王二十年，与毌丘俭战于梁貊之谷。梁貊族亦非岛南土著《后汉书·东夷传》云：句骊一名貊耳，有别种依小水而居曰小水貊。出好弓，所谓貊弓是也。《三国史记》朔州为貊地，足见梁貊部古时所处之地甚广泛。《三国史记·地理志》：汉州坚城郡洞阴县即梁骨县，于《高丽史·地理志》属东州。《东藩纪要》：京畿道永平，距京一百四十里，别名洞阴、梁骨、永兴。梁骨疑即梁谷，则梁城必在今永平一带。津田左右吉氏《任邢疆域考》云：河西良即安失良之音转。《三国史记》：溟州即河西良，一名何瑟罗，后属新罗，地连靺鞨，盖秽之古国。《东藩纪要》：江原道江陵，距京五百三十里，别名濊国、临屯、溟州、东原等。考何瑟罗为溟州之别名，溟州之地域尽广。江陵今江原道东海滨之地，是否即古之溟州领县，尚成问题。然安失连即溟州，则可谓无甚可疑之处也。古宁那罗即古宁伽倻。《三国史记·地理志》：尚州古宁郡即咸宁都，本古宁伽倻国。《东藩纪要》：庆尚道咸昌，距京四百四十里，别名占宁、咸宁、古陵。味城或即《三国史记》熊州燕山郡昧谷，即未谷县，一名怀仁，于高丽史属清州牧。《东藩纪要》：忠清道怀仁，距京三百五十里，别名未谷、昧谷。以上凡八城，虽得今地尚未能直接证明确实无误，亦足以供探讨是碑者发微抉疑之一助尔。《三国史记》：高丽太祖，王五十六年，东海谷守献朱豹，王猎于质山。东海谷疑即东海贾，住娄即挹娄。住挹古为同类双声，则住娄人即挹娄人。以上所述，其三十三地，略可考覈。此外十七城均羌无故实可考，容再搜讨之。烟户即人烟户口之谓。郑文焯氏云：所谓国烟，盖皆取远近旧民充之，本其国人也。曰看烟者，则皆其所略来韩秽人，令其看旧民之法而调教之。碑所云虑其不知法，则复取旧民一百十家，故看烟之数倍蓰于国烟也。节案碑下文云：合新旧守墓户国烟三十，看烟三百，都合三百三十家。今据数合计，国烟三十六，都烟二十二，看烟二百六十八，知碑言国烟三十者，据成数而言；看烟三百者，合都烟而言，总计三百二十有六。因此考知干上利城看烟今字，必为四之沨文，合计适成三百三十之数也。据碑三百三十户内有旧民一百十家，可知旧民不尽为国烟，而看烟亦不限于韩秽。今虽不能确指三百三十家内若何等城烟户为一百十家之旧民，然都烟为非韩秽可知。卖句余民、平穰城民、住娄人,非韩秽亦可知。何以知之? 因碑云:残王自誓从今以后永为奴客;又云倭人溃破城池,以奴客为民。今知奴客与民不能并立,韩秽为新略来之奴客,则称民人者非韩秽可知矣。今合国烟都烟及卖勾余,平穰,住娄,诸处看烟计之,共一百十三家,由此可知一百十家亦据成数而言也。

国罡[①]上广開土境好太王存时教言:祖王[②],先王,但教取远近旧民守墓洒扫。吾虑旧民转当羸劣,若吾万年之后,安守墓者,但取吾躬率所略来韩秽,令备洒扫[③]。教言如也[④]。是以如教令,取韩秽二百廿家,虑其不知法则,复取旧民一百十家,合新旧守墓户国烟卅,看烟三百,都合三百卅家。自上祖先王以来,墓上不安石碑,致使守墓人烟户羞错。惟国罡上广開土境好太王尽为祖先王墓上立碑铭,其烟户不令羞错。又制守墓人[⑤],自今以后,不得更相转卖。雖[⑥]有富足之者,亦不得擅买。其有违令卖者,刑之,买人制令守墓之。

碑云守墓者但取吾躬率所略来韩秽,令备洒扫。此韩秽连称,或省称韩,如大山韩、永底韩、豆比鸭岑韩。《后汉书》《三国志》皆分韩秽为二传,其实韩秽一族也。《逸周书·王会解》:成王大会诸侯于成周,秽人入贡。注云:秽,寒秽,东夷别种。故知寒秽即韩秽。以碑证史确为一族。《逸周书》之著作时代虽成问题,然《汉书·武帝本纪》:元朔元年秋,东夷薉君南闾等率二十八万降为苍海郡。则薉之名至迟必起于汉初。晋灼注曰:薉古秽字。颜师古注曰:南闾者,秽君之氏。《后汉书》《三国志》秽皆作濊,同声字。南闾即安罗之变音。古音由喉牙舒为舌音者甚多:如尧声有娆,九声有内,堇声有难,昌声有能。今音山东一带有读安如南者,故知安罗、加罗、加耶,皆韩秽氏族之通

---

① 郑,杨本作脱,以罡为冈。六朝隋唐之别体。唐《张孚墓志》:长复剄断。《石壁寺铁弥勒颂》:物之坚剄。又《段志玄碑》:刚皆作剄。则冈可作罡矣。

② 郑本缺。

③ 秽,郑本作濊,著录时沿用《后汉书》之字。郑云:《匈奴传》集注濊或作薉,《晋书》音义濊与秽同。

④ 刘本作"此",此据沙畹本。

⑤ 郑本"人"上有"之"字,乃误移下文"制令守墓之"之"之"字于此,见刘氏校记。

⑥ 郑释虽字是,《杨小口造浮图》虽作雖。

称。前谓韩秽为岛南土著,于此亦得一证。韩秽族所居之地,据《后汉书·东夷传》,濊北与高勾骊沃沮,南与辰韩接,东穷大海,西至乐浪。《三国志·东夷传》:韩在带方之南,东西海为限,南与倭接,方可四千里。有三种,一马韩,二辰韩,三弁韩。及公孙模张敞等与兵伐韩濊,旧民稍出,是后倭韩遂属带方。据吾国史籍之记载,居半岛南端(古任那区域)者曰韩,居半岛之东北部(今咸镜道境)者曰濊,而韩濊本为土著。因夫余族南侵,退处两地,而后韩与濊分。再考之东国史籍,亦有相同记载,而以濊为靺鞨。《三国史记》太祖王五十年纪:濊貊本朝鲜之地,南与辰韩,北与高句丽沃沮接,东穷大海,西至乐浪。《三国遗事》云:靺鞨地接阿瑟罗州。又引《东明记》云:卒本城地连靺鞨。又温祚王十三年纪:五月,王与群下曰:国家东有乐浪,北有靺鞨,侵轶疆境,少有宁日。书中所谓靺鞨,盖指濊地,且颇强盛。而碑中所言之韩濊,甚微弱,何来如此强抗之靺鞨。靺鞨自新罗建国初年至真兴王之世始衰落,其间不下五六百年之历史,而不见于吾国史籍。夷考靺鞨之兴,先称勿吉,始北魏时。至唐睿宗以后,更号渤海,渐至强盛,与《三国史记》之记载适相反。深疑《三国史记》所据之史料必出唐以后,时靺鞨强盛,其所居地域又相同,故凡遇濊国之事,皆以靺鞨称之[①]。今先于靺鞨兴起之史实略为考究,必可证明吾说之不谬。《北魏书·勿吉传》云:勿吉国在高句丽北,旧肃慎国也,去洛阳五千里。《北史·勿吉传》云:国在高句丽北,一曰靺鞨,邑落各自为主,不相惣一。其人劲悍,于东夷最强,言语独异,常轻豆莫娄等国,诸国亦患之。其部类凡有七种:一号栗末部,与高句丽接,胜兵数千,多骁武,每寇高句丽;其二曰伯咄部,在栗末北,胜兵七千;其三曰安车骨部,在伯咄东北;其四曰拂捏部,在伯咄东;其五曰号室部,在拂捏东;其六曰黑水部,在安车骨西北;其七曰白山部,在栗末东南,胜兵不过三千,而黑水部尤为劲健。自拂捏以东,矢皆石镞,即古肃慎氏也。《通典·边防典》:勿吉,后魏通焉。隋文帝初,靺鞨国有使来献,谓即勿吉也。西北与契丹接,每相劫掠,与中华悬隔,唯栗末白山为近。炀帝初,其渠帅突地稽率其部来降,居之柳城。辽东之役,突地稽率其徒以从,每有战功,从帝幸江都,寻放归柳城。大唐圣化远被,靺鞨国频使贡献。详考传记:挹娄、勿吉、靺羯,皆肃慎之后裔。《新唐书·黑水靺鞨传》:东滨海,西属突厥,南高丽,北室韦,离为数十部,酋各自治。

---

① 津田博士有《勿吉考》《渤海考》《三国史记·高句丽本纪研究》三文。以索购不得,未见为憾!

其著者曰栗末部,居最南。又渤海本传:栗末,靺鞨,附高丽者,姓大氏。高丽灭,率众保挹娄之东牟山,地直营州东二千里,南比新罗,以泥河为境①,东穷大海,西契丹,筑城郭以居,高丽逋残稍归之。据以上诸条,靺鞨部落甚多,以黑水为最强盛。后栗末部浸盛,其所居之地即前韩秽及东沃沮所国之境。南与新罗,以泥河为界,此中土与东国史籍所同。而靺鞨实夫余族,不仅其所处地域与东沃沮相同,其部族名称亦自沃沮来②。然好大王时东沃沮实甚微弱,臣属高丽,其兴盛当在唐中宗以后。渤海本传云:万岁通天中,武后封靺鞨酋乞四比羽为许国公,乞乞仲象为震国公。比羽不受命,后诏玉钤卫大将军李楷固等讨乞四比羽,斩之。进追乞乞仲象子祚荣,祚荣以高丽靺鞨兵拒楷固,楷固败绩。祚荣遂自立为震国王。睿宗先天中,遣使拜祚荣为左骁卫大将军渤海郡王,以所统为忽汗州,领忽汗州都督。自是始去靺鞨号,专称渤海,遂为海东盛国。地有五京,十五府,六十二州,迄于五代,并入契丹,具见《渤海国志》。据今所考明者,靺鞨始于北魏,盛于初唐,而《三国史记》反以靺鞨入梁而衰(真兴王当梁简文帝时),且濊国在新罗之北,东沃沮之南,海东史籍,同此记载。国虽微弱,时依附高句丽侵扰邻邦③,不能于两汉时消灭。其亡国当在东沃沮南侵之后。今碑中既未及靺鞨,考之史实,靺鞨又未盛于汉魏之季。故以碑证史,至少可断言:今咸镜道地,当好大王以前必无靺鞨其国存在也。

本文著于1928年8月,原刊载于《国学论丛》第二卷第一号。

本文作者:

刘节(1907—1977年),原名刘翰香,字子植,浙江永嘉人,当代史学家。1926年考入清华大学国学研究院,师从王国维、梁启超和陈寅恪。1928年开始,先后供职于南开大学、河南大学、北平图书馆、燕京大学、浙江大学、成都金陵大学及重庆中央大学。1949年,受聘为岭南大学(后并入中山大学)教授,后任中山大学历史系主任。主要从事中国古代史研究,在先秦史、古器物学、思想史和史学史领域均有

---

①《三国史记》炤知王三年,高句丽与靺鞨入北边,取抓鸣等七城。又进军弥秩夫,我军与百济加耶援兵分逆御之,贼败退,追击破之泥河西。

②由沃沮为夫租,为勿吉,为靺鞨,皆与音变之理相合,例详前。

③事见太祖王五十年纪,六十九年纪,百济圣王二十六年纪。

建树,著有《古史考存》《中国史学史稿》《中国古代宗族移殖史论》等,撰有《〈洪范〉疏证》《好大王碑考释》《大诰解》《历史论》《历史上的两种法则》《〈管子〉中所见之宋钘一派学说》《西周的社会性质》《中国思想史上的"天人合一"问题》等学术论文。

西魏北周和隋唐的府兵

谷霁光

府兵制度实行,逾二百年(542—749年),范围由小而大,规制由疏而密,其中详细因革,虽难考订,而各期发展,仍可于现存史料中得其梗概。记载府兵最详的文字,要算《邺侯家传》和《新唐书·兵志》,此外《唐六典》《唐会要》也有简略的述说。综合上列几种史籍,再参照唐代其他有关府兵的材料,对府兵制度本身的研究,已不致离题过远。滨口重国曾经写过一篇《从府兵制到新兵制》,载《史学杂志》第四一编第一一及一二号,叙述详明,且参证以"日本法令",借补"唐令"之不足,诚为研究府兵者,辟一新途径,望者检阅。兹另为文,总述府兵的源流变化及其背景,尤注意于府兵成立意义,及制度设施等问题。借以说明中国中古兵制变化与政治、社会关系及相互影响。文虽通论,对于一事一物,不厌精详考证,务期至确。材料方面,收辑亦多,但为行文便利,及免除冗烦起见,于考证本末,载籍原文,多未列举,仅注史料出处,读者检阅原书,不难窥其全豹。

一、府兵制度之起源与其成立背景

府兵制度的起源,可追溯至北魏道武帝(377—408年)时代之军府制度。《魏书》载魏皇始二年(397年),道武平定中山,多设军府,以相威慑。凡有八军,每军配兵五千,食禄主帅各四十六人。当时军府的规制,已不可考,但从实际情形推测,军府必为一种特殊兵制,与通常所谓"将灵开府"之军府,迥不相同。[1]此种制度,或即府兵起源之第一着,源流变化,颇值我们注意。

北魏军府制度,我在《镇戍与防府》一文中,已略提到,不再详述。[2]现在所

---

[1] 军府可作将军开府的简称,但北魏在道武帝时代,似无将军开府的事,神䴥元年(428年),始令诸征镇大将,依品开府。四年又令诸征镇仗节边远者,开府辟召。可见道武所置军府,为一特殊制度。依《魏书·杨椿传》记载,此种军府,到公元500年左右,仍然存在,大概是近于军镇的一种制度,所以并存不废。

[2]《禹贡半月刊》卷三期一二。

要讨论的,是北魏的军镇和隋代都尉。一方面,史中关于这两种制度的记载,比较详晰,无容再事推测与假定。另一方面,这两种制度之成立,很足以昭示当时兵制变化的一种趋势。换言之,明了军镇与都尉的内容,便易于了解府兵成立的背景及其要义,兹分述于此:

第一,北魏军镇。北魏设置镇兵,开始于皇始年间(396—397年),与上述军府的设立,约为同时。最初限于北边一带,后来遍到关洛和江淮,但重要的镇,仍在北方,用以防遏高车和柔然南下,这就是史籍上常常提到的"北镇",和北镇中最扼要的"六镇"。军镇制度的要点,是州镇不相统摄,镇有固定的地域,直辖于中央政府,其地位与州相近。镇有镇将,下置属员,统兵御侮,与刺史同,城隍仓库,都归镇将主持,又兼治民一府户,故地位尤重于刺史。[1]镇将与府户,多为鲜卑豪族,及中原强宗子弟,世执兵使,非中旨特许,不得请免府籍。镇领民户,田守兼重,在这种情形之下,兵农未尝分离,国家可免大批养兵之费,而得边防巩固的实效。故北魏军镇,可云一代宏规,而军镇之兵民不分与兵民合治,在兵制沿革史中,尤当特别注意。[2]

第二,隋代都尉。秦时每郡各置守尉监,尉即军事长官。汉景帝更名都尉,武帝时又有农都尉,主屯田殖谷;属国都尉,主蛮降附。至东汉建武七年省诸郡都尉,并职太守,唯边郡往往置都尉及属国都尉,稍复分县治民,比于郡守。此点颇与军镇相似,大都是根源于边疆的特殊情形而产生的。隋代都尉,略有不同。都尉领兵,与郡不相知,重要地域,且设都尉府以掌兵政。又都尉品级为正四品,而上郡太守仅为从四品,非复都尉附于郡守之旧制。[3]故此时之都尉与郡不相摄,已完全走上兵民分治之另一阶段。

关于上述两种制度,其趋势可概括为二:一是兵士土著。担负一方面的防务,而不劳国家特殊供养,这就是边防军队生产化的办法。二是将不专兵,平时各理防务,有事指配各军,朝廷可以指挥如意,这又是地方军队中央化的办法。然而军镇与都尉,仍各有缺点:军镇为兵民合一,但非民兵分治;都尉为兵

---

① 参见《魏书·官氏志》及《源怀传》。按镇将等级不一,有镇将,有镇大将,镇都大将,《官氏志》不列品位,其品位殆视其所兼将军之号而定。可高于州刺史亦可低于州刺史。

② 关于军镇制度,可参见谷霁光《镇戍与防府》(《禹贡》卷三期一二),周一良《北魏镇戍制度考》及《续考》(《禹贡》卷三期九及卷四期五)。关于军镇之破坏,可参见谷霁光《补魏书兵志》(《二十五史补编》,滨口重国《正光四五年间后魏兵制考》(《东洋学报》二十二卷二号)。

③《隋书》卷二八《百官志》下,及二九至三一《地理志》。

民分治,而非兵民合一;府兵制度,便为补救此弊,而求到达兵农不分,兵民分治,而将不专兵以及其他种种目的。

府兵制度成立以前及其同时兵制的趋势,已如上述,继此可以讨论府兵成立经过及其演变,府兵设立,始于西魏大统八年(542年),《玉海》卷一三七引《后魏书》云:

> 西魏大统八年,宇文泰仿周典置六军,合为百府……十六年,籍民之有材力者为府兵。

由此知府兵制度之健全,在于大统十六年(550年)。此九年中,宇文泰对于兵制改革的特别努力,也有其内在原因,《玉海》卷一三八引《邺侯家传》①:

> 初置府兵于西魏大统中,周文帝(宇文泰)与度支尚书苏绰之谋也。自三代之后,无与为比,虽战国之教士、卒武、技击皆不及。时西魏之境,自陕而有关中及陇右、河西而已。东魏、河北、河南三道,殷实富强;而自襄邓蜀汉,皆属于梁。……共有众不满五万。初置府兵而东魏霸相高欢,大举来伐,周太祖时为大丞相,总百揆太师冢宰,奉魏帝扫境内以敌之,除守御之师,共有众三万,战于沙苑……欢,大败,遂壖乙东魏河东汾绛之地……

宇文泰当后魏大乱之后,军人专横,②非兵民分治,不能达到政权集中和政治清明的目的,亦不能恢复关中一带之繁荣。更进一步言之,西魏境内的政治经济,不得解决,即无法抵抗富强的东魏。故宇文泰对兵制改革:第一,在兵农合一。其后北周又屡次使兵地著,并渐次增加服兵役的员数与时间。③第二,在系统分明。使兵与将的关系,公而非私。此时兵的训练,归之郡守,似未能

---

① 《邺侯家传》系李泌之子李蘩所作。原书失传,唯《玉海》所引较详,且较正确,今从之,下同此。
② 北魏自六镇叛变以后,军人势力有加无已。魏分东西,即为军人互争之结果,然宇文泰当政初年,西魏状态,仍未稍变。例如魏恭帝"以者将功高者为三十六国后,次功者为九十九姓后,所统军人,亦改从其姓"。是军将可私有其兵之明证。
③ 《周书》本纪保定元年,改八丁兵为十二丁兵,率岁一月役。建德六年移并州军人四万户于关中。又宣政四年,免京师见徒,并令从军。然而兵士数目,仍不太多。保定四年伐齐,征二十四军及秦陇巴蜀渚蕃之兵亦不过二十万人。

采取兵民分治的方式，①然统帅与训练不属一人，当可免许多弊病。

北周承袭西魏旧业，府兵制度，大致无甚变更。但继国东魏的北齐，《邺侯家传》中不曾提到设置府兵事，然从出土墓志，确发现北齐一些兵府名号和长官姓名，②大概是李氏家世与北齐政治无关，因而遗漏了罢！隋继北周，其一统武功，全借助于府兵。所以府兵到隋代统一以后，范围便更加扩大。山东河南及北方缘边之地，有新置军府，中间虽经开皇十年诏令废除，但炀帝伐高丽，再度增加，致有"扫地为兵"之现象，全国府额，想非复西魏时旧有数目矣。③

李唐起兵太原，平定区宇，府兵之制，最初亦承隋旧。武德元年（618年），改隋府官号——鹰扬郎将为军头，再改为骠骑将军，武德二年（619年）七月，又重加整理，《资治通鉴》卷一八七：

> 初置十二军分关内诸府以隶焉，以车骑府统之。每军将副各一人，取威名素重者为之，督以耕战之务，由是士马精强，所向无敌。

《新唐书》卷五〇《兵志》：

> （武德）六年，以天下既定，遂废十二军，改骠骑曰统军，车骑曰别将。居岁余，十二年复，而军置将军一人，军有坊置主一人，以检察户口，劝课农桑④。

此唐代初期府兵设置情形。其中心地点仍在关中，其主要意义在督耕战，卒能收到很好的效果，自是府兵成为唐初军队中的主要部队。

二、府兵制度之演变

设置府兵的用意，各朝大抵相同，制度方面，则变化甚大。大都由疏而密，

---

① 郡守农隙教试，见《邺侯家传》，此仍承袭汉代旧法。

② 罗振玉《唐折冲府考补》及《唐折冲府考续补》（《二十五史补编》），谷霁光《唐折冲府考拾补》（《禹贡半月刊》）。

③《资治通鉴》卷一一七，开皇十年，诏罢山东河北及北方沿边之地，新置军府。又《册府元龟》卷四八四，炀帝时将事辽东，增置军府，扫地为兵，自是租税益减。

④ 武德八年复十二军，以击突厥，见《资治通鉴》卷一九一。

由简而繁,形成极灵活而周详的组织。其演变情形,可分类言之。

第一,兵府名称。西魏仅以府名,不曾冠以特殊称号,至隋始曰鹰扬府,唐改曰折冲府。每府又各因地立名,西魏时大抵已如此,北魏军镇早为因地立称,兵府自亦相同,因统辖既多,非如此不足以分辨,惟设置地带,各朝不同,且一朝之中,又时有变易,府名考证,实极困难,兹以无关重要,故略不论。

第二,兵府之地域分布。兵府所在地,称为"团",亦曰"乡团",又曰"地团"。府兵集中地域,称为"坊",亦曰"军坊"。①各有领域,不相混淆。领域之大小不一,完全看各地兵府的疏密而定,这是我们注意兵府之地域分布的第一个原因。领域大小,与户口多少也有关系,所以人民兵役的轻重,也视兵府疏密而定,这是我们注意兵府地域分布的第二个原因。再则兵府分布的疏密,可以看出当时军事布置的大概情形。换言之,当时政府统治方略,很可以从兵府的地域分布上寻到一些线索。如果我们注意研究府兵设置的意义,那么兵府的地域分布的推求,比校量兵府的领域大小、户口多少更为重要。

兵府最多的地方,是在首都附近,也就是所谓"重首轻足"的策略,各朝情形,大略相同。西魏和北周,自然以关中为兵府中心。隋代仍然如此,山东、河北以及北方缘边一带,和江淮地方,只不过因事设立。从府兵发展史看来,反而是一种变态。此点到唐代更为明显,武德时十二军的兵卒,都出关中诸府,目的在训练关中军民,向四方开拓。贞观时,全国共600余府,关中261府,精兵士26万,目的也在"举关中之众,以临四方"②。天授时,都洛阳,郑、汴、许、汝、怀、卫、泽、潞等州,成为王畿,如是汝、卫等州又增置兵府,③以资镇摄,可见置府的传统政策,历久未变,不过唐代后来情形,也与隋相似,就是河北和安西一带,因情势需要,分别设置或增加。河北道兵府,是玄宗防御奚、契丹增加的,据现在考据,至少有46府。④安西都护府设置兵府,在龙朔元年,共126府,是高宗为开拓西土而施行的。⑤这两次的办法,都不很正常,其结果也是无益。

---

①《唐律疏义》卷九。"折冲有地团",《唐六典》卷二五隋有军坊乡团,又《新唐书》卷五〇《兵志》,隋唐均置有坊主团主。

②《玉海》卷一三八引苏冕《会要》。

③《文苑英华》卷四六四,废潼雍洛州置开郑汴许卫等州府制:"郑州汴州许州可置八府。汝州可置二府,卫州可置五府,别兵皆千五百人。"

④《玉海》卷一三八引《邺侯家传》,及谷霁光《唐折冲府考校补》附折冲府分布情况。

⑤《旧唐书·地理志》《法苑珠林·感通篇·述异部》,《唐会要》及《太平寰宇记》或劳经原《唐折冲府考》卷四《安西都护府》下。

　　地团大小、户口多少,与兵府分布疏密,有着重要关系,前面已经说过。现在根据几张图表,说明兵府地域分布之种种关系。由唐十道折冲府府数比较表(表1)和唐折冲府分布图(图1),可以看出设府的条件,不独是注重政治中心地带,而且是按着地方形势来定府额多寡的,此点涉及军事地理,非片言可以说明,只能从略,唯大致情形,仍可于图中得之。表2是唐关内道兵府之分布与户口及州境关系表;表3是唐河东道兵府之分布与户口及州境关系表。

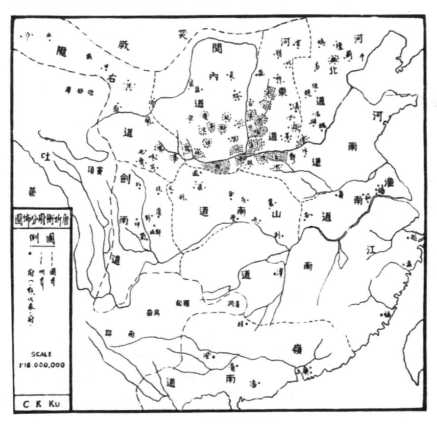

图1　唐折冲府分布图

表1　唐十道折冲府数比较表

道名	关内	河东	河南	河北	陇西	山南	剑南	淮南	岭南	江南
府数	288	163	74	46	37	14	13	10	6	5
百分数	43.9%	24.8%	11.2%	7%	5.6%	2.13%	1.98%	1.52%	0.91%	0.76%

　　注:此表根据《新唐书·兵志》及近人《折冲府考》合编而成。其中数目与拙著《唐折冲府考校补》所载略异,此系各道折冲府实数,不限已知府名之部。又总数为656,必非当时确数,各道府额,亦必略有出入,此时无法补正,姑志于此。图中百分比为约数。

表2　唐关内道兵府之分布与户口及州境关系表

州府	府数	户数	口数	州境	一府之平均户数	一府之平均口数	一府之平均方里数
京兆	131	362909	1960188	145700	2770	14963	1112
同州	26	56509	408750	26320	2173	15721	1012
华州	20	30787	223613	22960	1539	11180	1148
凤翔	15	44533	380463	71187	2968	25364	4745
鄜州	13	30185	153714	75348	2321	11824	5796
宁州	12	30226	224837	111024	2518	18736	9252
邠州	11	19461	125250	54000	1761	11386	4909
延州	9	16345	100040	157599	1816	11115	17511
庆州	8	17981	124236	118954	2247	15529	14869
泾州	7	15952	186849	56056	2278	26692	8008
陇州	6	24652	100148	99000	4108	16674	16500
坊州	6	15715	120208	54071	2619	20034	9012
丹州	6	12422	87625	34427	2070	14604	5738
灵州	5	9606	53163	46400	1921	10632	9280
绥州	5	8715	89112	69642	1743	19822	13928
商州	2	8926	53080		4463	26540	
原州	2	7349	33146	64800	3674	16573	32400
夏州	2	6132	53014	15050	3066	26507	7525
会州	1	3540	26660	168300	3540	26660	168300
益州	1	3025	16665	65960	3025	16665	65960
（总数）	288	724970			52620		
（总平均数）		2517			2631		

注1.府数系根据拙著《唐折冲府考校补》（二十五史补编），改正而成，京兆府一百一十三之数，为《唐志》所载。

2.户数及州境，系根据《元和郡县志》作成。陇州商州原州户数，以《新唐书·地理志》补；原州州境系估计。

3.口数，依照《新唐书·地理志》。

4.州境，单位为方里。户数之总平均数，系关内道（有府诸州）每一府之平均户数。

表3 唐河东道兵府之分布与户口及州境关系表

州府	府数	户数	口数	州境	一府之平均户数	一府之平均口数	一府之平均方里数
河中	36	70207	469213	36285	1950	13033	1007
绛州	35	81988	517331	110595	2342	14780	3159
太原	20	126840	778278	64600	6342	38913	3230
晋州	19	60853	429221	81000	3203	22590	4263
汾州	12	53076	320230	46740	4423	26685	3895
隰州	7	18583	124420	28812	2655	17774	4116
潞州	7	64276	388681	98448	9182	55523	14064
泽州	6	22235	157090	43500	3705	26181	7250
忻州	4	14338	82032	12470	3584	20508	3117
慈州	3	11275	63486	112812	3758	20828	37604
仪州	3	7975	54580	48750	2658	18193	16250
代州	3	15077	100350	104960	5025	33450	34986
沁州	2	6580	34963	39600	3290	17481	19800
石州	2	9262	66935	62700	4631	33467	31350
云州	2	3169	7930	87730	1584	3965	43865
朔州	2	6020	24533	46560	3010	12266	23280
岚州	1	10726	84006	86180	10726	84006	86180
（总数）	163	582480			72068		
（总平均数）		3573			4239		

注1.府数根据拙著《唐折冲府考校补》。

2.户数州境,根据《元和郡县志》。太原州境,系估计。隰州州境,参见《太平寰宇记》,唐之隰州,地域当较大。

3.口数根据《新唐书·地理志》。

4.州境系方里为单位,户数总平均数,系河东道(有府诸州)每一府之平均户数。

由这两张表可以看出,当时置府的目标,不独是注重地方形势,而且会顾及户口的多少。关内和河东,是当时府额最多的两区,此两区的兵府分布,最足以表示最初设计的方针(尤其是关内道),所以单就这两道计算。至于僻远的道,置府极少,当不能相提并论。关内道每州要有多少户才设一府,确是个极饶兴味而极有意义的问题。据表2计算,大致为1500—4500户之间,而以2000余户设一府的平均数为最多,精确一点的计算,关内道二十州的平均数目系2517，我们不妨说关内道兵府的分布，大致为2517户中有一折冲府。无疑，这种数字不十分可靠，不过借此说明大概情形，且以避免一种完全空泛的论断而已。河东道设府的平均户数为3573，而其最低与最高数目，又为1584和10726，差数已经大得多。推而至于河南、河北等道，参差更甚，无法估量。此外人口与兵府比例，情形大致与户相似，无须重述。唯府数与州境比较庆内道的差数，亦极悬殊，其他更不必论，这是由于人口分布不均的关系，自非设府时所能顾虑到的问题。

第三，兵府系统。西魏与北周的府兵最高统率为"柱国"，凡柱国6人；每柱国领2大将军，凡大将军12人；每大将军领开府将军3人，凡24将军，是为24军。每军所辖乡团，有仪同2人，督率诸府，每府则有郎将主之。仪同似为48员，郎将似为96员，是否如此，尚待考证。①其统辖系统，略如下图：

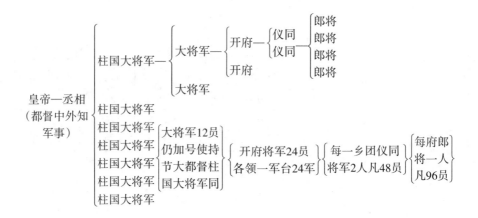

6柱国为李虎、李弼、赵贵、独孤信、于谨、侯莫陈崇，六家分主诸府，仍含宇文氏旧时部落意味。②

兵府系统，到隋代大有变更，把所有鹰扬府，分隶12卫及东宫6率府，唐代仍然如此，③其异同如次：

---

① 参见《邺侯家传》，《北史》卷六郜传论及《北史》卷三〇《卢辩传》。

② 《周书》卷二《文帝纪》："魏氏之初，统国三十六，大姓九十九，后多绝灭。至是以诸将功高者为三十六国后，次功者为九十九姓后，所统军人，亦改从其姓。"故六柱国亦均有本姓，有赐姓。

③ 唐折冲府分隶十二卫及东宫率府，十二卫为左右卫、左右骁卫、左右武卫、左右威卫、左右领军卫、左右金吾卫，与隋异名，又均去府字，但称卫。

表4　隋唐卫率组织表

	卫或率	长官	职掌	所领兵府	兵名
隋	左右卫	各大将军1人,将军2人	掌宫掖禁御督摄仗卫	(不详)	骁骑
唐	左右卫	各大将军1人,将军2人	掌统领宫廷警卫之法令以督其属之队仗	武威武安等50府	骁骑
隋	左右骁卫	各大将军1人,将军2人		(不详)	豹骑
唐	左右骁卫	各大将军1人,将军2人	掌如左右卫位次左右卫与左右卫分知皇城助辅	永固49府	豹骑
隋	左右武卫	各大将军1人,将军2人		(不详)	熊渠
唐	左右武卫	各大将军1人,将军2人	掌如左右卫位次骁骑	凤亭等49府	熊渠
隋	左右屯卫	各大将军1人,将军2人		(不详)	羽林
唐	左右威卫	各大将军1人,将军2人	掌如左右卫位次武卫知皇城东面助辅	宜阳等50府	羽林
隋	左右御卫	各大将军1人,将军2人		(不详)	射声
唐	左右领军卫	各大将军1人,将军2人	掌如左右卫位次威卫知皇城西面助辅	万敌万年等60府	射声
隋	左右候卫	各大将军1人,将军2人	掌车驾出先驱后殿昼夜巡察执捕奸非	(不详)	佽飞
唐	左右金吾卫	各大将军1人,将军2人	掌宫中及京城昼夜巡警之法	同轨宝图等50府	佽飞
隋	左右卫率左右侍率	各置率1人,副率2人	掌东宫禁卫	(不详)	(不详)
唐	左右卫率	各置率1人,副率2人	掌东宫兵仗羽卫之政令	广济等5府	超乘
隋	左右宗率(左右武侍率)	各置率1人,副率2人	掌领宗人侍卫	(不详)	(不详)
唐	左右司御率	各置率1人,副率2人		郊城等3府	旅贲
隋	左右虞侯率左右侯率	各置率1人,副率2人	掌斥候非法	(不详)	(不详)
唐	左右清道率	各置率1人,副率2人	掌东宫内外昼夜巡警之法	绛邑等3府	直盪

　　注1.此表参照《隋书·百官志》《唐六典》《新唐书·官志》《旧唐书·职官志》编成。

　　2.《唐六典》载12卫及东宫6率府所领府数。共仅319,疑后来增加之府未列入。(《旧唐书·职官志》略同)《新唐书·兵志》云:"左右卫皆领六十府,诸卫领五十至四十,其余以隶东宫六率"。与此异:或即增加后之总数。

上表诸卫将军等,均为内官,平时分番宿卫,有事受令出征。史籍中均详述宿卫职掌及其方式。[1]可见当时军备中——至少府兵一项——最重宿卫一点(卫士简取及分番办法详见《唐六典》卷五《兵部》,兹不述)。

卫府系统,最重要在统辖上的区分。每卫统辖一定数目的府和一定区域的府;要使每卫将军的势力,不致有特殊发展,同时每卫的兵,不致形成割据形势,就应当在数目和区域上着手,使之相互平衡,相互掣制。也就是说,不使一卫所辖的府过多,更不使一卫所辖,集在一处。上面已经见到唐代卫府数目,与隋系大致相近(40—60之间),卫府之地域区分,亦可略如下表所示:

表5 唐左右卫所领兵府之地域分布

道	州名及府数											总数
关内	京兆	4	华州	1	凤翔	2	鄜州	1	宁州	1	邠州	1	10
河东	绛州	2	晋州	2	隰州	1	潞州	1	朔州	1			7
河南	河南	3	陕州	3									6
河北	幽州	1	妫州	1									2
陇右	凉州	1											1
山南													0
剑南	成都	1	松州	1									2
淮南													0
岭南													0
江南													0

注1.其他各卫所领兵府,也都分属各道。因现存府名,能考出其属于其他诸卫者,较左右卫为尤少,故仅以左右卫为代表。

2.此表系根据劳经原:《唐折冲府考》;罗振玉:《唐折冲府考补》;谷霁光:《唐折冲府考校补》编成,罗振玉有续补,因手中无书,未列入,今得28府,估计将及半数。

3.左右卫各有所领,因分列太繁,故略。

第四,兵府组织。西魏至唐,兵府组织亦有更改,但以名号为多。因沿损益,叙述难于明晰,兹列两表(表6、表7)于下,读者当可一目了然,考证之点,略见附注。

---

[1]《唐六典》卷三户部尚书下。

表6　兵府职官表

		第一级	第二级	第三级	第四级	第五级
西魏及北周		府—郎将1人（正八命）副郎将1人	一大都督1人（八命）	一帅都督1人（正七命）	一都督1人（七命）	（未详）
隋	仁寿	府—骠骑将军1人车骑将军1人	一大都督1人	一帅都督1人	一都督1人	（未详）
	大业	府—鹰扬郎将（正五品）鹰击郎将（从五品）司马兵曹,仓曹察非掾	一校尉1人（正六品）	一旅帅1人	一队正1人副队正1人	（未详）
唐	武德	1.府—军头1府副1人2.府—骠骑将军1人车骑军将军1人3.府—统军1人别将1人	一校尉1人	一旅帅1人	（未详）	（未详）
	贞观	府—折冲都尉1人（上府正四品上,中府从四品下,下府正五品下）左右果毅都尉各1人（上府从五品,下中府正六品上,下府正六品下）别将长史兵曹参军	团—校尉1人（从七品下）	旅—旅帅1人（从八品上）	队—队正1人（正九品下）副队正1人（从九品下）	火—火长1人

注1.此表根据《后魏书》（《玉海》引）、《邺侯家传》（《玉海》引）、《北周书·卢辩传》《隋书·官志》《新唐书·百官志》及《兵志》《旧唐书·职官志》等书编成,官制源流,系统明晰。

2.旅较团低一级,通常均略去,参考之官志,并追溯源流,知有此一级,毫无疑义。

表7　隋唐兵府等级类别及员数表

	第一级			第二级			第三级			第四级			第五级		
	等级	员数	类别	等级	员数	类别	等级	员数	类别	等级	员数	类别	等级	员数	类别
隋		（未详）	1.越骑2.步兵		（未详）			（未详）			（未详）			（未详）	
唐	特	每府1500人	1.越骑2.步兵		每团辖二旅旅100人共200人	越骑约占十分之一步兵十分之九		每旅辖二队队50人共100人			每队辖五火火10人共50人			每火10人	

续表

第一级			第二级			第三级			第四级			第五级		
等级	员数	类别	等级	员数	类别	等级	员数	类别	等级	员数	类别	等级	员数	类别
上	每府六团团200人共1200人													
中	五团共1000人													
下	四团共800人													

注1.此表根据《隋书·百官志》《新唐书·兵志》及《百官志》编成。

2.武后时于郑、许等州设府，每府1500人，见《文苑英华》卷四六四。

3.每团200人，《新唐书》及《邺侯家传》《通典》等均作300人，当为误宇，滨口重国已言及之；不另述。

4.武后时定制，1200人为上府，1000人为中府，800人为下府，在赤县为赤府，畿县为畿府。但据《通典·职官》，载：两京城内不满1200人亦同上府，两畿及歧、同、华、怀、陕等五州所管府，虽不满1000人亦同中府，可见京畿等处人数，仍有变通之例。

第五，兵府经用。兵府经用两种，一为公费，一为军需。唐代公费有公廨田，其办法为：

> 凡天下诸州公廨田……折冲府各四顷……上府折冲都尉各六顷，中府下府以五十亩为差。郎将各五顷，上府果毅都尉四顷，中府下府以五十亩为差。上府长史别将各三顷，中府下府各二顷五十亩。……诸军上折冲府兵曹各二顷，中府下府各一顷五十亩。其外军校尉一顷二十亩，旅帅一顷，队正副各八十亩。①

公廨田之外。复有公廨本钱，《新唐书》卷五五《食货志》：

> 天下置公廨本钱，以典史主之，收赢十之七，以供佐史以下不赋粟者常食，余为百官俸料……折冲上府二十万，中府减四之一，下府十万。

---

① 《新唐书》卷五五《食货志》及《唐会要》卷九一内外官料钱上。

折冲府官又有仗身，以供驱使，同书云：

> 职事官又有防阁庶仆……折冲府官则有仗身，上府折冲都尉六人，果毅四人。长史别将三人，兵曹二人。中府各一人，皆十五日而代。

仗身亦可收钱，其数亦有规定，杖也算兵府收入的一种。[①]

军需分马匹、军械、器具、粮食、衣资等类，有由国库支给、有由府兵私备、有由兵府公备，依照各类性质而定。府马规定，为每火备六驮马，无马之乡，准用骡驴及牛代替，可由府兵自备。至于宿卫有"承直马"，征防也有战马，不能用骡驴代替，则由官给其值，每匹钱二万五千。凡此官马，仍归刺史和折冲保管，如有损耗。又由府兵补足，也偶有由官私公给，或竟由政府再给监牧马的，但为例外。[②]军械分两种：一种是重兵器，如甲弩之类，民家不得私有，必须出发征战才可向政府领用；宿卫只备弓刀。[③]一种是轻兵器，如弓箭之类，归府兵自备，并且随时在家练习，不能短缺，除此之外，粮食衣服等物，也归府兵自行负担，再加被、服、资、物、弓箭、鞍辔、器仗七事，[④]几无一非府兵预为筹办，《新唐书·兵志》云：

> 火备六驮马，凡火具备乌布、幕铁、马盂、布幔、铇、镬、凿、碓、筐、斧、钳、锯皆一，甲床二。镰二。队具火钻一，胸马绳一，首羁足绊皆三。人具弓一矢三十，胡禄、横刀、砺石、大觿、毡帽毡装行縢，麦饭九斗，米二斗，皆自备。并其甲胄戎具，藏于库，有所征行，则视其入而出给之。其番上宿卫者，惟给弓矢横刀而已。

又《通典》卷一四九《杂教令条》：

[①]《新唐书》卷五五《食货志》及《唐会要》卷九一内外官料钱上。

[②]《新唐书》卷五部《兵志》及《唐六典》卷五《兵部尚书》。

[③]《唐律疏义》卷一六《擅兴》："私有禁兵器，谓甲弩矛矟具装等，依令私家不合有。弓箭刀楯短矛者，此上五事，私家听有。"又卷二七《杂律》，"请受军器，弓箭之类"。大抵重兵器，可以临时请领。

[④]《唐律疏义》卷一六《擅兴》行军有随身七事及火幕行具细小之物。所谓七事，或为《通典》（卷一四九《杂教令附》）所指被、服、资、物、弓箭、鞍辔、器仗七类。

诸兵士随军被袋，上具衣服物数，并衣、资、弓、箭、鞍、辔、器仗并令具题本军营州县府县及其姓名。

由上所述，可以知道器物一项，有由府兵公备、有由私人独备，完全看器物之性质而定，可惜详情已不可考了。

资粮为自备之一种，据《兵志》说，每人"麦饭九斗，米二斗，皆自备并其介胄戎具藏于库，有所征行则视其入而出给之"。此种办法，实行上当有困难，因米麦不是随身可以多携之物，必不能人人雇役转运，补救之策，大致为量给"食券"，《邺侯家传》云：

每发皆下符契于本州及府，刺史与折冲勘契而发之，而给其食券。

"食券"为量其所入而给其相当之值，但征行过远，时限过久，衣食均有不足，必须预筹资物，以供应用。再不足则随地营种，[1]更不足则请求赐给，[2]大抵依法公家不为供给食料的。[3]

府兵的负担既重，一人之力当不能办，[4]于是邻里资助，便成为一种通行的惯例。照西魏设置府兵最初的意思，是六家共出一兵，[5]既然如此，邻里自有帮

---

[1]《唐律疏义》卷一六《擅兴》："依军防令，防人在防，守固之外，唯得修理军器城隍公廨屋宇。各量防人多少，于当处侧近，给空闲地，逐水陆所宜，斟酌营种，并杂菜蔬，以充粮贮，及充防人等食。"又《新唐书》卷五三《食货志》："唐开军府以扜要冲，因隙地置营田"。

[2]《新唐书》（卷一二五）苏瓌传"（长安中）岁旱，兵当番上者，不能上，（时徙同州刺史，）瓌奏宿卫不可阙，宜月赐增半粮，俾相给足，则不阙番"。

[3]《唐六典》卷三户部："卫士防人以上，征行若在镇，及番还，并在外诸监关津番官士人任者。若尉史，并给身粮，诸官奴婢，皆给公粮"。所谓"身粮"或指"食券"兑现，如官士人任者，若尉史，并给身粮，诸官奴婢，皆给公粮。所谓"身粮"或指"食券"兑现，如能赐给身粮，则与前引《唐律疏义》冲突。

[4]据《邺侯家传》载，府兵自西魏时即定为免其身租庸调。然长征不归，则资粮器械，亦无由自给，所免少而支多。

[5]据《邺侯家传》西魏时"府兵皆于六户中等以上家有三丁者选材力一人，免其身租庸调，郡守农隙教试，阅兵仗。衣驮牛驴糗粮旨蓄，六家共备，抚养训导，有如子弟"。可见一家出兵，六家共有责任。

助义务,所以这种惯例,一向未能打破,《敦煌掇琐》中集琐七部,[1]载有一篇地方官吏告谕:

> 频遭凶年,人不堪命,今幸小稔,俗犹困穷,更属征差,何以供办? 既阔顷年防者,必扰亲邻,或一室供办单衣,或数人共出裕服,此乃无中相恤,岂谓有而赖济。昨者长官见说资助及彼资丁,皆又人穷不堪其事,几欲判停此助,申减资钱。不奈旧例先成,众口难抑,以为防丁一役,不请官赐,只是转相资助,众以相怜。若或判停,交破旧法,已差者即须逃走,未差者不免只承。……亦望百姓等体察至公之意,自开救恤之门。……至本月二十日,大限令毕,辄违此约,或有严科,恐未周知,因此告谕!

邻里资助,此专指防丁而言,而习俗相沿,府兵恐难例外。此种资助,虽非明文规定,但律有"乏军兴"之条,(上述严科或即指此)邻里固亦不敢违背,[2]如是习俗相沿,也就成为固定的制度。

三、府兵之征集训练与调遣

上面已经提示府兵兵役的繁重,接着便要研究这些担负繁重的人,是怎样简点的呢? 这里面当然包含简点的标准,简点的方式和兵役的年限等问题。每一问题,均与府兵制度整体有着重大关系,故愿详为说明。

府兵简点的标准,是根据材力、财富、丁曰三项而定。其原则又是先富后贫,先强后弱,先多丁后少丁,原则上好像是公平极了。这种标准与原则,在西魏时已经适用——籍六户中等以上家及民之有材力者。唐时更详细规定,载在法典,不妨引出作为参考。《唐律疏义》卷一六《擅兴律》:

> 诸拣点卫士(征人亦同),取舍不平,失一人杖七十,三人加一等,罪止徒三年。

---

[1] 据《敦煌掇琐》载,此为开元二十三年事。人民为资助资粮,发生争执,官吏颁布的一张告示。此材料极为珍贵,可见因兵府引起的问题甚多。内中错字已依意改正,原系抄本,字迹不工,故错误多。

[2]《唐律疏义》卷一六《擅兴》:"诸乏军兴者斩,故失等。"又谓:"临军征讨,有所调发,而稽废者。"

　　不平谓舍富取贫,舍强取弱,合多丁而取少丁之类。

　　财均者取强,力均者取富,财力又均,先取多丁。

　　凡有军府的州,人人都有充当府兵的义务,也便是人人有充当府兵的可能,只看官吏的定夺罢了。凡有军府的州,称为"军府州","军府州"都有"军府籍"和"卫士帐",前者系后备兵役的名册,后者是现任兵役分番宿卫的名册,都由州刺史、府折冲和县令按照九等户和有关情况分别差定,①县令尤为重要,《唐六典》卷三○:

　　京畿及天下诸县令之职,皆掌导扬风化,抚字黎氓,敦四人之业,崇五士之祠,养鳏寡,恤孤穷,审察冤屈。躬亲狱讼,务知百姓之疾苦。所管之户,量其资产,类其强弱,定有九等。其户皆三年一定,以入籍帐。若五九三疾,及中丁多少,贫富强弱,虫霜旱涝,年收耗实,过貌形状,及差科簿,皆亲自注定,务均齐焉。

　　三年一定户,与府兵有莫大关系。府兵简点,也是三年一次。②其上帐当然依照九等之户来定夺的。州刺史和府折冲,根据县令户籍,点选府兵,上奏兵部,如是军籍的法定手续便算完成。上名军籍的,便算是现役府兵,也就是身负"军名",不能逃避兵役的一切责任。③

　　府兵三年简点的意义,不是全数更换,而是缺额的递补。所谓缺额,是由于疾病、死亡、优免或退休而发生。关于优免,多为法律所规定。④关于府兵服役的期限,是成丁至老免中间的终身兵,成丁与老免,各时代规定均有不同。武德六年(623年),定为二十一成丁,六十为老。神龙元年(705年)制二十二成丁,五十九免役。景云元年(710年)复旧。天宝三年,定二十三成丁。⑤因为丁老的规定不一,府兵服役的年限,也有差别,这是一般的情况。例外的增加或

---

①《唐会要》卷八五"武德六年三月,令天下户量其受产,定为三等。至九年三月十四日,诏天下户,三等未尽升降,改为九等"。

②《唐六典》卷五《兵部》。至开元六年,始令六年一简点。

③《唐律疏义》卷一六。

④苏瓘《刑部散颁格》残卷中有"卫士免军,百姓免简点役"之条。又《唐六典》卷五《兵部》,有征行番上,父兄子弟,不并遣。家长病老无兼丁得免役之条文。

⑤《唐会要》卷八五。

优免,仍然可以见到,如武德九年(626年)太宗欲点选年未十八的民充兵,显然是未成丁已被兵役。先天二年(713年)玄宗又令卫士取二十五以上五十而免,自然是缩短年限不少。①所以府兵服役年限,都由这种种条件裁定,老休病死,便可在三年简点中补足,且可以增加或减汰。

府兵训练,也是一个重要问题,可惜材料太少,不能知其详情。据史籍记载,在府兵马以每年的冬季教练军阵斗战之法,由折冲统率校尉,齐集举行,《新唐书·兵志》略志其事:

> 每岁季冬,折冲都尉率五校兵马之在府者,置左右二校尉,位相距百步,每校为步队十,骑队一,皆卷矟幡展刃旗散立。以俟角手吹大角一通,诸校皆敛人骑为队。二通偃旗矟解幡,三通旗矟举。左右校击鼓,二校之人合噪而进。右校击钲,队少却,左校进逐,至右校立所。左校击钲,少却;右校进逐至左校立所。右校复击钲,队还,左校复薄战,皆击钲,队各还。大角复鸣一通,皆卷幡摄矢弛弓匣刃。二通旗矟举皆进,三通左右校皆引还。是日也因纵猎,获各入其人。

阵战之法,另有教法簿籍,居常亦习射唱大角歌,②此不过记载形式上之操练而已。折冲训练士卒,州刺史亦有辅导之责,如果兵被征发,验其艺技不精,士不教习,州刺史也会被遣责,③这也是相互监责的一种方法。

府兵任务,在于宿卫及征防。宿卫当以京城为本,但也有专供护卫园陵的。④征防当以就近为便,但多有调至远道的,⑤所以府兵调度方式,也有说明之必要。

征发府兵的手续,由皇朝下符契到州刺史,刺史与折冲勘契乃发。如果全府尽征,则折冲都尉以下员均行;不尽,则果毅都尉行;少则别将行。⑥平时宿卫,番第为固定,《新唐书·兵志》云:

---

① 《资治通鉴》卷一九二,及《新唐书·兵志》。
② 《旧唐书·职官志》折冲府条注文。《唐六典》卷五《兵部》。
③ 《邺侯家传》。
④ 《旧唐书·玄宗纪》:"制奉先县同赤县,以所管万三百户供陵寝,三府兵马供宿卫"。
⑤ 《旧唐书》卷八四《刘仁轨传》。《全唐文·姚州奏破西蕃露布》。
⑥ 《新唐书》卷五〇《兵志》。

凡当宿卫者，番上兵部，以远近给番。五百里为五番。千里七番，一千五百里八番，二千里十番，外为十二番，皆一月上。若简留直卫者，五百里为七番，千里八番，二千里十番，外为十二番，亦月上。

简留直卫之番第，以《唐六典》所载为确：

百里内五番，五百里外七番，一千里外八番，各一月上。二千里外九番，倍其月上。若征行之镇守者，免番而遣之。

有事征行，也依番第征发，诸卫主之，其情形当不若宿卫上番之合乎常规。《唐六典·兵部》条本文及注：

凡卫士各立名，簿，具三年已来征防，若差遣，仍定优劣为三等，每年正月十日送本府，印讫仍录一通送本卫，若有差行上番，折冲府据簿而发之。

若征行及使，经两番已上者免两番，两番已上（疑为下字）者有并二番。其不免番，还日即当番者，免上番。

以上是简点、训练、调遣的通常方式。

法制树立，亦不免发生流弊，必须有种种消极的规定，来制裁和防闲。府兵制度，当亦如此。例如府兵训练一项，技艺不精，折冲须受谴责，所以府兵在农隙，都有练习骑射的任务，并不限于冬试的检阅而已[1]。简点与调度，尤为烦琐。重要的几个规制，略举于下：

第一，户籍。兵府分布，极不平均，前文已经说过。兵府既有疏密，兵役负担，亦有轻重，高下悬殊，免不了任意迁徙之弊，[2]为免除此种问题发生，曾有定规，《唐六典》卷三《户部条》正文及注：

---

[1]《新唐书》及《唐六典》卷五《兵部》。

[2] 不使百姓避重就轻，但人口与土地之分配，便生问题。例如"太宗贞观元年。朝议户数之处，听徙宽乡，陕州刺史崔行为上表曰：畿内之民，是谓户殷，丁壮之人，悉入军府，若听移转，便出关外，此则虚近实远。"（《册府元龟》卷四八六）而李峤表奏又云："今之议者，或不达于变通，以为军府之地，户不可移，关辅之民，贯不可改，耐越关继踵，背府相寻，是开其逃亡，而禁其割隶也"。

凡户之两贯者,先从边州为定,次从关内,次从军府州。若住者,各从其先贯焉。乐住之制,居狭乡者听其从宽,居远者听其从近,居轻役之地者听其从重。

畿内诸州,不得乐住畿外,其关内诸州,不得住余州,其京城县不得住余县,有军府州不得住无军府州。

这是对住居迁徙的一些规定,得服从于兵役、力役,无法逃避,如果无力应役,那只有逃亡一途。

九等之户,核定亦有困难。兵役既以户为征取单位,则户之大小、财产厚薄、人口多少、膂力强弱,其中亦有较大伸缩性,所以也需要千种法律规定,《唐律疏义》卷一二《户婚上》:

诸祖父母父母在,而子孙别籍异财者徒三年。

别籍异财不相须,或籍别财同,或户同财异者,各徒三年。

又《唐律疏义》卷二五《诈伪》:

诸诈疾病有所避者,杖一百,故自伤残者,徒一年半。

以禁止故意析户与诈病及自残之弊。

第二,逃亡政府既不让人民自由迁徙,又不让人民自由析户,那些无力应役和不愿应役的不免逃亡。但逃亡也有禁例,已有"军名"而逃亡,罪更重大,《唐律疏义》卷二八《捕亡》:

即人有课役全户亡者,亦如此。(一日答三十)若有军名而亡者,加一等。

诸征名已定,及从军征讨而亡者。一日徒一年,一日加一等,十五日绞。

第三,假名。军名既定,不能让人民自由请代,以防富室行钱逐免的流弊,更防兵卒素资不符合于原定标准的可能。其规定征行,有如《唐律疏义》卷一六《擅兴》所载:

介胄之士，有进无退，征名既定，不可假名。

其宿卫规定更严，同书卷七《禁卫上》：

诸宿卫者，以非应卫人冒名自代之者，入宫内流三千里，殿内绞，主司不觉减二等，知而听行与同罪。

又《唐六典》卷五《兵部》注：

三卫违番者，征资一千五百文，仍勒陪番，有故者免征资。三番不到，注里毁夺告身，有故者亦陪番。

但特殊情形，亦可免番一是父兄子弟不并差遣；二是家长老病而家无兼丁；三是道远。此三种均可邀免或稽迟，但后者仍须纳资，当时规定，似应通为征资一千五百文。①

强迫兵役的严格规定，可算周密之至。丁壮既有当兵之必然责任，那么当兵的百姓，有无一点特殊权利呢？当时被简点的丁壮。虽也受到一点优待，若将义务与权利衡其轻重，则所得实在太少。兵役年限中，可免租庸调，到龙朔三年特许缩短年限，②并优免庸调。但兵卒所免，在平时或可济办，一遇征伐，长役不归，仍感穷困。更是不能遭遇灾患，若灾患受损，资物不足，便有"乏军兴"或违番的可能。③

府兵的另一种希望，便是受赏或加勋，但这也是非常的而非必然。受赏与加勋都在立功之后，立功回营，大致都可以颁赐物品。而加勋则为有功，故受

---

① 纳资之例，据《唐六典》载，凡诸卫及军府三卫贯京北河南蒲同华岐陕怀汝郑等州、皆令番上，余州应纳资课而已。似只限于三卫。但《大唐诏令集》卷四，改天宝三年为载制，其丁户口仍须按实。不得取虚挂之名，使亲邻代纳受其奸弊。……诸色当番人，应送资课者，宜当郡县具申尚书省勾复。如身至上处，勿更抑令纳资，致使往来辛苦"。疑以后推及诸卫。又纳资代番，各色行役均有之，当另论。
② 《通典》卷六《赋税》下："卫士八等以下，每年五十八，放令出军，并免庸调。"照例五十八未到老免时期，庸调依旧交纳，此为特许。
③ 《资治通鉴》卷二○七刘仁轨奏。

勋希望，又是非常而非常的事情。①此外则宿卫与征行，在役身死，官府也料理后事，②但无抚恤，仍为当时兵卒身后的大问题。

四、府兵制度之利弊

论制度的好坏，或制度的利弊，须视当时政情而定。府兵制度，在现代政治组织之下，当然无关重要，最多也只能采用其原则的一部分，或作为某一时期某一地域某一方面的参考，可不置论。但府兵在中古时代，施行逾二百年，连续数个朝代，毕竟都有相当成功。后来又影响到宋明兵制，清代也有八旗兵制，相当于府兵，因而传为美谈。可见府兵制度，自有相当的重要地位，也就是说府兵在某个时期某种情势之下，是最适宜而最有效的。

我们称赞府兵制的好处，是针对当时政情而言，为清晰起见，再总体说说府兵的时代背景。其一，南北朝和东西魏以及周齐对立之下，他们需要的兵，是"众强长久"，也就是希望所有的百姓，都训练成为劲旅，不限种族也不限于社会阶级。其二，在战争时，需要庞大的军队，休战时又希望军队即时成为生产者，以救济财政上的危机，但又希望不因生产而减去常备军的数目，如是"兵农不分"，又成为必然发展。其三，在未统一以前，希望从一个中心点向四方发展。既统一以后，更希望有一个中心抗制四方，这又是府兵制度"居重驭轻"的本意。

府兵制度，是否合乎这些条件呢？总合上面的讨论。再参照当时一般实际情形，我们可以说，府兵都能满足这几种要求。

首先，居重驭轻。隋唐都是练兵关中，③达到一统的目的，一统以后，仍然要维持重首轻足的形势，所以隋在开皇十年有诏撤废山东、河南和北方沿边军

---

①《邺侯家传》及《资治通鉴》卷二〇七。又《唐会要》卷八一《勋》，贞观十九军四月九日，太宗欲重征辽之赏，因下制授以勋级。

②《唐律疏义》卷二六《杂律》："军防令征行卫士以上，身死行军，具录随身资财及尸，付本府人将还，无本府人者，付随近州县递送。"又"兵部式从行身死，折冲赠物三十段，果毅二十段。别将十段。……队副以上各给绢两匹，卫士给绢一匹，充殓衣，仍并给棺"。至于抚恤，仅有赠官，推授子弟之例，见《新唐书》卷一〇八《刘仁轨传》。

③隋承周业，利用已经恢复繁荣的关中，向南发展。唐初十二军，也在关中，参见《邺侯家传》及《新唐书·兵志》。

府,并不涉及政治中心一带。①唐代情形也类似,就史籍所见,此时居重驭轻的政策上,有三种重要方式和意义:一是唐代置府,以关中道最多,目的在于"举天下不敌关中",陆贽和苏冕均经论到此点。然而河北增置军府,关中之兵,又已微弱,忽成北重之势,便失原意。②二是唐代卫府配置,极为周密,府兵征伐,有时就地调遣,有时出自邻道,此其一。宿卫府兵,简取有一定准则,分配有一定方式,例如三卫之士卒,资历不同,又如诸卫之侍仗,各有等次,均寓防闲之义,此其二。③"越骑做飞,皆出畿甸",此种规定,在省重兵跋涉之劳,又有防闲之效,此其三。④三是军将不能割据一方,从每卫所领兵府多少和地域分配,已可看出。其命将出征之法,方式亦同。所谓"兵列府以居外,将列卫以居内,有事则将以征伐,事已各解而去",⑤决无专兵忧虑。这三点都很重要。

其次,兵农不分。兵农不分之最初目的,是政治稳定后,把过量的军队,使之土著,使之还农。次则于一般居民中,选择丁壮若干,用以宿卫征伐。北周和隋唐都利用此政策,解决编遣问题,解决财政问题,前文亦已述及。后来到唐开元二十五年(737年),军州置兵健各给田宅,长期执役,⑥贞元二年(786年),又令番兵开田为永业,留住军州,⑦便只达到编遣目的,而没有收到强兵效果。所以府兵的兵农不分,是孙樵所谓"兵未始废于农,农未尝夺于兵"⑧,也就是杜牧所谓"三时耕稼,袯襫末加末,一时治武,骑剑刀矢,裨卫以课,父兄相言,不得业他,籍藏将府,伍散田野"⑨。白居易对于此点,剖析最为明白,《白氏长庆集》卷四七《策林三》:

---

① 陆宣公《翰苑集》:"太宗列置府兵八百所,而关中五百,举天下不敌关中,则居重驭轻之意也。方世承平久,武备微,故禄山乘北重之势,一举而复两京,然犹诸牧有马,州县有粮,肃宗得以中兴。"

② 陆宣公《翰苑集》:"太宗列置府兵八百所,而关中五百,举天下不敌关中,则居重驭轻之意也。方世承平久,武备微,故禄山乘北重之势,一举而复两京,然犹诸牧有马,州县有粮,肃宗得以中兴。"

③ 《唐六典》卷五《兵部》。

④ 《曲江张先生文集》卷一六《策问》及《唐六典》卷五《兵部》。

⑤ 当时元帅有事置,无事省。见《新唐书·百官志》及《方镇表序》。

⑥ 《唐六典》卷五《兵部》注。

⑦ 《玉海》卷一三八注。

⑧ 孙樵《经纬集》卷二《复佛寺奏》。

⑨ 《杜樊川集·原十六卫》关于府兵之经济基础——均田,当另论。

夫欲分兵权,存戎备,助军食,则在乎复府兵置屯田而已。昔高祖受禅,太宗既定天下,以为兵不可去,农不可废。于是当要冲以开府,因隙地以营田。府有常官,田有常业,俾乎时而讲武,岁以劝农,分上下之番,递劳逸之序。故有虞则起为战卒,无事则散为农夫,不待征发,而封域有备矣,不劳馈饷,而军食自充矣。……况且关内镇垒相望,皆仰给于县宫,且无用于战伐,若使反兵于旧府,兴利于废田,张以簿书,颁其廪积,因其卒也,安之以田宅,因其时也,命之以府官。始复于关中,稍置于天下,则兵权渐分,而屯聚之弊日销。

最后,众强长久。募兵的弊病甚多,兵的素质不纯,亦其一种。府兵得免此弊。一是简点丁壮,须验才力;二是入籍以后,不得改业;三是农隙工余,须行自习,府有冬试,番上有校阅,唐太宗时,且亲自教射于殿庭,当能给予府兵以精神上的振奋;[1]四是后备丁壮增多,可养成全国皆兵而无以兵为职业的风气,利于对内,亦利于对外,这才是所谓"众强长久"。

府兵制度的优点,大致可包括在上述三点之内。其次当谈到府兵制度的弊病。关于此点,读者或不免联想到各代府兵制度之易于破坏,而发生制度上之怀疑。实则府兵实行,虽不免有事实困难,然其所以易于破坏,大都存在人事方面问题,(或者可以说行政上的问题)并不完全是制度本身缺点,此应首为说明。

所谓事实上的困难,发生在地域和时间两方面。兵府的地域分布,各道不平均,各州也不平均,其弊有二:一是兵多的地方——如关中——虽分隶各卫,然而总兵仍可利用易于集中的军队,以行其是,唐代武韦之祸即其一例。[2]二是人民负担太不均平。府多的地带,虽互助仍难供办,府少的地带几无兵役。[3]这都可以说是府兵制度的弊端。府兵番代,便涉及时间问题。平时分番宿卫,尚有固定的准则,困难不致太多。一遇到远道征伐,情形便有些不同了。照例出征远地,三年而代,事实上则又有四年五年六年或长征不归的例。[4]即

---

① 《邠侯家传》。
② 《旧唐书·中宗纪》:"太后韦氏临朝称制。……时召诸府折冲兵万人,分屯京城,列为左右营,诸韦子侄分统之。"陈寅恪先生常云唐初革命,多自宫庭,即以此故。此为恰当之看法。
③ 开元十八年裴耀卿条上便宜曰:"江南户口多,而无征防之役。"
④ 《唐六典》及《唐会要》。

假定为一年二年或三年,是兵已废于农;其他如衣资无着,远戍怀怨等问题,犹其余事。所以府兵实行期间,仍然要招募兵卒,以资调济;唐代自始即为征兵募兵并用,并利用蕃兵,也就是牵就的事实。①此外事实上的困难,如人民不愿为兵,亦其一种。尤其是富室豪家以当兵为苦,甚且以当兵为辱,这是由于中国重文轻武的习俗,相承已久,反映在心理上、学理上,难于排除,因与制度本身无关,故不论及。

何以说府兵制度的破坏多由于人事问题,或行政问题呢?西魏北周姑不论。②隋唐二代,以唐代史料较多,易于明了,但论唐代而以隋代事实为辅,亦可知其大概。唐代府兵破坏之原因,以《邺侯家传》言之最详,亦最确切,原文云:

> 太宗明于知人,拔用诸蕃酋渠……时出征多不逾时,远不经岁,而能克捷。高宗始以刘仁轨为洮河镇守使,以图吐蕃,于是始屯军于境,而师老厌战矣,后以李敬玄为鄯城镇守使,而败十八万于大非川。时承平既久,诸将军自武太后之代,多以外戚无能者及降虏处之。而卫佐之官,以为番上府兵有权,朝要子弟解褐及次任之美官,又多不旋踵而据要津。将军畏其父兄之势,恣其所为,自置府以其番上宿卫礼之,谓之侍官,言侍天子也。至是卫佐悉以借姻戚之家,为僮仆执役。京师人相诋訾者,即呼为侍官。时关东富实,人尤上气,乃耻之,至有熨手足以避府兵者。番上贫羸受雇而来,由是府兵始弱矣。时人为语曰:"将军大嬲骑,卫佐小郎官",是也。

这篇文字,暗示出四个重要的问题:第一,府兵制度实行以后似乎使得君主走上黩武的途径。隋炀帝增置军府,扫地为兵。唐代也时常征伐远方,遣兵戍守,兵既易集,便无爱惜之心,浪费民力,以逞所欲。如是人民兵役的年限,

---

①《资治通鉴》卷一九七至二一二。
②《资治通鉴》卷一九七至二一二。周继魏统,隋继周统,中间转移过来,一依旧式。且府兵在北周仅知其地狭人少,长征不归,(《玉海》卷一三八注文)其详无由探悉。

增长时多,减少时少。①事实诚然如此,但决非制度好坏问题,而是利用制度的人用得不得其当,此点极为明白。

第二,府兵实行后,军队分子目趋窳坏,②富人行钱参免,贫人逃亡,其在军者,又极穷困。这在府兵全盛时期,已有此现象,开元以后,情势更显。考其原因,系执政者过于腐化贪污之故。《大唐诏令集》卷八二仪凤二年《申理冤屈制》:

> 或征科赋役,差点兵防,无钱则贫弱先充,行货则富强获免。③

这种现象,显然失去置府点兵本义。至开元中,整个政治机构,已推行不灵,如是简点所根据的户籍,又成具文,《唐会要》卷八三:

> 至开元中,玄宗修道德,以宽仁治本,故不为版籍之书,人户寝溢,堤防不禁。丁口转死,非旧名矣,田亩转换,非旧额矣;贫富升降,非旧第矣。户部徒以空文总其故书,非得当时之实。

在这种情形之下,任何好的制度,也不能推行,可说是府兵制度遭遇的最大厄运。

第三,府兵实行后,渐失其本来的立场——兵农兼重不易其业。但因官吏贪纵,利其劳力,以供私役,至少当妨碍兵的训练,贞观年间,已经如此,魏征曾云:

> 顷年以来,疲于徭役……杂匠之徒,下日悉留和雇;正兵之辈,上番多

---

①《资治通鉴》卷一九二,太宗欲择中男年未十八其身躯壮大者为兵,因魏征谏而止。又《敦煌掇琐》"十六作夫役,廿充府兵"。又云:"十四十五上战场,手执长枪。"又《全唐文》卷二一二,陈子昂《谏灵驾入京书》:"西蜀疲老,千里赢粮,北国丁男,十五乘塞"。此种记载极多,不备录。

②《唐会要》卷八五,魏征谏太宗云:"比国家卫士,不堪攻战,岂为其少,但为礼遇失所,遂使人无斗心。若多取点还充,其数虽多,终是无用。若精简壮健,遇之以礼,人百其勇,何必在多。"参见《旧唐书》卷八四《刘仁轨传》,知以后情形,并未改善,高宗时仍如此。

③《资治通鉴》卷二〇一刘仁轨奏:"州县发百姓为兵,其壮而富者行钱参逐,皆亡匿得免,贫者虽身老弱,被发即行。"可见不平状态,由来已久。

别驱使。①

这又涉及历代所难解决的吏治问题,也就是府兵制推行的根本问题——人事影响制度之又一种。

第四,人民对于府兵观念的改变,也可以看作人事上的障碍。"侍宫"在初,并非恶名,北周时已有之。府名意义,重在平时宿卫,至少认为宿卫是正常,所以法定名称为"侍官"。后来设卫,改为"卫士",天宝中,又称"武士"。②改卫士为武士,武士为美名,似乎由心理上反映而来。然而天宝以前,一般心理,尚未完全厌恶府兵,唐人墓志,折冲府官多入衔,甚至卫士之卑亦列入。③其重视可知。大抵轻视与厌恶之渐,起于高宗武后之世,而盛于玄宗开元以后,其所以厌恶府名与轻视府兵者,其由有三:府兵分子之不纯④、官勋之滥授⑤、人民之厌战⑥。总其原因,则又是当政者之过,非制度之优劣问题。

府兵制度,因执行者不能尽得其人,以致弊病百出。凡制度原意本来极佳者已渐失初衷;立制纲网极密者,亦渐归简陋,日积月累,终至完全崩溃。唐代府兵,简点不均、训练不力、调度不当,由来亦久。其结果则为亡户逃丁增加,卫士之不补以及市井无赖之入军。制度渐趋败坏,遂至不可收拾。开元十年(722年)张说建议召募长从宿卫;府兵最重要的职任,至此不复担负。天宝八年(749年)李林甫又请停上下鱼书,府兵的活动,实际上已告终结。各地兵府也名存实亡,有官吏而无兵丁,暂以粉饰太平。点缀官场形式而已。⑦府兵制

---

① 见《贞观政要》卷一〇《慎终篇》,又《唐鉴》卷八:"诸卫府自成丁从戎,六十而免,其家又不免杂徭,浸以贫弱。"这也是法外侵陵之一种。

②《北周书》纪五建德四年改诸军军士,并为诗官。《唐会要》卷七二,天宝十一载改诸卫士为武士。

③ 千唐志斋藏《杨纯墓志铭》"次子长上果毅兵也"(开元九年时迁葬立)。

④ 配罪入军府,视为流徙之地,此非置府本意,而唐代刑法有之,见苏璟《刑部散颁格》残本。

⑤《旧唐书》卷四二《职官志》:"自是以后,(咸亨五年)战士授勋者,动盈万计,每年均课,亦分番于兵部,及本郡曹,当上省司,又分支诸曹,身应役使,有类僮仆。据令与公卿齐班,论实在于胥吏之下,盖以其猥多,又出自兵卒。所以然也"。其后更甚,《通典·兵一》"天宝以后,边帅怙宠,便请署官。易州遂城府,坊州安台储将果毅之类每一制则同授千余人"。

⑥ 人民厌战,由唐代诗人口吻中,可见之民间歌谣,亦如此。《敦煌掇琐》有一首关于军事的:"天下恶官职,不过是府兵,四面有贼动,当日即须行,有缘重相见,业薄即隔生。"类此者尚有一二首,其不愿当兵的心理,充分表现。

⑦ 关于唐府兵之破坏,参见滨口重国《从府兵制到新兵制》一文(《史学杂志》1930年第41编第11、12号)。

破坏,整个社会经济也同时发生动摇,我们虽不能说,府兵制破坏,影响了社会经济的发展,但至少是社会经济崩溃的一个象征。府兵制度与社会经济切切相关,一有变动,其他也被牵连。此种关系,于兵制研究自亦不能忽视。

本文原刊载于国立中央研究院社会科学研究所:《中国社会经济史集刊》1937年第5卷第1期。

本文作者:

谷霁光(1907—1993年),湖南湘潭人,当代史学家。1929年考入清华大学,毕业后留校任教。1936年9月起,先后执教于南开大学、厦门大学、国立中正大学。新中国成立后,历任江西师范学院教授、教务长,江西省教育厅副厅长,江西大学副校长、校长、名誉校长,江西省社科联副主席、名誉主席等职,兼任江西省历史学会会长,全国秦汉史学会、魏晋南北朝史学会、唐史学会、宋史学会顾问。长期从事中国古代兵制史、经济史的研究和教学工作。著有《府兵制度考释》《中国古代经济史论文集》《史林漫拾》等代表作。

殷商疆域史中的一个重要问题

——"点"和"面"的概念

王玉哲

　　殷商所建的国家其疆域有多大,《史记·殷本纪》没有明言。其中虽偶尔谈到一些地名,但大都不能指实其地。卜辞中所见的古地名,多达数百个,更是众说纷纭,难以折中一是。汉人称殷周王朝最盛的殷王武丁和周成王时之商、周疆域,"东不过江黄,西不过氐羌,南不过荆蛮,北不过朔方"[①]。这也就是指大约自幽、燕以南,汉、淮以北,陕西省以东,江苏、安徽以西,以河南省为中心的一带土地。但这只不过是一个大概的推想,并无实证。

　　那么商王朝疆域的四至到底远到何处? 近来有些史学家借助地下考古的材料研究这个问题,把殷商疆域越推越远。从历年来的考古发掘资料来看,商代遗址不仅分布在黄河流域的中、下游,而且南方已达到长江以南,北方则达到长城以北的广大地区。

　　如1973年新发现的江西清江吴城和横塘遗址,以及南昌市等地都发现商代遗物[②],时代从商代中期延续到西周初期。1974年在湖北黄陂盘龙城发现了商代遗址,进行发掘整理后,确定这里是和郑州商城同时期的又一座商代古老的城址。盘龙城和吴城的商代遗址,以及历年来在湖北、江西、湖南、安徽、江苏、浙江等地零星出土的商代铜器,都反映了当时长江流域和中原地区殷商文化,存在着基本一致的密切关系。

　　北方的商遗址发现的更多了。尤其是1973年对河北省藁城台西村商代遗址的发掘,明确了这是由商代居住遗存和墓葬构成的。从所获得的遗物看,虽然台西遗址的文物有自己的特性,但与安阳、郑州商代遗址确有许多共同点,是非常明显的。它同江南和中原殷文化之间,互有交往、互相影响之迹,斑斑俱在。整个河北省地区,南起磁县,中经邢台、藁城,北至涿县、易县

---

　　①《汉书·贾捐之传》,中华书局,1962年。

　　②江西省博物馆:《江西清江吴城商代遗址发掘简报》,《文物》1975年第7期;江西省博物馆、清江县博物馆:《近年江西出土的商代青铜器》,《文物》1977年第9期。

一带,往北直至北京地区,殷商文化遗存,分布得相当密集。而长城内外一线,许多地方也曾发现商代的遗迹或遗物。例如陕西的绥德,山西的保德、忻县,河北的丰宁、卢龙等地,所出铜器和其它物品,绝大部分都具有商代文化的风格。

另外,在华北北部与辽西的夏家店下层文化遗址,也具有殷商文化的某些特征①。进行过普查的这种类型的遗址有赤峰②、宁城③、北票④、敖汉旗大甸子⑤;河北唐山⑥、蓟县大厂⑦和北京琉璃河⑧等地。夏家店下层文化的时代,上限约晚于龙山文化,下限可能已到西周。辽宁喀左县北洞村两个商、周之际的铜器窖藏坑的填土中,也都发现有夏家店下层文化的陶片。⑨

夏家店下层文化既包含着浓厚的龙山文化因素,又具有殷商文化的特点。当然,这并不意味着夏家店下层文化是中原殷商文化的前身,而只是说它和殷商文化可能有着共同的根源,是与中原殷商文化平行发展的(这个问题比较复杂,又非本文重点,在此只提示一下)。

西方的殷商遗址,1957年曾在陕西华县发现过⑩,自1955年以来又在陕西城固县,位于汉中东部发现并清理了一批殷商铜器。这批铜器数量有四五件,造型精致,在陕西地区来说,过去是少见的。⑪这对研究殷商疆域及陕西南部地区的殷商文化提供了重要线索。1958年以来又在山西黄河边的石楼县,前后发现殷商晚期墓葬和十数件铜器。有人推测这可能是殷墟西部的沚国,不

---

① 夏家店文化是在辽宁的赤峰夏家店下层遗址首次发现的一种有特点的商文化而得名。

② 中国科学院考古研究所内蒙古工作队:《赤峰药王庙、夏家店遗址试掘报告》,《考古学报》1974年第1期;《内蒙古赤峰药王庙、夏家店遗址发掘简报》,《考古》1961年第2期。

③ 中国科学院考古研究所内蒙古工作队:《宁城南山根遗址发掘报告》,《考古学报》1975年第1期。

④ 辽宁省文物干部培训班:《辽宁北票县丰下遗址1972年春发掘简报》,《考古》1976年第3期。

⑤ 《敖汉旗大甸子遗址1974年试掘简报》,《考古》1975年第2期。

⑥ 河北省文物管理委员会:《河北唐山市大城山遗址发掘报告》,《考古学报》1959年第3期;安志敏:《唐山石棺墓及其相关的遗物》,《考古学报》1954年第1期。

⑦ 天津文化局考古发掘队:《河北大厂回族自治县大坨头遗址试掘简报》,《考古》1966年第1期。

⑧ 《北京琉璃河夏家店下层文化墓葬》,《考古》1976年第1期。

⑨ 北京大学考古教研室商周组编著:《商周考古》,文物出版社,1979年,第128页;喀左县文化馆等北洞文物发掘小组:《辽宁喀左县北洞村出土的殷周青铜器》,《考古》1974年第6期。

⑩ 许益:《陕西华县殷代遗址调查简报》,《文物参考资料》1957年第3期。

⑪ 祝培章等:《陕西城固县发现的青铜器》,《文物》1966年第1期;唐金裕等:《陕西省城固县出土殷商铜器整理简报》,《考古》1980年第3期。

知确否。①

东方在山东地区发现殷商遗址的,有济南的大辛店②、曲阜③、滕县④、平阴⑤和益都的苏埠屯⑥等地。

从地下考古材料上看,与殷商文化有关的遗址,其范围真不小,值得注意的是北面还达到昭乌达盟和辽西地区,远在长城以北三百公里的克什克腾旗,也都出土过商代的铜器。喀左北洞一号窖藏,从出土铜罍的纹饰和铭文看来,很可能与商朝分封的同姓国孤竹有关。与殷商文化有关的遗址分布得这样辽阔,于是一般人很容易误解为殷商已是个统一的大帝国,其版图的面积东自济水,西至陕西,北起长城内外,南及长江左右,东西南北纵横都达千里左右。殷人的子孙在亡国数百年之后,想到武功赫赫的祖先成汤的时候,还骄傲地宣称"邦畿千里,维民所止"(《诗·商颂·玄鸟》)。把殷商古国在当时的版图认为那时就已有那么大,是一种不正确的看法,这是错误地用后代"国家"概念去推想古代。

其实,刚刚进入阶级社会的国家,要比后代的国家小得多。由于当时山川阻塞,交通不便,国家政权是在狭小的地理范围之内形成,其机构简单、基础薄弱,因而也只能为一个版图狭隘、活动范围较小的国家服务。⑦夏、商、周初时期,中原南北,地旷人稀,当时只是在广大地区内,星罗棋布地分散着无数的不同氏族、部落或小的方国政权,它们各自为政,不相统属,并没有一个所谓天子者统一之。一般地说,各政权只有大小不同。大部分方国,其所居之土地既非受之于天子,自然也不受任何限制。他们可以自由迁徙,不常厥居。如夏后羿自鉏迁于穷石(《左传》襄公四年),殷商先后迁徙十数次(《书·盘庚》及《史记·殷

①《山西石楼县二郎坡出土商周铜器》,《文物参考资料》1958年第1期;《石楼县发现古代铜器》,《文物》1959年第3期;《石楼后兰家沟发现商代青铜器简报》,《文物》,1962年第4、5期;《山西吕梁县石镇又发现铜器》,《文物》1960年第7期;《山西石楼义牒发现商代铜器》,《考古》1972年第4期。

②山东省文物管理处杨子范:《山东济南大辛庄商代遗址勘查纪要》,《文物》1959年第11期;《济南大辛庄遗址试掘简报》,《考古》1959年第4期。

③曲阜文物普查小组:《山东曲阜发现殷商遗址》,《光明日报》1956年9月7日。

④孔繁银:《山东滕县井亭煤矿等地发现商代铜器及古遗址、墓葬》,《文物》1959年第12期。

⑤中国科学院考古研究所山东发掘队赵岚:《山东平阴县朱家桥殷代遗址》,《考古》1961年第2期。

⑥王恩田:《益都发现三千年前的商代墓》,《大众日报》1965年11月30日。

⑦《论国家》,《列宁全集》(第29卷),人民出版社,1956年,第435~436页。

本纪》),周先公古公亶父自邠迁于岐山(《孟子·滕文公》),皆可为证。在商代中后期,真正的所谓国家出现不久,那时国与国之间的国界,还不像后来那样明确。所谓国,只限于国都,实际就是一个大的邑。大邑有土围子城墙,所以"国"就是指的这个城。春秋时所称的"国人",实即居住在城里的人。《孟子》中《齐人有一妻一妾章》所谈到的那个齐人的妾,一个早晨尾随其丈夫走遍了城中,没见到有人和她丈夫谈话,原文是"遍国中无与立谈者"(《离娄下》)。这个"国中"很明显是指城中。古文献上凡称人家的国尊称曰"大国",而自称则曰"敝邑",古时"国"与"邑"是通用的。《尚书·汤誓》:"率割夏邑",《史记·夏本纪》作"率夺夏国";《尚书·牧誓》:"以奸宄于商邑",而《史记·周本纪》则作"以奸轨于商国",足证"国"即是"邑"。《说文》也说:"邑,国也。"古文献称夏曰"西邑夏"①,称商曰"大邑商"和"天邑商"②,称周为"大邑周"③。夏、商、周每个王朝所统治地区包有许多邑,以其中最大的邑为国都,国都周围不远的地方,由国王直接控制,即所谓"王畿"。王畿以外所征服的新地,就把自己的亲戚或兄弟封在那里,成为一个卫护王朝的诸侯方国。远离王畿的四方,分布着王朝所分封或承认的这样的许多大小方国。它们杂厕于另外许多与王朝并立,或者敌对的其他方国之中。并且在这些国与国之间,还会夹杂着一些无主的荒地草原。一直到春秋时还残存着这种痕迹。如当时的华戎杂处和宋、郑之间存有无主的六块隙地④,就是这种历史遗迹的反映。

那些隶属于商王朝距离遥远的诸侯方国,对王朝所负担的义务是很有限的,也只能是名义上的服从,当时的天王只具备名义上的"共主"。至于那些与王朝敌对的方国,当然更是独立于王朝之外了。

商、周当时王朝的情况,概括地说,就是以一个大邑为都城,并以此为中心,远远近近的周围,散布着属于王朝的几个或十几个诸侯"据点"。"据点"与"据点"之间还散布着不属于王朝,或者还是敌对的许多方国。在这种情况下,商、周时人对每个王朝国家所控制的国土,只会有分散于各地的一些"点"的观念,还没有整个领土联成为"面"的观念。当然,国家的国界或边界的概念还没有产生的可能。所以诗人称西周,"普天之下,莫非王土",那只不过是美化的

---

① 《礼记·缁衣》引《尚书》:"惟尹躬先见于西邑夏。"

② 《卜通》592,《甲》2395,《缀》183,《尚书·多士》。

③ 《孟子·滕文公下》引《书》。

④ 《左传》哀公十二年:"宋、郑之间,有隙地焉,曰:弥作、顷丘、玉畅、岩、戈、锡。"

颂辞,实际上并非实录。只是到了春秋以后,尤其是战国中期,由于社会生产力的发展,中原疆土开辟殆尽。诸侯方国之间,逐渐构成互相接壤的程度。各国政治上的中央集权和军事上的大发展,使属于一国的疆土,逐渐由"点"发展到"面"。这时出现了国与国之间的边界、国界,边界以内这一大片土地、人民,就统统属于这个国家的集权政府所管辖。

由此可见,殷商王朝的国家疆域,虽然从文献和田野考古上看,觉得幅员辽阔,但究其实,其直辖地区则只是商人所居住的一个大邑及其附近之地,即所谓王畿,相当于今河南省北部和中部的部分。孟子称"汤以七十里,文王以百里"(《公孙丑上》),尚能得其实。

另外,在南北广大地区散居着的数十个与商同姓和有姻亲关系的异姓小的方伯诸侯,是商的封国或与国。他们是商王朝势力在远方安置的据点。这些方国各自为政,对商的关系只是名义上的服属和道义上的支援。所以,在殷商末年周武王克商,只把商的都邑攻下,摧毁了商的武装力量,商国就算是亡了。至于商在北方和东方的一些据点,尚安然无恙,周国的武装力量也并未到达。等周武王一死,商纣的儿子武庚认为有机可乘,联络了过去商在东方的据点、同姓和异姓诸侯与国,如徐、奄、薄姑、淮夷及熊盈之族十有七国,举起反周的旗帜。周公帅师平乱,诛武庚、杀蔡叔、放管叔,乘胜东征,"伐奄三年讨其君,驱飞廉于海隅而戮之,灭国五十"(《滕文公下》)。这个故事正说明,当时殷商王国的真正国界或边界只局限于大邑商附近之地,这个地区边界之内,统属商王管辖。至于其远处四方的所属方国,只是其据点而已。

本文原刊载于《郑州大学学报(哲学社会科学版)》1982年第2期。
本文作者:

王玉哲(1913—2005年),字维商,河北深县人,著名先秦史学家。1936年考入北京大学历史系,师从钱穆先生学治中国古史,1940年大学本科毕业,获文学学士学位。旋即考入北大文科研究所,为史学部研究生,导师为唐兰先生。1943年研究生毕业,获历史学硕士学位。先后受聘于华中大学、湖南大学、南开大学,历任副教授、教授及博士生导师。曾任天津市高等院校教师晋升职称评审委员会委员、南开大学学术委员会委员、南开大学学位委员会委员、天津市文物保护管理委员会委员、天津市文物博物馆系列高级职称评审委员会主任委员等职。兼任中国先秦史学会副理事长、中国孔子基金会副会长、中国博物馆学会理事、中国殷商文化学会理事等。主要著作有《中国上古史纲》《中华远古史》《古史集林》等，在诸如商族起源、商代社会史、先秦民族史、西周社会性质等研究领域，均作出了重要贡献。

唐代藩镇类型及其动乱特点

张国刚

关于唐代藩镇问题,以往由于缺乏分门别类的考察研究,常常笼统地把藩镇与割据等同起来,把大量的藩镇动乱一概视为割据与叛乱。这样不仅不能将藩镇问题的研究引向深入,而且也模糊了人们对唐后期政治风潮、经济变革、制度更替,以及文学现象的认识和理解,从而使唐代长达一个半世纪的复杂历史变成了苍白的一页。本文试图从藩镇类型分析入手,对各类藩镇的基本状况及其与中央的关系、动乱的特点和原因作一粗浅探讨。

一

唐代藩镇是由开元、天宝时期的周边节度使和内地采访使,在安史之乱这一特定历史条件下演化形成的行政实体。它们演变渊源不同,在整个藩镇形势中的地位各异,因而形成了若干各具特色的类型。最初,安禄山起兵发端于河朔,战乱平息后,河北地区仍由安史旧部统领,并且出现了割据自雄的局面,迄唐亡不改,流风余韵及于河南部分地区;同时,为抗击安史叛乱,中原地区亦相继置镇,战后不仅未能罢去,反而作为与河朔抗衡的武装力量而长期存在;而战争期间,边防军悉师赴东,吐蕃、党项趁虚而入,战乱甫平,唐廷调集大批兵力驻守西北,遂成重镇,后南诏勃兴,西南边陲亦为军事要区。以上三处都是重兵集结之地,唯东南诸道,战时虽亦设镇,但因无重大军事需要,养兵不多,故成为唐王朝的财源之地。

关于唐代藩镇的不同类型,在当时一些著名政论家和政治家的有关论述中就已提及。如晚唐杜牧的《战论》《罪言》曾将藩镇分为四类:河北诸镇为一类,是割据的中心地带;防遏河北骄藩的中原诸镇为一类;西北边镇和东南诸藩则构成另外两种类型,所谓"咸阳西北,戎夷大屯,嚇呼膻臊,彻于帝君,周秦单师,不能排辟,于是尽铲吴越荆楚之饶,以啖兵戎"①。

---

① 《樊川文集》卷五。

杜牧描述的这种藩镇形势,在中唐名相李吉甫《元和国计簿》中亦有体现。他所说的"皆藩镇世袭"的易定、魏博、镇冀、范阳、沧景、淮西、淄青等镇,实即杜牧所言河北镇;"皆被边"的凤翔、鄜坊、邠宁、振武、泾原、银夏、灵盐、河东等镇,实即杜牧所言"咸阳西北"诸镇;东南八道四十九州,实即杜牧所言"吴越荆楚"等镇。此外,他未提的藩镇,则多为杜牧所言中原藩镇。①

上述带有明显地域差别的藩镇分类,比较实际地体现了各类藩镇与唐朝中央的政治、军事和财政关系,也大体符合自安史之乱平定迄黄巢起义爆发这一时期的藩镇基本形势。根据这种分类,可将9世纪初叶《元和郡县志》所列44个藩镇分别归类如下:

(1)河朔割据型(简称河朔型):魏博、成德、卢龙、易定、沧景、淮西、淄青。

(2)中原防遏型(简称中原型):宣武、忠武、武宁、河阳、义成、昭义、河东、陕虢、山南东、河中、金商。

(3)边疆御边型(简称边疆型),分西北疆与西南疆两部分。西北疆有:凤翔、邠宁、鄜坊、泾原、振武、天德、银夏、灵武。西南疆有:山南西、西川、东川、黔中、桂管、容管、邕管、安南、岭南。

(4)东南财源型(简称东南型):浙东、浙西、宣歙、淮南、江西、鄂岳、福建、湖南、荆南。

应该指出,上述分类只是代表一种基本趋向,具体到某个藩镇的归属,有的可能有两重性,有的可能因藩镇的废置、合并及割据形势的变化而有所变化,但一些典型藩镇的基本特点则是明显而稳定的,因此,我们主要就这些典型藩镇的基本状况及其与中央的关系作一考察。

首先研究河朔型。在元和时期河朔型藩镇中,除幽州(卢龙)镇为开天时缘边十镇之一外,成德、魏博、淄青、淮西皆为安史之乱期间或平定后所置,易定、沧景建置更晚,约在德宗初年。河朔型的典型代表为河北平原上的魏、镇、幽三镇。元和以后,其他藩镇或灭或附,唯此三镇绝而复苏,强梁迄于唐末。

河朔藩镇有三个最基本的特征。在政治上,藩帅不由中央派遣而由本镇

---

①《资治通鉴》卷二三七元和二年十二月条及胡注。

拥立。如魏博、成德、卢龙三镇节度使前后凡57人，唐廷所任者仅4人，[1]其余都是父死子继、兄终弟及或偏裨擅立。在财政上，赋税截留本镇而拒不上供中央。在军事上，养蓄重兵、专恣一方，并倚之作为与中央分庭抗礼的凭借。大历、建中、贞元、元和、长庆时，唐廷皆与河朔诸镇发生过激烈的战争，无不以唐廷的屈辱失败告终。据《资治通鉴》记载，从广德元年到乾符元年的110余年间，共发生过171起藩镇动乱，河朔凡65起，在四类藩镇中冠居首位，而且反叛事件多发生在河朔。

但是我们能否因此就视河朔诸镇为"其政治、军事、财政等与长安中央政府实际上固无隶属之关系，其民间社会亦未深受汉族文化之影响，即不以长安、洛阳之周孔名教及科举仕进为其安身立命之归宿"的夷狄之邦，从而得出"当时大唐帝国版图以内实有截然不同之二分域"[2]的结论呢？显然不能，因为这样就把河朔割据绝对化了，就抹杀了它们与中央千丝万缕的联系。

大量事实表明，唐朝的政策法令在河北地区亦有施行。比如，河北地区州县行政区划的改易和废置[3]、官吏员额的增减[4]，唐廷的敕令就起一定作用，甚至河北官员也有从中央调进或征出的[5]。只因时人对河朔的歧视，关于这方面的情况，在一般公私记载里大都削而不载。元和末，克定两河，乌重胤针对河朔"刺史失其职，反使镇将领兵事"的情况上奏曰："所以河朔六十年能拒朝命者，只以夺刺史、县令之职，自作威福故也。"[6]这从侧面反映出河朔地区的刺史县令并非都与节度使同流合污。这是否因为他们的任免与中央关系更密切，值得探讨。

进士科也是河朔型藩镇文人的仕途。幽州人王仲堪大历七年举进士及

---

① 岑仲勉：《隋唐史》，高等教育出版社，1957年，第268页。
② 陈寅恪：《唐代政治史述论稿》，商务印书馆，1947年，第19页。按这种观点影响甚广，一般论著多因其说。
③《太平寰宇记》卷五六磁州、卷六八宁边军、卷六一镇州、卷五七澶州、卷五四魏州、卷六四德州、卷七〇涿州；《唐会要》卷七一。
④《唐会要》卷六九《州府县加减官》。
⑤《太平寰宇记》卷六四德州；《新唐书》卷一五一《陆长源传》、卷一五七《樊泽传》；《旧唐书》卷一三七《李益传》卷一四五《刘栖楚传》；《全唐文》卷五九八欧阳詹《马实墓志》，卷六一四王叔平《唐故监察御史里行太原王公墓志铭》等。
⑥《旧唐书》卷一六一《乌重胤传》。

第。①卢龙节度使刘怦的儿子刘济"游学京师,第进士"②。魏州人公乘亿"以辞赋著名",垂三十举而及第。③淄青郓州人高沐贞元中应举进士科。④《会昌五年举格节文》详载诸道州府解送应试士人员额,魏博、幽州等处的员额是"进士不得过十一人,明经不得过十五人"⑤。

河朔型藩镇不输王赋,但法令上仍实行两税法。建中元年(780年),黜陟使洪经纶在河北推行两税法期间,还曾在洺州树立碑铭⑥,在幽州表彰风化⑦,在魏博裁减官卒⑧。贞元八年(792年),朝廷派秘书少监常咸往恒、冀、德、棣、深、赵等州,中书舍人奚陟往申、光、蔡等州宣慰赈给诸州遭水灾百姓,敕令其赈给与赐物"并以所在官中两税物、地税米充给"⑨。贞元八年(802年)七月敕又云:"蔡、申、光三州言:春大水,夏大旱。诏其当道两税除当军将士春冬衣赐及支用外,各供上都钱物已征及在百姓腹内,量放三年。"⑩这些材料都是河朔型藩镇亦按两税法征税的有力证据。

唐朝中央在各镇设有监军院,各镇在长安亦置进奏院。唐廷不能任派河朔型藩镇节度使,但诸镇藩帅的拥立,毫无例外地都要得到监军使认可,并由他们奏报中央批准。监军院与进奏院不仅构成了中央与骄藩联系的桥梁,而且也成为唐廷在割据地区施行统治和骄藩在政治上奉事朝廷的象征。⑪唐廷与河朔藩镇的战争多围绕着藩帅的任命、旌节的授予,建中年间如此,元和时亦然,故王夫之说:"(吴)元济岂有滔天之逆志哉,待赦而得有其旌节耳。王承宗、李师道亦犹是也。"⑫这一事实说明河朔诸镇既企图游离于中央统治之外,

---

① 《全唐文》卷六一四王叔平《唐故监察御史里行太原王公墓志铭》。

② 《新唐书》卷二一二《刘怦附济传》。

③ 《唐摭言》卷八《忧中有喜》。

④ 《新唐书》卷一八七下《高沐传》

⑤ 《唐摭言》卷一。

⑥ 《宝刻丛编》卷六《洺州》引《金石录》。

⑦ 《旧唐书》卷一六二《高霞寓传》。

⑧ 《旧唐书》卷一二七《洪经纶传》。

⑨ 《文苑英华》卷四三五《遣使赈给天下遭水灾百姓敕》;《唐大诏令集》卷一六《遣使安抚水灾诸州诏》。

⑩ 《册府元龟》卷四三一《蠲复三》。

⑪ 关于唐代的监军制度和进奏院制度,参见《唐代监军制度考论》,《中国史研究》1981年第2期;《唐代进奏院考略》,《文史》第十八辑,1983年。

⑫ 《读通鉴论》卷二五《完宗十四》。

又不能彻底否定中央政权。总之,如果我们把前述河朔型藩镇企图摆脱中央集权的政治倾向称为游离性的话,那么它们的这种不否定中央统治的特点则可称之为依附性了。可见,河朔型藩镇具有游离性与依附性并存的特点,不能把它们的割据绝对化。

河朔型以外的中原、边疆、东南型藩镇都是非割据性藩镇。其中仅泽潞刘稹(中原型)、夏州杨惠琳(边疆型,西北边)、西川刘辟(边疆型,西南边)、浙西李锜(东南型)曾有短暂叛乱。总的来说,这些藩镇是"顺地"[①],而非"反侧之地"[②]。在这一点上,它们具有一致性。然而它们之间又有很多不同,其中尤以中原型最为复杂。下面分别讨论之。

中原型藩镇以宣武、武宁、忠武、泽潞、河阳、义成等为典型代表。这一带在安史之乱期间是厮杀最激烈的战场,这些藩镇一般是由战争期间临时所置军镇分合变化而来。

从地理位置上看,河朔、东南、关中犹如三角形的三个顶点,中原型藩镇正居于三角形的中心,具有控扼河朔、屏障关中、沟通江淮的重要战略地位。平时这一带"国家常宿数十万兵以守御"[③],"严备常若有敌"[④],战时则受唐廷调遣去征讨骄藩。故史称"唐自中世以后,收功弭乱,常倚镇兵"[⑤]。汴宋、武宁、陕虢等处在漕运干线上,"东南纲运输上都者皆由此道"[⑥]。因而它们对保护中央财源也有重要意义。

这种客观状况势必要求中原诸镇保持强大的军事力量。由于"兵寡不足惮寇",其兵力甚或时有所增。大历末,马燧经营河东,有"选兵三万"[⑦]。元和时因讨成德王承宗,"耗散甚众",及朝廷派王锷去"缉绥训练",一年后,"兵至五万人,马至五千匹,器械精利,仓库充实"[⑧],受到表彰。贞元初,徐州一度罢镇,"地迫于

① 李翱:《李文公集》卷一一《韩公行状》:"贞元季年,虽顺地节将死,多即军中取行军、副使将校以授之节。"此"顺地"即指河朔型以外藩镇。
② 李绛:《李相国论事集》卷三《又上镇州事》:"今镇州事势与刘辟、李锜不同。何者?剑南、浙西本非反侧之地。"
③《旧唐书》卷一四八《李吉甫传》。
④《新唐书》卷一四七《李芃传》。
⑤《新唐书》卷六四《方镇表一》。
⑥《资治通鉴》卷二五二乾符三年五月胡注。
⑦《资治通鉴》卷二二五大历十四年。
⑧《资治通鉴》卷二三八元和五年十一月;《旧唐书》卷一五一《王锷传》。

寇,常困繁不支",宰相李泌陈述利害云:"东南漕自淮达诸汴,徐之埇桥为江淮计口",徐州若失,"是失江淮也"。他建议置重镇于徐州,"夫徐地重而兵劲,若帅又贤,即淄青震矣"。这个意见被德宗采纳,"由是徐复为雄镇"①。这些例子充分说明了重兵驻防中原藩镇重兵的现实必然性。否则,"苟不修其军政,合其大势,制其死命,则不足以辍东顾之忧",担起"实制东夏之责"②。

军事上的重镇必然造成经济上的重负,中原型藩镇的情况正是这样。虽然在战争状态下,按规定朝廷要付一笔"出界粮",但本道军费并不因此而减③,还要另加"资遣"④,故而耗费更巨。所以杜牧说:"河东、盟津、滑台、大梁、彭城、东平尽宿厚兵","六郡之师,厥数三亿,低首仰给,横拱不为,则沿淮已北,循河已南,东尽海,西叩洛,经数千里赤地,尽取才能应费"⑤。"尽取才能应费",正是李吉甫在《元和国计簿》的中央预算中,只字不提中原型藩镇的原因所在。

军事上、财政上的这些特点,使中原型藩镇动乱具有复杂色彩。由于这里是用武之地,节度使多系武人,因而不可避免地出现一批骄悍的藩帅,如刘玄佐、韩弘、于頔、王智兴等。他们在讨伐叛镇的战争中获得帅位,趁机发展了自己的军事势力,又利用朝廷借之镇遏骄藩的需要而拥兵自重,"逢时扰攘","乘险蹈利"。⑥但它们仍不失为朝廷遏制河朔型藩镇的武力屏障。如刘玄佐在宣武,淄青"(李)纳甚惮之"⑦。韩弘在宣武也是"镇定一方,威望甚著"⑧,吴少诚、李师古"皆惮之"⑨。王智兴在徐州,"常以徐军抗(李)纳",于頔在襄阳,"时吴少诚张淮西,独惮頔威强"⑩。柳宗元曾一针见血地道出中原藩镇的复杂情形:"将骄卒暴,则近忧且至,非所以和众而乂民也;将诛卒削,则外虞实生,非所以捍城而固圉也。"⑪

中原型藩镇动乱凡52起,仅次于河朔而居第二位,其中兵变达32起。

①《新唐书》卷一五八《张建封传》。
②《全唐文》卷五七七柳冕《答徐州张尚书论文武书》。
③ 崔致远:《桂苑笔耕集》卷五《奉请天征军任从海衣粮状》。
④《资治通鉴》卷二三九元和十年五月;《旧唐书》卷一七二《李石传》。
⑤《樊川文集》卷五《战论》。
⑥《旧唐书》卷一五六《于頔、韩弘、王智兴传》"赞曰""史臣曰"。
⑦《新唐书》卷二一四《刘玄佐传》。
⑧《资治通鉴》卷二三九和十年九月"考异"。
⑨《资治通鉴》卷二三六永贞元年二月。
⑩《新唐书》卷一五四《李晟附宪传》。
⑪《柳河东集》卷二二《送杨凝郎中使还汴宋诗后序》。

再看边疆型。边疆型藩镇的前身是开元、天宝时缘边节度使中朔方、河西、陇右、剑南、岭南等镇,故设置最早。在此我们主要以京西、京北诸镇为典型进行考察。

安史之乱以前,西北边疆就是军务繁剧之地。天宝末年,哥舒翰身兼河西、陇右二帅,统重师以镇之。战乱期间,边防军悉师东讨,吐蕃、党项步步进逼,形势十分紧张。后来一直是"边羌弩战不休"①。唐廷除了大力巩固这里的军镇外,又大征山东防秋兵以资守备,大历九年征以备边的幽蓟、魏博、成德、淄青、汴宋、河中及申、黄、安、息等军队达28万人。②尔后,这里的重兵集结一般在20万人以上③,甚至有些方镇的兵力还时有所增④。西北地区遂成为唐朝军事斗争的重心。

如此庞大的武装在长安附近集结,客观上形成了对中央的军事压力和威胁。因此,唐廷一方面通过化大为小,削弱藩镇的力量来加强对这一地区的控制;⑤另一方面又扶植神策军势力以牵制西北藩镇。唐神策军凡十三镇⑥,其势力遍及京西的凤翔、秦、陇、原、泾、渭;京北的邠、宁、丹、延、鄜、坊、庆、灵、盐、夏、绥、银、宥等地区⑦。它们"皆取中尉处分",与所在节度使"相视如平交"。⑧"建国威,捍非常,实天子之爪牙也"⑨。神策军与西北藩镇一直矛盾很深。⑩

西北藩镇的节度使,几乎都是武人,并且多为出自禁军的"债帅"。所谓"自大历以来,节度使多出禁军"⑪,主要是指这一带。故而吴廷燮才说:"井汴大镇,多畀词臣,泾、鄜边藩,或为债帅。"⑫这不仅进一步巩固了宦官在京西、京

①《新唐书》二一二《李怀仙传》。

②《全唐文》卷四八《命郭子仪等备边勑》。

③《册府元龟》卷九〇《赦宥九》宪宗元和十五年二月大赦诏;《资治通鉴》卷二六八乾化元年十一月"考异"。

④《册府元龟》卷四三一《召募》;《金石萃编》卷一〇三《李元谅碑》。

⑤《陆宣公集》卷一九《论缘边守备事宜状》。

⑥《资治通鉴》卷二三七元和二年四月甲子胡注;同书卷二四一,元和十五年十月癸未胡注。

⑦《资治通鉴》卷二三九元和七年十一月胡注。

⑧《资治通鉴》卷二三九元和七年十一月。

⑨《读通鉴论》卷二五《宪宗十二》。

⑩《旧唐书》卷一六一《李光进附光颜传》;陈寅恪:《论李怀光之叛》,《金明馆丛稿二编》,上海古籍出版社,2020年。

⑪《资治通鉴》卷二四三太和元年四月。

⑫《陆宣公集》卷一一《请减京东水运收脚价于缘边州镇储蓄军粮事宜状》。

北的势力,也加强了唐廷对这些方镇的控制。

西北诸镇地处边徼贫瘠之地,人口稀少、军旅众多、饷费浩大。各镇"除所在营田税亩以自供外,仰给度支者尚八九万人"[1]。结果唐政府"以编户倾家破产之资,兼有司榷盐税酒之利,总其所入,半以事边"[2]。边疆型藩镇仰给度支的情况,一方面固然加强了其对中央的依赖,另一方面则由于供馈不足、衣粮欠缺及"债帅"的暴敛而频频引起边军动乱。在边疆型藩镇42起动乱中,这类兵变即达29起,占全部动乱的近70%。

最后,谈东南型藩镇。安史之乱以前,东南诸道即为唐王朝重要财赋之地。战后,"两河宿兵,户赋不入,军国资用,取资江淮"[3],东南诸道的赋税收入成为唐廷赖以存在的根基,所谓"唐立国于西北而置根本于东南",屡经大难"而唐终不倾者,东南为之根本也"。[4]因此,如何控制东南藩镇成为唐后期政治中的一个重大课题。

限制东南诸道的兵力,始终是唐中央的一个基本方针。安史之乱以前,这一带既鲜设府[5],亦少甲兵[6]。战争期间,陆续设置了防御、团练、节度诸使,但除寿春、鄂岳北部一线因逼近中原,兵力稍众外,一般兵力很少,而且旨在防御"盗贼"。[7]即便在与安史势力艰苦鏖战之秋,这里的兵力也受到严格限制。有的节度使"饬偏师,修五刃,水陆战备,以时增修",被指为"过防骇众"[8],而"减兵归农"者则受到褒奖。[9]故永王璘之乱、刘展之乱及袁晁起义,都是靠从中原战场抽调兵力才得以平定。[10]安史之乱以后,东南诸道一般都易节度为观察。元和中,朝廷以这里"是赋税之地,与关右诸镇及河南、河北有重兵处体例不同",而大量裁罢其军额,其中涉及江陵永平军、润州镇海军、宣州采石军、越州义胜军、洪州南昌军、福州静海军等。[11]因此东南镇一般兵力寡弱,故吴廷燮

①《唐方镇年表·叙录》。
②《陆宣公集》卷一九《论缘边守备事宜状》。
③《唐大诏令集》卷一〇《元和十四年册尊号赦》。
④《读通鉴论》卷二六《宣宗九》。
⑤ 谷霁光:《府兵制度考释》,中华书局,2011年,第154~155页。
⑥《全唐文》四三〇于邵《淮南节度行军司马厅壁记》。
⑦《全唐文》卷三二三萧颖士《与崔中书园书》。
⑧《全唐文》卷三九四令狐峘《光禄大夫太子太师上柱国鲁郡开国公颜真卿墓志铭》。
⑨《李太白集校注》卷二九,《天长节度使鄂州刺史韦公德政碑》。
⑩ 宁可:《唐代宗初年的江南农民起义》,《历史研究》1961年第3期。
⑪《唐会要》卷七八《节度使》。

说:"并、汴大镇,皆诩十万;洪、福、潭、越,不过万人。"①

东南型藩帅一般很少武夫,多为"儒帅",淮南等大镇更是宰相回翔之地。②其平均任期一般不超过三年,尤其是宪宗即位初年,图谋经划两河之际,东南型九镇藩帅皆曾一易或数易。③这样就有效地限制了藩帅在本镇培植盘根错节的势力,保证了唐朝中央对东南型藩帅的牢牢控制。广德乾符间东南型藩镇动乱仅12起,占这时期全部藩镇动乱的7%,其中仅李錡一起为短命的反叛。故史称"天下方镇,东南最宁"④。

对东南型藩镇兵力的限制还体现在大大降低了这里的军费开支。"赋出天下而江南居十九"⑤,除了江南地区本身的富庶外,主要原因就是这里养兵少、军费低,因而上供数量大。其实当时东南地区真正经济发达的只是扬、楚、润、常、苏、杭、越、明等包括太湖流域附近地区的长江三角洲一带。⑥至于江西、福建、荆南等地,其经济开发水平并不高。

综上所述,可对唐代藩镇形势作如下总结:

第一,唐代藩镇割据主要表现在河朔,而河朔割据又集中在三镇。此外绝大多数藩镇,虽然也有重兵驻扎和频繁的动乱,并且也不是唐廷的赋税之地(东南型除外),但它们都是唐王朝控制下的地方政权,不是割据性藩镇。其节度使的调任和派遣基本上由中央决定,其动乱只是内部兵乱,不是割据叛乱。这些说明了藩镇割据的区域性。

第二,中原、边疆、东南型藩镇虽然不属割据性质,但是由于它们各自不同的地理特点及其与唐王朝的政治、财政、军事关系,深刻影响着整个藩镇割据形势的发展。具体说就是:东南型从财力上支撑朝廷、边疆型(西北)从武力上奠定了关中、中原型从军事上镇遏叛镇。河朔藩镇割据形势的变化,不光取决于河朔本身的势力消长,更大程度上取决于上述三类藩镇的动向。这一点,可以称之为藩镇割据的制约性。

第三,各类藩镇之间的总体关系,在代宗时业已形成,至元和时除淮西、淄

---

① 《唐方镇年表·旧序》。

② 《文苑英华》卷八〇二《淮南监军使院厅壁记》。

③ 《旧唐书》卷一四,《宪宗纪》。

④ 《全唐文》卷四一七,常衮《代杜相公让河南等道副元帅第二表》。

⑤ 《韩昌黎集》卷一九,《送陆歙州诗序》。

⑥ 史念海:《隋唐时期长江下游农业的发展》,《河山集》(二集),生活·读书·新知三联书店,1981年,第226~231页。

青相继解体外,基本格局并无变化,长庆后又故态复萌,最后黄巢起义打破了这种格局:举足轻重的中原型藩镇大部分被野心勃勃的朱温吞并;李克用据有河东及西北边镇之一部而与之抗衡;西北边镇之另一部则为李茂贞等所据,并且动辄称兵犯阙;东南型藩镇也不再供给唐朝的财源;"国命所制者,河西、山南、剑南、岭南西道数十州"①——主要是西南边镇,唐朝的灭亡只待时日了。但五代的历史仍然明显地受到唐代藩镇格局的影响:北方相继递嬗的五个小朝廷的激烈争夺和南方若干小王国的相对安定,实际上多多少少反映出唐代北部藩镇(河朔、中原、西北边疆型)重兵驻扎、动乱频仍和南部藩镇(东南型)驻兵寡弱、相对安定的差异。

二

通过对藩镇类型的分析,我们考察了藩镇割据的区域性与制约性以及河朔割据的游离性与依附性特点。其实,综观唐代后期的藩镇史,可以发现,表现得最突出、最普遍而又最引人注目的主要并不是因为闹割据而反抗中央政府的斗争,而是频繁、激烈的藩镇动乱。那么应当怎样看待这些动乱呢? 一般的看法总是不加分别地把动乱同割据与叛乱纠缠在一起,分辨不清。因此,对它们作定量定性分析,弄清其特点和原因,便成为藩镇问题研究中的又一关键。

唐代藩镇动乱就其表现形式来说,一般可分为以下四种情形:第一,兵士哗变,其表现多为广大士兵因反抗暴虐或谋求赏赐而发生变乱;第二,将校作乱,其表现为少数觊觎帅位的将校杀帅谋位而以利诱其众;第三,反叛中央,其表现为与中央进行武装对抗;第四,藩帅杀其部下,主要表现是藩帅为除去威胁自己的骄兵悍将而发生动乱。这些不同形式的动乱究竟何者占多数呢?

先看河朔型藩镇的动乱。广德、乾符间河朔型藩镇动乱凡65起,其中与中央发生武装冲突或带扩张性的仅13起,约占20%。其余80%的动乱不仅发生在藩镇内部,而且都是在自身矛盾斗争中得到平息,表现出藩镇动乱的封闭性。而这些动乱又以"士卒得以凌偏裨,偏裨得以凌将帅"的兵乱为主要特征,表现出藩镇动乱的凌上性。

假如考察藩镇动乱的全局,就更能证明这些特点。广德、乾符间全部藩镇动乱171起,与中央发生外部冲突的不过22起,仅占13%;而兵变中,节帅杀部

---

① 《旧唐书》卷一九下《僖宗纪》光启元年三月。

下事件仅有14起,占7%。就是说,有87%的藩镇动乱表现出封闭性。80%的藩镇动乱表现出以下替上的凌上性。魏博牙军、宣武悍卒、徐州骄兵等等,无一不是以在内部杀逐斗争中"变易主帅,有同儿戏"而著迹于史。所以清人赵翼感慨地说:"秦汉六朝以来,有叛将而无叛兵。至唐中叶以后,则方镇兵变比比而是","逐帅杀帅,视为常事"。①可见封闭性与凌上性是唐代藩镇动乱的普遍特征。

唐代藩镇动乱在形式上表现出封闭性与凌上性,而在内容上则具有反暴性和嗜利性。所谓反暴性,是指这些动乱具有反抗节度使苛虐残暴的色彩,或下级将士争取生存的反压迫性质,这类例子简直不胜枚举。如河朔型的横海军,"节度使程怀直,不恤士卒"为部下所逐。②中原型的武宁军,"节度使康季荣,不恤士卒,部下噪而逐之"③。边疆型的振武军,"节度使李进贤,不恤士卒",判官严澈"以刻核得幸于进贤",亦为军士所逐。④大中时南方藩镇"数有不宁",也是因为藩帅"停废将士,减削衣粮"。⑤

还有许多动乱则属于骄兵"杀其将帅以利劫"的事件。如武宁藩帅被逐,朝廷派"曾任徐州,有政声"的田牟去镇守,"于是帖安"⑥。田牟是怎样镇徐州,使军情"帖安"的呢?史称:"田牟镇徐日,每与骄卒杂坐,酒酣抚背,时把板为之唱歌。其徒日费万计,每有宾宴,必先厌食饫酒,祁寒暑雨,卮酒盈前。然犹喧噪邀求,动谋逐帅。"⑦河朔魏博牙军更是"皆丰给厚赐,不胜骄宠","优奖小不如意,则举族被害"。⑧东南藩镇也有"指漕货激众谋乱"⑨的事件。总之,这些动乱的主体是被称为"嗜利者"⑩的骄兵,他们"利在此而此为主矣,利在彼而彼为主矣"⑪。动乱的原因则是所谓"杀帅长,大抄掠,狃于利而然也"⑫。因此,

---

① 《廿二史劄记》卷二十《方镇骄兵》。
② 《资治通鉴》卷二三五贞元十一年九月。
③ 《东观奏记》下。
④ 《资治通鉴》卷二三九元和八年十月。
⑤ 《资治通鉴》卷二四九大中十二年七月。
⑥ 《东观奏记》下。
⑦ 《旧唐书》卷一九上《懿宗纪》咸通三年七月。
⑧ 《旧唐书》卷一八一《罗绍威传》。
⑨ 《新唐书》卷一五一《窦易直传》。
⑩ 《新唐书》卷二一三《李正己附师道传》。
⑪ 《读通鉴论》卷二四《德宗十五》。
⑫ 《新唐书》卷二一四《刘玄佐传》。

可以称之为藩镇动乱的嗜利性。其实,藩镇动乱的反暴性与嗜利性往往是孪生的,前述80%以上的内部动乱,基本上都是反暴性与嗜利性相结合的产物。

藩镇动乱的这些特点说明了什么呢？封闭性,说明问题的症结主要在藩镇内部而不是外部。凌上性,说明动乱的根源主要来自下层而不是上层。反暴性,说明某些兵士哗变具有一定程度的正义性,因而具有发展成起义的潜在可能,如咸通九年的庞勋起义,乾符二年的王郢起义等。①而嗜利性则尤其具有左右局势的力量,它使得:第一,许多兵变往往被一些上层将校和野心家所利用,所谓"凡据军府、结众心以擅命者,皆用此术而蛊众以逞志"②,从而增加了藩镇动乱的复杂性;第二,有些兵变即使发展成声势颇大的起义,也易于被收买而中途夭折。③总而言之,唐代藩镇动乱绝大多数是发生在藩镇内部的以骄兵为主体、以反抗节度使为主要形式、以邀求赏赐和瓜分本镇赋税为目的的变乱。它们同与中央政府分庭抗礼的藩镇割据和叛乱是有重大区别的。

为什么唐代藩镇动乱会表现出这种封闭性、凌上性和反暴性、嗜利性的特点呢？其原因是极其复杂的,主要有如下三点:

首先,唐代藩镇动乱之所以表现出封闭性而不表现为对外的扩张性,与各类藩镇之间的相互制约关系及它们的力量对比有关。河朔型与中原型藩镇的割据与防割据的相持关系,中原型与边疆型藩镇维系内外均势的平衡关系,中原型、边疆型藩镇与东南型藩镇同唐朝中央在武力和财力上的相关依赖关系,构成了一个密切联系而又互相制约的整体结构。唐王朝本身虽然没有一支强大的武装力量,但这些藩镇之间的相互制约关系及其力量对比,却使任何藩镇都不敢轻举妄动、独行其是。《宋史·尹源传》载尹源谓:弱唐者,诸侯也,既弱而久不亡者,诸侯维之也",就包括这层意思。

其次,与藩镇割据要凭借骄兵有关。任何割据政权都要凭借军队,但唐代的骄兵却具有不同于一般军队的历史特点。第一,他们是"常虚耗衣粮,无所事"④的雇佣职业兵,不同于亦耕亦战的部曲家兵。他们以当兵为职业,"仰縻廪养父母妻子"⑤。因此,一旦损害他们的利益,必然会激起强烈反对,不惜作

---

① 张泽咸的《唐五代农民战争史料汇编》一书中曾收入这类兵变若干起,可参看。
②《读通鉴论》卷二四《德宗十五》。
③《全唐文》卷八七《讨王郢诏》、《资治通鉴》卷二五三乾符四年二月。
④《资治通鉴》卷二二四大历三年十二月。
⑤《新唐书》卷二一〇《田承嗣附悦传》。

"忘身徇利"的斗争。这种斗争自然既带有反暴性,又具有嗜利性。第二,骄兵虽然为争取生存、谋求赏赐而"喧噪邀求,动谋逐帅",却并不愿开疆拓土或取唐而代之,所谓"诚且愿保目前,不敢复有侥冀"。①节度使的好战,势必会使军士厌恶而遭到他们反对。如建中时田悦"阻兵四年","死者什八,士苦之,且厌兵",及朝廷派孔巢父前往宣慰,"莫不欣然"。②结果田绪"因人心之摇动,遂构谋杀悦而与大将邢曹俊等禀命于巢父"③。这种情况便限制了骄藩悍帅,使他们不能恣意反叛朝廷,所谓"须借朝廷官爵威命以安军情"④。第三,既然唐代的骄兵是雇佣职业兵,他们对主帅的关系就带有契约性,而不像农奴兵那样有很强的依附性,这是唐代农民人身依附关系减弱的反映。⑤凌上性,从某种意义上说,正是由于一般士卒身份提高而表现出来的历史特征。

牙兵组织也是导致藩镇内部动乱频仍的一个原因。牙兵是藩帅稳定对内统治的支柱,但反过来,节度使又被牙兵势力所包围,任其废立于掌股之间。牙兵既由藩帅的依恃发展成威胁,于是节度使又置其他亲兵、后楼兵或后院兵等,倚为与牙兵抗衡的心腹,从而更进一步加剧了内部纷争。如魏博乐从训"聚亡命五百人为亲兵,谓之子将。牙兵疑之,籍籍不安"⑥。镇海节度使周宝,"募亲兵千人,号后楼兵,禀给倍于镇海军,镇海军皆怨。而后楼兵浸骄不可制",于是又引起一场纷乱。⑦可见牙兵的存在及其安内而非御外的职能,既是藩镇内部动乱的产物,又加剧了藩镇内部纷争和动乱。

最后,藩镇动乱之所以表现出上述特点,还与唐代财政制度方面的军费开支地方化密切相关。安史之乱以前的租庸调时代,全国财赋由中央政府统一调配。天宝时缘边驻重兵49万,马8万,军费绢1100万匹,粟170石,除岭南道"轻税本镇以自给"⑧外,都由中央拨付。安史之乱的爆发完全打乱了唐朝的统治秩序。战乱期间,唐廷自身难保,不可能在全国范围内调拨衣粮来供应作战

---

① 杨志玖:《试论唐代藩镇割据的社会基础》,《历史教学》1980年第6期。

② 《新唐书》卷二一〇《田承嗣附悦传》。

③ 《旧唐书》卷一五四《孔巢父传》。

④ 《资治通鉴》卷二四八会昌四年八月。

⑤ 参见胡如雷:《唐五代的藩镇割据与骄兵》,《光明日报》1963年7月3日。

⑥ 《资治通鉴》卷二五七文德元年二月。

⑦ 《资治通鉴》卷二五六光启三年三月。关于方镇后院兵,可参见同书卷二四八会昌四年闰七月;卷二五八大顺元年五月;卷二六二光化三年十月胡注。

⑧ 《旧唐书》卷三八《地理一》。

军队。因而至德元载朝廷下令，所在军镇"应须士马、甲仗、粮赐等，并于当路自供"①，从而把兵费的筹集一下子推给了地方。这时，"军国之用，仰给于度支、转运二使"，亦即从江淮转运财赋作中央政府及军队的开支，而"四方大镇"，则"自给于节度团练使"②。这即是军费开支地方化。

安史之乱后，这一状况并未得到改变。在相当长的一个时期内，统治集团内部功臣、宦官、相权和皇权等各种势力之间错综复杂的矛盾斗争，特别是京西、京北地区异常严峻的军事形势，使唐廷未能作大规模的整顿，"边计兵食置而不议者几十年"③。因而大历时仍然是"率税少多，皆在牧守"④，"赋税、出纳、俸给皆无法，长吏得专之"⑤。中央政府主要靠盐铁榷利收入来支撑局面，地方节镇依然以本地租税自给。所谓"河南、山东、荆襄、剑南有重兵处，皆厚自奉养，正赋所入无几"⑥，不能片面地说成完全是地方拥兵自重不上供，其实这种现象在一定程度上是安史之乱期间"四方大镇又自给于节度团练使"状况的继续。大历三年，马璘在泾原，"边土荒残，军费不给"，其解决办法并不是"以内地租税及运金帛以助之"⑦，而是让他"遥领郑颍二州"⑧。郑、颍距泾原甚远，"遥领"的目的也就是使其军费"当路自供"。又如河阳镇遏使（后为节度使）其军资无处支付，唐廷乃以河南府管下五县"割属河阳三城使。其租赋色役，尽归河阳，河南府但总管名额而已"⑨。这也体现出了当道自筹军费的原则。

建中元年的两税法改革，整顿了安史之乱以来混乱的财税制度。根据"量出以为入，定额以给资"的原则，⑩在法令上革除"率税少多，皆在牧守"的作法；并且通过上贡、留使、留州的三分制将中央政府所需要的财政开支钱一千余万贯、粟四百余万石，以上供的形式派定下来，从而保证了中央机器的正常运转。

---

① 《资治通鉴》卷二一八至德元载七月，《全唐文》卷三六六贾至《玄宗幸普安郡制》。

② 《唐会要》卷八三《租税上》。

③ 《新唐书》卷五一《食货一》。

④ 《陆宣公奏记》卷一二《论两税之弊须有厘革》。

⑤ 《资治通鉴》卷二二六建中元年九月。

⑥ 《册府元龟》卷四八八《经费》。

⑦ 《资治通鉴》卷二二四大历三年十一月。

⑧ 《新唐书》卷六四《方镇表》。

⑨ 《旧唐书》卷三八《地理一》。

⑩ 《元氏长庆集》卷三四《钱货议状》。

但是两税法不仅没有改变军费开支地方化的状态,而且把这种权宜之法固定化、制度化了。尽管它以"定额"的形式,在原则上限定地方征税,但是这个"定额"乃以不削减地方开支,"但令本道本州各依旧额征税"为前提。[①]而据"量出以制入"的精神,"当道或增戍旅,又许量事取资"[②],更加强了地方财政的独立状态。因此,有人说,两税法的关键乃在于"它实际上是中央财政当局与地方之间缔结的协定:为征取诸道两税的一定比例额,中央给予诸道以征税方法和经费使用上的自由"[③]。

军费开支地方化使得财权由藩镇节度使掌握,这种情况一方面巩固了藩帅的权势和藩镇的地位;另一方面,也意味着兵士与藩帅在本镇财赋分割上处于尖锐对立状态。换言之,也就是在经济上与兵士发生冲突的,不再是中央朝廷,而是藩帅本身。因此,兵士在为维护自己的经济利益或为邀求赏赐而掀起动乱时,其矛头所向必然是本镇节度使,而不是中央政府。因而这种动乱也就多表现在藩镇内部而不是外部,表现为杀逐藩帅,而不是反抗唐朝中央了。

通过以上对唐代藩镇类型的研究及其动乱特点的考察,我认为,唐代藩镇割据具有区域性与制约性统一的特点,不能简单地把藩镇与中央的关系一概视为割据,而河朔区域的割据又具有游离性与依附性并存的特点,不能把割据绝对化。当然,唐代藩镇权力相对来说比较大,不像宋代那样中央对地方统得很死,宋人和明人都有不少讨论唐宋时中央与地方关系得失的言论,值得我们重视并加以研究,而廓清在唐代藩镇问题上的一些迷团,正是这种研究的第一步。

本文原刊载于《历史研究》1983年第4期,此次收入有修订。

本文作者:

张国刚,清华大学文科资深教授,清华大学人文学院历史系教授、博士生导师。曾任南开大学历史系主任、中国唐史学会会长、中外关系史学会副会长等职。入选"百千万工程"第一、二层次、第十届教育部长江学者特聘教授、清华大学"985百人计划"、北京市高校优

---

① 《陆宣公奏议》卷一二《论两税之弊须有厘革》。
② 《陆宣公奏议》卷一二《论两税之弊须有厘革》。
③ D.トキヲェット(Denis Twitchett):『唐末藩镇と中央财政』,『史学杂志』1965年第七四编第八号。

秀教学名师。主要研究中国古代史及中西文化关系史，出版学术著作20余部。获《历史研究》创刊30周年优秀论文奖，获教育部高校人文社科优秀著作一等奖、二等奖、普及读物奖；北京市哲学社会科学优秀著作一等奖、二等奖，以及"中国好书"奖、文津图书奖（正奖及提名奖）、中国优秀出版物奖（正奖及提名奖）等。多部著作被译成外文在海外出版。

秦汉时期中央与地方关系新论

王连升

秦始皇建立秦朝后,废分封,行郡县,实行中央集权的君主专制统治。刘邦建立西汉后,其做法与秦始皇不同,他在逐一消灭异姓诸侯王的同时,又大封同姓王,并刑白马而盟,"非刘氏而王,天下共击之",实行郡国并行制。刘邦死后,郡县方面比较平稳,因为郡县长官由皇帝直接任免,受皇帝的严格控制,所以基本上能与朝廷保持一致。而地方封国就不同了,随着时间的推移,封国与朝廷之间常有矛盾发生,直至发展到大规模的武装冲突。对秦、汉所采用的两种不同的行政体制,其原因、利弊得失、价值判断等等,学者多有评论,令人深受启发。然而笔者仍感意犹未尽,认为有必要继续做一些分析辩证,进行新的论述。

比较传统的观点,多肯定秦朝的单一郡县制,认为这是对西周以来宗法分封制的彻底否定,是新兴地主阶级所创立的封建制度的重要内容,代表了历史发展的必然趋势。这种观点在对秦始皇的做法表示赞许的同时,对刘邦的分封持批判态度,认为这是恢复不适应新兴地主阶级发展的陈旧制度,是历史的倒退。自然,对封国本身也难以做出中肯的分析。

从秦汉的历史事实看,这种观点实属一厢情愿。因为终汉之世,封国一直存在,没有哪一个皇帝提出来彻底消除这些封王。综观中国古代历史,则更证明这种观点不科学。中国两千年封建社会,除秦朝外,各朝都推行分封制度,只是形式、诸王权力大小有所不同而已。尽管发生过许多危及中央朝廷安全,甚至推翻皇帝的诸侯王叛乱,如西汉的七国之乱,西晋的八王之乱,明代的靖难之役等等,但封王制度仍然在一代一代的延续,同样没有哪一个朝代下决心根除这种制度,尽管朝廷具有根除封国的实力。一种制度,长期听任它的存在,仅仅用"陈旧"等理由来否定,看来难以令人信服。

由于不满意这种比较简单的结论,一些学者不断提出质疑,并写出论文进行商榷。具有代表性的论文有:李孔怀先生的《汉初"郡国并行"政体刍议》①,王云度先生的《秦汉时期的中央集权与地方分权》②。李孔怀先生的论文不同意那种认为封国是对秦始皇实行"海内为郡县"的倒退的观点,分封不能看成是"徇周之制"。王云度先生在论文中指出:汉初分封制"确曾起过巩固西汉统治,加速地方经济开发的积极作用"。"汉初的分封不是历史出现了局部的倒退,而是促进了历史的发展。"李孔怀先生为了论证自己的观点,着重分析了汉初刘邦的分封与西周分封的区别,王云度先生在指出汉初的分封制与周初的分封制有着本质差异的同时,则着重分析了汉初在权力分配问题上对秦朝弊端的总结,认为"汉初的统治者纠正秦王朝权力过分集中于中央的弊端,实行地方分权的政策,在当时情势下基本上是正确的"。

二位先生的真知灼见,使这个问题的研究大大向前推进了一步,很值得称赞。但我又认为二位先生的论述还未达到尽善尽美,需要百尺竿头,更进一步。例如,二位先生都对西汉分封与西周分封做了区分,这无疑是有价值的。然而从证明自己的论点需要看,似乎必要性又不大。因为两种分封不管在形式上有多少不同,但毕竟都是血缘宗法关系政治化的表现形式,在本质上是一样的。况且,反对者也同样会找出二者许多相同之处。事实上,西周分封与汉初分封确有许多相同之处。汉初的同姓王在封国内权力很大,其政权组织形式与朝廷基本一样,封国内的官吏除太傅和相由中央任命外,自御史大夫起的各级官吏,都由诸侯王自己任命。汉初的诸侯王都拥有军队,有财政权,自己可以征税。这些权力,和西周时的诸侯国是相似的。从权力演化上来论证汉初分封的必然性,有一定道理。但我认为还应当再进一步,需要从经济基础决定上层建筑这个总前提上做一些说明。

中国自周秦以来,一直是以小农经济为主体的自然经济。在这种经济关系中,血缘宗法关系浓重,家族制度、宗族制度、家长专制的存在是一个普遍现象。这个经济基础所决定的上层建筑,必然带有严重的血缘宗法色彩。西周时期,由于工商业主要控制在官府手里,所谓"工商食官",商品经济极不发达,所以就出现了单一的宗法分封制度,而且主要是同姓分封。春秋以后,随着商

---

① 李孔怀:《汉初"郡国并行"政体刍议》,《复旦学报(社会科学版)》1985年第2期。

② 王云度:《秦汉时期的中央集权与地方分权》,中国秦汉史研究会编:《秦汉史论丛》(第4辑),西北大学出版社,1989年,第9页。

品经济的不断发展,出现了新的生产关系,在上层建筑领域产生了郡县制度。即使如此,以小农为主的自然经济仍占主要地位,这种状况一直延续到清朝。这样一种经济基础,不可能将宗法分封制排斥到历史舞台以外,中国古代的政治制度和政治思想,在一定意义上依然是家族制度及其意识形态政治化的结果。汉代与西周的不同,主要表现在郡县制的推广和分封数量的减少方面,而不是分封制本身性质的不同。我们可以这样说,在封建生产方式下,分封是一种历史的必然现象,一般情况下是无法摆脱这种安排的。因此,说汉初的分封是徇周之制也罢,是恢复陈旧制度也罢,都不能动摇它的存在这样一个事实。所以,想以"分裂割据势力"和"落后"的理由来否定它的观点就不可取了。

与分封制度合理存在的事实相一致,自古以来,人们认为分封是天经地义的观念就十分牢固,认为分封可以巩固统治,可以成为朝廷的藩屏。秦朝的王绾、淳于越不必说,东汉时大司空窦融、固始侯李通、胶东侯贾复、高密侯邓禹、太常登等也说得非常恳切。建武十五年(39年),他们上奏光武帝,说:"古者封建诸侯,以藩屏京师。周封八百,同姓诸姬并为建国,夹辅王室,尊事天子,享国永长,为后世法。故《诗》云:'大启尔宇,为周室辅'。高祖圣德,光有天下,亦务亲亲,封立兄弟诸子,不违旧章。陛下德横天地,兴复宗统,褒德赏勋,亲睦九族,功臣宗室,咸蒙封爵,多受广地,或连属县。今皇子赖天,能胜衣趋拜,陛下恭谦克让,抑而未让,群臣百姓,莫不失望。宜因盛夏吉时,定号位,以广蕃辅,明亲亲,尊宗庙,重社稷,应古合旧,厌塞众心。臣请大司空上舆地图,太常择吉日,具礼仪。"(《后汉书·光武帝纪》)可见,他们认为分封不但是享国长久的重要条件,而且一点也不讳忌这是一种旧制度。当然,今天我们来看分封制的历史作用,未必完全赞同他们的观点,但当时分封存在的合理性,却是不容置疑的。在以小农经济为主的经济基础之上,人们产生这种意识是很自然的事情,他们总认为皇帝是天之子,比任何人都高贵,皇帝的子孙当然也比别人的子弟高贵,应当享受特权和其他人无法比拟的物质待遇。于是,就演化出无数个君权神授的神话,制造出一个个地方封国。人们不难发现,一个王朝建立伊始,皇帝总是把加强皇权和分封子弟安排在日程表的重要位置上。刘邦是这样,刘秀也是这样。

从以上的理论和事实出发,我认为秦始皇不行分封,弟子为匹夫,是违背了历史的要求,犯了冒进的错误,不值得大加赞扬。秦始皇犯错误的原因,我认为是他太迷信法家,受秦国法家传统影响太深,因而他不相信打天下与治天下完全不同,听不进不同意见。如果在建立什么样的政治体制上,他认真听吕不韦、王绾或淳于越的建议,秦朝或许不致于落到二世而亡的结果。秦始皇只相信李斯,海内为郡县,不搞分封,使秦朝失去了皇族内部的起平衡作用的力量,大大助长了他的独裁专制,铸成了一系列错误,结果便是"坑灰未冷山东乱",秦朝的大厦很快倾倒了。与秦始皇的做法相反,刘邦和他的大臣们,总结了秦亡的经验教训,在继续推行郡县制的同时,也大封同姓王,实行郡国并行制。这种制度看起来矛盾比较多,今天你造反,明天他叛乱,实则是最有生命力的封建稳定。秦朝的单一郡县制,看起来上下一致,号令一出,强大无比,实则非常脆弱。

尽管地方封国的存在是封建经济基础之上的合理现象,但封国毕竟不等于郡县,它与中央朝廷之间既有统一性,也有斗争性。这种斗争性不表现在中央朝廷如何彻底消灭和根除分封制度上,而是表现在中央朝廷及其政治家在努力寻求二者之间存在的"适度"上。一般说来,一个新王朝在开始分封时,由于皇帝强烈的权力欲望和宗法意识,不考虑以后封国对中央的威胁,往往矫枉过正,过"度"分封。之后随着过度分封所造成的矛盾和斗争的爆发,中央朝廷便开始慢慢纠正,直至找到中央与地方封国关系的"适度"。调整这个"度"主要表现在两个方面,一是中央不断增加控制封国的各种办法和规定,二是不断削弱和减少封国的实力。贾谊的"众建诸侯而少其力",晁错的"削藩之策",主父偃的"推恩策"等,都是在力图找到中央与地方封国之间关系的合理度。汉景帝派周亚夫平定"七国之乱",也是寻求这个度的手段之一,只不过代价更高些罢了。这些建议及实施手段,其目的决不是通过逐渐削弱诸侯王而最后消灭之,皇帝及其谋士们没有这样的想法,历史也不存在这样的事实。他们仅仅是在寻求中央与地方封国之间权力平衡之"适度"。一旦达到这个"度",双方之间也就平安无事,协调发展了。

东汉的刘秀善于总结历史经验,虽然也进行了封王,但避免了西汉那样的叛乱。宋代的徐天麟在总结秦汉分封的经验教训时说:"自昔圣王制世御极,必建牧立监,以蕃屏王室。是以内外相维,而国势久安。自秦人不师古,始罢侯置守,而封建之法始废。汉祖龙兴,取周、秦之制而兼用之,其亦有意于矫前世之弊矣。惜乎措虑不远,封爵过制,中世以后,尾大之势浸成,而遂兆吴、楚七国之变。斯则措置之失,而非封建之法不可法也。故贾谊在文帝时建言,欲天下治安,莫若众建诸侯,而少其力。至武帝时,主父偃复请令诸侯得推恩分子弟以地,武帝从之。于是蕃国始分,而支庶毕侯,列国之势,浸以削弱,终西都之世无复反者。光武中兴,因高、文疏爵之制,封建宗室,故齐武、鲁哀、阴辈以功,安成、居巢、甘里辈以亲,皆能乘时蹈运,保有茅土,蕃翼王室。至明、章之世,东平、东海、沛、献等各种谦抑令终,为一代贤王。其蹈宪纲者,虽或有之,然无西京七国之患。光武之虑后世,不亦远乎?"(《东汉会要·封建上》)清楚地向我们讲述了两汉统治者寻求中央与地方封国之间"适度"的历史过程。

总之,封建的经济基础决定了宗法分封存在的合理性,中央与封国矛盾斗争的全部秘密在于找到二者之间的"适度"。

本文原刊载于《历史教学》1991年第1期。

本文作者:

王连升,生于1939年,南开大学历史学院教授,曾任南开大学历史系副系主任,天津历史学会副秘书长、中国秦汉史研究会理事、中国徐福国际文化交流协会常务理事、中国历史大辞典编委、《历史教学》编委会委员等。主要从事中国古代政治制度史、先秦两汉史、中国文化史的研究。主编并撰写《中国宫廷政治》《简明中国通史》《中国历史大辞典·先秦卷》《中国封建王朝兴亡史·秦汉卷》等著作。

商与西周时期的天神崇拜

朱凤瀚

本文所论商、西周时期之天神主要是指商时期的"上帝"、[①]西周时期的"上帝"与"天"。这一类天神,在当时宗教神灵系统中地位崇高,对它们的崇拜构成了当时宗教观念的核心,并因此对这一时期(乃至整个中国古代)的政治思想与社会生活发生巨大的影响。鉴于此,有关商、西周天神问题的研究,素为钻研中国古代社会史、宗教史、思想史的中外学者所瞩目,不同学术见解的表述与论争至今仍方兴未艾。笔者在拜读诸家论著后,感到有以下三个问题对本课题研究的深入至关重要,颇有必要作进一步讨论:一是如何从宗教学角度认识商人"上帝"的性质?[②]二是西周时期的"上帝"与商人的"上帝"有何不同?三是西周时期的"上帝"与"天"的区别何在?这三个问题联系起来实际上亦即关系到商、西周时期宗教观的演变。下面即按以上顺序作分别论述。

一、商人"上帝"的性质及相关问题

有关商人"上帝"的问题,已有不少学者作过研究,其中以胡厚宣先生在20世纪50年代发表的《殷卜辞中的上帝和王帝》所引资料最为详尽,[③]论述亦最为深刻。故这里不再一一缕述殷墟卜辞中所见"上帝"的状况,而只是着重于从宗教学角度探讨商人"上帝"的性质,并在此基础上说明商人"上帝"之性质所反映的商人宗教观的发展程度。搞清这几点,也才能为下文作商、西周天神观念的比较奠定基础。

关于商人"上帝"的性质,以往著作中有两种最有影响的看法:其一认为"上帝"拥有最高的、无限的权威,有广泛的神力,例如提出"上帝把殷人以前的

---

① 商人之"上帝"在殷墟卜辞中多仅称作"帝",称为"上帝"的仅有少数几条卜辞(《合集》10166、24979、30388),但足证"上帝"之称的存在。"上帝"是帝在天上,为天神之意。商代后期,商人已将部分死去的先王称作"帝"。本文所言"帝"均是指"上帝"。

② 本文所称"商人""周人"各指商、周两古代族团的共同体。

③ 胡厚宣:《殷卜辞中的上帝和王帝(上)(下)》,《历史研究》1959年第9、10期。

宗祖神和自然神的一切权力总揽在自己一手之中"[1],认为商人的上帝"已是较为完备形态的至上神"[2],类似的见解还可以举出多种,不一一赘引。其二认为商人的"上帝"具有保护神的性质,例如言殷人的"上帝其主要的实质是农业生产的神",是"保佑战争的主宰",[3]"是殷商王朝贵族的保护神"[4]。细读卜辞则可知,上述见解实有商榷的余地。

先论"上帝"的权威与是否"至上神"问题。所谓商人的"上帝"之权威,是指其权能的范围与大小。而这只有将"上帝"置于商人神灵系统中,将其权能与其他神灵的权能作比较才能说清。殷墟卜辞中所见商人诸神灵,其中重要的大致可以归划为四种类型[5]:

A. 上帝。

B. 自然神,如土(社)、方(四方之神)。

C. 由自然神人神化(将自然神与有功德的祖先合二为一)而形成的,有明显自然神色彩的祖神,如河、岳。

D. 非本于自然物的祖神,包括以下三种亚型:

a. 与商王有血缘关系,但年代久远、世系关系已不可考的祖神,其中有的在卜辞中称为"高祖",如夒、王亥;

b. 与时王有明确世系关系的祖神,包括上甲及其以后诸先王、先妣(母);

c. 部分对商王朝发展有功绩的旧臣,如伊尹、黄尹及部分戊(巫),如咸戊、尽戊等,也可以认为是商人(商民族)的祖神。

商人赋予以上各类神灵以不同的权势、意志与能力,因而它们也就具有不同的影响及人世和自然界的权能。根据现有的殷墟卜辞资料,诸神权能之范围可以简示如下表。

如果可以暂且将神灵影响及天象、年成的权能称之为自然权能,将神灵施作用于战事的权能称为战事权能(唯对"我"即商王国的影响单从卜辞中难以

---

① 李亚农:《殷代社会生活》,《欣然斋史论集》,上海人民出版社,1962年。

② 郭瑞祥:《先秦天人观的辩证发展》,《世界宗教研究》1985年第1期。

③ 陈梦家:《殷墟卜辞综述》,科学出版社,1956年。

④ 朱天顺:《中国古代宗教初探》,上海人民出版社,1982年,第258页。

⑤ 关于以下商人神灵性质与类型的分划,详见拙作《商人诸神之权能与其类型》,已收入《尽心集:张政烺先生八十庆寿论文集》,中国社会科学出版社,1996年。上帝并非商人的祖先神,关于这点,陈梦家在《殷墟卜辞综述》中有明确的说明,见该书第十七章第四节,其说可信(科学出版社,1956年)。

搞清是施以自然还是战争权能），将神灵施作用于王及其他贵族成员人身的权能称为人事权能，则下表所示四类神灵的权能范围即可以总结如下：一是"上帝"主要具有自然权能与战事权能，在人事权能上仅作用于王本身，而从不作用于王以外的其他人。二是自然神土（社）、方基本上只具有自然权能。①三是具自然神色彩的祖神，如岳、河，亦具有自然与战争两种权能。河还可以施作用于王自身。四是在非具自然神色彩的祖神中，除夒仅具自然权能，王亥具有自然与战事权能外，上甲与其后部分直系先王则在自然、战争与人事上皆具有权能，特别是能施作用于王以外的其他贵族，甚至于王室诸妇。具直系王配身份的女性先人，则主要作用于王与其他贵族，而尤有影响于王室妇女生育之能力。旁系先王、旧臣与戉（巫）之权能如上表所示，不再概括。

表　诸神权能范围

神灵类型		神灵施权能范围 / 主要神灵	天象（风、雨、雷等）	年成	"我"（即商王国）	对敌方之战事	王自身（身体）	王以外诸贵族	王室诸妇	王室妇女生育
A		上帝	√	√	√	√	√			
B		土（社）	√	√						
		方	√	√	△					
C		岳	√	√		√				
		河	√	√	√		√			
D	a	夒	√	√						
		王亥	√	√		√				
	b	上甲	√	√		√	√	√		
		上甲以后诸直系先王	△	△	△	√	△	√	△	
		旁系先王			△		△	△		
	c	直系先王配偶或时王已故配偶					√	√	△	△
		旧臣	△	△	△	△	√			
		戉（巫）					△			

注：其中B、C类型与D类型中的a所列神灵仅为举例。√表示具有该项权能。△表示该栏神灵中一部分神灵具有。

---

① 卜辞中有一例问西方是否作祟于"我"（《合集》33094），但不知是以何种形式来加害于商王国，也可能是指降天灾。又有二例卜问是否向方"宁疾"（即免除疾病，《合集》30258、30260），似不能排除是求方神终止恶劣气候以利于健康。如是，则方神的权能皆在自然权能范围内。

　　由上述商人神灵的权能分划情况可知,商人的宗教作为一种多神教,除"上帝"以外,自然神、祖先神仍在商人宗教观念中有很重要的地位,尤其是不同等级的祖先神作用之突出与深入更是不能忽视的。如仅就大体的权能范围而言,"上帝"在人事权能上只影响及王自身,不关系到王以外其他贵族,这是"上帝"与上甲以后的祖先神所不同的。旧说商人事无巨细均要卜问"上帝"亦是不严格的。除此而外,"上帝"与部分祖先神如岳、河、王亥等远祖、高祖及上甲之间在权能范围方面差别似并不明显,而且也并未形成诸自然神、祖先神各有分工,各司其职,而由"上帝"以万能之神的姿态将一切神权总揽在手中的局面。

　　"上帝"与上举诸祖先神在权能范围上虽相近同,然细读卜辞,则可知二者在施展权能的方式上及权能的大小上还是有差别的,主要表现在两方面:

　　其一,在自然权能上,二者的表现方式有所不同。如卜辞可见卜问向河、岳、夒等神乞求降雨(《合集》2853、34196、63正)。但在卜辞中又可以见到卜问它们是否"ど雨"(这里雨仍作降雨解,即破坏降雨之意)。这说明,这类祖神本身具体控制着降雨,使雨降下或阻止其降下。但对于"上帝",卜辞则习见卜问是否"令(命)雨",何时"令(命)雨",而从不见卜其作祟于降雨,[1]由此可见"上帝"对于降雨有使命权,有决定降雨或不降的权力,但其本身并不直接操纵或破坏降雨。此外,卜辞还可见卜"帝不令凤(风)"(《合集》672正)、帝"令雷"(《合集》14127正),皆是其他祖神所未有的权能,所以"上帝"给人一种高高在上、在地位上高于上举诸祖神的印象。

　　其二,"上帝"还具有其他一些祖先神所未有的特殊的自然权能。例如卜辞中可见卜问帝是否"降我堇(馑)"(《合集》10171),即降下饥荒;"降ど","降"下一字于省吾先生读作"摧";[2]"ど年"(《合集》27456)即损坏年成。此外有卜问帝是否"冬(终)兹邑"(《合集》14209),从上面所举的帝降灾祸均属自然灾害而言,"终兹邑"或许也是指其降水旱之灾,破坏城邑存立条件。

　　从上举情况看,商人心目中的"上帝"有着广泛的自然权能,更有着其他诸类自然神与祖先神灵所没有的对人间强大的破坏力,这种权能上的差异反映出"上帝"是与自然神、祖先神二者均不相同的一种天神,卜辞中唯对"上帝"施

---

　　① 卜辞有卜问河是否"令(命)雨"(《合集》23121正),但仅此一见。似乎表明在河等神灵之下尚有更具体的负责操纵实施降雨的神灵。

　　② 于省吾:《甲骨文字释林》,中华书局,1979年,第223页。

展其权能常用"降"字,亦可证明其确是高居于天上的神。"上帝"之权能虽如上述,强大、宽广,超于其他神灵,但在商人的神灵世界中,是否已构成一定的秩序,即已由"上帝"做主宰而统领(支配)其他一切神灵呢? 从卜辞中看,"上帝"只在天神中建立了自己的臣僚系统,在卜辞中称作帝臣(《合集》14223、30298),①并无资料可以证明商人"上帝"与祖先神、自然神之间也形成明确的等级秩序。卜辞有并卜祭祀帝臣、岳宗、夒宗是否可以降雨的辞例(《合集》30298),由两位远祖神(之宗庙)与帝臣并卜,正可以证明商人的祖神并不属于帝臣。

卜辞中直接体现"上帝"与祖先神相互关系的,是曾为不少学者所注意到的贞问祖先神是否"宾帝"的卜辞,即卜问咸、大甲、下乙(即祖乙)是否"宾于帝",并卜问大甲、下乙是否"宾于咸"(《合集》1402正)。"宾"的含义有不同的说法,但与《楚辞·天问》"启棘宾(商)〔帝〕"相印证,知"宾"义当以释为宾客之宾为宜,在此作动词,即作客。《山海经·大荒西经》:"开上三嫔于天,得《九辩》与《九歌》以下",开即夏后启,"嫔"即"宾"。启"三宾"于天,是"宾"后又可降于地,亦可见宾非久留,乃是作客之义。

分析此组卜辞,知商王是要了解究竟大甲、下乙哪一个王可以宾于帝,这是核心的问题。但所以又要卜大甲、祖乙是否会作宾于咸(即巫咸,大戊时有权力之巫师),可能是因为巫咸作为巫,具有与天神沟通的特殊权力,②希望通过咸来使大甲、祖乙实现与"上帝"之交往。那么商王通过占卜了解哪位先王可"宾于帝",可与"上帝"交往,其目的究竟何在? 胡厚宣先生曾提出,由先王"宾于帝"可知,先祖是时王向帝表达企望的中介。③这种解释有相当的道理。在卜辞中可见到有商王在先祖宗庙中卜问"上帝"之行为的辞例,如"来戌帝其

---

① 其中包括有"帝五丰臣"(如《合集》34148),又称"帝五臣"(《合集》30391),陈梦家《殷墟卜辞综述》(科学出版社,1956年)以为此五臣近于《周礼·小宗伯》郑玄注所言之日、月、风师、雨师和司中、司命。帝之下属天神还有"帝史(使)"(《通》别二),"帝史(使)凤(风)"(《合集》14225、14226)之称,如风属五臣,则帝臣亦可兼为使。卜辞又有"燎于帝云"(《合集》14227)句,"帝云"当亦属帝臣范围内。如上文所述,帝可以"命雨""命风""命雷",当即是由于雨、风、雷等皆由天上诸帝臣控制。

② 《尚书·君奭》:"在太戊时,则有若伊陟、臣扈,格于上帝、巫咸乂王家。"陈梦家在《殷墟卜辞综述》(科学出版社,1956年)第十章"先公旧臣"引此句,并谓"格于上帝"或应在"王家"之后,"谓巫咸格于上帝"。

③ 胡厚宣:《殷卜辞中的上帝和王帝(下)》,《历史研究》1959年第10期。

降永。在祖乙宗,十月卜"(《屯南》723)。"降永"即降以长福。于宗庙内占卜,在卜辞中还可以举出数例,其用意是希望能直接得到作为该宗庙之主的某先王的启示。而有关"上帝"的行为之所以要在祖乙宗占卜,是因为如上引卜辞所示,祖乙之类圣王可"宾于帝",故可通过祖乙了解"上帝"的意向。这样看来,商王卜先王"宾于帝",可能即是为了选择某一可宾于帝的先王(一般是圣王),以通过在此先王宗庙内占卜来与"上帝"沟通。其他有关"上帝"的卜辞虽未标明"在某宗卜",但可能有不少也是在此类圣王宗庙内卜问的。

所以有关先王"宾于帝"的卜辞,虽反映了祖先神可与帝交往,且"上帝"在神格上确高于祖神,凌于祖神之上(由上引卜辞《合集》30298,祖神与帝臣并卜,可知二者神灵地位相近,祖神的神格必在帝之下),但是仅据此,似还是不能证明所有先祖神皆已被"上帝"所统领,且已与其形成有秩序的隶属关系。

由上述可知,在商人的宗教观念中,"上帝"虽有广泛的权能,但并未达到"拥有无限的权威"的程度,亦不能说已把宗祖神与自然神的权力全揽在手中,特别是祖先神对商王以外贵族所拥有的权能更是"上帝"所不具备的,祖先神与自然神对商人的庇护作用也是"上帝"所不能代替的(对这点下文还要论述)。再有,"上帝"虽有高于其他类神灵的地位,并已在天上建立了一套以己为核心的、有秩序的天神系统,然而其直接行使使命权的范围也就大致限于这一系统内,"上帝"帝并不能号令于商人的祖先神与商人所树立的自然神,诸神灵与"上帝"间的从属关系并不明确,因此从宗教学角度看,似不能把"上帝"简单地列为商人的至上神。

下面讨论有关"上帝"性质的第二个问题,即"上帝"是否可称为商人的保护神。这可以从商人对"上帝"与对祖先神及自然神所怀有的不同心理与不同对待方式中搞清楚。商人认为自然神及祖先神虽可以作祟于己,但那是因为自己对这些神灵不敬,只要对它们恭敬地祭飨,皆可以博得其欢心而被庇佑,所以卜辞习见通过祭祀向它们乞求农业丰收,求他们"御年"(即免除灾祸、保佑年成)等。在此种情况下,这些神灵实际已处于商人之保护神的地位。但是"上帝"是可崇敬而不可亲近的,是不易被感动的,故而从未见过直接向"上帝"乞求年成,求其"御年"的卜辞存在。不仅如此,像"上帝""降懂"(《合集》10172)、"耑年"(《合集》10124正)之类卜辞,显示"上帝"破坏年成的淫威,更是祖神与自然神所不见的。所以说"上帝"是商人的"农业之神"的看法是不够确切的。①"上帝"非商人保护神的性质还突出地反映在有关战事的卜辞中。卜辞卜问征伐敌方的事，常卜问帝是否会"受（授）又（佑）"，这说明商人认为"上帝"并非必定保佑于己，也存在保佑敌方之可能。但祖先神就不会这样。如卜辞习见卜问当敌方入侵时或出发征伐敌方时是否要告祭于祖先神，而在此时从不卜问祖先神是否会授佑，这显然是因为，商人认为祖先神作为商王国的保护神在闻知战事情况后，必定会在冥冥中护佑自己。这样比较来看，无论如何也不能认为"上帝"对于商人有"保佑战争的主宰"之身份。

除了上述有关年成与战事方面的卜辞外，有关疾病的卜辞也表明"上帝"于商人之不可依靠。此类卜辞中凡有关禳除疾病的御祭、告祭，皆是以自己的祖先神为对象的，而从未向"上帝"作过此类乞求，亦可见"上帝"非保护神。

综上所论，"上帝"对于商人来说，既非严格意义上的至上神，亦非保护神。在商人多神教的神殿中，"上帝"是商人所塑造出来的一种特殊的神灵。就宗教学的意义而言，"上帝"与有着特定的本原物（无论是自然物还是人、兽）的诸神不同，当起自另一种造神方式。在卜辞时代，商人的宗教已由自然宗教（即自发宗教）发展成人为宗教，具体而言，其宗教形态尚属于人为宗教的第一阶段，即民族宗教阶段。此时，商王室的祖先神已被奉为国家神与商民族之神。但是人类所难以控制的、千变万化的自然界与纷繁复杂的社会现象促使商人进一步探寻与追溯那种超于祖先神与自然神的权能之上的统一整个世界，并给予其秩序的力量。"上帝"的出现应该与此种宗教观的发展有关，但它的权威尚未达到无限、尚未深入到能给予所有的社会存在以影响，特别是"上帝"与商人的祖先神、自然神之间缺乏明确的统属关系，都表明商人对这种统一世界的力量的宗教性思索还在发展之中，并未浓缩到一个最高品位的神上，故而"上帝"虽已在具自然权能的诸天神中具有主宰地位，但作为整个商人神灵体系中的至上神的形象在卜辞时代似未能建立起来。②

与商人"上帝"性质相关联的一个问题是商人的"上帝"崇拜究竟有无相应

---

① 历组卜辞中有贞问是否要"宁秋于帝五丰臣"（《屯南》930）的，"宁秋"是为免除秋收时的灾害所举行的祭祀。此外历组卜辞也有卜问秋收后报祭帝五丰臣的辞例（《合集》34148）。所以"上帝"虽不能通过祭祀得到其佑助，其下属帝臣却可以享祭并佑助于农业。由此亦可见帝与帝臣等有具体本原的诸天神在神性上的差异。

② 需要说明的是，以上讨论商人"上帝"性质的卜辞资料，缺乏属殷墟晚期的，所以商人的"上帝"观念在殷末时是否已有变化，尚未可确知，有待再考。

的宗教仪式。商人可能不采用祭享祖先与自然神的形式祭"上帝",这是据现有卜辞资料引出的看法,已为甲骨学家所论证。①但《逸周书·商誓》记武王曰:"在商先誓王明祀上帝□□□□亦惟我后稷之元谷,用告和用胥饮食。""誓王"当读为"哲王"。据此文,商王似也有某种祀"上帝"之礼仪。由卜辞中所见"上帝"有自己的意志与情感,可以发号施令,说明商人已赋予其"人性",已是人格化的神。而且卜辞中的"上帝"更有举动,显示其并非虚幻,这即是上帝可以降、陟于人世与上天之间。卜辞有卜"帝降"是否"入"于某地之宫室的辞例(《合集》30386),胡厚宣先生认为这是说"上帝"下降到人间,②其说可信。此外,卜辞有卜"帝其陟"的(《合集》30387),"陟"在卜辞中常以"陟于"某祖神形式出现,当是指祭祀时上祭至某祖神。但在这条卜辞中,"陟"的主语是帝,当是指"上帝"在降到人世后又返回天上的举动。商王卜知"上帝"陟降,想必要有某种相应的宗教仪式。下面一条卜辞可能与对"上帝"的宗教仪式有关:"……虫五鼓……,上帝若,王……又(有)又(佑)"(《合集》30388)。鼓在古代常作为举行各种仪礼时所奏乐器。在卜辞中可见以鼓声配合祭祀。《礼记·郊特牲》言:"殷人尚声,臭味未成,涤荡其声……声音之号,所以诏告于天地之间也。"商人"上帝"不享牲,此条卜辞未必是祭祀,击五鼓或是为震动天廷,以将某事诏告于"上帝"。"上帝若"者,是卜问"上帝"是否降若,若即允诺。

除此条卜辞外,帝辛时的青铜器二祀邲其卣,其铭文末尾有"惟王二祀,既𩁹于上下帝"句(《集成》5412),"𩁹"在此确切字义不明,③从文义看似与对"上帝"的宗教仪式有关。若此字与祭祀有关,则标志殷末对"上帝"的宗教崇拜及礼仪已较之前有了重要的变化,唯例证太少,尚有待于新资料的发现。

二、西周时期的"上帝"

西周金文与文献中均有"上帝",表明当时周人亦尊"上帝"。但此一"上帝"究竟是周人自己原已有的神灵,还是承接了商人的"上帝",是研究西周天

---

① 陈梦家:《殷墟卜辞综述》(科学出版社,1956年)第十七章第四节。按:《合集》22073、22075卜用牲祭𡉻,此字或释作"帝",但字形与帝字构造不同,实非帝字。此两版卜辞属所谓午组卜辞,常卜祭"庚",故此字疑为"上庚"之合文,上是冠于日名前的美称。
② 胡厚宣:《殷卜辞中的上帝和王帝(上)》,《历史研究》1959年第9期。
③ 西周共王时的墙盘铭文中有歌颂共王的语句,言上帝保佑天子,"方蛮亡(无)不𩁹见(视)"(《集成》10175),由此字在这句铭文中的意思可知其尚有晋见之义。

神崇拜情况时首先需要明确的问题。过去与现今都有一些学者持"承接"说，其中较早提出这一见解的是傅斯年。20世纪30年代初，傅斯年曾在《新获卜辞写本后记跋》一文中，详论殷周人之帝天观念的演变，提出："周的上帝确是从东方搬到西土的。"①他在文中所引征的重要证据即是《诗经·大雅》中的《皇矣》一诗，诗中曰："皇矣上帝，临下有赫。监观四方，求民之莫。维此二国，其政不获。维彼四国，爰究爰度。上帝耆之，憎其式廓。乃眷西顾，此维与宅。"傅氏释诗中"乃眷西顾，此维与宅"句为"于是转东西看，看中了意，便住在这里了"。他认为由此即可说明"这个上帝虽在周住下，然而是从东方来的"。但诗明言"上帝""临下有赫。监观四方，求民之莫"，可见"上帝"是高在上天，临于四方之上，言其本在东方则与诗意不合。诗中言"上帝"在天上先审视了东方夏、商"二国"，②但此二国政治不得人心，而使四方之国"爰究爰度"（于是皆恐慌，不得不各自谋其出路）。③"上帝"在作了如此考察后，非常憎恶此二国的样子，所以才"乃眷西顾"（掉转头来向西看，注意到周），并决定"此维与宅"，即以此岐周之地，给予周人为居宅。④所以从诗意看，"上帝"一直在天上，只是先面向东方，审视东方，后又转过头去看西方。傅氏之说是先将"上帝"从天上降下，安排在东方住下，然后以此为基础解释"乃眷西顾"，故有"上帝"从东方搬到西土之说。按照我们上面对诗意的理解，此诗似并不能证成傅氏的见解。

除傅氏外，持周人"上帝"承袭商人说的，较早的还有美国的顾立雅（H. G. Creel）。1935年他在《释天》一文里统计《诗经》与《尚书》中西周作品及金文中的"天""帝"出现次数后提出，"上帝"是商之部落神，"天"为周人部落神，至殷周二民族接触后，"天帝"乃成为一神之异名。⑤实亦是讲周人所崇拜之"上帝"

---

① 傅斯年：《新获卜辞写本后记跋》，《安阳发掘报告》1930年第2期。1940年出版的傅斯年《性命古训辨证》一书中卷亦移录了此文中要点，按其文中所云，"上帝"是指帝喾。其根据则是《国语·鲁语上》所记商、周人皆禘喾。傅氏将"上帝"认作帝喾，是因为他信从"商代的帝必是个宗族性的"。

② "维此二国"句，毛传："殷、夏也。"马瑞辰《毛诗传笺通释》认为，"二乃古文"上"之误，上国指殷。

③《左传》文公四年记"楚人灭江"而秦穆公惧。传文释曰："君子曰，诗云'惟彼二国，其政不获，惟此四国，爰究爰度。'其秦穆之谓矣。"杜预注曰："《诗·大雅》言夏商之'君政'不得人心，故四方诸侯皆惧而谋度其政事也。"

④ 朱熹《诗集传》释"此维与宅"曰："以此岐周之地与大王为居宅也。"此从之。下面的诗句继言周人开辟岐周建立邦国之事，与此句义相合。或释为"上帝"与周同住，似与诗意不相符。

⑤ 顾立雅：《释天》，《燕京学报》1935年第18期。

本于商人。1970年他又发表《天神的源流》一文,仍强调周人征服商后将"上帝"与"天"合二而一,是"想要把商民族和周文化加以同化"。①

顾立雅仅根据西周文献中"帝""天"出现次数之差异即断定"上帝"非周人之神,理由并不充足。"天"在西周文献中多见,虽能说明周人对"天"的崇拜之深,但并不能证实"上帝"本与周人无关。我们从《诗经》中追溯周人初期史迹的辉煌史诗,会感受到诗中多洋溢着一种对"上帝"的敬仰之情。尤其是《大雅·生民》,咏姜嫄因无子而"克禋克祀",祭天神而求子,终于通过"履帝武敏歆",即踏着了帝的足迹而感生后稷,此"帝"无疑是所禋祀之天神,即诗中屡言之"上帝"。值得注意的是,诗末言"上帝居歆,胡臭亶时。后稷肇祀,庶无罪悔,以迄于今",也表明周人自后稷时代始即已祭"上帝",②遂一直蒙受"上帝"之福佑。可见周民族已将自己的形成、生长的史实与对"上帝"的崇拜融和在一起。此外,《诗经·大雅·大明》言文王"小心翼翼,昭事上帝",《文王》言:"文王陟降,在帝左右",《皇矣》则曰:"维此王季,帝度其心",并三次以"帝谓文王"的句式,将文王所以能开创克商大业的原因归功于"上帝"之启示。这些诗篇皆雄辩地证明了周人克商以前很早即有自己的"上帝",绝非周初临时从商人那里搬过来的。何况周人虽可能如顾立雅所言,在克商后为了同化商人而把其"上帝"吸收进自己的神殿(这在宗教史上是不乏事例的),但不能设想周人竟会为此而在极短的时期内歪曲自己神圣的信仰,使被征服者的神凌驾于自己伟大先祖之上,甚至当作自己民族渊源之所在,故周人承接商人"上帝"之说实无道理。

细读文献则可知,周民族的"上帝"崇拜似能追溯到文献记载的夏代。《尚书·吕刑》篇以王(一说即周穆王)的口吻讲述古史传说曰:"皇帝清问下民鳏寡有辞于苗。……乃命三后,恤功于民。伯夷降典,折民惟刑;禹平水土,主名山川;稷降播种,家殖嘉谷。"这段文字大意是讲"上帝"(惩罚了带给人们灾害的有苗首领蚩尤后)问民之疾苦,鳏寡之人皆对有苗带来的损坏抱有怨言,于是"上帝"即命令三后③爱护人民,为民建功业。派伯夷授以法典,以刑法制定民

---

① 顾立雅:《天神的源流》,黄俊杰译本,《大陆杂志》第1972年45卷第4期。
② "后稷肇祀",注家多释为后稷开创了对"上帝"的祭祀,但诗中前面已言姜嫄禋祀"上帝",所以诗言"肇祀"当是以后稷为周人始祖,由此意义而言,才可以说后稷开创了周人祭"上帝"之制度。
③ 后在甲骨文、金文中本作"毓",指男性君主。

之案;派禹平定水土,主持为山川定名,又命令后稷教民播种,民于是才懂得努力种庄稼。据典籍,伯夷是姜姓之四岳族的首领,[①]禹是夏民族的祖先,后稷则是姬姓周族之先祖。《吕刑》此段文字约成于西周中期,仍是周人自己以"上帝"的传说来神化其祖先,但把夏人的"上帝"与自己的"上帝"纳入同一系统,由此透露出周人与作为禹之后裔的夏人似有着相接近的"上帝"崇拜观念。《尚书·多方》记周公诰多方之人曰:"惟帝降格于夏。"《尚书·立政》:"古之人迪惟有夏,乃有室大竞,吁俊尊上帝迪",亦可证在周人观念中,夏人也有与自己相同的"上帝"信仰。从文献上看,周人与夏人的关系也确实比较密切,[②]这可能是形成近似宗教信仰的基础。

至于商人"上帝"观念之历史根源现在还讲不清楚,其在克夏以前与黄河流域夏民族的接触或可能影响其亦取"上帝"一名来称呼自己的主要天神,但他们是按自己的宗教观念塑造了前述那种"上帝"形象的。商人的"上帝"与周人的"上帝",在神的性质上有着较大的差异,这可以概括为以下三个方面:

第一,商人的"上帝"虽主宰天廷诸帝臣,但与祖先神及自然神间没有明确的上下统属关系。周人之"上帝"则与周人祖先神及自然神间结有此种统属关系。西周晚期周厉王所作青铜器㝬钟(旧称"宗周钟","㝬"是厉王名,可读为胡),有铭曰"惟皇上帝、百神保余小子"(《集成》260),"百神"之称又见于《逸周书·世俘》,其文记武王"用牛于天、于稷五百有四;用小牲羊、犬、豕于百神、水土二千七百有一"。"天"与"上帝"有相通处,故在神的等级上亦相近同,则这里的百神是指"天"("上帝")、后稷和水、土(社)两种重要神灵以外的自然神、祖先神。㝬钟仅言"百神"则可能包括"上帝"以外的诸自然神与祖先神,"皇上帝"排在"百神"前,足见"上帝"等次明显地高于其他众神。周厉王在所作另一件青铜器㝬簋之铭文中言其作此簋是为了"用康惠朕皇文剌(烈)祖考,其各(格)前文人,其频在帝廷陟降,纻周皇帝大鲁(旅)命,用令保我家、朕立(位)、㝬身……"(《集成》4317)。其大意是讲:作此簋是为了用以安乐、顺和于我的光彩的、有德行的且又光烈的祖考,至于前文德之人,他们并行在帝廷(与

---

① 《国语·郑语》:"姜,伯夷之后也。"韦昭注:"伯夷,尧秩宗,炎帝之后,四岳之族。"

② 据《史记·周本纪》:"后稷之兴,在陶唐、虞、夏之际,皆有令德。"又言后稷卒后,其子不窋继其官为稷,直至夏后氏政衰,方失其官(按:其子一人不能生存时间如此之长,当是泛指此间周人数代先祖)。依此记述,知整个夏代,周人皆职事于夏王朝。

人世间)陟降,继续执行"上帝"伟大而美好的命令,①因而能够善保王家、朕之王位与生命。由此可证"上帝"对祖先神有直接的使令权,诸祖先神不仅在帝廷陟降而且皆听命于"上帝",服从其意旨。至于周人的"上帝"与自然神之间的关系,从《诗经·大雅·云汉》也可以得到启发,此诗背景,旧说为宣王因旱灾而求雨。诗中曰:"祈年孔夙,方社不莫,昊天上帝,则不我虞。"这是说:祈年之祭很早即举行,方、社亦祭得不晚,然"昊天上帝"并不帮助我。按诗人之意,既祭方、社等自然神,"上帝"就应该因满意而给予自己佑助,则方、社必当为"上帝"下属之神。

根据上述情况可知,西周时期周人的"上帝"居于其他诸类神灵之首,与诸神结成有秩序的等次关系与统属关系,并对诸神有使令的权力。按照现代宗教学对至上神的定义,周人的"上帝"应当就是他们的至上神。这显然与商人的"上帝"在商人神灵中的位置不尽相同。

第二,周人"上帝"与商人"上帝"第二方面的差异是,对于商人来说,"上帝"是一种强大而意向又不可捉摸的神灵,但西周时期周人的"上帝"已被周人奉为保护神。

上文曾论及周人崇拜"上帝"可能有悠久的历史,可以追溯到后稷时代,然而按照前引《大雅·皇矣》的诗意,"上帝"并非是自初即宠爱周人的,只是因为厌恶东方二国(夏、商),才转向西方的周,所谓"帝迁明德",其时在太王迁岐之时。诗又言"帝作邦作对,自太伯王季",可见在周人的宗教观念中,"上帝"成为自己保护神始于周人初建立王国之时。在此时以前的"上帝"在周人心目中是一种什么形象呢?《大雅·生民》虽歌咏姜嫄"履帝武敏歆"而生后稷,但后稷出生时却多显示怪异现象,竟使"上帝不宁",于是姜嫄弃之。所以此时的"上帝"虽神圣、威严,但并没有给予周人以恩宠。另一首史诗《公刘》,上承《生民》,歌颂公刘迁豳之业绩,但全诗并未言及"上帝",只是赞扬了公刘创业的艰苦卓绝,完全是对人的自身力量的颂扬,体现了一种非宗教的质朴观念,这似乎也客观地反映出"上帝"在那时还未被赋予保护神的地位。此外,即使在追述太王始迁岐周、开发周原过程的《大雅·绵》中,亦只是咏周人自身功业,未言及"上帝",与《皇矣》中将"上帝"描绘成周人救世主形象的基调大不相同。

---

① "緟周"之字释,参见张政烺:《周厉王胡簋释文》,《古文字研究》(第3辑),中华书局,1980年,第104页。

这样，我们似可以推测，《大雅》中像《生民》《公刘》《绵》几篇歌咏文王以前史事的史诗，并未以"上帝"为保护神或根本未言"上帝"，似较客观地表现了周人在迁至岐周建国以前或刚建国不久时较朴素的思想情感与宗教观念。所以这几首诗可能保留了较多的周人旧咏的成分，西周时虽有文句加工与艺术上的提高，内涵与基调终未变。但是在《皇矣》《文王》《大明》等主要歌颂文王而始作于西周时期的诗篇中，"上帝"已明显地具有了保护神的形象，诗中因而洋溢着对"上帝"极其尊崇的宗教情感："有周不显，帝命不时。文王陟降，在帝左右。"于是使"上帝"与周邦和文王达到极和谐的统一。这表明周王国建立后，周人的"上帝"崇拜观念有了重要的发展。周人建立此种"上帝观"显然是出于政治统治的需要。从《尚书·多士》《逸周书·商誓》等文献中可见，周人在利用这种宗教观神化自己的政权，从思想上瓦解商遗民的反抗情绪。侯外庐先生在《中国思想通史》（第一卷）中曾称西周时的支配思想是"政治宗教化"。如从宗教观角度看，宗教既进一步服务于现实政治，故也可以称之为"宗教政治化"。但既然是宗教，那么以"上帝"为自己保护神的观念就不仅仅是用来作为统治殷遗民等被征服者的工具，周人克商大业的成功及周初政治局面的顺利展开，使得周人贵族自己实际上亦已深情地沉浸在这种构拟的宗教信念中。如在《尚书·康诰》与《君奭》两篇文章中，即可以看到周公对其弟康叔、对召公奭均在讲"上帝"，认为文王是因为有德行，使"上帝"满意，于是集大命于文王之身，使其承受殷国之命。周人王室贵族在对话中讲"上帝"，显然不含有政治功利的意思，只能证明周人贵族本身也以"上帝"信仰为自己的精神支柱。共王时青铜器墙盘之铭文在赞美文王受"上帝"所降美德与有力的辅佑之臣，从而能广有天下、聚合万邦后，又赞美共王："上帝司夔（扰），允（匡）保受（授）天子维令（命），厚福丰年。"（《集成》10175）墙是殷遗民后代，但此时在情感上与宗教观上已与周人同化，这反映出，到西周中叶时"上帝"为周人（具体而言即是周王）保护神在贵族阶级中已成为一种宗教信条。至西周晚期，周人的"上帝观"亦见于金文。前引周厉王自制的㝬钟，其铭曰："惟皇上帝、百神保余小子"，下面继言："我惟司配皇天王"，使人感到厉王对"上帝"会保佑自己仍充满信心。又如西周晚期的师询簋，句式多与宣王时的毛公鼎相合，时代亦当相近，其铭文记王在诰命中言"皇帝"（即"上帝"）满意文、武王与其臣正之政绩，于是"临保我厥周与四方，民亡不康静"（《集成》4342）。实是以此勉励师询在王室艰难之时能仿效其先祖考辅弼于王，以继续得到"上帝"之佑助。由以上㝬钟、师询簋铭文可知,在西周晚叶,社会动乱,周王室已走向衰微,一部分周人贵族对"天""天命"发生疑惑与怨恨(见《诗经》之《大雅》《小雅》部分诗篇)时,周王与上层贵族仍对他们所树立的"上帝"这一保护神虔诚地寄托着期望。周人奉"上帝"为保护神,不仅相信"上帝"会在政治上降予佑护,而且认为"上帝"会给他们带来农业的丰收。前引《周颂·思文》颂扬"上帝"命后稷养育烝民。《周颂·臣工》则言:"明昭上帝,迄用康年",是以"上帝"为农业之主宰。《大雅·云汉》一诗中周王以焦急的心情叙述旱灾饥馑的发生,是由于"天降丧乱",但并未谴责"上帝",而只是不明白为什么无神不祭,而"昊天上帝,则不我虞",可知对周人来说"上帝"永是吉祥之神,永不会像商人的"上帝"那样降下巨大灾难。

总之,上述诸例足以证明西周时期"上帝"对于周人来说不仅是至上神,而且是多权能的保护神。过去的论著由于多着眼于周人的"天",或者笼统地认为周人的"上帝"与殷人的"上帝"崇拜无大差别,因此对周人"上帝"研究得很不够,甚至忽略不谈,对于"上帝"在周人宗教观念中的上述重要地位即未能充分揭露,因而亦不能全面说明西周时期天神崇拜的实际情况。

第三,周人与商人"上帝"的第三方面差异,表现为商人的"上帝"看不出具有理性,恣意降灾或降佑,但周人却赋予"上帝"主持正义、有明确的是非观念的品格。这样做首先是克商后政治形势的需要,是为了将自己的信仰与商遗民的"上帝"信仰顺接起来,并改造后者。商人也一直在崇拜他们的"上帝",但是什么原因使"上帝"如此偏爱周人而彻底抛弃了商王朝,这是周人对商人实行武力征服后欲在思想上进一步征服商人所必须回答的问题。在《尚书·多士》中可以见到周公训诰殷多士,成汤至帝乙诸殷先王,皆"罔不明德恤祀"(无不勉力地实行德政,慎重地对待祭祀),"罔敢失帝"(没有敢违背"上帝"旨意的),故能"配天其泽"(合乎天意,得到"上帝"的恩泽),但后嗣王(指纣王)放纵淫逸,根本不顾天之明与民之疾苦,所以"惟时上帝不保,降若兹大丧"。这样,就将商人的失败归之于"上帝"之主持正义,惩罚邪恶,周人则受"上帝"之命成为这种惩罚的执行者。如《逸周书·商誓》记武王对商百姓所言:"肆上帝命我小国,曰革商国。"又如《逸周书·克殷》记武王于甲子克商,翌日"即位于社"。尹逸"筴曰":"殷末孙受德,迷先成汤之明,侮灭神祇不祀,昏暴商邑百姓,其章显闻于昊天上帝。"武王于此时"再拜稽首"曰:"膺受大命,革殷,受天明命",武王又再拜稽首,乃出。①文中言尹逸"筴曰",即"读筴书祝文以祭社",②是在祭商都之社时向社神祝告克商之理由,实际上是为此次克商之合理性制造政治舆论,意义相当重大。宣读祝文之尹逸,朱右曾《逸周书集训校释》以为即《逸周书·世俘》之"史佚"。周人强调"上帝"的正义性、理性,应即是由武王与史佚之类具有神职的周人上层贵族在克商的新形势下对传统"上帝"观念进行补充的结果。

　　与将"上帝"作为保护神一样,给"上帝"以明辨是非、惩恶扬善的神性,即不仅有从思想上统治殷遗民的作用;作为宗教信念,同时也感染了周人贵族自身的"上帝"信仰,使之增添了新的道德色彩,成为约束贵族行为之准则。例如在《尚书·康诰》中可见,文王"克明德慎罚",闻于"上帝",遂得以受天命,这一历史被周公用来教育其弟康叔。在《君奭》中周公亦以"上帝"因周文王之有德而"集大命于厥躬"之事例,与召公相勉励。周人赋予"上帝"理性,相对于商人视"上帝"为不可捉摸,是一个巨大的进步,已由被动地听从"上帝"的安排转向积极地、自觉地去争取"上帝"的佑助,"上帝"成为正义的代表,因而在一定程度上促进了理性思维的发展。

三、西周时期的"上帝"与"天"的异同

　　过去已有不少学者提出对"天"的宗教崇拜源于周人,商人不崇拜"天"。就现所见商代文字资料看,说"天"并未成为商王室宗教崇拜对象,大致是可以成立的。但在殷墟卜辞中还是可以见到"天"这一概念,并可以知道"天"已在商人的词语中具有值得尊敬、景仰的含义。③

　　成于西周时期的文字资料则表明"天"在当时已成为最重要宗教崇拜对

---

　　① 以上所引《克殷》文,据朱右曾:《逸周书集训校释》。

　　② 见《史记·周本纪》正义。

　　③ 例如在甲骨学家称之为"午组卜辞"(《合集》收入"一期附丙二"中)的非王卜辞中,可以见到用牲祭"天戊"(《合集》22054)、岁于"天庚"(《合集》22077)及御祭于天庚(《合集》22097)、祭于天癸(《合集》22094),这些受祭者采用日名,当属先祖神。日名前的"天"字应属于庙号前的美称,应即是指上天。或以为当读为"大"字,似不妥。西周金文中家臣有称家主为"天尹"(公臣簋,《集成》4184～4187)、"天君"(内史鼎,《集成》2696)的,"天"亦是美称。在此组卜辞中,还可以见到单称为"天"的受祭者,见《屯南》2241,可能是泛指上述"天某"(日名)之类祖先神,也可能是指上天。如是这样,则说明虽然商王室贵族并未尊奉"天",但下面某些商人贵族家族因有自己一套独立的祭祀系统,也可能将天(上天)作为自己家族的神灵。

象,《尚书·多方》中有句曰:"惟我周王灵承于旅,克堪用德,惟典神天",所谓
"神天",即说明"天"确被视为神灵。显然,这是与商人不同的。对"天"的崇拜
确是周人与商人宗教的重要差别。

在西周时期,"天"与"上帝"是同一的,还是两种不同的神灵,这是数年来
使学者感到迷惑的问题,古代注释经典的学者多认为帝即"天",现代学者一般
亦是较简单地将二者看作一种神,不再区分,认为二者只是称呼的不同,未有
实质的区别。但在西周金文与文献中,甚至在同一段话语或诗篇中,"天"与
"上帝"都可能并出,如果二者没有区别,为什么要在神的称谓上搞得这么复
杂? 这个问题总不好理解。也有少数学者力主帝不等于"天",强调二者的差
异,但对二者所具有的同一性似有所忽视,亦不够客观。所以"天"与"上帝"之
异同还是需要通过仔细研究有关的文字资料来搞清楚。为了说明这个问题,
需要先说明"天"的权能。

综观西周文字资料,作为神灵的"天"的权能举其要者,有以下三点:

第一,"天"主宰王朝兴亡。《诗经》《尚书》中的西周文献多言"天"终绝殷之
命,如《尚书·召诰》:"天既遐终大邦殷之命。""天"废弃王朝或亦称作"降丧",
如《尚书·君奭》:"弗吊天降丧于殷。"又《梓材》:"皇天既付中国民越厥疆土于
先王(按:指周武王)",是说周王有土有民也是"天"所赋予的。正由于"天"主
王朝兴亡,故西周早期铜器何尊铭文言:"惟武王既克大邑商,则廷告于天,曰:
'余其宅兹中国,自之乂民。'"(《集成》6014)这是将克商建立西周王朝并立都
于中国之事上告于"天",以邀得天之首肯与庇佑。西周金文与文献中还明言
天对周王及其王朝的佑护,如大盂鼎铭"古(故)天异(翼)临子,灋保先王,□有
四方"(《集成》2837)这里"子"还是以释作天子为好。又如《尚书·大诰》:"天休
于宁(文)王,兴我小邦周。"

第二,"天"选立君主。如《尚书·多方》言夏王暴政,于是"天惟时求民主,乃
大降显休命于成汤,刑殄有夏"。民主,即民之主。又如,《左传》襄公十四年:"天
生民而立之君,使司牧之",虽是东周人所言,但符合西周时对"天"的看法。

第三,"天"降佑或降灾于人世。降佑之例,如《周颂·我将》:"我将我享,维
牛维羊,维天其右之。"《大雅·下武》:"昭兹来许,绳其祖武,于万斯年,受天之
祜。"降灾害之例,如《尚书·大诰》"弗吊! 天降割于我家,不少延",此是指武王
之丧。《逸周书·祭公》:"天降疾病",指祭公病重事。《诗经·大雅·云汉》:"天降
丧乱,饥馑荐臻",此"丧乱"指旱灾。《诗经》中属西周晚期的诗篇中更有不少所

谓怨"天"之诗,如《小雅·雨无正》《巧言》《小旻》《节南山》等,皆是怨"天"给人世降下深重灾难。

将"天"的主要权能与前文所论及的西周时期周人"上帝"之权能相比,可知二者有差距,但"上帝"作为周人保护神所具有的权能也在"天"的权能范围内,如"天"降丧于殷,在政治上、经济上降佑于周王与周人等。"天"与"上帝"共有的涉及周王与周王朝命运的重要权能表明二者在神性与本质上有相同之处。

"天"与"上帝"的相同之处,除表现在上述诸方面外,也体现在二者皆被周人认作自己民族生命之本源,《大雅·生民》咏姜嫄禋祀"上帝",并因而得践帝足迹生下后稷,是为民之初生,所以周人自认是感受"上帝"之神力而生。但《大雅》的《荡》与《烝民》中皆言"天生烝民",烝民即众民,自然包括周人,故周人也被认为是"天"所生。在这里,"上帝"与"天"相混同。与此相关联的是西周时期出现的"天子"之称,王是"天"所生众民之首,故被视为"天之元子"。①《尚书·召诰》记召公言:"呜呼!有王虽小,元子哉。"这是称成王为"元子"。同文又记召公言:"呜呼!皇天上帝改厥元子兹大国殷之命。"此"元子"注家多以即是指商王纣。"天子"也被认为是"上帝之子","天"与"上帝"于此又相混同。

在周人宗教观念中,"天"与"上帝"具同一性,也可以从西周文献的语句中体会到。如《尚书·康诰》记周公对康叔追述文王之德政"克明德慎罚……惟时(是)怙冒闻于上帝,帝休,天乃大命文王殪戎殷……",这里清楚地表明"上帝"与"天"在情感与意志上的一致。正因为二者具有共同的神性,在西周文献与金文中,二者有时即可以相互代用,例如《尚书·召诰》:"(召公)曰:'……呜呼!皇天上帝改厥元子兹大国殷之命。'"又言:"天既遐终大邦殷之命。"这里的"皇天上帝"与"天"即可以互代。类似例子甚多,不烦赘举。

在以上所言"天"与"上帝"以同一性为主的情况下,"上帝"似乎可以理解为是"天"的代表或象征。朱熹《诗集传》卷十一《小雅·正月》注曰:"上帝,天之神也。程子曰:以其形体谓之天,以其主宰谓之帝。"从"天"与"上帝"具同一性这一个侧面来看,这种解释有一定道理。然而汉以后多数学者只注意到"天"与"上帝"同一性这一面,忽视了二者的差异,所以只简单地以帝为天之别名、美称。《逸周书·世俘》记:"武王降自车,乃俾史佚繇书于天号",陈逢衡《逸周书

---

① 曾运乾注下文所引《尚书·召诰》文引郑玄云:"凡人皆云天之子,天子为之首耳。"见其《尚书正读》。

补注》以为"天号"即《周礼·大祝》"辨六号,一曰神号"之神号,郑玄注:"号谓尊其名,更为美称焉。神号,若云皇天上帝。"顾颉刚先生亦引及此,并补引《尚书纬·帝命验》:"帝者,天号也。"①可见陈氏、顾氏皆以汉人之说为是。唯将两者关系作如此解释未必符合西周时的宗教观念。②"天"与"上帝"的关系并非仅是同神而异称的问题,二者除去上述同一性之外,还有一定的差别,这可以从三个方面作比较得出:

首先,"上帝"是周人的保护神,但"天"却不单是授佑于周人,而且也会对周人降下各种灾害,这在上文说明"天"的权能时已讲到。成于西周晚期的《诗经》《小雅》《大雅》中部分诗篇,出于对当时社会动乱的强烈不满,对于"天"的理性、正义性发生疑问,有大量申述"天"对下民所降灾害,甚至谴责"天"的语句,此为大家熟知,不需赘引。当然,这类怨"天"之诗的作者多属中小贵族,并不一定代表上层贵族的观念。前文论西周的"上帝"时曾提到,西周时人在遇到灾害时并不敢谴责"上帝"。在此类诗中亦是如此,只有《小雅·正月》云"有皇上帝,伊谁云憎",是问"上帝"究竟憎恨谁,其语气只是疑惑,且仍尊称天为"有皇"(即光明、伟大),并不像质问"天"那样愤慨。③

其次,在神灵人格化的程度上,"天"与"上帝"亦有较大的差别。所谓神的人格化,不仅是指与人同形,更重要的是指与人同"性",即有与人相同或相似的性格,如思想、感情、意欲等。④作为神灵的"天"有自己的思想意志(比如周初诰命中多次言及商纣因罪恶受到天惩),也有情感(如《尚书·召诰》:"天亦哀于四方民")。此外,"天"还可以直接闻知人事(见《尚书·酒诰》),"天"亦可以监视人间(见《诗经·大雅·大明》)。这些情况表明"天"属人格化的神。但是相比之下,"上帝"的人格化(或曰拟人化)即显得更强一些。⑤"上帝"不仅具有上

①顾颉刚:《〈逸周书·世俘篇〉校注、写定与评论》,《文史》(第2辑),中华书局,1963年,第1页。

②朱熹《诗集传》卷一九引陈氏曰:"天,即帝也。郊而曰天,所以尊之也……明堂而曰帝,所以亲之也",此说亦是认为天、帝为一神之异称,所以如此与祭礼有关。

③又《大雅·荡》言:"疾威上帝,其命多辟。""疾威"是形容"上帝"之威严。"多辟"之"辟",傅斯年《性命古训辨证》认为即《小雅·雨无正》"辟言不信"之"辟",毛传训为"法",傅氏引申为峻厉,认为是"为下文斥商之张本"。按此似亦可训明,见《礼记·王制》"天子曰辟雍"郑玄注。同诗称"上帝"为"下民之辟",又以文王口气言"匪上帝不时,殷不用旧",可见并无怨恨"上帝"之情绪。旧释多以为此诗乃影射周王,故释"疾威"为暴虐,释"多辟"为邪辟,似不可信。

④吕大吉:《宗教学通论》,中国社会科学出版社,1989年,第116页。

⑤对于这个问题,杜而未:《中国古代宗教研究》(学生书局,1983年)有较细的论述,可以参看。

述"天"的人格化行为,而且能够直接对人说话,故《大雅·皇矣》几次云"帝谓文王",《尚书·吕刑》:"皇帝清问下民。"但在西周文献及金文中虽可以见到"天"对人王降下命令,却见不到明言"天"开口讲话。①《大雅·文王》:"上天之载,无声无臭",证明"天"并无话语。此外,《大雅·生民》颂姜嫄"履帝武敏歆"而生后稷,"上帝"既有足迹,自然具有人形。《大雅·文王》曰:"文王陟降,在帝左右",《大雅·皇矣》言上帝"乃眷西顾",皆说明"上帝"是具有人形的。上引《大雅·文王》言上"天"行事,不仅无声,且"无臭",即没有气息,可知作为神灵的"天"则是虚无飘渺的。西周诗文中常称天为昊天,甚至言"浩浩昊天"(《小雅·雨无正》)、"悠悠昊天"(《小雅·巧言》),亦说明周人虽赋予"天"一定的"人性",但并未见赋予人之形象,"天"是一种超感性形态的灵性力量。②

最后,周人之"天"与"上帝"的另一重要区别,表现为周人已在笃信"天"主宰国家(王朝)命运的基础上,将此种"天命"明确地与道德观念紧密地结合起来。③周人虽视帝为正义之维护者,因而已将"上帝"的行为赋予一定的道德标准,但这主要是从思想上进一步瓦解商人,为周代商制造舆论的目的。西周王朝建立后,"上帝"既被奉立为王朝保护神,其惩罚邪恶的威力不能再制约周人自身,于是天命与道德观结合便适应周人巩固统治的需要而得到发挥与强调。

周人固自认享天命,但又从社会实践中体会到,命之吉凶、长短难以推测。特别是商人之亡国,更使周人坚信"天命靡常"(《大雅·文王》)。从《尚书·君奭》篇中可以见到对周王朝命运的忧患自克商胜利不久即缠绕于周初统治者的心中。显然,后继者只有敬德,秉德为政,才能不重蹈殷人覆辙。由于在当时的历史条件下这一政治思想必须披上宗教的外衣才能得到贯彻,因而能否敬德即被作为久享天命之关键。周人提出,夏、商"坠厥命",是因为"不敬厥德","王其德之用,祈天永命"(《召诰》),即王只有根据德行事,才能祈求天命

---

① 森三树三郎:《从上古至汉代的性命观之展开》,创文社,1971年。作者根据《诗经》与《尚书》的资料即曾指出过这一点。

② 又《史记·殷本纪》记武乙作天神偶像,但商人似未以"天"为神灵,且周人之"天"神并无具体形象,故武乙作天神偶像之说尚难肯定为实事。

③ 作为名词用的"天命",在西周文献中含义似非单一。《尚书·大诰》"天命不僭,卜陈惟若兹",是周公向诸邦君与群臣强调卜兆显示天命没有差错(即天命平定叛乱),这里的"天命",应是指天的命令(指命),但《诗经·大雅·文王》"侯服于周,天命靡常"(靡常即无常),《小雅·十月之交》"天命不彻"(不彻即不均,见朱熹《诗集传》)此二例中之"天命",均应理解为天所授予之生存之命,亦即命运。"天命"也有释作"天道"的,见《周颂·维天之命》郑玄笺。

之长久。此种观念在周人贵族，特别是上层统治者中一直被承继下来，成为一种"官方哲学"。西周中期穆王时的班簋铭文记毛公伐东国乱戎后将获捷事告于"上"(按："上"应是指周王，或是指在"天"之先祖，如是后者则属告祭)，其言曰："惟民亡(无)遂在彝，昧天命，故亡。允才(哉)！显！惟敬德亡(无)卣(攸)违。"(《集成》4341)西周晚期宣王时的毛公鼎铭记周宣王仍以文武行德政，使"皇天弘厌厥德，配我有周，膺受大命"(《集成》2841)来勉励毛公。享天命以人为的敬德为必要条件，即不再要求人们以盲目的宗教情感支配人事，实际上已为独立的人事开辟了道路，并促使人们开始把外部世界与自身予以理性的区分，去寻找现实的客观规律。[①]从这个角度看，西周时期对"天"的崇拜在一定程度上已进入哲学思维的高度。

综上所论，在周人的宗教观念中，"天"与"上帝"是两种既有同一性又有差别的人格化的天神，其同一性是建立于某些共同的权能(特别是顺应克商政治形势的需要而赋予二者共同的人事权能)之上的，就此而言，"天"与"上帝"可以说是二位一体的。但是"天"在神性上有更为复杂的特征。"天"在人格化程度上不如"上帝"而接近于自然，"天"有并非周人保护神的一面，其意志难以揣测，这似乎反映了周人对支配世界的客观规律的探求(按：其这一神性而言，颇似商人之"上帝")；作为"天"所主宰之命运的"天命"与道德观的结合是周人为寻找客观规律所作的一种努力与尝试，使其宗教色彩较之"上帝"已明显淡化。

"天"与"上帝"在西周人的宗教观念中既然并非完全一致，各有一些不同的神性，而当时天神崇拜之一个重要方式即祭祀，那么西周时对"上帝"与"天"的祭祀有何差别呢？从现有文献、金文资料看，这个问题似乎不够明朗，故这里只能作初步的探讨。《逸周书·世俘》记有周王祀"上帝"和"天"的活动：二月，辛亥，"荐俘殷王鼎，武王乃翼矢珪、矢宪告天宗上帝"；四月，辛亥，"祀于位，用籥于天位"。越五日乙卯，"告于天、于稷"，用牛五百有四。辛亥日所告"天宗"亦见《礼记·月令》，郑玄注曰："'天宗'谓日月星辰也"。顾颉刚先生因而主张"'上帝'为主宰，'天宗'为泛称"。但典籍中没有王泛告于众天神的情况，且将"上帝"置于众天神后连称亦不妥。故"天宗上帝"之"宗"当训为"尊"(《吕氏春秋·孟冬纪》"天子乃祈来年于天宗"高诱注)，"天尊"应理解为天之尊长，即天

---

① 刘世铨：《先秦天道观的发展——论哲学史的研究对象》，《中国哲学》(第10辑)，生活·读书·新知三联书店，1983年。

神之首,"天宗上帝"还是指"上帝"。辛亥日作为祭所之"天位",杨树达《积微居金文说·大丰簋跋》疑即该簋(按:即天亡簋)铭中之"天室",则"祀于位,用籥于天位"所祭还是"上帝"。如此,则二月辛亥、四月辛亥均为祀"上帝",辛亥日或是祭帝之日?乙卯日则告于"天"和稷,正符合《史记·封禅书》所言,周人"郊祀后稷以配天,宗祀文王于明堂以配上帝"。祭"天"用牛,与《尚书·召诰》周公"用牲于郊,牛二"相合。而《封禅书》所言"明堂"即相当于天亡簋铭文所言以文王配祭"上帝"之"天室"。

据上述,初步可以认为:西周时祭"上帝"是在天室(或曰明堂)一类祭所内,以文王配享;祭天则于郊,不设祭所,以后稷配享,多用牛牲。"天"与"上帝"所以有祭祀地点的不同,当与二者人格化程度的差异有关。"天"不成形,苍茫浩大,接近于自然的天,亦无所谓降陟,故在郊外设坛而祭;"上帝"有人形,可降陟于天上、人间,故可祭之于天室、明堂之类祭所。朱熹《诗集传》卷十九《我将》解题,认为后稷为远祖,尊而不亲,故配祭于"天",文王为近亲,配享"上帝"于明堂,是亲文王。东周时期,道德化的"天"以外,作为神灵之天往往称"上帝",故在成于东周(或稍晚)的文献(如《周礼》《礼记》等)中郊祭已是祭"上帝",且祭日亦用了西周时祭"上帝"之辛日,如《礼记·郊特牲》:"郊之用辛也。"

有关西周时期"天"与"上帝"的关系,最后还有一个问题需要考虑,即从宗教学角度看,由"天"与"上帝"具同一性而言,二者可以视为一体,皆可称为周人之主神,或称至上神。但二者的差别又昭示它们可能有不同的"出身"背景。前文曾论及,"上帝"是周人古老的神灵,"上帝"崇拜肇始于周民族初期历史,至于周人对"天"的崇拜开始于何时,还需要研究。

这个问题仍可以根据《诗经·大雅》中涉及"上帝"与"天"的史诗作一些探讨。这几篇史诗是《生民》《皇矣》与《文王》。其中《文王》专颂文王,肯定成于武王之后。余二诗中,《生民》咏姜嫄、后稷与周人之初生,《皇矣》咏大王迁岐至文王一段光辉的创业史。此二诗成为今天所见到的形式,亦当是在西周时期,但诗中所涉及的重要史实必当本自克商以前周人旧典,诗中的神话色调则亦大致可以反映周人早期的宗教观念。

我们细读《生民》,可知全诗只歌颂"上帝",以"上帝"为周人得以降生于世的神圣本原,但无一言及"天"。如"天"在周人早期活动时期即已像后世那样被尊奉,则《生民》诗中似不能不言之。《皇矣》一诗颂扬"上帝"更为热烈,将周人所以迁岐与所以能兴旺发达皆归功于"上帝"之旨意,而极罕言"天"(仅"天立厥配"一句提到"天",谓"天"在太伯迁岐后为之立太姜为配)。《文王》一诗即已不仅言"上帝",同时亦将文王功业与天命相联系了。综合上述情况,似可以作出这样一种推测,即周人对"天"的崇拜可能是迁岐之后才开始,在此前只尊"上帝"而未尊"天"。

从世界各民族宗教发展的历史看,一个民族在自己传统宗教信仰的基础上,又接受新的神灵,并渐与传统的神灵混同,往往是与其他民族相互融合的结果。从周人早期历史看,他们在殷代中晚期选定了岐周一带为政治统治中心,并与当时西北甘青地区处于青铜文化阶段的诸民族发生密切关系,在血缘上、文化上相互融会,终于形成更广大的周民族共同体。[①]周人在迁岐后始尊奉"天",或许同其与甘青地区的古代民族的交融有关。唯限于资料,这些古代民族的种族情况尚不甚清楚。

与讨论这个问题有关的是,20世纪20年代日本学者白鸟库吉曾撰文指出,蒙古语谓"天"(苍天,也指神天)为 tegri、tengeri,突厥语谓"天"为 tengri、tegri、tangri、tängri,与汉语之"天"(ten、tien)音颇类似,意义亦相同,故疑其为同语源。他并指出,匈奴语谓"天"为"撑犁"(《汉书》卷九四上《匈奴传》),"撑犁"按韩音与安南音读为 T'aing-li 或 danh-li,较近于原音,正是 tangri 的异译。[②]近年来已曾有学者提出:根据人类文化多有渊源关系的学说,周人的"天"原就是土耳其(Turk,即突厥)与蒙古族的"天",因为三者的"天"所有的文化综合体彼此相同(如三种语言中"天"皆指物质的天,也指至上神,祀天皆于圆丘,皆焚化祭物等),所以周人与土耳其族有不少文化关系是无疑的。[③]蒙古、突厥、匈奴等古代民族皆为北方民族,属阿尔泰语系。所以奉"天"为至上神,可以认作是属此语系的多数古代民族共同的古老宗教信仰。如此,则上述与周人融合并对周人实行"天"之崇拜产生直接影响的我国西北古代民族,或可能本身即属于此一语系,或是受到过崇奉"天"的北方阿尔泰语系诸民族的深刻影响。当然,上述看法是否符合实际,尚有待更多的资料发现,以作进一步的研考。

周人能在自己的神殿中接纳"天",是因为其"上帝"本来即在天上,二者的神性颇有相通之处。缘于此,"天"与"上帝"很容易发生一定的融合,在神性上

---

① 朱凤瀚:《商周家族形态研究》,天津古籍出版社,1990年,第二章第一节。
② 白鸟库吉:《蒙古民族之起源》,《史学杂志》1923年第18编第2号。
③ 杜而未:《中国古代宗教研究》,学生书局,1983年。

即表现出前文所言之若干同一性,在名称上二者也有交融的表现,如"昊天上帝"之称(是在"上帝"前面冠以昊天,但还是"上帝"之称)。然而二者始终亦未能达到完全融合,无形的"天"带有命运之神的色彩,特别是适应克商之后的政治需要,"天"与道德结合,被赋予更多的理性。

四、余论

有两个问题与上文所论有密切关系,尚需作简略说明:

一是过去学界有一个传统的看法,认为周人在克商前比较后进,西周的思想文化多承继于商人。由上文所论,知此看法是不妥当的。周人在自己的早期历史阶段即已有独立的宗教系统,至迟在商代晚期即已奉"上帝"为至上神。至上神的产生,将神灵系统秩序化,是探讨支配世界发展法则的一种宗教思维,但在一定程度上反映了思想中理智因素的进展,比起商人的"上帝观"是一种进步。特别是周人在迁岐建立国家以后,即树立"上帝"为保护神,并在克商后立即将后起的对"天"的崇拜引向以敬德为实际目的的天命观,推动了人本精神的发展,也说明周人在克商前其政治思想相对商人已较进步与成熟。也正因为有此种思想、文化的基础,周人才可能在建立西周王朝后立即推行空前规模的分封制,以一个小邦成功地控制了比商王朝势力范围广阔得多的领域。总之,在今后研究思想史、政治史、文化史时,似都不宜低估周人在克商以前思想、文化水平所达到的高度。

二是西周时对"天"和"上帝"的崇拜相当强烈,但何以没有导致一神教宗教观的出现与神权政治的形成? 这可能是由以下三方面因素决定的:首先,如上述,周人将对"天"的崇拜落实到以敬德为宗旨的人事上,此种具浓厚理性因素的人本精神的发展,从根本上阻绝了一神教与神权政治出现的道路。其次,周人将对"天"和"上帝"的崇拜与祖先崇拜更紧密地结合起来,使祖先崇拜不仅没有被削弱,反而得到加强。殷墟卜辞中占卜先王何者可以"宾帝",知商人并不认为所有的王死后皆可以"宾帝",但周人的先王皆在帝左右,[①]而且周人贵族先祖之亡灵也皆被认为高居于天上,[②]虽未必在帝廷,但必在"上帝"、先王

---

① 见《逸周书·度邑》与周厉王㽙簋、㽙钟铭文。

② 见虢叔旅钟、番生簋、井编钟铭文,郭沫若《周彝中之传统思想考》(收入《金文丛考》,人民出版社,1954年)已指出:"神其祖若父以配天帝之事,即人臣亦可为,盖谓人死而魂归于天堂也。"

之外围,仍足使后世子孙景仰。在西周金文中可见,周人贵族每在颂扬先祖之灵在"天"之后,必虔诚地乞求如此神圣的先祖降自己以"多福",说明深深地根植于浓厚的血缘与宗法关系基础上的祖先崇拜,在周人心中仍要比天神崇拜更具有实际的功利性,这也是使至上天神独专的一神教最终未能形成的重要因素之一。再者,西周文献与金文证明《国语·晋语八》子产所言:"是故天子祀上帝,公侯祀百辟",即由王主宰对"上帝"(或"天")的祭祀,大致符合西周的情况。①《礼记·表记》所言:"天子亲耕,粢盛、秬鬯以事上帝,故诸侯勤以辅事于天子",文虽晚出,但有助于了解王主祭"上帝"(或"天")之宗教权力对强化王权的作用。在此种制度下,王本人即具有沟通"上帝"(或"天")与人类的能力,并因而使王权得到最高程度的神化。所以西周时的天神崇拜并不能造成另一与王权对立的神职权力机构,而是使神权融于王权中。上述西周时期的宗教观及与其相联系的政治制度,作为一种模式,为后世历代王朝所承袭,对中国社会产生了深远的影响。

本文原刊载于《中国社会科学》1993 年第 4 期,原题为《商周时期的天神崇拜》。

本文作者:

朱凤瀚,江苏淮安人,1947 年 5 月生于北京。北京大学博雅讲席教授,曾任南开大学人文学院副院长兼历史系主任(1995)、中国历史博物馆馆长(2000)、中国国家博物馆常务副馆长兼党委副书记(2003)。主要研究领域为中国上古史、古文字、青铜器与商周考古学。著有《商周家族形态研究》、《中国青铜器综论》、《先秦史研究概要》(合著)、《北京大学藏西汉竹书(一)》等代表作,在《中国社会科学》《历史研究》《考古学报》《考古》《文物》等刊物发表学术论文百余篇,承担国家社科基金重大项目与"冷门绝学"研究专项团队项目、国家重大出版项目、国家文物局委托项目及教育部哲学社会科学研究重大课题攻关项目多项。兼任全国古籍整理出版规划领导小组成员、

---

① 据《礼记·明堂位》,西周各诸侯中只有鲁公受成王之册命,可以天子之礼乐"祀帝于郊,配以后稷"。由《左传》哀公十三年与《鲁颂·閟宫》可证明鲁公确有此权。唯《礼记·礼运》记孔子言,认为鲁公此举是僭越。春秋中期后,独立的集权政治化的列国多已有祭上帝之举。

国家文物鉴定委员会委员、教育部甲骨文等古文字研究与应用专家委员会委员等职。获"做出突出贡献的中国博士学位获得者"(1991)、国家级"中青年有突出贡献的专家"(1999)等荣誉称号及天津市优秀图书一等奖(2006)、全国古籍优秀图书奖一等奖(2010)、中国出版政府奖(2011)、高等学校科学研究优秀成果奖(人文社科)一等奖(2013)、首届"华人国学大典"之"国学成果奖"(2014)等奖项。

《左传》无经之传考

赵伯雄

一、问题的提出

《公羊》《谷梁》是《春秋经》的传，这一点从来没有人产生过怀疑。《左传》则不同。除了有大量的无传之经外，还似乎有为数众多的无经之传。人们不禁要问：《左传》既是解经的，为什么会有这些无经之传呢？于是《左传》的性质亦即《左传》是否《春秋》之传遂发生了问题。

自从刘歆提出要将《左传》立于学官以来，争论就开始了。不管西汉博士出于什么动机，他们所持的"《左氏》不传《春秋》"的观点却开启了此后将近两千年间一些《左传》研究者的疑窦，从而使《左传》与《春秋》的关系成为研讨的课题。西汉博士的论证虽然没有留传下来，但既然说"《左氏》不传《春秋》"，那么人们很容易导出"《左传》与《春秋》是两本不相干的书"这样的推论。现在所知最早明确作出这种表述的是晋人王接。王接说："《左氏》辞义赡富，自是一家书，不主为经发。"①既然不是为解经而"发"，那么《左传》当自有作意，是一部不依赖于《春秋经》而独立存在的著作。到了唐代，人们开始注意到了《左传》的史书性质。陈商说："孔圣修经，褒贬善恶，类例分明，法家流也；左丘明为鲁史，载述时政……以日系月……本非扶助圣言，缘饰经旨，盖太史氏之流也。……夫子所以为经，当与《诗》《书》《周易》等列；丘明所以为史，当与司马迁、班固等列。"②这么一划分，便把《左传》与《春秋》剥离开了，两书连性质都不同，怎么会是一回事呢？宋人疑《左传》的就更多了。朱熹说："左氏是史学，公、谷是经学。"③虽说只是区分三传，其实距否定《左传》之解经，也就只有一步之遥了。刘安世说："读左氏书，当经自为经，传自为传，不可合而为一也，然后通矣。"④

---

① 《晋书·王接传》。
② （唐）令狐澄：《大中遗事》（《说郛》本），载陈商：《立春秋左传学议》。
③ 《朱子语类》卷八十三，中华书局点校本，第2152页。
④ 引自《经义考》（乾隆乙亥刻本）卷一百六十九。

这话更加明确,大有离则双美、合则两伤之意。

平心而论,这一派的意见是很有些说服力的。经、传之不能完全契合,特别是"无经之传"的大量存在,应该说是引起人们疑心的主要原因。此外,《左传》中虽也有不少解经的内容(包括"君子曰""五十凡"、解经语等),但这些东西都有很明显的嵌入的痕迹,多数都没有与传文融为一体。清儒皮锡瑞曾经举"郑伯克段于鄢"一段为例,指出在"太叔出奔共"一句下硬加上了"书曰……难之也"一段解经的话,致使本来与上文紧密相连的"遂置姜氏于城颍"的"遂"字显得上无所承,突如其来。因此"书曰"云云显然是被人后加上去的。[①]这一发现当然是支持《左传》本与《春秋》各自为书的说法的。那么究竟是谁将"书曰""君子曰"之类的解经语加进去的呢?

自宋以来,就有人怀疑是刘歆改造了《左传》,加进了解经语。宋人林栗说:"《左传》凡言君子曰是刘歆之辞。"[②]到了清代,刘逢禄作《左氏春秋考证》,详细论证了刘歆是怎样把先秦旧书《左氏春秋》改编为《春秋左氏传》的。后来康有为继承其说,进而提出刘歆割裂《国语》、伪造《左传》的新说。刘、康的观点尽管有很多不同,但在《左传》(这里指刘歆以前的"左传")与《春秋》本是不相干的两部书这一点上是完全一致的。而这一点恰是《左传》问题的要害所在。刘、康的意见在近代中国学术界影响至为深远。在21世纪初,不少著名学者都是信从刘歆伪造说的。

学问之道,有如积薪,总是后来居上。现代学者的研究,又彻底推翻了刘歆伪造说。研究表明,那些所谓由刘歆加进去的解经语、"君子曰"等,在刘歆以前早已存在了。司马迁曾经引用过,先秦诸子也曾经引用过。这对于刘、康的说法无异于釜底抽薪。时至今日,除了极个别的人以外,已很少有人相信刘歆伪造说了。

但是问题还没有真正解决,疑点依然存在。《左传》之"述史"部分与"解经"部分之不相融合是不争的事实,大量"无经之传"的存在也有目共睹。怎样对此作出合理的解释,乃是摆在现代学者面前的一个难题。

①《春秋》卷,皮锡瑞:《经学通论》,中华书局,1954年,第61页。
② 引自《经义考》(乾隆乙亥刻本)卷一百六十九。

二、《左传》一次成书说

按照刘逢禄的意见,《左传》在先秦本被称作《左氏春秋》,是与《吕氏春秋》《晏子春秋》类型相似的著作。后经刘歆改造,遂成今本这样的解经的《春秋左氏传》。因此,《左传》之成书,实有两个过程。先是由左氏"惟取所见载籍如晋《乘》、楚《梼杌》等相错编年为之,本不必比附夫子之经",这样撰得《左氏春秋》;后由刘歆"或缘经饰说,或缘左氏本文前后事,或兼采他书以实其年",改编而为《左传》。①今日刘歆改编之说虽已被破,但刘逢禄的这一思路却被某些现代学者所继承,不过将改编的时代提前,由刘歆变为战国时的儒者了。在这一方面,胡念贻先生的意见很有代表性。他说:

> 《左传》本来是一部叙事较详的史书,是公元前五世纪的一部私家著作。它在写作过程中当然参考了《鲁春秋》——我们见到的《春秋》。但它并不是为解释《春秋》而作,它独立于《春秋》之外。后来有人陆续窜入了一些解释《春秋》的文字,这些文字虽然有的经过精心弥缝,消灭了痕迹,但有许多却是窜入之迹宛然。……《左传》里面那些属于"书曰"以下的文字以及其他讲《春秋》"义例"的文字,如果全部删去,丝毫不影响《左传》叙事的完整性。这些文字游离于叙事之外。这和《公羊传》《谷梁传》可以说恰恰相反。这就是因为《公羊传》和《谷梁传》是解经的书,《左传》不是解经的书,解经的文字是后加的。②

顾颉刚先生也是主张《左传》本非《春秋》之传的,他提出了"左传原本"这样一个概念,指出"左传原本"在刘歆以前早已存在,"当时(按盖谓战国时)《左传》原亦杂记体之史,犹《国语》《战国策》《说苑》《新序》《世说新语》《唐语林》《宋稗类钞》清之野史等类,其故事为一条条者"。③这样一部"左传原本",后来被人改造为说解《春秋》的"传",尽管顾先生认为改造、附益、增窜者非一人,亦非一世,然就其有原书而后被改造而言,亦不妨说他是主张今本《左传》是"二

---

① 刘逢禄:《左氏春秋考证》(《清经解》本)卷一。
② 胡念贻:《〈左传〉的真伪和写作时代问题考辨》,《文史》第十一辑,中华书局,1981年,第3页。
③ 顾颉刚:《春秋三传及国语之综合研究》,巴蜀书社,1988年,第36页。

次成书"的。

赵光贤先生对此又作了更为明确的表述。他说:

> 我们现在所看到的,具有编年形式,而且有很多解释语的《左传》,并不是《左传》原本,而是后人改编的结果(原注:这个原本是不是名为《左氏春秋》,不是一个重要问题,可以不去管它,姑且叫它《左传》)。因此,应该说《左传》与《春秋》原本是各自独立的两部书,《左传》并不是依附《春秋》而存在的。……《左传》原系杂采各国史书而成,最初不过是一种史事汇编的性质,并非编年之史,原是一部独立的书,与《春秋》无关。①

按这也是指出了《左传》曾经二次成书,先是有人编成一部记事之书,今本《左传》中的记事部分就是这部书的内容;后又有人对它进行了改造,加进了解经语,于是本来与《春秋》不相干的记事之书成了《春秋》的传——当然,改造者最迟也是战国时人,这一点比前人指实为刘歆要可信得多了。

这种"二次成书"的理论虽然解决了今本《左传》解经部分与记事部分(洪业氏分别称之为"释经"与"述史")不相协调的问题,同时对"无经之传"的存在似乎也给予了合理的解释,但是缺欠也是很明显的。首先一个问题是:这种先期存在的"左传原本"究竟是一部什么样的书? 刘逢禄说是像《晏子春秋》《吕氏春秋》(雄按:《晏子春秋》与《吕氏春秋》就已大不相同);顾颉刚先生说是像《国语》《战国策》《世说新语》《宋稗类钞》等等,一条一条的;赵光贤先生说是"纪事本末体的"。这种体例的不确定性正好说明对它的真实性尚须大打折扣。第二个问题是:《左传》原本被改编后,这部原本到哪里去了? 一部书流传于世,当不会只有一个本子。孔门后学将《左传》原本改造为《春秋》的传,当世之人当不会因此就再也见不到那"原本"了,为什么作为《春秋》传的《左传》曾多次被战国诸子征引,而那部"原本"却一点踪迹也没有了呢?

如果我们对今本《左传》的传文作深入的考察,就会发现这种"二次成书"说的更多疑点。

第一,假设《左传》是经过二次成书的,那么它在被改编为《春秋》传之前应是一部独立的著作。如前所述,这部《左传》原本当是一种记事之书。既然解

---

① 赵光贤:《左传编撰考》,《古史考辨》,北京师范大学出版社,1987年,第140页。

经的话被看作是第二次编定(即改编)时加进去的,那么所有与经文无关的记事(无经之传)就都应该是《左传》原本中所原有的(一般"二次成书"论者也正是以无经之传作为有所谓《左传》原本的主要证据的)。但事实上,《左传》中的无经之传在叙事的内容、方法、详略、风格等方面差异非常之大,很难令人相信它们原先都是属于同一部著作的。例如隐公元年传文有云:

> 八月,纪人伐夷。夷不告,故不书。
> 有蜚。不为灾,亦不书。

按传既明言"不书",这两条当然是无经之传。按照二次成书论者的说法,这两条应该在《左传》原本之内。我们再看僖公二十三年有关重耳复国的那一段传文:

> 晋公子重耳之及于难也,晋人伐诸蒲城。……遂奔狄。……处狄十二年而行。……过卫……及齐……及曹……及宋……及郑……及楚……乃送诸秦……

按这也是无经之传。重耳及于难,在僖公四年,至本年"送诸秦",时间跨度有十九年。传文详叙重耳在各国之经历,俨然一段纪事本末体的史文。这样的文章,怎么会与上引"八月纪人伐夷""有蜚"等同出于《左传》原本呢?类似这样的例子在《左传》中举不胜举,倘若真有所谓《左传》原本,这《左传》原本的内容也未免太芜杂了吧?

第二,论者或以无经之传为据,以证明《左传》原本与《春秋》本为不相干的两种书,言外之意,改编者只加进了一些解经的话,变动了一些叙事的次序(编年之需要),对《左传》原本并没有进行删节,故而保留了大量的无经之传。但我们细审《左传》全书,竟有相当多的年份传文是与经文一致的,也就是说这些年的传文都是解经的(至于解经的方式则详后文),并不存在无经之传。以鲁文公在位之十八年为例。在这十八年中,《左传》之记事有一百三十九条,[1]其中有几年的记事应该讨论。六年记秦穆公卒,三良为殉之事,是无经之传。但

---

① 杨伯峻:《春秋左传注》,中华书局,1981年,第609~643页。

左氏记此事,亦非无因。盖三年经文有"秦人伐晋"条,传乃述秦伯用孟明、遂霸西戎之事;此年记秦穆公卒,用三良为殉,正为三年之事作一结,故君子有"秦穆公之不为盟主也宜哉"之论。这样看来,六年的这条传文,就不是简单的无经之传了。它应该被看作是三年传文的延续。七年、八年传文记有晋人"归匡戚之田于卫"事,看似无经之传,实则元年经有"晋侯伐卫"之文,传在解释这条经文时载有晋取匡、戚之事,故七、八两年之传亦应看作元年传文的延续(或者说与元年传结合在一起都是用来传"晋侯伐卫"之经的,只是因为归还匡、戚事在七年、八年,故而一传分置两三处),同样不能认为是无经之传的。十三年传记士会返回晋国事,亦无经,但此事实为七年经"晋先蔑奔秦"之余传。据七年经文,士会随先蔑奔秦;而士会在后来晋国的政坛上又是一个非常重要的人物,在经、传中多次出现,故左氏于此年特记士会返国之经过,并非完全与经无涉。真正的无经之传,十八年中只有两条。十四年传云:"春,顷王崩。周公阅与王孙苏争政,故不赴。凡崩、薨,不赴则不书。"这里明言《春秋》所以不记此事,盖因"不赴"。同年传还记有楚国庄王新立,公子燮与子仪作乱被杀之事,确然无经。但《左传》记十八年间事,只有这么一二条与经无关,若说《左传》原本是与《春秋》不相干的独立著作,恐怕是难以服人的。

再以定、哀二公之传文为例。定公初年连续几年载有王室乱事:"五年春,王人杀子朝于楚",六年"夏……周儋翩率王子朝之徒,因郑人将以作乱于周……","七年春二月,周儋翩入于仪栗以叛……夏四月,单武公、刘桓公败尹氏于穷谷……","八年春二月己丑,单子伐谷城,刘子伐仪栗……以定王室"。这些表面上看都是无经之传,其实是昭公二十二年经"王室乱""刘子、单子以王猛居于皇",昭公二十三年经"尹氏立王子朝",昭公二十六年经"尹氏、召伯、毛伯以王子朝奔楚"等数条经文之余传。盖传于昭二十二及以后的数年中详述了王子朝叛乱及失败的全过程,定公五年及以后数传,则叙王子朝被杀及其余党覆灭之事,虽然看似无经,实际上是与前面那些传文相连属的,因此也应视为有经之传。定公、哀公(截至十四年)一共二十九年,除了极少数的例外,传文都是与解经相关的。如果真有所谓《左传》原本,而这书又本与《春秋》毫不相干,那么经传记事为什么会如此契合?

我的看法是,今本《左传》不是由某一个人(不管他是刘歆还是先秦时人)将早先已有的一部现成著作(《左传》原本)改编而成的,而是由左氏(我们姑且这样来称呼《左传》的编著者)本着解经的目的,杂取各国的各类史料,同时加进了一些自己解经的话编撰而成的。也就是说,《左传》是一次完成的。这里所谓"一次完成",主要是指《左传》作为一部完整的解经著作,其排纂史料与撰写解经语是同时进行的,并非如时贤所说,先有一部"记事的《左传》",后来才出现"解经的《左传》"。当然,这种一次完成说并不排除今本《左传》有后人附益的成分(如"其处者为刘氏"之类即甚可疑),只是此种附益属于《左传》成书以后的个别现象,不能将后人某些文字的增窜与《左传》的编撰混为一谈。

既然《左传》是一次完成的,既然"述史"与"解经"同出一手,那么那些解经的话为什么会有那样明显硬加进去的痕迹呢? 我想,这恐怕主要与左氏处理史料的方式有关。

三、左氏"述而不作"说

这一题目的意思,是说左氏在编撰《左传》时,面对着的是各国的各类史册及其他各种类型的历史资料,左氏一般是片断地摘取这些现成的材料,然后把它们按时间顺序编排连缀起来。左氏自己,可能做了一些文字上的加工,但没有进行多少创作。也就是说,《左传》主要是"编"出来的,而不是"作"出来的。

我曾经对《公羊传》的记事与《左传》的记事做过比较研究。[①]《公羊》虽说是以阐发义理和解释义例为主,但在某些场合也有一些记事。全书记事的地方总共有六十余处。把《公羊》与《左传》关于相同事件的记述作个比较,就会发现,《公羊》的记事不是袭自《左传》的。但《公羊》的大部分记事与《左传》是同源的,也就是说,《公羊》的始祖与左氏所依据的是大体上相同的一些历史资料。因此,《公羊》记事的大多数除事情梗概与《左传》相同外,往往都有一句甚至几句文字也与《左传》几乎全同或者基本相同。一些历来为人所称赏的警句,像"舟中之指可掬也"(宣十二)、"唇亡齿寒"(僖二)、"此晜斯之声也"(庄三十二)、"中寿,尔墓之木拱矣"(僖三十三)、"易子而食,析骸而爨"(宣十二)等,在《公羊》与《左传》中都有,虽文字不尽相同,大致差不多。这些语句,表现力极强,不是随便什么人都可以写得出来的。《公》《左》既非相袭,那么我们可以推想,一定是在《公》《左》之前有某些历史记载,有上述那类生动的描写,《左传》的作者据以编成《左传》,《公羊》的始祖据以传授《公羊》。如果这个推想不误,《左传》系选取现成的历史资料编辑而成,也就可以成立了。

---

① 赵伯雄:《公羊左传记事异同考》,《人文杂志》1991年第6期。

细绎《左传》传文，我们可以发现不少左氏直接采用历史资料原文的痕迹。定公元年传云：

> 齐高张后，不从诸侯。晋女叔宽曰："周苌弘、齐高张皆将不免。苌弘违天，高子违人。天之所坏，不可支也。众之所为，不可奸也。"

按所谓"齐高张后"，是指此年晋率诸侯为天子修筑成周之城，而齐国的高张姗姗来迟，没有随诸侯一起筑城之事。传引女叔宽的话，是一个预言，说苌弘、高张都将没有好结果。关于高张的"违人"，是有事实为据的，就是前面说的"齐高张后，不从诸侯"；但苌弘的"违天"，在前此的传文里却没有任何交代。杜注说："天既厌周德，苌弘欲迁都以延其祚，故曰违天"，云云，传中不见，不知其何所据而云然。但苌弘违天的事实，在原始资料中应当是有的，只不过左氏没有选用。而左氏选用的女叔宽的那段话，本来是针对苌弘、高张这两个人的事迹说的。今既未采苌弘违天的事实，又原封不动地搬用了女叔宽的话，自然显得苌弘之事没有着落了。这段文章若是左氏自撰，当不会出现这样的漏洞。

类似的情况还有。昭公十一年传云：

> 楚子城陈、蔡、不羹。……王曰："国有大城，何如？"（申无宇）对曰："郑京、栎实杀曼伯，宋萧、亳实杀子游，齐渠丘实杀无知，卫蒲、戚实出献公。若由是观之，则害于国。末大必折，尾大不掉，君所知也。"

按申无宇之意，是说"国有大城"往往会危害国君。他一连举了四项事例，后三项于《左传》中都有明文，唯头一项"郑京、栎实杀曼伯"，在前此的传文中没有明确的记载。就连曼伯究竟是公子忽，还是檀伯、子仪，都不好确定。尤其是郑国的京邑究与"杀曼伯"有何关系，更是无从考索。所以出现这种情况，当是由于左氏所采申无宇对楚王的那段话系原始资料之原文，左氏原样照搬，未顾及这里的概述与前文对各国史实的叙述是否完全一致。

又宣公九年云："楚子为厉之役故伐郑。"十一年又云："厉之役，郑伯逃归。自是楚未得志焉。"这次"厉之役"成了楚人屡次伐郑的口实，后来竟至逼得郑伯"肉袒牵羊以逆"，表示彻底屈服。但有关"厉之役"的情况，前此的传文竟没有作任何交代。杜预说"盖在六年",但宣六年传只云"楚人伐郑,取成而还",并未明说此即"厉之役",杜预之说不过是揣度之辞。这当是由于左氏节录材料所致。他在作宣九、宣十一两传时节录的材料中有"厉之役"这一提法,却忽略了在前面的传文中并不曾对"厉之役"作过明确的记述,因此显得前后有失照应了。倘传文都是左氏自作,这一类的问题本是很容易避免的。

僖公二十七年传云:

> 晋侯始入而教其民,二年欲用之。子犯曰:"民未知义,未安其居。"于是乎出定襄王。……将用之,子犯曰:"民未知信,未宣其用。"于是乎伐原以示之信。……公曰:"可矣乎?"子犯曰:"民未知礼,未生其共。"于是乎大蒐以示之礼,作执秩以正其官,民听不惑而后用之。出谷戍,释宋围,一战而霸,文之教也。

按本年传叙因楚人围宋、宋向晋告急、晋为救宋而"蒐于被庐、作三军、谋元帅"之事。上述那段传文,就是缀于此事之后的,其为左氏所引旧籍原文,更为明显。这段文字无疑是对晋文公所以能够称霸所做的一个小结。其中定襄王、伐原示信、大蒐示礼,固为已经发生的事实;然"出谷戍,释宋围,一战而霸",是下一年的事,此时还没有发生。原作者写这段话,本是为宣扬"文之教"的威力的,故从文公之始入直写到"一战而霸";左氏移过来颂扬晋国此次的"大蒐",于是就不免将下一年才发生的城濮大战的结果提前写在这里了。

左氏编撰《左传》的材料来源,前人及今人都曾作过探讨。在今日看来,大体上仍不出唐人啖助所说的那个范围,即各国史记(不同类型、不同体裁的史书),子产、晏子等各国卿佐的家传,以及卜书、梦书、杂占书、纵横家、小说、讽谏等。[①]《左传》全书记事的体例、详略乃至语言的风格等是并不统一的。这正是由于左氏往往是于他所能接触到的材料来源中摘取现成的片断,连缀成文,而并不是进行整体创作的缘故。《左传》的作意是解经的,因此左氏免不了要加进一些解经的话。但记事部分既然多是采取的现成材料,故解经语往往就会显得与记事文字不相协调,给人以割断文气、强行嵌入的感觉。像前面提到过的隐公元年"郑伯克段于鄢"一节,中间插入了"书曰……难之也"一段话,致使

---

① 陆淳:《春秋集传纂例》,《丛书集成》本,卷一。

"首尾横决,文理难通"。诚如皮锡瑞所说,倘删去那段解经语,则文章上下"一气相承矣"。这正是因为"郑伯克段于鄢"本来就是一段现成的材料,去掉了解经语,恢复了其本来面貌,自然文气贯通了。

四、左氏传经方法与无经之传

从上节可知,不管是有经之传,还是无经之传,大多是左氏直接选取现成资料编辑而成的。但这还不能完全说明《左传》中为什么会有那么多看上去是无经的传。为了彻底解决《左传》是否《春秋》之传的问题,还须对左氏传(读去声)经的方法作一讨论。传经方法一明,许多无经之传就会变为有经之传了。

《公》《谷》传义,《左传》传事,前人对此早有定评。这里的义和事,自然是指《春秋经》的义和事。《春秋》记事,极为简略,记一件事只用几个字,至多二十几个字,例如"公及邾仪父盟于蔑""郑伯克段于鄢""莒人入向""宋公和卒"之类,实际上只是个记事提纲。春秋二百四十二年的历史,就这样用一万多字就写下来了。但孔子当年用《春秋》来教学生的时候,是绝不会仅仅局限于这一万来字的《春秋》条目之上的。孟子将《春秋》分为其事、其文、其义这样三个层面。"其事则齐桓、晋文",这是从内容上来看,《春秋》的内容是大国争霸时期的事;"其文则史",这是从《春秋》的文字形式亦即载体来看,是史文;"其义则丘窃取之矣",这当然是说孔子独得《春秋》之思想、之精神。即使孔子当年教授学生确是主要着眼于"义",他也不可能脱离齐桓、晋文之事,从而也就不可能摆脱记载着这些事的史册。而我们今天看到的《春秋》只是史册中的一种,如果其中真有许多"义"的话,孔子当年"窃取之"之时,也是必定要借助于其他许多记事具体的史书的,这只要看一看以"传义"为主的《公羊》《谷梁》,也不可能脱离翔实具体的史实记述来空谈义理就很清楚了(例如《公羊》贬郑伯,也是以郑伯杀其弟段的史实为依据的,只不过这些史实没有形成文字记载在《公羊传》中)。而要弄懂这些"义",进而解释、发挥这些"义",充分了解、熟悉齐桓、晋文时期的史事是绝对必要的。到了战国时期,这种必要性就更明显了。此时儒家宗派分立,经义的歧异日趋严重。齐桓、晋文之事自不必说,对孔子来说是现代史的知识这时也变成了古代史。因此,对这部大事记式的《春秋》亟须从史实、背景方面加以解说。《左传》就是在这种情况下出现的。司马迁说:"鲁君子左丘明惧弟子人人异端,各安其意,失其真,故因孔子史记,具论其语,成《左氏春秋》。"①这里所说的"孔子史记",应当就是指的孔子在讲解《春秋》之义时所参考的各种史籍。当然,如果我们把这位"鲁君子左丘明"拉到战国时代的话,那所谓"孔子史记",自然就应该是指我们在前面曾经提到过的各类历史资料了。

左氏解经,主要的不是要告诉人们经中都有哪些"义",而是要告诉人们经中所记述的那些事究竟都是一些怎样的事,经中所涉及的那些人究竟都是一些怎样的人,一句话,要告诉人们经所记述的那个时代的历史。左氏当然也有一些解释经义的话,书与不书,怎样书,这显然是受了《春秋》其他家派的影响;但从主要方面来看,左氏是着眼于孟子所说的那前两个层面,即《春秋》的"事"与"文"的。

对于《春秋》中那提纲式的记事,左氏往往要引用其他历史资料加以详细的说明。例如经只有"郑伯克段于鄢"六个字,《左传》则从郑庄公之出生说起,讲了他不被母亲喜爱的缘由,讲了母亲的偏心和弟弟共叔段的跋扈,接着讲了庄公如何平息共叔段之叛并与母亲决裂,最后又讲了庄公母子如何和好如初。尽管这段文字最初很可能是以郑庄公与其母之关系为中心内容的,但它完全可以说明经文那六个字的前因后果、经过情形,故被左氏用来做了《春秋》隐公元年的传。有了这个传,经文那六个字简直就成了一段故事的标题了。

又如宣公二年《春秋》经文有"赵盾弑其君夷皋"。《左传》从"晋灵公不君"说起,讲了灵公的残暴,讲了赵盾如何进谏,如何谏而无效,灵公又如何派人暗杀赵盾而没有成功,又讲了赵穿如何杀了灵公,大史又如何将责任归在赵盾身上。这样,经文"赵盾弑其君夷皋"这七个字的原委就交代得很清楚了。

以上二例都是人们非常熟悉的传文,也是《左传》传事解经的最典型的方式。其实,《左传》的"传事",除了这类交代来龙去脉、详述经过情形的模式之外,还有各种不同的情况,并不是所有的传都是将经文具体化,都是从过程上来讲解经文的。有些传只是在某些点上与经文有关联。例如隐公八年经云:

    冬十又二月,无骇卒。

    传云:

---

① 《史记·十二诸侯年表序》。

无骇卒。羽父请谥与族。公问族于众仲。众仲对曰:"天子建德,因生以赐姓,胙之土而命之氏。诸侯以字为谥,因以为族。官有世功,则有官族。邑亦如之。"公命以字为展氏。

按此传并不对经所记"无骇卒"之事本身作什么解释,而是就与"无骇卒"有关联的一点(大夫卒后氏族之命名)作传,引众仲的一段言论作为传文。

宣三年经云:

楚子伐陆浑之戎。

传云:

楚子伐陆浑之戎,遂至于雒,观兵于周疆。定王使王孙满劳楚子。楚子问鼎之大小轻重焉。对曰:"在德不在鼎。……周德虽衰,天命未改,鼎之轻重,未可问也。"

按此传解经"楚子伐陆浑之戎",对楚人战事丝毫不曾提及,却重点记录了楚子问鼎周疆、王孙满的一段非常精彩的答话。盖当时史料中必有王孙满答问鼎的记录,左氏知其为楚伐陆浑时事,遂引来作为"伐陆浑"经文之传,这完全是因为这段答话与"楚子伐陆浑之戎"在时间上有关联。

文公七年经云:

狄侵我西鄙。

传云:

狄侵我西鄙,公使告于晋。赵宣子使因贾季问酆舒,且让之。酆舒问于贾季曰:"赵衰、赵盾孰贤?"对曰:"赵衰,冬日之日也;赵盾,夏日之日也。"

按此传与经本事亦有些关联,其关联即在传事系由经事引发而来,但传意并不主在解说经事,而是另有一中心,这中心就是时人对赵衰、赵盾的评价。只因这评价由"狄侵我西鄙"一事引发而来,左氏遂将此事系于经文"狄侵我西鄙"之下,作为解经之传。此例特别清楚地表明《左传》的传文非左氏自撰,而是采撷现成资料而成;若是自撰,左氏何必于解经文"狄侵我西鄙"时写这种事呢?

襄公十五年经云:

> 宋公使向戌来聘。

传云:

> 宋向戌来聘,且寻盟。见孟献子,尤其室,曰:"子有令闻,而美其室,非所望也!"对曰:"我在晋,吾兄为之;毁之重劳,且不敢间。"

按此传与经亦仅有些关联,绝非解释"向戌来聘"之本事。类此者尚有襄二十四年"叔孙豹如晋"、襄二十九年"吴子使札来聘"、僖三十一年"狄围卫,卫迁于帝丘"等传。

左氏传经的时候,可能搜集了大量的各类历史资料,但也并不是每一条经文都能找到足以述其原委、穷其究竟的材料的,于是左氏便将与经文哪怕是稍许有些关联的材料拿来,系于该条经文之下,权作解经之传。上述这一类的传文就是这样形成的(当然还有一些经文连这样稍有关联的材料都找不到,只好付诸阙如,于是而有了相当数量的无传之经)。

这种作传的方法,自与前面所述"郑伯克段于鄢"等传不同。由于是"关联传事",传与经之联系便显得不那么紧密,因此这种传每每被人认作无经之传,当作《左传》不传《春秋》的证据。但如果我们考虑到《左传》乃是一次成书,在此之前并不曾有一部独立的《左传》原本,考虑到左氏传经是采取现成的各类历史资料而并非进行创作,那么除了把这些都看成解经之传实在别无其他的选择。

左氏传经所采资料有的属于纪事本末体,所记之事往往历经几年或者十几年。左氏为了适应《春秋》编年体的需要,便把原材料拆开,分隶于各年之内。这样一来,从总体来看,这段资料固然是解经的,但其分隶于各年的传文便每每不能完全与经文相合了。这样就造成了一些"无经之传"。例如庄公二十六年传云:

> 秋,虢人侵晋。冬,虢人又侵晋。

庄公二十七年传云:

> 晋侯将伐虢,士蒍曰:"不可。虢公骄……无众而后伐之,欲御我,谁与?……虢弗畜也,亟战,将饥。"

庄公三十二年传云:

> 秋七月,有神降于莘。……史嚚曰:"虢其亡乎!吾闻之,国将兴,听于民;将亡,听于神。……国多凉德,其何土之能得!"

闵公二年传云:

> 虢公败犬戎于渭汭。舟之侨曰:"无德而禄,殃也。殃将至矣。"

僖公二年传云:

> 晋荀息请以屈产之乘与垂棘之璧,假道于虞以伐虢。……夏,晋里克、荀息帅师会虞师伐虢,灭下阳。

僖公五年传云:

> 晋侯复假道于虞以伐虢。……晋灭虢,虢公醜奔京师。

按上述六年的传文所述之事历经十四年,应该是出自同一资料的。左氏将此一整段材料拆开,分隶于各年之中。此事是用来解经文"虞师、晋师灭下阳"(僖二)和"晋人执虞公"(僖五)的,但传文既分隶于各年,有些传文就不一定有相应的经了。于是庄二十六、庄二十七、庄三十二、闵二遂成了无经之传。其实这些无经之传也是左氏解经所必需的。

杜预在谈到左氏传经的方法时说:

> 左丘明受经于仲尼,以为经者不刊之书也,故传或先经以始事,或后经以终义,或依经以辨理,或错经以合异,随义而发。①

按杜预将左氏作传的方法归纳为四条,即先经、后经、依经、错经。后两条经传较为密合,可以姑置不论;前两条则往往造成经传分离,使人误认为一些传是"无经之传"。据孔颖达的疏解,所谓"先经以始事",就是"先经为文以始后经之事",也就是说,为了给一条经文作传,有时须在此条经文之前将与此经所记之事有关的情节预作一些交代,否则为此经文所作之传便不易说得明白。例如隐公元年经不书"公即位",左氏就在解释这种"不书"之前先述一番宋仲子嫁鲁惠公、为夫人、生桓公之事,《左传》开篇的这一段传文就是专门为"元年春王正月"六个字所作的传。又如隐公四年经有"卫州吁弑其君完"之文,而隐公三年传却先有"卫庄公娶于齐东宫得臣之妹"一段记载。此段传文叙述了卫庄公数娶而后得子(完)之事,又交代了公子州吁的身世及石碏谏宠州吁的经过。就隐公三年来讲,这都是无经之传;但这些传文对于解释隐公四年的经文"卫州吁弑其君完"及"卫人杀州吁于濮"来说又都是很必要的,因此毋宁看作隐四经文的传。这就是"先经为文以始后经之事"。《左传》中此类情形非常之多,许多所谓无经之传都可以由此得到解释。当然,那些"先经始事"之传并不都如隐三、隐四这样紧密相接,有的先经之传先于经文几年甚至十几年,更容易使人误认为是无经之传。如隐公三年传文云:

> 郑武公、庄公为平王卿士,王贰于虢。郑伯怨王,王曰:"无之。"故周、郑交质。……王崩,周人将畀虢公政……周、郑交恶。

---

① 杜预:《春秋经传集解序》,(清)阮元校刻:《十三经注疏》(下册),中华书局,1980年影印本,第1705页。

隐公六年传云：

> 郑伯如周，始朝桓王也，王不礼焉。周桓公言于王曰；"我周之东迁，晋、郑焉依。善郑以劝来者，犹惧不蔇，况不礼焉。郑不来矣！"

按这两条传文在本年都是无经之传，但实际上它们都是为解释桓公五年经文"蔡人、卫人、陈人从王伐郑"作准备的。桓公五年的传文详述了王、郑交战的经过及郑人"射王中肩"的事实，而隐三与隐六之传则是交代此役的远因。因此，隐三、隐六二传也应看作解桓五经文的传。

杜预所说的"后经以终义"，按孔颖达的解释，就是"后经为文以终前经之义"。也就是说，一条经文记某件事情，当年的传文尽管对此作了详细的解释，但此事未必就在当年完全终止，它可能延续到下一年或后几年，它也可能连锁地又生出许多其他的事情，它还可能在以后的若干年中仍然发生某种影响。左氏对这些"后事"及影响也都是要加以记述的，表面上看起来这都是无经之传，其实记述这些事情都是为了解前文之经，是为了使"前经之义"得到更完整、更充分的显现。这样的传我们不妨称之为前经之传的"余传"。毫无疑问。这种余传也应该属于有经之传。此类例子我们在前面曾提到过的定公五至八年传文中已经见到。又如《左传》庄公十六年"郑伯治与于雍纠之乱者"，此事不见于经；但桓公十五年传记"雍纠之乱"事却是专为解释经文"郑伯突出奔蔡"的。十九年后（即庄公十六年）郑伯惩治参与杀害雍纠的人，显然是对前经的后事作一交代。这样的传，无论如何是不能视为无经之传的。

五、《春秋》阙文与无经之传

所谓《春秋》阙文，在这里有两重含义。一是左氏据以作传的《春秋》本身就不完备，有阙文；二是《左传》成书之后，《春秋》续有脱简漏抄，形成了阙文。这两种阙文都造成了一些无经之传。

左氏作传时所据之《春秋》，应当就是孔门师弟传授之本。尽管现代学者的研究证明，孔子并不曾"修"或者"作"过《春秋》，孔子只是拿《春秋》作教材教过学生,但在左氏当时,恐怕还是认为孔子"修"过《春秋》的,①还是认为《春秋》有许多深"义"的,所以他要为《春秋》作传。孔子用来作教材的那部《春秋》,实际上是一部有很多脱漏的残本,这从桓十四经之"夏五"、庄二十四经之"郭公"之类看得很清楚。对这类讹误脱漏,孔子明知其误,看来也没有做什么加工。弟子问他:"苟知之,何以不革?"孔子回答说:"如尔所不知何?"②左氏面对的就是这样一个残缺的本子,但他在作传的时候,手中却掌握着一部远比孔门《春秋》完备的鲁国史册(或许就是《公羊》所称的"不修春秋",或许就是孟子所说的"鲁之春秋")。他将《春秋》与这部鲁国史册对照,发现《春秋》有不少阙漏。由于他胸中梗一"孔子作《春秋》"的成见,自然认为这些阙漏的条文为孔子所删削,于是创了一个"不书"的例,以期从"不书"中见《春秋》之义。为发明这种"义",他将《春秋》不书的条文写进传里,于是造成了一些无经之传。以《左传》隐公元年为例:

（1）夏四月,费伯帅师城郎。不书,非公命也。

（2）八月,纪人伐夷。夷不告,故不书。

（3）卫侯来会葬。不见公,亦不书。

（4）(公子豫)及邾人、郑人盟于翼。不书,非公命也。

（5）新作南门。不书,亦非公命也。

（6）有蜚。不为灾,亦不书。

（7）冬十月庚申,改葬惠公。公弗临,故不书。

按以上七条传文,除(2)之外,可以肯定都是出自鲁国史册的,但《春秋》上失载。左氏便根据他所掌握的材料补书,意在说明《春秋》不载的原因。

左氏所据《春秋》已有残缺,今日所见《春秋》恐怕又非左氏之旧了。《谷梁传》云:"《春秋》三十又四战。"而据前人的统计,《春秋》书"战"者仅有二十三处。汉人都说《春秋》"弑君三十六,亡国五十二",但今本《春秋》所记远不足此数。③这说明在战国秦汉间《春秋经》还不断有所脱漏。由于《左传》与《春秋》

---

①《左传》成公十四年君子曰:"春秋之称微而显,志而晦,婉而成章,尽而不污,惩恶而劝善,非圣人谁能修之?"这里的圣人应当是指孔子。

②《公羊传》昭公十二年。

③《洪业论学集》,中华书局,1981年,第226页。

原是别本单行的,经文阙佚传文不一定也随之阙佚,于是一些本来是解经的传文由于经文的脱漏一变而为无经之传了。从某些传文传事的形式上我们还可以找到一点这种演变的痕迹。《左传》桓公四年云:

> 秋,秦师侵芮,败焉,小之也。

按此传无经。但如比照以下数例经传,则此传最初很可能并非无经:

> ①僖十五经:"楚人败徐于娄林。"传:"楚败徐于娄林,徐恃救也。"
> ②成六经:"楚公子婴齐帅师伐郑。"传:"楚子重伐郑,郑从晋故也。"
> ③襄六经:"莒人灭鄫。"传:"莒人灭鄫,鄫恃赂也。"
> ④襄六经:"十又二月,齐侯灭莱。"传:"十一月,齐侯灭莱,莱恃谋也。"
> ⑤襄十七经:"宋人伐陈。"传:"宋庄朝伐陈,获司徒卬,卑宋也。"

按上述诸传文与桓四传文句式全同。①之"徐恃救也"、②之"郑从晋故也"、③之"鄫恃赂也"、④之"莱恃谋也"、⑤之"卑宋也"都是解经的话,则桓四传之"小之也"也极有可能是解经的话,只是由于经文脱漏,桓四那条传文便成了无经之传了。考桓四的经文只有"春正月公狩于郎"与"夏天王使宰渠伯纠来聘"两条,"秋""冬"俱阙,则简编散落的可能性就更大了。

昭公六年传文有云:

> 楚公子弃疾如晋,报韩子也。

按这也是无经之传。但同年的传文有"季孙宿如晋,拜莒田也",就是有经之传("季孙宿如晋"是经文,"拜莒田也"是解经语)。昭八年经云:"叔弓如晋",传云:"叔弓如晋,贺虒祁也。"此类解经的传文不胜枚举,故昭六之"报韩子也"也极有可能是解经语,只是由于简篇散佚,今日所见《春秋》经文中已经没有"楚公子弃疾如晋"这一条了。此外,僖五的一段传文颇堪注意:

> 春,王正月,辛亥朔,日南至。公既视朔,遂登观台以望。而书,礼也。

凡分、至、启、闭，必书云物，为备故也。

按此段传文无经，这里面"而书"的那个"书"字很值得研究。杜预作注含糊其词，只是说"鲁君不能常修此礼，故善公之得礼"，而对这个"书"字未加解释。孔颖达则说得很明白：

> 公既亲自行此视朔之礼，遂以其日往登观台之上，以瞻望云及物之气色，而书其所见之物，是礼也。[1]

是则传"而书"之"书"即下文"书云物"之"书"，孔氏认为这是以国君"书云物"为有礼。然而陆德明的看法与此不同。他说：

> "台以望"绝句。"而书"本或作"而书云物"，非也。[2]

按陆氏虽然表面上说的是版本文字的是非，但他既以为当于"遂登观台以望"绝句，那么"而书"的主体必然不会是那位"视朔登台"的"公"了。"而书"既然不是指"书云物"，那么只能是指记录"公既视朔遂登观台以望"之事。因此我认为，这里的"而书"与《左传》中大量见到的"书""不书""书曰"等同其意义，都是指《春秋经》的记载而言。与僖五"而书，礼也"类似的传文还有很多，例如昭五，"牟夷非卿，而书，尊地也"，这个"而书"是指经文中记载了"牟夷来奔"而言的；桓四，"公狩于郎。书，时，礼也"，这个"书"是指经文记载了"公狩于郎"；成十八，"筑鹿囿。书，不时也"，"葬我君成公。书，顺也"，其中的"书"分别指经有"筑鹿囿"和"葬我君成公"；襄十三，"冬，城防。书事，时也"，此年经有"冬城防"之文。既然这些传文中的"书"都是指经有其文，那么僖五传中的"而书"，也应当是指《春秋》中记载了这件事。这样看来，僖五经中本来很可能有"公视朔"之类的记载，只是由于简篇散乱，这条经文脱漏了，遂使前引僖五传文成了无经之传。当然，这条有关"日南至"的传文还有一些历法上的问题不

---

[1] 孔颖达：《春秋左传正义》，(清)阮元校刻：《十三经注疏》(下册)，中华书局，1980年影印本，第1794页。

[2] 陆德明：《经典释文》，上海古籍出版社，2013年影印宋刻本，第911页。

易解决,但它曾经是解经之传这一点应该说是没有多大疑问的。

六、补充史实的无经之传

《左传》中还有两类无经之传,应当分别加以说明:一类集中在隐、桓、庄数公年间,主要是记载晋、楚两国事;另一类大多集中在襄、昭二公年间,主要记载晏子、子产等人事迹。

《左传》记晋事始于隐公五年:"曲沃庄伯以郑人、邢人伐翼,王使尹氏、武氏助之,翼侯奔随。"此后于隐六年记晋人立鄂侯,桓二年追记晋国内乱始末,桓三年记曲沃武公伐翼,桓七、桓八记曲沃伯杀晋小子侯、灭翼,直至庄十五年记曲沃伯被命为晋侯(晋武公),这些都是无经之传。考晋事始记载于《春秋经》,是在僖公二年,此前经无一字提及晋事。此中的原因,杜预的解释较为合理:"晋于此始赴,见经。"也就是说,在僖公二年以前,晋与鲁相互没有建立赴告关系,鲁史官自然不会记载晋事于本国的史册。左氏如果完全依据经文作传,则晋国早期的史事将是一片空白。而晋在春秋时代是一个举足轻重的国家,从某种意义上来说,晋史是春秋时代历史的一条主线。左氏为了叙事的完整、清晰,便在传中补充了一些经所没有的早期晋国史事。

基于同样的理由,左氏也补充了一些早期楚国的史事。楚事始见于经,是在庄公十年。杜预注云:"楚辟陋在夷,于此始通上国。"因为被目为蛮夷,不与中国相往还,故鲁的史册中于庄公十年以前是不记楚事的。左氏于此前的桓六、桓八、桓九、桓十一、桓十二、桓十三、庄四、庄六数年补充了一些主要是楚武王时期的史事,用杜预的话说,这是"为经书楚事张本"。因此,严格地说起来,这类的晋、楚史事也可以算是"先经以始事"。只是此种"先经",不像前面所说的那样是先于某一条确定的经文的,而是为了解经的需要而从总体上作一些背景式的交代罢了。

另一类集中在襄、昭时期的无经之传,主要是记述子产、晏子等人的事迹和言论的。我们不妨以有关子产的传文为例,看看这一类无经之传是怎样形成的。《左传》上最早记子产事是在襄公八年,子产卒于昭公二十年。在这长达四十四年期间,特别是襄公十九年子产为卿以后,《左传》记郑国事大多是以子产为中心的,记他的行事、言辞、处世之道、治国之功,借以表现子产的聪明、敏捷、雄辩的口才以及远见卓识。奇怪的是这个时期的《春秋》经文中竟没有一个字提及子产。那么是不是所有关于子产的传文都是无经之传呢?也不尽然。《左传》襄公八年至十九年有关郑国的传文就基本上都是有经之传。襄十九以后,有关子产的传文大量出现,其间也有一部分是解经的。例如襄二十五年经云:"郑公孙舍之(即子产)帅师入陈",传就记"子展、子产帅车七百乘伐陈"之事,后面又记"子产献捷于晋"之事,详叙子产如何应对晋人对他们伐陈的责问。又如襄二十六年经云:"楚子、蔡侯、陈侯伐郑",传则记子产对楚采取不抵抗主义的言论,以表明其超人的见识。再如襄三十年经云"郑良霄出奔许""郑人杀良霄",传则详叙伯有(即良霄)如何被杀、子皮如何将政柄授予子产的经过,接着又记了子产为政后采取的一些重要措施,以及民众对他态度的前后变化。他如襄二十四、襄二十八、昭元、昭四、昭十一、昭十二、昭十三、昭十七、昭十八的一些有关子产的传文,都应该算是有经之传的。但无经之传也不少,特别是襄二十二、襄三十一、昭七、昭十六、昭十九、昭二十等年,所记子产之事甚详,与经却一点关系也没有。

从《左传》传文来看,左氏在为《春秋》作传时,所掌握的材料是极不均衡的。这里所谓不均衡,一是指各国史记详略不同,二是指不同时期的材料多寡不等。左氏所掌握的襄、昭时期的材料相对来说比较多(大约是时代较近的缘故),因此襄、昭时期的传文内容就比较丰富,记述就比较具体、详尽。这些材料当中很可能有一部专记子产嘉言懿行的著作(唻助说这书是子产家传,不无道理),襄、昭时期有关子产的传文基本上都来源于此书。昭公二十年子产死后,《左传》关于郑国的记事极其明显地减少了,可见这部专记子产嘉言懿行的书很可能是左氏记后期郑国事的一个主要依据(当然也不排除还有其他史料)。左氏在作传时是将这部书拆散了的,一些与经文沾边的内容自然都用来解经,那些与经文不相干的内容也没有舍弃,而是按其实际发生的时间插入了传文之中。这样做无非是为了把子产这个人物写得更加充实,更加鲜明生动。我们细读《左传》,不难发现,左氏对春秋时的几位贤者似乎有着特殊的感情,例如对臧文仲、叔向、晏婴等人,其中自然也包括子产,左氏是传之不厌其详的。特别是子产,在当时的政坛上非常活跃,是一位符合儒家标准的政治家,孔子曾不止一次地称赞过他。左氏解经既然主要是要告诉人们经所记述的那个时代的历史,那么对子产这类的人物是应当有所交代的。于是他在采用有关子产的专书来解经的同时,便也保留了一些并非解经的子产的材料,这样做实际上也有弥补《春秋》阙漏的用意。沈玉成等先生说:

《左传》的解经很像后来南朝史注中发展起来的补遗体。补遗包括补充史之遗事和史之异闻。《左传》中许多记事,用今文家的眼光看去是无关经旨的废话,但用补充史料的眼光评价,就是补苴罅漏,有的放矢了。①

这里把无经之传比作后世的补遗体史注,十分形象。不过看来左氏并不是漫无标准地博采遗事异闻,而是着眼于传中几个特别重要的人物。对这些重要人物,一是要尽量交代清楚他们的渊源来历、结局归宿,一是要广采有关他们的轶事异闻,于是就产生了本节开头所述那第二类的无经之传。

现在我把全文作一小结。

《左传》是左氏为了解经而作的,更确切地说,是左氏编纂而成的。左氏在作传的时候,手头掌握了大量史料,其中包括鲁国等多国不同类型的史册,以及卜书、梦书、家传等各类材料。左氏从这些材料中选取与经文有关(哪怕只有一点关联)的内容,加以编年安排,再加上一些解经的言辞,于是成了我们今日所见的《左传》。表面看来,《左传》中有许多无经之传,这很容易使人得出"《左传》最初并非为了解经而作"的结论。但是倘深入研究就会发现,有相当一部分无经之传其实是解经的。如果我们对左氏传经的方法有正确的理解,就不难找出这些所谓无经之传与经文的联系。另外有一些无经之传,很可能是由经文阙佚造成的。当然,《左传》中也确实存在着一些真正的无经之传,这往往是左氏为了使所传述的历史更加明晰和翔实而补充进来的材料,而且这部分内容在《左传》全书中所占的比重是很有限的。因此,所谓无经之传是不能成为《左传》与《春秋》本为不相干的两部书的证据的。

本文原刊载于《文史》1999年第4辑(总第49辑)。

本文作者:

赵伯雄,生于1947年,天津市人。1978年考入南开大学历史系读研究生,师从王玉哲先生学先秦史,1982年、1988年分别获历史学硕

---

① 沈玉成、刘宁:《春秋左传学史稿》,江苏古籍出版社,1992年,第378页。

士和博士学位。嗣后供职于南开大学古籍与文化研究所,1993年任所长,2012年荣休。学术兴趣集中在古史、经学史及历史文献的考证研究方面。著有《周代国家形态研究》《春秋学史》及《经史文存》三部,点校整理《周礼注疏》;代表性论文为《〈左传〉无经之传考》《周礼胥徒考》《荀子引诗考》《论王弼易注》《公羊左传记事异同考》等。

论魏晋士人的"觉醒"及其社会背景

孙立群

一、问题的提出——关于魏晋士人的"觉醒"

在中国古代士人史上,魏晋士人以其独特的精神风貌备受关注。学术界关于魏晋士人社会生活的论著为数众多。人们从政治环境、社会思潮、时代风尚等不同角度探讨魏晋士人生活的各个方面。近年来,学术界对魏晋士人的评价出现了不同观点。

起因是鲁迅的一篇文章。1927年9月,鲁迅在广州作了一个讲演,后整理成文章发表,这就是著名的《魏晋风度及文章与药及酒之关系》。这篇文章虽然掺杂了不少讥讽时事的成分,借魏晋间的人事指桑骂槐,抒发其胸中抑郁不平之气,甚至有个别地方不够准确,但其基本史实是可信的,其观点结论反映了鲁迅是经过长期严肃的思考。被誉为"近百年来学者研究建安文学乃至中古文学、中古文学批评的指针,有其不容抹杀的历史价值"[1]。鲁迅在这篇文章中提出了一个著名的观点,即"曹丕的一个时代可说是'文学的自觉时代'"。数十年来,此观点一直为国内学者所认同。王瑶先生完成于20世纪40年代的《中古文学史论》是学术界公认的中古文学和魏晋士人生活的力作。作者在1984年"重版题记"中谈到了鲁迅著作对自己的教益:"由本书的内容可以看出:作者研究中古文学史的思路和方法,是深深受到鲁迅《魏晋风度及文章与药及酒之关系》一文的影响的。"其后,在学术界较有影响的文学史专著如游国恩先生的《中国文学史》、王运熙和杨明先生的《魏晋南北朝文学批评史》、罗宗强先生的《魏晋南北朝文学思想史》等都对建安时代为"文学的自觉时代"持肯定态度。

文学与人是密不可分的,学术界还有魏晋时代是一个"人的觉醒的时代"的观点。钱穆先生在《国史概论》中说:"魏晋南朝学术思想,亦可以一言蔽之,

---

① 孙明君:《建安时代"文的自觉说"再审视》,《北京大学学报》1996年第6期。

曰个人自我之觉醒,是已。"李泽厚先生在《美的历程》中对"人的觉醒"也做了充分的论述:

> 从东汉末年到魏晋,这种意识形态领域内的新思潮即所谓的世界观人世观,和反映在文艺——美学上的同一思潮的基本特征,是甚么呢? 简单说来,就是人的觉醒。

魏晋时期"人的觉醒说"得到了学术界大多数人的认同。因为它能够比较准确地说明此时的历史现象和文人生活。以"人的觉醒说"为切入点,有力地推动了魏晋时期历史学、文学、社会学、美学等领域的研究。不过,近年来一些学者对"文的自觉说"和"人的自觉说"提出了质疑。如对"文的自觉",张少康先生认为:"文学的独立和自觉是从战国后期《楚辞》的创作开始初露端倪,经过了一个较长时间的逐步发展过程,到西汉中期就已经很明确了。"[①]也有的学者将我国"文学的自觉时代"往后推迟到宋齐时期。认为"南朝作家从刘宋初年开始,到南齐永明前后经过几代人数十年的不懈努力,终于将中国古代文学从封建政治的附庸地位中解放出来,并真正深入到文学内部,探索其发展规律,使之走上了独立发展的道路"[②]。对与魏晋"文的自觉说"有密切关系的"人的觉醒说"也有人表示疑异。有人认为,所谓"文的自觉"并非由于"人的觉醒","而是由于士人阶层在这个特定的社会动荡时期所获得的某种程度的思想解放以及随之而来的尚通脱的风尚"[③]。"魏晋六朝士大夫大多生活腐化,沉缅于声色犬马之中。……他们对生命的重视恰恰是贵族龌龊心理的表现,哪里谈得上'人的觉醒'呢! 到了南朝,士人便趋堕落……这是古代士人最无耻的时期。"[④]

以上观点,当然可备一说。可以预料,随着人们对问题认识的深化,对魏晋时期"文的自觉"与"人的觉醒"的讨论还将继续下去。笔者认为,"文的自

---

① 张少康:《说文学的独立和自觉非自魏晋始》,《北京大学学报》1996年第2期。
② 刘跃进:《门阀士族与永明文学》,生活·读书·新知三联书店,1996年,第16页。
③ 李春青:《乌托邦与诗——中国古代士人文化与文学价值观》,北京师范大学出版社,1995年,第250页。
④ 李春青:《乌托邦与诗——中国古代士人文化与文学价值观》,北京师范大学出版社,1995年,第62页。

觉"与"人的觉醒"是紧密相联的,是魏晋时期客观存在的事实,其重要特征是解除了经学的束缚。人的觉醒是文的自觉的基础,没有人的觉醒就不会出现文学史上苍凉、悲壮的"建安风骨";没有人的觉醒,魏晋士人就不可能如此大胆地挑战名教,蔑视世俗;没有人的觉醒,便不可能形成极富个性、极富魅力的魏晋士人品格。当然,魏晋士人中鱼龙混杂,有些人迷恋声色、腐化堕落、醉生梦死、人品低劣,其所谓"放达""觉醒",纯属假冒,不能与真正觉醒的士人相提并论。

必须说明的是,对魏晋士人的"觉醒",不宜无限拔高,应做具体的、实事求是的分析,笔者认为,魏晋士人的觉醒是有限度的,这个限度就是,他们的觉醒是个体意识的觉醒,并非个体人的主体意识的觉醒。也就是说,魏晋士人只是意识到了在社会角色义务之外,还应当有个人的生活追求、生活情趣和爱好;在公共的社会生活之外还应有属于自己的精神家园和生存空间;而没有意识到个体的人应当成为社会的主体、社会的目的,应该按照大多数个体的人的需要改造社会。在人学理论中,有"人是目的"的命题,认为文化是由人、且为人创造的,人与文化之间虽然存在着互相创造、互相选择的关系,但从根本上说,不是文化创造人、选择人,而是人创造文化、选择文化。人是目的,文化是工具。工具必须适应目的,文化必须服从人。离开目的,无以判断工具的优劣,离开人,也无以判断文化的是非。①"人是目的"这个命题只有落实为大多数个体的人是目的才有意义。正因为魏晋时期人的觉醒是个体意识的觉醒,而不是个体主体意识的觉醒,所以这种觉醒不具备改造社会的意义。

诚然,按照儒家理想人格的要求,士人应具备"治国平天下"的理想和抱负,应该以国事、天下事为重,富于历史使命感、社会责任感和积极参政的热情,一句话,应该入世。东汉末年的党人太学生参政的热情可谓高矣,但是他们遭到了被宦官集团控制的东汉政府的残酷镇压。此外,尽管建安士人参政的热情再度高涨,但士人与政治的距离逐渐拉大。从总的趋势看,魏晋士人社会参与意识越来越淡薄,不仅隐逸者增多,居官者也多不理政事,以朝隐为高尚,形成此种现象的原因很多,如门阀世族势力的膨胀,他们关心家族利益胜过关心朝政和国家利益;玄学的风行,士人多热衷不切实际的空谈等等,这也是人们常常指责魏晋士人操节有亏、品格不高的表现。但换一个角度看,魏晋

---

① 成复旺:《中国古代的人学与美学》,中国人民大学出版社,1992年,第7页。

士人拉大与政治的距离,与他们生存环境的恶化有直接关系。他们在魏晋期间无休止的政治仇杀和政治迫害中,看到了政治斗争的残酷和人生的短暂,感悟到了要珍视个体生命、充分享受人生的道理。进而对束缚人性的儒家的纲常名教产生厌恶心理,而崇尚老庄的自然人格。在价值取向和生活方式上,他们从重功利转向轻功利,从积极入世转向渴望出世,他们张扬自我,举止放达,生活情趣多样化,追求率真自然,潇洒脱俗的人生态度,这就是"魏晋风度"。如此看来,魏晋士人的政治参与意识和功名进取心是有所消退,但他们的个体意识却觉醒了。笔者认为,个体意识的觉醒,是时代的进步,而不是"人格的萎缩"。以往有些论著过分强调士人的政治参与意识,以为士人如果没有足够的政治热情就不够士人的资格,其实,封建时代许多所谓"政治斗争",都不过是不同政治集团对权利、利益的争夺,并无多少意义可言,士人参与其中,自以"治国平天下",实则充当牺牲品,魏晋时期那么多士人被杀,不是明证吗? 与其被险恶的政治斗争的漩涡所吞噬,不如寻求自身的安全和生活的适意,并守住自己的精神家园——这就是魏晋士人的自我意识的觉醒。

这里,不禁提一下"五四"时期的社会新思潮。"五四"时期,人们在反对封建制度和封建家族束缚和压迫人性的同时,提出了"个体自由"的口号。李大钊在1919年7月1日写的《我与世界》,发出了这样的召唤:"我们现在所要求的,是个解放自由的我,和一个人人相爱的世界。介在我与世界中间的家园、阶级、族界,都是进化的阻碍,生活的烦累,应该逐渐废除。"李大钊还提出:"我们应该承认爱人的运动比爱国的运动更重。"[1]为了挣脱封建枷锁,人们喊出了"五四"时代的最强音:"我是我自己的,谁也没有干涉我的权利。"[2]这里所表现的,就是自我意识的觉醒。"五四"新文化运动的积极鼓吹者胡适在《易卜生主义》中也说过:"社会最大的罪恶莫过于摧折个人的天性,不使他自由发展。""须使个人有自由意志"。

"五四"时期与魏晋社会尽管有很大不同,但都存在个体意识觉醒的问题。个体意识的觉醒也许没有改造社会的直接作用,但它是社会、民族、国家、家族存在与发展的前提与基础。 所以,对魏晋时期的人的觉醒,不宜拔高更不能抹杀,在表述上,应强调个体意识或自我意识的觉醒,这种觉醒虽然是有限度的,

---

① 《"少年中国"的"少年运动"》,《李大钊文集》(下),人民出版社,1984年,第45页。
② 鲁迅《伤逝》中子君语。

但对中国古代士人的形象和人格建构起了重要作用,对中国士人的发展具有深远的影响。

二、张扬个性的放达之风

有关魏晋士人生活的论著几乎都注意到了士人生活作风上的"放达"。放达,即纵放旷达,不拘礼俗,我行我素。从表面上看,放达容易同消极颓废、玩世不恭、贪图享乐的腐朽意识混同起来,其实,魏晋士人的放达是有其丰富而深沉的内涵的。文人放达作为魏晋时期具有代表意义的社会风尚,是士人心态的外在表现,由于政治时局、传统观念、社会习俗等因素的制约,士人不能直抒其意,因而才有放荡不羁的举止言行。造成魏晋士人放达的文化背景当然是个体意识的觉醒。魏晋士人个体意识的觉醒是在社会动乱和精神自由的夹缝中成长起来的,因而具有鲜明的时代特色,其突出的表现是士人强烈意识到自我的存在,即个人价值的发现。

在先秦道家儒家学说中,个人价值均不受重视,庄子说:"古之真人,不知悦生,不知恶死;其出不诉(欣),其入不距;翛然而往,翛然而来而已矣。不忘其所始,不求其所终;受而喜之,忘而复之,是之谓不以心捐道,不以人助天。是之谓真人。"①在庄子看来,"真人"不懂得喜悦生存,也不懂得厌恶死亡;出生不欣喜,入死不推辞;无拘无束地就走了,自由自在地又来了罢了。不忘记自己从哪里来的,也不寻求自己往哪里去,承受什么际遇都高高兴兴,忘掉死生像是回到了自己的本然,这就叫做不用心智去损害大道,也不用人为的因素去帮助自然。这才叫"真人"。可见,道家认为个人应该把自己完全托付给宇宙大化的自然运行,变为一粒无知无识,无情无欲的尘沙,以赞誉宇宙大化的自然秩序。所以在道家那里,无个人价值,甚至无人的价值,仅有宇宙自然的价值。

在儒家传统思想中,个人价值更不受重视。儒家重视群体意识,关注的是人与人的社会关系。封建宗法的群体被置于至高无上的地位,个体必须绝对服从作为群体关系准则的仁义道德和宗法礼制。孟子说:"君子有三乐":

"父母俱在,兄弟无故,一乐也。仰不愧于天,俯不怍于人,二乐也。

---

① 《庄子·大宗师》。

得天下英才而教育之,三乐也。"①

这是孟子眼中君子的价值观,照此说法,士人应把自己完全贡献给宗法社会的社会秩序,个人仅仅做一名宗法社会的合格角色,以此为人生的唯一价值。当然儒家也不完全抹杀个体价值,孟子说:"人人有贵于己者"②,是"良贵",这是每个人所固有的价值。不过,儒家认为为了实现群体价值,必须约束个体价值。孔子主张用"礼"来约束个体,"非礼勿视,非礼勿听,非礼勿言,非礼勿动。"汉武帝实行"罢黜百家,独尊儒术",并确立了"三纲五常",个性被禁锢在封建宗法群体的伦理道德规范之中。这种局面至东汉末年开始发生变化。这时,中国社会一直处于动荡不安之中,战乱不已,民不聊生,作为官方的统治思想儒学也陷入了空前的危机。人们对儒学所宣传的纲常名教不再顶礼膜拜了,其独尊的地位开始动摇。魏晋时"更尚玄虚,公卿士庶,罕通经业"③。"自黄初至晋末,百余年间,儒教尽矣。"④随着儒学地位的动摇,崇尚自然的老庄之学广为流行,魏晋之人将《易》《老》《庄》称为"三玄",许多人为之作注,于是形成了新的哲学思想玄学。玄学的一个重要特征是承认作为个性的自我的存在,它第一次将人作为与自然并存的独立的个体来加以考虑,主体的人在玄学中获得了第一要义,人的个性意识和自然意识得到了确立。在玄学的影响下,士人挣脱外来的束缚,追求个体的自由,有力地促进了自我意识的觉醒。同时,玄学也为士人的放达提供了理论依据。

魏晋士人的放达是士人自我意识觉醒的反映,其突出表现是意识到自我的存在。《世说新语·品藻》记载:

> 桓公(温)与殷侯(浩)齐名,常有竞心,桓问殷:"卿如何我?"殷云:"我与我周旋久,宁作我。"

殷浩与桓温的对话所表现的是强烈的自我意识和对个体人格的追求。殷浩坦然地对自我作了肯定。这种肯定摆脱了外在标准和规范而直接突出了自

---

① 《孟子·尽心上》。
② 《孟子·告子上》。
③ 《南史》卷七一《儒林传》(6册),中华书局,1975年,第1730页。
④ 《宋书》卷五五《傅隆传》,中华书局,1974年,第1553页。

身的人格价值。正是由于具备了这种自我意识,人们珍视的是人与人的差异特征,而不是群体类同规范。如《世说新语·品藻》载:桓玄问刘瑾:"我何如谢太傅?""何如贤舅子敬?"刘瑾回答说:"楂、梨、橘、柚,各有其美。"每个人都有自己的人格追求,而不必以他人来规范自己。晋明帝问谢鲲:"君自谓何如庾亮?"谢鲲回答说:"端委庙堂,使百僚准则,臣不如亮。一丘一壑,自谓过之。"谢鲲并不企羡庾亮的庙堂高贵,而以自己纵意丘壑的山水情趣而自豪。《世说新语·方正》还记载了这样一则故事:庾敳称王衍为"卿",王衍对庾敳说:"君不得为尔。"庾敳却说:"卿自君我,我自卿卿,我自用我法,卿自用卿法。"在庾敳看来,自己和王衍是两个互不相关的独立个体,我称你王衍为"卿"是我的自由,你称我为"君"也是你王衍的自由,你何必用你的标准来要求我?魏晋士人自我肯定,不仅注意到人与人的差异,也敢于大胆肯定自己的长处,不矫情作态,故作谦抑。《世说新语·品藻》:

> 桓大司马(温)下都,问(刘)真长(惔)曰:"闻会稽王语奇进,尔邪?"刘曰:"极进,然故是第二流中人耳!"
> 桓曰:"第一流复是谁?"刘曰:"正是我辈耳?"抚军(简文帝)问殷浩:"卿定是何如裴逸民(頠)?"良久答曰:"故当胜尔。"

魏晋士人还喜欢夸耀自己的作品来表现自己。《世说新语·文学》载:

> 孙兴公(绰)作《天台赋》成,以示范荣期(启),云:"卿试掷地,要作金石声。"范曰:"恐子之金石,非宫商中声。"然每至佳句,辄云:"应是我辈语。"
> 王长史(濛)与刘真长(惔)别后相见,王谓刘曰:"卿更长进。"答曰:"此若天之自高耳。"①

魏晋士人自我肯定,自我张扬,不时流露出几分狂妄,有人故作惊人之举,以示不俗。《世说新语·任诞》载:

---

① 《世说新语·言语》。

　　阮仲容(咸)、步兵居道南,诸阮居道北;比北阮皆富,南阮贫。七月七日,北阮盛晒衣,皆纱罗锦绮;仲容以竿挂大布犊鼻裈于中庭,人或怪之,答曰:"未能免俗,聊复尔耳!"

　　东晋的郝隆更是别出心裁,七月七日别人晒书,他却"日中仰卧",在太阳底下晒肚子,当别人问他时,他一本正经地说:"我晒书!"①意为自己满肚子都是学问。魏晋士人堪称狂妄之最者当属刘伶,《世说新语·任诞》载:

　　刘伶恒纵酒放达,或脱衣裸形在屋中,人见讥之。伶曰:"我以天地为栋宇,屋室为裈衣,诸君何为入我裈中?"

　　士人的狂妄之举并非仅见于魏晋,此前亦不乏"狂士",不过他们多半是以狂态为进谏的手段,达到沟通道统与势统的目的。正如孔子所说:"古之狂也肆。"②如商末箕子向纣王进谏不从,而披发佯狂,方降为奴,免于一死。③汉武帝时的东方朔,也有"狂人"④之称。秦汉之际李左车引当时的成语,即有"狂夫之言,圣人择焉"⑤。说明"狂"是与直言密不可分的。然而,我们看魏晋时阮咸、郝隆、刘伶之狂就发现,他们的狂完全是脱离了功利约束的自由之狂。他们是在对世俗的不屑一顾和抛弃社会责任感之后,以狂妄之举表示他们对现实的不满和自我解脱,同时也表明他们个体意识的觉醒,视"我"高于一切,而将功名、钱物等放在次要地位。殷浩说:"官本是腐臭,所以将得而梦棺尸,财本是粪土,所以将得而梦秽污。"⑥《世说新语·识鉴》载:

　　张季鹰(翰)辟齐王东曹掾在洛,见秋风起,因思吴中菰菜羹、鲈鱼脍,曰:"人生贵得适意尔,何能羁宦数千里以要名爵!"遂命驾便归。

---

①《世说新语·排调》。
②《论语·阳货》。
③《史记》卷三《殷本纪》,1册,第108页。
④《史记》卷一二六《滑稽列传》,10册,第3205页。
⑤《史记》卷九二《淮阴侯列传》,8册,第2618页。
⑥《世说新语·文学》。

魏晋士人对自我的大胆肯定,有力地冲击了传统礼法制度对人性的束缚。按照儒家规定的伦理纲常,人没有独立的价值和地位,每个人不过是作为道德的工具而存在。从这个意义上讲,人不成其为人。在封建礼法的禁锢下,人的自由思考的权力被剥压,主观能动性和创造性遭扼杀,只有安于现状,服从统治,逆来顺受。这样的社会是一个没有活力的社会,生活在这样社会的人往往是异化、变态的人!魏晋士人却勇敢地冲决了束缚人性的罗网,大声地喊出了"我就是我"的时代强音。应该说,这是历史的进步。马克思、恩格斯对导致个人的发展的社会变革予以充分的肯定。他们曾在《德意志意识形态》中说:"在十八世纪,资产阶级理解的解放,即竞争,就是给个人开辟比较自由的发展的新活动场所的唯一可能的方式。"①马克思、恩格斯对"资产阶级所理解的解放"的肯定,不仅在其对生产力的解放,而且也在其对人的某种意义的解放,即为个人开辟了比较自由的发展的新活动场所。

然而,在封建社会里个人的比较自由的发展是不可能的,因为单独的个人被束缚在自然联系中,"使他成为一定的狭隘人群的附属物"②。具体到中国古代社会而言,各种制度和礼法之俗严重地限制了人的活动。这表现在两个方面,一方面是人的主体活动被限制在极有限的范围内,成为笼中之物。人的社会活动方式和生活方式依人的等级、地位划定,不得越雷池一步,人的主动性被扼制。另一方面是人的精神被限制,使人不能有独立意识,封建礼教对人的束缚尤为明显。按照儒家礼的规范:"君子思不出其位"③,"非礼勿视,非礼勿听,非礼勿言,非礼勿动"④。本来,在认识对象面前,一切人都应该是平等的,都有认识的权利,然而在礼的束缚下,人们的认识权利被礼所局限,人不能超越自己的社会地位去探索问题。这就压抑了人的创造性和活力,造成了社会的僵化。⑤在这样的社会中,魏晋士人自我意识的觉醒,虽然不可能从根本上改变使个人"成为一定的狭隘人群的附属物"的局面,但对于封建礼教有一定的冲击和离心的作用,因而具有进步意义。

魏晋士人纵情越礼,任情不羁,其情感性格是否奔放外向,一往无余?事

---

① 《德意志意识形态》,人民出版社,1961年,第470页。

② 《政治经济学批判导言》,《马克思恩格斯选集》(第二卷),人民出版社,1972年,第86页。

③ 《论语·宪问》。

④ 《论语·颜渊》。

⑤ 参见刘泽华等:《专制权力与中国社会》,吉林文史出版社,1988年,第303页。

实并非如此简单。魏晋士人的情感既不受礼法的束缚,又不是简单的动物式的发泄,他们表达感情的方式是极有韵致,极为深情的,他们情感世界非常真挚、直率、细腻,《世说新语》中这类事例很多,现摘引几例:

> (阮)籍邻家处子有才色,未嫁而卒。籍与无亲,生不相识,往哭,尽哀而去。(《任诞》)
> 桓子野(伊)每闻清歌,辄唤"奈何"!谢公闻之,曰:"子野可谓一往有深情。"(《任诞》)
> 谢太傅(安)语王右军(羲之)曰:"中年伤于哀乐,与亲友别,辄作数日恶。"王曰:"年在桑榆,自然至此,正赖丝竹陶写,恒恐儿辈觉,损欣乐之趣。"(《语言》)
> 王戎丧儿万子,山简往省之,王悲不自胜。简曰:"孩抱中物,何至于此?"王曰:"圣人忘情,最下不及情;情之所钟,正在我辈。"简服其言,更为之恸(《伤逝》)。

从这些材料中可以看到,魏晋人对听歌、夭折幼子、告别亲友都倾注了真挚的情感,全无矜持和造作。观察魏晋士人情感的真挚、直率,看他们对丧事的处理尤为生动。《世说新语·任诞》载:

> 阮籍当葬母,蒸一肥豚,饮酒二斗,然后临诀,直言"穷矣"!都得一号,因吐血,废顿良久。

另据邓粲《晋纪》曰:"(阮)籍母将死,与人围棋如故,对者求止,籍不肯,留下决赌。既而饮酒三斗,举声一号,呕血数升,废顿久之。"阮籍在母亲故去后饮酒食肉,既不合丧礼,又不合情理。但阮籍对自己的母亲实在充满了真情,看他决别的一刹那,一号致于吐血,其对母亲的感情何其深厚又何其悲痛!像阮籍这样的亲人逝世后,以极富个性的举动表达内心的悲痛之情的事,在《世说新语·伤逝》中还有几例,如:

> 王子猷,子敬俱病笃,而子敬先亡。子猷问左右:"何以都不闻消息?此已丧矣!"语时了不悲。便索舆来奔丧,都不哭。子敬素好琴,便径入座

灵床上,取子敬琴弹。弦既不调,掷地云:"子敬子敬,人琴俱亡。"因恸绝良久,月余亦卒。

王子猷得知子敬已死的消息后并不见悲伤之意,奔丧时也不哭泣,且能于灵床上抚琴,直到"弦既不调",子猷再也无法抑制久郁心中的悲痛,他掷琴于地,连呼弟弟名字,"恸绝良久",这与阮籍诀别母亲时一号而吐血如出一辙。阮、王在亲人故去后表达感情的方式极其独特,却又极为相同,他们都因极力克制自己的感情而导致极度的爆发。克制,是显示自己的雅量,喜怒不形于色,从容安然,但内心自有真情。爆发,则情感不能控制,超出常规,纵情宣泄,但又决不流于粗俗,这就是"魏晋风度",这就是魏晋士人真率、放达的人格。

当我们了解了魏晋士人表达情感的独特方式之后,再看下面这则材料,不仅不会感到奇怪,而且一定会深受触动。《世说新语·伤逝》:

顾彦先平生好琴,及丧,家人常以琴置灵床上。张季鹰往哭之,不胜其恸,遂径上床鼓琴,作数曲竟,抚琴曰:"顾彦先颇复赏此不?"因又大恸,遂不执孝子手而出。

魏晋士人为亲友送葬还喜学驴叫。曹丕在为王粲举行的葬礼上对来者说:"王好驴鸣,可各作一声以送之。"于是讣客都作了一声驴叫。[1]孙楚为好友王济吊唁时,先走近死者身边嚎啕大哭,哭毕,他对灵床说:"卿常好我作驴鸣,今我为卿作。"[2]悼念死者学驴鸣,有三层意思:一是表示对死者的尊重和怀念,因为死者均好驴鸣;二是表示自己与众不同,借驴鸣张扬自我;三是作驴鸣之声,宏亮高亢,可将情感尽情宣泄。

从魏晋士人哀悼死者,表达悲伤情感的独特方式可以看到,魏晋士人内心的情感世界是极丰富的,他们不屑世俗,蔑视礼法,将情感从虚伪的名教外壳中解脱出来,以各种方式表达、宣泄,展示了人格的真与美。

---

① 《世说新语·伤逝》。
② 《世说新语·伤逝》。

三、魏晋士人的生命意识

魏晋士人自我意识的觉醒其表现是多方面的。以上所述是一些突出的特点，如意识到个体的存在，个人的价值、个体之间的差异，并以张扬自我来保持这种差异。情感应自由表达和抒发，不应受到人为的压抑等等。这些在今天看来也许不算什么，但是在人格、人性受到极大压抑和束缚的封建时代，却是弥足可贵的。自我意识的觉醒，就是将一个大写的"人"字活生生地展现在人们面前！人格学专家认为，人类是为了自我而创造这个世界的。自我是历史的出发点，也是它的归宿。对个体的自我来说，自我只有一个，是第一个，也是最后一个，自我不存在了，相对于他来说的世界也就不存在了。没有被意识到的自我，也就不可能有对这个世界的正确反映。自我意识的出现和成熟是正确认识自然世界和人类社会的前提，因此，没有自我意识，也就不可能在这个世界上打上自己人格的烙印。所以说自我意识也是人格的基础。①应该说，魏晋士人已具备了这种自我意识。我们注意到，魏晋士人在意识到自我存在和自我价值的同时，也加深了对生与死的思考。生命意识的觉醒是魏晋士人自我意识觉醒的重要表现。

死亡是对个体存在的否定，死亡意识是潜在于个体的生命意识的底层，从生命本身出发的对死亡的恐惧及由之引发的对生的焦虑。东汉以前，人们对死亡的认识往往是模糊而神秘的。孔子虽曾发出"逝者如斯夫"的悲凉叹息，但一接触具体问题，却采取了"未知生，焉知死"的回避态度，儒家强调整体而忽视个体，崇尚"志士仁人，无求生以害仁，有杀身以成仁"②。要求士人为实践道义、谋求整体和谐而舍弃个人利益甚至生命。对死亡做过较为深刻思考的是庄子。庄子不像儒家那样对生死抱着避而不谈的态度，他不讳言生死，认为生存与死亡是生命发展的自然过程，生不过是生命的呈现状态，死则是生命的稳伏状态。生死乃道之循环，气之聚散，如同昼夜交替一样，是谁也抗拒不了的自然规律。"死生，命也，其有夜旦之常，天也。"③作为生命个体的人"方生方死，方死方生"，人类就处于这样一种生生死死、死死生生运动不息的发展中。

---

① 高瑞泉、袁振国：《人格论》，上海文化出版社，1989年，第148～149页。
② 《论语·卫灵公》。
③ 《庄子·大宗师》。

庄子这种极端自然主义的生死观,直接导致了他"齐生死"的相对主义哲学。其特征是,让人在混沌世界中听天由命,取消生死差别。庄子的生死观导致了他用虚幻的理想境界掩盖现实人生的苦难,也掩盖他对死亡的恐惧感。这样,死亡在庄子眼中失去了震慑人心的恐怖色彩,失去了玄而又玄的神秘特性。如,庄子的妻子死后,他鼓盆而歌;对于自身的死亡,他决意"以天地为棺椁",表现出一种自然的宁静与安寂。他从自我主观精神上打破了个体存在的时空有限性,打破了生死的绝对界限,感悟到了生死的齐一和超越生死的愉悦。然而虚幻的精神理想取代不了苦难的现实,对于具有七情六欲的人来讲,达到庄子的境界不是一件容易的事。

到了汉代,出于大一统的需要,经过改造的儒家思想成为官方统治思想,在生死问题上,儒家的生死观占据了主导地位,士人将儒家理想人格作为毕生的追求,从而将个体全身心地投入到以济苍生扶社稷为目标的社会活动中去。在党锢之祸中,我们看到许多人临危不惧,从容赴难,"以身殉道",显示了儒家理想主义的人格力量。但是无数党人遭屠杀的残酷事实,极大地震慑了士人群体,尤其是汉来以来政治黑暗,社会动荡,天灾人祸频繁出现,人口大量死亡,定于一尊的儒家思想也开始动摇,其鼓吹的价值观和道德观渐为人们怀疑。在生命的存在无时不受到威胁的情况下,士人对死亡产生了强烈的感悟,他们敢于直言死亡,并为生命短暂而感叹——生命意识开始觉醒。流行于东汉中后期的《太平经》有这样一段话:

> 凡天下人死亡,非小事也;壹死,终古不复昨见天地明也,脉骨成涂土。死命,重事也人居天地之间,人得壹死,不得重生也。重生者得道人,死而复生,尸解者耳,是者天地所私,万万未有一人也。故凡人壹死,不得复生也。[1]

在两汉盛世中,由于社会安定,人们的生命情绪是比较平稳的。这与人们对现实政治抱有信心有关系。像《太平经》中如此惧死恋生的心理,正反映了汉末社会动乱对人们生命情绪的震撼。观睹汉末以来士人的诗赋、文集,咏叹人生苦短的凄伤与悲凉之作不绝如缕。如著名的《古诗十九首》以及三曹、建

---

[1] 王明:《太平经合校》卷七二,中华书局,1960年,第298页。

安文士的诗文便是代表。晋代此类诗文有增无减,西晋张华在《轻薄篇》中借言轻薄,反映了士人在生死问题上的痛苦心态。诗云:"志意既放逸,赀财亦丰奢。被服极纤丽,肴膳尽柔嘉……人生若浮寄,年时忽蹉跎。促促朝露期,荣乐遽几何。念此肠中悲,涕下自滂沱。"①

东晋谢安也称:"人生如寄耳,顷风流得意之事,殆为都尽。终于戚戚,触事惆怅。"②成书于晋代的《列子·杨朱篇》载杨朱语更盛言:

> 万物所异者,生也。所同者,死也。生则贤愚贵贱,是所异也。死则臭腐消灭,是所同也。……十年亦死,百年亦死;仁圣亦死,凶愚亦死。生则尧舜,死则腐骨;生则桀纣,死则腐骨。腐骨一也,孰知其异? ③

魏晋士人不讳言死亡,说明这时死亡之事到处可见,已为人们司空见惯。从他们的诗文中可以看到,魏晋士人已经认识到个体生命在永恒的宇宙长河中实在是太短暂、太渺小了,这使他们常常产生对生命的焦虑心理。魏晋士人特别感伤人生,只要一接触到外物,总有说不尽的哀愁,总要想到生命的凋零,想到死亡。桓温北伐,看到当年自己亲手栽植的柳树已经长大,便凄凉地说:"树犹如此,人何以堪",攀条折枝,不禁潸然泪下。④卫玠渡江南下,见滔滔东去的江水,神色惨然地对随从说:"见此茫茫,不觉百端交集,苟未免有情,亦复谁能遣此?"⑤甚至在"天朗气清,惠风和畅"之时,朋友聚会,他们所受到的不仅是优美的风景、浓浓的情谊,还感受到了生命之易逝,在欢悦的情绪中,又隐含了难以割舍的生命的情绪。著名的《兰亭序》便是代表作。

永和九年(353年)三月三日,王羲之、谢安、孙绰等一批东晋名士共42人,集于会稽兰亭,按照"修禊"的习惯,列坐在宛转的溪水旁,待酒杯顺水流到自己面前即作诗以为乐。王羲之的《兰亭序》记叙了这样一个充满诗情画意的活动。这篇序的前半部分描写了兰亭的优美环境和朋友聚会、饮酒、吟咏的欢悦

① 逯钦立:《先秦汉魏晋南北朝诗·晋诗》卷三。
②《与支遁书》,《全上古三代秦汉三国六朝文·全晋文》卷八三。
③ 杨伯峻:《列子集释》卷七,中华书局,1979年,第221页。
④《世说新语·言语》。
⑤《世说新语·言语》。

心情。其文曰①：

> 永和九年，岁在癸丑，暮春之初，会于会稽山阴之兰亭，修禊事也。群贤毕至，少长咸集。此地有崇山峻岭，茂林修竹；又有清流激湍，映带左右，引以为流觞曲水，列坐其次。虽无丝竹管弦之盛，一觞一咏，亦足以畅叙幽情。

然而，作者并没有单纯描绘山川美景带给人们感官的愉悦，面对浩大无边的宇宙自然，他们深感自我生命之渺小短暂，由对人生的终极关怀所引发的至悲油然而生。《兰亭序》的后半部分写道：

> 当其欣于所遇，暂得于己，快然自足，曾不知老之将至。及其所之既倦，情随事迁，感慨系之矣。向之所欣，俯仰之间，已为陈迹，犹不能不以之兴怀。况修短随化，终期于尽。古人云："死生亦大矣。"岂不痛哉！

作者由秀丽的自然山川美景想到生命和死亡，固然令人悲伤，但是他们没有沉溺于这种悲伤之中，而是力图将个体有限的生命融入宇宙自然中去，从天地辽阔、宇宙永恒中领悟人生的意义。作者写道："固知一死生为虚诞，齐彭殇为妄作。后之视今，亦犹今之视昔，悲夫！"《兰亭序》从记述气氛轻松、欢快的文人聚会开始转而抒发对人生短暂的感叹，表现了作者对生命既含有深深的恋生情绪，又表现了对超越个人感伤的人类漫长历史的觉醒。西晋富豪石崇曾作《金谷诗序》。在金谷园中，文人们不知疲倦地"昼夜游宴"，充分享受人生："或登高临下，或列坐水滨。时琴瑟笙筑，合载车中，道路并作。"一副无忧无虑、悠然自得的场面；到了东晋，士人对生命有了更深的感悟，他们不是一味满足感官、肉欲。生命意识的觉醒是自我意识觉醒的重要标志，唯有生命意识的觉醒才会追求真正的人格完善和独立。

魏晋时代，不期而至的死亡犹如巨大的阴影笼罩在士人心头，在士人生活中，常常流露出畏死与恋生交织在一起的复杂心态。他们喜欢唱挽歌，便是这种心态的表现。

---

① 严可均：《全上古三代秦汉三国六朝文·全晋文》卷二六。

挽歌,即哀悼死者的歌。挽歌最初是挽柩人用以整齐步伐哼唱的简单曲调,后来配以歌词,形成固定的葬礼歌曲。西晋人挚虞《挽歌议》曰:"汉魏故事,大丧及大臣之丧,执绋者挽歌。新礼以为挽歌出于汉武帝役人歌劳,声辞哀切,遂以为送终之礼。"①魏晋时期,挽歌大为流行,一些文人以唱挽歌闻名。《世说新语·任诞》注引《续晋阳秋》曰:"羊昙善唱乐,桓尹能《挽歌》,及(袁)山松以《行路难》继之,时人谓之三绝。"在梁萧统所编《文选》中,选诗专列"挽歌"一类,选录缪袭、陆机、陶渊明诸人之作,说明挽歌已成为魏晋流行一时的诗体。

吟唱挽歌是魏晋士人蔑视世俗礼法,喜欢标新立异的性格特征。但歌曲众多,为什么士人偏爱挽歌呢?这不能不从魏晋士人的死亡观上考虑了。汉末以来人口大量死亡的惨烈景况使魏晋士人强烈体验到了人与自然之间渺小与伟大、短暂和永恒的鲜明对比。《晋书·羊祜传》载:

> 祜乐山水,每风景,必造岘山,置酒言咏,终日不倦。尝慨然叹息,顾谓从事中郎邹湛等曰:"自有宇宙,便有此山。由来贤达胜士,登此远望,如我与卿者多矣!皆湮灭无闻,使人悲伤。"

羊祜的感慨,是对"人生有限而宇宙无穷"这对矛盾的体验和悲哀。正是魏晋士人认识到了人生苦短,生命无常,甚至触物伤情,内心常常处于悲痛之中,吟唱挽歌便成了宣泄痛苦,以保持心态平衡的一种方式。如陆机在《庶人挽歌辞》中,通过细致地描写出殡的场面,烘托出一种极其悲哀的感情气氛。辞中云:"父母拊棺号,兄弟扶筵泣","挽歌夹毂唱,嘈嘈一何悲"。②挽歌既为送葬时所唱,故最宜表达人们对生死的咏叹,魏晋士人唱挽歌,不仅在出殡时,甚至在出游时也唱!《世说新语·任诞》载:"袁山松出游,每好令左右作挽歌。时人谓:'……袁道上行殡。'""出游"本来是悠闲自在的事,可是袁山松却唱起了悲怆的挽歌,这不仅是标新立异,更重要的这是排愁遣忧的方式,挽歌越是凄惨感人,其忧苦的发泄也就越彻底。

随着魏晋士人个体意识的觉醒,他们的生死观也发生了变化。他们敢于

---

① 严可均:《全上古三代秦汉三国六朝文·全晋文》卷七六。
② 逯钦立:《先秦汉魏晋南北朝诗·晋诗》卷五。

面对死亡,大唱挽歌,然而死不复生,还是应该从悲天怆地的哀痛中解脱出来,还是让故去者回归自然,与大自然融为一体吧。这里,我们还要提及陶渊明,他的挽歌表现了在死亡面前由大悲大痛、情绪激烈归于坦然、恬静的心态。他的《挽歌诗三首》其三曰:

> 荒草何茫茫,白杨亦萧萧。严霜九月中,送我出远郊。四面无人居,高坟正嶣峣。马为仰天鸣,风为自萧条。幽室一已闭,千年不复朝。千年不复朝,贤达无奈何。向来相送人,各自还其家。亲戚或余悲,他人亦已歌。死去何所道,托体同山阿。①

这是陶渊明生前写的自挽词。在这首挽词诗中,先描写在秋风萧瑟的严霜九月,一行人拖引枢车,向远郊送葬,这真是令人心痛的时刻,连马都仰天长鸣,是不是哀怨老天不公? 然而,作者并没有一味沉浸在悲哀之中,他告诉人们,死亡乃自然规律,没什么可怕的,连续两句"千年不复朝",并非简单的重复,它强调了死者已矣,终为土灰的自然之理,最能表现陶渊明坦然面对死亡的是最后几句:"向来相送人,各自还其家。亲戚或余悲,他人亦已歌。死去何所道,托体同山阿。"这里已不见了送葬时的悲哀,人们(其实是陶渊明)对死亡渐渐淡化了,虽然有人尚存"余悲",但有的人已唱起了歌,这是因为人们知道盛衰之理,生死之道。永远不能见到亲人,固然是一种悲哀,但亲人回归自然,"托体同山阿",也是人生必然的归宿,光悲痛有什么用呢? 我们认为,"他人亦已歌"与庄子式的"鼓盆而歌"不完全一样。在庄子的死亡观中,有相对主义的味道,所谓"莫寿乎殇子,而彭祖为夭"②。取消了寿与夭的差别,是一种虚诞荒唐之言。而魏晋士人生命意识的觉醒,则在于他们不仅珍视人的存在,珍视人的感情,有感情才会有喜怒哀乐,而且又能透彻、豁达地看待人生。于是,对亲人故去,他们能够将悲哀与坦然统一起来,保持了内心的平衡与冷静。应该说,这是魏晋士人品格中最为闪光的地方。

---

① 逯钦立:《先秦汉魏晋南北朝诗·晋诗》卷一七。
② 《庄子·齐物论》。

四、魏晋士人觉醒的社会背景

社会存在决定社会意识。魏晋士人个体意识的觉醒,是与魏晋社会背景密切相关的。

首先,从政治上看,汉末以来,政治黑暗、战乱频仍、社会动荡。经过黄巾农民起义的冲击和接踵而来的军阀混战,统一的东汉王朝名存实亡,地区性的军事政权相继建立,思想控制相对松弛,为各种思想的形成和发展创造了契机。此时士人虽有朝不保夕之患,却可以择主而依并在思想上获得了较多的自由。正如宗白华先生曾指出的:"汉末魏晋六朝是中国政治上最混乱、社会上最痛苦的时代,然而却是精神上极自由、极解放、最富于智慧、最浓于热情的时代,因此也就是最富有艺术精神的一个时代。"

其次,从思想意识上看,自汉武帝"罢黜百家,独尊儒术"以后,经学被奉为神明和官方哲学,成为士人入仕的必通学问,烦琐、乏味的经学严重地禁锢了士人的思想。东汉时期,一方面儒学被不断抬高被神秘化;另一方面统治阶级日益腐朽,儒学虚幻的理想与黑暗的现实形成了强烈的反差,儒学神圣的光环渐趋暗淡,士人不再对它顶礼膜拜了,反而以激奋的语言抨击儒学的虚伪。比如:"六经"是汉代以来儒家顶礼膜拜的"经典之作"。许多儒家宣称,违背六经即违背人性也就失去了做人的资格。嵇康反其道而提出抗论。他在《难自然好学论》中指出:

> 六经以抑引为主,人性以从欲为欢;抑引则违其愿,从欲则得自然。然则自然之得,不由抑引之六经;全性之本,不须犯情之礼律。固仁义务于理伪,非养真之要术;廉让生于争夺,非自然之所出也。

嵇康所说的人性"欲"和"愿"并不是纵欲,而是顺自然。嵇康还认为,"六经"本是祸乱之源,然而众生则不觉悟,不仅"立六经以为准",而且"谓六经为太阳,不学为长夜耳"。在嵇康看来,实在可悲又可怜。他公开宣称:"以六经为芜秽,以仁义为臭腐……则向之不学,未必为长夜,六经未必为太阳也!"嵇康把儒家的"六经"贬为芜秽,视仁义为臭腐,这无疑是与名教公开对抗。嵇康还将锋芒指向了儒家所崇拜的"圣人"。在他眼中,孔子不过是"神驰于利害之端,心骛于荣辱之涂"(《答难养生论》)的凡夫俗子。他认为像孔子这样的人是不能"定性全真"的。在《卜疑》中，嵇康说："轻贱唐虞，而笑大禹。"在《与山巨源绝交书》中更宣称："每非汤、武而薄周、孔。"

魏晋时期，随着官方哲学儒学的衰微，各种思想均有不同程度的发展，尤其是玄学的风行，对士人的思维方式、生活方式和个体意识的觉醒产生了相当重要的影响。清谈是一种自由参加、自由发表观点的研讨会。魏晋士人通过清谈，广泛探讨人生、社会和宇宙哲学问题，促进了玄学思想的发展，成为中国哲学思想史上引人注目的时期。玄学的风行，有力地冲击了传统旧观念和旧文风，在一定程度上开创了学术平等、思想自由的新局面。在经学盛行的汉代，其学风具有严格的师承关系和家法师法。读经书作学问各有门户，由上而下传业，泾渭分明，辈分清楚。虽然经学内部也时常发生辩论，但结论却是由皇帝裁决，著名的石渠阁会议和白虎观会议便是如此。而玄学则不同，它不问系统的师门，不承认外在的权利，只以玄理本身的逻辑力量为准绳。清谈场上，不问资历年龄，不管官大官小，都在一个起点上，进行自由平等的辩论。年轻的驳倒了年长的，地位低的战败了地位高的，均被认为是正常的事。在清谈中没有来自官方的干预，也没有学阀作风和论资排辈的陋习。何晏与王弼辩论时，何晏已年过四十，是权势显赫的吏部尚书，而王弼年少未及弱冠，可是，王弼竟在"谈客盈座"中对何晏的观点提出异议，并将他驳倒。何晏不恼不火，众人拍手称快。不仅如此，何晏见王弼注释的《老子》比自己高明，便主动放弃了自己的《老子注》，并无妒贤之意，而且对王弼大力推举，称他为"天才"。

思想自由以及在清谈中形成的相对平等的人际关系，增强了魏晋士人的个性独立和平等意识，对社会生活中的人际交往产生了一定影响。在他们之间，长官意识、等级观念似乎都很淡化，有时君臣关系也显得很随便。如东晋简文帝司马昱早秃，而尚书左丞顾悦是个少白头，二人年龄相同。有一次简文帝问顾悦，你的头发为什么先白了？顾悦答道："蒲柳之姿，望秋而落，松柏之质，经霜弥茂。"①他把司马昱的秃顶比作被秋风刮光叶子的柳树，而把自己的白发说成傲霜斗雪的松柏。用这种言辞回答帝王，在其它朝代恐有"大不敬"之嫌，而在这时却很自然。

清谈玄学推动了魏晋士人的思想解放，进而产生了一些理性主义的思维方法。比较而言，汉儒迷信先贤定论和前人成说，而魏晋士人则表现出一定程

---

①《世说新语·言语》。

度的理性思辨,即他们能够运用形式逻辑方法从客观事物本身出发去探索其中的真理,不怎么迷信盲从。比如魏晋许多玄学对鬼神持否定态度,理由是"我"没有看见过。阮瞻就不相信有鬼存在,"素执无鬼论","每自谓此理足可以辩正幽明"。①

最后,魏晋时期政治斗争尖锐,许多士人因卷入政治斗争的漩涡而被杀害。面对严酷的现实,士人为保全自己,尽可能与现实政治保持距离。他们纵酒、服药、隐逸山林,均有远离政治纠缠的目的。离政治越远,其个体的独立性也就越强,其个体的觉醒也就越明显。

魏晋士人的觉醒是由特定的社会背景所决定的,故其品格特征与战国、两汉有所不同。魏晋士人不像战国士人那样热心政治,毫不隐讳地表达自己的政治见解;也不像两汉士人那样经缰利索,一味拘泥儒家经典,热衷入仕,甚至曲学阿世。在复杂的形势面前,魏晋士人常常处于进退两难、自相矛盾的境地,他们的人格常常是分裂的,其"觉醒"也是有限度的。

本文原刊载于中国唐史学会:《中国中古史论集——中国中古社会变迁国际学术讨论会论文集》,2000年8月。

本文作者:

孙立群(1950—2020年),南开大学历史学院教授、博士生导师,主要从事秦汉魏晋南北朝史研究,著有《中国古代士人生活》《中华文化通志·社会阶层制度志》《士人与社会·秦汉魏晋南北朝卷》等专著、教材十余部,发表学术论文数十篇。

---

① 《晋书》卷四九《阮瞻传》,中华书局,1974年,第1364页。

中古华北的鹿类动物与生态环境

王利华

在长达数百万年的漫长岁月中,鹿科动物曾经广泛分布,种群数量极其庞大,曾是远古先民的主要捕猎对象和肉食来源。由于长期遭到猎杀,特别是进入农耕时代其栖息地被占夺,这些性情温顺却始终拒绝被完全人工驯化的食草动物,种群数量逐渐减少,个别种类(例如麋鹿)竟致几乎绝迹,人类活动对自然生态系统干扰、破坏之巨,令人唏嘘! 不过,这一过程是随着人口变化和农业兴衰逐渐前行的,其中或有波动和曲折。3—9世纪,由于多方面的原因,华北地区仍然分布有数量众多的梅花鹿、麝和獐,并且尚有少量麋鹿栖息。与春秋时代以前的情况相比,鹿类的种群数量和分布区域明显减缩,特别是麋的减少最为显著;若与晚近时代相比则仍称可观。鹿类种群数量与分布区域的变化,是区域生态环境及其变迁情况的综合反映,与人口密度、生产类型和经济活动强度密切相关。中古华北仍广泛分布有较大鹿类种群的事实,表明当时该区生态环境从总体上说仍属良好。

近半个世纪以来,华北[①]生态环境的历史变迁问题逐渐引起了学术界的重视,一些学者从历史地理的角度,对本地区森林的分布与破坏、河流上中游的水土流失、下游河道变化及平原地区湖泊淤废等一系列重要问题,展开了卓有成效的探讨,为研究这一地区的生态变迁史提供了良好的基础。迄至21世纪初,关于先秦时代这一地区的野生动物种群及其分布的历史变化,考古学和动物学界已有一些学者作过甚有成绩的探讨,而对此后的情形虽有若干片段论说,但专门系统的研究则仍然缺乏。[②]

---

① 本文所谓的华北,系采用自然地理区划的概念,大致东起于海,西至青藏高原东部边缘,北抵燕山—阴山—贺兰山一线,南则以淮河—秦岭为界,其范围远大于行政区划中的华北区,大体相当于通常所谓的黄河中下游地区。特作说明。

② 关于远古至商周时期华北古文化遗址(如安阳殷墟遗址)中的野生动物种类,考古学家和动物学家的研究成果甚多;而关于秦汉以后的情形,在我们所检索到的论著中,仅见文焕然先生在对若干野生动物种类如象、野马、犀牛等的历史分布进行系统探讨时,较多地举陈了华北地区的相关史实,但他的研究均不专门针对华北,更不以中古华北为断限。

华北野生动物种类、种群数量与地理分布的历史变化过程,很有必要作为一个专门课题加以深入探讨,这非常有助于我们全面认识当地的生态变迁史。这是因为在一个确定的地理区域中,野生动物种类及其种群数量的变化,不仅属于生态变迁的一个重要方面,而且也是对生态变迁的总体反映。不过,自然界中动物的种类极为繁多,我们无法(也无必要)一一加以考述,比较可取的做法是选择那些具有生态标志性的动物,特别是与人类关系曾较密切的大型经济动物作重点考察。恰好,关于这些动物历代文献记载较多,考古资料也较为丰富,这使我们有可能对它们进行较为具体的历史研究。

鹿类动物[①],是大型陆地野生食草动物的典型种类,也是重要的经济动物。在历史上,鹿类曾对华北居民的经济生活产生了非常重要的影响;反过来说,华北地区鹿类种群数量与分布区域的历史变化,乃是当地人类活动改变生态环境的直接后果之一,是这一地区生态环境变迁的重要历史表征。本文尽量汇集各类文献中的零碎记载,对中古即3—9世纪华北地区的鹿类动物及其分布情况作较为详细的考述,并对其所反映的若干生态史问题稍作推论,为开展对华北生态史的综合研究整理一点基础资料。[②]

一、中古以前华北的鹿类

在农耕和畜牧出现之前,由于人口十分稀少,技术能力极其低下,采集、捕

---

① 所谓鹿类动物,确切地说是指反刍亚目鹿上科动物,包括麝科和鹿科动物,一般也将鼷鹿上科的鼷鹿列为鹿类。根据动物学家的调查研究,我国是世界上鹿类动物分布较多的国家,现今存有鹿类动物21种,其中鹿上科动物20种,鼷鹿上科的鼷鹿1种,占全球鹿种总数的41.7%,其中麝属和鹿属的大部分种类,以及獐、毛冠鹿、白唇鹿等,均系中国特有或主要分布于中国境内。现今分布于华北的有麝科的原麝、马麝,鹿科的獐(河鹿)、黄鹿、白唇鹿、梅花鹿、马鹿、麋鹿(又名四不像)、狍(又名狍子、狍鹿、野狍、野羊)等。参见蔡和林:《中国鹿类动物》,华东师范大学出版社,1992年,第1页。但现今鹿类种群数量之小、分布密度之低,与历史上曾有过的遍地"呦呦鹿鸣"的情形相比,却不可同日而语,令人唏嘘感慨!

② 20世纪八九十年代以来,几位专家曾对古代的鹿类作过一些探讨,我检索到的有关论著有:谢成侠:《中国养牛羊史·附养鹿简史》,农业出版社,1985年;谢成侠:《中国古代鹿类的生物学史》,《中国农史》1986年第1期;林仲凡:《有关鹿及养鹿业的历史考证》,《中国农史》1986年第4期;刘敦愿:《中国古代的鹿类资源及其利用》,《中国农史》1987年第4期。但这些论著均就整个历史时期全国范围的情况泛泛而言,且大抵限于对古代鹿种、猎鹿、养鹿和鹿产品利用等方面作简略介绍。笔者在《中古华北饮食文化的变迁》(中国社会科学出版社,2000年)中曾对当时鹿的种类、分布与食用情况略有叙述,但未展开全面系统的讨论。本文在原有基础上,以中古为断限,着眼于华北生态环境史,通过鹿类种群及其分布窥测当时这一地区的生态环境状况。

猎经济活动对自然环境的干扰还十分微弱,华北生态系统基本处于原始状态,各种野生动物的栖息环境尚未受到破坏。因此,远古时代这一地区分布着种类众多、数量巨大的大型野生动物,甚至还有犀、象等后来只分布于热带地区的动物活动。①其中,鹿类动物是最为庞大的家族之一,也是当地原始居民的主要捕猎对象和食物来源之一。新石器时代的华北虽然已有了原始的农业和畜牧业,但捕猎野生动物仍为当地居民谋取食物的主要方式之一,而鹿类动物仍是他们最重要的肉食来源。这一情况,已为大量考古实物资料所充分证明。

袁靖曾"比较全面地收集了目前所知的我国各个地区新石器时代的54个遗址或文化层中出土的动物骨骼资料,并对它们按家养动物和野生动物分别进行了统计和分析"。根据他的研究,这些遗址(年代约在距今10000年至4000年之间)中出土的野生动物骨骼,主要为梅花鹿、麋鹿、獐等鹿科动物。②笔者据其文附表资料统计,属本文讨论范围内(袁文分列为黄河中上游地区和黄淮地区)的35个遗址或文化层出土的野生动物骨骼中,鹿类骨骼的数量居于绝对多数,③一些遗址出土的鹿类骨骼数量很大,比如陕西临潼姜寨遗址一、二、四、五期文化层共出土167具,白家遗址出土218具;安徽濉溪石山子遗址出土数量更多达353具;山东泗水县尹家城遗址也出土有125具之多。这些事实说明,新石器时代鹿类动物在华北的分布十分普遍,并且种群数量之大应居于陆地大型野生动物之首。

到了商周时期,黄河中下游的农牧业已取得一定发展,但人口仍然稀少,土地开垦尚不甚广,包括鹿类在内的各种野生动物,仍有广袤的蒿莱丛林和辽阔的湖沼草泽可供栖息繁衍,因之彼时华北地区的各种鹿类种群数量众多,其中麋(即俗称的四不像)的数量最为庞大。

商代的情形,甲骨卜辞的记载可以说明。根据这些记载我们看到:在当时,捕猎野兽仍为重要的经济活动,卜辞中关于"麋擒""逐鹿""射鹿""获鹿"

---

① 关于先秦时代本区象、犀的分布,有充分的考古和文献资料证据,已有多位学者作过专门论述,文焕然进行了最系统的探讨。参见文焕然等:《中国历史时期植物与动物变迁研究》(下编《历史动物地理》),重庆出版社,1995年,第143~150页。

② 袁靖:《论中国新石器时代居民获取肉食资源的方式》,《考古学报》1999年第1期。

③ 该35个遗址或文化层中有11个没有关于野生动物骨骼的具体数字,但鹿类仍居多数;其余遗址或文化层中共出土有哺乳动物骨骼1385具,其中鹿类动物骨骼差不多占了全部哺乳动物骨骼总数的90%,计达1217具(非哺乳类动物有鸟类、鱼类、软体动物类、爬行类和两栖类等,数量或有不全,故未作统计),这一数字也大于当时的主要家畜——家猪的骨骼数量。

"画鹿""获獐"之类的文字相当之多,可知鹿类仍是最重要的捕猎对象。据研究者统计,见于现有甲骨卜辞中的鹿类猎获数量,仅武丁时期就达2000头之多,①每次捕猎常常所获甚丰,猎获的鹿类常在百头以上,其中有一次"获麋"的数量竟多达451头!②殷墟动物骨骸出土情况证实了甲骨卜辞记载的真实性。根据古生物学家的鉴定和统计,殷墟出土的野生哺乳动物骨骸,千数以上者有肿面猪、圣水牛和麋,獐和梅花鹿的数量也在百数以上。③这些无疑反映出,当时安阳及其附近地区的鹿类种群数量众多,分布密度相当高。否则,以当时的狩猎技术条件,捕获如此众多的鹿类是不可想象的。

至西周初期,这种情况似乎仍无太大变化,《逸周书·世俘解》中有一条材料记载说:

> 武王狩(发生在武王伐纣之后不久,在殷都附近进行),禽虎二十有二,猫二,麋五千二百三十五,犀十有二,氂七百二十有一,熊百五十有一,黑百一十有八,豕三百五十有二,貉十有八,麈十有六,麝五十,麇三十,鹿三千五百有八。④

这可能是一次动用大批军队进行的大规模围猎活动,其中猎获了13种野兽计10235头,包括麋、麈(鹿群中之雄性头鹿)、麝、麇(即獐)和鹿(应主要为梅花鹿)等在内的鹿类动物8839头,约占全部猎物数量的86.4%,而麋又占鹿类之中的大多数(超过59%)。尽管《逸周书》是否为信史,历来史家均有怀疑,这段文字所载是否确实也不得而知;但其所反映的情况,在一定程度上是

---

① 孟世凯:《商代田猎性质初探》,胡厚宣主编:《甲骨文与殷商史》,上海古籍出版社,1983年,第204~222页。

② 《丙》八七(反)的卜辞说:"获否?允获麋四百五十一。"孟世凯:《商代田猎性质初探》,胡厚宣主编:《甲骨文与殷商史》,上海古籍出版社,1983年,第204~222页。

③ 参见德日进、杨钟健:《安阳殷墟之哺乳动物群》,《中国古生物志1936年丙种第12号第1期》;杨钟健、刘东生:《安阳殷墟之哺乳动物群补遗》,中国科学院历史语言研究所专刊之十三《中国考古学报》1949年第四册。

④ 此据《汉魏丛书》,吉林大学出版社,1992年影印本,第278页。

合乎情理的。①

自西周至春秋时代,华北平川草泽地区仍有大量的麋鹿栖息繁衍,山丘林地中也是獐、鹿成群。《诗经》的记颂反映:当时许多地区仍有广阔的"町疃鹿场"②,到处有"呦呦鹿鸣"③,成群的鹿觅食徜徉于苹、蒿草丛之中;行人在林野发现死獐、鹿的现象时有发生④。其他文献也有相似的记载,如《史记》卷4《周本纪》有云:"麋鹿在牧,蜚鸿满野。"这虽是一种政治比喻,但也反映了当时郊外多麋鹿的事实;在春秋时期,有些地方甚至麋多成灾。⑤因此,在当时鹿类的遇见率仍相当高。据《春秋左传》"鲁宣公十二年"记载,在晋、楚邲之战(战场约在今河南郑州、荥阳一带)期间的某一日,参战士兵曾两次遇见了麋(一次有麋6头),且有捕获。这些事实说明,在当时,鹿类特别是麋鹿,仍是常见的动物。

但是自战国以后,华北地区人口有了很大增加,同时由于铁器和牛耕的逐步推广,耕垦技术能力大大提高,广袤的丛林草莱不断被垦辟为农田,这使得野生动物的栖息地不断缩小,鹿类的种群数量也不断减少。因此,虽然战国秦汉文献中仍不时有关于鹿类的记载,但鹿群的数量已远不能与以前相比。从文献所反映的情况来看,习惯生活于沼泽湿地的麋,在秦汉时代已少见踪迹;其他如梅花鹿、獐等,也逐渐由平原向山区退避。所以战国秦汉文献所显示的鹿类遇见与捕获概率已远低于春秋以前,东部平原地区则基本不见有捕猎鹿类的记载。这些正是战国以来华北地区的生态环境由于农业的高度发展而发生了显著变化的反映。

不过,直到中古时代,华北地区的人口密度毕竟不像晚近时代那样高,生态环境破坏也不似近数个世纪这么严重。根据各类文献的记载,我们可以看

---

①《逸周书》所载猎物,属食肉类的有虎、猫、熊、罴和貉,约占总数的3%;食草动物,除鹿类之外,还有犀(犀牛)、氂(牦牛)和豕(野猪)等,所占比例高达97%,食肉类与食草类的比例约为1:33。这一方面因为食肉类猛兽不易捕获,另一方面更由于食肉类的种群数量原本即远低于食草类,因此这条记载符合"生态金字塔"理论。

②《诗经·豳风·东山》。

③《诗经·小雅·鹿鸣》。

④《诗经·国风·召南》有"野有死鹿,白茅包之"和"林有朴樕,野有死鹿"之句;同书另有《野有死麕》一篇。麕即獐。

⑤《春秋》"庄公十七年"载:鲁国是年"冬,多麋。"杜预注云:"周之冬,夏之秋也。麋多则害五稼,故以灾书。"兹据杨伯峻:《春秋左传注》(第一册),中华书局,1981年,第204页。

到:当时本区域的许多地方,特别是在西部山区,仍有大面积的树木丛林;东部平原地区还有一些水面广阔的湖沼泽地。①这些都给大型野生动物保留了一定的栖息场所。因此,在中古时期,华北各地山岭丛林之中仍有成群的獐、梅花鹿、麝等鹿类动物活动;麋也并未绝迹,在河流和沼泽附近,偶尔还可见其踪迹。在历次战乱和人口锐减时期,比如魏晋北朝时期,由于土地荒芜、草莽复生,包括鹿类在内的各种野生动物,虽不及春秋以前那样数量众多,但较之两汉时期似乎有所增加。

二、中古华北的主要鹿种及其分布

历史文献关于中古华北鹿类的直接记载虽然不少,但资料极为零碎,并且对于鹿类的种属时常记载模糊,叙述起来相当困难,更无法从统计学上作出数量说明。在此,我们仅根据有关资料,就主要鹿类种群及其分布情况作些描述。

根据现有资料,我们大体可以分辨出,当时华北地区的主要鹿类有梅花鹿、麝、獐和少量的麋。至于其他属种,则无法断定。

(一)梅花鹿

梅花鹿(C.Nippon),古文献中或作斑鹿,可能是中古华北分布最广的鹿种,大抵各地丘陵山区多树木丛林之处都有梅花鹿的出没。它的分布区域,可以根据当时文献中关于白鹿的记载加以推断。

现代动物学研究表明,所谓白鹿,不过是梅花鹿隐性白花基因的表现型,是一种罕见的变异现象,发生概率极小。因此,有白鹿出现的地区,必定有梅花鹿的生息,而且其种群数量还极有可能是相当大的。②

从很早的时代开始,中国古人就以白鹿出现为"祥瑞",认为是因帝王圣明仁德所感而至。《宋书》卷二八《符瑞》中说:"白鹿,王者明惠及下则至。"因之,地方一旦发现有白鹿出现,必定要报知朝廷,捕捉到了以后都要上献皇帝,至晚从汉代开始,这已形成了一种惯例。③以白鹿出现为"祥瑞"的观念,自然是虚妄的,但史书关于白鹿出现的记载,一般来说是真实可信的。因为在大多数

---

① 分别参见史念海:《历史时期黄河中游的森林》,《河山集》(二集),生活·读书·新知三联书店,1981年;王利华:《中古北方地区的水环境与渔业生产》,《中国历史地理论丛》1999年第4期。

② 蔡和林:《中国鹿类动物》,华东师范大学出版社,1992年,第267页。

③ 如《后汉书·安帝纪》记载:"延光三年(124年)六月辛未,扶风言白鹿见雍;七月,颍川上言,白鹿见阳翟。"

情况下,地方官员已将捕获的白鹿上献给了朝廷,所以史书才记载了下来。因此,我们可以根据有关记载,推知当时梅花鹿的种群分布情况。

魏晋南北朝文献关于白鹿出现的记载,主要见于《宋书》和《魏书》。《宋书》卷二八《符瑞》中所载,可确认属于华北地区者共11次,时间起于曹魏文帝黄初元年(220年)、终于刘宋后废帝元徽三年(475年)。其中言"献"者6次、言"见"者2次、言"闻"者3次。至于出现地点,该书称黄初元年有19个郡国上言白鹿出现,令人怀疑,很可能是因其年曹丕废汉建魏、即位称帝,地方州县为了献媚,故而编造此种"祥瑞"上报,表示曹氏篡汉是"上应天命"。见于扶风雍县、天水西县、东莞莒县峋峨山、文乡县、谯郡蕲县、彭城县、徐州济阴县、雍州武建县、梁州和郁州等;《魏书》卷一一二下《灵徵志》所载,可确认在华北地区范围内者有22次,时间起自北魏道武帝天兴四年(401年)、终于东魏孝静帝武定元年(543年),其称"献""获"或"送"者,共17次,称"见"者5次。除一次出现地点不详者,其余分别见于魏郡斥丘县、建兴郡、定州、乐陵、代郡倒剌山、相州、洛州、京师(平城)西苑、秦州(2次)、青州、司州(4次)、荆州[①]、平州、齐州、济州、徐州和兖州。

关于隋唐时期白鹿出现,《隋书》和两《唐书》没有集中的记载,《册府元龟》则记载有13次,其地点分别在华池之万寿原、骊山、麟州、沂州、九成宫之冷泉谷、济州、潞州、皇家禁苑(2次)、华山大罗东南峰驾鹤岭、皇家闲厩试马殿、亳州、同州沙苑监,以关中居多。[②]

根据上述记载可知:在中古华北,许多州郡都曾有白鹿出现,而以多丘陵山地的州郡较为频繁;处于黄淮海平原的诸州郡也时见报道。由于京畿附近常禁民间私猎,而皇家苑囿往往养有数量不小的鹿群,因此,白鹿较多出现于这些地方。这些事实说明,梅花鹿在当时华北地区曾有相当广泛的分布,在丘陵山地较多的地方和京畿附近,梅花鹿的种群数量较大,分布密度较高;东部平原地带也有不少分布。

---

① 不同于其他时期的荆州,北魏时期(指太和二十一年前后)的荆州辖区很小,仅包括今河南平顶山市以西至伏牛山两侧及其附近地区,亦在本文研究范围内。

②《册府元龟》卷二四《帝王部·符瑞三》、卷一一五《帝王部·搜狩》。兹据中华书局1960年影印宋本。

(二)麝

中古华北的另一重要鹿种是麝(Moschus spp.)。在我国,麝有两种,即马麝(Moschus chrysogaster)和原麝(Moschus moschiferus)。著名的香料——麝香,系麝的包皮腺分泌物,是一种具有强烈芳香气味的外激素,为世界三大动物香料之一(其他两种分别来自灵猫和河狸)。在中药学里,麝香是一种非常重要的药材。据现代药学研究,麝香对人的中枢神经有兴奋作用,能刺激呼吸中枢和血管舒缩中枢,中医用于治疗急热性病人的虚脱,中风昏迷和小儿惊厥等症,疗效显著。

因《大唐六典》《通典》《新唐书》和《元和郡县图志》等保存有较详备的唐代各地土贡麝和麝香的资料,[1]故不需太费力气,我们就可以比较清楚地确定当时麝的主要分布区域。据《通典》记载,在唐代,麝香被制成颗粒,诸州上贡数量自10颗至30颗不等。[2]当时除华北州郡贡麝香外,南方各地特别是山南、剑南也大量土贡麝香,说明麝香在当时是一种大量需用的药用香料,很可能与唐代社会上层,特别是皇室多患"风疾"有关。至于直接贡麝,大约是供皇家苑囿豢养并取麝香之用。

根据《新唐书·地理志》的记载,唐代贡麝和麝香的州郡,属于(或部分属于)华北地区的有共有22郡,其中贡麝的有同州冯翊郡、庆州顺化郡、丹州咸宁郡、延州延安郡、灵州灵武郡、虢州弘农郡,贡麝香的有商州上洛郡、岚州楼烦郡、忻州定襄郡、代州雁门郡、妫州妫川郡、檀州密云郡、营州柳城郡、河州安昌郡、渭州陇西郡、兰州金城郡、阶州武都郡、洮州临洮郡、廓州宁塞郡、叠州合州郡、宕州怀道郡、甘州张掖郡。

一般说来,能上贡麝或麝香的地区,即有麝的栖息。由以上记载可知,唐代在燕山—太行山一线以西以北、青藏高原以东的许多州郡土贡麝香或者麝,甚至距长安不远的同州亦以麝香称贡,说明这些地区均有麝的活动栖息。但黄河下游州郡,则不见有贡麝香的记载,说明唐代麝在这些地方很少分布或没有分布。考虑到麝的生活习性特别是食性,东部地区可能一向不曾有过大群

---

① 此外,以上诸书又记载,唐代华北还有若干州郡上贡鹿角胶、鹿角,鹿皮、革,鹿舌、鹿尾等,分别用于作药材、服饰和食用,比如鹿角胶具有补肝肾,益血填精,止血安胎的功能,也是一种上等药物。因不能肯定是何种鹿,暂不加述列。

② 《通典》卷六《食货六》,中华书局,1988年。

的麝。

（三）獐

獐，古文献亦称麇（Hydropotesinermis），也是中古华北的重要鹿种。相比较而言，獐不像梅花鹿具有较高的观赏价值并能够提供珍贵的鹿茸，亦不似麝是麝香的主要来源，因此它在古代的声望不及后二者。不过，獐乃为当时重要的捕猎对象和野味肉食来源，分布区域也相当广泛。在古代，獐的隐白基因表现型——白獐，也被视作一种吉祥物，史家谓："白獐，王者刑罚理则至"[1]，即白獐的出现，是帝王施行刑罚平正公允、合乎法度的一种自然感应。因此，地方发现白獐出现也要报知朝廷；如果捕获白獐，必定上献。我们从《宋书》《魏书》及《册府元龟》中找到与华北地区有关的记载共27次。具体情况如下：

一是《宋书》卷二八《符瑞》中载有17次，其中言"献"者12次、"见"4次、"闻"1次，时间起自曹魏文帝黄初元年（220年）、终于刘宋明帝泰始五年（469年）；除1处记载称19个郡国上言白獐出现不可靠外，其余记载所涉及的地区有：琅邪、魏郡、义阳、汲郡、梁郡、汝阳武津、东莱黄县、马头（属豫州）、济阴、东莱曲城县、济北、南阳（3次）、北海都昌、汝阴楼烦。

二是《魏书》卷一一二下《灵徵志》记载有7次，6次言"献"、1次称"见"，时间起自北魏明帝永兴四年（412年），止于东魏孝静帝武定七年（549年），出现的地区分别是章安、怀州、豫州、华州、徐州（2次）和瀛州。

三是《册府元龟》卷二四《帝王部·符瑞三》记有3次，2次言"见"、1次称"献"，分别为唐玄宗开元十二年（724年，豫州）、十五年（海州）和德宗贞元十二年（796年，许州）。

据以上记载可知，当时白獐基本出现于华北的东部，太行山脉以西则很少见，这似乎表明当时獐主要分布在华北东部。这是由于史料记载缺失，抑或实际情况即如此，尚须进一步考证。从我们所搜集到的资料看，至少关中地区还栖息有一定数量的獐，例如唐文宗开成四年（839年）四月，"有獐出于太庙，获之"[2]。这或可认为是从禁苑中逃逸出来的，不能算作自然分布。但孙思邈也

---

① 《宋书》卷二八《符瑞中》，中华书局，1974年。
② 《新唐书》卷三五《五行》二。

曾提到:岐州有上等的獐骨和獐髓,可以入贡。①不过,喜于溪河水际活动是獐的生活习性,只要其他条件具备,东部湿润多水区域更适合它的栖息。这样看来,当时华北东部獐的分布较多,故白獐出现亦以东部居多,似也合乎情理。

(四)麋

比较麻烦的是麋(Elaphurusdavidianus)。如前所言,在远古至于春秋时代,麋鹿曾是东部湖沼草泽地区的优势鹿种,种群数量十分庞大。但是随着土地不断被垦辟,自战国秦汉以后,这一地区的麋鹿日益稀见,在诸鹿之中,其种群数量和分布区域减缩最为明显,以至于一些学者曾认为:西汉以后麋已在这一地区绝迹。②虽然事实并非如此,但至晚近时代,麋不但在华北,甚至在整个中国都逐渐绝迹,清代晚期仅北京南郊皇家苑囿中尚有少数豢养,八国联军攻进北京后,竟被洗劫一空,致使中国麋种断绝。直到20世纪80年代,始由英国乌邦寺公园引返其种,后于江苏沿海地区辟有麋鹿饲养场。在中古时代,麋在华北地区的分布已经很少,不过并未绝迹,北魏道武帝天兴五年(402年)曾发生过一场天灾,史称"是岁天下牛死者十七八,麋、鹿亦多死"③。可见,当时华北地区还有麋分布。因此,我们从一些零碎的资料中,尚可约略寻觅到麋在本区活动的踪迹。

在华北北部边缘草原地带水源丰富之处,似乎还有些麋群活动。例如《魏书》卷二八《古弼传》载:公元444年,魏帝复畋于山北,"大获麋鹿数千头,诏尚书发车牛五百乘以运之"。如文中"麋鹿"乃指麋一种,则那里的麋鹿种群仍甚不小;若是"麋、鹿"两种的合记,则当地至少也还有麋的活动。无独有偶,唐人张读《宣室志》卷八记载说:侨居雁门的林景玄"以骑射畋猎为己任","尝与其从数十辈驰健马,执弓矢兵杖,臂隼牵犬,俱猎于田野间,得麋、鹿、狐、兔甚多",表明今山西北部地区在当时尚有麋的存在。此外,位于陇右道廓州化城

①《千金翼方》卷一《药录纂要·药出州土》第三。兹据上海古籍出版社1999年朱邦贤等校注本。
② 文焕然不同意西汉以后华北麋鹿已经灭绝的说法,认为17世纪甚至19世纪华北仍有少量麋鹿分布。文焕然:《中国历史时期植物与动物变迁研究》,重庆出版社,1995年,第143~150页。本文所举证的史实,可以部分地支持文焕然的观点,笔者认为在中古时代,本区确实仍分布有一些麋鹿。
③《北史》卷八九《艺术上》。

县东北七十里的扶延山中,也"多麋鹿"①。

内地亦见有麋的记载。如虢州、邓州、济源等地在唐代还有麋栖息。《新唐书》卷二一五《突厥》上云:"虢州负山多麋麋,有射猎之娱。"②同书卷一六二《吕元膺传》也说:"东畿西南通邓、虢,川谷旷深,多麋鹿……"至于济源地区,初唐人王绩称其居住河、济之间时,"亲党之际,皆以山麋野鹿相畜"③。今山东高密、江苏洪泽湖一带,在唐代也有麋群栖息。前者见于《元和郡县图志》的明确记载,④后者则在《千金翼方》有所反映。⑤

由此可见,直到唐代,华北一些地方尚有麋活动,只是其种群数量远不能与先秦以前相比,活动区域也极为有限。这自然是因为原先最适于麋生息的东部平原沼泽地带,此时已变为农耕经济的中心区域,各地湖沼虽未至全部淤废,但可供麋栖身之处已经不甚广,虽然山区川谷溪涧也适于麋鹿生息,但毕竟不能容纳很大的种群。

三、中古华北的猎鹿和鹿产品利用

以上根据各类文献的记载,对中古华北主要的鹿类种群及其分布情况进行了梳理,试图说明当时这一地区尚有种群数量相当可观的鹿类资源。为了进一步证实上述意见,以下再对中古华北的猎鹿和鹿产品利用情况略作叙述。

一是北部沿边地带。华北北部沿边是草原地带或者毗邻草原,那里的野生动物资源较之内地远为丰富,故射猎活动亦比内地频繁。

文献反映,在北魏前期,都城平城以北地区,特别是今阴山一带,是鹿类及其他野兽栖息的渊薮,为获得充足的生活资源,当地居民经常进行大小规模的围猎活动,狩猎业甚至是北魏前期经济不可缺少的重要部分,大规模狩猎活动经常进行,魏王也常亲自出马。黎虎根据《魏书》统计:北魏前期5帝在位的85

---

① 《元和郡县图志》卷三九《陇右道上》,中华书局,1983年贺次君点校本。
② 《资治通鉴》卷一九四《唐纪》"太宗贞观六年"亦云:"以虢州地多麋鹿,可以游猎,乃以颉利为虢州刺史。"
③ 《全唐文》卷一三一《答冯子华处士书》。
④ 该书卷十一《河南道七·密州》云:"东安泽,在(高密)县北二十里。周回四十里,多麋鹿蒲苇。"
⑤ 该书卷一《药录纂要》称:河南道泗州出麋脂。按:麋脂即麋鹿的脂肪,可作药用。同书卷三《本草》中《人兽部》云:"麋脂,味辛温,无毒。主痈肿恶疮死肌,寒风湿痹,四肢拘缓不收,风头肿气,通腠理,柔皮肤,不可近阴,令痿。一名宫脂。"

年间,共计出猎67次,平均每15个月即出猎1次,①每次围猎都是收获甚丰。如413年,北魏明帝拓跋嗣"西幸五原,较猎于骨罗山,获兽十万"。②鹿类动物乃是最重要的围捕对象。《魏书》卷4上《世祖太武帝纪》更称:"神䴥四年(431年)冬十一月丙辰,北部敕勒莫弗库若于帅所部数万骑,驱鹿数百万,诣行在所,帝因而大狩以赐从者。"虽然这一记载可能有较大夸张成分,但即使没有数百万而只有数十万,其场面也是极为壮观的。同书卷二八《古弼传》又载:444年,魏帝复畋于山北,"大获麋鹿数千头,诏尚书发车牛五百乘以运之"。一次围猎活动能有如此大的鹿类捕获量,对于今人来说是无法想象的,说明狩猎地区的鹿类种群数量十分庞大。鄂尔多斯沙漠南部地区,也有大量鹿群活动,猎鹿活动也是经常性的。北周时期,宇文宪之子宇文贵年方十一,"从宪猎于盐州(今陕西定边一带),一围中手射野马及鹿一十有五"③。也许这段记载有夸张成分,但如非当地有很大的野生动物种群,以一持弓小儿,在一次围猎中即能射得野马及鹿十余头,无异于天方夜谭,史书中也不能出现这样的记载。在幽州地区,鹿类动物也是重要的捕猎对象,当地甚至有人以驴子驮运鹿脯南下至沧州贩卖。④直到唐代,文献之中仍多记载北边地区的弋猎之事,比如张读《宣室志》卷8即记载有数事。其一云:振武军都将王含之母金氏"常驰健马,臂弓腰矢,入深山,取熊、鹿、狐、兔,杀获甚多"。又云:侨居雁门的林景玄"以骑射畋猎为己任","尝与其从数十辈驰健马,执弓矢兵杖,臂隼牵犬,俱猎于田野间,得麋、鹿、狐、兔甚多"。如此之类,不能俱引。正因为唐代这些地区鹿类资源丰富,当地人们猎鹿活动频繁,所在地区的诸州郡有多种鹿产品上贡朝廷,除上文所列麝香之外,灵州、蓟州贡有鹿角胶,胜州、麟州贡鹿角,会州贡有鹿舌、鹿尾等等。

二是关中地区。关中地区的鹿类资源一向较为丰富,由于一些王朝曾在关中设置禁苑豢养鹿类,所以当地的鹿类有不少数量实际上处于半驯化状态。在唐代,关中地区的鹿类资源仍然相当丰富,卢纶《早春归周至旧居却寄耿拾遗沣李校书端》一诗就曾提到周至一带"野日初晴麦垄分,竹园相接鹿成群"的

①黎虎:《北魏前期的狩猎经济》,《历史研究》1992年第1期。
②《册府元龟》卷一一五《帝王部·搜狩》。
③《北史》卷五八《周宗室诸王传》。
④《北齐书》卷十《高祖十一王传》。

景象；①当时文献中甚至不时出现关于鹿类进入京城街市、太庙乃至直入皇宫殿门的记载，说明在隋唐时期的关中甚至长安城附近，鹿类的遇见率还相当高。②这可能因为当时国家对畿内百姓的捕猎颇多禁令，故鹿群可以相当自由地活动。尽管在当时民间猎鹿受到禁止，但皇帝和王公贵族则时常纵猎于荒郊旷野、射鹿娱乐，这些在当时的诗文中多有记颂，无须具引。

三是秦岭东部—豫西山地。隋唐时代，在秦岭东部—豫西熊耳山、伏牛山和崤山地区，即自洛阳往西南的邓、虢、商等州，都有很多鹿群分布，猎鹿活动亦相当频繁，史书记载颇多。例如唐初突厥可汗颉利归降后，常郁郁不乐，太宗为顺其物性，打算任命他做虢州刺史，因为"虢州负山多麋鹿，有射猎之娱"③；有时皇帝也带着大批人马前往这一地区狩猎射鹿，如《册府元龟》卷一一五《帝王部·搜狩》载："（唐高宗）龙朔元年（661年）冬十月，狩于陆浑县；戊辰，较猎于韭山，上自射禽兽，获鹿及雉兔数十，令代官厨应烹之羊，尽放令长生焉。"直至中晚唐时期，邓、虢一带仍是鹿类众多，许多山民不事耕种，专以射猎为生，号称"山棚"，"山棚"常将猎获的鹿负载入市鬻卖。④商州地区的射麝活动，在唐诗中有不少咏颂，如张祜《寄题商洛王隐居》曾提到当地逸人野老"随风收野蜜，寻麝采生香"的隐居生活；⑤有些村落乃因居民多事猎麝而被称为"采麝村"；⑥由于朝廷土贡所迫，商州一带不少百姓直至垂白之年仍不能结束猎麝生涯，曹松在《商山》一诗中说："垂白商于原下住，儿孙共死一身忙，木弓未得长离手，犹与官家射麝香。"⑦

四是太行山区南部。太行山南部东西两侧在中古时期也曾是猎鹿的好去处。东侧的邺郡一带鹿类甚多，猎鹿之事时见记载。魏文帝曹丕与其族兄之子曹丹出猎，"终日获獐、鹿九，雉、兔三十（它书皆引作二十）"⑧。在当时的工具条件下，如果没有较大鹿群存在，以数人出猎一天即能猎获九头獐、鹿，是不可能的。实际上，曹魏时期，国家曾在这一地区设置了大型苑囿，禁止民间猎

---

①《全唐诗》卷二七八。

② 有关史实，参见《隋书》卷二《高祖纪下》、《新唐书》卷三五《五行二》等。

③《新唐书》卷二一五《突厥上》。

④《资治通鉴》卷二三九《唐纪》"宪宗元和十年"；《新唐书》卷162《吕元膺传》。

⑤《全唐诗》卷五一一。

⑥《全唐诗》卷八八六王贞白《过商山》云："一宿白云根，时经采麝村。"

⑦《全唐诗》卷七一七。

⑧《三国志》卷二《魏书·文帝纪》"裴注"引《典论·自序》。

鹿,致使荥阳周围鹿群成灾,对农业生产造成了严重破坏,因此大臣高柔极力主张取消禁令,听民捕猎。①直到唐代中期,温县(今河南温县)人捕猎还可猎获到獐和鹿。②济源一带在唐代亦为猎鹿之所,637年唐太宗曾率队前往济源之山狩猎,所获之鹿被送往有司造脯醢以充荐享;③裴休兄弟在济源时,曾有猎人以所获之鹿相赠。④至于其西侧诸州,也有猎鹿的记载,比如隋代皇帝就曾在汾阳宫附近(位于今阳曲)举行围猎,随猎的杨暕"大获麋鹿以献"⑤。再往南的潞州林虑山区,也是鹿类甚多,708年8月,唐中宗曾亲自"逐鹿于潞河"⑥。

在中古文献中,我们尚未找到关于黄河下游地区猎鹿的记载,虽然不能因此认为当地完全没有捕猎鹿类的活动,但与前述地区相比要少得多,这一点大概是可以肯定的。

猎鹿的目的自然是为了获得所需鹿类产品。鹿类动物遍身是宝,比如鹿茸、麝香、鹿角胶、鹿骨、鹿尾、鹿筋、鹿胎、鹿肾等都是十分名贵的中药材,鹿皮可以加工制成各种服饰,而鹿肉则具有很高的滋补营养价值。在中古时代,鹿类产品已被广泛地开发利用,比较显著的是它们的药用,孙思邈的《千金方》《千金翼方》,孟诜的《食疗本草》和苏恭等的《新修本草》,都十分强调鹿产品的医药价值,尤其是麝香应用非常广泛。不过,作为药材的鹿产品,流通区域较广,华北居民所用的未必即产自当地。但当地人所食用的鹿肉,则应为本地区所出产,文献中关于加工食用鹿肉的记载为数不少,从一个方面反映了当地鹿类资源的丰富程度。

北魏贾思勰在《齐民要术》卷八、卷九中记载有多种鹿肉加工方法,如以獐、鹿肉加工"五味脯""度夏白脯""甜脆脯"和"苞牒(以鹿头为原料)",等等。此外,在当时,獐、鹿肉还可以加工酿制成肉酱,该书卷八就对采用獐、鹿肉加工"肉酱"和"卒成肉酱"的方法进行了专门讨论。在《齐民要术》有关加工烹饪方法的记载中,獐、鹿肉出现的次数远超过除鱼之外的所有其他野生动物,如

---

① 《三国志》卷二四《魏书·韩崔高孙王传》"裴注"引《魏名臣奏》。

② (宋)李昉等编:《太平广记》卷一百"屈突仲任"条载其善猎,所捕获的猎物包括獐、鹿及其它众多鸟兽。此据上海古籍出版社1990年影印本。

③ 《册府元龟》卷一一五《帝王部·搜狩》。

④ 《新唐书》卷一八二《裴休传》。

⑤ 《北史》卷七一《隋宗室诸王》。

⑥ (宋)李昉等编:《文苑英华》卷八五《赋》引潘炎《潞河逐鹿赋并序》。兹据中华书局1966年影印本。

兔、野猪、熊、雁、鸧、凫、雉、鹌鹑等,这说明在各种野味肉食中,贾思勰显然最为重视獐肉和鹿肉,也说明獐、鹿肉在当时是比较常见而易得的野味食料。直到晚唐五代时期,韩鄂在《四时纂要》中仍记载有用獐、鹿肉加工的"淡脯"、白脯和干腊肉的方法。①这两部关于农事和日常家庭生活的著作一再谈论鹿肉的加工食用,并与牛、羊、猪肉相提并论,表明鹿肉在当时并非太难得的野味。

关于唐代上层社会加工食用鹿肉之事,史书记载不少。唐制规定:宫廷所需肉酱的加工事务,由光禄寺掌醢署负责,肉酱种类则是鹿、兔、羊、鱼四醢。②在祭祀供品中,则有鹿脯、菁菹鹿醢、葵菹鹿醢等鹿肉加工食品。③除了鹿肉酱之外,当时甚至还专用鹿尾作酱,安禄山就曾向唐玄宗进献过鹿尾酱。④在唐代,皇帝常以赐食表示对大臣的褒宠,其中鹿肉是常赐的肉食之一。⑤唐玄宗天宝时期,哥舒翰与安禄山、安思顺之间发生了矛盾,唐明皇想作和事佬,趁其三人来朝之机设宴招待他们,"诏尚食生击鹿,取血瀹肠为'热洛河'以赐之"⑥。这些事例说明,在唐代上层社会的饮食中,鹿肉食品是相当常见之物。

百姓食用鹿肉的实例文献记载虽然不太多,但还是可以找到一些。比如《颜氏家训》卷一《治家》载:北齐时,有人用数块獐肉招待女婿,而女婿竟认为岳父真是悭吝至极,因此非常愤恨以至举止失态,⑦这说明獐肉在当时并不算是珍贵难得的美馔。隋唐之际的王梵志曾在《草屋足风尘》一诗中谈道:贫困人家食具不完,有客相过,仅能以"鹿脯三四条,石盐五六课(颗?)"相招待,也说明当时在某些地方鹿肉并非难得的珍味,所以贫穷人家也能存些鹿脯即干鹿肉。⑧颜真卿在生活穷困、妻子生病时,曾向李太保某乞讨过新好的鹿肉脯。⑨

---

① 见该书《冬令卷之五·十二月》,中国农业出版社1979年缪启愉校释本。

② 《旧唐书》卷四四《职官三·光禄寺》。

③ 《新唐书》卷一二《礼乐二》。

④ 《安禄山事迹》(卷上),上海古籍出版社,1983年点校本。

⑤ 《文苑英华》卷五九五常衮《谢冬至赐羊酒等表》,卷六三二常衮《谢米面羊酒等状》《谢赐鹿状》,及同卷苑咸《为晋公谢赐鹿肉状》等,均提到皇帝赐与大臣鹿肉。

⑥ 《新唐书》卷六〇《哥舒翰传》。

⑦ (北齐)颜之推:《颜氏家训》卷一《治家第五》。此据上海古籍出版社1980年版王利器集解本。

⑧ 张锡厚:《王梵志诗校辑》(卷三),中华书局,1983年。按:王梵志生平不详,有学者甚至怀疑是否曾有其人,故该诗所反映的具体地域,也难以确证。但《太平广记》卷八二"王梵志"条引《史遗》称其为卫州黎阳人,生于隋文帝时。若如此,则该诗有华北生活的背景,应在情理之中。

⑨ 《全唐文》卷三三七颜真卿《与李太保帖》之八。

要之,在中古时期,华北不少地方捕猎鹿类的活动仍相当频繁,猎鹿活动发生的地域,以本区西北部为主,这也与当时西北部地区鹿类资源较丰富的情况基本相合。但东南部也有一些鹿类栖息,特别是在丘陵山地鹿类也还比较常见,何以这些地区不见有猎鹿的记载,尚待查证。同时,尽管中古华北鹿肉不如家养畜肉那样易得常食,但也远不像晚近时代这样稀罕,故当时文献之中还颇有一些关于鹿肉加工食用的记载,特别是指导日常生活的《齐民要术》和《四时纂要》等,都专门提到鹿肉加工方法,这证实当时华北地区尚存在较为丰富的鹿类资源。

四、从鹿类推测中古华北生态状况

通过以上的叙述,我们对中古华北地区的鹿类种群及其分布情况,已经有了大致的了解,只是我们对于不同鹿种的分布密度,尚无法作出具体判断。这一方面是由于鹿是移徙活动的,即使在当代,也很难就某个地区野生鹿类的分布密度获得一个精确的数据,通常只能采用标志重捕法,或者统计捕获率、遇见率等,取得一些相对数值;另一方面更由于现存中古文献可供利用的相关数据实不足以作这方面的尝试。因此,我们只能就总体情况概略地说,当时华北仍有不少地方存在数量相当可观的鹿类。之所以作出这样的估计,一是由于当时文献有不少关于白鹿、白獐和贡麝、麝香及其他鹿产品的记载;二是因为在关于猎鹿活动的记载中,时而出现不小的捕获数字,而文献关于食用鹿肉的记载亦可为此提供佐证。隋唐文献不时记载有獐鹿进入长安城中,甚至闯到皇宫附近,我们可据以推测:当时长安附近、关中地区的鹿类种群数量甚为可观。

在自然界中,任何一种野生动物的生存和繁衍,都是与一定的生态环境,包括无机环境和生物环境相适应的。就生物环境而言,各种动物的分布范围、种群大小和密度高低,既取决于食物资源的分布及其丰富程度,同时在一定程度上也受到不同动物之间复杂的竞争、共生与捕食关系的影响;而所谓经济动物,则与人口密度、经济生产方式有着极为密切的关系。因此,动物种群数量的增长与减少,分布区域的扩大与缩小,绝对不是一种孤立的现象,而是对生态环境及其变化的综合反映。相应地,特定区域中动物,特别是某些典型动物的种群大小及其分布情况,也就成为判断该区域整体生态状况的重要指标。这就容许我们根据鹿类的情况,对中古华北的生态环境状况稍作推测。

首先,鹿类作为典型的食植(食草)动物和重要的经济动物,其分布范围与种群大小,既与森林、草地,特别是其中可食林、草种类的分布和丰俭程度直接相关,更与人口密度、生产类型和经济活动强度有很大关系,人口增加、土地开发,以及相应发生的森林、草地的减少,必定会导致鹿类种群数量的下降和分布区域的缩小。从较长的历史时段来看,这种关系是比较清楚的。以《诗经》时代与中古相比较,前一时期人口尚少,华北还存在着广袤的森林和草场未遭砍伐开垦,鹿类喜食的植物如苹、蒿、芩之类仍很丰富,"畋猎"虽是一项重要的经济活动,但民俗与国法对野生动物的季节性保护还是相当严格的,所以其时华北地区还到处是"呦呦鹿鸣"的景象。但到了中古时期,森林植被状况已大不如《诗经》记录的时代,与远古更无法相比,故鹿类的栖息范围及种群数量相应地也就小得多,曾经是鹿类优势种的麋鹿,种群数量更是明显减少。只是与晚近时代的情况相比,中古华北的鹿类资源仍可谓丰富。

仅就中古时期华北地区鹿类的种群数量与分布情况而言,其与自然生态和社会经济变化之间的相关性也有一定的显现:这一时期华北地区的鹿类资源,从分布区域来说,西北山地高原区较为丰富,北部边缘地带因属草原或毗邻草原,其种群数量更是相当庞大;而文献关于其东南部鹿类的记载相对较少,且现有的记载大抵多在拥有山地丘陵的州郡。这些情况与有关地区的农业开发强度较弱、林草地较多有关,可与森林、草原变迁的研究成果互相印证。

进一步检核各类史书的相关记载还可发现:它们主要出自唐以前的文献,出自唐代文献的则较少。这似乎表明,中古时期华北地区的鹿类资源,存在着前丰后俭的情况。我们知道,魏晋北朝时期,北方地区长期处于战争动乱状态,人口密度一度下降到了相当低的水平,土地荒芜的情况十分严重,农业经济曾经相当低落。但这种令人慨叹的社会经济衰退,也带来了一个从生态的角度看来具有一定积极意义的后果:自然生态环境的恢复,特别是草场和次生林的扩展。由于这种恢复和扩展,鹿类等野生动物获得了扩大其种群数量和栖息范围的机会。故此,魏晋北朝文献关于鹿类的记载,特别是关于白鹿与白獐出现的报告较多,涉及的地区也较广,连在汉、唐时期均曾是农业繁盛、人烟稠密的东南部地区,也分布有相当多的梅花鹿和獐。但是随着这些地区的农业经济逐渐恢复并取得进一步发展,人口密度逐步提高,一度荒闲的林草地又被复垦为农田,丘陵山地的林木亦由于各种需求的扩大而大片地遭到砍伐,可供鹿类活动的空间再度渐趋减缩,其种群数量亦渐减少。因此唐代文献关于鹿类的记载不如前一阶段多,乃在情理之中。反过来看,中古华北鹿类的种群数量、地理分布及其变化,亦正是对当时森林、草地盈缩变化的间接说明。

其次,野生动物资源的丰富性与多样性,是判断一个地区自然生态环境好坏的重要标准。鹿类作为动物界中的一个族类,虽不能完整地反映某个区域野生动物资源的丰富性与多样性,但仍可据之对动物种类多样性与资源丰富性作出某种推断。这是因为:其一,鹿类曾是华北最为重要的野生经济动物,自远古以来即是当地人们捕猎的首选目标。仍有较多鹿类可供捕猎,即意味着尚有众多其他可供捕猎的野生动物。其二,在各种高等食草动物中,鹿类是对生存环境,特别是林草地的要求比较严格的一类,鹿类的种群数量和地理分布对生态环境的改变反应比较灵敏,有较多鹿类存在,即意味着整个生态环境尚称良好。其三,鹿类动物是生态"食物链"中的一个组成部分,在"食物链"中,鹿及其他食草动物属于"一级消费者",是大型食肉动物的捕食对象,数量众多的鹿类及其他食草动物存在,为食肉猛兽提供了食物条件,相应地,后者亦必定存在着一定的种群数量。

也许对当时文献关于猛兽的记载略加征引,有助于进一步阐明以上观点,并增进我们对中古华北野生动物资源的多样性、丰富性和整体生态环境状况的认识。

曹魏时期一位名叫高柔的大臣,针对朝廷禁止百姓在禁苑中捕鹿发表了一段非常耐人寻味的议论。据高柔称,由于国家禁止在苑囿一带捕猎,致使方圆千里之地,鹿群恣意繁衍,附近以耕稼为生的百姓深受其害。他非常忧虑地指出:当时"群鹿犯暴,残食生苗,处处为害,所伤不赀。民虽障防,力不能御。至如荥阳左右,周数百里,岁略不收,元元之命,实可矜伤。方今天下生财者甚少,而麋鹿之损者甚多"[1]。因此他,主张放宽捕禁,允许百姓猎鹿。为了陈明利弊,他还特地作了如下的估算:

> 今禁地广轮且千余里,臣下计无虑其中有虎大小六百头,狼有五百头,狐万头。使大虎一头三日食一鹿,一虎一岁百二十鹿,是为六百头虎一岁食七万二千头鹿也。使十狼日共食一鹿,是为五百头狼一岁共食万八千头鹿。鹿子始生,未能善走,使十狐一日共食一子,比至健走一月之

---

① 《三国志》卷二四《魏书·韩崔高孙王传》"裴注"引《魏名臣奏》。

间,是为万狐一月共食鹿子三万头也。大凡一岁所食十二万头。其雕鹗所害,臣置不计。以此推之,终无从得多,不如早取之为便也。

在高柔的估算中,他提到了鹿和以鹿为食的虎、狼、狐、雕鹗,其中鹿的数量特别多,一年中要被猛兽捕食掉的即可达12万头;其他动物的数目也甚为不小:虎有600头,狼有500头,狐则多达1万头。我们无法知晓这些数字是否是经调查所得,但可以肯定的是,即使其数字有很大的夸张,也并非完全是信口开河。高柔并不具备现代生态学知识,但他所举陈的捕食者与被捕食者的数量比例却是符合生态金字塔理论的。无论如何,至少当时该地区栖息有数量可观的虎、狼和狐等食肉野兽这一点,是完全可信的。

中古其他文献的记载也证实高柔所言并非凭空捏造。例如,前秦苻生统治时期,"潼关以西,至于长安,虎狼为暴,昼则继道,夜则发屋,不食六畜,专务食人,凡杀七百余人……"由于虎狼食人,造成当地"行路断绝"[1];北魏时期,要捕捉几只虎、豹,在离京城洛阳不远的郡县就可办到,魏庄帝为试验老虎是否在狮子面前俯首低头,曾"诏近山郡县捕虎以送",距离洛阳以东和东北不远的"巩县、山阳并送二虎一豹"[2];《齐民要术》卷六《养羊》也反映,在北魏后期,虎、狼常对羊群造成威胁。在唐代,华北地区仍常见猛虎出没。例如唐代宗时,关中的华州曾出现过"虎暴"[3]。猛虎甚至还曾进入位于长安城内长寿坊的元载家庙![4]行者过客在旅途中遇见老虎的事情,在许州、沧州这些并不算特别僻远的地区也时有发生[5],《新唐书》卷二○二《文艺传》记载,定州的北平一带多猛虎亦载于正史。除虎、狼之外,豹、熊在中古华北也时见踪迹,《新唐书·地理志》《元和郡县志》等均记载岚州、蔚州、平州等地贡熊、豹皮及豹尾,盛唐时期在关中的鄠县一带仍可以捕猎到熊。[6]另一种食肉动物狐,即使在京兆、汲郡这些人烟繁盛的地区亦有不少,时常有人大行捕猎,国家有

① 《魏书》卷九五《临渭氏苻健传》,《晋书》卷一一二《苻生载记》略同。
② (北魏)杨衒之:《洛阳伽蓝记》卷三"城南"。此据上海古籍出版社1978年版范祥雍校注本。
③ 《太平广记》卷二八九"明思远"条引《辨疑志》。
④ 《旧唐书》卷一一《代宗纪》。
⑤ 《太平广记》卷四三○"李琢"条引《芝田录》,卷四三一"李大可"条。
⑥ 《酉阳杂俎》前集卷之一二《语资》。此据中华书局1981年版方南生点校本。

时还向当地郡县征调狐皮。①

所有这些事实充分说明：中古时期的华北地区仍有不少大型食肉猛兽栖息活动。同鹿类动物一样，它们的栖息繁衍，也需要大面积的山林草地。与鹿类动物所不同的是，它们处于更高的营养级，特别是虎、豹，乃处于食物链的顶端，它们的生存，必须有数以十、百倍的鹿类及其他食草动物的存在为基础，这是能量传递和转化的热力学第二定律所决定的。如果没有相当广袤的山林草地，没有包括鹿类在内的各种野生食草动物大量存在，这些大型食肉猛兽的栖息活动是不能想象的。这一切，为今天认识中古华北的生态环境状况，包括野生动物资源和森林植被状况，提供了非常有价值的历史信息，也十分令人深思！

本文原刊载于《中国社会科学》2002年第3期。

本文作者：

王利华，安徽宿松人。先后在北京大学、南京农业大学和南开大学获得历史学学士、农学硕士和历史学博士学位。现受聘于南开大学杰出教授岗位，担任南开大学生态文明研究院副院长、国务院学科评议组中国史组成员。曾兼任北京大学中国古代史研究中心学术委员、中国农业历史学会理事、中国唐史学会理事等。先后入选教育部"新世纪人才"、"长江学者"特聘教授、中央宣传部文化名家暨"四个一批"人才、国家"万人计划"哲学社会科学领军人才、天津市有突出贡献专家。曾获天津市"五一劳动奖章"、宝钢优秀教师特等奖提名奖等。

作为中国环境史研究的主要开创者和组织者之一，他积极倡导以生命为中心的环境史学思考。曾任东亚环境史学会（AEAEH）主席，主持创建中国环境科学学会环境史专业委员会。主要著作有《中古华北饮食文化的变迁》《人竹共生的环境与文明》《中国环境通史》（第一卷、第二卷）、《中国家庭史》（第一卷）等，主编《中国农业通史·魏晋南北朝卷》《中国历史上的环境与社会》等多种专著和论集，在《中国社会科学》《历史研究》等数十家中外报刊发表文章百余篇。

---

①《隋书》卷七二《孝义传》，《全唐文》卷六〇宪宗《禁捕狐兔诏》。

殷卜辞所见先公配偶考

朱彦民

一、殷卜辞有无帝喾配偶踪迹考

自从王国维先生考证了甲骨文中的"夒"即商族远祖帝喾以来①,帝喾受到甲骨学者的关注。文献记载,帝喾(亦即帝俊、帝舜)多妻多子,如《帝王世纪》:帝喾"亦纳四妃,卜其子皆有天下。元妃有邰氏女,曰姜嫄,生后稷;次有娀氏女,曰简翟,生禼;次陈丰氏女,曰庆都,生放勋;次娵訾氏女,曰常仪,生帝挚。"(《太平御览》卷八〇引;《世本·帝系篇》《大戴礼》也有此说。)同时,《帝王世纪》也称舜"尧以二女娥皇、女英妻之"。"元妃娥皇无子,次妃女英生商均,次妃登比氏生二女,宵明烛光。有庶子八人皆不肖,故以天下禅禹。"(《太平御览》卷八一引;《山海经·海内北经》也记舜妻登比氏生子女事)《山海经·大荒西经》:"有女子方浴月。帝俊妻常羲,生月十有二,此始浴之。"《山海经·大荒南经》:"东南海之外,甘水之间,有羲和之国,有女子名曰羲和,方浴日于甘渊。羲和者,帝俊之妻,生十日。"《大荒南经》又曰:"帝俊妻娥皇,生此三身之国,姚姓,黍食,使四鸟"等。这些恐怕还只是一些著名的妃妾而已,其实际的妻妾应该很多。

人们既然认定帝喾在甲骨卜辞中有发现,而文献记载又记帝喾多妻。于是,不管商族此时处于什么样的社会形态和婚姻家庭阶段,帝喾的配偶在卜辞中的踪迹自然也就成了学者追寻的对象。

甲骨卜辞中有一残辞:

……夒母……(《合集》②34171)

---

① 王国维:《殷卜辞中所见先公先王考》及《续考》,《观堂集林》(卷9),中华书局,1959年。

② 引文中的《合集》《屯南》《英藏》《怀特》等,分别是《甲骨文合集》《小屯南地甲骨》《英国所藏甲骨集》《怀特氏等收藏甲骨文集》等甲骨著录书的简称,下同。

陈梦家先生曾以此为据，认为商族远祖帝喾在甲骨文中留下了配偶的名迹。[①]但此为一残辞，殊不足以说明问题。再者，女(母)在甲骨文中有多种用法，不知具体的卜辞文句语境，而遽定其意义，鲜有不殆者。故不能仅依此残辞而定甲骨文中有嬰即帝喾之配偶存在。

甲骨卜辞有"娿"字，在卜辞中用为人名，故也多被甲骨学者释为商人先妣先神。罗振玉先生始释为"娥"字[②]，王襄先生也认作"古娥字"[③]。王国维先生始云：娥"亦人名[④]"，但他未说明"娥"究为何人。

至郭沫若先生始认为甲骨文中的"娥"即帝俊(喾)之妻娥皇："今案《说文》云'娥，帝尧之女，舜妻娥皇字也。'《山海经》言'帝俊妻娥皇，生此三身之国，姚姓。'(《大荒南经》)今知帝舜即帝俊即帝喾，而在卜辞作嬰，则此娥者自即娥皇，亦即羲和矣。"[⑤]"帝俊、王亥、王恒、上甲微等胥于卜辞有征，余意娥皇、常羲之名亦所应有。卜辞有所祭之妣名'娥'者……字于人名之外古无他义，则此妣名之娥非娥皇莫属矣。"[⑥]饶宗颐先生从之也释为"娥"，认为"娥"即尧女娥皇，亦即帝舜之妻。[⑦]

也有学者提出不同的看法，如金祖同先生认为："娥即昌若。若在鱼部，娥在歌部，歌鱼两部古音可以旁转，昌若急呼就变成娥了。"[⑧]日本学者岛邦男先生认为，这个"娥"的身份与王亥相近，祭祀也多类似，他们可能是同一个角色，即"娥"为王亥。[⑨]赤冢忠则认为"娥"是与河川有关的女神，或即"女娲"。[⑩]陈

① 陈梦家：《殷虚卜辞综述》，中华书局，1988年，第486、487页。按，陈氏引此辞为"'告母丗'(《明续》482)康丁卜辞(或晚)"。这是因为陈氏释甲骨文中的"嬰"字为""的缘故。

② 罗振玉：《殷虚书契考释》(上卷)，王国维手书，1915年石印本，第11页"娥卯"条。按：罗氏考释《前》2·52·4一辞时，误以娥字与卯连属，故以"娥卯"为一称谓而释之，实则不类。

③ 王襄：《簠室殷契类纂》(正编)，天津博物院，1920年石印本，第12、54页。

④ 王国维：《戬寿堂所藏殷墟文字考释》，《艺术丛书》，1917年，第21页。

⑤ 郭沫若：《卜辞通纂(考释)》，科学出版社，1983年，第359页。

⑥ 郭沫若：《释祖妣》，《甲骨文字研究》，《郭沫若全集·考古编》(第1卷)，科学出版社，1982年，第29、30页。

⑦ 饶宗颐：《殷代贞卜人物通考》，香港大学出版社，1959年，第387页。

⑧ 金祖同：《殷墟卜辞讲话》，上海中国书店，1935年石印本，第14页下。

⑨ [日]岛邦男：《殷墟卜辞研究》本论第一篇第一章，温天河、李寿林译，鼎文书局，1975年。

⑩ 赤冢忠：《殷代祈年祭祀形态的复原》(上)，日本《甲骨学》第9号，1961年。但据艾兰《龟之谜》(四川人民出版社，1992年)第214页注75所引，赤冢忠氏又曾认为"娥"为女英，即娥皇以外帝喾的另一个妃子。

梦家先生也释此字为"娥",并据以推断其为殷王女性先公,认为"娥"在祭祀中与求年、祈雨诸事无关。①屈万里先生同意释"娥"字,但认为释作"娥皇"难以征信,"卜辞用娥字,率与求雨之事有关,其义待考"②。等等,不一而足。

但今人范毓周教授对以上诸说法均不同意,他认为此字一开始即释错了:"此字并非'娥'字,依照此字的字形构造和用例情况看,应当释为'我母',是'我母'二字的合文。""我母"是武丁时尚健在的人,"即殷王武丁对其生母的特有称谓。"但对于自组卜辞中出现的"我母"分娩的占卜辞例,③范氏则解释为寡母于父死后另嫁他人的再婚生育现象。④张聪东先生也有类似的看法,他认为"娥"不是高祖而是活人,就是武丁的妹妹。⑤

有关于"娥"的辞例中,有"告祭"、"御祭"于"娥"者,如:

贞:于娥告?(《合集》14783)

贞:勿御妇于娥?(《英藏》42)

贞:御子央豕于娥?(《合集》3006)

[癸]未卜,㱿贞:[子]渔屮御[于]娥,酒?(《合集》14782)

也有"屮祭""册祭""改祭"于"娥"者,如:

□酉卜,□贞:子渔屮毁于娥,酒?(《合集》14780)

贞:屮麀于娥?(《合集》14784)

贞:屮犬于娥,卯麀?(《合集》14778)

贞:今癸卯改娥小宰?(《合集》8656)

也有于"娥"求年、祈雨者,如:

---

① 陈梦家:《殷虚卜辞综述》,中华书局,1988年,第346、354、360、361页。

② 屈万里:《殷虚文字甲编考释》,台北"中研院"历史语言研究所,1961年,第263页第2094片第13辞释文。

③ 该辞曰:"己酉卜,王占:娥娩? 允,其于壬不? 十一月。"(《合集》21068)

④ 范毓周:《说我母》,《全国商史学术讨论会论文集》,《殷都学刊》(增刊)1985年。

⑤ 张聪东氏观点,引自艾兰:《龟之谜》,四川人民出版社,1992年,第214页注75。

癸卯卜，𣪘贞：求年娥于河？①（《合集》10129）

甲申卜，贞：于[丁]求年娥？　贞：叀羊㞢于母丙？（《合集》2523）

甲[申][卜]，贞：于丁求年娥？　贞：翌日庚子㞢于母庚，牢？（《合集》10130 正）

甲子卜，宾贞：于岳求雨娥？（《合集》12864）

甲子卜，宾贞：艺求雨娥于河？（《合集》557）

还有"娥"作为祖先神可以祸福时王及他人的占卜记录，如：

贞：娥弗蚩王？　娥其蚩王？（《合集》1677 正）

贞：娥蚩王？　娥弗蚩王？（《合集》738 正）

贞：隹娥尗王？　贞：不隹娥尗王？（《合集》5477）

隹娥蚩子㱿？　不隹娥蚩子㱿？（《合集》14787 正）

从以上卜辞辞例来看，"娥"作为祭祀的对象，的确有些商族祖先神的意味。从字形从女来说，她是一位女性祖先也无可疑。商人向她告祭、向她御祭、向她求年、向她祈雨，她可以祸福人王，无疑也是有一定的神格权能的先妣。尤其是她可以"尗王"，即"咎王"，卜辞中能够"尗王"者，尚有商人至上神"帝"。卜辞有"不隹帝尗王？"（《合集》902 反）。可见"娥"的神格之高，非同寻常。她不像陈梦家说的那样与求年、祈雨无关，也不像赤冢忠说的那样只是与河川有关的女神。金祖同推测为昌若，实缺乏充分理由；岛邦男怀疑即王亥，也与"娥"字从女不伦。

那么她是否就是范毓周氏所论为武丁生母"我母"，或张聪东氏所谓的武丁之妹呢？笔者认为也不是。因为按照商人祭祀祖先的一般惯例，辈分越远的祖先神神格权能越高，越是久远的祖先祭祀越隆重，如先公的祭仪比先王要高，祖辈的祭祀比父辈的祭祀频繁。那么受到如此隆重祭祀的"娥"便不可能是武丁的尚在人世存活的生母，更不可能是武丁的妹妹。退一步说，如"娥"为

---

① 按，关于此辞的读法，于省吾先生曾于郭沫若《卜辞通纂（考释）》（科学出版社，1983 年）第358 页眉批中云："今案于犹与也，言求年于娥与河也。年下省去介词。""于"用法与"与"字同，即向"娥"与"河"两位祖先求年也。则此辞应读为"求年于娥与河"。下面所引的"求雨娥于河"一辞，与此同例，即应为"求雨于娥与河"。

"我母",则亦应有"我父""我祖"之类的称谓,然则遍观卜辞中未见。"母""女"于卜辞中相通无别,"娥"字所从或作母或作女,繁简不一而已,不当另释别字。况且,该字于女字之上有一横画者,实际上是我字右部戈下的一横,范氏释为女字加横为母字,误矣。据研究,武丁之父小乙的配偶见之于卜辞的是妣庚。①按照商代"儿王母入祀"②的规律,武丁的生身母亲必定是妣庚。而卜辞中既有妣庚,则所谓的"我母"必不是武丁生母,况且"母庚"与"娥"还曾同版(上引之《合集》10130正),母庚祭于庚日,而"娥"祭于丁日。二者显然不是一回事。

　　至于范氏所引自组卜辞一例,中有"娥娩"字眼,以证"娥"非远古祖先,而是当时尚存的武丁之母,也非确证。该辞中分娩的"娥"固然不是先公配偶,但也不可能是武丁之母。此时小乙已死,武丁即位,其母何能怀孕分娩?纵然如范氏所论,有可能是武丁之母与人偷情或择人另嫁,则其分娩一事绝不可能见之于神圣的祭祀占卜辞例之中。范氏对此辞中"我母"于其夫去世、新王既立以后怀孕分娩的解释迂曲难通,自己也无太大把握,只是一种推测而已。笔者认为,该辞时代今无确考,与宾组卜辞恐非同一族物,该辞例中的"娥"或者是当时尚活着的女性人物,非武丁之母之妹,更与祖先神"娥"并非一人。以此孤例之"我母"以否定宾组卜辞中"娥"的祖先神地位,很难说明问题。

　　不过,甲骨文中的"娥"是商族神祇无疑,其为女性神灵的性质也似不可否认。然遽定为帝喾配偶,一无充分证据,二与商族早期阶段的婚姻家庭形式相悖。"娥"字所指究竟为何先妣,尚待深入考论。

　　甲骨文中另有"羲"字,在卜辞中用作地名。如:

　　己未,俎[于]羲羌□人,卯十牛,左?(《合集》386)
　　己未,俎于羲羌三,卯十牛,中?(《合集》388)
　　癸卯,俎于羲羌三人,卯十牛,右?(《合集》390正)

但有学者把它释作人名,并认为是商族的女性祖先之一。王国维先生疑

　　① 王宇信、杨升南主编:《甲骨学一百年》,社会科学文献出版社,1999年,第444页表17。
　　② 郑慧生:《从商代无嫡妾制度说到它的生母入祀法》,《社会科学战线》1984年第4期。

此字为峨,罗振玉先生则谓"从義京",尚未认作人名。[①]王襄先生始释该字为義京二字合文,认作人名。[②]叶玉森[③]、孙海波[④]等学者从之。至郭沫若先生也认为纛是義京二字合文,并且说:"義京由音而言,则当即常羲若常儀(古義、羲、儀均读我音,同在歌部,京、常同在阳部)。"[⑤]又说:"余谓乃義京二字之合文……纛当读京義,即常儀矣。"[⑥]后来郭沫若又于卜辞中见到有"俎于中子"一语,更加坚信"俎于纛"中的"纛"为人名,纛是帝喾之妃常儀。[⑦]而日本学者赤冢忠先生认为,"義京"就是"義和",也就是"娥皇"。[⑧]

此字在卜辞中明显是一地名,非是人名。不能以"俎于中子"之"中子"为人名,即断定"俎于纛"中的"纛"也是人名。因为"俎"是祭祀名称,甲骨文中祭名之后既可跟人名,表示向该人致祭;祭名后面也可跟地名,表示于某地进行祭祀。甲骨文中"某京"如"亯京""隉京""鬸京"等都是地名,又有"俎于殷京"(《合集》8035)的辞例,益证"義京"为地名而非人名。此地地望,马汉麟[⑨]、饶宗颐[⑩]等学者也都认为即宋国的義台,在今河南省商丘县东北地区。

由此可知,郭沫若先生等把甲骨文中的"娥"和"纛"分别释作帝喾的二妃"娥皇""常儀"。我们认为,"娥"为"娥皇"的可能性还是有的,但"纛"则绝对不可能是"常儀"。

又,甲骨文中有𢀛(㠯)字,李平心先生释此字为兇,认为卜辞中的兒兇即倪皇,倪皇或作娥皇。[⑪]按李氏所引卜辞既为残辞,又属孤证,推测结论,实难成立。与此相关,甲骨文中也发现了"燎㞢于㠯妣?"(《冬饮庐旧藏甲骨文字》)

---

① 王、罗二说,见录于商承祚《殷虚文字类编》之《待问编》,决定不移轩,1923年石印本。

② 王襄:《簠室殷契征文》(第4册),天津博物院,1925年石印本。

③ 叶玉森:《殷契钩沉》(卷一),《学衡》1923年第24期。

④ 孙海波:《甲骨文编》,中华书局,1965年,第246页。

⑤ 郭沫若:《中国古代社会研究》,上海联合书店,1930年,第250页。

⑥ 郭沫若:《卜辞通纂(考释)》,科学出版社,1983年,第359页。

⑦ 郭沫若:《殷契粹编(考释)》,科学出版社,1965年,第409、411、412、413、414、415片。

⑧ 赤冢忠:《殷代祈年祭祀形态的复原》(上),日本《甲骨学》第9号,1961年。

⑨ 马汉麟:《论武丁时代的祀典刻辞》第二、三节,《南开大学学报(人文科学版)》1956年第2期。

⑩ 饶宗颐:《殷代贞卜人物通考》,香港大学出版社,1959年,第597、598页。

⑪ 李平心:《甲骨及金石文字考释(初稿)》,《李平心史论集》,人民出版社,1983年,第140页。

475)①辞例。旦与姚相连，按商族先公先王与先姚相连的惯常文例，"姚"字之前应为先公先王名字，则更知旦不可能为女性的娥皇。

对于旦字，朱芳圃先生释为离，殷玄王契也。②董作宾先生也认旦是商始祖契。③这一观点得到了李旦丘④、岛邦男⑤等甲骨学者的支持。郭沫若先生也认为是商族先祖之一，但不是商始祖契，而是"高辛氏之才子叔豹矣。"⑥即与契同辈分的同父异母兄弟叔豹。那么"燎虫于旦姚"中的"旦姚"会不会就是指商族始祖契的配偶呢？

我们认为这种可能性不大，因为对于"旦"的身份和地位，学术界有着不同的看法。罗振玉⑦、王襄释为兕⑧，吴其昌、郭沫若、高田忠周释兒，唐兰释页释夏、又释为先，鲁实先释卯，容庚释若，陈梦家、饶宗颐、李平心等释兕，⑨各有说辞。或认为是商族的先公，或认为只是商人信奉的神祇而已，不是商族先公，迄无定论。"燎虫于旦姚?"又是孤证无援，即使旦字所指为商族先公之一，也不能贸然肯定"旦姚"为商族始祖契之配偶。

文献中明确记载的商族始祖为契，始姚则为简狄，简狄是帝喾次妃，始祖契的母亲。《史记·殷本纪》："殷契，母曰简狄，有娀氏之女，为帝喾次妃。三人行浴，见玄鸟堕其卵，简狄取吞之，因孕生契。"《诗经·商颂·玄鸟》毛传："春分玄鸟降，汤之先祖，有娀氏女简狄配高辛氏帝喾，帝率与之祈于郊禖而生契。"郑笺："天使鳦下而生商者，谓鳦遗卵，娀氏之女简狄吞之而生契，为尧司徒，有功封商。"《诗经·商颂·长发》："有娀方将，帝立子生商。"郑笺："禹敷下土时，有娀氏之国亦始广大，有女简狄，吞鳦卵而生契。"《楚辞·天问》："简狄在台喾何宜，玄鸟致贻女何喜?"王注："言简狄侍帝喾于台上，有飞燕坠遗其卵，喜而吞

---

① 张秉权《跋冬饮庐旧藏甲骨文字》，《中央研究院历史语言研究所集刊》(第37本下册)，第680页。
② 朱芳圃：《甲骨学文字编(补遗)》，商务印书馆，1933年石印本，第24页。
③ 董作宾：《甲骨文断代研究例》，《庆祝蔡元培先生六十五岁论文集》(上册)，商务印书馆，1933年。
④ 李旦丘：《铁云藏龟零拾》，上海中法文化出版委员会，1939年影印本，考释29。
⑤ [日]岛邦男：《殷墟卜辞研究》本论第一篇第三章第三节，温天河、李寿林译，鼎文书局，1975年。
⑥ 郭沫若：《卜辞通纂(考释)》，科学出版社，1983年，第259片考释，第327页。
⑦ 罗振玉：《增订殷虚书契考释》(中卷)，东方学会，1927年石印本，第30页。
⑧ 王襄：《簠室殷契征文考释》"典礼"，天津博物馆，1925年，第7页。
⑨ 以上诸说，详见于省吾：《甲骨文字诂林》(第3册)，中华书局，1996年，第1897页。

之,因生契也。"《吕氏春秋·季夏纪·音初篇》高注:"帝,天也,天令燕降卵与有娀氏女,吞而生契。"《淮南子·地形训》高注:简翟、建疵"姊妹二人在瑶台,帝喾之妃也。天使玄鸟降卵,简翟吞之以生契"。

正因为简狄生契而商有天下,成为商族的始妣,所以简狄在古代成为生育之神高禖,是一个重要的祭祀对象。《礼记·月令》:仲春之月,"是月也,玄鸟至。至之日,以太牢祠于高禖。天子亲往,后妃帅九嫔御。乃礼天子所御,带以弓韣,授以弓矢,于高禖之前。"郑玄笺注曰:当初高辛氏之妃简狄见玄鸟遗卵,吞而生契,"后王以为媒官嘉祥,而立其祠焉。变媒言禖神之也",是言称郊禖为简狄。《诗经·大雅·生民》曰:"克禋克祀,以弗无子。"毛传曰:"弗,去无子求有子。古者必立郊禖焉。玄鸟至之日,以大牢祠于郊禖,天子亲往,后妃率九嫔御,乃礼天子所御,带以弓韣,授以弓矢,于郊禖之前。"郑玄笺注云:"克,能也。弗之言祓也。姜嫄之生后稷如何乎?乃禋祀上帝于郊禖,以祓除其无子之疾而得其福也。"但《后汉书·礼仪志》注引蔡邕《月令章句》云:"高,尊也。禖,祀也。吉事先见之象也。盖为人所以祈子孙之祀。玄鸟感阳而至,其来主为孚乳蕃滋,故重其至日,因以用事。契母简狄,盖以玄鸟至日有事高禖而生契焉。故诗曰:'天命玄鸟,降而生商。'韣,弓衣也。祀以高禖之命,饮之以醴,带以弓衣,尚使得男也。"是言高禖之神先于简狄而设。但商代的甲骨文中有无对其进行祭祀的记载呢?于是甲骨文中有关简狄的信息,也成了学者竞相寻觅的对象。

杨树达先生以声训为据,考证甲骨文中的"母束"即商族始妣简狄。①卜辞有"侑于母束","母束何人,盖简狄也。《说文》狄字从亦省声,亦声与束声古通。知者,《说文》二篇下辵部迹字从亦声,或作速,从束声,二声之字相通,故经传作亦省声之狄,而甲文作束也"。②丁山先生与众不同,竟以王国维考定为帝喾的夒为商族始妣简狄之名,是商族的图腾,他说:"简狄,一名娥简,即卜辞所常见的'高祖夒',此商人原始的图腾。"③今人郑慧生教授也从字形分析的角度提出了同样的看法:"高祖夒是谁?从他是商人的始祖这一点上看,结合《玄鸟》,他既不当是帝喾,那就应该是简狄了。夒字之形象人侧立,一手上举至颚下,

---

①《释母束》《积微居甲文说》卷下,《杨树达文集》(5),上海古籍出版社,1986年,第60页。

②《束》《卜辞求义》,《杨树达文集》(5),上海古籍出版社,1986年,第87页。

③丁山:《商周史料考证》,中华书局,1988年,第41页。丁山在《新殷本纪》(《史董》第1期,1940年5月)中附注一曾释夒字即夔字,为颛顼之名,似与此说矛盾。

俯首作吞物状。夒字为什么要作吞物状呢？上述诸说，都不曾接触这个事实。在我想来，这与传说中的吞卵生商有关，夒为商人始祖，她就是简狄，吞卵生商，故夒字作捧物欲吞之状。几千年来，人们每想到商人的始祖，总是往男人身上考虑，所以找来找去，也总找不到合适的人。如果打破了父系观念，往母系结构上想一想，那就会自然而然地想到高祖夒就是简狄。"[1]董作宾先生曾经考证夒字所代表的人猿图，认为造型有男性女性之分。[2]刘渊临先生据此认为，甲骨文中的夒字所表示的雄雌人猿，雄者为远祖帝喾，雌者为始妣简狄。[3]

按杨树达氏之论，但以声韵通转为据，殊显单薄。丁山、郑慧生与刘渊临诸先生之解，新颖别致，联想到《说文》中为夒为母猴的诠释，以高祖夒为商人女性祖先也不无道理。但是，王氏释高祖夒为帝喾，可称定论，甲骨文、金文中的一些其它材料已足以证明这一考释的正确性。如商族高祖先公祭日多在辛日，帝喾又名号称高辛氏，而甲骨文中对高祖夒的祭祀也正多在辛日；[4]夒字金文《毛公鼎》假作羞，《大克鼎》及《番生簋盖》均假作柔，夒在古音三部豪韵，羞柔则在三部尤韵，音同韵近故得通假；等等。故再以甲骨文中的夒释作它义，显不相宜。

真正能够代表商族始妣简狄名迹的，恐怕当数保留在商代金文中的"玄鸟妇"了。玄鸟妇壶有器有盖，器盖同文，左右耳并有"亚吴"二字的合文。形制瑰玮，纹饰精美。最早著录于《西清古鉴》，称作周妇壶。后又著录于《陶斋吉金续录》，称元鸟壶；《三代吉金文存》，称鸮妇壶；《续殷文存》，称玄妇壶；容庚《鸟书考》及《鸟书考补》《正补》，称玄妇壶；《金文编》，称玄妇壶。于省吾先生判定玄鸟妇壶系商代晚期铜器，认为"玄鸟妇"三字合文是商代金文中所保留下来的先世玄鸟图腾的残余，拥有此壶的贵族妇人系玄鸟图腾简狄的后裔。[5]

我们认为，按照商周青铜器命名的规则，尤其是商代晚期的少数字铭文青铜器上，只是刻铸被祭祀和被纪念者的名号，不可能是持器者的名字。准此，

---

① 郑慧生：《从商代的先公和帝王世系说到他的传位制度》，《史学月刊》1985年第6期。郑慧生在《从〈天问〉看商楚文化的关系》（《楚文化觅踪》，中州古籍出版社，1986年）一文中也有类似的考证。

② 董作宾：《殷虚文字中之"人猿图"》，《中国文字》（第2期），艺文印书馆，1961年，第184页。

③ 刘渊临：《说夒》，《甲骨文论文集》，《台中甲骨文学会丛刊之6》，1993年。

④ 张光直：《天干：揭开商史的钥匙》，芮大卫、钱存训编：《古代中国——早期文明的研究》，香港中文大学出版社，1978年，第37页。

⑤ 于省吾：《略论图腾与宗教起源和夏商图腾》，《历史研究》1959年第11期。

那么壶上的"玄鸟妇"一名,应是被祭者名字,而"玄鸟妇"壶应当是商代晚期人们祭祀"玄鸟妇"简狄的祭器。

那么甲骨文中到底有无简狄名迹的线索呢? 可与金文"玄鸟妇"相互发明者,甲骨文中有几个字颇有可能与"玄鸟妇"简狄有关。这就是岛邦男《殷墟卜辞综类》中的"𪚥(469·3)、𪚥(137·4)、𪚥(138·1)"三个字形,英国艾兰博士解释这几字也是玄鸟妇,说它是指那吞了玄鸟蛋而受孕的女子(即简狄)更合适。卜辞里这个字的前面常带"我"字,它也可能就是同一个字的一部分,这很容易使人联想到"娥"字的解释……在喾、俊、娥、玄鸟妇之间有一种联系,是值得注意的。①不过这三个字中的后一个字,作为人名在卜辞中的出现有两种意义,一是卜问她与疾病是否有关,一是卜问她是否被当作牺牲用于燎祭,可见她是一个活着的人而不是死去的祖先。这是否就是如于省吾先生所说的,这几个字是商代仍在使用的名字。如果这几个字可以释为"玄妇"或"玄鸟妇",是否也是商代晚期的有娀氏女而仍被娶为商王妇或王子妇者呢? 她们之所以名"玄妇""玄鸟妇",是否也是对其母族的先妣简狄的一种纪念呢? 此事也有待进一步查证。

另外,甲骨文中有二条卜辞,曰:

□辰卜,在今[贞]……娿𪚥妫? ……[王]占曰吉,才三月。(《合集》38244)

辛酉王卜贞:……𪚥妫王占曰:大吉……九月,遘祖辛鼎……(《合集》38243)

娿字从商承祚先生释为娥字。②于省吾先生曾引用过第一辞,证明商代晚期商王娶有娀氏女为妇,认为娿即娥,即简狄母族的后裔而为商王妇者③。两辞中的"𪚥",或释为"褅"④,或释为"娩"⑤。我们认为,从字形上看还是释"毓"为确。郭沫若先生认为,此字"左旁从毓,右旁从止衣又,当即毓之繇文,象女人

---

① 艾兰:《龟之谜》,四川人民出版社,1992年,第51页。
② 商承祚:《殷虚文字类编》(第12卷),1923年石印本,第4页。
③ 于省吾:《略论图腾与宗教起源和夏商图腾》,《历史研究》1959年第11期。
④ 金祥恒:《释》,《中国文字》(第44册),艺文印书馆,1972年,第5027~5031页。
⑤ 陈汉平:《古文字释丛》,《出土文献研究》,文物出版社,1985年,第226页。

产子,持襁褓以待之"①。如果辞中"毓"前一字释"婺"无误的话,那么"婺毓"也不妨作"娀后"来理解。甲骨文中"后""毓"字形相同,字义相涉;简狄是有娀氏部族之女,是商族有史可征的始妣,则后世商人称之为"娀后"似不过分。但此事究竟如何,孤证寡援,难以遽定。

甲骨文中另有"东母""西母"的称谓,也应是商族女性祖先神。如:

> 壬申卜,贞:由于东母、西母,若?(《合集》14335)
> 己酉卜,㱿贞:燎于东母九牛?(《合集》14337)
> 贞:燎于东母三牛?(《合集》14339)
> 贞:燎于东母三豕……(《合集》14340)

对她们的祭祀,赤冢忠先生认为跟"出日""入日"有关②,陈梦家先生则认为是祭祀太阳和月亮。③陈氏进一步认为:"由上所述天地日月的神话传说,可推想商人的帝或上帝或指昊天,东母、西母可能是日月之神而天地的配偶。"以"东母""西母"为天帝至上神之配偶,联想到古代神话系统中帝喾的至上神地位,"东母""西母"或是帝喾之配亦即商族的先妣神祇。宋镇豪先生认为,从甲骨文反映的日神神性上看,人化成分很难看到,因此东母、西母未必是日月之神,"甲骨文有'共生于东'(《京人》3155)、'更西惟妣。更北惟妣'(《合集》32906)。不如视东母、西母为商人心目中司生命之神,殆由先妣衍出,分主四方"。"燎祭东母、西母,大概是求其保佑商族子孙的繁衍。"④认为"东母""西母"是从先妣神而衍出的,是很有可能的,而且这一先妣神应是最早的祖先的配偶。但甲骨文中还没有发现可以支持其为"司生命之神"的材料,也就是说卜辞中没有向"东母""西母"祈求生育的占卜内容。

具体而言,《山海经》中记载了帝俊之妻羲和与常羲,在东方的羲和生十日,而在西方的常羲生十二月,分别是"日母"和"月母"。那么甲骨文中"东母""西母"是否也是帝喾配偶羲和和常羲的一种神话变形? 当然,"东母""西母"

---

① 郭沫若:《骨臼辞》,《殷契余论》,《郭沫若全集·考古编》(第1卷),科学出版社,1982年,第41页。

② 赤冢忠:《中国古代宗教与文化:殷王朝的祭祀》,角川书店,1977年,第453页。

③ 陈梦家:《殷虚卜辞综述》,中华书局,1988年,第574页。

④ 宋镇豪:《夏商社会生活史》,中国社会科学出版社,1994年,第476页。

与商族女性祖先神的关系,有待更多的材料予以证实。

严格说来,甲骨文中帝喾之有无、之如何,尚且待考,遑论妻妾配偶。以上诸说,一家之言,暂且备考,以俟来贤。

二、殷卜辞示壬、示癸、大乙配偶妣庚、妣甲、妣丙考

示壬、示癸他们本人在商族发展的历史上,没有多少可以称道的功绩可言。但是示壬、示癸之世毕竟还是有其独特之处的。这就是从此开始,商族先公先王的配偶名讳被正式载入商王室的祭祀谱牒之中。这是一个引人注目的巨大变化,具有划时代的历史意义。

商族历代先公都会有其配偶,而且当不止一个两个。那么,甲骨文中商族先公之配偶何以至示壬、示癸时开始出现? 董作宾先生曾说:"成汤的父母祖妣死日当能知之。再上四世,便无从查考,不得已乃借用甲乙丙丁的次序以为代表。""无论以生日或以死日为名的成汤的祖母庚、母亲甲,必是真有其日,因而祖壬、父癸也必有其日。妣庚以上的高祖母、曾祖母等四代的日子不知道了,高祖、曾祖等四代也当然不会知道。因此只把甲乙丙丁作为前四世祖的神主代表,而不再造四世先妣的神主了。"又说:"……把真日名的神主壬癸,叫作示壬示癸(主壬主癸),先妣也就从真神主开始祭祀,称为妣庚、妣甲。"[①]也就是说,这当与成汤之时重修先祖祀典的活动有关。成汤之祖、父离当时时间较近,与成汤血缘关系较亲,所以尽管示壬、示癸在商族历史上的功绩无可称道,但他们的配偶(亦即成汤的祖母、母亲)还是给成汤以较大的影响,于是被拉入祀谱,并从此开辟了女性祖先入祀的历史。虽然笔者不同意董氏的商王日干庙号的死日说,但他所说的示壬、示癸配偶受祀是由于与成汤关系较近的原因,是颇有启发性的。

这固然是一种重要的观点,但是笔者认为,更深层的原因则是与商族此时的婚姻家庭制度相关。自始祖契开始,商族已经进入以父权为中心的父系氏族社会,而婚姻制度正处于由对偶婚向单偶婚过渡的一个阶段。由于还没有真正实现一夫一妻制婚姻,所以后代商人虽然可以确知这些祖先的父亲,但是却无从确认其真正的生身之母。这与群婚时代的人民"只知其母不知其父"的情况恰恰相反。所以在后世商人对这一阶段商族先公的祀典中,只有男性的

---

① 董作宾:《论商人以十日为名》,《大陆杂志》1951年第3期。

先公祖先,而不可能有女性的先妣祖先。

在甲骨文中,商族先公之有先妣始自示壬,示壬的配偶是妣庚,示癸的配偶是妣甲,大乙的配偶妣丙,而她们出现的方式也是作为祭祀的对象受祀于后世商王的。如:

庚辰卜,贞:王宾示壬奭妣庚翌日,亡尤?(《合集》36183)

庚申卜,贞:王宾示壬隹奭妣庚□,亡尤?(《合集》36184)

辛丑卜,王业于示壬母妣庚,犬不用? 三月。(《合集》19806)

庚戌卜,旅贞:王宾示壬奭妣庚□,亡尤?(《合集》23303)

……贞:业于示壬妻妣庚牢,叀勿牛七十? 二告。(《合集》938正)

贞:来庚戌业于示壬妾妣[庚]牝羊□……(《合集》2385)

……年妣庚示壬[奭]……(《合集》27500)

壬寅卜,其求禾于示壬奭罙酒,兹用?(《合集》28269)

甲子卜,贞:王宾示癸奭妣甲□,亡尤?(《合集》36184)

甲申卜,[贞:王]宾示癸奭妣甲□,亡尤?(《合集》36192)

甲辰卜,贞:王宾示癸奭妣甲舀日,亡尤?(《合集》36190)

甲辰卜,贞:王宾示癸[奭]妣甲……(《合集》36188)

癸丑卜,王宁……宰于示癸妾妣甲?(《合集》2386)

甲子翌日妣甲示癸奭……(《合集》36187)

乙巳卜,扶,业大乙母妣丙一牝?(《合集》19817)

丙寅卜,贞:王宾大乙奭妣丙翌日亡尤?(《合集》36194)

丙申卜,贞:王宾大乙奭妣丙飌亡尤?(《合集》36198)

……卜,……妣丙大乙奭,叀今日酒?(《合集》27502)

才正月,遘于妣丙肜日大乙奭……(《邺其卣》)

上引祭祀示壬、示癸配偶妣庚、妣甲的卜辞,各期别的表现形式并不一致。有的称"奭",有的称"母",有的称"妻",有的称"妾"。大体说来,武丁时代的卜辞无称"奭"者,示壬配偶妣庚或称母或称妻或称妾,都有配偶之意。且此时祭祀先妣之日,或在其夫所名之日,或在先妣所名之日。这与周祭卜辞中祭祀先妣必在先妣所名之日者明显不同。这也正可证明周祭卜辞始于祖甲时代。这时祭祀先妣大多数用"业"祭。称"奭"者多是出自祖庚祖甲以后的周祭卜辞中。

祖甲时代是周祭制度建立的时代,对先妣的祭祀必称"示壬奭妣庚""示癸奭妣甲"等形式,祭祀之日也必在先妣所名之日。周祭中有"彡""翌""翌""䘵""祭"五种祭祀方法,但对先妣的祭祀却只有前四种而无"祭"祭。廪辛康丁祭祀先妣的卜辞辞例较少。而武乙文丁时代的祭祀先妣卜辞又有了不同。如称示壬配偶妣庚,为"妣庚示壬奭"或省妣庚径称"示壬奭"。到了乙辛时代的祭祀先妣卜辞,又恢复了祖甲时代的周祭卜辞形式,作"示壬奭妣庚"和"示癸奭妣甲"之形式,祭日祭法同前。

周祭卜辞中先公与先妣之间或先公后多有一"奭"字,实即配偶之意。罗振玉先生云:"凡殷人所祀之祖曰王宾,所配食之妣称之曰奭,即赫字。"他认为"此字有妃之谊",即先公先王之配偶。①此字后来又陆续被释作爽、赫、母、夹、奭等字,目前学术界大都倾向于此字有匹敌配偶义而释为"奭"②,此字释"奭"可以说已成定论。

但是对于"先公奭先妣"或"先王奭先妣"的用法意义,学术界有不同的认识。罗氏以《周礼》女子配祭于男子的礼制,例推商代"卜辞中所祀之祖,以妣配食"。"卜辞中凡王宾之以妣配食者,则二者间必间以奭字。"③此说影响较大,但也引起了争论。

按,从上引祖甲时代的周祭和岁祭卜辞中对先妣的祭祀占卜可知,名甲之妣以甲日祭之,名庚之妣以庚日祭之,虽有一些例外的辞例,但大多如祭祀先公先王一样有规律可循。可知这些卜辞非祭祀先公先王而配祭以先妣,而是对先妣的单独祭祀。还有一些卜辞直接对先妣进行祭祀,而其前不加"某某奭"的字样,可知先妣非必于先公祭祀时才能配祭,她们在商代是可以单独享受祭祀的。

王国维先生修正了罗说,认为"王宾祖某奭妣某"一类的卜辞,是"专为妣祭而卜,其妣上必冠以王宾某(如大乙、大甲之类)奭者,所以别于同名之她妣,如后世后谥上冠以帝谥,未必帝后并祀也"④。董作宾先生初曾尊罗氏之说,认

① 罗振玉:《增订殷虚书契考释》(中卷),东方学会,1927年石印本,第51页。
② 张秉权:《殷虚文字丙编上辑(二)考释》,台北"中研院"历史语言研究所,1959年,第104、105页;李平心:《奭字略释》,《中华文史论丛》1989年第1期;王贵民:《甲骨文"奭"字新解》,《殷都学刊》1991年第3期。
③ 罗振玉:《增订殷虚书契考释》(上卷),东方学会,1927年石印本,第8页;(中卷),第51页。
④ 王国维:《殷礼征文》之《殷先妣皆特祭》,《王忠悫公遗书》初集,1927年石印本。

为该类卜辞是"祖与妣的合祀"。"以妣配食，大概是始于第二期祖甲之世。祖与妣之间，必有奭字，罗氏释赫，叶氏释夹，皆以为即合祀配食之意。……到了第五期帝乙之世，祖妣合祀之典大盛，于是我们乃能据以考知某祖的配为某妣。"①但后来董氏作《殷历谱》时改变了这一说法，并进一步寻找出帝乙、帝辛和祖庚、祖甲的祭祀系统，做成了"上甲以来的祖妣祭日表"，证实了先祖与先妣两套独立并行的祭祀系统。②郭沫若先生也不同意罗说，认为以"王宾"为名词指为先祖是不正确的，他认为王国维说法可取，主张"殷人于先妣特祭，事与周制异，足证殷时犹重母权"。又云：奭，"用于祖妣之间，有匹配之义，犹言某祖之配某妣也"。"再就其字形而言，则分明于人形之胸次左右各垂一物，其所垂者乃是乳房也。是则字之结构亦与母同意。母之二点亦象乳形，所异者仅母跪而敛手，奭立而张手耳。此必母之古文，专用为母后字以示其尊大，盖母权时代之遗字矣。"③陈梦家先生也对奭字有所阐释："此字《广韵》昔部与'郝''夹'俱作'施只切'。《说文》说奭'读若郝'，又说'夹，盗窃物也，从亦有所持'，而卜辞奭字正象人腋下有所持之形，所以奭、夹其实是一个字。""卜辞假'毓'为'后'，义为先后之后；因此我们疑心卜辞的奭（假设与郝之又读音近，则与毓亦音近）假作后妃之后。""卜辞的奭，无论它是否假借为后妃之后，它必然代表一种特殊身份的配偶关系。"陈氏称之为"法定配偶"④。对于此字，唐兰、于省吾、张政烺⑤等先生各有解说，无论形义训释各一，然而皆认为此类卜辞为先妣之专祭特祭，与先祖无涉，非配食也。

除"某某奭妣某"之外，卜辞中亦常见有"某某母妣某""某某妻妣某"或"某某妾妣某"等一类的记载，其中的奭、母、妻、妾意思相同，都是"配"意。说"某某奭妣某"意为某先公先王的配偶妣某，不仅甲骨卜辞如此，这从传世铜器《戊辰彝》铭中有"遘于妣戊，武乙奭"和《郘其卣》铭文中的"遘于妣丙肜日大乙奭"即可得

① 董作宾：《甲骨文断代研究例》，《庆祝蔡元培先生六十五岁论文集》（上册），商务印书馆，1933年，第29页。

② 董作宾：《殷历谱》上编卷3"祀与年"、下编卷2"祀谱"，台北"中研院"历史语言研究所，1945年。董作宾在《甲骨学六十年》（艺文印书馆，1965年，第77页）中，也对前说进行了修正。

③ 郭沫若：《卜辞通纂（考释）》，科学出版社，1983年，第60片考释，第257、258页。

④ 陈梦家：《殷虚卜辞综述》，中华书局，1988年，第379、380页。

⑤ 唐兰：《天壤阁甲骨文存》"考释"，辅仁大学出版社，1939年，第37页；于省吾：《双剑誃殷契骈枝》（初编），北京大业印刷局，1940年石印本，第41页；张政烺：《奭字说》，《中央研究院历史语言研究所季刊》（第13本），1948年。

到证明。确如陈梦家先生所云,可能卜辞中出现的配偶只是该先公先王的法定的配偶,是其元妃或王后,而实际上先公先王所拥有的配偶可能有许多。

示壬与示癸都只有一个配偶。而卜辞所见的其他先公先王的配偶则不止一个,如中丁的配偶有妣己、妣癸;祖乙的配偶有妣己、妣庚;祖辛的配偶有妣甲、妣庚、妣壬;祖丁的配偶有妣甲、妣己、妣庚;武丁的配偶有妣戊、妣辛、妣癸等。这一现象就表明,商族自示壬、示癸以后所实行的一夫一妻制的单偶婚,同其他民族一样,也是一种在强硬的父权制下只对女子的一夫一妻制,男子则不受任何限制,可以有很多的配偶。

然而在商族先公先王中,也有不见配偶出现于卜辞者,如中壬、沃丁、小甲、雍己、外壬、河亶甲、南庚、阳甲、盘庚、小辛、祖己、祖庚、廪辛、文丁、帝乙、等等。

有的先公先王有先妣,而有的却付之阙如,何也? 郭沫若先生云:"自示壬以下,凡所自出之祖,其妣必见于祀典;非所自出之祖,其妣则不见。"[1]也就是说,卜辞中先妣作为祭祀的对象出现是有条件的。大凡一世先公先王之中,有直系有旁系,其中直系先公先王的配偶先妣被祭祀,而旁系的先公先王之配偶先妣则不被祭祀。反过来说,凡有配偶受到祭祀的先公先王是直系,而无配偶受到祭祀的先公先王则是旁系。郑慧生先生更进一步主张"儿王母入祀"观点,即有儿子即位为王者,其生身母亲必被排入祀典而参与祭祀,而没有儿子为王的先王配偶则不参与祭祀。[2]

作为较早的女性祖先神灵,示壬、示癸、大乙的配偶妣庚、妣甲、妣丙等人必然成为后世商人在婚嫁生育方面祈福求侑的对象。甲骨卜辞中有如下辞例:

辛巳贞:其求生于妣庚、妣丙? 牡、牝、白豕? □□贞:[其]求生于[妣]庚、妣丙? 牝、牝?(《合集》34081)

戊辰贞:其求生于妣庚、妣丙? 在祖乙宗卜。辛巳贞:其求生于妣庚、妣丙? 牡、牝、白豕?(《合集》34082)

贞:求王生,宰于妣庚? 于妣丙?(《合集》2400)

---

[1] 郭沫若著:《卜辞通纂(考释)》,科学出版社,1983年,第362页。
[2] 郑慧生:《从商代无嫡妾制度说到它的生母入祀法》,《社会科学战线》1984年第4期。

　　□□卜,争贞:求王生于妣庚? 于妣丙? 二月。(《怀特》71)

　　乙亥贞:其求生于妣庚? 丁丑贞:其求生于高妣丙大乙[奭]? 丁丑贞:
其求生于高妣庚其酒?(《屯南》1089)

　　辛卯贞:其求生于妣庚、妣丙一牢?(《屯南》750)

　　癸未贞:求生于妻妣庚?(《合集》34085)

　　癸未贞:其求生于高妣丙?(《合集》34078)

　　乙巳贞:丙午酒,求生于妣丙,牡三牝一白[豕]?(《合集》34080)

　　按,甲骨卜辞中称"妣庚"者有六人之多,她们分别是示壬奭妣庚、且乙奭
妣庚、且辛奭妣庚、羌甲奭妣庚、且丁奭妣庚、小乙奭妣庚(见下表所示)。而称
"妣丙""高妣丙"者只有一人,即大乙成汤之配偶。而该辞中"妣庚"位于"妣
丙"之前,按照商人祭祀祖先次序由远及近的规律来看,该"妣庚"必是大乙配
偶妣丙之前的示壬配偶妣庚无疑。示壬配偶妣庚是商族的受到祭祀的第一个
明确的女性祖先,而妣丙又是商王朝建国者成汤大乙的配偶,是商族第一位母
仪天下的王后。于此二位先妣祭祀以祈求生育,岂不宜哉! 在甲骨卜辞中,示
壬的地位不及其配偶妣庚,相反,成汤大乙配偶妣丙在卜辞中受祭的次数相对
较少,不及示壬配偶妣庚出现的次数多,更不及其夫大乙出现的频率为高,可
能是伊生活在其夫浓重的阴影之下,显得暗淡无光了。

　　此外,甲骨文祀典中出现的"高妣庚",或许就是此示壬奭妣庚。因为此妣
庚是商族历史上第一个明确的先公法定配偶,有着颇高的尊崇地位,所以后世
商人称之为"高妣庚"。甲骨文中有许多关于对"高妣庚"的祭祀卜辞,如:

　　丁丑卜,殼贞:于来己亥酒高妣己眔高妣庚?(《合集》2367)

　　丁□卜,亘贞:屮于高妣己、高妣庚?(《合集》2351)

　　丙午卜,贞:屮自高妣庚?(《合集》2371)

　　御于高妣庚? 勿御于高妣庚?(《合集》2380、2381)

　　作为先公之一的示癸虽无所作为,名迹不显于后世,但其配偶妣甲却有大
功于商族:她为商族生育了一个伟大的儿子——成汤大乙。甲骨卜辞称示癸
配偶曰妣甲,但在文献中却称之为"扶都"。《帝王世纪》:"主癸之妃曰扶都,见
白气贯月,意感以乙日生汤,故名履,字天乙,是谓成汤帝。"(《初学记》卷九引,

《宋书·符瑞志》也有类似的记载。)《国语·鲁语》云:"自玄王(契)以及主癸莫若汤。"这也算是示癸在商族发展历史上的承前启后的作用吧。

从这个意义上讲,商代人们于妇女分娩时,倒是应该向示癸配偶妣甲这位伟大的母亲祈生求子。不过,示癸配偶妣甲在卜辞中出现的次数较少,且没有向她祈求生育的卜辞,明显地其神格地位与神职权能不及妣庚与妣丙为高。希望将来这方面的祭祀卜辞会有所发现。

三、殷卜辞所见先公与先妣名号日干不同考

甲骨卜辞中出现的先公先王之配偶,称为"妣某"。"妣某"与其所配的先公先王之间关系,似有一个较为重要的特点:那就是任何一位先公先王与配偶先妣的名称所用日干绝不相同,详见下表。

甲骨文所见有配偶的先公先王及先妣名称一览表

先公先王		示壬	示癸	大乙	大丁	大甲	卜丙	大庚	大戊	中丁	且乙	且辛	羌甲	且丁	小乙	武丁	且甲	康丁	文乙		伊尹
	卜辞																				
	史记	主壬	主癸	成汤	太丁	太甲	外丙	太庚	太戊	仲丁	祖乙	祖辛	沃甲	祖丁	小乙	武丁	祖甲	庚丁	武乙	文丁	伊尹
先妣名称	甲骨卜辞金文	妣庚	妣甲	妣丙	妣戊	妣辛	妣甲	妣壬	妣壬	妣己	妣己	妣甲	妣庚	妣甲	妣庚	妣戊	妣戊	妣辛	妣戊	妣癸	伊母
										妣癸	妣庚			妣己	妣己	妣辛			※		黄奭
														妣壬	妣庚	妣癸					伊奭

需要说明的是:上表中绝大多数是根据甲骨卜辞中的周祭祀谱中所见的先妣材料,汇总了罗振玉、郭沫若、董作宾、陈梦家、岛邦男、许进雄、常玉芝等著名甲骨学家对先妣人物研究的观点,有所取舍而成。其中武乙的配偶妣戊不见于甲骨周祭祀谱之中,但见于商代晚期的青铜器《戊辰彝》铭文之中,知其当有所据,故也列于表中。伊尹之有配偶,在商代诸位先臣之中,是为特例,又其地位及祀典均可与先公先王比美,不可不彰示也,故亦附录于尾。

示壬配偶妣庚,示癸配偶妣甲,大乙配偶妣丙。壬与庚不同,癸与甲不同,

乙与丙不同。先公如此,其后的先王也无不如此。对于这一特殊现象,学术界鲜有评说者。唯杨树达先生推测道:"岂殷家王朝有同生日之男女不为配偶之习惯,与周人之同姓不婚相同欤?"①按,杨氏主张商王庙号生日命名说,故有此论。此说颇新颖,似可为先公先王与先妣日干不同之直解。与此相关的一个特点是,商族先公先王的庙号多以甲乙丁等日干为名,而商族先妣的庙号则多以十干中的后几位即戊、己、庚、辛、壬、癸等为名。无论是先公先王或是先妣都少见以丙为日名庙号。杨希枚先生的解释是,这也许是一种偶然现象,但也许与十干的先后次序和从祖名制有关,少用丙日是一种特殊情况。②

但是笔者认为,商族先公和商王的庙号,乃是死后由后继商王通过占卜择日而选定的,日名选定以后,再根据该先公或先王一世的功绩作为,于日名之上加以盖棺论定的美谥之字,是为庙号。③先妣的祭祀有特祭专祭,也是后世商王尊奉的人鬼神灵,有些地位不亚于先公先王,故其日名也当是由后世商王通过占卜择日选定的,只不过不用加谥字而直接称之为"妣某"而已。对于先妣日名的得来,有的学者认为是遵了与先公先王不同的另一系统的结果,按此亦一臆说,无法考实。正如前论,先妣有专祭而无须配享于先公先王,所以没有必要与所配的先公先王在同一日进行祭祀。考虑到其日名不与所配的先公先王相混,可能在占卜择日时已经选择那些非先公先王日名的日干进行占卜了。先公先王既多以甲乙丁日名为主要选择对象,则先妣日名的选择就自然要选择后几位日名。这是先妣后于先公先王而死的情况。反之亦然,如果先公先王后于先妣而没,则为其庙号占卜择日时,尽量选其他的日干以避免与先妣日名相重。如此而已,盖与所谓"商人同生日男女不为婚配习俗"无关。

---

① 杨树达:《说殷先公先王与其妣日名之不同》,《耐林庼甲文说》,《杨树达文集》(5),上海古籍出版社,1986年,第17页。

② 杨希枚:《论商王庙号问题兼论同名和异名制及商周卜俗》,《殷墟博物苑苑刊》(创刊号),中国社会科学出版社,1989年。

③ 从上甲微到帝辛三十七个商族先公先王都以天干为名。天干之名是先公先王死后得到的,用为该先公先王的庙号,这是一般的说法。至于自上甲以来的商族先公先王,其天干庙号得来的意义,自来有一些不同的说法和观点。计有生日说、死日说、排行说、追记祭名说、致祭次序说、死后选定说、庙主分类说、选择吉日说等。笔者认为,商族先公先王日名庙号,非其本名和生称,如商族立国的成汤,又有汤、履、天乙、大乙等称号,其中唐、成汤、履可能是其名字,而天乙、大乙则是其死后子孙用以祭祀的庙号。庙号用日名的做法,前后有所不同和变化。上甲至报乙报丙报丁示壬示癸六世,日名相接,首尾整齐,显然是后世商王(比如武丁)重新排定的名号;而大乙以后的先王庙号的日名确定,则有可能是根据占卜而选定的日子。

四、殷卜辞无王亥、上甲、三报及河配偶考

王亥是商族重要的先公之一,甲骨文中称之为"高祖王亥",有大量的对其祭祀的占卜。甲骨卜辞中有"王亥女(母)""王亥妾"的辞例,如:

> 贞:燎于王亥女(母)豕? 勿燎于王亥女(母)?(《合集》685)
> 贞:酒于河报? 酒王亥? 酒河五十牛? 酒河三十牛,以我女? 出于王亥四十牛? 出于王亥妾? 乎雀酒于河五十牛? 勿五十牛于河? 五十牛于王亥?(《合集》672)

于省吾先生曾对上引第一辞有过考释,认为"王亥女(母)""王亥妾"就是王亥的配偶。"甲骨文关于先公和先王的配偶,自示壬示癸才开始以天干为庙号。至于王亥配偶之称为王亥母,则为旧所不知。""来于王亥母,豕,是说燎豕以祭祀王亥的配偶;弓来于王亥母,是说勿燎于王亥的配偶,蒙上文而省豕字。"①

这一观点在学术界有一定影响。果真如此,则商族先公中有配偶参与祭祀的当始自王亥。其实不然,商族以十干日名为名的先公始自上甲,而商族先公配偶入祀者始自示壬示癸(详见上文)。将"王亥女(母)"、"王亥妾"释为王亥配偶是不正确的。

近日读胡厚宣先生一文,他在对上引《合集》672一片甲骨的释读中,就不认为这类女子的身份是先公配偶,而是用于祭祀牺牲的女奴。他引该辞作:"贞酒王亥。二。来辛亥燎于王亥卅牛。二。翌辛亥出于王亥卌牛。二。五十牛于王亥。出于王亥女。二。"对于此辞,胡先生解释道:"燎也是一种祭名。这些卜辞的大意说,问酒祭先公王亥可以吗? 又问未来的辛亥日祭祀王亥,是燎三十头牛好呢? 还是侑祭四十头牛好,还是用五十头牛好呢? 又问侑祭王亥用女奴可以吗?"②

不仅如此,罗琨女士对于上引第二辞的解释,也颇有见地:"辞中的'王亥

---

① 于省吾:《释王亥的配偶》,《甲骨文字释林》,中华书局,1983年,第192页。
② 胡厚宣:《记故宫博物院新收的两片甲骨卜辞》,复旦大学中文系编:《选堂文史论苑——饶宗颐先生任复旦大学顾问教授纪念文集》,上海古籍出版社,1994年,第292页。

妾'是与侑祭'王亥四十牛'对贞的,由于祭祀卜辞中尚不见作为祭祀对象以先王与其配偶对贞,所以'王亥妾'不是祭祀对象,也不是一个词,它包括了祭祀对象与祭牲两部分,作为祭牲的'妾',不仅与'四十牛'对贞,而且与祭河的'三十牛以我女'处于同等地位,从而证明不能仅据卜辞有'虫于王亥妾(或女)',就推断王亥有配偶享祭,因为甲骨文的妾、女(释母)虽可作配偶解,但这些用语的本义包含社会地位地下、往往用做人祭牺牲的女性。"①此外,如甲骨卜辞中的"虫妾于妣己?"(《合集》904正)"贞:今庚辰夕用献小臣卅小妾卅于妇(好)?九月。"(《合集》629)"……卜,殼贞:御妇好于龙甲小……又妾? 小告。"(《合集》656正)如此等等,都是以女性为牺牲祭祀祖先神灵的辞例。对于此类卜辞,郭沫若先生早有确断:"妾乃女奴,'自祖乙又妾',盖谓以女奴为牲。"②

如此,则甲骨文中的所谓"王亥女(母)""王亥妾"为王亥配偶之论,笔者不能赞同。甲骨文中没有王亥配偶的踪迹所在。

陈梦家先生认为甲骨文中也有上甲的配偶,他引用以下卜辞并论述:

庚子卜王、、匕甲、厚匕癸 前1·38·4 武丁卜辞(或晚)
重小乙、匕庚 甲905;明续662 康丁卜辞

试比较两辞,匕庚为小乙之配,则匕甲为上甲之配。先王以上甲开始,用天干之首,而上甲之配名甲,也是很可能的。如此为可能的话,则下列庚甲卜辞中的母甲可能是上甲之配:

乙丑卜王曰贞祭母甲,才□月 河358
己亥卜王贞母甲 哲庵藏骨
今日母甲善3619③

笔者认为陈氏之言也不能成立。其理由如下:其一,制度之不许。先公先王与其配偶的日干名称绝不一样,先公先王庙号名甲,其配偶绝不可能名甲,

① 罗琨:《殷卜辞中高祖王亥史迹寻绎》,《胡厚宣先生纪念文集》,科学出版社,1998年,第55页。
② 郭沫若:《殷契粹编(考释)》,科学出版社,1965年,第218片。
③ 陈梦家:《殷虚卜辞综述》,中华书局,1988年,第488页。

详见上文表格。因此，妣甲不可能是上甲之配偶。陈氏所引武丁卜辞《前》1·38·4中"甲、匕甲、屏匕癸"为并列关系，皆指祭祀对象，妣甲、妣癸不可能是上甲的配偶。其二，文法之不伦。甲骨卜辞中对于先公配偶先妣的称谓，直称"妣某"，没有既称"妣某"，又称"母先公"的。一些容易引起争论的所谓先公先妣如"王亥母""三报母""河妾"等，也是把"母（女）""妾"等字放在先公之后，没有把"母（女）""妾"等字放在先公之前的。就是后世商王的配偶，有既称"妣某"又称"母某"的，但也没有称"母先王"的。其三，辞例之缺误。由于陈氏书中所引卜辞多不完整，由此我们怀疑此处陈氏所引辞例以及对卜辞中某些字形的判断和释意的正确性。

我们遍查甲骨卜辞，见到了如下几条辞例，或许就是陈氏所引的卜辞形式及内容：

> 己丑卜，王曰贞：叙，毋田？在□月。（《合集》24120）
> 己亥卜，王[曰]贞：毋田？……（《合集》24504）
> 今日毋田？（《合集》10565）
> 庚午卜，王曰贞：毋田？（《合集》24502）

甲骨文中上甲的字形作"田"，与作为田猎卜辞中的"田"字字形极易混淆。以上几辞确为田猎卜辞，"田"字作"田"形，而不作"田"形，陈氏释为上甲，误。另外，甲骨文中的"女（母）"字，有不同的用法：其一，用作女字；其二，用作母字；其三，用作配偶字；其四，用作否定词毋字，等等。具体到某一辞中的用法，当视其上下文句意义和文法语境判断而定。以上几辞中，"田"既为动词田猎意，则其前的"女（母）"用作"毋"意可以定矣。尤其是第4辞，同版还有"庚午卜，王曰贞：翌辛未其田，往来亡灾，不遭祸？兹用。"等辞，足见其为田猎卜辞，释"田"字为"上甲"，谬之远矣。

如此，则甲骨文中的所谓上甲之配偶，也属空中楼阁。也就是说，甲骨文中尚未发现有上甲的配偶。

卜辞又有：

> □巳贞：其又三四女（母）豕？（《合集》32393）

郭沫若曾解释此辞，以"三凹"为"三匸"，认为"母殆为三匸之配"①。三匸是指商族先公报乙、报丙、报丁的合称。由郭说可知，他主张甲骨文中有报乙、报丙、报丁的配偶。

但笔者认为郭说有误。郭说以"三凹女（母）"为三报的配偶，殊不可能，其理由如下：其一，如果三报各有其配偶，也应该单称，作报乙女（母）、报丙女（母）、报丁女（母），而不可能合称为"三报女（母）"，因为甲骨文中从来没有合祭先妣的辞例，也没有合称先妣的习惯。其二，按照《史记·殷本纪》所记的商王室世系，报乙、报丙、报丁是三世父子相传的商族先公，不是平辈份的弟兄，不可能有共同的母亲，因此称"三凹女（母）"为"三报"的母亲更不合适。

其实，甲骨文中单称报乙、报丙、报丁或合称其为"三报"之时，"报"字均作"匸"或"〗"形，从未有作"凵"形者，更无作双钩之""形者。甲骨文中另有一祭名，学界习惯称之为"报祭"或"祊祭"，字形为双钩的"匚"形，作"匸"或"〗"形，而少见作"凹"形者。作报祭之双钩与作三公之单线，字形划然有别，绝无互通者。此辞中"凹"为双钩，知其确非商族先公三报庙号名字。此"凹"或者是报祭之名。准此，那么该辞的正确解释就应该是，向某个神灵或祖先进行侑祭，又以女奴和豕为牺牲进行报祭。

如此，则"三凹女"并非所谓的"三匸母"，不是商族先公报乙、报丙、报丁的配偶。

除"王亥母（女）""母上甲""三报母"以外，甲骨文中又有所谓"河妾""河妻""河女"一说，如：

辛丑卜，于河妾？（《合集》658）

御方于河妻？（《合集》686）

丁酉卜，贞：凹于河女？二告。（《合集》683）

按"河"是卜辞中常见的祭祀对象，或认为是祖先神，是商族先公之一；或认为是自然神，是黄河神或河伯；也有认为既是祖先神，又是自然神。的确，被称为"高祖河"而作为商人祭祀的对象，其神格性质比较复杂，一身兼具了自然神和祖先神的双重神格神性。笔者认为它是一个以自然神为主的神灵，不可

---

① 郭沫若：《殷契粹编（考释）》，科学出版社，1965年，第120片。

能是商族的先公。

杨升南先生认为"河妾"即是先公河的配偶,因"甲骨文关于先公和先王的配偶,自示壬示癸才开始以天干为庙号",故河的配偶不以干支名而直以"妾"或"母"字表示。①饶宗颐先生也认为甲骨文中的"河女""河母""河妾"为河伯之配②。

笔者认为,这与前文提到的"屮于王亥妾"的结构一样,"河妾""河妻""河女"不是一个词,也不是祭祀对象,而是"祭于河以妾(以妻、以女)"的省称,即用女子向河神进行祭祀。而"御方于河妻"则与"御于河羌三十人"(上引)、"贞:方帝卯一牛屮南"(《合集》14300)等辞例结构一样,非是向"河妻"祭祀,也是以"妻"即女子为牺牲对河神进行祭祀。同样"于河妾""于河女"也应是这样的解释。

甲骨文中还有这样的辞例,"……屮母(女)于河?"(《合集》19977)正是这种以女子为牺牲向河神进行屮祭的明显的例子。甲骨文中没有向"河妾(妻、女)"行祭的例证,但却有大量的以女子祭祀河神的占卜内容,如:"酒河五十牛? 酒河三十牛,氏我女? ……酒河四十牛,氏我女?"(《合集》672)"贞:嫛珏酒河?"(《合集》14588)"丁巳卜,其燎于河牢沉郊?"(《合集》32161)等,也都是以酒、牛、玉器和女子作为牺牲祭祀河神的辞例,则"屮母(女)于河"不为孤证。

胡厚宣先生曾对《合集》672一片中一些祭河卜辞作了别具只眼的解释。他引该辞为:"贞酒于河二。二。贞乎雀酒于河五十□。二。勿五十牛酒于河。二。酒五十牛于河。二。酒河五十牛。二。屮于河我女。二。酒河卅牛氏我女。二。"对于辞意,胡先生解释道:"雀人名。我地名。氏之意为致,在这里用为祭名。女的意思是女奴。这些卜辞的大意说,问用酒报祭先公河可以么? 又问让雀用五十头牛酒祭先公河可以么? 还是不要用五十头牛酒祭先公河呢? 又问祭祀先公河是用五十头牛酒祭好,还是用我地的女奴侑祭好呢? 又问还是用三十头牛酒祭并用我地的女奴氏祭好呢?"③解释极其详尽明白,虽然我们不同意其径指"河"为商族的先公,但对其"女"为用于祭牲的女奴的观

————————

① 杨升南:《殷墟甲骨文中的"河"》,《殷墟博物苑苑刊》(创刊号),中国社会科学出版社,1989年。

② 饶宗颐:《说河宗》,《胡厚宣先生纪念文集》,科学出版社,1998年。

③ 胡厚宣:《记故宫博物院新收的两片甲骨卜辞》,复旦大学中文系编:《选堂文史论苑——饶宗颐先生任复旦大学顾问教授纪念文集》,上海古籍出版社,1994年,第291页。

点,还是颇为赞同的。

按,古代有以女子向河神祭祀的风俗。褚少孙所补的《史记·滑稽列传》中即记载了战国时期,在殷邺一带依然盛行的为河伯娶妇的恶俗,终为西门豹所根除的故事。如果这一记载不误且有其本原的话,则以女子祭祀河神的风俗,当溯源于殷商甲骨文时代。

五、余论

商族先公配偶,至示壬、示癸时始见之于甲骨祭祀卜辞之中,才有了明确的记载。而此前的诸多先公,包括夒、契、相土、王亥、上甲,以及似是而非的商族先公如河等,他们的配偶均未见于甲骨卜辞。一些以非妣名称出现的貌似先公配偶的材料,如所谓的"王亥母(女)""王亥妾""母上甲""三报母""河妾""河妻""河女"等,均应别作它释,不能径直释作先公之配偶先妣。

相对于商族先公先王来说,作为先公配偶先妣的神格权能微乎其微。有学者曾经考证商代由于受母系氏族制度和旧习的影响,妇女在商代社会中的地位很高,几乎与男子平起平坐。我们认为不然,商代社会包括在此之前的先商文化时期,商族人们毕竟过的是以男子为中心的父系和父权制度的社会生活,此时妇女的地位相对于后世或许较高一些,但真正与男子比权量力,毕竟不可同日而语。比如,在周祭卜辞中,祭祀先公先王的卜辞有三种类型:合祭卜辞、附祭甲名先公先王五祀的卜旬卜辞和王宾卜辞;而祭祀先妣的卜辞只有王宾卜辞一种。而且这种王宾先妣卜辞中还有一个重要的特点,即在先妣名前都要冠以所配之先公先王之名,如示壬奭妣庚、大甲奭妣辛等。与此相关的是,先妣祭祀的次序是按照其所配的先公先王世次而定的。这固然是为了区别同名先妣的世次而设的,但同时也不无表明,商代妇女仍处于从属地位。①

甲骨卜辞表明,只有极个别的先妣可以"蛊王""蛊我""祟王",某些商王、妇某、子某有了灾病之时才向一些先妣御祭等。在商族先公先王、山川神祇主宰着风雨天象、稼穑丰欠的同时,众多的先妣之中只有"示壬奭"妣庚曾经在求禾(年)的祭祀中偶尔出现(《合集》28269)。这一方面说明"示壬奭妣庚"作为商族第一个先公法定配偶出现的女性祖先,其地位比其它后来先妣的要高出一头;另一方面也表明了这样一个事实,即先妣在商人心目中的地位与先公先王

---

① 常玉芝:《商代周祭制度》,中国社会科学出版社,1987年,第15、16、87、111页。

相比较为悬殊。"娥"作为商族的女性祖先神地位较高,可以向其祈雨求年,但她的身份究竟是否就是帝喾配偶,目前尚不能遽然肯定。其他先公配偶或则无考,或则未见。甲骨卜辞中虽有对先妣的专门祭祀,但在商人对先公先王大肆举行合祭的同时,女性祖先均不见参与合祭的歆享。这也都能说明问题。

本文原刊载于《历史研究》2003年第6期。

本文作者:

朱彦民,生于1964年,河南浚县人。南开大学历史学院教授、博士生导师,先秦史研究室主任,南开大学中国社会史研究中心研究员。主要研究甲骨学(古文字学)殷商史、夏商周考古、先秦社会生活史与书法艺术史论,著有《商族的起源、迁徙与发展》《殷墟都城探论》等学术著作多部,并在《历史研究》《中国史研究》等学术刊物上发表论文百余篇。兼任国际易学联合会理事,中国殷商文化学会副会长,天津市社会科学界联合会学术委员会委员,天津市甲骨文学会会长,天津市国学研究会原会长,北京大学中国画法研究院兼职教授等。

吕后"病犬祸而崩"新说

——从医疗史的视角对吕后之死史料的解释

闫爱民　　马孟龙

公元前180年吕后崩殂。其死因,《汉书·外戚传》称:"太后持天下八年,病犬祸而崩。"何谓犬祸?《五行志》则进一步说明:

> 高后八年三月,祓霸上,还过枳道,见物如仓狗,橄高后掖,忽而不见。卜之,赵王如意为祟。遂病掖伤而崩。先是高后鸩杀如意,支断其母戚夫人手足,搉其眼以为人彘。①

《汉书》吕后病"犬祸"之事,本自《史记·吕太后本纪》,其文曰:

> (高后八年)三月中,吕后祓,还过轵道,见物如苍犬,据高后掖,忽弗复见。卜之,云赵王如意为祟。高后遂病掖伤……七月中,高后病甚……辛巳,高后崩。②

自《史记》《汉书》载汉人将吕后之死归为"赵王如意为祟",历代注家并无新的见解提出,读史者阅及于此亦多视为荒诞不经之事。学界对于吕后的研究颇多,而对其死因的探讨却少有问津。③其原因大概在于史书的记载过于简略,难于将事情的原委勾勒清楚。以医疗史的视野来看,由于吕后死因考古资料的缺乏,从病源学上对此加以研究几乎是不可能的事。不过,当我们从症状学分析的角度再去细致审读史料,从吕后的掖伤、病重、亡故的时间和

---

① 《汉书》卷九七《外戚传》,卷二七《五行志》,中华书局,1962年,第3939、1397页。

② 《史记》卷九《吕太后本纪》,中华书局,1959年,第405～406页。

③ 对吕后病腋伤之事,近年来有的学者从医疗史和心态史方面加以探讨。如林富士从"祷解法"去解释"赵王如意为祟"现象的发生,探讨汉人的巫术医疗法及其鬼神观念(《试论汉代的巫术医疗法及其观念基础》,《史原》1987年第16期);丁毅华从如意为祟之事探讨吕后的心理活动,认为这些"实际上都是她自己的精神作用,是她时时生活在恐惧中的表现"(《吕后与戚姬》,《华中师范大学学报(人文社科版)》1999年第5期)。不过他们的文章均未涉及吕后病亡的原因。

种种病症表现等方面深入探究,层层展开、寻幽发微,便能够找到一些相互关联、并可推证的必然现象在其中,进而发现《史记》《汉书》中关于吕后死于犬祸的记载并非是荒唐的鬼神为祟害人之辞,而是隐喻着可以合理解释的吕后的真正死因。

一、"據"高后掖与"櫼"高后掖

吕后被袭造成腋伤之事,《史记》作见物如苍犬"據高后掖",《汉书》则作见物如仓狗"櫼高后掖",二者记载微有不同。《史记》的"據"字,前人一般解释为抓持。《说文》曰:"據,杖持也。"段注:"谓倚仗而持之也。杖者,人所據,则凡所據皆曰杖。"[①] 據的本义是依据或凭靠,抓是引伸之义。《汉书》的"櫼",颜师古注《五行志》称:"櫼,谓拘持之也。櫼音戟。"颜氏的解释显然是受《史记》中"據"字的影响。"櫼"字晚出,《说文》作"戟",邵瑛《群经正字》:"汉碑戟省作戟",《汉书》之"櫼"当为"戟"。[②]《说文》谓:"戟,有枝兵也……读若棘。"戟字的本义指合戈、矛为一体的兵器。[③] 或者用如动词为棘刺、创伤,其引申义才是拘持。《史记·吕太后本纪》徐广《集解》亦曰:"據,音戟",以说明两字的假借关系。"據"上古属见母鱼部,而"櫼"(戟、撠)属见母铎部,二者并非同音,虽鱼、铎二部可以对转相借,然而这种同义词的互借应是后有的现象。如果"據"字抓持之义明确,班书何必改字?笔者怀疑,《史记·吕太后本纪》中的"據"字当为"噱"字的讹写,《汉书》"櫼高后掖"是从《史记》"噱高后掖"假借而来。此可聊备一说。理由是噱与戟(櫼)同在铎部,故得相通,[④]而且二字本义均有创伤的意思。

"噱"字之义,《说文》释为"大笑",此应为引申之义。西汉扬雄《羽猎赋》"沇沇溶溶,遥噱乎纮中。"晋灼注曰:"口之上下名为噱,言禽兽奔走倦极,皆遥张噱吐舌于纮网之中也。"[⑤]曹魏嵇康《声无或乐论》:"夫食辛之与甚噱,熏目之

①《说文解字注》,上海古籍出版社,1981年影印版,第597页。
②《汉书·五行志》中的"櫼高后掖",《太平御览》卷369又引作"戟高后腋"。
③ 陈直:"《说文》'戟,有枝兵也。'其制用戈矛合为一,矛利于刺,戈利于割,为战国时新兴武器。"(《史记新证·孙子吴起列传》,天津人民出版社,1979年,第122页)
④ 噱在药韵,戟在陌韵,二字古音也同在段玉裁第五部,江有诰鱼部。
⑤《南朝梁》《文选·羽猎赋》及注引晋灼语。(中华书局,1977年影印本,第133页)又《羽猎赋》或为《校猎赋》,《汉书·扬雄传》载《校猎赋》"沈沈容容,遥噱虖紘中"句,颜师古注亦曰:"口内之上下名为噱。言禽兽奔走倦极,皆遥张噱吐舌于紘冈之中也。"(《汉书》卷五七上,中华书局,1962年,第3549~3550页)

与哀泣,同用出泪。"① 这里,"食辛"后的龇牙咧嘴状,即与"甚噱"之义相等。《广雅·释亲》训"噱"为"舌",近人杨树达释"噱"为"口开"。② 所以,"噱"字的本义,一在口,一在舌,是指动物或人的张口吐舌之状,隐含着撕咬的意思,③与"戟"字棘刺之义同。故而,《史记》中的"据高后掖",当还原成"噱高后掖",也就是说吕后的腋伤是被苍犬撕咬所致。除了音义上的推理外,还有一个重要的证据,就是与《汉书》同时代的文献《论衡》中的相关记载,也可佐证笔者的推测。

王充《论衡·死伪篇》载吕后病腋伤而亡事:

> 吕后出,见苍犬,噬其左腋,怪而卜之,赵王如意为祟,遂病腋伤,不愈而死。④

文中明白说吕后腋伤是为苍犬所"噬","噬"与"噱"其义一致,《论衡》中"噬其左腋",即《史记》还原后的"噱高后掖"。王充与班固为同时代之人,又曾师从过班固的父亲班彪⑤,他对《史记》中有关吕后伤于腋下那段文字的理解,应是与《汉书》一样的准确和可靠。《汉书》借"噱"为"檄"(戟),既同韵又同义,是极为自然的事。改"噱高后掖"为"檄高后掖",本义不变。微有不同的可能在于创伤造成方式的差别:"噱高后掖"强调撕咬,苍犬"张噱吐舌"扑咬状跃然于纸上;而"檄高后掖"强调抓持,或者《汉书》的"檄"别有抓伤之闻所本。

要言之,不论是《史记》的"据"或"噱",还是《汉书》的"戟"(檄),都表明吕后是被狗袭击了,或是咬伤,或是抓伤。《史记》《汉书》中的"见物如苍犬(仓狗)",所见之物应该不是"物",而就是一条"狗"。

---

① (曹魏)嵇康:《嵇中散集》卷五《声无或乐论》,四部丛刊影印嘉靖刊本,页六。

② 杨树达:《增订积微居小学金石论丛》卷一《字义同源于语源同例证》,科学出版社,1955年,第73页。

③ 其实"豦"这个造字本身就含有"撕咬"之意。《说文》谓:"豦,斗相丮不解也,从豕虍,会意。豕虍之斗不解也。"丮者,《说文》又谓:"持也,象手有所丮据也。"豦与据一样,也有"拘持"之义,但强调是豕与虎在撕咬中的拘持不解。

④《论衡校释》卷二十一;同书卷二十二《订鬼篇》亦曰:"苍犬噬吕后。"(中华书局,1990年,第904,946页)

⑤《后汉书·王充传》:充"后到京师,受业太学,师事扶风班彪。"(中华书局,1965年,第1629页。)

二、犬祸中的"仓狗"

袭击吕后的"仓狗"又是一条什么样的狗？这对了解吕后的腋伤及所产生的危害非常重要。班固将吕后之死归为"犬祸"，《五行志》中所列"犬祸"的第一条就值得特别关注，其文曰：

> 《左氏传》襄公十七年十一月甲午，宋国人逐狾狗，狾狗入于华臣氏，国人从之。臣惧，遂奔陈。[1]

《说文》："狾，狂犬也。"《五行志》引文中的"狾狗"，《左传》也作"瘈狗"，杜注谓：瘈，狂犬也。[2]这条史料一般被认为是我国历史上扑杀狂犬的最早记载。看来，班固是把狂犬伤人归入"犬祸"之首。那么，《五行志》接下来檃高后掖的"仓狗"，是否也属于一条"狾狗"呢？从这条狗出没的季节和伤人的特征来看，是很有可能。

吕后被咬伤的时间是在"三月中"，是"被霸上"后的归途。唐代孙思邈《千金要方》说："凡春末夏初，犬多发狂。必诫小弱，持杖以预防之。"[3]清代顾世澄《疡医大全》亦指出，狂犬"多见于春末夏初之间"。春夏之交，是犬猫等动物发情的时期，容易狂躁发疯，因此医家时常提醒老弱者外出时要格外提防。[4]吕后三月中霸上被祭，正是一个犬易发狂的季节，本身就隐含可能遭遇狂犬攻击的可能。汉人养狗本来就很普遍，而吕后"被霸上"归途的周围地区自秦以来

---

①《汉书》卷二十七中，中华书局，1962年，第1397页。

②《春秋经传集解》（下册），上海古籍出版社，1978年，第937页。又王先谦《汉书补注》引钱大昭曰："今《左传》作瘈狗。《说文》无'瘈'字，当依此作'狾'。"国学基本丛书本，民国三十年，第2348页。

③《备急千金要方校释》卷二十五《蛇毒第二·猘狗毒附》，人民卫生出版社，1998年，第543页。

④古人对于狂犬病季节性流行的认识，也得到了现代医学的佐证。美国流行病学专家阿·斯·伊文思通过对狂犬病病例统计后指出："动物狂犬病发病高峰在春季及初夏，这种季节性与动物的繁殖季节是一致的。"见［美］伊文斯：《人类病毒性传染病》，天津医学院流行病教研室译，人民卫生出版社，1984年，第382页。

就有对天狗崇拜的风俗,有主及无主狗的数量可能更多。[1]

有关狂犬的特征,古代医书也有很多记载。晋葛洪《肘后备急方》说:如果狗"忽鼻头燥,眼赤不食,避人藏身,皆欲发狂";明人龚诩《野古集》有《风狗行》一诗描述疯狗的特征说:"风狗风狗名为猘,舌吐涎流尾垂曳。狂奔迅走不知归,恶势横行无所忌。"《疡医大全》说:犬发狂后往往无目的到处奔跑,"目红尾拖,急走无定";清代《万应良方秘本·治疯狗咬伤》也说疯狗"拖尾垂舌,不吠,而动即咬人",使人很难防备。[2]吕后在"还过枳道"时遇到的仓狗,应是一条无主的野狗,它游走不定,"张噱吐舌"、不叫不吠,突然出现,袭击吕后之后,又迅速隐去。加之被祭后回宫途中当是夜幕降临之时,[3]以至于当事人在受伤后还不能完全确定是否受到犬的攻击,给人留下"见物如苍犬""忽弗复见"的印象,恍惚如在梦中。[4]吕后遇到的这样一条来去无踪影、行踪隐秘迅捷、不吠不叫且极具攻击性的狗,与医书提到的狂犬特征十分吻合。由此来看,吕后在犬易发狂的三月所遇到的"仓狗"应是条狂犬,与《左传》襄十七年闯进华臣宅第的狗一样,也是一条"猘狗",或许这也正是班固《五行志》要暗示给后人的信息。

三、吕后的腋伤与"如意为祟""妖象犬形"现象

分析吕后的腋伤,其"掖伤"在肋下腋部,《水经注·渭水注》"霸水"条枳道谓:"见仓狗戟(吕后)胁于斯道也","胁"与"掖"(腋)义同。《论衡》则说得更确切,是"噬其左腋"。肋下左腋部为狂犬所伤,极易感染狂犬病。[5]而此后吕后腋伤的恶化以至死亡,也确实带有狂犬病患者的症状。

吕后在被袭击后人们只是模糊的认为"见物如苍犬",不能确定是不是为

---

①《水经注校证》卷十九《渭水注》引《三秦记》曰:"丽山西有白鹿原,原上有狗枷堡。秦襄公时,有大(天)狗来,下有贼则狗吠之,一堡无患,故川得厥目焉。"(中华书局,2007年,第457页)白鹿原后又称霸陵原,即霸上地区。

②患狂犬病的犬类,在发病期间具有攻击人畜的强烈欲望,常常盲目游走野外,甚至奔走百余里,袭击沿途遇到的人畜。王长安:《人与动物共患传染病》,人民卫生出版社,1987年,第32页。

③史书所谓"苍犬""仓狗",或是黑色及深色之犬,抑或是天色业已黑暗,事后人们看到的仅仅是一跑掉的狗影而已。

④也可能是吕后在归途辇乘中瞌睡时为闯进的野狗所袭击。《前汉纪》记此事作:"高后梦见物如苍狗,撠后腋,忽然不见。"《前汉纪》卷六《高后纪》,中华书局,2002年,第88页。

⑤上海第一医学院、武汉医学院主编的《流行病学》中指出:狂犬造成的"伤口部位越靠近头部及上肢,其发病率越高。"人民卫生出版社,1981年,第378页。

狗所伤,一方面说明攻击人的狂犬行动的敏捷和游走不定,另一方面也说明吕后的腋部被咬或抓造成的创伤起初并不明显,如果能够及时处理,本不应该成为一个大问题。狗在汉代被列为"六畜"之一,人们饲养十分普遍,汉人对"犬筮(噬)人""狂犬啮人"造成伤害的紧急处置,包括以酒冲洗、灸治等方法,已然相当完善。[①]但由于吕后受到创伤后,吕后及周围之人都认为此是鬼神出没祸人,所以首要的事情是"卜之",占卜的结果是赵王如意为祟。可想而知,在这种情况下对吕后腋伤的救治处理就不会受到重视,甚至是被忽视,采用的是巫术而不是医术的方法,将主要精力转到祈祷解灾的方面,[②]以至于错过了治愈犬伤最初的也是最佳的时机。原先并不严重的腋伤,四个月后却断送了吕后的性命,给人们留下的印象深刻。《汉书》记载吕后死因时更是言之凿凿地说"遂病掖伤而崩",前引《论衡·死伪篇》也明确说吕后是因腋伤"不愈而死"。班固和王充的这些记载,表明吕后在病重期间,腋部原先本不明显的伤痛已变得十分强烈,直到最后死亡都深受其困扰。[③]孙思邈指出:为犬所轻伤者,万万大意不得,忽视积极治疗,"若初见疮瘥痛定,即言平复者,此最可畏,大祸即至,死在旦夕!"[④]前引龚诩《风狗行》诗也说:"行人万一为渠嚙,失疗死亡知必至。"吕后被苍狗抓咬后由腋伤而致死亡的情况应该就是这样,重巫卜轻医治的"失疗",忽略了伤口的及时处理,导致了"可畏大祸"的发生。

"如意为祟"是常为人们斥以荒诞而不深究的问题。如意为祟的表现,一是指如意变为苍狗,也就是"如意假貌于苍狗"[⑤]作祟伤人;一是指吕后病危时

---

①　如《黄帝内经·骨空论篇》:"犬所啮之处灸之,三壮,即以犬伤病法灸之。"马王堆汉墓帛书《五十二病方》:"令[噬]者卧,而令人以酒财沃其伤。已沃而□越之。"文物出版社,1979年,第45页。

②　林富士指出:汉人常会利用"祷解法"来治理一些鬼神作祟的病。"主要是因为他们认为:人之疾病系因鬼神作祟所致,故而祈求鬼神之谅解,或求得鬼神之佑助,便能免除疾病。而鬼神之所以会作祟而使人生病。"其主要原因之一,"是人与鬼神之间有仇怨未解,或人得罪了鬼神所致。"见前揭林氏文。对受楚风影响深而尤重巫鬼的汉室来说,会更容易地采取这种祷解法。

③　现代临床医学表明:狂犬病患者在被抓咬后,"潜伏期中有些病人在受感染部位或从该处到脑之间的部位有疼痛、刺痛感、瘙痒或异常感觉"。到了发病期(前驱症状期),患者原先伤口处的疼痛感会异常的强烈。"患者已愈合的伤口周围会有烧灼、刺痛或蚁走感。"参见[美]贝兰:《人畜共患病毒性疾病》,人民军医出版社,1985年,第292页;李兰娟主编:《传染病学》,高等教育出版社,2004年,第83页。

④　《备急千金要方校释》卷二十五《蛇毒第二·猘狗毒附》,人民卫生出版社,1998年,第543页。

⑤　《抱朴子内篇校释》卷二《论仙》,中华书局,1985年,第21页。

的苍狗附体现象,如《论衡·订鬼篇》所说:"吕后且死,妖象犬形也。"①对此现象的正确解释和分析,是解开吕后病犬祸而亡疑云的关键问题之一。

吕后被苍犬咬伤或抓伤后,人们何以认为是赵王如意作祟?汉人坚信鬼神与人之间的冤仇会使人生病,特别是横死之鬼作祟更厉。②王充说:"世俗信祸祟,以为人之疾病死亡及更患被罪戮辱欢笑,皆有所犯。"③吕后也不会轻易将戕害赵王如意和戚夫人的事忘掉,相信他们的鬼魂会寻机为害。④加之吕后在祭祀后临近夜幕时刻的归途中遇到这样的事,会很容易和鬼神出没联系起来;再者在同一时节,这条霸上祓祭之途以往也是戚夫人常常来往之路。⑤由此吕后及卜者联想到戚夫人,谓戚夫人儿子如意的鬼魂化为苍狗作祟伤人,是非常自然的事,也即"以如意精神为苍犬,见变以报其仇也"⑥。

吕后最初感到赵王如意作祟,可以理解,属精神上的问题,是吕后对如意之鬼的恐惧,但后来为何因此而"遂病掖伤",转到体质上去,而且发病时还"妖象犬形",苍狗附体了。吕后及其周围的人大概都相信,鬼神真的能够危害生人。从巫的角度看,这是由精神对肉体产生的危害,但是从医的角度却不这么认为。古代医家在分析狂犬病病症时,特别注意到病患被狗咬伤后异常的精神状态,即肉体的创伤对精神影响。孙思邈《千金要方》指出:"凡狂犬咬人著讫,即令人狂,精神已别。"⑦宋代官修《圣济总录》也称:被"狂犬所噬,令人狂躁,精神异别"。医家所说的"精神已别""精神异别",即是为狂犬所伤初期产生的一种临床症状。结合吕后的情况看,腋伤之始,吕后对赵王如意作祟是有一种"精神异别"的恐惧感,但到后来人们的确发现:病危的吕后恐惧不安、嚎

---

① 《论衡校释》,中华书局,1990年,第946页。

② 如汉成帝之前,秦中地区一直祠祭秦二世,是"以其强死,魂魄为厉,故祠之"。(《汉书》卷二十五《郊祀志》注引张晏曰,中华书局,1962年,第1211页)

③ 《论衡校释》,中华书局,1990年,第1008页。

④ 又如《史记·吕太后本纪》载:七年正月丁丑赵王友被吕后拘禁饿死,己丑日出现日食,吕后恶之,就将此事与赵王友之死联系在一起,"乃谓左右曰:'此为我也'"。(《史记》卷九,第404页)

⑤ 《西京杂记》卷三《戚夫人侍儿言宫中事》载:戚夫人与高帝常常"三月上巳,张乐于流水"。《西京杂记》,三秦出版社,2006年,第146页。

⑥ 王充曾对这种认识加以驳斥说:"吕后酖如意时,身不自往,使人饮之,不知其为鸩毒,(愤)不知杀己者为谁,安能为祟以报吕后?使死人有知,恨者莫过高祖。高祖爱如意而吕后杀之,高祖魂怒宜如雷霆,吕后之死宜不旋日。岂高祖之精,不若如意之神,将死后憎如意,善吕后之杀也?"(《论衡校释》卷二十一《死伪篇》,中华书局,1990年,第905页)

⑦ 《备急千金要方校释》,人民卫生出版社,1998年,第543页。

叫狂乱,有如苍狗附体的失常举动,似乎如意的作祟又再次显验。从医家来看,这不过是重症时期病人的精神紊乱现象。巢元方《诸病源候论·狗齿重发候》说:"其猘狗啮疮,重发则令人狂乱,如猘狗之状。"①王充《论衡》所谓吕后死前的"妖象犬形"之状,正是医家描述狂犬病患者在病危重症发作时的"如猘狗之状"症状,这也与当时人对吕后身心状况的描述完全吻合。文帝元年在赐南粤王赵佗书中,曾谈到不久前死去的吕后的病状:"高后自临事,不幸有疾,日进不衰,以故誖暴乎治。"②因为病情日益恶化而导致的"誖暴乎治",既是说吕后对南粤错乱的政策,更是说吕后自身病重时狂乱的精神状态。与文帝所言高后有疾"誖暴"病态相印证,齐哀王刘襄在《遗诸侯书》中也谈到高后崩殂前有精神"惑乱"的问题。③

对如意为祟、苍狗附体现象,汉人一般是坚信不移,后人又往往视为荒诞附会之言,但从古代医家有关狂犬病病症的论述来看,这起看似荒诞的作祟附体事件的发生,背后竟有着合理的医学解释!④

四、吕后的"病甚"及其后事安排的理性状态

分析吕后由腋伤到崩殂的时间。吕后被狂犬所伤是在高后八年"三月中"被霸上后的归途中,"七月中"病甚,"辛巳"崩。⑤"祓"指祓禊,汉代为三月的上

---

①《诸病源候论校释》(下册)卷三十六《兽毒病诸候》,人民卫生出版社,1980年,第993页。

②《汉书》卷九十五《两粤传》,中华书局,1962年,第3849页。

③ 吕后死,朱虚侯刘章与其兄齐哀王刘襄谋发兵西诛诸吕,齐王乃遗诸侯王书曰:"高后用事,春秋高,……忠臣进谏,上惑乱弗听。今高后崩,而帝春秋富,未能治天下,固恃大臣诸侯。"(《史记》卷九《吕太后本纪》,第407页)刘章娶吕禄女为妇,高后晚年"儿子畜之",常在身边侍奉,高后病重时精神"惑乱"现象,当是刘章等近臣亲眼目睹。

④ 现代医学也表明:作为人畜共患的自然疫源性传染病,狂犬病毒对神经组织有强大的亲和力。病毒会自咬伤部位繁殖后,逐渐侵入骨髓和整个中枢神经系统,最后再向周围神经离心性扩散。临床表现则为重症期的部分病人,"有精神失常、谵妄、幻视幻听、猛烈的异常行为和嚎叫等,甚至发展为全身肌肉阵发性、痉挛性抽搐状态"。参见邢继才、张维兴:《传染病的神经精神表现》,北京医科大学中国协和医科大学联合出版社,1993年,第91~92页。

⑤《史记》卷九《吕太后本纪》,第405、406页。

巳日①,这一年的三月上巳日为三月初四。病情恶化是在"七月中",没有具体哪一日。七月辛巳死亡,辛巳日为七月三十日②。由此,从吕后腋部为苍犬所伤到其死亡,前后共一百四十八天。在这一期间,又可分为两个时期。第一个时期,从腋伤到病甚,病症并不明显,③时间比较长,约四个月的时间。第二个时期,由病重到崩殂,时间比较短,病症急速恶化并很快死亡。"病甚"的具体时间不好确定,只是"七月中",到七月三十日,长不过二十几日,短只有数天左右。不过"病甚"中的吕后说过"我即崩",而史家又明确记载下来,说明后来的情况确实应验了她的预言,所以吕后病危的时间应该不会长,"七月中"很可能在七月下旬,离月末她的死亡也只有数天的时间。

按着现代医学的分期,我们可将吕后病犬祸的第一个阶段称为病症的潜伏期,第二个阶段为发病死亡期。四个月的潜伏期,可以排除吕后死于破伤风的可能。④吕后腋伤的这种潜伏期时间比较长而发病死亡期时间比较短的特征,和古代医家所描述的狂犬病患者的临床表现非常近似。《千金翼方·备急方》说:凡为猘犬所伤者,莫过于灸治,"百日之中一日不阙者,方得免难……",其后还要禁食生鱼、肥腻等食物,"能过一年乃佳"。 也就是说短则百日、长则

---

① 《周礼》"女巫掌岁时被除衅浴"句,郑注:"岁时被除,如今三月上巳如水上之类。"司马彪《后汉书志·礼仪志》上"祓褉条"亦谓:"是月上巳,官民皆絜于东流水上,曰洗濯祓除去宿垢疢为大絜。絜者,言阳气布畅,万物讫出,始絜之矣。"(《后汉书》,中华书局,1965年,第3110页)汉初皇室有三月上巳日的祓褉习惯,除吕后外,还有如前引《西京杂记》载戚夫人与高帝的"张乐于流水"、《汉书·外戚传》武帝的"祓霸上"等。

② 陈垣的《二十史朔闰表》在推算汉代太初改历以前朔闰依据的是"殷历"。1973年出土的银雀山汉墓古历书表明,太初以前使用的是"颛顼历"。故这一时期上巳日、辛巳日的推算,参见陈久金、陈美东:《临沂出土汉初古历初探》一文中《汉高祖元年至汉武帝元封六年朔闰表》,《文物》1974年第3期。

③ 《史记·吕太后本纪》载在八年三月之后:"高后为外孙鲁元王偃年少,蚤失父母,孤弱,乃封张敖前姬两子,侈为新都侯,寿为乐昌侯,以辅鲁元王偃。及封中大谒者张释为建陵侯,吕荣为祝兹侯。诸中宦者令丞皆为关内侯,食邑五百户。"吕后的这一系列活动,表明她在腋伤之后的一段时期内病症相对较轻。

④ 破伤风古代称为"痉",是由于金刃等外伤而引致的病症。马王堆汉墓帛书《五十二病方》记载了"伤痉"病症的判断及其诊治方法,认为"痉者,伤,风入伤,身信(伸)而不能诎(屈)"(文物出版社,1979年,第36页);其治疗处方多达六种,用药剂型也显多样化,表明汉人对破伤风的认识和治疗已达到相当高的水平。破伤风潜伏期较短,通常为四至十四天,潜伏期越短则病情越严重,死亡率也越高,而且破伤风病人有"口急"或"口噤"的失语症(参见《中国大百科全书·中国传统医学卷》,中国大百科全书出版社,1992年,第308页)。吕后四个月的病症潜伏期及其临终前安排后事时清晰的语言表述,与破伤风的特征并不相符。

一年,度过这段时期,就基本没有什么大碍了。如果过不去,从发病到死亡的时期则相对很短。赵竹泉《医门补要·疯犬毒述》说狂犬病一旦发作后,"即作犬吠,数日乃毙"。[①] 现代医学也指出:潜伏期长和发病死亡期短是狂犬病流行病学的两大特征。狂犬病患者的潜伏期时间最长的可达十几年之久,最短则十天,但多数情况在一年以内,而以三个月最为常见。一旦进入发病期,患者的病情就会急速恶化,通常十天左右即致人死亡。[②]

众所周知,人被狂犬咬伤或抓伤,并非全部发病,发病与否以及潜伏期的长短与五种因素有关:创伤的部位越靠近头、颈及上肢者;创伤的程度深而伤口多者;被创后伤口未得到及时处理者;伤者衣服穿着越薄者;创伤后精神高度紧张者,这些因素越多,伤者的发病几率就越高,而潜伏期也越短,反之亦然。[③] 回过来具体看吕后的情况,和以上所列因素非常接近:一是创伤的部位在左腋,位置比较靠上,末梢神经分布比较丰富;二是由于相信巫术而没有及时地进行伤口的医学处理;三是季春上巳祓浴时节的衣服穿着不会太厚,[④]四是伤后精神过度紧张,惧怕如意的作祟。这些都是诱发狂犬病的危险因素。而略显相反的因素只有一条,吕后的创伤程度可能较轻,但不能排除诱发狂犬病发病的条件,这也许是吕后病症潜伏期超过百日相对长一些的原因。由此看来,吕后的"病甚"就是进入了发病期。吕后从腋伤之始到病重的四个月,从病重到死亡的不超过十数天,或者更短,其病症潜伏期相对之长,发病及病死之急,与狂犬病的发病特征有着极为相似之处。

吕后临终前的表现值得深究。《史记·吕太后本纪》:

> (八年)七月中,高后病甚,乃令赵王吕禄为上将军,军北军,吕王产居

① 赵竹泉:《医门补要》,珍本医书集成本第14册"杂著类",上海科学技术出版社,1986年,第40页。

② 邢继才、张维兴:《传染病的神经精神表现》,北京医科大学中国协和医科大学联合出版社,1993年,第91页;栗秀初、孔繁元:《现代神经内科急症学》,人民军医出版社,1999年,第226页。

③ 见《中国大百科全书·现代医学卷》"狂犬病"条,中国大百科全书出版社,1993年,第743页。

④ 三月的霸上被除祓浴之俗,就已表明这一时节当地的气候要比后世温暖得多。《史记·货殖列传》有"渭川千亩竹"之谚,竺可桢先生说:"可知司马迁时亚热带植物的北界比现时推向北方。"《氾胜之书》有"三月种粳稻,四月种秫稻"句,王子今先生指出:"然而现今西安地区以水稻插秧为主要农事活动的仲夏时令,平均初始日期为6月11日±11天。考虑到育秧所用时间,西汉时种稻仍较现今为早,这或许也可以看作当时气候较暖的征象。"《竺可桢文集》,科学出版社,1979年,第481页;王子今:《秦汉时期气候变迁的历史学考察》,《历史研究》1995年第2期。

南军。吕太后诫产、禄日:"高帝已定天下,与大臣约,曰'非刘氏王者,天下共击之'。今吕氏王,大臣弗平。我即崩,帝年少,大臣恐为变。必据兵卫宫,慎毋送丧,毋为人所制。"辛巳,高后崩。遗诏赐诸侯王各千金,将相列侯郎吏皆以秩赐金。大赦天下。以吕王产为相国,以吕禄女为帝后。①

　　吕后死前已是病入膏肓,可她对自己辞世后的形势分析和对策布置却考虑周详、预制得当,其遗诏也应是其本人生前的安排而非别人代劳,如赐诸侯王及大臣金是为了安抚"大臣弗平",以吕禄女为少帝后是针对"帝年少"的举措,汉诸旧臣谋图吕氏之行已然在吕后掌握之中。若非诸吕凡庸,未能依太后懿旨而行,断不至于让绛侯、陈平、朱虚之阴谋得逞,而有家族覆灭之祸。

　　吕后崩殂前安排后事时的思路之清晰与理性状态,与之前她对如意为祟的迷惑、恐惧及后来的如猘犬一样狂颠状态,前后判若两人。为什么有这种变化? 这不像是一般患者在病危时常表现出神志模糊的濒死状态,而应是狂犬病患者临终前一种特有的现象。现代医学研究发现:狂犬病患者在病危期间,时常有咽喉部痉挛的发作,继而出现恐水、怕风、怕光现象,痉挛发作时会异常惊恐、紧张、焦躁不安和喊叫不停;发作过后,病人则比较安静,言语清晰,神志处于清醒和理智状态,与周围的人也表现出合作的态度,极少有侵人行为。这种间歇性的清醒状态持续一至三天左右即迅速进入昏迷状态,很快会因呼吸、循环功能衰竭而死亡。②《吕太后本纪》中记载的吕后病危时对后事的审慎安排和理性状态,以及不久后很快的死亡,似乎也印证了一个狂犬病病人生命最后所表现出来的症状。

五、"即崩"预言与江汉水溢

　　除了吕后安排后事清晰的语言和神智外,她说"我即崩",对自己将不久于人世的准确预感亦值得注意。这是吕后知天命之言,还是一种病症的表现? 吕后从病甚到死亡时间短,之前并无长时饱受剧烈病痛的煎熬,腋伤的不时作痛也不会令人感到对生命的绝望,为何突然预感到死亡即要降临? 这说明她

---

　　①《史记》卷九,第406页。
　　② 邢继才、张维兴:《传染病的神经精神表现》,北京医科大学中国协和医科大学联合出版社,1993年,第91页;栗秀初、孔繁元:《现代神经内科急症学》,人民军医出版社,1999年,第226页。

在此时感到有非常恐惧的事情已经到来。别人会认为是如意的作祟使太后恐惧不安,可实际情况不是如此。腋伤之初吕后的若有所惧当然是如意的作祟,但这种恐惧并不是致命的,四个月间的相对无事就可说明,临终前她最为忧虑的是"大臣弗平",也不是鬼神的作祟。那么,此刻让吕后想到死的恐惧会是什么事情呢? 如前所述,狂犬病患者病危期间表现出对水、风、光的恐惧,最怕的是水,所以一般医书上也将狂犬病症称为"恐水症"。让吕后恐惧不安的是不是可怕的大水将至,自己会有灭顶之灾呢? 由吕后病重前所发生的事件去分析,极有这样的可能。

吕后被苍犬所伤在八年三月霸水之边被除祓浴后的归途中,腋伤之始就与水有关,会给她留下深刻印象;到秋七月中"病甚"之前亦有大水发生。《汉书·高后纪》载:

> 夏,江水、汉水溢,流万余家。秋七月辛巳,皇太后崩于未央宫。①

《五行志》亦载:

> 高后三年夏,汉中、南郡大水,水出流四千余家。四年秋,河南大水,伊、洛流千六百余家,汝水流八百余家。八年夏,汉中、南郡水复出,流六千余家。南阳沔水流万余家。是时女主独治,诸吕相王。②

高后三年的江汉大水,人们印象深刻,这是对长江流域洪灾现存最早文献上的记述。八年夏吕后病重前的再次水溢,造成的灾害更大。

汉代盛行天人感应之说,水之为患亦属此中。杨树达《汉书窥管》"五行之第七上"说:"古人于君主专政无奈之何,故创为阴阳五行灾异之说以恐之。汉世此说盛行,故班创为此志以记其说。"③汉人不但以灾异之说恐吓独治之君主,自身也会深信不疑。汉人本来深信吕后是死于如意为祟造成的腋伤,而班固于《高后纪》中却将江、汉水大溢与高后崩殂并书,《五行志》中又将洪水之灾

---

① 《汉书》卷三,中华书局,1962年,第100页。
② 《汉书》卷二七,中华书局,1962年,第1346页。
③ 杨树达:《汉书窥管》卷三,上海古籍出版社,1984年,第132页。

与吕后的独治及诸吕相王联系一起,其中之意味深长。它曲折地表明了这样一个事实:人们从吕后临终前对水的极度恐惧中,看到了上天的神力,坚信高后末年的大水就是对她的恐吓和惩戒,而史家当时亦将此忠实地记录下来,到班固作《汉书》时又将此郑重载入其中。本文作如此推测,似有如谶纬之征的附会嫌疑,但有其合理性:正是八年夏的江汉水灾的上报导致了吕后对死亡的恐惧和预感,不然就无法解释她突然冒出的"即崩"之言。①

高后八年"夏"的水溢与吕后"七月中"的病危,从时间上似乎没有什么直接联系,实际并不然。关于高后八年"水溢"的时间,《汉书》只记载在夏季,具体为哪月不详,但可以推测出大致月份。江水、汉水水溢的灾区主要在汉中、南郡和南阳三郡,据《中国历代天灾人祸表》书中水灾状况的统计,从155年到441年近三百年的时间内,这一流域夏秋之际有明确记载月份的大水共有六次,以六、七、八的三个月常见,七月为最高峰。②七月已入秋季,故高后"八年夏"的江汉水溢在夏季末的六月发生的可能性最大,而且也应是在六月中比较靠后的时段。按《五行志》所述次序,处在上游的汉中郡会稍早些,而南阳最晚,当六月的三郡水溢及其造成灾害的情况了解后并再传递到长安,应该已是七月之中了。这就是说,吕后病甚的"七月中",恰恰是江汉水患消息上报到朝廷之时,二者之间应是有着紧密的关联。狂犬病患者最害怕的是谈论和听到有关水的事情,吕后身边的人并没意识到太后的腋伤与狂犬有关,而且像江、汉这样大的水灾也不能不上报,汉中又为汉家的龙兴之地。一定是连续上报的江汉滔滔洪水消息的不断刺激,让吕后感到了极大的恐惧,有大难临头的预兆感,知道自己"即崩"之期的到来!

---

① 邢继才、张维兴《传染病的神经精神表现》指出:"恐水"为狂犬病特有症状,病危期间说水、想水、饮水均可促其发作,"其突出表现为焦虑和极度恐怖,有大难临头的预兆感"。(北京医科大学中国协和医科大学联合出版社,1993年,第91页)。

② 六次大水中,七月两次、五、六、八、九月各一次。具体水溢的时间:汉桓帝永寿元年(155年)南阳,六月大水;汉献帝建安二年(197年)九月,汉水溢;建安二十四年(219年)八月,大霖雨,汉水溢;晋惠帝永宁元年(301年)南阳,七月大水;晋孝武帝太元十五年(390年)沔中诸郡,七月大水;宋文帝元嘉十八年(441年)五月,沔水泛溢(见陈高傭等编:《中国历代天灾人祸表》,上海书店1986年影印版)。在现代,汉江流域一般年份的主汛期在七至十月间,与夏历的六至九月大约一致,4个月径流量占年径流量的65%(《中国大百科全书·中国地理卷》"汉江"条,中国大百科全书出版社,1993年,第162页),这一流域的主汛期古今差别无多。

六、"病犬祸而崩"的结论

最后,我们不妨把吕后的病史还原如下:

吕后在犬易发狂的三月初外出被祭,夜幕下的归途中,被急走无定的狂犬抓咬伤腋部。由于相信巫师的如意作祟之言,忽视了积极的医学救治,因而埋下祸根。经过近四个月的潜伏期后,七月中吕后的狂犬病病症急速发作,在对江汉水患灾报的极度恐惧中,她预感到自己死期即将到来。发狂兴奋期过后的短暂清醒阶段,吕后对身后家族的命运作了精心的安排,不久后进入麻痹期,辛巳日死亡。

综合以上各方面的考察与分析,《史记》《汉书》及汉人其他文献对吕后病犬祸的记载虽然简略、零散,但从疾病症状学上去分析对比,其间透露出的种种迹象,能够构成一个前后比较完整的、合于狂犬病病患症状的证据链条。说这只是"巧合"恐怕很难说得通。我们可以这样推定:导致吕后腋伤的真正元凶是狂犬,其最后的死亡也是因狂犬病发作而致。在目前所能见到的资料情况下,这可能是最为合理的解释了。吕后大概是在我国古代文献记载中患狂犬病身亡的最早病例。

英国疾病史专家弗雷德里克·F.卡特赖特和迈克尔·比迪斯著有《疾病改变历史》一书,书中列举了历史上一些疾病改变历史进程的重大事件。[1]公元前180年吕后突患狂犬病的意外死亡,使得政治根基尚不稳固的诸吕,在她死后不久就被诸刘及刘邦旧臣迅速扑灭,进而改变了日后汉家王朝的政治走向,或许也可算作疾病改变历史的又一例证。

原稿附记:

本文在写作过程中,曾在"《汉书》选读"课上得到与课同学的热情讨论和建议;成稿后,又蒙杨琳、余新忠、陈絜诸位先生批阅指正。在此谨志谢忱。

本文原刊载于《南开学报》(哲学社会科学版)2007年第2期,《新华文摘》2007年第10期转载了文章的主要观点,此次收入有修订。

---

① [英]弗雷德里克·F.卡特赖特、迈克尔·比迪斯:《疾病改变历史》,陈仲丹、周晓政译,山东画报出版社,2004年。

本文作者:

闫爱民,山东东阿人,1956年生于天津,历史学博士,南开大学中国社会史研究中心暨历史学院教授。1974—1978年天津港务局装卸工;1982年天津师范大学本科毕业,1982—1986年天津市华安街中学教师;1990年南开大学硕士研究生毕业,2002年在职博士生毕业;2002、2009年度韩国庆熙大学、美国明尼苏达大学访问学者。1990年就职于南开大学历史系(学院),曾开设历史文选、中国古代婚姻家庭史、《汉书》选读、秦汉史料精读等本科、研究生课程,2021年9月退休。

马孟龙,辽宁沈阳市人,南开大学历史学院2005级硕士研究生,现任教于复旦大学历史系,副教授。

秦汉时期的"赐民爵"及"小爵"

刘 敏

一、西嶋定生的相关研究

编户民拥有爵位,即爵位非贵族化,是秦汉二十等爵制的最大特点,历来被学术界重视和关注。除了因军功或事功而被赏赐爵位外,对绝大多数占有爵位的编户民来说,是因为皇帝普施恩惠,对天下普遍赐爵而获得,尤其是在战火硝烟已经远去的和平时期,普遍赐爵是编户民占有爵位的主要原因和途径。正因如此,赐民爵的相关问题,特别是赐民爵的对象和范围,成为秦汉二十等爵制研究中的重要一环。而在这方面研究中最有成就的学者,应该是日本已故著名历史学家西嶋定生。

20世纪60年代,西嶋定生教授在其代表作《中国古代帝国的形成与结构——二十等爵制研究》①一书中,对"赐民爵"问题进行了系统研究,卓见迭出。如对文献史料中两汉420年间共计90次的赐爵情况进行了搜集、梳理,并结合当时所能见到的西北地区出土的简牍史料作进一步考订分析,研究极其细腻。对于秦汉(主要是两汉)时期赐民爵的对象和范围,西嶋先生研究的结论是:"赐爵对象是编户良民","并不一定限于家长",而是全体编户良民男子,尤其是认为"民爵赐与是对小男亦即14岁以下男子既已实行"。②这个认识非常重要,但长期并未被国内学术界所重视,也少有正面肯定或反面否定的直接回应,关注秦汉爵制的中国学者基本还是固守古人留给我们的传统看法。认为赐民爵是赐予每户的家长,证据是基于《后汉书·明帝纪》载:"其赐天下男子爵,人二级",李贤注引《前书音义》曰:"男子者,谓户内之长也。"还有《汉书·惠

---

① 东京大学出版会1961年。中译本《二十等爵制》,武尚清译,国际文化出版公司,1992年。

② 《二十等爵制》,第172、176、198页。必须一提的是,西嶋定生在1974年出版的《中国的历史2·秦汉帝国》(中译本《白话秦汉史》,黄耀能译,文史哲出版社,1983年)一书中曾经修改了自己原来的结论:"赐与民爵,因不仅仅是户主,而是十五岁以上的所有男子,都给与爵位。"(第93页)本文讨论依据其《二十等爵制》一书的观点。

帝纪》载:"赐民爵,户一级",颜师古注曰:"家长受也。"有的中国学者把爵位与官职相等视,认为二者一样是成年人才能拥有的,赐民爵是与没有傅籍的未成年人不相干的事情。近二十多年来,大量一批批秦汉三国简牍接踵出土,其中珍贵的"小爵"史料,证明了西嶋当初结论的正确,也证实了多数学者都被《前书音义》所误。

张家山汉简中有关"小爵"的简文如下:

> 不更以下子年廿岁,大夫以上至五大夫子及小爵不更以下至上造年廿二岁,卿以上子及小爵大夫以上年廿四岁,皆傅之。[1]
> 信行离乡,使舍人小簪袅逗守舍……[2]

简文中涉及到的小爵有"小爵不更""小爵上造""小爵大夫"和"小簪袅"。里耶秦简中有一组关于小爵的簿籍简,简文例举如下:

1(K27)

第一栏:南阳户人荆不更蛮强

第二栏:妻曰嗛

第三栏:子小上造□

第四栏:子小女子驼

第五栏:臣曰聚

      伍长

2(K1/25/50)

第一栏:南阳户人荆不更黄得

第二栏:妻曰嗛

第三栏:子小上造台

      子小上造

      子小上造定

---

[1] 张家山247号汉墓竹简整理小组:《张家山汉墓竹简(二四七号墓)》,文物出版社,2001年,第182页。

[2] 张家山247号汉墓竹简整理小组:《张家山汉墓竹简(二四七号墓)》,文物出版社,2001年,第220页。

　　第四栏:子小女#

　　　　　子小女移

　　　　　子小女平

　　第五栏:五长①

　　简文中涉及的小爵为"小上造",这里转引的只是两个簿籍中的例子,类似的拥有"小上造"爵位的,在这一批簿籍简中可确认无疑的共有20人之多。②另外,在走马楼三国吴简中存在一大批拥有爵位的未成年人,甚至是拥有庶民所能占有的最高爵位"公乘"。例如:

　　　　常迁里户人公乘何樵年十三 (2951)③

　　　　子公乘儿年五岁 (3011)④

　　　　子公乘砀年七岁 (3319)⑤

　　　　子公乘哀年十 (3321)⑥

　　　　子公乘荣年八岁 (3324)⑦

　　　　子公乘兆年十一 (3363)⑧

　　　　惊弟公乘仲年五岁 (2958)⑨

---

① 湖南省文物考古研究所:《里耶发掘报告》,岳麓出版社,2007年,第203页。
② 详见《里耶发掘报告》,岳麓出版社,2007年,第203～208页。
③ 长沙市文物考古研究所、中国文物研究所走马楼简牍整理组、北京大学历史系编著:《长沙走马楼三国吴简·竹简(壹)》,文物出版社,2003年,第955页。
④ 长沙市文物考古研究所、中国文物研究所走马楼简牍整理组、北京大学历史系编著:《长沙走马楼三国吴简·竹简(壹)》,文物出版社,2003年,第956页。
⑤ 长沙市文物考古研究所、中国文物研究所走马楼简牍整理组、北京大学历史系编著:《长沙走马楼三国吴简·竹简(壹)》,文物出版社,2003年,第964页。
⑥ 长沙市文物考古研究所、中国文物研究所走马楼简牍整理组、北京大学历史系编著:《长沙走马楼三国吴简·竹简(壹)》,文物出版社,2003年,第964页。
⑦ 长沙市文物考古研究所、中国文物研究所走马楼简牍整理组、北京大学历史系编著:《长沙走马楼三国吴简·竹简(壹)》,文物出版社,2003年,第964页。
⑧ 长沙市文物考古研究所、中国文物研究所走马楼简牍整理组、北京大学历史系编著:《长沙走马楼三国吴简·竹简(壹)》,文物出版社,2003年,第965页。
⑨ 长沙市文物考古研究所、中国文物研究所走马楼简牍整理组、北京大学历史系编著:《长沙走马楼三国吴简·竹简(壹)》,文物出版社,2003年,第955页。

困弟公乘礼年九岁(3947)①
高姪子公乘恨年五岁(2937)②

类似的记载着拥有公乘爵的未成年人的简牍还有很多,从此处列举的简文看,就身份而言,既有本人为"户人"即户主者,也有是户主的儿子、姪子、弟弟者,其中最多者是户主的儿子。就年龄看,其中最大者是为"户人"的,也只有13岁,大多数人均不足10岁,甚至只有5岁。

其实,早在20世纪30年代出土的第一批居延汉简中,就存在未傅籍成年的小男占有爵位的踪迹,西嶋定生正是据此而认定汉代赐民爵的范围是包括14岁以下的小男的,但由于简文中的一些不确定因素,致使国内学者对他的这一重要观点没有重视或认同。下面列出其中可能是在未傅籍成年时就占有爵位的8条简文(西嶋定生当初搜集了7条,缺少笔者增补在最后的340.6一条):

葆鸢鸟息众里上造颜收年十二长六尺黑色——皆六月丁巳出 不(15.5)③
鄣戍卒南阳郡叶宁里公乘张鞅年廿三吏官一人持吏卒名籍诣府须集帛书(185.14)④
鱳得定国里簪裹王遗年廿□ 今肩水当井隧长代□偃(183.6)⑤
☑都里不更司马奉德年廿长七尺二寸黑色(387.3)⑥
☑公乘孙辅年十八长七尺一寸黑色(334.41)⑦
■弟子公士博士黑色年十八(62.19)⑧
葆 鸢鸟大昌里不更李恽年十六(51.5)⑨

① 长沙市文物考古研究所、中国文物研究所走马楼简牍整理组、北京大学历史系编著:《长沙走马楼三国吴简·竹简(壹)》,文物出版社,2003年,第977页。
② 长沙市文物考古研究所、中国文物研究所走马楼简牍整理组、北京大学历史系编著:《长沙走马楼三国吴简·竹简(壹)》,文物出版社,2003年,第955页。
③ 谢桂华等:《居延汉简释文合校》,文物出版社,1987年,第23页。
④《居延汉简释文合校》,文物出版社,1987年,第296页。
⑤《居延汉简释文合校》,文物出版社,1987年,第293页。
⑥《居延汉简释文合校》,文物出版社,1987年,第547页。
⑦《居延汉简释文合校》,文物出版社,1987年,第525页。
⑧《居延汉简释文合校》,文物出版社,1987年,第109页。
⑨《居延汉简释文合校》,文物出版社,1987年,第88页。

☑弘敢言之祝里男子张忠臣与同里☑

☑年卅四岁谭正☐大夫年十八岁皆毋官狱☑

☑☐勿苛留止如律令 ／ 令史始☐☑ (340.6)①

以上8条简文完全没有疑义的只有3条,即第四条387.3简、第五条334.41简、第七条51.5简,其他5条均存在疑义。在这5条释文有疑义的简中,有两条属于人名和里名的释文有疑义,即第六条62.19简的人名和第八条340.6简的里名,与本文所讨论的未傅籍成年者占有爵位问题关系不大,故不作讨论。而另外三条简文的疑义都关涉人的年龄。

其中第一条15.5简中的"年十二",最初曾经释为"年廿二",后又改为"年十二",②而1980年出版的《居延汉简甲乙编》则又改释为"年十五",而且之后还释有"☐"。③第二条185.14简,有学者认为缀合有误,④对其中的"年廿三",西嶋定生认为是"年廿武",⑤使公乘张鞅的年龄由23岁变成了20岁。第三条183.6简中的"年廿☐",西嶋定生则引为"年廿",致使簪褭王遗的年龄由二十多岁便成了整20岁。这三条简文中有爵者的年龄如果真的是20岁以上,显然不适合作为小男为赐民爵对象的证据。如果减去这3条史料,虽然对结论证明有一定影响,但不是绝对和致命的,毕竟还有其他5条简文。

上面所引的第一条简文(按照"年十二"算)是居延汉简中唯一的一条小男具有爵位的明确且直接的史料,但如果按照"年廿二"算,它就应该被排除,因为22岁为上造爵,与小男占爵没有关系;如果按照"年十五"算,这条简文就与其他7条简文一样,虽然够不上小男具有爵位的明确而直接的史料,却属于间接的不确定史料。所谓间接的不确定史料是说这些簿籍在登录时,有爵者并非是年龄在14岁以下的小男,但把他们当时的年龄和所拥有的爵位等级综合分析,可以推测出他们最初接受赐爵时年龄应该在14岁以下。西嶋定生当初结论的得出还依赖两个前提,一是要排除他们是因为军功而一次就可以获得多级爵位,二是要假设他们所具有的爵位必须是通过一次一级地普遍赐爵逐

---

① 《居延汉简释文合校》,文物出版社,1987年,第533页。
② 《二十等爵制》,武尚清译,国际文化出版公司,1992年,第202页注(26)。
③ 《居延汉简释文合校》,文物出版社,1987年,第23页该简文下的"按"。
④ 《居延汉简释文合校》,文物出版社,1987年,第296页。
⑤ 《二十等爵制》,武尚清译,国际文化出版公司,1992年,第202页注(25)。

年积累的。没有这些先决条件,在张家山汉简、里耶秦简、走马楼吴简面世以前,小男与成年男子一样是国家赐爵对象的结论是难以得出的。因此笔者认为,西嶋当初的结论有一定的臆测成分,国内学者对其结论缺乏认同,确有一定的合理性。等到张家山等小男占有小爵简牍的陆续出土,才证实了西嶋当初推测的正确性。

西嶋定生在研究赐民爵问题时,对文献史料和居延汉简搜集的全面和梳理的细腻是无以伦比的,因此他才能在史料不充分、不确定的条件下触摸到历史的真实,令人敬佩。但是,他毕竟是在仅有15.5简一条直接史料的情况下来证明小男可以拥有爵位的,而且大家对其中年龄的释文还有分歧,其结论的坚实性必然受到限制,今天我们有条件对这种研究做出新的补充和推进。

二、小男爵位与成人爵位的异同

西嶋定生只是认为14岁以下的小男也是国家赐爵的对象,他们可以同成年男子一样占有爵位,而没有说明这些小男拥有的爵位与成年人拥有的爵位有什么不同,也许西嶋不认为或者没有意识到二者会有不同,但实际并非如此,无论是名称还是所获惠利都是有区别的。

首先看小男所拥有的爵位名称。在张家山汉简和里耶秦简中,这种未傅籍成年者占有的爵位被称为"小爵",如前所引张家山汉简中的"小爵不更""小爵上造""小爵大夫"和"小簪袅",以及里耶秦简中的"小上造"等。而且从张家山汉简、里耶秦简和走马楼三国吴简的对照中,似乎还可以看出一种演变趋势,即秦和西汉前期未傅籍成年者占有的爵位,在一般二十等爵级名称前面明确冠以"小"("小簪袅""小上造")或者是"小爵"("小爵不更""小爵上造""小爵大夫"),而随着历史的发展带来整个二十等爵的轻滥,"小""小爵"字样不再被突出强调,如走马楼吴简中,几岁小儿占有的爵位名称前也没有了"小"或"小爵"的字样。而且随着赐爵越来越频繁,所赐级数也越来越多,在"爵过公乘得移与子若同产子"[①]的制度规束下,越来越多的父兄要把超过八级公乘的爵位转移给子侄兄弟,致使小男们一方面自己是国家赐爵的对象,另一方面又接受越来越多的爵位移授,遂造成小男占有爵位者的年龄越来越小,而拥有爵位的级数越来越高,如前引,从秦朝及西汉初的小上造、小簪袅、小不更、小大夫到

---

① 《后汉书·章帝纪》,中华书局,1965年,第129页。

三国时的小公乘,走马楼吴简中拥有公乘爵位者甚至多是三五岁的幼儿。

其次看小爵拥有者所获得的惠利。不论是传统文献还是出土简牍都没有直接涉及,但我们可以通过逻辑分析而得出一些认识。秦汉时期的爵位等级众多,等级之间爵位占有者所能获得的惠利有很大的差别。依据惠利不同,笔者把秦汉时期的爵位分成三大类别:贵族爵(一般来说包括诸侯王、列侯及关内侯等食邑等级)、官(卿)爵(二十等爵中的第十八级大庶长以下到第九级五大夫)和(吏)民爵(二十等爵中第八级公乘以下)。

两汉时期未成年的王侯不乏其人:"高皇帝拨乱世反诸正,昭至德,定海内,封建诸侯,爵位二等,皇子或在襁褓而立为诸侯王。"①又如汉武帝时大将军卫青"三子在襁褓中,皆封为列侯"。②这些襁褓中的王侯无疑是小爵王侯。又如东汉时期邓禹的少子邓鸿、马防的儿子马距均曾被封为"小侯"③,汉明帝时"为四姓小侯开立学校,置《五经》师"④。但由于西嶋定生主要讨论的是民爵,特别是"赐民爵"问题,所以关于贵族爵和官爵等级类别中的小爵问题,在此不进行讨论,只讨论八级以下民爵类别中的小爵问题,而且简牍史料中涉及的具体小爵,不管是小上造、小簪褭,还是小不更、小大夫,也全部属于这个类别。为了搞清小爵与非小爵在惠利方面的差别,我们首先看八级以下爵位,即所谓民爵带给非小爵的爵位所有者哪些惠利,然后再和小爵比较。民爵带给爵位所有者的惠利,可以分列为以下五个方面:

一是减免刑法。爵之有无高低,在犯罪量刑时是绝对不一样的,《商君书·境内》就有如是规定:

> 爵自二级以上,有刑罪则贬,爵自一级以下,有刑罪则已。

这一点恐怕是爵位对人们最有吸引力的地方。到汉代,晁错就曾在给皇帝的上疏中明言:

---

① 《史记·三王世家》,中华书局,1959年,第2109页。
② 《史记·外戚世家》,中华书局,1959年,第1980页。
③ 《后汉书·邓禹列传》,中华书局,1965年,第605页;《后汉书·马援列传》,第856页。
④ 《后汉书·明帝纪》,中华书局,1965年。

得高爵与免罪,人之所甚欲也。①

《汉书·惠帝纪》中诏令说:

> 上造以上及内外公孙儿孙有罪当刑及当为城旦舂者,皆耐为鬼薪
> 白粲。

这种优待有爵者的法规在云梦睡虎地出土的《秦律》和张家山汉简的《二年律令》中都有反映:

> 有为故秦人出,削籍,上造以上为鬼薪,公士以下刑为城旦。②
> 上造、上造妻以上,及内公孙、外公孙、内公耳玄孙有罪,其当刑及当为城旦舂者,而以为鬼薪白粲。③
> 公士、公士妻及□□行年七十以上,若年不盈十七岁,有罪当刑者,皆完之。④

有爵者和无爵者、爵高者和爵低者是同罪不同罚的;只要有爵,就可以获得减刑的好处。

二是减轻徭役负担。汉人卫宏的《汉官旧仪》卷下记载:

> 男子赐爵一级以上,有罪以减,年五十六免。无爵为士伍,年六十乃免者,有罪,各尽其刑。

"免者"有的版本也写作"免老"。免或免老,是指因年龄大而免除为国家服役的义务。有爵者比无爵者早四年免老。张家山汉墓《二年律令·傅律》也

---

①《汉书·食货志》,中华书局,1962年,第1134页。
② 睡虎地秦墓竹简整理小组:《睡虎地秦墓竹简》,文物出版社,1978年,第130页。
③ 张家山247号汉墓竹简整理小组:《张家山汉墓竹简(二四七号墓)》,文物出版社,2001年,第20页。
④ 张家山247号汉墓竹简整理小组:《张家山汉墓竹简(二四七号墓)》,文物出版社,2001年,第20页。

有相关法律条文：

> 大夫以上年五十八，不更六十二，簪裹六十三，上造六十四，公士六十五，公卒以下六十六，皆为免老。[1]

简文同时又规定了"皖老"，即减服一半徭役的年龄。律文为：

> 不更年五十八，簪裹五十九，上造六十，公士六十一，公卒、士五（伍）六十二，皆为皖老。[2]

由于有爵，可以提前结束服徭役，同样由于有爵，还可以延迟儿子服役的年龄。汉代开始傅籍及服役的年龄，一般来说是20岁，后来延到23岁，主要依据《汉书·景帝纪》所载诏令：

> 二年冬十二月……令天下男子年二十始傅。

又《盐铁论·未通第十五》载御史曰：

> 古者，十五入大学，与小役，二十冠而成人，与戎事……今陛下哀怜百姓，宽力役之政，二十三始傅，五十六而免，所以辅耆壮而息老艾也。[3]

这些古代文献是就一般情况而言，而如果父家长有爵，其爵位等级越高，儿子的傅籍年龄也越大。张家山汉简《二年律令·傅律》记载：

> 不更以下子年廿岁，大夫以上至五大夫子及小爵不更以下至上造年

---

① 张家山247号汉墓竹简整理小组：《张家山汉墓竹简（二四七号墓）》，文物出版社，2001年，第181页。

② 张家山247号汉墓竹简整理小组：《张家山汉墓竹简（二四七号墓）》，文物出版社，2001年，第181页。

③《新编诸子集成》，中华书局，1992年，第192页。

廿二岁,卿以上子及小爵大夫以上年廿四岁,皆傅之。[①]

三是服役和职事中的地位待遇。爵位的高低与编户民在充当戍卒服役时的地位、等级和职务基本上是对应的。虽然在居延汉简中存在职务、服役种类与个人占有的爵位不对应的情况,既有爵位为八级公乘的戍卒,也有爵位仅仅为一级公士或者是二级上造的燧长,但这属于少数情况。在已经公布的居延汉简中,涉及吏民、吏卒有爵位的简大约有350多枚,其中居延旧简中约有210多枚,居延新简中约有130多枚,额济纳简中仅有数枚。其中,可以判明占爵者身份是吏还是卒者约有180多人,约占53%,细分为吏者106人,为卒者81人,在为吏者中占有公乘爵位者有71人,约占有爵吏的67%,占有公大夫以下爵位者34人,占有最低爵公士只有2人,不足2%;而在为卒者中占有公士爵位者却有27人,约占33%,占有上造以上爵位者54人,具有允许吏民占有的最高爵位公乘者23人,约占28%。由以上粗略统计看,一般是为吏比为卒占爵者要多,而且爵位等级要高,绝大多数都占有八级公乘爵位,而卒中占有最低一级公士爵位者人数最多。秦汉二十等爵中的最低一级是"公士",颜师古《汉书·百官公卿表》注曰:"言有爵命异于士卒",哪怕是最低的公士爵也比无爵者身份地位高。由于爵位不同,出差时其享受的口粮标准也不一样。据云梦秦简《传食律》:

> 其有爵者,自官士大夫以上,爵食之。使者之从者,食粝米半斗;仆,少半斗。
>
> 不更以下到谋人,粺米一斗,酱半升,采(菜)羹,刍□各半石。
>
> 上造以下到官佐、史毋(无)爵者,及卜、史、司御、寺、府,□(粝)米一斗,有采(菜)羹,盐廿二分升二。[②]

其中"官士大夫"是指爵六级官大夫和五级大夫,"谋人"应是爵三级簪褭,"上造"则是二级爵。《传食律》是各级官吏住宿传舍时按爵等职别规定的伙食

---

① 张家山247号汉墓竹简整理小组:《张家山汉墓竹简(二四七号墓)》,文物出版社,2001年,第182页。

② 睡虎地秦墓竹简整理小组:《睡虎地秦墓竹简》,文物出版社,1990年,第101、102、103页。

标准,可见爵位不同,伙食待遇则不一样。

四是优先和更多地获得国家赐予的田宅。这一点早在统一前的秦国就已经有明确规定,据《商君书·境内》载,爵位每增进一级,可以"益田一顷,益宅九亩,一除①庶子一人,乃得入兵官之吏"。汉初继承秦制这种依据功劳的大小赐予高低不等爵位,又依据爵位而授予多寡不等的田宅的规定,在张家山汉简《二年律令·户律》中有更明确的记载:

> 关内侯九十五倾,大庶长九(十)顷,驷车庶长八十八顷,大上造八十六顷,少上造八十四顷,右更八十二顷,中更八十顷,左更七十八顷,右庶长七十四顷,五大夫二十五顷,公乘二十顷,公大夫九顷,官大夫七顷,大夫五顷,不更四顷,簪袅三顷,上造二顷,公士一顷半顷,公卒、士五(伍)、庶人各一顷,司寇、隐官各五十亩。不幸死者,令其后先择田,乃行其余。它子男欲为户,以为其□田予之。其已前为户而毋田宅,田宅不盈,得以盈。宅不比,不得。
>
> 宅之大方三十步。彻侯受百五宅,关内侯九十五宅,大庶长九十宅,驷车庶长八十八宅,大上造八十六宅,少上造八十四宅,右更八十二宅,中更八十宅,左更七十八宅,右庶长七十六宅,左庶长七十四宅,五大夫二十五宅,公乘二十宅,公大夫九宅,官大夫七宅,大夫五宅,不更四宅,簪袅三宅,上造二宅,公士一宅半宅,公卒、士五(伍)、庶人一宅,司寇、隐官半宅。欲为户者,许之。

五是拜官除吏。《韩非子·定法》说:

> 斩首一级者,爵一级,欲为官者,为五十石之官;斩二首者,爵二级,欲为官者,为百石之官。官爵之迁与斩首之功相称也。

五十石、百石为基层政权机构中的小吏,严格说还算不上是官,不过,即便是除吏也是与爵位密切关联的。云梦秦简《秦律十八种·内史杂》:

---

① 按:据蒋礼鸿《商君书锥指》认为:"'一除'疑当作'级役'。"蒋说是有道理的。(中华书局,1986年,第114页。)

> 除佐必当壮以上，毋除士五(伍)新傅。[①]

这是说，要在有一定阅历的成年人中任用佐吏，不能用无爵者和刚刚成人傅籍的小青年。

以上五个方面是民爵占有者可以获得的主要惠利，从原则上说，与之相对应的小爵拥有者也应该享有。但我们只要具体分析就会发现，由于年龄不到傅籍，属于未成年人，上面提到的好处多数与之无缘。如优先拜官除吏，由于"除佐必当壮以上，毋除士五(伍)新傅。"惠利显然是对占有爵位的成年人而言的。再如，秦汉的赐田宅是以户为单位进行，除极个别的情况，由于未成年的小男不担任户主，一般都不会以小男所具有的爵位来作为国家授予田宅的依据。又如在正常情况下，小爵占有者不会去服徭役。因为徭役是男子傅籍成人后才担负，而他们一旦傅籍就变为成年人，其所拥有的小爵也就不再是小爵。那么因爵位而在徭役中相对优惠的地位和待遇也就与之无关。当然，小爵也并非完全虚而无实，其惠利好处主要有两方面：一是可以减免刑罚，二是可以延迟傅籍服役年龄，如张家山汉简《二年律令·傅律》所说：

> 小爵不更以下至上造年廿二岁……小爵大夫以上年廿四岁，皆傅之。

拥有小爵者比一般人分别延迟二年和四年傅籍服役时间。可见，未成年人拥有小爵所获得的惠利显然不如有相应爵位的成年人。

三、小男爵位的获取途径

西嶋定生把国家赐爵与小男占爵紧密联系起来进行考察，但由于研究视角的关系，他没有注意到因而也就没有言及小男的占有爵位，除接受国家普遍赐爵之外，是否还有其他途径？这对于小男占爵无疑是非常重要的一个问题。因为按照另外一位日本学者藤枝晃及西嶋定生在藤枝晃研究基础上提出并被学术界普遍接受的观点，大男大女的年龄是15岁以上，而小男小女的年龄是14岁以下，小男要想通过国家普遍赐爵而获得爵位，即小爵，前提条件是在其1～14岁期间，国家必须进行过普遍赐爵，然而实际上，从汉高祖二年(前205年)第一次普遍赐民爵位开始，到汉献帝建安二十年(215年)最后一次普遍赐民爵位

---

① 睡虎地秦墓竹简整理小组：《睡虎地秦墓竹简》，文物出版社，1990年，第106页。

止,其中相邻的两次普遍赐民爵间隔的时间超过14年的共有6次,① 这就意味着某小男如果从1岁至14岁与这6段中的任一段时间重合的话,他就不能通过普遍赐爵而获得爵位。那么他是否另有途径获取小爵呢?

实际上除了普遍赐爵之外,小男起码还有另外两种途径可以获得爵位,一是因父死而靠世袭继承获爵,二是因爵位移授而获爵。就第一种途径而言,又分为两种情况,一是父亲因功劳死亡,一是因疾病死亡,死亡原因的不同也造成后代爵位世袭继承方面的差异。张家山汉简《二年律令·置后律》:

> □□□□为县官有为也,以其故死若伤二旬中死,皆为死事者,令子男袭其爵。毋爵者,其后为公士。

> 疾死置后者,彻侯后子为彻侯,其毋適(嫡)子,以孺子□□□子。关内侯后子为关内侯,卿侯〈后〉子为公乘,【五大夫】后子为公大夫,公乘后子为官大夫,公大夫后子为大夫,官大夫后子为不更,大夫后子为簪褭,不更后子为上造,簪褭后子为公士,其毋(嫡)子,以下妻子、偏妻子。②

其中第一条属于因功劳死亡,所以死者子男不但完全承袭其原有的爵位,而且如果生前没有爵位的话,也会赐给其子男一级公士的爵位。第二条属于因疾病死亡,其中所说的"后子"即爵位继承人,类似于皇帝的太子和其他贵族的世子,一般由嫡长子充当,无嫡子的由其他儿子充当。从简文看,在二十等爵中只有侯类爵位,即彻侯和关内侯本人如因疾病死亡,其后子能原封不动地世袭其原有的爵位,而其他爵位者因疾病死亡,其后子均不能完全世袭其原爵,只能降低等级继承。降等级继承又分为三种情况:一是有卿爵的大庶长以下至左庶长死后,其后子承袭为公乘;二是有吏民爵的五大夫以下至簪褭的吏民类爵位拥有者死后,其后子降低二级承袭爵位;三是最低两级爵位,即上造和公士的拥有者死后,其后代则不能继承其爵位。爵位拥有者病死,即便其后子尚未成人(小男),

---

① 第一次是从汉文帝元年(公元前179年)到汉景帝元年(前156年),间隔为23年;第二次是从汉武帝元封元年(前110年)到汉昭帝始元五年(前82年),间隔为28年;第三次是从王莽始建国元年(公元9年)到汉光武帝建武三年(27年),间隔为18年;第四次是从汉光武帝建武三年(27年)到二十九年(53年),间隔为26年;第五次是从汉桓帝建和元年(147年)到汉灵帝建宁元年(168年),间隔为21年;第六次是从汉灵帝建宁元年(168年)到汉献帝建安二十年(215年),间隔为47年。

② 张家山247号汉墓竹简整理小组:《张家山汉墓竹简(二四七号墓)》,文物出版社,2001年,第182页。

也可以按照上述原则承袭爵位,甚至包括遗腹子。如《置后律》:

> 死,其寡有遗腹者,须遗腹产,乃以律为置爵、户后。

尚未出生的小孩也具有爵位的继承权,只是要等到其出生后才得以确认。可见,小男可以通过承袭父爵的途径而获得爵位。

正史中还有大量爵位转移授予的记载,即"移授",如:

> 其赐天下男子爵,人二级;三老、孝悌、力田,人三级;爵过公乘,得移与子若同产、同产子。
>
> 汉制,赐爵自公士已上不得过公乘,故过者得移授也。[①]
>
> 赐民爵人二级,为父后及孝悌、力田人三级,脱无名数及流人欲占者人一级,爵过公乘得移与子若同产子。[②]

正是基于爵位承袭和转移的存在,笔者才认为西嶋定生把居延汉简中二十岁以下爵位占有者的爵位,全部都作为一年一年、一次一次赐爵累计所致的看法,仅具有假设性、间接性和不确定性。十五六岁也好,十八和二十岁也好,这些人所占有的爵位还存在另外的可能性,即是在傅籍成年后,一次或几次(当然要少于所高出十四岁的年龄数)继承或转移所致,存在不是从十四岁以下开始接受赐爵的可能性。

四、"妇人无爵"问题

西嶋定生用了极大的篇幅考察男子和赐爵的相关问题,认为秦汉时期的占爵者是包括小男在内的编户良民男子,而妇人是无爵的。尤其是在其书的第二章第三节"民爵赐与的对象"中,专门分列"家长与'男子'""'男子'一词的含义""'为父后者'一词的含义""授爵者的年龄"等,对赐爵男子进行了细致的考察,另外又在第四章第六节专门撰写了"关于妇人无爵"的部分。其实妇女与爵位是有关系的,如《汉书·文帝纪》载:

---

① 《后汉书·明帝纪》及注,中华书局,1965年,第96页。
② 《后汉书·章帝纪》,中华书局,1965年,第129页。

丞相臣平、太尉臣勃、大将军臣武、御史大夫臣苍、宗正臣郢、朱虚侯臣章、东牟侯臣兴居、典客臣揭再拜言大王足下：子弘等皆非孝惠皇帝子，不当奉宗庙。臣谨请阴安侯、顷王后、琅邪王、列侯、吏二千石议，大王高皇帝子，宜为嗣。愿大王即天子位。

这其中的阴安侯为汉高祖刘邦的兄嫂，就是女性。颜师古注引如淳又说："《王子侯表》曰：合阳侯喜以子濞为王，追谥为顷王。顷王后封阴安侯，时吕须为林光侯，萧何夫人亦为酂侯。"吕后的妹妹吕须、萧何的夫人也都封侯。但是西嶋认为这是吕后掌权时的特别事例。另有《汉书·外戚传》：

汉兴，因秦之称号，帝母称皇太后，祖母称太皇太后，適称皇后，妾皆称夫人。又有美人、良人、八子、七子、长使、少使之号焉。至武帝制倢伃、娙娥、傛华、充依，各有爵位，而元帝加昭仪之号，凡十四等云。昭仪位视丞相，爵比诸侯王。婕妤视上卿，比列侯。娙娥视中二千石，比关内侯。傛华视真二千石，比大上造。美人视二千石，比少上造。"八子视千石，比中更。充依视千石，比左更。七子视八百石，比右庶长。良人视八百石，比左庶长。长使视六百石，比五大夫。少使视四百石，比公乘。

但对于这些后宫妇女的爵位，西嶋并不承认，认为"都是由视秩、比爵来表示的，并不是爵本身"。与之相反，西嶋引用了几条传统文献中妇女无爵的史料来证明自己的观点，如《白虎通义·爵》：

妇人无爵何，阴卑无外事。是以有三从之义，未嫁从父，既嫁从夫，夫死从子。故夫尊于朝，妻荣于室，随夫之行。故礼郊特牲曰，妇人无爵，坐以夫之齿。礼曰，生无爵，死无谥……

又引《礼记·郊特牲》曰：

共牢而食,同尊卑也。故妇人无爵,从夫之爵,坐以夫之齿。①

其实,《白虎通义·爵》在"死无谥"之后还有一句话:"《春秋》录夫人,皆有谥,夫人何以知非爵也。"西嶋为什么略去这句话,我们不得而知,但恰恰是这句话,反映出《白虎通》作者对古代妇人无爵之说还是有怀疑的。其实后来作为经典的志书,不论是《通典》还是《通志》,都承认秦汉妇人有封爵:

凡妇人无爵,从夫之爵,坐以夫之齿,至秦汉妇人始有封君之号。②

西嶋定生认为秦汉时期的占爵者是包括小男在内的编户良民男子,妇人是无爵的。但是张家山汉简的面世,动摇了学术界关于"妇人无爵"的传统认知。在《二年律令》所显示的继承法中,汉代妇女是有继承爵位的权利的,如《置后律》:

□□□□为县官有为也,以其故死若伤二旬中死,皆为死事者,令子男袭其爵。毋爵者,其后为公士。毋子男以女,毋女以父,毋父以母,毋母以男同产,毋男同产以女同产,毋女同产以妻。

寡为户后,予田宅,比子为后者爵。

也许有人会强调《二年律令》反映的是西汉初年的情况,然而在反映汉魏之际社会状况的走马楼吴简中,也存在妇女占有爵位的事例,如:

漫侠里户人公乘大女黄客年五十筭一☑(8500)③
小尚里户人公乘大女五西年□□筭一……(10496)④

---

①《二十等爵制》,武尚清译,国际文化出版公司,1992年,第320页。
②《通典》卷三十四《内官 命妇附》、《通志》卷五十七《命妇》第十四。
③ 长沙市文物考古研究所、中国文物研究所走马楼简牍整理组、北京大学历史系编著:《长沙走马楼三国吴简·竹简(壹)》,文物出版社,2003年,第1071页。
④ 长沙市文物考古研究所、中国文物研究所走马楼简牍整理组、北京大学历史系编著:《长沙走马楼三国吴简·竹简(壹)》,文物出版社,2003年,第1110页。

张家山汉简和走马楼吴简相互支撑，共同证实了秦汉时期（即便不是整个秦汉，也是秦汉相当长的时期）妇女是可以占有爵位的，这与汉代妇女比后代具有相对较高的社会地位有关。

当然，汉代妇女占爵与男子还是有区别的。首先，国家在普遍赐爵时，她们并不是赐爵对象，"赐民爵一级，女子百户牛酒"，这在前后《汉书》中频繁出现，说明赐爵对象是吏民男子，给女子的恩惠是百户牛酒。普遍赐爵是编户民拥有爵位最主要最容易的途径，而妇女被排除在赐爵之外，她们就远不如男子拥有爵位的人数多和比例高。其次，妇女的爵位主要是通过继承男子的爵位而获得，而在继承法规定的继承关系的先后排序中，妇女又处于居后的位置，当有爵位的男子去世后，有继承爵位资格的第一是子男，第二是子女，第三是父亲，第四是母亲，第五是男同产，第六是女同产，最后才是外姓人的妻子。尽管秦汉继承法使得女子比男子占爵的机会又大大减少，但无论如何法律是允许妇女拥有爵位的。

五、"赐民爵"释补

西嶋定生把文献中大量的"赐民爵"说成是"民爵赐与"，和国内多数学者一样是把"民爵"作为与吏爵、官爵相对的大类爵名看待，作为一体的专门名词看待，笔者认为这是不妥的。[1]史书中大量存在的"赐民爵""赐民爵一级""赐民爵人二级"等，不能将其理解为"赐给民爵""赐给一级民爵""赐给每人二级民爵"，因为传统史料中不但有"赐民爵"，而且还有大量的"赐吏爵"以及"赐吏民爵"的记载，如王莽始建国元年下诏：

> 赐吏爵人二级，民爵人一级，女子百户羊酒，蛮夷币帛各有差。大赦天下。"[2]

---

[1] 与之相类似的问题，20世纪80年代国内学术界曾经有过讨论，可参见朱绍侯《军功爵制在西汉的变化》(《河南大学学报》1983年第1期)、《再谈汉代的民爵与吏爵问题》(《河南大学学报》1984年第4期)和杨际平《西汉"民爵、吏爵界限森严不可逾越"说质疑》(《河南大学学报》1984年第4期)、《再论汉无民爵、吏爵之分》(《厦门大学学报》1985年第4期)，本文在此略作补充，主要是通过指出西嶋定生研究的缺失以表明自己的观点。

[2]《汉书·王莽传》。

汉成帝河平元年春三月诏曰：

> 河决东郡，流漂二州，校尉王延世隄塞辄平，其改元为河平。赐天下吏民爵，各有差。①

如果民爵是专门名词，是一种类型爵的合称，那么吏爵、吏民爵也应同样看待，这两句话就只能释为"赐与每人二级吏爵，每人一级民爵"，"赐与全天下吏民爵"或者是"赐与天下吏以民爵"，含义非常混乱，根本读不通。同时，我们从居延汉简中看到，吏与卒所占有的爵位同样都是在二十等爵的第一级到第八级之间，并不存在专门为吏设置的吏爵和为非吏之卒设置的民爵两种爵类，如：

> 居成甲沟第三燧长间田万岁里上造冯匡年二十一　始建国天凤三年闰月乙亥除补　止北燧长　□（225.11）②
> 候官穷虏燧长簪褭单立中功五劳　三月能书会计治官民颇知律令文年卅岁长七尺五寸应令居延中宿里家去官七十五里　属居延部（89.24）③
> 戍卒张掖郡居延平明里上造高自当年廿三（55.6）④
> 戍卒张掖郡居延昌里簪褭司马骏年廿二（286.14）⑤

从这几条简文可以看出，不论是二级爵上造还是三级爵簪褭，都是既授予一般戍卒，也授予燧长。

前后《汉书》及其注释中有关"民爵"的记载只有47处，既然汉代不存在"民爵"及"吏爵"的爵类区别，又如何解释史书中的"赐民爵""赐民爵一级""赐民爵人二级"，及"赐吏爵人二级"呢？笔者以为，此中涉及语法问题，正确的释读应该是将民与爵、吏与爵均分开解读，爵是宾语，是赐予的内容，而民和吏则是补语，是赐予的对象。故上面几句应释读为"赐民以爵位"，"赐民以一级爵

①《汉书·成帝纪》。
②《居延汉简释文合校》，文物出版社，1987年，第362页。
③《居延汉简释文合校》，文物出版社，1987年，第157页。
④《居延汉简释文合校》，文物出版社，1987年，第97页。
⑤《居延汉简释文合校》，文物出版社，1987年，第483页。

位","赐民每人以二级爵位","赐吏每人以二级爵位"。只有这样,前后《汉书》中诸多如下的史料才可以读通,如:

> 赐中二千石以下至吏民爵各有差……①
> 赐中二千石以下及天下民爵……②

如把民爵作为一体专门名词来读,会成为:"赐予中二千石(九卿级别的官僚)以下直至属吏每个人以不等的民爵";"赐予中二千石以下以及天下人以民爵",这显然既不合逻辑,也不合汉家制度。而如果按照笔者的读法,则释为:"赐予中二千石以下直至吏民每个人以不等的爵位";"赐予中二千石以下以及天下编户民以爵位",显然非常顺畅。其实古人也正是像笔者这样理解"赐民爵"含义的,如汉高帝二年二月所下诏书曰:

> 令民除秦社稷,立汉社稷。施恩德,赐民爵。

臣瓒注释说:

> 爵者,禄位。民赐爵,有罪得以减也。③

很明显,臣瓒是把"赐民爵"解释为"民赐爵",把民和爵分开解释,反映了在他当时的意识中,没有"民爵"一词的概念。爵就是爵,赐给民少一级,赐给吏多一级。所谓"赐民爵"就是民被赐予爵位,而丝毫没有将"民爵"看成是一个词汇的意思。

古人那里没有"民爵""吏爵"的爵类归纳和名词概念,"民爵""吏爵"都不是古人固有的概念。虽然如此,由于秦汉时期,特别是汉代,除特殊情况外,吏民,包括少(小)吏和可以为吏尚未为吏之民,一般来说只能占有八级公乘以下的爵位,那么这一部分爵类我们可以称之为"民爵",但须明确,"民爵"不是古

---

① 《汉书·昭帝纪》。
② 《汉书·昭帝纪》。
③ 《汉书·高帝纪》。

人固有的概念,不是古书"赐民爵"中的"民爵",而是我们今人归纳命名的。

"赐民爵"是非常简单的三个字,但学术界多数学者对其发生误识,包括像西嶋定生这样对二十等爵制研究得非常深入细腻的著名学者,这是值得注意的学术现象。究其原因,一是"民爵"二字在传统文献中出现的频率太高,特别是在历代君主的传记中,频频出现"赐民爵"的诏令,易于让人产生"民"与"爵"为一体词的感觉。二是传统文献中编户民占有爵位的个案太少,缺乏具体生动的感性史料,妨碍今人对"赐民爵"内涵的正确认识,好在居延汉简中丰富的吏卒占爵史料可以纠正学术界认识上的偏颇。[1]

六、关于"小爵"研究的补充

最后,是笔者对"小爵"问题的自我批判。2001年《张家山汉墓竹简(二四七号墓)》出版,之后笔者撰写了《张家山汉简"小爵"臆释》一文,[2]认为:

> 将小爵释为"有爵的青年",似嫌含糊;定为二十等爵中"公士至不更四个爵位"的"总称",既少史料依据,也与原始简文矛盾。小爵应是与年龄及身高有关的爵类,即未傅籍成人者占有的爵位。

这一认识基本得到了学术界的认同,特别是继张家山汉简公布之后,又相继出版了《长沙走马楼三国吴简·竹简(壹)》和《里耶发掘报告》,一大批具有公乘爵位的幼儿和"小上造"的简牍材料出现在学术界面前,可以说是将小爵解释为是"未傅籍成人者占有的爵位"这一结论的绝好的补充证明。但笔者在撰写"小爵"一文时,没有见到《长沙走马楼三国吴简·竹简·壹》和《里耶发掘报告》中有关未成年人占有爵位的史料,所以在探讨秦汉社会之所以存在未傅籍成年者占有爵位的原因时,提出了如下的结论:

> 两种情况导致未傅籍成人者占爵:十五岁以上至傅籍以下者有服役立功受爵的机会;未傅籍成人的爵位继承人当被继承者死去时可继承相

---

[1] 除了本文前面所引的几条简文,在居延地区出土的三批汉简中,还有大量戍卒占有爵位的个案史料,是研究汉代编户民爵位问题最重要的史料,本文因篇幅所限,不便列举更多例证。
[2]《中国史研究》2004年第3期。

应的爵位。

现在看来,这种看法显然是不全面的。未傅籍成年的小男除了少数人通过立功受爵、一批人是通过继承转移获爵之外,绝大多数人主要还是作为国家普遍赐爵对象而拥有爵位的,这是笔者的自我修正补充,是里耶户籍简中20位"小上造"的材料对笔者的纠正。这些小上造全都不是"户人"即户主,而是户主的子男或弟男,他们的父兄基本都是具有二十等爵中的第四等"不更"爵。由于父兄健在,说明他们的小上造爵位不是因为世袭继承得来的;又由于其父兄的爵位仅仅是第四级不更,远未达到第八级公乘爵,不存在"爵过公乘,得移与子若同产、同产子"①的问题,说明他们的爵位不是因为移授得来。再者由于未成年男子普遍具有小上造爵位,基本是一户之中有几个未成年小男,就有几个小上造,多者达到一户4个,②这种普遍化和整齐化的情况说明,他们的爵位不是由于个别或特殊的原因获得,而只能是由于国家普遍赐爵而一并获得。

另外,对于笔者在《张家山汉简"小爵"臆释》一文中的研究结论,有的学者提出异议,如针对笔者"小爵应是与年龄及身高有关的爵类"的说法,有学者反驳说:"十三四岁以下的小孩怎么能得到不更、大夫爵位呢? 就是赐民爵,也只赐成年男子而不赐小男孩……至于说把小爵与身高联系起来,那就更是匪夷所思,爵名怎能以个头高低为前提?"③因为笔者认为小爵是未傅籍成人者占有的爵位,故必然涉及未傅籍成年与傅籍成年之间的界限划分和标准确立问题,这是一个与秦汉傅籍制度、赋税徭役制度密切相关的重要而且复杂的问题,容日后另文讨论,在此笔者只是简略指明,秦汉之际的傅籍成年与否,或者说小(男、女)大(男、女)之别,不仅与年龄,而且与身高等发育及健康状况有关。如云梦秦简《秦律十八种·仓律》:

> 隶臣、城旦高不盈六尺五寸,隶妾、舂高不盈六尺二寸,皆为小。④

又规定:

---

①《后汉书·明帝纪》,中华书局,1965年,第96页。
②《里耶发掘报告》,岳麓出版社,2007年,第203~208页。
③朱绍侯:《对刘劭〈爵制〉的评议》,《南都学坛》2008年第4期。
④睡虎地秦墓竹简整理小组:《睡虎地秦墓竹简》,文物出版社,1990年,第49页。

小隶臣妾以八月傅为大隶臣妾,以十月益食。①

这就是说男性身高在六尺五寸以下,女性身高在六尺二寸以下为"小",小隶臣身高达到六尺五寸,小隶妾身高达到六尺二寸,在八月份傅籍为大隶臣和大隶妾。可见,这里的小、大是以身高确定的。

对于秦汉时期"小"的年龄界限,学术界普遍认同是14岁,14以下为小男小女,其中又以六七岁之间为界分为使(小)男使(小)女和未使(小)男未使(小)女,但是近年来学者在走马楼吴简中又无奈地发现了19岁,甚至是28岁的小女,发现了14岁,甚至只有13岁的大女,如:

丘子小女□年十九筭一(2925)②
子小女国年廿八筭一肿两足复(2941)③
斗小妻大女物年十四(4424)④
康小妻大女端年十三(3115)⑤

以上矛盾现象,有学者对2925简解释说:"简文缺字或许有说明原由的内容。"其对2941简解释说:"或许'小女'身份保留至廿八岁与'肿两足'有关。"笔者认为这后一种解释颇有道理,这也同时更加证明了"小"或"大"的身份,不仅仅由年龄决定,还与身体状况有关,这种状况应该包括身高、发育、健康及残疾等情况。而该学者在解释4424、3115两简时说:"大约女儿一旦出嫁,即失去了'小女'身份",⑥但是,在20世纪70年代出土的居延汉简中却又存在这样的简文:

① 睡虎地秦墓竹简整理小组:《睡虎地秦墓竹简》,文物出版社,1990年,第50页。
② 长沙市文物考古研究所、中国文物研究所走马楼简牍整理组、北京大学历史系编著:《长沙走马楼三国吴简·竹简(贰)》,文物出版社,2005年,第777页。
③ 长沙市文物考古研究所、中国文物研究所走马楼简牍整理组、北京大学历史系编著:《长沙走马楼三国吴简·竹简(壹)》,文物出版社,2003年,第955页。
④ 长沙市文物考古研究所、中国文物研究所走马楼简牍整理组、北京大学历史系编著:《长沙走马楼三国吴简·竹简(贰)》,文物出版社,2005年,第807页。
⑤ 长沙市文物考古研究所、中国文物研究所走马楼简牍整理组、北京大学历史系编著:《长沙走马楼三国吴简·竹简(贰)》,文物出版社,2005年,第781页。
⑥ 王子今:《走马楼竹简"小口"考绎》,《史学月刊》2008年第6期。

妻使女贵年十三……(E.P.T65:495)①

这位名字叫贵的13岁女子,虽然已是人妻,但身份依然是小女中的使女,并没有因为出嫁而失去小女身份。

综上,15岁以上小女和14岁以下大女的存在,应该可以证明,除了年龄之外,身高等身体发育及健康因素,也是决定傅籍成年与否及小、大之别的依据。小爵与傅籍成年与否有关,而傅籍成年与否和年龄、身高、发育健康有关,所以小爵也就与年龄、身高、发育等有关了。

本文原刊载于《史学月刊》2009年第11期。

本文作者:

刘敏,生于1951年,南开大学历史学院教授,博士生导师。主要从事中国古代史、战国秦汉史及中国历史地理学的研究与教学工作。独撰及合著有《秦汉编户民问题研究——以与吏民、爵制、皇权关系为重点》《中国王朝兴衰史十七讲》《中国古代王朝兴衰史论》《中国封建王朝兴亡史·秦汉卷》《宫闱腥风秦二世》《中国宗族社会》《中国学术史》等著作。曾任天津市学位委员会历史学科评议组成员、中国秦汉史研究会理事。

---

① 甘肃省文物考古研究所等:《居延新简》,文物出版社,1990年,第452页。

论两汉风俗观念的政治文化特性

党 超

    作为一种社会文化现象,风俗是长期相沿、积久成习的社会风尚①,是一定时代、一定群体社会心理的外在表现。相对于法律、政令等强制性控制形式,风俗对社会统治的整合是潜移默化的,是一种软控制。正由于此,风俗往往为当时英明的统治者和有识之士所特别关注。

    在目前的学术研究中,有关风俗的研究成果已很突出。然而有关两汉风俗研究的专著并不多,且多集中于对风俗史料的搜集上,如瞿兑之的《两汉风俗制度史》(上海文艺出版社,1991年影印本)、杨树达的《汉代婚丧礼俗考》(上海古籍出版社,2000年)、韩养民的《秦汉风俗》(陕西人民出版社,1987年)等。其中邓子琴的《中国风俗史》(巴蜀书社,1988年),直到1988年才以遗稿的形式最终问世,且第一编先秦及西汉部分已佚,无疑是学界的一大遗憾。彭卫、杨振红在其合著的《中国风俗通史·秦汉卷》(上海文艺出版社,2002年)中指出,风俗与社会尤其是与政治方面的关系贯穿于有关风俗的思想之中,这既是秦汉风俗观的中轴,也是中国古代社会风俗观的一条基本脉络。这是较为精辟的论述,然仅见于序言当中,在正文中未能加以详尽探讨。探讨两汉风俗观念的专题论文虽有一些,但往往对政治文化和风俗观念的密切关系重视不够,从政治文化角度对两汉风俗观念进行考察分析者更难得一见,如丁毅华对西汉时期人们的风俗观念曾进行过比较深入的探讨,发表有《"习俗恶薄"之忧,"化成俗定"之求——西汉有识之士对社会风气问题的忧愤和对策》(《华中师范大学学报》1987年第4期)、《〈淮南子〉的风俗论》(《学术月刊》1991年第6期)等相关文章。前者重点讨论了西汉时期士人对当时社会风气的批评和对策,是西

---

①《辞海》对"风俗"的解释之一就是"历代相沿积久而成的风尚、习俗"(上海辞书出版社1989年版缩印本,第1726页),《辞源》的解释为"一地方长期形成的风尚、习惯"(商务印书馆,1988年版缩印本,第1854页)。但在中国古代,古人理解的"风俗"含义包容面更广,不仅包括我们今天常说的"风俗习惯",还包括我们今天所说的"社会风气",且后者似乎更为重要。不过,两者之间并没有特别严格的界限,往往相互渗透和转化。

汉士人整体上的风俗观。后者则以《淮南子》为研究对象,使《淮南子》中的风俗思想得到了初步系统的发掘和清理。萧放在《中国传统风俗观的历史研究与当代思考》(《北京师范大学学报》2004年第6期)一文中指出,古代学者的风俗观关注风俗发生的地域性与政治性,对风俗的教化功能有着特别的强调。拙文《论班固的风俗观》(《南都学坛》2004年第6期)认为,班固第一个对风俗做出阐释,其风俗观奠定了中国古代风俗理论研究的基础。陈新岗的《两汉诸子论风俗》(《民俗研究》2005年第2期)一文认为,两汉诸子从理论上深刻论述了风俗的形成、演进及其功能,对两汉社会及后世产生了重大影响。但该文相对比较简略,没有对两汉诸子的风俗观展开详述,更没有从政治文化的角度进行探讨,因而尚不能够确切反映出两汉时期风俗理论的发展过程,也无法深刻认识两汉风俗观念和政治文化之间的密切联系。这种研究情形很难分析出古代风俗观念与政治文化之间的密切关系,从而在一定程度上阻碍了人们对古代风俗进行更为深入的了解和探讨。有鉴于此,本文尝试对两汉风俗观念的政治文化特性做一初步探析,不当之处,请方家批评指正。

一、变与不变的和谐:两汉风俗观念内涵与主题的统一

两汉时期,人们已比较注意探索风俗变化的规律,对风俗内涵的认识有着一个从整体到抽象最后再归于具体的过程,而且这一过程是随着两汉政府统治思想的变迁而变化发展的。不过在这一变化过程中,两汉风俗观念"广教化,美风俗"的主题却一直没有发生改变。两汉士人普遍重视风俗与政治的关系,主张通过礼乐教化来美化风俗;两汉统治者也深受其影响,在不同时期或主张顺应社会风俗,或倡导施行教化,因势利导地调整政府的统治思想,采用各种方式移风易俗,以求化民成俗。

1.风俗内涵的正反合:从风到"风俗"再到风俗

风俗是一个在历史传承中不断更新的概念,涵盖了社会各个阶层的生活文化事象。古人在对风俗进行观察和表述时,往往又使用各种不同词汇,诸如风俗、风土、风尚、风教、流俗、民俗、世俗等。再加上不同时期、不同层面的人们出于各自的语境,对风俗进行的解释与评论也并不完全相同。这些因素综合起来就决定了中国古代风俗的内涵一直处于不断的变化和发展当中。

殷商时期,甲骨文中并无"风"而有"凤"字,如卜辞中有"于帝史凤,二犬"。

王国维《戬寿堂所藏殷墟文字考释》一文从词源学考证"风"曰："从隹从凡，即凤字，卜辞假凤为风。"关于以"凤"代"风"，郭沫若解释为："是古人盖以凤为风神……盖风可以为利，可以为害也。此言'于帝史凤'者，盖视凤为天帝之使，而祀之以二犬。"可见，"风"由"凤"假借而来，殷商时人看到"风可以为利，可以为害"的自然特性，就以凤为风神，把其神化为上天的使者。[①]

春秋时期，风在指自然现象的基础上，渐次出现风气、民间音乐等义项。在此基础上，先秦官方将先王之乐的教化作用与民众风俗文化直接相连，提出"天子省风以作乐"[②]的命题，使得风俗具备了政治意识形态的品格。从"风"到风俗的意涵演进也启发荀子将礼乐并举，使二者真正统一于教化风俗的目标之下，移风易俗作为儒家对先秦礼乐教化政策实质的概括而诞生，也为汉代大一统的意识形态政策准备了充分的历史和理论资源。[③]

两汉时期，儒学昌盛，风的自然性更被广泛借用到社会文化方面。儒家士大夫倡导礼乐教化，他们普遍认为风有特殊的政治感染力，具备化导社会的作用。《汉书·律历志》载："黄帝使泠纶，自大夏之西，昆仑之阴，取竹之解谷生，其窍厚均者，断两节间而吹之，以为黄钟之宫。制十二筒以听凤之鸣，其雄鸣为六，雌鸣亦六，比黄钟之宫，而皆可以生之，是为律本。至治之世，天地之气合以生风；天地之风气正，十二律定。"[④]从凤鸣中分出十二音调，从而把凤、风与音乐、风气密切联系起来。在这一认识前提下，两汉时人进一步形成了"诗教"理论。[⑤]他们普遍认为《诗经·国风》是天子派遣乐官到民间各地采集风谣整理而成的，以便通过风谣的内容来考察各地的风土人情，为政府制定或调整统治政策提供相应的依据。为此，他们怀着极大的热情倡导这种理论，并将之较成功地运用到政府日常议政、行政的实践活动当中。

---

① 以上内容主要参考郭沫若的《卜辞通纂（考释）》"天象"，相关引文亦转引于此。见《郭沫若全集·古编》（第2卷），科学出版社，1983年，第376、383、377~378页。

②《左传·昭公二十一年》，杜注："省风俗，作乐以移之。"杨伯峻：《春秋左传注》，中华书局，1990年，第1424页。

③ 杨辉：《从"风"到风俗——论"风"的文化化历程与先秦音乐"移风易俗"政策之酝酿》，《哈尔滨工业大学学报（社会科学版）》2005年第4期。

④《汉书·律历志》，中华书局，1962年，第959页。

⑤ 韩经太：《"在事为诗"申论——对中国早期政治诗学现象的思想文化分析》，《中国文化研究》2000年第3期。

　　"风俗"一词,较早见于《庄子》《荀子》等典籍当中①,但关于其确切内涵,直至两汉时期才开始真正引起人们的关注,有了比较明确的阐释与解读。在这一时期,人们普遍比较重视风俗与政治之间的密切关系,对风俗概念的认识也有着一个随政治统治思想变迁而不断变化发展的过程,从而最终完成了对风俗概念内涵理解的正反合。

　　汉初,陆贾汲取秦以法为教、苛政而亡的教训,提倡采用无为教化的方式来美化风俗、"正风俗""一风俗"。②随后,贾谊也在批判秦末汉初风俗败坏的基础上,认为"教训正俗,非礼不备",主张"正身行,广教化,修礼乐,以美风俗",通过兴建礼乐文化制度来移风易俗。③他们虽从整体上对风俗已有所认识,但却显得有些空洞,只是意识到风俗与政治之间的密切关系,至于风俗的内涵到底包括些什么并不清楚,而且似乎也没有引起他们的注意。

　　淮南王刘安及其门客编写《淮南子》一书时,风俗的内涵开始得到初步探讨。他们意识到风俗与地域之间的关系,认为风俗"所受于外","时移则俗易",在强调各地风俗互异,相互之间没有优劣标准的同时,主张采取"神化"的方式来"齐俗"。④随着汉武帝对儒学的提倡,董仲舒则开始用儒家大一统思想来审视风俗文化。他认为"教化行而习俗美"⑤,主张兴建太学,大力发展教育,以道德和礼乐来教化风俗。

　　不过,直到西汉中期,两汉士人仍大多是从整体的角度看待风俗,也没有对风俗概念再做出进一步的阐释,至于专门探讨风俗具体内涵的篇章或书籍更是尚未出现。且由于历史的局限性,他们对具体风俗的理解也有所偏颇,大都抛开下层民众在风俗中的主体性不谈,对风俗的论述仅限于关注风俗与国家政治文化秩序之间的重要关系,片面强调上层社会的教化功能。

---

　　①庄子最先对"风俗"做出解释。《庄子·则阳》篇载:"丘里者,合十姓百名而以为风俗也,合异以为同,散同以为异。"(郭庆藩撰,王孝鱼点校:《庄子集释》,中华书局,1961年,第909页)在此,庄子主要揭示了风俗"合异以为同"的群体性特征,其对"风俗"的解释还远不同于现代汉语中的"风俗"。《荀子·强国》篇中说:"入境,观其风俗。"(王先谦撰,沈啸寰、王星贤点校:《荀子集解》,中华书局,1988年,第303页)这里的"风俗"指的是秦国百姓的性情、对官方的态度以及其音乐、服饰等方面共同的文化特征,其内涵大致已与现代汉语中的"风俗"一词相当。《辞源》就是以此句作为"风俗"含义的典型例证。

　　②王利器:《新语校注》,中华书局,1986年,第18、157页。

　　③阎振益、钟夏:《新书校注》,中华书局,2000年,第204~205、214页。

　　④何宁集释:《淮南子集释》卷五《时则训》,中华书局,1998年,第614、775、796页。

　　⑤《汉书·董仲舒传》,中华书局,1962年,第2504页。

此后,随着对风俗政治教化功能认识的不断深入,人们对风俗的关注度越来越高。以司马迁撰写《史记·货殖列传》为发端,开始出现专门论述风俗的篇章。在《货殖列传》中,司马迁划分了八个较大的风俗区域,而且对有关风俗概念的理论也有了一定的讨论,认识到风俗文化与地域以及经济之间的密切联系。

及至东汉,随着儒家思想文化独尊地位的日益强化,人们对风俗概念的理解逐渐达成初步共识。他们对风俗概念的内涵加以界定,将与水土等自然因素有关的习尚称之为"风",而与教化等社会因素有关的行为习惯则称之为"俗",从而赋予了风俗自然和人文的双重内涵。在此基础上,人们也逐渐开始探讨具体风俗甚至下层民众风俗与政治之间的关系。

班固是第一个明确对风俗概念内涵加以界定的学者。他在《汉书·地理志》中对成帝时张禹属员朱赣所条理的各地风俗"辑而论之",并且对"风俗"概念做出了明确阐释。他说:"凡民函五常之性,而其刚柔缓急,音声不同,系水土之风气,故谓之风;好恶取舍,动静亡常,随君上之情欲,故谓之俗。"①班固认为风是因水土等地理条件而形成的民俗性格、言语歌谣等,俗则是因统治者的好恶而形成的社会趣味、情感、欲望与行为等,且随着统治者个人意志的变化而变化。风与俗组合而成的"风俗"兼有自然性与社会性两重因素。班固对风俗内涵的定义对后世影响很大,直至北齐刘昼仍认为"风者,气也;俗者,习也。土地水泉,气有缓急,声有高下,谓之风焉;人居此地,习已成性,谓之俗焉"②,一脉相承地赋予了风俗自然和人文的双重含义。

而且,班固的风俗观还有更为重要的第三层内涵。他认为,"圣王在上,统理人伦,必移其本,而易其末,此混同天下一之虖中和,然后王教成也"③,试图将自然环境的不同形成的"风"和社会条件发展下形成的"俗"统一于王道教化这一"中和"的理想境界中,从而成就君主的德教,形成理想化的风俗。由于这一层内涵长期以来未能引起人们的足够重视,以至于现代学者对班固的风俗观也没有给予相应的正确评价。④

东汉末年的应劭不仅写成了中国最早的风俗专著《风俗通义》,将风俗当作一学术门类进行探讨,而且还对风俗概念进行了比较合理的解释。他说:

---

① 《汉书·地理志》,中华书局,1962年,第1640页。

② 傅亚庶:《刘子校释》,中华书局,1998年,第443页。

③ 《汉书·地理志》,中华书局,1962年,第1640页。

④ 详细讨论参见《论班固的风俗观》,《南都学坛》2004年第6期。

"风者,天气有寒暖,地形有险易,水泉有美恶,草木有刚柔也。俗者,含血之类,像之而生,故言语歌讴异声,鼓舞动作殊形。"①应劭用列举的方式对风俗的内涵进行阐释,认为"风"是指因水土、气候、物产等自然条件不同而形成的风尚,"俗"是由社会生活条件不同而形成的社会趣味、情感与行为习惯等,使得风俗概念进一步具体化、明确化。《风俗通义》虽然冠名"风俗"二字,但书中"俗"字比比皆是,却极少使用"风"字,也反映了风俗一体化和具体化的认识观念。并且,与班固对风俗的抽象理解不同,应劭把观察风俗的视角深入到了社会下层,试图探讨下层民众具体风俗与政治之间的关系,进而又将俗区分为本俗与正俗两种,以图"辩风正俗"。

到了汉末,曹操更是身体力行,直接从整顿具体风俗入手,禁断陋俗,"一之于法"②,以期美化社会风气,维护社会文化秩序。

可见,通过对风俗概念的不断探讨,两汉士人对风俗的认识有着一个从整体到抽象最后再归于具体的过程,从而最终完成了对风俗概念内涵理解的正反合。

2. 风俗主题的永恒:广教化,美风俗

由于风俗与政治的密切关系,两汉风俗观念一直具有鲜明的政治文化内涵,这在"广教化,美风俗"的风俗主题中表现得尤为明显。"人民只能在善良的风俗中过着谐和合理的生活;而政治的根基,必植基于善良风俗之中。所以政治的基本任务及最高目的,乃在于能移风易俗","这是战国中期以后发展出来的政治共同理想"。③两汉士人和统治者大都认为风俗的美恶能够反映出政治的兴衰,政治上的败坏应归根于风俗的沦衰。因而,他们都十分重视风俗的教化作用,主张利用风俗的软控制功能,通过"广教化,美风俗"的途径来实现对民众的政治统治,以达到稳定社会秩序的目的。例如司马迁在《史记》中就说"移风易俗,天下皆宁"④,《汉书》中亦有贾山"风行俗成,万世之基定"⑤的言论。

由于风俗具有很强的地域性,"百里不同风,千里不同俗"⑥,这就存在一个

---

① 王利器:《风俗通义校注》,中华书局,1981年,第8页。
②《三国志·魏书·武帝纪》,中华书局,1982年,第27页。
③ 徐复观:《两汉思想史》(第二卷),华东师范大学出版社,2001年,第170~171页。
④《史记·乐书》,中华书局,1982年,第1211页。
⑤《汉书·贾山传》,中华书局,1962年,第2336页。
⑥《汉书·王吉传》,中华书局,1962年,第3063页。

为达到美化社会风俗目的而如何进行风俗融合的问题。是因袭、引导、齐整还是禁止,这对于风俗的转变影响巨大,同时也关系到社会政治秩序的安定。

秦统一六国后,秦始皇采取焚书坑儒的方式钳制思想,实施残暴苛刻的法治,"匡饬异俗"①,结果不仅未能预防、改造"恶俗",无法真正实现文化意识形态上的统一,反而终因不得民心而致使秦朝在经历短短十四年之后即告灭亡。

两汉时期,鉴于秦迅速覆亡的深刻教训,统治者和政治家们认识到,天下能在"马上得之"却万不可在"马上治之"②,对文化意识形态的统一,还须依靠教化才能真正实现和长久保持。但鉴于民生凋敝,汉初统治者采用的实为黄老思想,主张休养生息。直至武帝时代,在淮南王刘安、史学大家司马迁等人的思想中仍渗透着不少黄老理念。也正是在这种思想影响下,司马迁提出了"善者因之,其次利道之,其次教诲之,其次整齐之,最下者与之争"③等融合风俗的方式。

不过,随着汉王朝统治思想由崇黄老转向尊儒术,人们的风俗观念也逐渐发生了比较明显的变化。与黄老学派顺应自然的"与时迁移,应物变化,立俗施事,无所不宜"风俗融合主张不同,儒家学派则主张通过"人主天下之仪表也,主倡而臣和,主先而臣随"自上而下的教育感化方式来美化社会风俗。④

美化、齐整进而同一风俗是儒家建立社会文化新秩序的重要政治手段之一。随着汉王朝国力的强盛,儒学统治地位的确立,大一统思想逐渐抬头。与此相适应,风俗同一的问题不可避免地被提了出来。如武帝时期,终军就认为:"夫(人)[天]命初定,万事草创,及臻六合同风,九州共贯,必待明圣润色,祖业传于无穷。"⑤主张以礼治国的儒家学者和政府官员均热心于风俗的整合,力求将风俗纳入礼的规范。汉武帝曾下诏:"盖闻导民以礼,风之以乐,今礼坏乐崩,朕甚闵焉。故详延天下方闻之士,咸荐诸朝。其令礼官劝学,讲议洽闻,举遗兴礼,以为天下先。太常其议予博士弟子,崇乡党之化,以厉贤材焉。"⑥在此,武帝广泛求取、任用精通礼乐的贤才,就是希望通过他们来推行礼乐以教

①《史记·秦始皇本纪》,中华书局,1959年,第245页。
②《汉书·陆贾传》,中华书局,1962年,第2113页。
③《史记·货殖列传》,中华书局,1959年,第3253页。
④《史记·太史公自序》,中华书局,1959年,第3289页。
⑤《汉书·终军传》,中华书局,1962年,第2816页。
⑥《汉书·武帝纪》,中华书局,1962年,第171~172页。

化社会民众,其移风易俗的意图十分明显。由章帝钦定的《白虎通》也说:"王者所以盛礼乐何? 节文之喜怒。乐以象天,礼以法地。人无不含天地之气,有五常之性者。故乐所以荡涤,反其邪恶也。礼所以防淫泆,节其侈靡也。故《孝经》曰:'安上治民,莫善于礼。''移风易俗,莫善于乐。'"①这里,礼乐用来防备、教化民众恶风陋俗的作用被清楚地写入官方法典,移风易俗作为统治者的政治文化政策被正式发布。

"'移风俗',要将社会不良的生活习惯,改变为良好的社会生活习惯;使人民生活在良好社会生活习惯之中,收'徙恶迁善而不自知'的效果,亦即是成为道德与自由,得到谐和统一的效果。这两者是密切关联而不可分,应以此为朝廷政治的大方向。这是自贾山、贾谊、刘安及其宾客以逮董仲舒们所极力标举的政治原则。"②在百家逐罢而儒术渐尊的思想文化氛围中,经过贾谊、董仲舒、刘向、班固等大儒的持续发扬,由荀子所首倡的移风易俗命题作为儒家重要的文化主张,终于变成大一统文化政策的现实,构成了中国古代政治文化统治意识形态的一个基点。班固在《汉书·地理志》中所提倡的力求通过圣王"移本易末"来使风俗齐一的"中和"风俗观逐渐变成了社会所宣扬的主流。

由此可见,虽然班固《汉书·地理志》在原材料上与《史记·货殖列传》的记载同出一源,但两者的风俗观念却有着很明显的差别。宋超曾指出,"不论在总体思想上,抑或在具体问题上,班固与司马迁都存在着深刻的分歧。司马迁所热情歌颂的游侠和货殖者,正是班固所着力批判的"③。在《汉书·司马迁传》中,班固也曾批评司马迁"是非颇缪于圣人,论大道则先黄老而后六经,序游侠则退处士而进奸雄,述货殖则崇势利而羞贱贫,此其所蔽也"④。其实,这番评论正可看做两者风俗观念存在明显差异的一种佐证。而这种差异,实际上也正反映出两汉风俗观念的发展转变过程。

移风易俗是中国古代政治文化中官方为维护其统治所提出的一套颇有特色的教化理论,而两汉则是这一风俗教化理论的完善期。有学者就认为,美化

①《白虎通疏证》,吴则虞点校,中华书局,1994年,第93~94页。
②徐复观:《两汉思想史》(第三卷),华东师范大学出版社,2001年,第86页。
③宋超:《〈史记〉〈汉书〉游侠传试探——兼论两汉社会风尚的变迁》,《学术月刊》1985年第10期。
④《汉书·司马迁传》,中华书局,1962年,第2737~2738页。

社会风俗是汉王朝重视教化的原因之一。①换句话说,统治者重视教化的目的正是为了美化社会风俗。而且,风俗教化具有政治意蕴,是一种政治概念,它与政治密切联系在一起,是出于政治目的而使用的手段。也就是说,汉王朝是为了巩固政权统治、稳定社会秩序而提出并实施风俗教化的。在这一时期,风俗教化被提升到巩固国家政权、关乎国家命运的高度,移风易俗逐渐成为官方教化政策的重要理论依据,这既是汉王朝对风俗教化地位作用的高度重视,也是汉王朝为风俗教化注入的新的政治文化内涵。

在日常各种政事措施和策略中,两汉统治者往往考虑到风俗教化的重要意义,极力引导人们避恶向善。在对民众进行教化时,两汉士人及统治者既强调社会教育风化的重要性,也认识到统治者自身的道德行为对民众有着极强的感化作用。因为在儒家学者看来,教育和感化同样重要。如贾谊认为:"天下之命,县(悬)于太子;太子之善,在于早谕教与选左右。夫心未滥而先谕教,则化易成也;开于道术智谊之指,则教之力也。若其服习积贯,则左右而已。"②行教化重要的是教育太子,因为太子是储君,而君主的善恶又直接影响到国家的治乱,教育和感化同时集中在太子身上,成为其所承担的责任和应履行的义务。

不过,两汉士人主张由上而下的整合方式,结果往往将风俗的改变完全寄希望于上层统治者。如董仲舒说:"尔好谊,则民乡仁而俗善;尔好利,则民好邪而俗败。由是观之,天子大夫者,下民之所视效,远方之所四面而内望也。近者视而放之,远者望而效之,岂可以居贤人之位而为庶人行哉!"③这种观念过分夸大了统治者对改变风俗的作用,而忽视了来自民间的力量,更没有考虑到民众在风俗变迁中的主体性,故而有其不合理性,在实际操作中往往也难以达到预期目标。如史载,为了改变社会上日益严重的奢侈风尚,武帝时丞相公孙弘"布被,食不重味,为下先",但最终却只落得一个"无益于俗,稍务于功利矣"④的效果。

---

① 刘厚琴:《东汉道德教化传统及其历史效应》,《齐鲁学刊》2002年第1期。
②《汉书·贾谊传》,中华书局,1962年,第2251~2252页。
③《汉书·董仲舒传》,中华书局,1962年,第2521页。
④《汉书·食货志》,中华书局,1962年,第1160页。

二、独立与顺从的交融：两汉风俗观念与社会政治的互动

由于风俗的好坏逐渐成为一个代表国运盛衰的征兆，因此不能不引起两汉有识之士和统治者的密切关注和高度重视。随着社会政治的变化，两汉士人在不断加深对风俗概念理解的基础上，围绕风俗问题提出了各种移风易俗理论，试图化民成俗。他们或主张因循风俗，稳定社会文化秩序；或主张美化风俗，宣扬大一统的文化观念；或主张齐整风俗，实现六合同风的理想；或直接对风俗展开批判甚至整顿，以求匡正时俗，扭转社会不正之风，等等。

汉初，由于饱受秦朝暴政和战火的摧残，社会满目疮痍，经济萧条。摆在当时统治者面前的迫切任务是恢复和发展经济，稳定社会统治秩序。至于移风易俗，显然不是当时的主要目标。同时，汉王朝是刘邦集团"反秦"之后继而又"承秦"的产物①，若想避免重蹈秦亡覆辙，则既要反对秦以法为教、以吏为师的统治方式，又需在不触动秦朝各地旧俗的前提下塑造新的统治秩序。主张清静无为、因俗而治的黄老思想正好适应了这一时代需要，成为汉初的统治思想。直至文景时期，政府统治思想较之以前虽已发生些微变化，对儒学开始有所关注，但基本上仍趋向于道家、刑名之学，采用无为政治。

不过无为而治对风俗的改变起不到太大的作用，而"以法为教"主要也是在去除恶俗，虽对齐整风俗有所促进，但与儒家主张的有意识地、大规模地移风易俗有着根本的差别。因此，随着对美化社会风俗的期望，人们在遵奉无为政治思想的同时，开始逐步意识到只有儒家教化思想才能真正做到化民成俗。

在对秦朝恶风陋俗批判的基础上，陆贾首先明确提出了自己的治国新理念。他认为，治国之道，务在化民，统治者只有奉行黄老无为思想，以身作则，施行教化，才能得民心、定大局、美化社会风俗。为此，陆贾总结了秦亡汉兴的经验教训，着重阐释了以仁义为体、以刑罚为用的教化思想。②他希望统治者能够行礼乐教化，正风俗；修仁义道德，美风俗；同圣教好恶，齐风俗，只有这样，整个社会才能处于有序的统治之中，才能美风化俗。

陆贾是汉初群臣中立足现实，系统阐述秦亡原因的第一人，也是汉王朝建立后，重塑治国理念，明确提出统治者应身体力行，以礼乐教化和仁义道德治

---

① 陈苏镇：《汉代政治与〈春秋〉学》，中国广播电视出版社，2001年，第35～66页。
② 朱海龙、黄明喜：《陆贾教化思想探析》，《华南师范大学学报（社会科学版）》2004年第3期。

国,进而美化社会风俗的第一人。虽然陆贾美化风俗的主张并没有得到统治者足够的重视,但在听到陆贾的治国新理念后,原本轻儒的高祖刘邦也逐渐意识到礼乐教化、仁义道德等有关风俗的软控制方式在政治统治中所起到的重要作用。汉高祖九年(公元前198年),刘邦徙儒者叔孙通为太子太傅,十二年(前195年),"过鲁,以大(太)牢祀孔子"①。

贾谊在论世议政时也非常重视风俗。在其政论文章中,贾谊不厌其烦地大谈风俗,把其作为一个重大的社会问题,同时也是一个根本性的政治问题来加以重视和强调。通过对秦末汉初社会风俗的批判,贾谊得出天下治乱的关键在于风俗好坏的结论。

在贾谊看来,要想使淫侈的社会风俗得到根本的改善,教化无疑是一个极为重要的环节。为此贾谊提出"心未滥而先谕教,则化易成也"②的教化主张,认为统治者应将教化视为政治的根本,若不务教化,就不能真正化民成俗。教化的对象主要是广大民众,创建礼义制度,阐扬礼乐文化,以德教民,则是教化的重要内容。另外,贾谊还将教化的实行归结为统治阶层自身的修养和以身作则,"移风易俗,使天下回心而乡道,类非俗吏之所能为也"③。一句话,面对汉初风俗败坏的局面,贾谊站在政治家的高度,主张以儒家的仁义道德为基础,实行礼义教化,采取开明的"明君贤吏"政治路线,移风易俗,从而实现美化社会风俗的目的。

作为西汉初年杰出的政治家、思想家,陆贾和贾谊的思想深刻反映了汉兴三十多年来政治形势和思想观念的发展变化,显示出这一阶段政治统治理论从清静无为的黄老政治向维护集权一统的有为政治过渡的趋势。④同时,他们都以得民、安民为治国之本,主张通过礼乐教化以实现美风化俗的目的,而这正是风俗观念超越当时社会统治思想的鲜明体现。从无为政治向儒家礼治的发展,明显地体现了司马谈所谓的汉初儒家"以《六艺》为法""列君臣父子之礼,序夫妇长幼之别"的思想倾向⑤,也为汉武帝尊崇儒学做了思想上的准备。

伴随着社会经济的繁荣和儒家思想统治地位的确立,风俗文化也被正式

---

① 《汉书·高帝纪》,中华书局,1962年,第76页。

② 阎振益、钟夏:《新书校注》,中华书局,2000年,第186页。

③ 《汉书·贾谊传/礼乐志》,中华书局,1962年,第1030、2245页。

④ 苏志宏:《秦汉礼乐教化论》,四川人民出版社,1991年,第185页。

⑤ 《史记·太史公自序》,中华书局,1959年,第3290页。

提到汉王朝的议事日程上来,并受到时人的普遍关注。董仲舒认为,当时社会的主要问题仍是"习俗薄恶",统治者"亡以化民",不能给社会风气以有力的引导和影响。[①]因此,政府只有改弦更张,推行教化,才能实现"上下和睦,习俗美盛"[②]的理想境界。为此,董仲舒主张以儒家思想治国,推行礼乐教化;兴办太学,培养教化风俗人才;选拔贤士,为民表率,移风易俗。

董仲舒以教化治国的思想是时代的产物,是历史发展所必需的思想方略,对于完善、巩固中国古代社会秩序做出了不可抹杀的功绩。自武帝起,关于风俗教化的主张被统治者所接受,开始实施设立五经博士、开办太学以及兴建地方官学等一系列和化民成俗有关的政府教化行为。

不过,诸子的风俗观念在这一时期也出现了比较明显的分歧,除董仲舒等人提倡儒家风俗教化思想外,也有《淮南子》众作者以及司马迁等人对单纯采用儒学来齐整风俗表示不满。这种现象表明,风俗观念在受到统治思想影响的同时,也保持着自身相对的独立性。

《淮南子》的风俗论综合反映了西汉前期的风俗观念,它对于风俗何以形成、因何变化、不同群体的人们有着不同的风俗以及对不同风俗应如何评价等问题,都有着自己的见解。[③]《淮南子》认为,风俗的形成是受外界影响的结果,其必然随着外界环境的变化而变化。为此,《淮南子·齐俗训》中提出"世异则事变,时移则俗易"[④]的原则,要求统治者要根据当世的实际情况来移风易俗。又由于风俗因地而异,各地区、各民族的风俗在形式上虽有很大差异,但所表达的实质内容一致,"未必无礼也"[⑤],没有文明和野蛮之分。因此,统治者在移风易俗的过程中,应顺应各地、各族风俗,入乡随俗,使"各便其性,安其居,处其宜,为其能"[⑥],不可强为之一。

对于通过礼乐教化以移风易俗,《淮南子》持不置可否的观点。能否运用法律来干预风俗,《淮南子》则表达了两种看似截然相反的观点。《氾论训》承认法律对风俗的制约作用,"法度者,所以论民俗而节缓急也"[⑦],视法度为调节风

---

① 《汉书·董仲舒传》,中华书局,1962年,第2504、2515页。

② 《汉书·董仲舒传》,中华书局,1962年,第2520页。

③ 丁毅华:《〈淮南子〉的风俗论》,《学术月刊》1991年第6期。

④ 《淮南子·齐俗训》,第796页。

⑤ 《淮南子·齐俗训》,第783页。

⑥ 《淮南子·齐俗训》,第768页。

⑦ 《淮南子·氾论训》,第931页。

俗的手段。《主术训》却认为"刑罚不足以移风,杀戮不足以禁奸"①,对刑杀持否定性意见。这是因为,在《淮南子》看来,风俗问题最理想的效果是"道胜而理达"②"洞然无为而天下自和,憺然无欲而民自朴"③,应该用诚心感化来移风易俗。《淮南子》还常提到"圣人""先王"的作用,肯定居于统治地位的权要人物对社会风俗的特殊作用,主张统治者"处静以修身,俭约以率下"④。简单来说,在移风易俗问题上,《淮南子》是以黄老道家思想为指导,它虽不排除教化和刑法所能起到的作用,但认为根本上还是"神化为贵"⑤,其中统治者的以身作则起着至关重要的作用。

《淮南子》是刘安及其门客所编写而成,其成书的时日,黄老道家学说虽仍暂居优势,但自战国时起就被看做"显学"的儒家思想,正以其特殊优势,显示着占据思想文化领域独尊地位的动向。《淮南子》努力维护黄老道家学说的统治地位,同时不得不应对儒家学说的挑战。因而,《淮南子》的风俗论在汉初黄老无为思想的影响和儒家教化思想的渗透下,同时保持着自身的特点,体现出风俗观念的独立性。

司马迁对风俗十分重视,他通过壮游全国的社会实践,对各地的风俗进行了广泛深入的调查和了解,并将其大量地记述到《史记》的相关篇章中,反映出自己对风俗的新认识。司马迁主张"因民而作,追俗为制"⑥,统治者应根据风俗因地制宜地制定政策。他还特别肯定音乐对教化的首要作用。在《乐书》中,司马迁以相当大的篇幅论述了音乐对风俗人心的影响,认为乐"可以善民心,其感人深,其风移俗易","故乐行而伦清,耳目聪明,血气和平,移风易俗,天下皆宁",⑦主张通过音乐来潜移默化地变革风俗民心。司马迁还重视采风入乐,明确提出采风俗而助政教的观点:"州异国殊,情习不同,故博采风俗,协比声律,以补短移化,助流政教。"⑧更可贵的是,司马迁明确提出了风俗具有地域性的特征,重视对不同时代、不同地域、不同群体的风俗加以记载和研究。

①《淮南子·主术训》,第614页。
②《淮南子·主术训》,第661页。
③《淮南子·本经训》,第572页。
④《淮南子·主术训》,第649页。
⑤《淮南子·主术训》,第614页。
⑥《史记·礼书》,中华书局,1959年,第1161页。
⑦《史记·乐书》,中华书局,1959年,第1206、1211页。
⑧《史记·乐书》,中华书局,1959年,第1175页。

他还发现地域风俗同经济环境之间所存在的千丝万缕的联系,《货殖列传》就集中记载了生产活动与地域风俗的关系。

另外,对影响风俗的部分特殊群体的关注也是司马迁风俗观念的重要组成部分。例如,司马迁首次为循吏立传。这些循吏虽因循风俗却能化民成俗,司马迁为其立传的目的,正是为了说明只有官吏以身作则,才能真正美化社会风俗。与循吏相较而言,酷吏以杀伐立威,他们从没有把"化人心"作为自己治政的目标,因而不能达到化民成俗的效果,难以胜任治理大业。对于游侠给社会风俗造成的影响以及占卜者在日常生活中的作用,司马迁也持赞赏或重视的态度。

司马迁的风俗观念代表了西汉中前期儒学仍未完全占据统治地位时的风俗思想。从武帝开始,儒家学说逐步成为政府的统治思想,但由于当时司马迁并没有受到儒学思想的太多浸染,因此,司马迁对风俗的评论,并不以儒学为唯一标准,且具有独立思考之精神。他虽推崇儒学,但并不排斥百家,最终成为"子学时代""具有独立人格、学风和文风的最后一位代表人物"。①

实际上,汉武帝也不过是把儒家思想作为一个招牌,借以宣化风俗,并没有赋予儒者管理国家的权力,采用的是阳儒阴法之术。②直至西汉中期,统治者对于各地风俗文化面貌的差异并不急于改变,也没有太多的闲暇去做改变。在这种统治政策的影响下,汉儒对风俗的齐整并不深入,各地风俗仍未发生太大的变化。

西汉中期以后,儒者士大夫逐渐构成了汉代政权的社会基础,元、成以后更是形成了帝室与士大夫共天下的情势。③因此,两汉统治者越来越自觉地意识到,要想维护自己的社会政治秩序,就必须充分接受和利用儒家学说,从而使得儒家思想在真正意义上成为官方的意识形态。随着儒学的普及,两汉政府对风俗的整饬、齐一也开始采取政教结合、以教为主的循序渐进方式。在齐整风俗的过程中,两汉政府特别注重以经易风,力图将一切风俗都纳入到儒家的礼义规范中去。

刘向是继董仲舒之后又一位力主礼乐教化的大儒。他把礼乐教化当作治

---

① 庄春波:《汉武帝评传》,南京大学出版社,2001年,第5页。
② 余杰:《君·吏·士——解读〈史记·酷吏列传〉》,《社会科学论坛》2001年第8期。
③ 《西汉政权与社会势力的交互作用》,《许倬云自选集》,上海教育出版社,2002年,第142～144页。

国的根本,特别重视音乐的社会政治作用。刘向还将礼乐与刑政相提并论,认为礼乐和刑政的目的是一致的,都是为了"同民心而立治道"①。不过,他也认识到"教化,所恃以为治也,刑法所以助治也"②,刑法只能起辅助的作用,如果舍教化重刑法只会带来风俗败坏的严重后果。可见,刘向对礼乐的提倡,是把礼乐教化当做治国安邦的政治工具,以图实现其理想伦理政治的目的。

针对当时矛盾重重、衰微破败的政治局面,刘向也提出了一些缓和社会危机、扭转社会政治风气的积极主张。他认为,君主只有正身修己、为政以德、崇俭抑奢,才能化及万民,美化社会风俗,稳定政治统治。修德是君主能够保有天下的最好办法,只要修德,不祥的征兆就会得到化解。

刘向生活在西汉元、成之际,当时儒家学说已完全占据了统治地位。他编书言得失,以改善政风,其中许多论述都是对社会政治风气的关注,体现出刘向对风俗与政治之间关系的深刻认识。

班固是第一位自觉认识并阐释风俗概念,进而确立传统风俗观的学者。如前所述,他认为风俗是地理环境和社会教化的共同产物,所阐释的风俗实有三层涵义。班固处于儒学正统化的正式确立阶段。受正统儒家文化的浸染,班固虽直接继承了司马迁的地域经济风俗观念和风俗变革思想,但进一步以儒家正统观念对其加以改造、完善,扭转了司马迁一味强调经济因素的倾向。班固综合各个方面,对风俗做了较为详细的界定,不但从深度和广度上都比司马迁前进了一大步,而且使对风俗的认识得到了理论的升华,形成了相当系统的结论。

班固风俗观中最为重要的是其王道教化移风易俗思想。经过武帝独尊儒术,宣帝石渠阁会议再到章帝的白虎观会议,儒家正宗思想完全成为官方的支配思想,并进一步法典化、神学化。班固撰写《汉书》的时候,正是儒家思想神学化的兴盛时期,班固的思想不可能不受其影响。儒家政治理想是实行仁政,轻徭薄赋,使民以时,以教化化育百姓。班固的王道教化风俗观力求使风俗达到理想化状态正体现了这一点。班固强调风俗的等齐化一,毫无疑问,这是一种无法实现的理想化状态,却常常是古人所要追求的目标。

对鬼神的信仰两汉一直盛行,由于最高统治者的大力支持,谶纬神学成为

① 向宗鲁:《说苑校证》,中华书局,1987年,第507页。
②《汉书·礼乐志》,中华书局,1962年,第1034页。

东汉王朝的统治思想,并直接影响到社会文化的各个领域。社会上层流行谶纬神学,下层则盛行巫术迷信,而且上、下层之间的信仰也互相渗透和影响,谶纬迷信泛滥成灾。两汉有识之士正是看到了谶纬神学的这种社会危害,从而形成了一股反儒学谶纬化的思潮。王充就是其中最为杰出的代表人物。

在《论衡》中,王充采取批判的方式,以理智的求实精神看待各种迷信风俗和虚妄之言,对各种风俗现象和迷信观念进行分析,以求"释物类同异,正时俗嫌疑"①,"匡济薄俗"②。王充对儒学谶纬化的原因及其流变进行了深入的探讨和批评,认为经学的谶纬化与政治有关系,是衰乱时人为编造的。他解释说:"末世衰微,上下相非,灾异时至,则造遣告人言矣……谴告之言,衰乱之语也,而谓之上天为之,斯盖所以疑也。"③对当时社会风俗中普遍存在的鬼神迷信,王充也展开了全面批判,其《订鬼》《论死》《死伪》《纪妖》等篇详细批判了人死为鬼的陋说。基于对人死无知和死不为鬼的认识,王充又对当世的厚葬陋习和淫祀之风进行了猛烈的抨击。他指出,厚葬不仅造成物质上的损失,同时也是诱人为奸的原因之一。至于其他陋俗,王充亦有涉及,如《四讳》《讥日》《卜筮》《辨祟》等篇批判了佞卜、讳忌等陋俗。最后,王充总结说:"夫论解除,解除无益;论祭祀,祭祀无补;论巫祝,巫祝无力。意在人不在鬼,在德不在祀,明矣哉!"④

东汉末年,社会危机程度加深,经学日趋衰落,社会上出现一股猛烈抨击当时腐朽社会风气,要求整顿社会风俗的批判思潮。王符、应劭、曹操等人,是其中较为杰出的代表。在他们所处的时代,上层奢侈腐化,吏治腐败,百姓流离失所,风俗极为败坏。为此,除了反对神学迷信外,他们把更大的气力用在了反对官场和社会中的恶风陋俗上。

通过批判骄奢淫靡之风、巫祝迷信之俗、以阀阅取仕之弊等,王符提出"移风易俗之本,乃在开其心而正其精"⑤,"凡欲变风改俗者,其行赏罚也"⑥,主张政府采用教化和法制的双重手段,力倡以民为基、富而教之、德法并用、知贤用

---

① 《后汉书·王充传》,中华书局,1965年,第1629页。
② 《论衡·对作》,黄晖:《论衡校释(附刘盼遂集解)》,中华书局,1990年,第1177页。
③ 《论衡·自然》。
④ 《论衡·解除》。
⑤ 《潜夫论笺校正》,中华书局,1985年,第301页。
⑥ 《潜夫论·三式》,第209页。

贤的统治政策来加强对社会风俗的整顿,以期实现"变风易俗,以致太平"①的目标。同时,王符还高度强调了统治者在整顿风俗中所起的至为关键的作用,认为"世之善否,俗之薄厚,皆在于君"②。

应劭试图通过著书立说来"匡正时俗",为政之助。因此,其著述多为礼仪风俗之作。特别是《风俗通义》对风俗专门研究,其中对风俗的相关论述在后世产生了很大影响。应劭将观察风俗的视野深入到下层民众之中,通过丰富风俗概念内涵,使风俗观念具体化的特殊方式,提出了"为政之要,辩风正俗,最其上也"③的主张。

应劭在阐释风俗概念中还提到风俗存在的两种形式——"本俗"与"正俗"④。对"本俗"的关注、对"圣人"于风俗的作用即"正俗"的重视成为应劭风俗概念的两大主旨。应劭之所以探讨风俗,其目的正在于"辩风正俗",在"王室大坏"之际,将"言语歌讴异声,鼓舞动作殊形,或直或邪,或善或淫"斑驳杂乱的"本俗"咸归于"正俗"⑤。

在应劭的理解里,风俗更大程度上是指民间浅俗,"虽云浮浅,然贤愚所共咨论"⑥,是自己窥探现实社会,进而寻求解决现实危机方案以"匡正时俗"的一扇特殊窗口。应劭试图借风俗来佐治国家、教化人心,在乱世中"辩风正俗",挽救社会危机。

曹操则直接从对具体风俗的整顿入手,主张禁断陋俗,"一之于法";倡导良俗,以身作则;治平尚德行,有事赏功能。可见,在崇尚使用法律手段禁止恶风陋俗的同时,曹操也时刻不忘强调道德和教化在整顿风俗中的重要作用。

由于两汉士人始终把风俗作为其议政论学的关注焦点,因而形成了持续不断的研究过程;他们提出了许多有价值、有影响的命题,系统地论述了移风易俗的必要性、可能性和可行性。⑦在这种移风易俗观念的持续影响下,两汉统治者也把对风俗的教化提升到了国家施政政策的高度上来。在平时议政

---

①《潜夫论·浮侈》,第140页。

②《潜夫论·德化》,第380页。

③ 王利器:《风俗通义校注》,中华书局,1981年,第8页。

④ 王素珍:《〈风俗通义〉的风俗观研究——兼论〈风俗通义〉在中国民俗学史上的价值》(硕士学位论文),北京师范大学文学院,2003年,第21页。

⑤ 王利器:《风俗通义校注》,中华书局,1981年,第8页。

⑥ 王利器:《风俗通义校注》,中华书局,1981年,第16页。

⑦ 孙家洲、邬文玲:《汉代士人"移风易俗"理论的构架及影响》,《中州学刊》1997年第4期。

中,他们注重对风俗问题的讨论;在日常行政中,他们更注意采取美化和齐整风俗的措施。①

两汉统治者认识到上层社会特别是皇帝本人对风俗的重要引导作用,他们宣扬以孝治天下,通过不断发布诏令和制定相关政策来禁止陋俗和提倡美俗。如汉武帝察举孝廉,目的在于"化元元,移风易俗",还下诏说"广教化,美风俗"是公卿大夫的职责所在。②两汉政府还不时遣派风俗使到各地采集民众风谣,考察其风土人情变化,作为调整或改变统治政策的依据,后来除了解下情外,逐渐也成为考核地方官吏政绩、整肃吏治的一种重要方式。另外,两汉政府还规定州牧刺史定期奏报各地风俗,或利用"上计吏"来了解郡国政风民情。而两汉循吏则在行政实践中根据各地不同的情况教化或整顿风俗,以求化民成俗。

可见,移风易俗作为教化政策不仅被提到了统治者的施政日程上来,并且得到了切实的执行,而移风易俗理论在影响统治者风俗政策的同时,也在统治者风俗政策的推动下不断得到扩充、深化和完善。两汉士人移风易俗理论和统治者所实行的移风易俗政策之间的相互影响,恰好体现了两汉风俗观念与社会政治之间一直保持着独立与顺从的互动关系。

综上言之,两汉时期,人们往往从政治文化的角度来理解风俗,一般都比较偏重于探讨和处理风俗与政治之间的关系。因此,两汉风俗观念表现出比较鲜明的政治文化特性:其一,风俗概念不断发展变化的内涵与始终保持永恒的主题之间的统一,体现出两汉风俗观念自身在社会政治变迁中变与不变的和谐;其二,两汉士人及统治者在对待风俗问题上,随着社会政治思想的发展变化,采取的移风易俗方式多种多样,或因循、或宣化、或齐整、或批判甚至整顿等,体现出两汉风俗观念与社会政治之间一直保持着独立与顺从的互动。

本文原刊载于《史学月刊》2012年第5期,人大复印资料《先秦秦汉史》2012年第5期全文转载。

本文作者:

党超,生于1979年,河南桐柏人,历史学博士,南开大学历史学院

---

① 《"齐整风俗":汉王朝对社会文化的软控制》,《河北学刊》2007年第5期。
② 《汉书·武帝纪》,中华书局,1962年,第166~167页。

副教授。1998 年 9 月至 2005 年 6 月,在河南大学历史文化学院学习,先后获历史学本科、硕士学位;2005 年 9 月至 2008 年 6 月,在北京师范大学历史学院攻读秦汉史,获历史学博士学位。2008 年 7 月至今,任教于南开大学历史学院,主要从事秦汉史、中国思想文化史等方面的研究。曾在《历史研究》《史学月刊》《民俗研究》等刊物上发表学术论文数篇,出版学术专著《两汉风俗观念与社会软控制研究》。

两周之际"二王并立"历史再解读

程平山

《春秋左传正义》孔颖达疏引古本《竹书纪年》说,周幽王太子宜臼奔申,申侯立之为王,是为平王;幽王既亡,虢公翰立幽王弟余臣,是为携王。①历史上,将平王与携王并存的阶段一般称为"二王并立"时期。《史记》不载此段历史,《左传》记载过于简略而难以了解详细情况,单凭二者难以对相关问题详加研究。②目前,不仅有古本《竹书纪年》、清华简《系年》可以依据,而且这一时期的考古资料积累丰富。《诗经》保存此间的一些诗篇,可以随着上博简《诗论》、③古本《竹书纪年》、清华简《系年》及丰富的考古资料得到进一步阐释。所以深入探讨这一阶段历史的时机已趋成熟。

学者以往研究平王、携王并立问题的不足,主要表现在两方面:首先,未能重建平王、携王并立的基本史实。以往研究对平王、携王并立时期的历史没能达到共识,尤其在年代(平王与携王的年代、"亡王九年")、地理(西申、少鄂、京师、携的地望)的认识方面存在很大分歧。究其根源,在于搜集资料不全(如幽王、平王与伯盘的年纪)与利用资料不充分(如判断京师、携的地望时未使用考古资料而致失误),对于古本《竹书纪年》及相关资料存在一些误解(如未能将古本《竹书纪年》原文与晋唐学者的注评区分开来)。其次,对于平王、携王并立实质的解读存在疑问。如上所说,据《春秋左传正义》孔颖达疏所引古本《竹书纪年》记载,宜臼奔申,申侯立之为王;幽王、伯盘既灭,虢公翰立携王。清华

---

① 孔颖达:《春秋左传正义》(卷52),(清)阮元校刻:《十三经注疏》(下册),中华书局,1980年影印本,第2114页中栏。

② 徐中舒:《先秦史论稿》,巴蜀书社,1992年,第184~185页;白寿彝总主编,徐喜辰、斯维至、杨钊主编:《中国通史》(第3卷上册),上海人民出版社,1994年,第355页;王玉哲:《中华远古史》,上海人民出版社,2000年,第731~734页;晁福林:《春秋战国的社会变迁》(上册),商务印书馆,2011年,第45~50页。

③ 《孔子诗论》,马承源主编:《上海博物馆藏战国楚竹书(一)》,上海古籍出版社,2001年,图版第11~42页,释文考释第119~168页。

简《系年》则记载幽王、携王、平王继立为周王。①学者对是否存在"二王并立"与古本《竹书纪年》、清华简《系年》作者的立场存在迥异的认识。总之,如何正确认识与解读"二王并立"是一个难题。以往研究存在如此多的分歧,表明对"二王并立"实质的认识必须从重建相关史实入手。

一、平王、携王并立局面的形成

古本《竹书纪年》与汲冢《琐语》有幽王、平王、伯盘年纪的资料,为以往研究所忽略。晋人干宝《搜神记》:"周宣王三十三年,幽王生。是岁有马化为狐。"②《大唐开元占经》引古本《竹书纪年》记载"周(灵)[宣]王三十三年,有马化为狐"③,方诗铭、王修龄认为《搜神记》所引即本古本《竹书纪年》。④根据文字特点、记事风格与内容可知,方、王二人的看法是正确的。汲冢《琐语》:

> 宣王之元妃献后生子,不恒期月而生,后弗敢举。天子召问群王之元史,史皆答曰:"若男子也,身体有不全,诸骨节有不备者则可,身体全骨节备,不利于天子也,将必丧邦。"天子曰:"若而,不利余一人,命弃之。"仲山父曰:"天子年长矣,而未有子,或者天将以是弃周,虽弃之何益!"天子弗弃之。⑤

周宣王"年长"始得子,此子乃嫡长子,由"天将以是弃周",知乃后来的幽王。⑥幽王没足月份而生,故遭非议,引发太史言"丧邦"、仲山父"天将弃周"的评论。汲冢《琐语》言幽王生时宣王"年长"(宣王晚年),与《搜神记》所引古本《竹书纪年》合。周宣王三十三年,幽王生,称元岁;四十六年,宣王卒,幽王即

---

① 清华简《系年》第2章,清华大学出土文献研究与保护中心编、李学勤主编:《清华大学藏战国竹简》(贰·下册),中西书局,2011年,第138页。

② (东晋)干宝:《搜神记》(卷六),汪绍楹校注,《古小说丛刊》,中华书局,1979年,第69页。

③ 瞿昙悉达:《大唐开元占经》卷一一八《马休征·马化为牛狐及出地中》,明抄本,第2页b~3页a。刘恕:《资治通鉴外纪》卷三《周纪一》,周宣王三十三年下引作"周有马化为狐",景明刊本,张元济等编:《四部丛刊》,商务印书馆,1929年,第28页a。

④ 方诗铭、王修龄:《古本竹书纪年辑证(修订本)》,上海古籍出版社,2005年,第60~61页。

⑤ 李昉等:《太平御览》(第1册)卷八五《皇王部十》,中华书局,1960年影宋本,第403页上栏、下栏。

⑥ 清人陈逢衡认定"周宣所举此子即幽王也"。陈逢衡:《竹书纪年集证》(卷五〇《补遗下》),清嘉庆十八年刻本,第41页a。

位,年十四。立十一年,被戎人杀,年二十五。这是极其重要的史料,对于探讨两周之际史实问题具有积极价值。①

幽王元年,王年十五。王立申后,生太子宜臼。幽王三年,王年十七,幸褒姒,褒姒年十四。《史记·周本纪》:"三年,幽王嬖爱褒姒。……是为褒姒。当幽王三年,王之后宫,见而爱之,生子伯服,竟废申后及太子,以褒姒为后,伯服为太子。"②《毛诗正义》孔颖达疏引《帝王世纪》以为"幽王三年嬖褒姒,褒姒年十四",③适与幽王年纪相配。④褒姒被幽王宠幸,生子伯服(古本《竹书纪年》、清华简《系年》作"伯盘")。幽王八年,废申后,逐太子宜臼而立伯盘为太子。《国语·晋语》曰:"褒姒有宠,生伯服,于是乎与虢石甫比,逐太子宜咎而立伯服。"《太平御览》引古本《竹书纪年》:"幽王八年,立褒姒之子曰伯(服)[盘]为太子。"⑤《春秋左传正义》孔颖达疏引古本《竹书纪年》:"平王奔西申,而立伯盘以为大子。"⑥是幽王八年平王奔西申之证。伯盘约于幽王六年生,幽王八年伯盘年约三岁,立为太子。

古本《竹书纪年》有平王、携王并立的记载。《左传》昭公二十六年孔颖达疏:"《汲冢书纪年》云:平王奔西申,而立伯盘以为大子,与幽王俱死于戏。先是,申侯、(鲁)[曾]侯及许文公立平王于申,以本大子,故称天王。幽王既死,而虢公翰又立王子余臣于携。周二王并立。二十一年,携王为晋文(公)[侯]

①晁福林曾据《国语》推测幽王(宫涅)、平王(宜臼)、伯服的年龄,以为宣王二十年左右太子宫涅娶褒姒,幽王继位时伯服年二、三十岁而宜臼年不足20岁,并推测幽王五年至八年幽王、伯服"二王并立",作为宜臼亦可称王的重要依据。参见晁福林:《论平王东迁》,《历史研究》1991年第6期。晁福林显然忽略了古本《竹书纪年》与汲冢《琐语》关于幽王年纪的资料,它们并不支持晁氏的推测。
②《史记》卷4《周本纪》,中华书局,1959年,第147页。
③孔颖达:《毛诗正义》卷一五《小雅·鱼藻之什·白华》,(清)阮元校刻:《十三经注疏》(上册),中华书局,1980年影印本,第496页下栏。
④《国语·郑语》讲述了一个"檿弧箕服,实亡周国"的怪诞故事,描绘童妾因鼋孕育褒姒于周厉王末,至宣王时出生。学者质疑褒姒年龄,因而不之信。参见崔述:《丰镐考信录》(卷7),顾颉刚编订:《崔东壁遗书》,上海古籍出版社,1983年,第243~244页。其实,这个故事本身出于编造,主旨是将招致西周灭亡的褒姒妖化,因鼋孕育与数十年后才出生是其特征,所以不足据以推断褒姒的年龄。
⑤李昉等:《太平御览》(第1册)(卷一四七《皇亲部十三·太子二》),第718页上栏。
⑥孔颖达:《春秋左传正义》(卷五二),(清)阮元校刻:《十三经注疏》(下册),中华书局,1980年影印本,第2114页中栏。

所杀,以本非适(嫡),故称携王。"①上文中"以本大子,故称天王","以本非适(嫡),故称携王"并非古本《竹书纪年》原文,而是晋人的注解或隋唐人的评论。②晁福林以为平王立于幽王八年。③王晖以为按照古本《竹书纪年》,周平王在幽王卒前已被立为王。④朱凤瀚提出:"按此'先是'未必如有的学者所言是说在幽王卒前即立之,而是相对下文立王子余臣之事而言,是说平王立在携王之前",认为平王、携王同年被立。⑤刘恕《资治通鉴外纪》:"《汲冢纪年》曰:幽王死,申侯、鲁侯、许文公立平王于申、虢公翰立王子余,二王并立。余为晋文侯所杀,是为携王。案《左传》'携王奸命',杜预曰:'携王谓伯服也。'《(汲冢)古文》作'伯盘',皆与旧史不同。"⑥刘恕所引即据孔疏,他认为平王、携王立在幽王卒后,符合正统论。《汉书》屡用"先是"一词,表示追溯更早的时间段。⑦《助字辨略》:"《汉书·食货志》'先是十余岁,河决,灌梁、楚地,固已数困。'先是,追原之辞也。《史记·平准书》作'初,先是往十余岁河决观,梁、楚之地固已数困。'初,先是者,重言也。往,亦先是之辞。此以四字为重言者也。"⑧"先是"意即"在此之前",讲述一事而追溯更早的一事。平王奔申,申侯、曾侯及许文公先在申立宜臼为王,事在幽王灭亡之前;幽王亡,虢公翰纠集周人在携地立余臣为王。朱右曾《汲冢纪年存真》晋文侯十年将孔疏所引

①孔颖达:《春秋左传正义》(卷五二),(清)阮元校刻:《十三经注疏》(下册),中华书局,1980年影印本,第2114页中栏。蒙文通指出"鲁"当为"曾"之讹。参见蒙文通:《周秦少数民族研究》《古族甄微》,《蒙文通文集》(第2卷),巴蜀书社,1993年,第64、70页。杨宽亦认为"鲁"当作"曾"。参见杨宽:《西周史》,上海人民出版社,1999年,第852页。"鲁""曾"形近易讹,蒙、杨所说甚是。

②范祥雍指出:"案'以本太子,故称天王'八字,疑乃孔《疏》引刘炫之案语,与下文'本非适,故称携王'相同。朱氏于此引为正文,于下文则不引,例殊不一,故王氏删之。"范祥雍:《古本竹书纪年辑校订补》,上海人民出版社,1957年,第34页。

③晁福林:《论平王东迁》,《历史研究》1991年第6期;《清华简〈系年〉与两周之际史事的重构》,《历史研究》2013年第6期。

④王晖:《春秋早期周王室王位世系变局考异——兼说清华简〈系年〉"周无王九年"》,《人文杂志》2013年第5期。

⑤朱凤瀚:《清华简〈系年〉所记西周史事考》,李宗焜主编:《第四届国际汉学会议论文集:出土文献与新视野》,台北"中研院",2013年,第456页。

⑥刘恕:《资治通鉴外纪》(卷三《周纪一》),景明刊本,张元济等编:《四部丛刊》,商务印书馆,1929年,第32页a。《(汲冢)古文》乃《竹书纪年》另一称谓。

⑦《汉书》(卷二四下《食货志下》),中华书局,1962年,第1161页;《汉书》(卷27《五行志》),第1351~1522页。

⑧刘淇:《助字辨略》(卷二),章锡琛校注,中华书局,1954年,第67页。

析为两条,申侯立宜臼为前一条,幽王亡虢公翰立携王为后一条。[①]《国语·郑语》幽王九年太史伯言:"王欲杀太子(宜臼)以成伯服,必求之申……申、吕方强,其隩爱太子(宜臼)亦必可知也。"此时宜臼尚未称王,申侯立宜臼为王在幽王九年至十一年间。《汉书·古今人表》贬斥平王,以平王、申侯与幽王、褒姒、虢石父同列下下。[②]顾炎武、梁玉绳、崔述等谴责平王指使戎人灭周、弑幽王,[③]实际上平王出奔时约六岁、幽王灭时平王约九岁,西周的灭亡缘自幽王乱政,因此他们对平王的斥责并不成立,所以平王的作用与地位需重新评价。[④]清华简《系年》:"晋文侯乃逆坪(平)王于少鄂,立之于京师。三年,乃东徙,止于成周。"[⑤]郑康成《毛诗谱·王城谱》:"晋文侯、郑武公迎宜咎于申而立之,是为平王,以乱故,徙居东都(上)〔王〕城。"[⑥]清华简《系年》与《毛诗谱·王城谱》可完全对照,少鄂是晋文侯、郑武公迎接平王之所,乃申国之内邑,为平王临时都城。[⑦]申国所在,汉代以来旧说以为在南阳(今河南省南阳市),近人辨析,有西土诸说与南阳说。[⑧]李学勤最早以为文献记载平王奔"西申"是错误的,主张平王所奔是南阳之申。清华简《系年》再次出现"平王走西申"记载后,李学勤则表示:"但平王舅家之申,前人都以为在今河南南阳,《纪年》则说'平王奔西申',西申见《逸周书·王会》,学者考定应在今陕西北部。这是什么缘故,前人

---

①朱右曾:《汲冢纪年存真》(卷下),清归砚斋刻本,第2页a。

②《汉书》(卷二十《古今人表》),中华书局,1962年,第900～903页。

③顾炎武著、黄汝成集释:《日知录集释》(上册)卷二《文侯之命》,栾保群等校点,上海古籍出版社,2006年,第109～111页;梁玉绳:《史记志疑》(第1册)卷三《周本纪》,中华书局,2006年,第103页;梁玉绳:《古今人表考》(下册)卷九《下下愚人》,《史记汉书诸表订补十种》,中华书局,1982年,第924～925页;崔述:《丰镐考信录》(卷七),顾颉刚编订:《崔东壁遗书》,上海古籍出版社,1983年,第247页上栏。

④作为中兴之主,平王虽逊于少康之辈,但亦非无能之王。平王主要功绩有三:继文、武之绪;团结诸侯,平定戎患;春秋一统,限制诸侯间的纷争。

⑤清华简《系年》第2章,清华大学出土文献研究与保护中心编、李学勤主编:《清华大学藏战国竹简》(贰·下册),中西书局,2011年,第138页。

⑥孔颖达:《毛诗正义》卷四《毛诗谱·王城谱》,(清)阮元校刻:《十三经注疏》(上册),中华书局,1980年影印本,第330页上栏。

⑦整理者以为少鄂即晋地之鄂(清华大学出土文献研究与保护中心编、李学勤主编:《清华大学藏战国竹简》(贰·下册),中西书局,2011年,第139页),误。王晖推测在山西,距离晋地不远。王晖:《春秋早期周王室王位世系变局考异——兼说清华简〈系年〉"周无王九年"》(《人文杂志》2013年第5期);晁福林:《清华简〈系年〉与两周之际史事的重构》(《历史研究》2013年第6期)以为在镐京附近,两者亦误。

⑧徐少华:《周代南土历史地理与文化》,武汉大学出版社,1994年,第28～30页。

没有解释。"①其实,西申本居西土,周宣王时迁居今河南省南阳市一带,幽王之时距迁徙未久,仍可被称为"西申"。关于平王奔西申问题,限于篇幅,本文不予详论。

《左传》昭公二十六年:"至于幽王,天不吊周,王昏不若,用愆厥位。携王奸命,诸侯替之,而建王嗣,用迁郏鄏。"清华简《系年》:"曾(缯)人乃降西戎,以攻幽王,幽王及白(伯)盘乃灭,周乃亡。邦君者(诸)正乃立幽王之弟余臣于虢,是携惠王。立廿又一年,晋文侯仇乃杀惠王于虢。"②两周之时,姬姓之虢实际只有虢仲之西虢与虢叔之东虢。③东虢在荥阳,雷学淇以为东虢之君立携王。④《汉书》颜师古注引古本《竹书纪年》载平王四年郑桓公灭虢,⑤地入郑国;清华简《系年》携惠王的立与灭皆在虢地,至平王二十一年才亡,所以东虢不是立携惠王之虢。西虢在雍州,后迁于大阳(今河南省三门峡市)一带,其国北部称"北虢"或"下阳",南部称"南虢"或"上阳"。学者讨论西虢迁大阳的年代,有西周晚期说与平王东迁说之争。⑥《国语·郑语》幽王九年史伯言:"当成周者……西有虞、虢、晋、隗、霍、杨、魏、芮。"证实西周末期西虢已迁居大阳。依据当时形势,戎人乱于关中,为祸剧烈,持续二十二年,⑦虢与携王无从立足关中,故携王所居当在大阳之虢,携为此虢国内之一地,为虢国内的小地名。⑧《春秋左传正义》孔颖达疏引古本《竹书纪年》载"虢公翰又立王子余臣于携",⑨虢公翰为西虢之君,与周幽王时的西虢之君虢公石父关系密切。⑩清华简《系年》载邦君者(诸)正立余臣,含混不清,古本《竹书纪年》记载则表明是出

---

① 李学勤:《论仲爯父簋与申国》,《中原文物》1984年第4期;《清华简〈系年〉及有关古史问题》,《文物》2011年第3期。

② 清华简《系年》第2章,《清华大学出土文献研究与保护中心编、李学勤主编:《清华大学藏战国竹简》(贰·下册),中西书局,2011年,第138页。

③ 彭裕商:《虢国东迁考》,《历史研究》2006年第5期。

④ 雷学淇:《竹书纪年义证》(卷二七),艺文印书馆,1977年影印本,第422页。

⑤ 《汉书》卷二八上《地理志上》,中华书局,1962年,第1544页。

⑥ 彭裕商:《虢国东迁考》,《历史研究》2006年第5期。

⑦ 程平山:《秦襄公、文公年代事迹考》,《历史研究》2013年5期。

⑧ 陈伟亦认为携为虢内的小地名,参见陈伟:《读清华简〈系年〉札记》,《江汉考古》2012年第3期。

⑨ 孔颖达:《春秋左传正义》(卷五二),(清)阮元校刻:《十三经注疏》(下册),中华书局,1980年影印本,第2114页中栏。

⑩ 梁宁森、郑建英:《虢国研究》,河南人民出版社,2007年,第180~181页。

于虢公翰的操纵。

汉晋学者误以携王为伯服,束皙据古本《竹书纪年》考证:"案《左传》'携王奸命',旧说携王为伯服,伯服,《(汲冢)古文》作'伯盘',非携王。"[1]由于古本《竹书纪年》存在与正统观点不同的异说(如太甲杀伊尹等[2]),隋唐时期的一些学者视其为"盖不经之书,未可依信也"。[3]所以他们对此持有疑问,仍然本《左传》杜预注,以为"伯服立为王,积年诸侯始废之,而立平王。其事或当然"[4]。清华简《系年》再次证实携王为王子余臣。幽王卒时年二十五岁,王子余臣既为幽王之弟,则即位之年不足二十五岁。

二、"二王并立"的统治与终结

太子宜臼奔申后,申人既憎恨幽王之胡乱作为,于是立宜臼为王,居于申之少鄂。《尚书·文侯之命》叙述幽王之难后"殄资泽于下民,侵戎我国家纯",平王对文侯说"汝多修,扞我于艰,若汝,予嘉"。"我于艰"三字生动概括了平王三十多年的历程。"二王并立"时期,整个社会处于混乱状态,戎人祸乱继续并势大难平,周王统治无力,四方诸侯兴起,最终导致携王被杀。

(一)戎人之乱

申侯的本意是保护宜臼,但事情的发展脱离了预想轨道。申、吕、许国因与王师作战而遭重创,[5]申侯无法掌控戎人。戎人之祸自幽王十一年延续到平

---

① 孔颖达:《春秋左传正义》(卷五二),(清)阮元校刻:《十三经注疏》(下册),中华书局,1980年影印本,第2114页上栏。《古文》即《竹书纪年》。

② 《晋书》卷五一《束皙传》,中华书局,1974年,第1432页。

③ 孔颖达:《尚书正义》(卷八),(清)阮元校刻:《十三经注疏》(上册),中华书局,1980年影印本,第167页上栏。

④ 孔颖达:《春秋左传正义》(卷五二),(清)阮元校刻:《十三经注疏》(下册),中华书局,1980年影印本,第2114页中栏。此句乃隋唐人本旧说而下的评语,仍以伯服为携王,故云伯服后立平王。晁福林以为束皙依据汲冢材料所说(晁福林:《论平王东迁》,《历史研究》1991年第6期),这主要缘于隋唐人既引又评,容易误解。朱右曾《汲冢纪年存真》、王国维《古本竹书纪年辑校》、范祥雍《古本竹书纪年辑校订补》、方诗铭、王修龄《古本竹书纪年辑证》皆不辑录,是为明证。清人庄述祖言:"束皙据《汲冢古文》以伯服非携王,而刘光伯则谓幽王死后褒姒之党立伯服为王,孔颖达又谓:'伯服立为王,积年诸侯始废之,而立平王。'"(庄述祖:《珍执宧文钞》卷四《雨无正篇说》,清刻本,第17页a。)庄述祖读正确。

⑤ 《国语·郑语》描述幽王时申、吕是强国,《毛诗·王风·扬之水》描述平王时申、吕、许已变弱,需王师帮助戍守。

王二十一年,持续二十二年,周人、秦人致力于伐戎,过程艰辛。[①]戎人"取周之焦获,而居于泾渭之间,侵暴中国","戎无道,侵夺我岐、丰之地",[②]是对戎人暴行的真实描述。《诗经》中有当时社会各层的控诉。整个关中地区陷入水深火热之中,岐周、丰、镐陷落,成为废墟,[③]乃至春秋时期亦罕有人迹。[④]

(二)携王统治无力

周人颠簸流离与死于非命同时存在,痛苦与惨状难以倾诉。《诗经》中保存一些"二王并立"时期的诗篇,如《节南山》《正月》《十月之交》《雨无正》《小旻》等,[⑤]社会各层的控诉可以《雨无正》为代表。上博简《孔子诗论》:"《十月》善諀(谝)言,《雨亡(无)政》《即(节)南山》皆言上之衰也,王公耻之;《少(小)旻》疑矣,言不中志者也。"[⑥]《毛诗·小雅·雨无正》旧有厉王、幽王、平王诗之争,[⑦]清人庄述祖详论此诗,认为:"《雨无正》作刺之诗,东迁之议犹未定也。平王特辟犬戎之难,依申、许以自安耳!当此之时,二王并立。诸臣荡析离居,卿士莫可夙夜供职也,侯伯莫可朝夕王所也,人心未壹,天位亦摇,庶日式臧,覆出为恶。此诗人所为痛哭流涕于弗虑弗图,而呼天以愬之也。"[⑧]庄说甚是。近世不少学者主张《雨无正》为"二王并立"时期的诗。[⑨]《雨无正》:"周宗既灭,靡所止戾。"《左传》引作:"宗周既灭,靡所止戾。"是《雨无正》原作"宗周既灭",诗作于平王之时,内容的确反映"二王并立"时期情况。

①程平山:《秦襄公、文公年代事迹考》,《历史研究》2013年5期。

②《史记》卷110《匈奴列传》,中华书局,1959年,第2881页;《史记》卷五《秦本纪》,第179页。

③李峰:《西周的灭亡——中国早期国家的地理和政治危机》,徐峰译、汤惠生校,上海古籍出版社,2007年,第272~273页。

④丰镐遗址常见战国、汉代文化层叠压在西周文化层之上,春秋文化层从未发现。参见中国科学院考古研究所:《沣西发掘报告》,文物出版社,1963年,第17~18、70~71页。岐周遗址亦是汉代以后的扰乱层叠压在西周文化层之上。参见陕西周原考古队:《陕西岐山凤雏村西周建筑基址发掘简报》,《文物》1979年第10期。

⑤晁福林:《论平王东迁》,《历史研究》1991年第6期;赵逵夫主编:《先秦文学编年史》(中册),商务印书馆,2010年,第425~428页。

⑥马承源主编:《上海博物馆藏战国楚竹书(一)》,上海古籍出版社,2001年,第136页。

⑦张建军:《诗经与周文化考论》,齐鲁书社,2004年,第175~177页。

⑧庄述祖:《珍执宦文钞》卷四《雨无正篇说》,第17页b~18页a。

⑨徐中舒:《西周史论述(下)》,《四川大学学报》1979年第4期;晁福林:《论平王东迁》,《历史研究》1991年第6期;邵炳军:《〈诗·小雅·雨无正〉篇名、作者、作时探微》,《上海大学学报》2003年第2期;张建军:《诗经与周文化考论》,齐鲁书社,2004年,第178~179页;赵逵夫主编:《先秦文学编年史》(中册),商务印书馆,2010年,第427~428页。

根据《毛诗·小雅·雨无正》，"二王并立"时一有"降丧饥馑，斩伐四国"，即发生了大灾荒，各国损失惨重。二有"〔周宗〕〔宗周〕既灭，靡所止戾"，即丰镐被毁坏，周人无所安身。三有"三事大夫，莫肯夙夜。邦君诸侯，莫肯朝夕"，即诸侯大夫不肯用命。四有"戎成不退，饥成不遂"，即戎人与周人讲和，却长期盘踞关中一带，饥馑仍在，无以生存。五有"谓尔迁于王都，曰予未有室家。鼠思泣血，无言不疾。昔尔出居，谁从作尔室"，即人们不愿迁往新都。上博简《孔子诗论》："《雨亡（无）政》、《即（节）南山》皆言上之衰也，王公耻之。"①是说携王统治无方，诸侯大夫耻之。徐中舒认为："携王为什么得不到诸侯的支持呢?这是因为他当时对东方诸侯已经无力控制。再则由于长期旱灾。《诗·大雅·云汉》说：'天降丧乱，饥馑荐臻'，致使'周余黎民，靡有孑遗'。并且，当时虽与犬戎媾和，犬戎还是继续留在丰、镐，不肯退走，人民也因饥馑无法安生。再次，人民对携王政权是冷淡的，不合作的。《诗·小雅·雨无正》说，'谓尔迁于王都，曰：予未有室家。……昔尔出居，谁从作尔室?'王都就是携王所住之处，周人不愿到那里去，所以托言未有室家。得不到国人支持，摇摇欲坠的携王政权怎么可能长久维持呢?"②携王政权是虢公翰所立的傀儡政权，不能代表广大诸侯的利益，无法完成凝聚周人的使命。宣幽之世，王师屡败于戎人，③携王政权更无力与戎人对抗，只有求和，外为戎人所轻，内为诸侯所弃。

（三）诸侯代兴

《国语·郑语》："及平王之末，而秦、晋、齐、楚代兴，秦景襄于是乎取周土，晋文侯于是乎定天子，齐庄、僖于是乎小伯，楚蚡冒于是乎始启濮。"四国兴起始于平王初，至平王末已成大势。诸侯兴起与周王统治密切相关，最能证实携王的统治无力。

秦致力于伐戎。依据对《史记·秦本纪》秦襄公、秦文公事迹重新整理的结果，秦襄公伐戎的相关事迹有："（襄公）七年春……西戎犬戎与申侯伐周，杀幽王郦山下。而秦襄公将兵救周，战甚力，有功。十二年，伐戎而至岐……（十三年）[二十五年]，初有史以纪事，民多化者。（十六年）[二十八年]，（文）[襄]公以兵

---

① 马承源主编：《上海博物馆藏战国楚竹书（一）》，上海古籍出版社，2001年，第136页。
② 徐中舒：《西周史论述（下）》，《四川大学学报》1979年第4期；徐中舒：《先秦史论稿》，巴蜀书社，1992年，第184~185页，近同。
③ 《后汉书》（卷八七《西羌传》），中华书局，1965年，第2871~2872页。

伐戎,戎败走。于是(文)[襄]公遂收周余民有之。"①秦襄公拥护平王,获封为诸侯,得到关中之地。清华简《系年》:"周室既卑,坪(平)王东迁,止于成周。秦仲焉东居周地,以守周之坟墓,秦以始大。"②

《左传》昭公二十六年:"携王奸命,诸侯替之,而建王嗣,用迁郏鄏。"《国语·郑语》:"及平王之末,而秦、晋、齐、楚代兴……晋文侯于是乎定天子。"清华简《系年》:"是携惠王。立廿又一年,晋文侯仇乃杀惠王于虢。周亡王九年,邦君者(诸)侯焉始不朝于周,晋文侯乃逆坪(平)王于少鄂,立之于京师。三年,乃东徙,止于成周,晋人焉始启于京师。"③晋本是小国,由于晋文侯拥立周平王的功绩,晋国得以兴起。

《国语·郑语》:"齐庄、僖于是乎小伯。"韦昭注:"庄,齐太公后十二世庄公购。僖公,庄公之子禄父。小伯,小主诸侯盟会。"④《孟子·告子》:"诸侯之地方百里,不百里不足以守宗庙之典籍。……太公之封于齐也,亦为方百里也,地非不足也,而俭于百里。"《史记·十二诸侯年表》:"齐、晋、秦、楚其在成周微甚,封或百里或五十里。"⑤《左传》僖公四年,管仲曰:"昔召康公命我先君大公曰:'五侯、九伯,女实征之,以夹辅周室。赐我先君履,东至于海,西至于河,南至于穆陵,北至于无棣。'"齐国在西周时是方百里之国,为东方方伯,幽平之际的动荡为齐国迅速崛起提供了绝好时机。齐桓公继承齐本土及齐庄公、僖公、襄公拓展的疆域,《国语·齐语》:"正封疆,地南至于陶阴,西至于济,北至于河,东至于纪酅,有革车八百乘。"《管子·小匡》:"正其封疆,地南至于岱阴,西至于济,北至于海,东至于纪随,地方三百六十里。三岁治定,四岁教成,五岁兵出,有教士三万人,革车八百乘。"⑥齐由百里之国跃为三百六十里之国。

楚蚡冒于是乎始启濮。《史记·楚世家》:"若敖二十年,周幽王为犬戎所

---

①《史记》(卷五《秦本纪》),中华书局,1959年,第179~180页。程平山:《秦襄公、文公年代事迹考》,《历史研究》2013年第5期。

②清华简《系年》第3章,清华大学出土文献研究与保护中心编、李学勤主编:《清华大学藏战国竹简》(贰·下册),中西书局,2011年,第141页。

③清华简《系年》第2章,清华大学出土文献研究与保护中心编、李学勤主编:《清华大学藏战国竹简》(贰·下册),中西书局,2011年,第138页。

④《国语》(下册)卷一六《郑语》,上海古籍出版社,1988年,第524~525页。

⑤《史记》卷一四《十二诸侯年表》,中华书局,1959年,第509页。

⑥黎凤翔:《管子校注》(卷八《小匡》),梁运华整理:《新编诸子集成》(上册),中华书局,2004年,第424页。

弑。……二十七年若敖卒,子熊坎立,是为霄敖。霄敖六年卒,子熊眴立,是为蚡冒。……蚡冒十七年卒。蚡冒弟熊通弑蚡冒子而代立,是为楚武王。……三十七年……于是始开濮地而有之。"①清华简《楚居》:"至酓绎与屈䊷,使䢵嗌卜徙于夷屯,为梗室……窃䢵人之犝以祭。……酓渠徙居发渐。……酓挚徙居旁屽。至酓延自旁屽徙居乔多。……若敖酓义(仪)徙居䣠。至蚡冒酓帅(率)自䣠徙居焚。至霄敖酓鹿自焚徙居宵。至武王酓馳自宵徙居免……乃渭(溃)疆涅之波(陂)而宇人焉,抵今曰郢。"②熊绎之时,楚人居夷屯,与䢵为邻,酓延(当周厉王之时)以后居乔多,若敖居䣠。稍后蚡冒居焚,霄敖居宵,武王居免,徙郢,开始征服江汉之途。周宣王之时服江汉,故楚人征伐开端正值幽、平之时,后乃启濮地而有之。

(四)晋文侯杀携王

《史记·秦本纪》周平王二十一年,秦人平定戎乱,"(文)[襄]公以兵伐戎,戎败走。于是(文)[襄]公遂收周余民有之。"③在这种背景下,晋文侯出兵灭携王。《左传》昭公二十六年孔颖达疏:"《汲冢书纪年》云:……二十一年,携王为晋文侯所杀。"④《左传》昭公二十六年:"携王奸命,诸侯替之。"清华简《系年》:"立廿又一年,晋文侯仇乃杀(携)惠王于虢。"⑤文侯之所以敢于并能够攻杀携王,是利用了诸侯对携王的不满。

"二王并立"时期,受形势所迫,平王、携王没有太多作为,所以无论传世文献还是出土文献对他们的描述都很简单。目前,我们已经获得对"二王并立"时期的整体认识,反映"二王并立"总况的史料比较多,一些细节需要以后逐渐补充。

---

①《史记》卷四〇《楚世家》,中华书局,1959年,第1694~1695页。

②清华简《楚居》,清华大学出土文献研究与保护中心编、李学勤主编:《清华大学藏战国竹简》(壹),中西书局,2010年,第26~34、117~126、181页。

③《史记》卷五《秦本纪》,中华书局,1959年,第179页;程平山:《秦襄公、文公年代事迹考》,《历史研究》2013年第5期。

④孔颖达:《春秋左传正义》(卷五二),(清)阮元校刻:《十三经注疏》(下册),中华书局,1980年影印本,第2114页中栏。

⑤清华简《系年》第2章,清华大学出土文献研究与保护中心编、李学勤主编:《清华大学藏战国竹简》(贰·下册),中西书局,2011年,第138页。

(五)晋文侯立平王

晋文侯既杀携王,仍需立平王与助平王东迁,才是完成定天子的大业,解决周幽王、携王乱政遗留的问题。

清华简《系年》:"幽王及白(伯)盘乃灭,周乃亡。邦君者(诸)正乃立幽王之弟余臣于虢,是携惠王。立廿又一年,晋文侯仇乃杀惠王于虢。周亡王九年,邦君者(诸)侯焉始不朝于周,晋文侯乃逆坪(平)王于少鄂,立之于京师。三年,乃东徙,止于成周。"整理者以为,亡王九年"应指幽王灭后九年"。①晁福林认为从幽王死至携王被杀首尾十一年,掐头去尾正是九年之数。②刘国忠、陈剑、吉本道雅、朱凤瀚、王晖等均主张"周亡(无)王九年"指携王灭后九年。③程平山认为,"周亡王九年"解释为"幽王灭后九年"与简文存在诸多不合之处。第一,如果"周亡王九年"指"幽王灭后九年",遂成为"诸侯立携惠王,周幽王死后九年,诸侯不朝于周"。实际上,诸侯立携惠王,自然就会朝周,不会产生诸侯不朝于周。第二,《史记索隐》:"《汲冢纪年》曰:'(夏)有王与无王,用岁四百七十一年。'""无王"是相对于"有王"而言,幽王、携惠王的统治是周"有王"状态,携惠王被杀至平王被立为周王期间正是周"无王"时期。第三,清华简《系年》每章的叙事都是按照年代顺序叙述事件始末,因此清华简《系年》"周无王九年"发生在携惠王二十一年晋文侯杀携惠王之后。④整理者、晁福林等没有意识到《史记》所载两周之际年代存在许多讹误,于是只是调和平王立、东迁与诸侯国年代的矛盾,而不是从根源上解决问题。实际上,裴锡圭、马承源、程平

---

① 清华简《系年》第2章,清华大学出土文献研究与保护中心编、李学勤主编:《清华大学藏战国竹简》(贰·下册),中西书局,2011年,第138~139页。

② 晁福林:《清华简〈系年〉与两周之际史事的重构》,《历史研究》2013年第6期。

③ 刘国忠:《从清华简〈系年〉看平王东迁的相关史实》,《"简帛·经典·古史"国际论坛论文》,香港浸会大学,2011年,第6页;复旦大学出土文献与古文字研究中心读书会:《〈清华(贰)〉讨论记录》,复旦大学出土文献与古文字研究中心网,2011年12月23日;吉本道雅:『清华简系年考』,『京都大学文学部研究纪要』,2013年第52号,第1~94页;朱凤瀚:《清华简〈系年〉所记西周史事考》,李宗焜主编:《第四届国际汉学会议论文集:出土文献与新视野》,台北"中研院",2013年,第457页;王晖:《春秋早期周王室王位世系变局考异——兼说清华简〈系年〉"周无王九年"》,《人文杂志》2013年第5期。

④ 程平山:《秦襄公、文公年代事迹考》,《历史研究》2013年第5期。

山等人早已发现《史记》所载两周年代存在诸多讹误。①因此，《史记》年代的错误存在一个逐步校正的过程，讨论问题必须以正读简文为前提。

《左传》昭公二十六年，王子朝使告于诸侯"携王奸命，诸侯替之，而建王嗣，用迁郏鄏"。《国语·郑语》："及平王之末……晋文侯于是乎定天子。"平王在位51年，晋文侯立平王与助平王东迁的时代属于平王晚期。按照清华简《系年》的记载，周幽王灭后21年，晋文侯杀携惠王；周幽王灭后30年，晋文侯立平王，3年后东迁。平王自周幽王八年出奔至被周人立为王经历了34年。晋文侯立平王与助王东迁，周王室重新得到安定，意义重大。

三、"二王并立"实质解读

对于古本《竹书纪年》周"二王并立"与清华简《系年》幽王、携王、平王继立为周王的记载差异，应如何正确解读？刘国忠据清华简《系年》否认"二王并立"。②李学勤认为"平王并未先立，或者立于申而没有得到公认"，并推测："吟味《纪年》《系年》这方面的差别，我感觉是反映出两书作者立场的差异。《纪年》是三晋之一魏国人所撰，于东迁以下用晋纪年，实即始于晋文侯。他将'晋文侯定天子'，拥立平王杀死携王一事讲得更有依据，是可以想象的。《系年》的作者估计是楚国人，没有必要为晋文侯说什么好话，落笔自然有区别了。事实上'二王并立'，各有拥戴支持的势力，晋文侯和平王不过是最后的胜利者。合观两书所记，真相就比较清楚。"③王晖赞同清华简《系年》的记载，而质疑与批判古本《竹书纪年》的记载，企图调和之。他认为："古本《竹书纪年》是晋国的史书，自然要为先君晋文侯说话；而清华简《系年》是楚国人所作，所说自然要更可信些。"④王晖的观点其实是对李学勤说的进一步发挥。思虑之下，他们表述

---

① 裘锡圭：《关于晋侯铜器铭文的几个问题》，《传统文化与现代化》1994年第2期；马承源：《晋侯稣编钟》，《上海博物馆集刊》（第7期），上海书画出版社，1996年，第14页；程平山：《北赵晋侯墓地墓主考》，《夏商周历史与考古》，人民出版社，2005年，第195～209页；程平山：《秦襄公、文公年代事迹考》，《历史研究》2013年第5期，第167～168页；程平山：《竹书纪年与出土文献研究之一：竹书纪年考》（中册），中华书局，2013年，1123页。

② 刘国忠：《从清华简〈系年〉看平王东迁的相关史实》，《"简帛·经典·古史"国际论坛论文》，香港浸会大学，2011年，第6页。

③ 李学勤：《从〈系年〉看〈纪年〉》，《光明日报》2012年2月27日。

④ 王晖：《春秋早期周王室王位世系变局考异——兼说清华简〈系年〉"周无王九年"》，《人文杂志》2013年第5期。

的只是其所坦言的"感觉",属于感性认识,他们的观点大不同于孔子称赞的晋史官董狐直笔,直笔属于那个时代史官的共同风格,晋人无需虚构申侯立平王的历史,即申侯立平王是史实。朱凤瀚综合古本《竹书纪年》、清华简《系年》认同"二王并立"。他分析清华简《系年》的记载,以为简文承认携王之以纪年而不承认平王,即不承认二王并立;而古本《竹书纪年》的记载存在"二王并立",差别在于是两种不同立场、观点。①晁福林据古本《竹书纪年》确证"二王并立";他分析清华简《系年》的作者不承认"二王并立",既不承认申人立宜臼,又不承认虢公翰立携王。晁福林并不赞同清华简《系年》作者的观点,以为"二王并立"始终存在并不存在无王时期。②总之,他们谈的多属于感性认识,有一定的参考价值,我们更需要理性认识。

本文的旨趣是首先关心周人对"二王并立"的看法,然后关注当今学者应如何看待。"二王并立"起自幽王要废宜臼的太子身份,是幽王废嫡立庶行为,而余臣亦因非太子身份受到质疑,并因正统观被谴责为奸命。古本《竹书纪年》、清华简《系年》有"二王并立"的记载,而《左传》有评论,他们之间的关系如何? 周人称余臣为携王,含义何在? 因此,太子身份,立嫡原则,正统观,古本《竹书纪年》、清华简《系年》记载"二王并立"与《左传》周人评价之间的关系,周人称余臣为携王的含义五个要点成为解读"二王并立"实质的关键。

(一)宜臼的太子身份

《国语·晋语》:"褒姒有宠,生伯服,于是乎与虢石甫比,逐太子宜咎而立伯服。"《史记·周本纪》:"三年,幽王嬖爱褒姒。褒姒生子伯服,幽王欲废太子。……幽王得褒姒,爱之,欲废申后,并去太子宜臼,以褒姒为后,以伯服为太子。……竟废申后及太子,以褒姒为后,伯服为太子。……幽王……废申后,去太子也。"③《国语·晋语》"逐太子宜咎(而立伯服)",即《史记·周本纪》"去太子宜臼""去太子",《国语·晋语》的"逐"相当于"去"。《国语·晋语》《史记·周本纪》中缺乏细节的记载,得不出究竟幽王是如何实现废太子宜臼的。自汉代以来,学者未加深究,简单从《史记》说。

---

① 朱凤瀚:《清华简〈系年〉所记西周史事考》,李宗焜主编:《第四届国际汉学会议论文集:出土文献与新视野》,台北"中研院",2013年,第454~458页。

② 晁福林:《论平王东迁》,《历史研究》1991年第6期;《清华简〈系年〉与两周之际史事的重构》,《历史研究》2013年第6期。

③《史记》(卷五《周本记》),中华书局,1959年,第147~149页。

《国语·郑语》幽王九年周太史史伯言:"王欲杀太子(宜臼)以成伯服,必求之申……申、吕方强,其隩爱太子(宜臼)亦必可知也。"宜臼于幽王八年出奔申,幽王九年史伯犹称其为太子,可证周史官认定幽王乱政,不承认其做法,太子宜臼出奔并未被废。《春秋左传正义》孔颖达疏引古本《竹书纪年》记载"平王(宜臼)奔西申",申侯、(鲁)〔曾〕侯及许文公持宜臼的太子地位而立其为王。①清华简《系年》:"褒姒嬖于王,王与伯盘逐平王,平王走西申。幽王起师,回(围)平王于西申,申人弗畀。"②古本《竹书纪年》描绘"平王(宜臼)奔西申",是出逃;《国语》、清华简《系年》描述宜臼出奔、幽王派王师追杀宜臼,幽王要废太子宜臼,宜臼情急之下仓皇出逃。《左传》昭公二十六年,王子朝使告于诸侯:"至于幽王,天不吊周,王昏不若,用愆厥位。携王奸命,诸侯替之,而建王嗣,用迁郏鄏。"王嗣指宜臼。《汉书·淳于长传》颜师古注:"嗣子谓嫡长子,当为嗣者也。"③证实不仅宜臼的太子之位没有被废,而且凭借太子身份继承王位。

幽王派王师追杀太子宜臼的深层原因何在?《国语·郑语》幽王九年太史伯言:"王室方骚,将以纵欲,不亦难乎?王欲杀太子以成伯服,必求之申。申人弗畀,必伐之。若伐申,而缯与西戎会以伐周,周不守矣!"又曰:"九年而王室始骚,十一年而毙。"韦昭注:"骚,谓适(嫡)庶交争,乱虐滋甚。"④可以证实,幽王九年,幽王认为要使伯服名正言顺成为太子必须杀掉太子宜臼,要求申交出宜臼,申不答应,于是幽王派王师伐申。⑤汲冢《琐语》:"周王欲杀王子宜咎立伯(服)[盘]。"⑥点明幽王必须先杀掉宜臼才能立伯盘,与《国语·郑语》史伯所言"王欲杀太子(宜臼)以成伯服"合,对于学者以前信从《史记》幽王废太子宜臼

---

①孔颖达:《春秋左传正义》(卷五二),(清)阮元校刻:《十三经注疏》(下册),中华书局,1980年影印本,第2114页中栏。

②清华简《系年》第2章,清华大学出土文献研究与保护中心编、李学勤主编:《清华大学藏战国竹简》(贰·下册),中西书局,2011年,第138页。

③《汉书》(卷九三《淳于长传》),中华书局,1962年,第3732页。

④《国语》(下册·卷一六《郑语》),上海古籍出版社,1988年,第524页。

⑤幽王八年,宜臼奔申,幽王立伯盘为太子。后王师围申,求太子宜臼。伐申并非缘于宜臼称王,宜臼称王发生在被王师围困期间,或为申侯鼓舞士气之举。

⑥吴淑撰注:《事类赋注》(卷二〇《兽部一》),冀勤等校点,中华书局,1989年,第418页。

的记载而言,这是振聋发聩之笔。[1]西周至春秋早期,周王、诸侯废太子之事偶尔发生。自周宣王主鲁国废长立幼,[2]始乱,幽王以后屡有发生。《史记·晋世家》载献公欲废嫡立庶,以骊姬之子奚齐代太子申生。骊姬令人谮恶太子,太子申生因之自尽。[3]《春秋》僖公五年记为"晋侯杀其世子申生",杜预注:"称晋侯,恶用谗。"[4]即罪晋献侯用谗言。《史记·楚世家》记载楚成王欲立子职而绌太子商臣,企图以杀太子来实现废太子。商臣言他不能"事之(被杀)"或"亡去(出奔)",而能"行大事(弑君)"。于是弑成王,商臣代立,是为穆王。《史记·陈杞世家》:"二十一年,宣公后有嬖姬生子款,欲立之,乃杀其太子御寇。"[5]《春秋》庄公二十二年记为"陈人杀其公子御寇",杜预注:"陈人恶其杀大子之名,故不称君父,以国讨公子告。"[6]情形与周幽王欲杀宜臼全同,而《春秋》罪陈侯。宜臼,幼儿,本无罪名可讨,唯有杀之,天下之人即使罪幽王亦于事无补。

事情的过程表明,太子宜臼并没有被废。实际上,一方面幽王并没有真正意义上废宜臼的太子之位,而是靠追杀来实现废太子;另一方面,在宜臼出逃后,幽王又立伯盘为太子。导演这场闹剧的主角就是周幽王。幽王、伯盘既灭,理应立太子宜臼为周王。然而虢公翰又立幽王弟余臣,清华简《系年》记载余臣名义上是诸侯所立,当是虢公翰纠集一些诸侯所立。余臣既无王命又非太子,所以此点成为这个政权合法性的最大软肋。

(二)周代宗法制度的立嫡原则

据《国语·周语》,幽王之时王朝面临戎患、旱灾,国家岌岌可危。幽王二年,三川竭、岐山崩。《后汉书》唐章怀太子注引古本《竹书纪年》记载,幽王三

---

①徐中舒:《先秦史论稿》,巴蜀书社,1992年,第183页;白寿彝总主编,徐喜辰、斯维至、杨钊主编:《中国通史》(第3卷上册),上海人民出版社,1994年,第355页;王玉哲:《中华远古史》,上海人民出版社,2000年,第733页;晁福林:《春秋战国的社会变迁》(上册),商务印书馆,2011年,第42页。以往研究忽略了汲冢《琐语》此条记载,亦没有明白《国语·郑语》史伯所言"王欲杀太子(宜臼)以成伯服"的含义。

②《史记》卷三三《鲁周公世家》,中华书局,1959年,第1527~1528页。

③《史记》卷三九《晋世家》,中华书局,1959年,第1645~1646页。

④孔颖达:《春秋左传正义》(卷一二),(清)阮元校刻:《十三经注疏》(下册),中华书局,1980年影印本,第1794页上栏。

⑤《史记》卷四○《楚世家》,中华书局,1959年,第1698~1699页;卷三六《陈杞世家》,第1578页。

⑥孔颖达:《春秋左传正义》(卷九),(清)阮元校刻:《十三经注疏》(下册),中华书局,1980年影印本,第1774页下栏。

年,命伯士伐六济之戎,军败,伯士死焉。①幽王置国事于不顾,肆意胡为。幽王八年,幽王年仅二十二岁,却因宠爱褒姒而欲废后杀嫡。童书业总结:"谥为'幽'者,盖非令主,且不得其死。周幽王见杀于犬戎而亡其国,鲁幽公被杀。"②《逸周书·谥法解》:"动祭乱常曰幽。"③最符合幽王的行为。《左传》昭公二十六年,王子朝使告于诸侯曰:"至于幽王,天不吊周,王昏不若,用愆厥位。"杜预注:"若,顺也。愆,失也。"④意即幽王昏聩不顺天命,而失去他的王位。

周代宗法制度的重要内容之一是立嫡长子,君位由嫡长子继承,违背者被认为非礼。⑤《国语·周语》周宣王立鲁庶子戏,樊仲山父谏曰:"夫下事上,少事长,所以为顺也。今天子立诸侯而建其少,是教逆也。若鲁从之而诸侯效之,王命将有所壅。"韦昭注:"言先王立长之命,将壅塞不行也。"⑥《左传》桓公十八年:"并后,匹嫡,两政,耦国,乱之本也。"杜预注:"妾如后,庶如嫡,臣擅命,都如国。"⑦妾褒姒以威胁申后,庶子伯盘以威胁嫡子宜臼,皆此之谓。《公羊传》隐公元年:"立适(嫡)以长不以贤,立子以贵不以长。"何休解诂:"适(嫡)谓适(嫡)夫人之子,尊无与敌,故以齿。子谓左右媵及姪娣之子,位有贵贱,又防其同时而生,故以贵也。"⑧周幽王乱政,废嫡立庶(乃周人大力谴责者),从而招致亡国大祸。幽王既是乱政之人,又是亡国之君,罪莫大焉。因此,幽王在周人心目中完全是至恶的人物,其作为处于被否定的地位。

(三)正统观

所谓"正统",与伪统或僭统相对而言,是就政权的正当性与合法性而

---

①《后汉书》卷八七《西羌传》,中华书局,1965年,第2872页。

②童书业:《春秋左传研究》,上海人民出版社,1980年,第384页。

③黄怀信等:《逸周书汇校集注(修订本)》,上海古籍出版社,2007年,第685页。另"雍遏不通曰幽(弱殒不达,即权臣擅命、政令不达)、蚤孤殒位曰幽(有丧即位而卒)",与幽王德行不符。参见汪受宽:《谥法研究》,上海古籍出版社,1995年,第371~372页。

④孔颖达:《春秋左传正义》(卷五二),(清)阮元校刻:《十三经注疏》(下册),中华书局,1980年影印本,第2114页中栏。

⑤钱宗范:《周代宗法制度研究》,广西师范大学出版社,1989年,第95~97页。

⑥《国语》卷一《周语上》,上海古籍出版社,1988年,第22~23页。

⑦孔颖达:《春秋左传正义》(卷七),(清)阮元校刻:《十三经注疏》(下册),中华书局,1980年影印本,第1759页下栏。

⑧徐彦:《春秋公羊传注疏》(卷一),(清)阮元校刻:《十三经注疏》(下册),中华书局,1980年影印本,第2197页中栏。

言。①欧阳修据《春秋》断定当时已有正统之说。②实际上,正统观在五帝三代时就已存在,③周人对平王、携王的区别,正体现了正统观。

古本《竹书纪年》记载平王与携王并立,而对周人而言,申、曾(缯)、许都是叛国,他们所立的天王不会被周人承认。《左传》、清华简《系年》记载幽王、携王、平王为继立之君,即按照正统观而来。周人经历九年无王时期,实际是晋、郑与虢国为代表的势力斗争又妥协的过程,最终虢人接受平王为周王,《春秋》《左传》载虢公仍仕于平王朝并受到宠信,④即为明证。晋文侯所立平王,代表着晋、郑、申、虢、秦等国的利益,被广泛认同。平王身为既立的太子,他必然不承认携王当立,岂不是周人自幽王灭后至三十年始终无王?所以"二王并立"是特殊时期的产物,不宜轻易否定。那么根据古本《竹书纪年》、清华简《系年》,宜臼被两次立为王,而第二次被晋文侯立为周王才有重要意义与深远影响。平王既被周人立为王,周人历史遂以幽王被杀明年为平王元年,是为正统。关于平王之立,古本《竹书纪年》与清华简《系年》的记载可以互补。《左传》昭公二十六年:"王入于庄宫,王子朝使告于诸侯曰:'……至于厉王,王心戾虐。万民弗忍,居王于彘。诸侯释位,以间王政,宣王有志,而后效官。至于幽王,天不吊周,王昏不若,用愆厥位。携王奸命,诸侯替之,而建王嗣,用迁郏鄏。'"这里表述的是春秋时期周人对共和、携王不当立而篡王位的总结与看法:归罪幽王之昏聩、不德、失位;斥责携王不当立而篡王位;赞扬晋文侯立平王,平王东迁延续周王室之大功。这里体现了正统观,即主张平王当立。周人承认幽王、携王、平王的次序,但是强烈谴责幽王的昏聩与携王的篡位。所以携王是特殊时期的伪王,应遭唾弃。司马迁承认这种正统观,《史记》直接以平王为正统,如共伯和干王位、携王干位皆不采用。正统观之

①汪文学:《正统论》,陕西人民出版社,2002年,第24～27页;瞿林东主编,罗炳良等著:《中国古代历史理论》(下卷),安徽人民出版社,2011年,第197页。

②饶宗颐:《中国史学上之正统论》,上海远东出版社,1996年,第1、92～103页。

③胡克森:《论中国古代正统观的演变与中华民族融合之关系》,《史学理论研究》1999年第4期;董恩林:《试论历史正统观的起源与内涵》,《史学理论研究》2005年第2期。

④孔颖达:《春秋左传正义》(卷二),阮元校刻:《十三经注疏》(下册),中华书局,1980年影印本,第1718页中栏;(卷三)第1723页上栏;(卷四)第1733页中栏。《左传》隐公元年:"郑人以王师、虢师伐卫南鄙",隐公三年:"(平)王贰于虢。……王崩,周人将畀虢公政",隐公八年:"虢公忌父始作卿士于周。"虢公得到平王信任,平王打算任虢公为执政大夫,周桓王时实现。证实虢公拥立平王。

下,首先携王不当立,其次平王必须由周人立。幽王昏谬,太子宜臼不当废,即使废除也是无效的。

《左传》昭公二十六年孔颖达疏:"《汲冢书纪年》云:平王奔西申,而立伯盘以为大子,与幽王俱死于戏。先是申侯、(鲁)[曾]侯及许文公立平王于申,以本大子,故称天王。幽王既死,而虢公翰又立王子余臣于携。周二王并立。二十一年,携王为晋文侯所杀,以本非适(嫡),故称携王。"①"二十一年",雷学淇、朱右曾列于晋文侯三十一年(周平王二十一年),王国维以为乃晋文侯二十一年(周幽王灭后十一年),方诗铭、王修龄从之。②清华简《系年》载携惠王立二十一年被晋文侯所杀,李学勤据此以为古本《竹书纪年》的"二十一年"也应是携王的在位年代,不是晋文侯的二十一年。③魏栋进一步认定携王为正统、平王是闰位。④古本《竹书纪年》晋纪以晋侯或晋公纪年,杜预《春秋左传集解后序》:"其《纪年》篇起自夏、殷、周,皆三代王事,无诸国别也。唯特记晋国,起自殇叔,次文侯、昭侯,以至曲沃庄伯。庄伯之十一年十一月,鲁隐公之元年正月也。皆用夏正建寅之月为岁首。编年相次,晋国灭,独记魏事,下至魏哀王之二十年,盖魏国之史记也。"⑤孔颖达等尊周平王,"以本大子,故称天王""以本非适(嫡),故称携王",⑥已转化为周平王纪年。⑦清华简《系年》则只是描述事情的过程,简文的"二十一年"并不代表承认携王政权,还存在一个翻转过程,即结合《左传》来看,显示携王非法。《史记·鲁周公世家》:"懿公九年,懿公兄括之子伯御与鲁人攻弑懿公,而立伯御为君。伯御即位十一年,周宣王伐鲁,杀

---

① 孔颖达:《春秋左传正义》(卷五二),(清)阮元校刻:《十三经注疏》(下册),中华书局,1980年影印本,第2114页中栏。

② 雷学淇:《考订竹书纪年》(卷五),清亦嚣嚣斋刻本,第5页a;朱右曾:《汲冢纪年存真》(卷下),清归砚斋刻本,第2页b;王国维:《古本竹书纪年辑校》,谢维扬、房鑫亮主编,李朝远、沃兴华分卷主编:《王国维全集》(第5卷),沃兴华点校、李解民复校,浙江教育出版社、广东教育出版社,2010年,第174页;方诗铭、王修龄:《古本竹书纪年辑证(修订本)》,上海古籍出版社,2005年,第71页。

③ 李学勤:《清华简〈系年〉及有关古史问题》,《文物》2011年第3期。

④ 魏栋:《清华简〈系年〉与携王之谜》,《文史知识》2013年第6期。

⑤ 孔颖达:《春秋左传正义》(卷六〇),(清)阮元校刻:《十三经注疏》(下册),中华书局,1980年影印本,第2187页下栏。

⑥ 孔颖达:《春秋左传正义》(卷五二),(清)阮元校刻:《十三经注疏》(下册),中华书局,1980年影印本,第2114页中栏。

⑦ 类似例证亦见于宋代学者的著述征引,如刘恕《资治通鉴外纪》、吕祖谦《大事记》、金履祥《资治通鉴前编》等。

其君伯御。……乃立称于夷宫,是为孝公。"①《鲁周公世家》虽然描述伯御即位十一年,但是同书《十二诸侯年表》却将伯御元年称为孝公元年,不以伯御纪年。这是正统观下的修订。《史记》是在正统观下写作的史学作品,许多不符合正统观的内容都得到纠正。

晋文侯之所以杀携王,主要原因是携王非正统,不当立。晋文侯曾因晋殇叔篡位而流亡四年,后杀死篡位的晋殇叔得以复位。②因此,晋文侯对于不当立而篡立者之痛恨之心情可以理解。古本《竹书纪年》的记载与《左传》在正统观上是相合的。

(四)古本《竹书纪年》、清华简《系年》记载与《左传》周人评价之间的关系

《左传》昭公二十六年,王子朝使告于诸侯:"至于厉王,王心戾虐。万民弗忍,居王于彘。诸侯释位,以间王政。"清华简《系年》:"至于厉王,厉王大疟于周,卿李(士)、诸正、万民弗忍于厥心,乃归厉王于彘,共伯和立。"③这些记载清楚地表明,清华简《系年》是对《左传》周人总结的释读。《左传》昭公二十六年,王子朝使告于诸侯:"至于幽王,天不吊周,王昏不若,用愆厥位。携王奸命,诸侯替之,而建王嗣,用迁郏鄏。"清华简《系年》:"周幽王取妻于西申,生平王,王或(又)取褒人之女,是褒姒,生伯盘。褒姒嬖于王,王与伯盘逐平王,平王走西申。幽王起师,回(围)平王于西申,申人弗畀。曾(缯)人乃降西戎,以攻幽王,幽王及白(伯)盘乃灭,周乃亡。邦君者(诸)正乃立幽王之弟余臣于虢,是携惠王。立廿又一年,晋文侯仇乃杀惠王于虢。周亡王九年,邦君者(诸)侯焉始不朝于周,晋文侯乃逆坪(平)王于少鄂,立之于京师。三年,乃东徙,止于成周。"④

一方面,清华简《系年》关于这段历史的描述是平淡的,没有感情的,缺乏《左传》周人评价的是非观,需要结合《左传》周人的评价才是全面的,根据《左传》周人的评价才能明白周人的立场。《左传》周人的评价是符合正统观的言论,清华简《系年》的描述是依附于《左传》的评论,也就是说《左传》的评论统帅

---

① 《史记》卷三三《鲁周公世家》,中华书局,1959年,第1527~1528页。
② 《史记》卷三九《晋世家》,中华书局,1959年,第1637~1638页。
③ 清华简《系年》第1章,清华大学出土文献研究与保护中心编、李学勤主编:《清华大学藏战国竹简》(贰·下册),中西书局,2011年,第136页。
④ 清华简《系年》第2章,清华大学出土文献研究与保护中心编、李学勤主编:《清华大学藏战国竹简》(贰·下册),中西书局,2011年,第138页。

清华简《系年》的描述。另一方面，《左传》、清华简《系年》的描述是局部的，因此要全面把握整个事件就需依据古本《竹书纪年》。[①]所以，根据目前的资料，只有结合《左传》、古本《竹书纪年》、清华简《系年》，才能知道事情的全貌。

《左传》、清华简《系年》记载周人对"二王并立"的看法充满曲折、隐晦，隐去申侯立平王的历史，不承认携王，事实上又将携王统治的二十一年及无王九年都归之于平王纪年。古本《竹书纪年》不仅记载申侯立平王为王，而且记载周人立携王为王、晋文侯杀携王。所以，古本《竹书纪年》记载相对全面而真实，价值重大。

古本《竹书纪年》虽成书于魏惠成王、今王时期，其晋部分却传承自三家分晋以前的晋国史官所修晋史。[②]杜预对古本《竹书纪年》的性质有细致研究，他说："其(《纪年》篇)著书文意，大似《春秋经》，推此足见古者国史策书之常也。……'周襄王会诸侯于河阳'，即《春秋》所书'天王狩于河阳。……国史皆承告据实而书时事。仲尼修《春秋》，以义而制异文也。"[③]杜预判定古本《竹书纪年》的晋史属于国史，皆承告据实而书时事，不同于孔子据鲁史(记注)所修的《春秋》。[④]如古本《竹书纪年》"周襄王会诸侯于河阳"是实录，没有为周天子避讳；而孔子修《春秋》用笔法为天子讳，改为"天王狩于河阳"，不是史实。《史通》亦曰："案汲冢竹书《晋春秋》及《纪年》之载事也，如重耳出奔，惠公见获，书其本国，皆无所隐。唯鲁《春秋》之记其国也，则不然。何者？国家之事无大小，苟涉嫌疑，动称耻讳，厚诬来世，奚独多乎！"[⑤]古本《竹书纪年》关于平王、携王并立的记录在平王、携王并立时已固定成型，因此古本《竹书纪年》的

[①] 刘知幾指出："古者国有史官，具列时事，观汲坟出《记[年]》，皆与鲁史符同。至如周之东迁，其说稍备；隐、桓已上，难得而详。此之烦省，皆与《春秋》不别。又'获君曰止''诛臣曰刺''杀其大夫曰杀''执我行人''郑弃其师''陨石于宋五'。"原注："其事并出《竹书纪年》。唯'郑弃师'出《琐语·晋春秋》也。"刘知幾著，浦起龙释：《史通通释》卷一四《外篇·惑经》，王煦华整理，上海古籍出版社，2009年，第382～383页。

[②] 学者或认为古本《竹书纪年》晋部分属于晋史《乘》(『「古本竹书纪年」の出自を遡及すろ』，小泽贤二：『追溯「古本竹书纪年」的来历』，『汲古』，汲古书院，1992年，第21號，85-86页)，或认为属于实录性质的记注(朱渊清：《书写历史》，上海古籍出版社，2009年，第25、39页)。

[③] 孔颖达：《春秋左传正义》卷六〇《后序》，(清)阮元校刻：《十三经注疏》(下册)，中华书局，1980年影印本，第2187页下栏～2188页上栏。

[④] 关于记注与撰述的区别，参见朱渊清：《书写历史》，上海古籍出版社，2009年，第1～85页。

[⑤] 刘知幾著，浦起龙释：《史通通释》(卷一四《外篇·惑经》)，王煦华整理，上海古籍出版社，2009年，第377页。

记载对于"二王并立"的局势而言是原始记载。古本《竹书纪年》载,幽王之末平王已僭越称王(这与周人所载迥异),此乃实时记录,并无为平王隐晦,是事件真相。此足以证实古本《竹书纪年》所载之真实可靠。此条属古本《竹书纪年》西周部分,由于身份限定,并非周史官所记,而是自晋史官之笔。因此,古本《竹书纪年》实录周平王、携王史实是原始史料。

《左传》载昭公二十六年王子朝告于诸侯的对于幽王的评论,属于间接史料,是《左传》作者根据档案而辑录。表面是二百年后周人对"二王并立"的真实评价,实际上这种评价在晋文侯立周平王、平王继承周王之位后不久就形成了,王子朝只是转述大意。清华简《系年》记载史实的下限,推测其写作在楚肃王至楚宣王间。①清华简《系年》对厉王的评价明显与《左传》记载的昭公二十六年王子朝告诸侯对厉王的评价文意全同而用词近同或稍有改写,可判定清华简《系年》作者此段是依据王子朝告诸侯对厉王的评价;而清华简《系年》对幽王、携王的描述起到解释《左传》王子朝告诸侯对幽王评价的作用,是清华简《系年》作者依据史书稍加改变语句而成。换言之,清华简《系年》的记载系作者依据史官记载的史书而来,清华简《系年》的记载略述大意而文字经过修改属于间接史料。《左传》王子朝宣告诸侯对幽王、携王的评价是纲领,清华简《系年》的相关部分是解释。清华简《系年》属战国学者自一些史书中择取的摘抄,一些语句被改写,作者在二十三章中描述事件经过时并无评价,仅有的少量评价只是抄自其他史书而已。由于古本《竹书纪年》损毁、亡佚与《史记》不载,清华简《系年》可以补充参考,但是绝对不可以将清华简《系年》置于古本《竹书纪年》之上,这是必须明确的。否则,我们的研究就会误入歧途。

清华简《系年》第2章是对《左传》王子朝告诸侯对幽王评价的解释,二者高度一致,实际上属于同源史料。②古本《竹书纪年》与它们属于异源史料。比较可知,周人隐晦的"申侯立平王"是真实的史实,周人极力否定"携王为周王"是史实。《左传》、清华简《系年》的记载显示周人对这段历史的记录是隐晦、间接、曲折的反映;而古本《竹书纪年》是直接反映。因此就史实而言,古本《竹书纪年》的记载是相对真实可信的,《左传》、清华简《系年》的相关记载则是间接隐

---

① 李学勤:《清华简〈系年〉及有关古史问题》,《文物》2011年第3期。
② 关于同源史料、异源史料的划分,参见杜维运:《史学方法论》,北京大学出版社,2006年,第65～74页。

晦地反映了史实。关于"二王并立",古本《竹书纪年》的记载是实录,更接近事件真相,《左传》周人的评价与清华简《系年》的记载是隐晦、曲折的记录,是周平王成为周王后真实的周史,三者互补,缺一不可。所以,认识与解读"二王并立"必须结合三者考虑才是全面的。

(五)周人称余臣为携王的含义

关于"携王"名称的由来,古今学者主要有三种观点:第一种观点认为携王之携源自地名,杜预《春秋土地名》曰:"携,阙。"①顾炎武在《左传杜解补正》中释"虢公翰立王子余臣于携"曰:"此则携王之携乃是地名,犹厉王流彘,诗人谓之'汾王'。或以《谥法》'怠政交外曰携',非也。"②洪亮吉《春秋左传诂》:"携为周地。杜《春秋地名》曰'携地阙',即其证。……《正义》又云余臣本非适(嫡),故称携王,是又不知携为地名,而误以为谥号矣。皆非也。"③雷学淇《竹书纪年义证》:"携,地名,未详所在。《新唐书》:《大衍历议》谓丰岐骊携皆鹑首之分,雍州之地,是携即西京地名矣。"④第二种观点认为携王之携是对余臣所获立王的贬称,《左传》昭公二十六所谓"携王奸命",孔颖达疏解释宜曰"以本大子,故称天王",而王子余臣"以本非适(嫡),故称携王"。刘国忠支持此说,认为:"'携'在古代有离异、有二心的意思","携有离、贰的意思","含义当为'贰',系对余臣的一种贬称"。⑤第三种观点认为,携王之携出于谥法,童书业以为:"携王之'携'或非地名,而为谥法。《逸周书·谥法》:'怠政外交曰携。'"⑥

幽王之弟余臣被周人立为王,后来虽被杀掉,周人却称"携王"而不称"余

---

① 杜预:《春秋释例》(卷五《春秋土地名》),《武英殿聚珍版丛书》,清乾隆三十八年(1773年)武英殿刻本,第27页a。

② 顾炎武:《左传杜解补正》卷下,华东师范大学古籍研究所整理,黄坤、严佐之、刘永翔主编:《顾炎武全集》(第1册),上海古籍出版社,2011年,第103页。

③ 洪亮吉:《春秋左传诂》(下册),李解民点校,中华书局,1987年,第778页。

④ 雷学淇:《竹书纪年义证》(卷二七),艺文印书馆,1977年影印本,第422页。刘国忠已指出雷氏引文存在问题。刘氏又认为携地作为地名出于唐人臆测,不足凭信。参见刘国忠:《从清华简〈系年〉看平王东迁的相关史实》,《"简帛·经典·古史"国际论坛论文》,香港浸会大学,2011年,第4页。

⑤ 刘国忠:《从清华简〈系年〉看平王东迁的相关史实》,《"简帛·经典·古史"国际论坛论文》,香港浸会大学,2011年,第4~5页。

⑥ 童书业:《春秋左传研究》,上海人民出版社,1980年,第40页。原文作"息政交外曰推",卢文弨据《独断》校改。黄怀信等:《逸周书汇校集注(修订本)》,上海古籍出版社,2007年,第697页。

臣",反映诸多问题。首先,称"携王"还是承认余臣为王。鲁国之伯御、晋国之殇叔、燕国之子之篡位被杀,而不获承认为公侯,所以直称其名,国史不以其纪年。①携王与他们有所区别,携王被立为王是特殊情况下的产物。《左传》称"携王奸命","奸"读作"共伯和干王命"之"干"。《史记索隐》的解释是:"《汲冢纪年》则云:'共伯和干王位。'……干,篡也。言共伯摄王政。故云'干王位'也。"因为余臣不是太子,所以不当立。太子宜臼在申避难,虢公翰遂率周人立余臣。周人立携王是不可改变的事实,等到平王被周人立为王,携王成为丑化的对象。不论携的含义,王的身份是肯定的。清华简《系年》称携王为"携惠王""惠王",证实虢公翰一方给与携王的谥号为"惠王",周平王不承认携王当立,因此不会给予携王谥号。周平王之后周人立的王有周惠王,以惠为谥号。②所以"携惠王"之"惠"不是平王、晋文侯一方给予的谥号,而是虢公翰一方所给。可见,携王之携不是谥号。如果是贬称,不如直接称名,所以携王之携也不是贬称。那么携为地名可以考虑。其次,"携王"之携为小地名。顾炎武主张"携王之携乃是地名,犹厉王流彘,诗人谓之'汾王'",③很有见地。杜预《春秋土地名》中有不少阙地,都确有其地,只因时代久远而不能确指。清华简《系年》余臣立于虢,又在虢被杀,所以携地在虢,是虢国辟出国内一地暂为惠王的临时都邑。厉王奔彘,在汾水之上,周人称之"汾王";(《毛诗·大雅·韩奕》)郑叔段出奔卫之共邑,故曰"共叔";(《左传》隐公元年)曲沃伐翼,晋侯郤奔随,后晋人将他安置在鄂邑,谓之"鄂侯"。(《左传》隐公六年)携为虢内小地,是临时偏安的小都城,所以周人称余臣为携王是"小之矣"之举。清华简《系年》:"(携惠王)立廿又一年,晋文侯仇乃杀惠王于虢。周亡王九年,邦君者(诸)侯焉始不朝于周。"④清华简《系年》所载"周亡(无)王九年"是继携王而言,表明清华简《系年》描述携王为周王。这表明清华简《系年》记载与《左传》"携王奸命"记载是一致的,即周人曾立余臣为王。"携王"之称是先肯定后否定,即先肯定为周王,后局限为携地。二十一年,晋文侯杀携王。周无王九年,晋文侯立平王,平

---

①《史记》卷三三《鲁周公世家》,中华书局,1959年,第1527～1528页;《史记》卷三九《晋世家》,第1637～1638页;《史记》卷三四《燕召公世家》,第1556～1557页。

②《史记》卷四《周本纪》,中华书局,1959年,第144、151～152页。

③顾炎武:《左传杜解补正》(卷下),华东师范大学古籍研究所整理,黄珅、严佐之、刘永翔主编:《顾炎武全集》(第1册),上海古籍出版社,2011年,第103页。

④清华简《系年》第2章,清华大学出土文献研究与保护中心编、李学勤主编:《清华大学藏战国竹简》(贰·下册),中西书局,2011年,第138页。

王实际在位二十二年。晋文侯立平王,平王成为周人之王,史官重新调整历史记载,携王被贬斥为携地的小王。幽王以后的历史以平王纪年,携王的历史被湮没。

通过对五个要点的分析,我们可以清楚认识周平王、携王并立的根源与实质。周幽王乱政,最终导致西周灭亡,虢公翰立携王是周幽王之乱的继续。幽王、携王破坏了周王朝的正常体系,平王拨乱反正恢复旧体系。平王、携王两个集团的斗争,终以晋、郑、卫、秦、申等拥护平王,虢顺应大势接受平王而告结束。周幽之乱始自幽王八年废申后逐太子宜臼,引发持续22年的戎人之乱,出现二王并立的难局,至幽王灭后30年平王立为周王,周室始定,此乱持续34年。

宣幽时期的王朝系统由王室、诸侯和戎人等组成,王室、诸侯同戎人的对立成为主要矛盾。宣王、幽王破坏了周王室与诸侯国内部的和谐,引发王室与诸侯的矛盾。宣王之时,主要表现为宣王破坏鲁国的继承制度,引起诸侯不满与反叛。幽王时破坏周制,王室内部废后立妾、废嫡立庶引发前所未有的大冲突,戎人成为解决周内部矛盾的工具,幽王被消灭。周系统崩溃,戎人祸乱,整个社会处于混乱状态。这种状态,直至携王被杀、平王复位而告一段落。

本文原刊载于《历史研究》2015年第6期,是国家社科基金后期资助项目"《竹书纪年》流传考"(项目批准号09FZS002)与教育部人文社科规划基金项目"古本《竹书纪年》辑注"(项目批准号09YJA770030)的研究成果。

本文作者:

程平山,生于1969年。毕业于北京大学获历史学博士学位。1999年至今于任职南开大学历史学院,今任教授、博士生导师、竹书纪年研究中心主任。研究方向是先秦秦汉历史与考古、历史文献、历史年代、史学理论与史学史、历史地理等。主持国家社科基金项目2项、教育部规划项目2项、中国历史研究院学术出版资助项目1项。出版专著《竹书纪年与出土文献研究之一:竹书纪年考》《齐太公吕望表研究》《夏商周历史与考古》,在《历史研究》《文物》《文史》等发表学术论文数十篇。

王父王母考
——兼论《尔雅·释亲》的时代问题

李 晶

《尔雅·释亲》曰："父之考为王父,父之妣为王母。"①王父、王母分别为祖父母之称。遍检礼书,确是如此。如《礼记·曲礼下》："祭王父曰皇祖考,王母曰皇祖妣。"疏曰："王父,祖父也……王母,祖母也。"②《礼记·杂记上》："士之子为大夫,则其父母弗能主也,使其子主之。"又云："大夫附于士,士不附于大夫,附于大夫之昆弟。无昆弟,则从其昭穆。虽王父母在,亦然。"③看来礼书中出现的王父、王母,用《释亲》来解释是没有问题的。近年铜器铭文、简牍帛书等频频出土,一些与亲属称谓有关的新材料也随之面世,其中亦有王父、王母之称。这些新出材料中的王父、王母,是否也都如《释亲》所说,是指祖父母呢? 从西周金文的情况来看,这个问题还有做进一步具体考察之必要。

一、有关《季姬方尊》王母的争议

王父、王母之类的亲属称谓用词,在西周铜器铭文中已屡见不鲜。兹列举数条《殷周金文集成》(以下简称《集成》)著录的与亲称有关的王母,如:

> 召伯毛作王母尊鬲。(召伯毛鬲,《集成》587,西周晚期)
> 王作王母兽宫尊鬲。(王作王母鬲,《集成》602,西周晚期)
> 毚作王母媿氏馈簋,媿氏其眉寿万年用。(毚簋,《集成》3931～3934,西周晚期)
> 隹王四年八月初吉丁亥,散季肇作朕王母叔姜宝簋,散季其万年子子

① 郭璞注,邢昺疏:《尔雅注疏》(卷四),(清)阮元校刻:《十三经注疏》(第8册),艺文印书馆,2013年,第61页。
② 郑玄注,孔颖达疏:《礼记正义》(卷五),(清)阮元校刻:《十三经注疏》(第5册),艺文印书馆,2007年,第99页。
③ (汉)郑玄注,(唐)孔颖达疏:《礼记正义》(卷四〇),(清)阮元校刻:《十三经注疏》(第5册),艺文印书馆,2007年,第714、716页。

孙孙永宝。(散季簋,《集成》4126,西周晚期)

上引四铭的内容有一个共同点,即都是为王母作器。由于铭文言辞简略,作器者与王母之间的亲属关系表现得不明确,不过依《尔雅·释亲》"父之妣为王母"的解释,均尚能说通。但自2003年季姬方尊铭文发表后,这种情况发生了变化。尊铭如下:

> 隹八月初吉庚辰,君命宰茀赐弔季姬畋(佃)臣于空木,厥师夫曰丁,以(与)厥友廿又五家。□[新]赐厥田以(与)生(牲):马十又四匹、牛六十又九夂(羿)、羊三百又八十又五夂(羿),禾二牆(仓)。其对扬王母休,用作宝尊彝,其万[年子子]孙孙永宝用。(西周中期)①

"弔季姬"当是某姬姓贵族家族嫁到弔氏家族的小女儿。铭文记载宗妇"君"赏赐给季姬人口、土田、牲畜等,然后季姬对王母表示感谢,铸铭传之后世。这里君与季姬、王母之间的人物关系,学者已有探讨。君,指宗妇,即季姬称扬的王母。②然而对于王母的含义,学界却存在两种不同的看法。

一种意见是根据《尔雅》《礼记》等文献的训诂,认为王母即指祖母。蔡运章、张应桥在发布季姬方尊材料时,依据《尔雅·释亲》之"父之妣为王母",认为王母是西周王室贵族对祖母的尊称。③因《礼记·曲礼下》有"祭王父曰皇祖考,王母曰皇祖妣"之说,李家浩也认为铭中的王母当指祖母。④如此,季姬与王母之间是祖孙关系。

与上述观点不同的是,李学勤认为王母是季姬对"君"即王后的称呼,其理由是西周金文中王母犹云"皇母",如《集成》2762之"皇考釐仲、王母泉

---

①蔡运章、张应桥:《季姬方尊铭文及其重要价值》,《文物》2003年第9期。释文参考陈絜:《周代农村基层聚落初探——以西周金文资料为中心的考察》,朱凤瀚主编:《新出金文与西周历史》,上海古籍出版社,2011年,第116页。

②陈絜:《周代农村基层聚落初探——以西周金文资料为中心的考察》,朱凤瀚主编:《新出金文与西周历史》,上海古籍出版社,2011年,第117页。

③蔡运章、张应桥:《季姬方尊铭文及其重要价值》,《文物》2003年第9期。

④李家浩:《季姬方尊铭文补释》,陕西师范大学、宝鸡青铜器博物馆编:《黄盛璋先生八秩华诞纪念文集》,中国教育文化出版社,2005年,第139～145页。

母",与《释亲》所说祖母不同。①李学勤的"王母为皇母"的意见亦被许多学者所接受。②

两种观点各有所依据。难道在西周时期,王母同时具有祖母、母亲两种含义么?③对于崇尚"亲亲、尊尊",严格遵守宗法制度规范的周人来说,出现这样的情况令人难以理解。这里的关键,在于能否直接使用《尔雅·释亲》解释西周语言,或者说《释亲》对亲属称谓的解释是否有一个适用时代范围的问题。至于西周金文所见王母的含义,最好依据金文自身的语言环境判断。而依据这样的标准进行判断,则李学勤等人的意见显然更为可信。

李学勤已经指出《季姬方尊》的王母当为金文中常见的皇母。我们不妨用下列铭文作参照:

> 中(仲)叔父作朕皇考遟白(伯)、王母遟姬尊簋,其万年子子孙孙永宝用享于宗室。(仲叔父簋,《集成》4102、4103,西周中期)
>
> 史頔作朕皇考釐中(仲),王母泉母尊鼎,用追公□孝,用祈匀眉寿,永令灵终。頔其万年多福无疆,子子孙孙永宝用享。(史頔鼎,《集成》2762,西周晚期)
>
> 隹六年八月初吉己巳,史白(伯)硕父追考(孝)于朕皇考釐中(仲)、王母泉母尊鼎。用祈匀百禄眉寿,绾绰永令,万年无疆,子子孙孙永宝用享。(史伯硕父鼎,《集成》2777,西周晚期)

按彝铭常见"皇考皇母"并称之辞,如《颂簋》"用作朕皇考龚叔、皇母龚姒宝尊簋"(《集成》4333,西周晚期),此类例不胜枚举。而上述三铭中皇考与王母并称,是因为二者是夫妇关系。我们无法想象他们是母子关系,而且在已有的金文资料中也绝无此类例证。由此说明,皇考即为王考,王母就是皇母。

---

① 李学勤:《季姬方尊研究》,《中国史研究》2003年第4期。
② 严志斌:《季姬方尊补释》,《中国历史文物》2005年第6期;涂白奎:《〈季姬方尊〉铭文释读补正》,《考古与文物》2006年第4期;陈昭容:《从青铜器铭文看两周王室婚姻关系》,陈昭容主编:《古文字与古代史》(第1辑),台北"中研院"历史语言研究所,2007年,第261页;陈絜:《周代农村基层聚落初探——以西周金文资料为中心的考察》,朱凤瀚主编:《新出金文与西周历史》,上海古籍出版社,2011年,第117页。
③ 亦有学者采取折中的说法,或是相信同时存在两种含义的"王母"。如黄国辉:《商周亲属称谓的演变及其比较研究》,《中国史研究》2014年第2期。

"皇""王"互通，在古文献及出土文献中都不乏其例。《尚书·洪范》"曰皇极之敷言"，在《史记·宋微子世家》中"皇极"作"王极"。《诗经·豳风·破斧》"四国是皇"，《法言·先知》引作"四国是王"。《仪礼·聘礼》有"宾入门皇"，郑注曰："古文皇皆作王。"[1]再如，《包山楚简》254号遣策记载的随葬物品有"二素王縊（锦）之绣"，整理者认为"王縊"当读如"皇锦"。[2]据王辉解释，简文称素锦，表明没有装饰，故皇应训为美。[3]包山简中，偶见到"黄金"（简103、105～114）写作"王金"（简150）者，可见王、黄相通。同时，皇、黄亦可通假，如《逸周书·谥法》之"静民则法曰皇"，《论衡·道虚篇》作"黄"。

《说文》云："皇，大也。"皇可训为"伟大"，如《诗·大雅·皇矣》："皇矣上帝，临下有赫。"皇还有"美"义，如《诗·大雅·文王》："思皇多士，生此王国。"故而"皇"在金文中常用作美称，例如经常出现的皇祖、皇妣、皇兄、皇考、皇母、皇君之类。此外"高""文""烈""圣"等美称也很常见，像"文考圣公、文母圣姬"（《集成》745、2713）、"圣祖考"（《集成》2830）等。或同时搭配使用多种美称，如"皇文剌（烈）祖考"（《集成》4317）、"皇文考益伯"（《集成》4343）、"穆穆文祖考"（《集成》5993）、"高文考父癸"（《集成》9892），等等。

职此之故，西周金文中作为亲称使用的王母，实际上即皇母，其含义与《尔雅·释亲》之"父之妣为王母"有别。[4]

二、《伯康簋》与《㝬鼎》中的王父

西周晚期的《伯康簋》中同时出现了王父、王母的亲称，其铭曰"白（伯）康作宝簋，用飨倗（朋）友，用饎王父、王母"（《集成》4160、4161），伯康作器用以宴飨朋友并祭祀其王父王母。铭中的朋友是西周金文中常见的对亲族成员的称

---

① 郑玄注，贾公彦疏：《仪礼注疏》（卷二四），（清）阮元校刻：《十三经注疏》（第4册），艺文印书馆，2007年，第286页。

② 湖北荆沙铁路考古队：《包山楚简》，文物出版社，1991年，第59页。

③ 王辉：《古文字通假字典》，中华书局，2008年，第404页。

④ 西周中期的帅隹鼎铭文《集成》2774）中同时出现"王母"与"文母"之亲称，但此铭有诸多难通之处，无头无尾，不合常见的铭文格式，所以此器很可能是列鼎之一。由于列鼎之铭文有联铸现象，仅凭其中一器之铭文，很难确定所涉及人物间的相互关系，目前的诸家之说也仅仅是一种自认为可行的推测而已。笔者认为，就鼎铭"王母厘赏氒文母鲁公孙用鼎"而言，代词"氒"应指代"王母"，"文母"与"王母"或为婆媳关系，"文母"是"王母"对先姑（今所谓婆婆）的称谓。此中体现的或属宗族管理权力的更替异代。当然，这也仅是笔者的一种猜测，有待作专门探讨。

谓,指族兄弟一类的同辈亲属。①从此铭看,王父、王母并称,二者当为同辈。前文已述及西周金文所见的王母与皇母无别,均指称母亲或母辈,那么此铭所见王父显然亦与《释亲》"父之考为王父"有别,其含义当与习见的皇考同,径读为皇父亦未尝不可。伯康作器以宴飨兄弟辈的朋友和祭祀先父先母,前后文义甚是通顺。若说王父王母为祖辈,中间落下更为重要的父辈而不提,反而显得怪诞不经。只是王父目前仅见于西周时期的《伯康簋》与《癐鼎》,对父辈的亲称,更多见的还是父、考、皇考、文考、烈考等。

黄铭崇曾作《殷周金文中的亲属称谓"姑"及其相关问题》一文,其中也涉及王父、王母的含义。②黄先生认为,西周金文中父亲作为受祭者的美称有皇考、文父、文考、皇文考等,而不见皇父的称谓,所以"以'王父'作为一个不存在的'皇父'的通假是不合逻辑的",他主张"皇"与"父"不能搭配使用。但此说似有默证之嫌。虽然目前所见铜器铭文中还没有出现亲称用法的"皇父",③但并不能排除此类铜器未来出土的可能。甚至还要考虑当时的语言、用词习惯等更复杂的问题。其实黄先生自己也承认,他的结论是"根据消极的排除法的推论,并没有积极的证据"④。

事实上,综观商周金文中出现的皇祖考、文祖考、高祖、烈祖、皇祖、文祖、皇妣、文妣、烈考、皇考、文考、皇文考、文父、皇母、文母、文姑、皇兄等亲称,都是"美称+亲属称谓(祖、妣、考、父、母、姑、兄等)"的形式,即偏正式的词语结构。那么王父、王母这类亲称的构词方式也当如此,"王"仅是修饰"父""母"的形容词,用以美好父母形象高大而已,谈不上有其他的附加含义。

又由于"皇""王"音近通假的原因,在彝铭中与父辈有关的亲称可以表述为"皇考"或"王(皇)父"。与之最为相似的是美称"文",它也可以和"考"或"父""母"搭配使用,而且材料更加丰富。同样从构词来看,文考、文父、文母的

---

① 朱凤瀚:《商周家族形态研究(增订本)》,天津古籍出版社,2004年,第292页。

② 黄铭崇:《殷周金文中的亲属称谓"姑"及其相关问题》,《"中央研究院"历史语言研究所集刊》2004年第75本第1分。黄铭崇文同意《尔雅·释亲》对王父、王母的释义,当时癐鼎铭文材料未发表。

③ "皇父"亦是西周时的常用名,这类用法不在本文讨论范围内。如叔皇父(《集成》588,西周晚期)、函皇父(《集成》2548、2745、4141~4143、10164、10225,西周晚期)、辛叔皇父(《集成》3859,西周晚期)、孟皇父(《集成》10185,西周晚期)等。

④ 黄铭崇:《殷周金文中的亲属称谓"姑"及其相关问题》,《"中央研究院"历史语言研究所集刊》第2004年75本第1分。

用法与"皇考""王(皇)父""王(皇)母"没有什么不同,"文""王(皇)"都是修饰考、父、母的美称,①故不能理解为"文父""文母"指父母,王父或王母却是祖父、祖母。

近年新发布的《䚄鼎》"王父"与"皇考"同时出现,或许会使人产生二者异辈的误解,故须作一些解释。其铭曰:

> 䚄曰:"不(丕)显天尹,䪞保王身,谏薛(乂)四方。在朕皇高祖师要、亚祖师羍、亚祖师𥺌、亚祖师仆、王父师彪于(与)朕皇考师孝,献作尹氏童妾、甸(佃)人,㝰(德)屯(纯)亡(无)啟,世尹氏家。䚄夙……"(西周晚期)②

《䚄鼎》经吴镇烽与陈絜的释读,意思已经基本清楚。③作器者䚄及其祖辈、父辈皆为尹氏的家臣,他在铭文中记述,祖孙世代都是为尹氏家族服杂役的"童妾"和从事农业劳动的"佃人",这当然可视为一种表忠心的自谦之辞。䚄在称扬尹氏的功德后,同时追溯了自己几代先祖的名号,有皇高祖师要、亚祖师羍、亚祖师𥺌、亚祖师仆、王父师彪、皇考师孝等。铭文"王父师彪",吴镇烽理解为䚄的祖父,并认为"亚祖"用于称呼曾祖。④这些认识或许还可以再讨论。

我们在前面已经说过,《释亲》有关王父、王母的解释或许并不适用于西周时期,如将《䚄鼎》中的"王父"解释成祖父,这将与"王(皇)母"是母亲的判断产生冲突。所以私意以为"皇高祖师要"和"亚祖师羍""亚祖师𥺌""亚祖师仆"都是䚄的祖辈及以上的男性祖先,"王父师彪"与"皇考师孝"则同为䚄的父辈。祖辈统称祖、父辈统称父,这是商周的习俗,甲骨、金文与传世文献中有大量例证。如:

> 白(伯)大师小子白(伯)公父作簠……我用召卿事、辟王,用召者(诸)考、者(诸)兄,用旂(祈)眉寿多福无疆,其子子孙孙永宝用享。(伯公父簠,

---

① "文"与"皇"的用法,参见张再兴:《"文""皇"考辨》,《中国文字研究》(第2辑),大象出版社,2007年,第100~107页。

② 吴镇烽:《䚄鼎铭文考释》,《文博》2007年第2期。

③ 吴镇烽:《䚄鼎铭文考释》,《文博》2007年第2期;陈絜:《䚄鼎铭文补释及其相关问题》,朱凤瀚主编:《新出金文与西周历史》,上海古籍出版社,2011年,第196~202页。

④ 吴镇烽:《高祖、亚祖、王父考》,《考古》2006年第12期;《䚄鼎铭文考释》,《文博》2007年第2期。

《集成》4628,西周晚期)

……宣丧用雍(饔)其者(诸)父、者(诸)兄,其万年无疆,子子孙孙永宝用享。(曾子仲宣鼎,《集成》2737,春秋中期)

很显然,铭文诸考、诸父就是对父辈的统称。这类用法亦见于《诗经》。《小雅·楚茨》云:"诸父兄弟,备言燕私。"在祭祖仪式结束后,家族成员(包括诸父辈和叔伯兄弟)一起进行宴饮。"诸父"还见于《小雅·伐木》"以速诸父"和《黄鸟》"言旋言归,复我诸父"。总之,在宗法制统治下的大家族内,诸父、诸考的存在是比较普遍的现象。①《嘼鼎》皇父、王考并见,其实并不费解,即二人为兄弟辈,前者可能是嘼的伯父,后者则为嘼之生父。当然,我们还须对铭文中的高祖、亚祖有所说明,以使相关认识有更充足的依据。

按"皇高祖师要"是铭文中时代最早的先祖,师夆、师𬯎和师仆则是师要的晚辈,三人皆称亚祖。类似的用法在金文资料中也不乏其例,如𬭚镈铭文云:"用享用孝于皇祖圣叔、皇妣圣姜,于(与)皇祖又成惠叔、皇妣又成惠姜,皇考跻仲、皇母。"(《集成》271,春秋)器主𬭚的多位祖辈可同时并称皇祖或皇妣。再如《师㝅钟》:"师㝅肇作朕烈祖虢季、宽公、幽叔、朕皇考德叔大林钟。"(《集成》141,西周中期)即虢季、宽公与幽叔均属师㝅之"烈祖"。所以亚祖之称谓也可以多人同时并称,与皇祖、皇妣及烈祖同。

吴镇烽在"王父即祖父"的论断基础上,释亚祖为曾祖及曾祖以上的祖辈。但综合考虑陕西扶风庄白一号以及眉县杨家村窖藏所出铜器铭文的表述,在某些时候,亚祖用于指称祖父更为妥当。②庄白一号是西周中期微氏家族的铜器窖藏坑,所出《史墙盘》(《集成》10175,恭王)追溯了墙的高祖、烈祖、乙祖、亚祖祖辛与文考乙公的事迹,显然"亚祖祖辛"与"文考乙公"分别指墙的祖父与父亲。墙对"文考乙公"也称"父乙",见《墙爵》"墙作父乙宝尊彝"(《集成》9067、9068)。在墙的下一代𤼈所作诸器铭文中,𤼈对曾祖、祖父、父亲分别称呼为"追孝于高祖辛公、文祖乙公、皇考丁公"(𤼈钟,《集成》246),而在另一款钟铭

---

① 西周晚期的郙召簠铭文中有"诸母诸兄"之辞,用法盖与"诸考诸兄""诸父诸兄"同,其铭曰:"郙召作为其旅簠,用实稻粱,用飤诸母、诸兄,使受福,毋有疆"《新收殷周青铜器铭文暨器影汇编》1042,以下简称《新收》。

② 朱凤瀚:《商周家族形态研究(增订本)》,天津古籍出版社,2004年,第663页;杜迺松:《论西周金文父祖宗亲辈分称谓》,《故宫博物院院刊》2010年第3期。

中则谓"瘥曰：丕显高祖、亚祖、文考"（《集成》247、248、249、250），可见瘥对祖父"文祖乙公"又称为亚祖。[①]

杨家村窖藏出土的单氏铜器群有虞佐盘，铭文记载了虞佐一家祖孙八代相继辅佐周王室的主要事迹。盘铭述及的世系为：第一代"皇高祖单公"、第二代"皇高祖公叔"、第三代"皇高祖新室仲"、第四代"皇高祖惠仲盏父"、第五代"皇高祖零伯"、第六代"皇亚祖懿仲"、第七代"皇考龚叔"、第八代"佐"。（《新收》757）很明显，佐对第一代到第五代祖辈皆称为"皇高祖"，对祖父则称"皇亚祖懿仲"。所以《瘥鼎》中的亚祖事实上是指称祖父及祖父以上的祖辈，把祖父排除在外可能是不够稳妥的。

既然"亚祖"之亲称已经包括祖父一代，所以我们没有必要削足适履，将《瘥鼎》中的"王父"比作《尔雅·释亲》中的"王父"。总而言之，《瘥鼎》师彪、师孝二人，虽然一称"王父"，一称"皇考"，但同为器主瘥的父辈。其身份区别为：皇考师孝有可能是瘥的生父；王父师彪与皇考师孝同辈，其排序在前，当为瘥之伯父。正是因为师彪、师孝同为父辈，所以在称谓系统中分别冠以王父、皇考，以示区别。倘若以上分析成立，那么该家族的世代世系便得重新斟酌了。

三、简牍所见王父、王母及其词义变化

"妣"在战国以前的甲骨、金文材料中指称祖母或世代更远女性祖先的用法，自战国以后发生词义转变。王父、王母用法的变化也基本同步，同样是在战国时期完成词义更改，这可以在简帛材料中得以证实。

在战国中晚期的楚简中，多次出现"王父""新（亲）王父""王母"之类的亲属称谓，皆为祖父、祖母之意。"王父王母"与"父母"之间的亲属关系，在卜筮祭祷简里表现十分明确。如秦家嘴楚墓竹简中能看到向五世先祖（"五世王父、王母"）至父母（"新父母"）祈福的文字，[②]其中99号墓应属战国中期晚段墓，时代或稍早。[③]今录相关文字如下：

[①]其实瘥对父亲墙也有多种称谓，除上述"皇考丁公""文考"外，还有"父丁"（瘥爵，《集成》8916、8917、9070），既称"考"又称"父"。

[②]晏昌贵：《秦家嘴"卜筮祭祷"简释文辑校》，《湖北大学学报》2005年第1期。

[③]秦家嘴楚墓M99和M1墓主下葬的年代盖分别为前340年和前283年，详见李学勤：《试说江陵天星观、秦家嘴楚简的纪年》，卜宪群、杨振红主编：《简帛研究二○○四》，广西师范大学出版社，2006年，第3～6页。

五世王父以逾至新(亲)父。(秦家嘴M1:2)

赛祷五世以至新(亲)父母。(秦家嘴M13:1)

祷之于五世王父王母顺至新(亲)父母。(秦家嘴M99:10)

赛祷于五世王父、王母。(秦家嘴M99:11)

对于"五世王父、王母",陈伟已撰文做了很好的解释,认为他们与当事人相隔"五世",是祖父、祖母以上的祖先。①简文揭示,祭祷的顺序是从五世王父、王母"以逾至""以至"或"顺至"父母,这明确表示王父、王母的辈份在父母之上。

再如包山楚简中也多次提到祭祷的顺序,即从昭王直到"文坪夜君、郚公子春、司马子音、蔡公子豪"(简200、203),②同时简202提到"禘于新(亲)父蔡公子豪",可见蔡公子豪是墓主左尹邵肜的父亲,从昭王至文坪夜君、郚公子春、司马子音、蔡公子豪都是邵肜的直系先祖。依据祭祷的顺序,"司马子音"排在邵肜的父亲"新(亲)父蔡公子豪"之前,盖为邵肜的祖父。而简222又记载邵肜向"新(亲)王父"祈祷,③虽然没有明说司马子音就是"新王父",但这样理解是没有问题的。

战国楚简中亦见有王母,如郭店楚简《语丛四》曰:"三雄一雌,三钙一莫,一王母保(抱)三殿(婴)儿。"(简26、27)④虽然这一句的寓义艰涩难懂,但一般都解释为一位祖母可以养大三个婴儿。⑤

在秦文化系统中,作为亲称使用的王父、王母也与楚地用法相似,战国晚期的睡虎地秦简《日书》甲种、乙种都有王父、王母为祟的文辞。如《日书》甲种《病》篇:"甲乙有疾,父母为祟,得之于肉……丙丁有疾,王父为祟,得之赤肉、雄鸡、酉(酒)……戊己有疾,巫堪行,王母为祟,得之于黄色索鱼、堇酉

①陈伟:《楚人祷祠记录中的人鬼系统以及相关问题》,陈昭容主编:《古文字与古代史》(第1辑),台北"中研院"历史语言研究所,2007年,第363～389页。

②湖北荆沙铁路考古队:《包山楚简》,文物出版社,1991年,第32～33页。包山简时代的下限为公元前316年。

③湖北荆沙铁路考古队:《包山楚简》,文物出版社,1991年,第34页。

④荆门市博物馆:《郭店楚墓竹简》,文物出版社,1998年,第218页。墓葬时代为战国中期偏晚,竹简的时代下限应略早于墓葬。

⑤相关释义可参见刘钊:《郭店楚简校释》,福建人民出版社,2005年,第234页。

（酒）。"①去世的父母、祖父母都可能对人产生不好的影响。《日书》乙种《有疾》亦有"王父"，如："甲乙有疾，禺（遇）御于豕肉，王父欲杀，生人为姓（眚）……丙丁有疾，王父为姓（眚），得赤肉、雄鸡、酒……戊己有疾，巫堪，王父为姓（眚）……"②而《日书》乙种《见人》中，除"王父"外还见有"高王父"的亲称，③很可能与"高祖"同。

战国以降，祖父还可被称为"大父"。如《韩非子·五蠹》曰："今人有五子不为多，子又有五子，大父未死而有二十五孙。"秦汉简牍中有关祖父母的亲称也出现了其他的表述，如"泰父母"或"大父母"，④见于睡虎地秦简《法律答问》及《张家山汉简·二年律令》。

> "殴大父母，黥为城旦舂。"今殴高大父母，可（何）论？比大父母。（《法律答问》简78）⑤
>
> 《贼律》：子牧杀父母，殴詈泰父母、父母、假大母、主母、后母，及父母告子不孝，皆弃市。（《二年律令》简35）⑥
>
> 《户律》：民大父母、父母、子、孙、同产、同产子，欲相分予奴婢、马牛羊、它财物者，皆许之，辄为定籍。孙为户，与大父母居，养之不善，令孙且外居，令大父母居其室，食其田，使其奴婢，勿贸卖。（《二年律令》简337、338）⑦

---

① 睡虎地秦墓竹简整理小组：《睡虎地秦墓竹简》，文物出版社，1990年，释文注释第193页。

② 睡虎地秦墓竹简整理小组：《睡虎地秦墓竹简》，文物出版社，1990年，释文注释第246页。

③ 睡虎地秦墓竹简整理小组：《睡虎地秦墓竹简》，文物出版社，1990年，释文注释第245页。

④ 但"大父"或"泰父"不都是指称祖父的亲称，亦可表示神名。如江陵岳山秦牍日书有"祀大父良日"，其时代在秦统一以前。参见湖北省江陵县文物局、荆州地区博物馆：《江陵岳山秦汉墓》，《考古学报》2000年第4期。再如周家台30号秦墓竹简《先农》云："人皆祠泰父，我独祠先农……先农恒先泰父食。"该墓下葬年代在秦代末年，参见湖北省荆州市周梁玉桥遗址博物馆：《关沮秦汉墓简牍》，中华书局，2001年，第132页。先农指古代传说中始教先民耕种的农神，可见大父亦为神灵。

⑤ 睡虎地秦墓竹简整理小组：《睡虎地秦墓竹简》，文物出版社，1990年，释文注释第111页。

⑥ 彭浩等主编：《二年律令与奏谳书——张家山二四七号汉墓出土法律文献释读》，上海古籍出版社，2007年，第104页。

⑦ 彭浩等主编：《二年律令与奏谳书——张家山二四七号汉墓出土法律文献释读》，上海古籍出版社，2007年，第225页。

泰,读如"大","大父母"或"泰父母"皆指祖父母。"高大父母",即曾祖父母。而假大母,指庶祖母或继祖母。此外,外祖母可称为"外大母",如睡虎地秦简《封诊式·毒言》曰:"外大母同里丁坐有宁毒言。"(简92)[1]

可见在战国至秦汉时期,王父王母、泰父母或大父母的用法相似,也可能是同时存在王父王母与大父母两种称谓系统。然而在时代稍晚的汉简中,已基本不见王父、王母的亲称,而仅存大父母、泰父母的表述。大概王父、王母已不常用,故需要有《释亲》之类的文字对此做出专门的解释。[2]

四、《释亲》撰写时代及相关问题再认识

《释亲》乃《尔雅》一书所收录的一篇重要古代文字,用于解释与宗族、母党、妻党、婚姻有关的亲称。在宗族组织中,最亲近的自然是父母、祖父母等直系血亲,故而《释亲》开篇即云:"父为考,母为妣。父之考为王父,父之妣为王母。王父之考为曾祖王父,王父之妣为曾祖王母。曾祖王父之考为高祖王父,曾祖王父之妣为高祖王母。"[3]在传统宗法社会中,诸如此类的文字具有规范社会等级、区分家族成员的亲疏远近关系和凝聚宗族组织等各方面的重要作用。同时,它也是今人了解、训释各类文献的重要参考资料。如果不考虑《释亲》篇的年代与文化属性等问题,或是不加分析地率尔征引,很可能出现误读与错误。

众所周知,亲属称谓的含义往往随着时代的推移而发生变化。这一现象早有学者注意到,其中最为著名的当属郭沫若先生利用先秦出土文献对"父曰考,母曰妣"时代的考辨。郭沫若指出,考妣之称指代父母,盖始于战国时代;因为在战国以前的甲骨文及金文中,"妣"是祖母以及世代更远的女性祖先的专名,我们看到的都是"祖妣连言"。[4]同样,本文所探讨的亲称王父与王母,也

---

① 睡虎地秦墓竹简整理小组:《睡虎地秦墓竹简》,文物出版社,1990年,释文注释第162页。

② 冯华《从古文字材料看〈释亲〉及〈尔雅〉的时代》一文有部分内容涉及王父王母,但未使用金文及秦家嘴楚简、睡虎地秦简的相关资料。冯华:《从古文字材料看〈释亲〉及〈尔雅〉的时代》,《汉字文化》2008年第2期;陈燕、耿振生主编:《继往开来的语言学发展之路:2007学术论坛论文集》,语文出版社,2008年,第288~296页。

③ 郭璞注,邢昺疏:《尔雅注疏》(卷四),(清)阮元校刻:《十三经注疏》(第8册),艺文印书馆,2013年,第61页。

④ 郭沫若:《释祖妣》,《郭沫若全集·考古编》卷1《甲骨文字研究》,科学出版社,2002年,第19~64页。

是在战国中期以后在含义上发生的变化。这些例子提醒我们:对于上古材料中的亲属称谓,能否直接套用《尔雅·释亲》中的解释,恐怕是一个需要谨慎对待的问题。目前看来,《释亲》篇撰写年代的上限,至少不会早于战国中期。由此,便生发另一类在经学研究史上纠缠不清的重要问题,即《尔雅》一书究竟是何时编成的,其年代考订应该遵循的原则是什么。按《尔雅》乃"释经之书",由《释诂》《释言》《释训》与《释亲》等19篇文字汇集而成,它对上古文献研究的重要性是有目共睹的。该书编纂年代目前有西周说、战国初年说、战国末年说、西汉初年说与西汉中后期说等各种意见,甚是纷纭。①倘若以《释亲》篇的年代为判别标准,那么至少可以将西周说与战国初年说排除在外。当然,该书的编纂年代问题,恐怕要对19篇文字逐一考察后方能真正确定。日本学者内藤湖南在探讨《尔雅》各篇时代时提到:"《释亲》以下,至于《释天》各篇,《公羊春秋》发达,礼学盛行之时代,即从荀子前后,至于汉后苍、高堂生之时所制作也。"②张心澂言:"《尔雅》一书当系汉及汉以前之字典,陆续有增益,非成于一手,故《汉志》亦无主名。"③这些说法都很有道理。

从现有材料看,《释亲》对亲称王父、王母的界定,与战国中晚期的秦楚简牍资料中的相关记载颇相吻合,故当下还须考虑的另一个问题就是《释亲》所载亲称的文化属性,这里的亲称范围是否也来源于同时期的三晋与齐鲁?这应该是日后需要关注的新课题。

本文原刊载于《历史研究》2016年第6期,是中央高校基本科研业务费专项资金项目"新出金文、简牍与周代官制统合研究"(项目批准号NKZXB1156)的阶段性成果。

本文作者:

李晶,生于1979年。历史学博士,现为南开大学历史学院古籍与文化研究所副教授。2014—2015年曾任日本爱知大学中国交换研究员。研究兴趣集中于先秦史、经学史、古典文献与出土文献研

---

① 窦秀艳:《中国雅学史》,齐鲁书社,2004年,第8~21页。

② 《尔雅新研究》,[日]内藤虎次郎等:《先秦经籍考》中,江侠庵编译,商务印书馆,1931年,第181页。

③ 张心澂:《伪书通考》,商务印书馆,1939年,第471~472页。

究诸领域。

学术代表作有《〈尔雅·释亲〉王父王母考》(《历史研究》2016年第6期),《清华简〈金縢〉与〈尚书〉郑注文本考——兼论〈史记〉述〈金縢〉的今古文问题》(《古代文明》2016年第3期),《春秋官制与〈周礼〉比较研究——〈周礼〉成书年代再探讨》(《历史研究》2004年第6期)等,古籍整理著作有《定盦文集》(《儒藏》精华编第二七八册,北京大学出版社,2017年)。

长期担任本科必修课与选修课、硕士研究生专业课的主讲教师。参与的《中华国学》与《国学概论》课程曾获国家级一流本科课程(2020年)、教育部课程思政示范课程(2021年)、天津市课程思政示范课程(2021年)等奖项。

读陆长源《上宰相书》札记

——围绕安史乱后尚书六部功能的考察

胡宝华

宋人姚铉所编《唐文粹》收录了德宗朝陆长源《上宰相书》,这是一篇深受唐史学者关注的历史文献。关注的焦点在一段涉及尚书六部的描述上:"且尚书六司,天下之理本。兵部无戎帐,户部无版图,虞水不管山川,金仓不司钱谷,光禄不供酒,卫尉不供幕,秘书不校勘,著作不修撰。"①然而这段著名的描述究竟要说明什么问题? 陆长源撰写此文的目的又是什么? 对此,很少有人问津,因此在引用与解读方面出现了一些误区。笔者撰写这篇小文,是想对《上宰相书》的撰写动机与主题思想做一比较全面的梳理与解析,希望能够对这段史料的理解有所帮助。为了便于讨论的展开,先将这篇上书的主要部分移录如下:

月日,太中大夫守汝州刺史兼御史中丞、本州防御使陆长源谨奉书相国阁下:

……今上聪明英武,自汉魏以来,贤君哲后未有如今上者。自临极以来,宰相未有如房、杜、苏、宋者,何偶圣之有期,而得贤之无路? 盖有以也。夫诚人之失,亦由端其躬,而后求影之直。故宰相者,导生人之本,稽政化之源;正辞以固之,平气以待之。物有其官,官得其人。则提纲而网目张,振领而毛裘举。至如移制度,平军国,事关社稷者,斯在宸衷,犹望宰相。自古况今,献可替否。其余朝廷之常典,群司之阙务,弛张由于下笔,指顾在于一言。使政归常典,理革前弊;和气浃于下,清风穆于上;自然宰辅之事行,弼谐之义畅。何必舍其易而攻其难,犯龙鳞之不测,蹈虎尾而莫顾哉? 其宰相之寄也,在于用贤,贤不滥而人自理;次于秉政,政不挠而国自安。用贤者,除改是也;秉政者,赏罚是也。其用贤也,绝党与舍

---

① 本文所引《上宰相书》,(清)董诰等编:《全唐文》卷五一〇,上海古籍出版社,1990年,第2295页。

憎嫌,使韦弦各施,轮辕适用。顷者之用人也,声利以挠其心,爱恶而昏其识。以枉为直,破觚为圆。除改出於门庭,赏罚随其情欲。求道行事举,其可得乎?且尚书六司,天下之理本。兵部无戎帐,户部无版图,虞水不管山川,金仓不司钱谷,光禄不供酒,卫尉不供幕,秘书不校勘,著作不修撰;官曹虚设,禄俸枉请。计考者假而为资,养声者籍而为地。一隅如是,诸司悉然。欲求网目张、裘毛举,其可得乎?此宰相之职也。且栋倾者正之,则屋无压焉之惧;疾甚者攻之,则人无口口之患。正倾在于良匠,攻疾在于良医。故政化失,谏臣得抗疏以论之;败累兴,宪官得持法而绳之。谏臣须謇謇匪躬之士,宪官须孜孜嫉恶之人。今悉求温润美秀、沈默宏宽者为之,盖北辕适楚,圆凿方枘。欲求扶倾愈疾,其可得乎?贞元初,兵戈初解,蝗旱为灾,邑多逃亡,人士殍馁。至使官厨有阙,国用增艰。

……今岁丰年稔,谷贱伤农,诚宜出价以敛籴,实太仓之储。岂可慢易于丰贱之日,危急于凶荒之际?比年国家和籴,殆不得人,文帐空存,仓廪不实:是由赏罚之典旷,奸滥之吏生,此亦宰相择人之过也。某之州,户口减一万,兵数无二千。夏率供秋,秋率供夏。傥四气或爽,一岁无年,实恐投奸有虞,为累非浅。况率土州县,其事略同。古人云"旱则资舟",虽在丰稔之时,须为凶险之备,此亦宰相之职也。蝗旱之时,圣上忧畿县凋瘵,亲择台省十人,出为畿令,其后京畿稍理,皆擢以大郡,则圣上旌贤赏功之意也。顷来度支敕符皆云,刺史、县令以户口减殿一人,赋敛增最一人,与者骞腾于廊庙,嫌者沈沦于草莽。欲求其为恶者惧,为善者劝,其可得乎?此宰相之职也。况今北虏和亲,糜费转甚;西戎作梗,边鄙未安。所望求方召之才,选甘傅之将,联营朔裔,复河外之城;振旅湟中,收陇右之地。且田单匹夫也,败乐毅乘胜之师;谢艾书生也,破麻秋劲锐之卒。岂有其时而无其人哉?

……开元之业泰。今相公居庙堂之上,当台衮之任,与房、杜、苏、宋,列於青史。宁肯昵亲爱,行肺腑,踵覆车之辙哉?某齿发向衰,志力犹在。遇贤相,逢明时,亦愿一豁平生,少展微分。不然者,老于泉石,亦求仁而得仁。某再拜。

以下,围绕这篇上书拟从三个方面做些探讨:第一,陆长源《上宰相书》的时间及对象;第二,贞元时期六部"乱象"史料解析;第三,《上宰相书》的主题。

一、陆长源《上宰相书》的时间及对象

首先,了解一下陆长源的基本情况。《旧唐书》卷一四五《陆长源传》:

> 陆长源,字泳之,开元、天宝中尚书左丞、太子詹事余庆之孙,西河太守璪之子。长源淑书史。乾元(758—760年)中,陷河北诸贼,因为昭义军节度薛嵩从事,久之,历建、信二州刺史。浙西节度韩滉兼领江、淮转运,奏长源检校郎中、兼中丞,充转运副使。罢为都官郎中,改万年县令,出为汝州刺史。

《新唐书》卷一五一《陆长源传》:

> 长源好谐易,无威仪,而清白自将。去汝州,送车二乘,曰:"吾祖罢魏州,有车一乘,而图书半之,吾愧不及先人"云。

宋人王象之《舆地纪胜》卷一二九《官吏》:

> 唐陆长源,建中(780—783年)初为建州太守。民歌之曰:"令我州郡泰,令我户口裕,令我活计大,陆员外。"又曰:"令我家不分,令我马成群,令我稻满囷,陆使君。"

根据上引文献可以看出,陆长源是一位官宦后代,长于书史,也是一位廉洁奉公的官员。关于陆长源撰《上宰相书》的时间,虽然文中没有具体记载,但提供了两条有价值的线索。

其一,陆长源上书时任汝州刺史。根据史料记载,陆长源任汝州刺史长达七年之久,[①]文中有"某齿发向衰,志力犹在"一句。"衰",老也。《说文解字》称:"七十曰老"。据此推算,其上书时年龄未到七十岁,时间应在任职的最后阶段。关于陆长源的年龄,吴汝煜在《唐才子传校笺》"孟郊"条称:陆长源天宝八载(749年)撰《唐灵泉寺玄林禅师神道碑》,当时年龄为二十岁以上,即生于开

---

① 见郁贤皓:《唐刺史考》(第2册),江苏古籍出版社,1987年,第626页。

元中。①又文献明记陆长源卒于贞元十五年（799年），如此推算陆长源死时是七十多岁。果尔，陆长源上书应在贞元十年（794年）前后。

其二，上书中有"今岁丰年稔，谷贱伤农，诚宜出价以敛籴，实太仓之储"一句，描述了关中丰年的景象。句中的"今岁"为何年？翻阅《陆贽集》也看到了类似记载：

> 近岁关辅之地，年谷屡登，数减百姓税钱，许其折纳粟麦，公储委积，足给数年。②

二者所提到的丰年储粮应该是同一话题。陆贽的这段话，司马光在《资治通鉴》记为贞元八年（792年）八月。③这一年，陆长源年纪在六十余岁，与其"齿发向衰"的实际相符。据此推测，将上书时间定为贞元八年应该出入不大。

这一年，陆长源可以上书的宰相有两位：一位是陆贽，一位是赵憬。从人格秉性、对朝政的影响及后人的评价来看，贞元八年至十年任职宰相的陆贽，与陆长源上书中所说"遇贤相，逢明时，亦愿一豁平生，少展微分"的描述最为契合，故宰相者当为陆贽无疑。

二、贞元时期六部"乱象"史料解析

陆长源《上宰相书》所载："兵部无戎帐，户部无版图，虞水不管山川，金仓不司钱谷，光禄不供酒，卫尉不供幕，秘书不校勘，著作不修撰；官曹虚设，禄俸枉请。计考者假而为资，养声者籍而为地。"是研究者非常关注的一段史料，关于这段史料的理解，大致有以下三种代表观点：

严耕望认为，陆长源所言六部是贞元中事。"兵户两部亦失其职。盖方镇跋扈于外，宦官擅兵于内，兵部遂失其职。同时财政诸使位权日重，形成所谓三司制度，户部之权亦夺。""各部既失其权，则尚书省徒有躯壳，其在行政系统中所居之地位自大为坠落，不复为全国行政之真正中枢矣。"④

---

① 傅璇琮主编：《唐才子传校笺》（第2册），中华书局，1989年，第516页。

② 《陆贽集》卷十八《请减京东水运收脚价于缘边州镇储蓄军粮事宜状》，中华书局，2006年，第594页。

③ 《资治通鉴》卷二三四"德宗贞元八年八月"条。

④ 严耕望：《论唐代尚书省之职权与地位》，《历史语言研究所集刊》1952年第二十四本。

王寿南认为,唐代使职极多,杨国忠一人便兼领四十余个使职,在使职中较著名的如度支使、盐铁使、转运使、节度使、观察使、监军使、枢密使等,这些"使"都有实权,往往侵夺了原本主管官员的职权,例如度支使便夺了户部的主管财政权,这是唐代政治制度混杂的主因之一。①

吴枫认为,中唐以来战事频繁,藩镇林立,财政枯竭,国用不给。中央为应付局面,设立各种专使。名目繁多,随事设使,大权集于专使一身,严重影响了尚书省六部的正常工作,形成了"兵部无戎帐,户部无版图,虞水不管山川,金仓不司钱谷"的局面。②

上举三例的一个共同点是:使职对户部、兵部乃至六部形成了严重侵权态势。③关于严耕望对兵部失职的原因论述,笔者没有异议。本文主要讨论财政使职对户部的影响及两者关系。迄今为止,认为度支使侵夺户部的财权,或认为权力集于专使是形成六部紊乱局面的观点,在中日学者中流行很广。然而产生如此严重影响的使职问题,为什么在《上宰相书》中一字未提? 陆长源胪列六部乱象是想说明什么? 户部出现的问题与度支使、转运使究竟有多大关系? 下面,我们先来对唐代使职的发展过程做一简单回顾。

《旧唐书》卷四八《食货志上》:

> 其后掌财赋者,世有人焉。开元已前,事归尚书省,开元已后,权移他官,由是有转运使、租庸使、盐铁使、度支盐铁转运使、常平铸钱盐铁使、租庸青苗使、水陆运盐铁租庸使、两税使,随事立名,沿革不一。设官分职,选贤任能,得其人则有益于国家,非其才则贻患于黎庶,此又不可不知也。如裴耀卿、刘晏、李巽数君子,便时利物,富国安民,足为世法者也。

很明显,这段史料对开元以后出现的财政使职,给予了很高的评价。史料虽出自五代史臣笔下,但其编纂所依,主要是唐代史官所记,其中包含着唐人对使职的认识。应该注意的是,唐代使职出现以后,官方社会对其评价在前后

---

① 王寿南:《隋唐史》,三民书局印行,1986年,第481页。
② 吴枫:《吴枫学术文存》,中华书局,2002年,第38页。
③ 在使职研究方面,赖瑞和在《唐代使职"侵夺"职事官职权说质疑》(刊于《唐史论丛》第十五辑,陕西师范大学出版社,2012年)中指出:"反对使职的唐人很少见,反对的主要针对一些个人而言。"这是一个很有见地的看法。

期有明显不同。据《资治通鉴》卷二一二玄宗开元十二年八月条载：

> 己亥，以宇文融为御史中丞。融乘驿周流天下，事无大小，诸州先牒
> 上劝农使，后申中书；省司亦待融指搞，然后处决。时上将大攘四夷，急于
> 用度，州县畏融，多张虚数，凡得客户八十余万，田亦称是。岁终，增缗钱
> 数百万，悉进入宫，由是有宠。议者多言烦忧，不利百姓，上令集百寮于尚
> 书省议之。公卿已下，畏融恩势，皆不敢立异，惟户部侍郎杨玚抗议，以
> 为："括客免税，不利居人。征籍外田税，使百姓困弊，所得不补所失。"未
> 几，玚为华州刺史。

这是一段宇文融括户时期的史料。当时，宇文融以御史中丞身份兼任劝
农使(也称括户使)，且括户、劝农、户口等业务虽然直接与户部相关，但是在整
个括户过程，无论中书省还是尚书省户部均不得过问参与，宇文融独揽大权。
正因为如此，括户虽然获得了客户八十余万的成果，但在文献中看不到多少称
赞的记载，相反，更多的是不满。造成这种反差的原因在于宇文融的权限超越
了中央户部，同时括户的成功又给他带来了显赫的声望，这些都给相关部门的
官员心理造成了一种失衡与不快。检索史料可以发现，宇文融之后兼任财政
使职的官员基本都来自户部，这大概与唐中央借鉴宇文融括户所提供的经验
与教训有很大关系。

安史之乱后，财政使职得到了进一步发展，并成为中央财政部门不可分割
的重要组成。砺波护的研究表明，从安史之乱到黄巢之乱期间，先后掌握财政
命脉的官僚是：户部尚书60人，度支使72人、盐铁使56人。[1]度支使和盐铁转
运使已经成为唐代财政收入的两个主要来源。如《通典》卷六《食货六》"赋税
下"注载：

> 尚书省度支，总天下经费。自安禄山反，至德、乾元之际，置度支使。
> 永泰之后，度支罢使，置转运使以掌其外，度支以掌于内。建中初又罢转
> 运使，复归度支。分命黜陟使往诸道收户口及钱谷名数，每岁天下共敛三
> 千余万贯。其二千五十余万贯以供外费，九百五十余万贯供京师。税米

---

① 砺波护：『唐代政治社会史研究』，同朋舍，1986年，30-31頁。

麦共千六百余万石,其二百余万石供京师,千四百万石给充外费。

其中,见于文献记载,在肃宗、代宗、德宗时期,曾经担任过度支使和盐铁转运使的主要人物有以下数人:

《旧唐书》卷一〇《肃宗本纪》:

> 癸丑,以河南尹刘晏为户部侍郎,勾当度支、铸钱、盐铁等使。

《旧唐书》卷一一《代宗本纪》:

> 以户部侍郎第五琦专判度支及诸道盐铁、转运、铸钱等使。

《旧唐书》卷一二《德宗本纪》:

> 癸巳,以谏议大夫韩洄为户部侍郎、判度支。……令金部郎中杜佑权勾当江淮水陆运使……是岁(建中元年),户部计帐,户总三百八万五千七十有六,赋入一千三百五万六千七十贯,盐利不在此限。……(建中二年十一月)贬户部侍郎、判度支韩洄蜀州刺史,以江淮转运使、度支郎中杜佑代判度支、户部事。

《旧唐书》卷一三《德宗本纪》:

> (贞元五年二月)以户部侍郎班宏为户部尚书,依前度支转运副使。(贞元八年夏四月)丙午,以东都、河南、淮南、江南、岭南、山南东道两税等物,令户部侍郎张滂主之;以河内、河东、剑南、山南西道等财,户部尚书、判度支班宏主之。一遵大历故事,如刘晏、韩滉分掌焉。

以上三朝史料表明:第一,度支使及转运使的人选与职掌完全在中央掌控之下。人选方面,与前期选用宇文融不同,度支使和转运使主要由户部侍郎兼任。因此,唐后期财政使职的职能运作,可以看作户部职能的延伸与放大,而不是侵权。第二,从上举数例还可看出,无论度支使还是转运使,都是中央经过认真挑选,由具有一定实力与经验的官员来充任,其选任过程是严肃、负责任的。正是在这些制度的保证下,财政使职在履职方面也得到了唐代社会的认可。①如《陆贽集》卷九《韩滉度支盐铁转运使制》称:

> 食货所资,邦家大本,总领之重,必推元臣。……同中书门下平章事,充镇海军、浙江东、西节度,兼江淮转运等使,晋国公韩滉:昔事先朝,常掌邦赋,贞心独立,一志在公。吏无奸欺,财以饶羡,自监江甸,事举风行,职贡有加,转饷相继,成功允集,艰食用康。

《资治通鉴》卷二二五"代宗大历十四年五月"条:

> 至德初,第五琦始榷盐以佐军用,及刘晏代之,法益精密,初岁入钱六十万缗,末年所入逾十倍,而人不厌苦。大历末,计一岁征赋所入总一千二百万缗,而盐利居其太半。以盐为漕佣,自江、淮至渭桥,率万斛佣七千缗,自淮以北,列置巡院,择能吏主之,不烦州县而集事。

对此,司马光也称:"诸使之职,行之已久,中外安之。"②总之,安史之乱后,唐朝能够继续维持一个半世纪之久,并先后出现过几个小繁荣期,其中的原因与财政使职的理财贡献是不可分开的。

既然财政使职能够如此政绩斐然,那么学界传统认为使职对户部造成的侵权影响也有必要做进一步分析考察。德宗朝尚书省及户部的运作又是怎样的呢?

《旧唐书》卷一二《德宗本纪》有这样一条记载:

> (贞元二年春正月)诏宰相齐映判兵部,李勉判刑部,刘滋判吏部、礼部,崔造判户部、工部。……时崔造专政,改易钱谷,职事多堕败,造寻以忧病归第。

---

① 关于刘晏任职转运使时期的政绩与任用天下名士为下属的详细论述,参见鞠清远:《刘晏评传》,商务印书馆,1937年。

② 《资治通鉴》卷二三二"德宗贞元二年十一月"条。

同条史料还见于《资治通鉴》卷二三二"德宗贞元二年春正月"条：

> 令宰相分判尚书六曹：齐映判兵部，李勉判刑部，刘滋判吏部、礼部，（崔）造判户部、工部，又以户部侍郎元琇判诸道盐铁、榷酒，（户部侍郎）吉中孚判度支两税。

《资治通鉴》卷二三二"德宗贞元三年六月"条：

> 李泌初视事……上因谓（李）泌曰："自今凡军旅粮储事，卿主之；吏、礼委延赏；刑法委浑。"泌曰："不可。陛下不以臣不才，使待罪宰相。宰相之职，不可分也。……至于宰相，天下之事咸共平章。若各有所主，是乃有司，非宰相也。"上笑曰："朕适失辞，卿言是也。"

上述史料显示出贞元二年至三年，德宗曾经一度命令宰相分管尚书六部，一年后，因李泌反对而停止。最初，建议宰相分管六部的是崔造，本传载：

> （崔）造久从事江外，嫉钱谷诸使罔上之弊，乃奏天下两税钱物，委本道观察使、本州刺史选官典部送上都；诸道水陆运使及度支、巡院、江淮转运使等并停；其度支、盐铁，委尚书省本司判；其尚书省六职，令宰臣分判。①

关于这段过程的详委这里暂且不论，让人感兴趣的是，这段记载中透露出一个基本史实，即贞元初期尚书六部的实际情况，并非《上宰相书》描绘的那样萎缩无力、无所事事。这在以下的史料中也可以得到印证。

《唐会要》卷五九《仓部郎中》：

> 建中二年正月诏：天下钱谷，皆归金部、仓部。中书门下简两司郎官，准格式条理。

---

① 《旧唐书》卷一三〇《崔造传》。

《旧唐书》卷一二《德宗本纪》也称：

> 是岁(建中元年)，户部计帐，户总三百八万五千七十有六，赋入一千三百五万六千七十贯，盐利不在此限。

《资治通鉴》卷二三二"德宗贞元元年十二月"条：

> 十二月，甲戌，户部奏今岁入贡者凡百五十州。

《旧唐书》卷一三五《裴延龄传》也有如下记载：

> 时陆贽秉政，上素所礼重，每于延英极论其(延龄)诞妄，不可令掌财赋。德宗以为排摈，待延龄益厚。贽上书疏其失曰：……总制邦用，度支是司；出纳货财，太府攸职。凡是太府出纳，皆禀度支文符，太府依符以奉行，度支凭案以勘覆，互相关键，用绝奸欺。其出纳之数，则每旬申闻；见在之数，则每月计奏。皆经度支勾覆，又有御史监临，旬旬相承，月月相继。明若指掌，端如贯珠，财货多少，无容隐漏。延龄务行邪谄，公肆诬欺，遂奏云："左藏库司多有失落，近因检阅使置簿书，乃于粪土之中收得十三万两，其匹段杂货又百万有余，皆是文帐脱遗，并同已弃之物。今所收获，即是羡余，悉合移入杂库，以供别敕支用者。"……国家府库，出纳有常，延龄险猾售奸，诡谲求媚，遂于左藏之内，分建六库之名，意在别贮赢余，以奉人主私欲。……由是蹂躏官属，倾倒货财，移东就西，便为课绩，取此适彼，遂号羡余，愚弄朝廷，有同儿戏。

通过陆贽上奏可以看出，裴延龄掌理财政之前，天下钱谷归于金、仓二部掌握，户部出纳也是有章可循、有法可依的。后来由于裴延龄的缘故，户部财政管理系统陷入紊乱。

以上的考察结果，似乎都与陆长源描述的六部乱象不太吻合，那么陆长源所说究竟指的是哪个时期？《唐会要》卷八三《租税上》有一条可供参考的史料：

> (建中元年八月，宰相杨炎奏云)迨至德之后，天下兵起，始以兵役。

因之饥疹，征求运输，百役并作，人户凋耗，版图空虚。军国之用，仰给于度支转运二使。四方大镇，又自给于节度团练。使赋敛之司，增数而莫相统摄，于是纲目大坏。朝廷不能覆诸使，诸使不能覆诸州。四方贡献，悉入内库。权臣猾吏，缘以为奸。或公托进献，私为赃盗者，动以万计。……是以天下残瘁，荡为浮人。乡居地著者，百不四五，如是者迨三十年。（杨）炎遂请作两税法。

杨炎在奏文中提到的三十年，是指肃宗至德元年（756年）到德宗建中元年（780年）之间，即安史之乱到两税法实施前的这段历史。可以看出，杨炎描述的这段历史与陆长源所说的情况比较接近。不过，这种政治格局在建中期间（780—783年）并未发生变化。德宗即位后曾雄心勃勃，试图结束藩镇割据的混乱局面。但是因为操之过急，建中时期先后引发了"四王二帝"之乱和"泾师之变"，德宗被迫离开京师逃至奉天。直至兴元元年（784年）正月，德宗颁布"罪己诏"，又调整了藩镇策略，局面才发生了转机。梳理以上历史可以看出，完全与陆长源所说六部乱象相对应的历史时期很难确定。笔者认为，所谓六部乱象，可以理解为安史之乱后的某一时期出现过的局面。但是贞元八年陆长源上书时，这种紊乱局面应该已经得到了一定程度的改善与克服。

最后还要提到的一个问题是，如何理解《上宰相书》中"户部无版图"的含义？在吴宗国主编《中国古代官僚政治制度研究》一书中，刘后滨执笔《从三省体制到中书门下体制——隋唐五代》一章，其中有这样一段话：

> 唐前期的户部本来就无"版图"，《唐六典》谓户部尚书侍郎之职"掌天下户口、井田之政令"，《旧唐书·职官志》谓其"掌天下田户、均输、钱谷之政令"，而不言"版图"事。……所谓"版图"的概念，是安史之乱后，随着藩镇割据和其他形式地方分权出现而出现的，指的是政府控制的据以征收赋税的实际土地状况。①

刘后滨在文中非常肯定地认为唐前期户部既无版图，也无版图概念。看到这样的结论，确实有些令人恐惧。何为"版图"？郑玄云："版，户籍也。图，

---

① 吴宗国主编：《中国古代官僚政治制度研究》，北京大学出版社，2004年，第175页。

土地形象,田地广狭。"①用今天的话说,版图就是户籍与地图。中国自先秦以来,就有了版图的概念,而且历代王朝皆有版图,唐代前期怎么会没有版图或没有版图概念? 在历史文献中,直接使用版图一词的记载虽然并不多见,但是体现版图意义的事例不胜枚举。其实,刘后滨文中所举《唐六典》《旧唐书·职官志》的户部史料,就是版图概念的运用事例。下面仅举三则事例为证:

《文苑英华》卷三八三《中书制诰》苏珽"授贺知章起居郎制":

> 敕:朝议郎前行户部员外郎贺知章,业优词学,时重才行,禀精微以高妙,体仁恕以明达。必能书法不隐,立言可观,宜廻职于版图,仁擅声於铅笔。可行起居郎,散官如故。

《全唐文》卷二一五陈子昂《汉州雒县令张君吏人颂德碑》:

> 于是府君知人散久矣,黩於诈罔,已日未遂,躬六曹之务,先五美之训,下官敛手,牟食革心,人始翕如也。初官户在版图者万有五千余家,历政侵残,逃者过半。……先是有敕,天下逃人归复旧丛者,免当年租庸。

《新唐书》卷五二《食货志二》还有一段德宗贞元时期宰相陆贽的回忆:

> 国家赋役之法,曰租、曰调、曰庸。其取法远,其敛财均,其域人固。有田则有租,有家则有调,有身则有庸……天宝之季,海内波荡,版图赕于避地,赋法坏于奉军。

前两段执笔者均为唐前期人,陆贽虽是德宗朝宰相,但回忆的内容是天宝末年发生的事情。三条史料从不同的角度,共同证明了唐代前期已有版图这一不争的事实。陆长源所谓"户部无版图"的真实含义,是指杨炎所说的"版图空虚"。

---

① (汉)郑玄注,(唐)贾公彦疏:《周礼注疏》卷六《司会》,北京大学出版社,1999年,第164页。

三、《上宰相书》的主题

《上宰相书》的主题是什么？阅读全文可以清晰地看到,陆长源自始至终论述的是宰相的责任与作用。上书中三次提到宰相的职责。

其一:

> 顷者之用人也,声利以挠其心,爱恶而昏其识。以枉为直,破觚为圆。除改出於门庭,赏罚随其情欲。求道行事举,其可得乎? 且尚书六司,天下之理本;兵部无戎帐,户部无版图,虞水不管山川,金仓不司钱谷,光禄不供酒,卫尉不供幕,秘书不校勘,著作不修撰;官曹虚设,禄俸枉请。计考者假而为资,养声者籍而为地。一隅如是,诸司悉然。欲求网目张、裘毛举,其可得乎? 此宰相之职也。

从文意上看,这段文字的关键词是“用人”。陆长源明确指出,近来在追逐声名私利的驱使下,好恶不能区分,赏罚与选任不是出自吏部,而是源于权贵之私情,如此录用的官员,岂能秉公行事? 官位形同虚设,俸禄徒然被无能之辈所获,年功考劳制度为造假所充斥,六司如此腐败,欲求法律规章运作有序,又怎么可能? 而这些问题的出现,归根到底,宰相负有不可推卸的责任。

其二:

> 顷来度支敕符皆云,刺史、县令以户口减殿一人,赋敛增最一人,与者骞腾於廊庙,嫌者沈沦於草莽。欲求其为恶者惧,为善者劝,其可得乎? 此宰相之职也。

陆长源批评考课官员无视道德伦理,仅以户口增减、赋税多少作为官职升降的标准,直接影响了地方官积极进取的敬业精神。宰相对此难辞其咎。

其三:

> 比年国家和籴,殆不得人,文帐空存,仓廪不实,是由赏罚之典旷,奸滥之吏生,此亦宰相择人之过也。

陆长源认为国家和籴，因为用人不当，致使文帐空存、仓廪不实、赏罚不明、奸滥频发，这些问题，宰相有不可推卸的责任。

通览全文可知，陆长源在《上宰相书》一开始，就亮出了"贞元无贤相"的观点。作为一名地方州刺史敢如此评价当朝宰相，无论古今都是一件不简单的事情。这篇上书，通篇是在责问宰相，认为尚书省六部发生职能紊乱的终极原因，在于宰相不作为，不能恪守职责。无独有偶，贞元二十一年（805年）白居易《为人上宰相书》也披露了完全相同的朝政问题：

> 自开元已来，斯道（君臣之道）寖衰，鲜能行者。自贞元已来，斯道寖微，鲜能知者。岂唯不知乎？不行乎？又将背古道而驰者也。何者？古者宰相以危言危行、扶危持颠为心；今则敏行逊言、全身远害而已矣。古者宰相以接士为务；今则不接宾客而已矣。古者宰相以开阖为名，今则锁其第门而已矣。致使天下之聪明，尽委弃于草木中焉；天下之心识，尽沉没于泥土间焉；则天下聪明心识，万分之中，宰相何尝取得其一分哉？是故，宠益崇而谤益厚，岁弥久而愧弥深，至乃上负主恩，下敛人怨，行止寝食，自有惭色者，夫岂非不得天下聪明心识之所致耶？然则为宰相者，得不思易其辙乎？是以聪明损于上，则正直销于下，畏忌慎默之道长，公议忠说之路塞；朝无敢言之士，庭无执咎之臣，自国及家，寖以成弊。故父训其子曰：无介直以立仇敌。兄教其弟曰：无方正以贾悔尤。先达者用以养身，后进者资而取仕。日引月长，炽然成风。识者腹非而不言，愚者心兢而是效。至使天下有目者，如瞽也；有耳者，如聋也；有口者，如含锋刃也。如此，则上之得失，下之利病，虽欲匡救，何由知之？嗟乎，自古以来，斯道之弊，恐未甚于今日也。然则为宰相者，得不思变其风乎？[①]

白居易认为，君臣之道自李林甫执政以来就开始逐渐变质，德宗贞元时期（785—805年）发展到了极致。宰相"敏行逊言、全身远害"，"朝无敢言之士，庭无执咎之臣"，上下消极、人人自危是贞元后期朝政的鲜明特点。结合陆长源和白居易两篇"上宰相书"，可以清楚看到，在唐后期历时最长的德宗贞元朝，国家治理与朝政建设方面均未出现明显改观，陆长源将其原因归之于"用人"

---

①《白居易集》卷四四《为人上宰相书一首》。

不当与宰相未尽责,这既是时代的顽症,也是这次上书的主要议题。

综上所述,本文可以得出以下几点认识:

首先,安史之乱后户部紊乱的主要原因,与财政使职没有必然的因果关系。导致户部及六部紊乱的原因在于长期的动乱环境与官员的素质下降,如史臣所称"肃、代以后兵兴,天下多故,官员益滥,而铨法无可道者"①。

其次,陆长源所说六部乱象,应该是指安史乱后至德宗即位初期之间,曾经发生过的阶段性极端表现,是非常态的,不能把这种乱象看作是中晚唐时期一贯的表现。事实上,中晚唐一百五十余年的历史发展轨迹,也绝非仅仅是衰败连着衰败的一种走向,其中宪宗的"元和中兴"、武宗的"会昌中兴"都是很好的历史证明。另外,文宗太和五年(831年)二月,神策中尉王守澄诬陷宰相宋申锡与漳王李凑谋反事件,也为我们了解晚唐时期尚书省整体结构提供了一定的参考。

《旧唐书》卷一六七《宋申锡传》记载,事发之后:

> 文宗又召师保、仆射、尚书丞郎、常侍、给事、谏议、舍人、御史中丞、京兆尹、大理卿同于中书及集贤院,参验其事。翌日开延英,召宰臣及议事官,帝自询问。左常侍崔玄亮、给事中李固言、谏议大夫王质、补阙卢钧、舒元褒、罗泰、蒋係、裴休、窦宗直、韦温、拾遗李群、韦端符、丁居晦、袁都等一十四人,皆伏玉阶下奏以申锡狱付外,请不于禁中讯鞫。文宗曰:"吾已谋于公卿大僚,卿等且出。"玄亮固言,援引今古,辞理恳切,玄亮泣涕久之。文宗意稍解,贬申锡为右庶子,漳王为巢县公,再贬申锡为开州司马。

上述文宗召集的官员,近乎都是完整的三省及御史台、京兆府等相关机构的成员。由此可窥知一端的是,虽然唐后期使职的发达造成了许多三省官员的外流,但从表面上看,中央各部门官员依然整齐,无论是都堂集议还是君主召集的各种会议,都还在正常的运行之中。大量历史事实表明,中晚唐时期的中央机构并没有完全陷入名存实亡的地步,中央集权与道统的维护仍保持在一个基本正常的水平。

最后,笔者认为,从事历史研究的基础是正确理解史料。解读历史文献

---

① 《新唐书》卷四五《选举志》。

时,首先应该关注当时人的感受与见解,尤其像财政使职这样的新生事物出台之后,当时究竟引起了怎样的社会反响? 唐人对此有何评价? 这些都是应该认真考量、不能简单得出结论的重要问题。同样,也不能仅仅根据某个时期或者某个局部的史料描写,即概括唐后期一百余年的国家基本特征。任何一段史料的处理都需要严谨细致,考证史料描述的对象与历史背景都是不容忽视的重要环节。

本文原刊载于《长安学研究》第二辑(科学出版社,2017年),后收录于胡宝华:《道统与维护:唐代谏官制度的结构与功能研究》(人民出版社,2021年)。

本文作者:

胡宝华,生于1954年,京都大学文学博士。2000年9月加盟南开大学历史学院,历任副教授、教授、博士生导师,2019年9月退休。学术兴趣为隋唐五代政治制度史、20世纪日本中国学。出版著作有《唐代监察制度研究》、《内藤湖南的世界——亚洲再生的思想》(合译)、《20世纪以来日本中国史学著作编年》、《道统与维护:唐代谏官制度的结构与功能研究》等。

八至十世纪的敦煌杜氏家族研究
——兼及藏经洞文书的"偏向性"

王力平

　　近年来,随着对敦煌文书,特别是数量可观的邈真赞、碑铭赞,以及莫高窟供养人题记等文献的利用和深入研究,国内外学者对敦煌世家大族的研究取得了丰硕成果,冯培红对此已有专文介绍,[①]故不赘述。但在既往的研究中,学者关注的重点,主要集中在敦煌张氏、曹氏、索氏、阴氏、氾氏、令狐氏、宋氏、李氏等家族,但敦煌杜氏的研究尚嫌冷寂。虽然郑炳林等对敦煌杜氏的邈真赞做了较为详细的注释,并指出杜氏家族与当地王、张等大姓存在着联姻关系;[②]马德从世家大族建造石窟的角度考察过杜家窟;[③]土肥义和从社邑的角度对杜氏"亲情社"进行了探讨;[④]陆离则在吐蕃占领敦煌时期的政治制度等相关研究中涉及了杜都督长期辅政问题。[⑤]但上述研究还局限于从某个角度去研究杜氏的某一人或与杜氏相关的某一事,总的看还是单向度的、彼此间缺少应有的关联,一些问题也还有待进一步探讨,比如:吐蕃占领时代的杜都督是否为父子世袭,如何评估汉人都督的政治地位;敦煌佛教领袖杜法律是一人抑或两人;杜氏夫人邈真赞中的"索公"是谁,杜、索联姻在归义军转折时期的影响何在,等等,都有再讨论的余地。有鉴于此,笔者在吸收前贤研究的基础上,试对八至十世纪的敦煌杜氏家族做一全面、系统的考察,以期有裨于敦煌世家大族史及藏经洞文书偏向性的探讨,不足之处,还望方家指教。

---

　　① 参见冯培红:《汉宋间敦煌家族史研究回顾与述评(上)》,《敦煌学辑刊》2008年第3期;冯培红、孔令梅:《汉宋间敦煌家族史研究回顾与述评(中)》,《敦煌学辑刊》2008年第4期;冯培红、孔令梅:《汉宋间敦煌家族史研究回顾与述评(下)》,《敦煌学辑刊》2010年第3期。
　　② 参见郑炳林:《敦煌碑铭赞辑释》,甘肃教育出版社,1992年,第223页;姜伯勤:《敦煌邈真赞与敦煌名族》,载饶宗颐主编:《敦煌邈真赞校录并研究》,新文丰出版公司,1994年,第26~29、35~44页。
　　③ 参见马德:《敦煌的世族与莫高窟》,《敦煌学辑刊》1995年第2期。
　　④ 参见[日]土肥义和:《唐·北宋の间敦煌の杜家亲情社追补社条(S.8160R.V)について》,《唐代史研究》创刊号1998年6月。
　　⑤ 陆离:《敦煌的吐蕃时代》第二章《吐蕃时期敦煌的政治制度》,第51、89页。甘肃教育出版社,2013年,第51~89页。

敦煌杜氏的历史踪迹可以追溯到汉代。在带有"玉门关""西域都护"等字样的汉简中,记载了部分杜姓将领和戍卒的名字和职衔。[①]此外,吐鲁番文书中也可见一定数量的杜姓人物,身份有将仕郎守丞、典、里正、火内人、兵曹史、卫士、队正、旅帅等,[②]以服役于当地的驻军将领和戍卒居多,此外还有里正,说明一部分杜氏已定居。永嘉之乱后,中原扰攘,河西则相对安定,大族纷纷西迁。在前凉、后凉、西凉政权中,集中了很多出自敦煌的大姓,如张、索、氾、阴等。[③]永嘉二年(308年),凉州大族张越起兵试图推翻前凉张轨政权,时杜预之子杜耽任凉州军司,他支持张越,并一度以军司摄州事,但变乱未遂,杜耽的结局如何也不得而知。此后杜耽之子杜顾任西海太守,留驻居延一带,直到符坚平凉州(359年),杜顾之子杜逊才南渡,定居襄阳,[④]成为杜氏的"襄阳望"。

唐代以后,有关敦煌杜氏的记载始多,据P.2005《沙州都督府图经》"张芝墨池条"及P.3721《瓜州西郡史事编年并序》,玄宗开元二年(714年)九月至开元三年,正议大夫杜楚臣使持节沙州诸军事、行沙州刺史兼豆卢军使,到敦煌赴任,执掌敦煌地区军政大权,可惜限于史料不足,杜楚臣在敦煌的活动也仅有寻访东汉书法家张芝墨池遗址并搜寻"坟典",其出身与履历,特别是与此后敦煌杜氏家族的关系均无考。

总之,汉唐之间,敦煌及吐鲁番地区存在着一些分散的杜氏族群,与西北世家大族一样,他们大多因流徙、戍边、避祸等原因,来到敦煌并定居在此。也不排除杜耽子孙中有个别支系留在了河西。因《敦煌名族志》残卷等地方大族文书没有记录杜氏或此部分残佚,林宝《元和姓纂》中杜氏14个郡望中没有"敦煌望",史传中也没有被称作敦煌杜氏"不祧之祖"的人物。总之,敦煌杜氏的族属和源流不够清晰,他们或是在漫长的历史过程中形成的姓族共同体,自称

---

① 这部分汉简的时代为西汉神爵、元康至东汉始建国时期(公元前65—公元9年),如NO.358-359(燧长杜世子)、NO.624AB(官卒杜彭)、1708B(戍卒杜忠)等,详见吴礽骧:《敦煌汉简释文》,甘肃人民出版社,1991年。

② 李方、王素编:《吐鲁番出土文书人名地名索引》,文物出版社,1996年。

③《晋书》卷八六《张轨传》;[日]后藤胜在『河西王国の性格について』中考察了胡族政权中汉、胡大族共存现象中杜氏的情况,认为后凉有汉姓大族杨、杜、王、尹、宋、索氏等占主导地位。前凉家族势力对比中,敦煌宋、氾等氏的势力实际不如敦煌张氏和武威贾氏、金城曲氏、京兆杜氏,详见《历史教育》1967年第15卷9·10合刊号。

④《元和姓纂》卷六《十姥·杜氏》,中华书局,1994年,第930页。《宋书》卷六五《杜骥传》:"(杜)骥高祖预,晋征南将军,曾祖耽,避难河西,因仕张氏。符坚平凉州,父祖始还关中。"(中华书局,1974年,第1720页。)有关襄阳杜氏,请参见《中古杜氏家族的变迁》,商务印书馆,2006年。

京兆杜氏。①

一、吐蕃占领时期的杜都督与杜都法律

从唐德宗贞元二年(786年)起，②吐蕃进占并统治敦煌长达六十余年。其间，吐蕃在地方长官节儿(或称节儿论、节儿总管)之下，设置了由汉人(亦称"唐人")担任的都督，以辅佐节儿执政。据王尧《吐蕃职官考信录》对P.T.1089文书的译释：沙州节儿乞利本为吐蕃人，其下为"唐人"都督，都督之下为副节儿，亦吐蕃人，副节儿之下为副都督，再其下为千户长及小千户长，亦由吐蕃人担任。可见都督一职在蕃治敦煌时期的职官系统中，是处于沙州节儿乞利本一人之下、众人之上，由汉人担任的最高官职。

据P.T.1089文书，在吐蕃鼠年至狗年(820—830年)期间，汉人都督等官员，对自己的官阶和待遇十分不满，与吐蕃官员产生了激烈的矛盾，如文书第10~12行：

> 唐人都督及千户长对职官品位均未和谐。吐蕃人任小千户长与唐人之副都督及唐人具有黄铜告身者品位同，对此均不和谐，如今副节儿之品位在大都督之下，在副都督安本义和唐人悉编张悉诺律之上。

第27~31行又称：

> 派往沙州之都督及僚佐，其品位请高于边鄙大部落长并有别于贡献不大而职级不高者。……沙州都督与僚佐请求：我等被任命为大都督节儿僚佐，请赐给颇罗弥告身，品高于节儿黄铜告身。"桂"之千户长不应允。如今，城子军事行政区之军官请求：依据千户长位于黄铜节儿上之规定，请准许千户长位于大都督之上。

颁赐告身是吐蕃的一项重要制度。引文中，沙州都督及汉官要求提高的

---

① 如 P.2770V1《释文文书》中有"伏惟我良牧杜公，帝乡雄望"，其他文书也有"都督京兆杜公"，P.4660《京兆杜氏邈真赞》也称杜氏出身京兆杜氏。

② 关于吐蕃占领敦煌的时间，学界有不同说法，本文从陈国灿等德宗贞元二年(786年)说，详见陈国灿：《唐朝吐蕃陷落沙州城的时间问题》，《敦煌学辑刊》1985年第1期。

告身,有大小玉、大小金、大小金间银、铜等诸等级,"颇罗弥"告身即金间银质
地,应该在告身序列中居前位置。①由于"节儿以下,唐人官员对品位意见不
协,经常争执",不断抗争,终于在鼠年夏、吐蕃大尚论到边境举行陇州会议之
际,将沙州汉人分为两个部落,并从汉人中任命官吏如下:

> 派杜系诺结为唐人都督及吐蕃节儿之僚佐,往昔已有小颇罗弥石告
> 身,重用,一致褒奖,颁大颇罗弥告身。派安本义为副都督,已有红铜告
> 身,当重用,颁以大黄铜告身,并兼任一部落长官(第55~56行)。②

　　按:此处出现的汉人都督"杜悉诺结",又有学者译音作"杜大客",③本人认
为两者为同一人。由于吐蕃占领时代敦煌存在着"汉藏双语群体社区的模
式",在文书中汉藏文字混合使用的情况十分普遍。④此文是吐蕃方面的委任
文件,自然会以藏语称呼杜都督等汉人的名字,或杜都督也有藏名。总之,杜
都督父祖及家族背景虽无从稽考,但他在民族矛盾十分尖锐的敦煌成为地位
最高的汉人都督,绝非偶然,名族身份与堪孚众望,应是必备的条件。
　　在吐蕃占领敦煌时代,出任都督者多为世家大族。据陆离研究,在杜都督
之前,有索允担任都督。⑤据P.T.1089文书,杜都督进入吐蕃上层的经历,是从
受赐黄铜告身,到"小颇罗弥石告身",此时已是都督职位。至鼠年又被"重用,
一致褒奖,颁大颇罗弥告身",地位应有提高,当时吐蕃在沙州建立汉人两部
落,由杜都督组建了较为完整的汉官体系:如安本义任副都督,阎本为副千户
长,张奴子为某部落税务官兼地方财务总管,此外还有地方总税务官、部落水

　　① 陈楠:《吐蕃告身制度》,《藏史丛考》,民族出版社,1998年,第146~161页。
　　② 王尧、陈践:《吐蕃职官考信录》,《王尧藏学文集》(第一卷),中国藏学出版社,2012年,第
384~387页。
　　③ 如杨铭采纳法国学者拉露、日本学者山口瑞鳳等诸家录文和转译,译作"杜大客"(Do stag
skyes),参见杨铭:《P.T.1089〈吐蕃官吏呈请状〉研究》,《吐蕃统治敦煌西域研究》,商务印书馆,
2014年,第102~103页;王尧译作"杜悉诺结",其藏文对应的拉丁文转写为du stag skyes rgyavi
(见王尧、陈践《吐蕃职官考信录》之《二,P.T.1089藏文转写》第55行)。"杜大客"与"杜悉诺结"两
者译音的分歧,似在藏文"诺"对应的拉丁文转写的翻译上。
　　④ [日]高田時雄:《敦煌·民族·语言》第一章《总说·敦煌发现的多种语言文献》,钟翀等译,中
华书局,2005年,第11页。
　　⑤ 陆离:《敦煌写本S.1438背〈书仪〉残卷与吐蕃占领沙州的几个问题》,《中国史研究》2010
年第1期。

官、营田官等。总之，鼠年陇州会议明确了"沙州官员品位"，并在敦煌得到贯彻执行。①

杜都督的名字或事迹出现在 P.2255V、P.2770V、P.3258、BD.07384V《丑年到未年都司仓入破历》、S.2146a《行城文》②、S.6172 等数十个文书中，他经常与节儿一道出现在敦煌重要的政治、宗教活动中。如 S.2146g《置伞文》记载了当时敦煌疾疫流行，杜都督与节儿及内大相尚论一起参加的修寺、禳灾礼佛仪式。③再如 P.2770V 祈愿文，为赞普、皇太子臧玛一行、节儿尚论监军、杜都督与副都督安本义，及"国夫人"、"诸夫人娘子"、灵图寺、乾元寺、报恩寺教授等一一祷告，文字与书法俱佳，应是一件有特殊意义的文书。虽然有关杜都督的一部分发愿文内容相近甚至完全相同（如 P.2326V 与 P.2255V），但并非出自一人之手，也反映出杜都督深受当地民众拥戴，并且颇为吐蕃上层赏识，他与节儿通力合作，维护境内平安，秩序井然。杜都督最后见诸文书，是 S.2447《亥年十月一日已后应诸家散施入经物历》，文书记录了他向某寺施舍"红单绢裙壹并腰带，出唱得布壹佰三十尺。又施麦五斗"④。此亥年为 831 或 843 年。

在蕃据时期的敦煌，杜都督辅政时期最长。有学者据 P.3674V(5)《儿童习字》⑤的一段文字，认为杜都督父子世袭、统治敦煌长达四十五年之久。⑥现将文书第 6 ~ 9 行录文如下：

　　　故沙州都督(?)⑦杜公於赞普中赤，子父相绍肆十五年，性行宽确，

---

① P.T.1089 文书 58 ~ 80 行。王尧、陈践：《吐蕃职官考信录》，《王尧藏学文集》（第一卷），中国藏学出版社，2012 年，第 389 页。日本学者山口瑞凤对此时的汉官系列也有详细梳理，参见『講座敦煌』2『敦煌の歴史』五山口瑞鳳『吐蕃支配時代』中，大东出版社，1980 年，114-115 頁。

② 中国社会科学院历史研究所等编：《英藏敦煌文书（汉文佛经以外部分）》（第 4 册），四川人民出版社，1991 年，第 32 页。

③ 中国社会科学院历史研究所等编：《英藏敦煌文书（汉文佛经以外部分）》（第 4 册），四川人民出版社，1991 年，第 33 页。

④ 中国社会科学院历史研究所等编：《英藏敦煌文书（汉文佛经以外部分）》（第 4 册），四川人民出版社，1991 年，第 79 页。

⑤ 《法藏敦煌西域文献》（第 26 册），上海古籍出版社，2002 年，第 296 页。敦煌研究院编《敦煌文书总目新编》中该文书的定名为《儿童习字》，中华书局，2000 年，第 292 页。

⑥ 陆离：《敦煌的吐蕃时代》第二章《吐蕃时期敦煌的政治制度》，甘肃教育出版社，2013 年，第 51 页。

⑦ 按此字实为"疑"字，下有一字似"贝"，且有多次描写痕迹。该文书图版《法藏敦煌西域文献》（第 26 册），上海古籍出版社，2002 年，第 296 页。

喻^{关关}海其心,正直似弓,纮(?)^大乘佛法亦^如然,聪明智慧,□□同四里。一代留名,万代传传名。以后有愚痴人○○○○^①不自寸量,便生妬疾,以药杀之,故疑侵夺。

都督是否为世袭? 小杜都督是否存在? 这无疑是了解杜氏在敦煌政治地位及影响的重要问题。本人认为,从 P.T1089 提及一萨宝"出自都督世家";P.T.1077 有"我都督家族从无未完成差事之过错"等说法来看,都督世家与世袭现象应该存在。但具体到此文书,却存在较多疑点。

第6行"故沙州都"字后应为"疑"字,这有可能是"督"字之误写;但在第9行,有"痴人○○○○(涂抹掉四字)不自寸量,便生妬疾,以药杀之,故疑侵夺",以"疑"字连读"故沙州都疑杜公于赞普"云云前后文意似亦可通,且有关联,"疑"又可能不误。而 P.3674V2 中,也有"若有人故以毒药杀人,受无量无大地狱"等字样,对比字体出自一人。参考 P.3674V4 出现的"小都督一依大都督,亲似行事躬谨,不求自全"等文字,^②则"子父相绍"可以理解为杜氏父子(所谓"大小")世袭都督长达四十五年。但文书有两处提到"以毒药杀人",如系游戏文字,则无关轻重;如系纪实文字,从前后文意推测,则似指当时发生了牵扯到杜都督的谋杀事件。然而 P.3674V(1-5)文书,均字迹潦草,多叠字错字,语义含混,显示书写者教育程度低下,因此该文书能否直接说明杜都督世袭辅政四十五年,还需有其他史料的证明。

据陆离研究,799年索允都督卸任后杜都督辅政,^③倘如此,则杜都督在位时间约三四十年。需要补充的是,到鼠年再被委以重任前,杜都督"已有小颇罗弥石告身";至前引亥年(831 或 843 年)《施入经物历》从事布施止,杜氏担任都督的时间至少在三十年左右,占吐蕃统治敦煌六十余年之半,对敦煌的社会发展具有重大意义,据 P.3451《张淮深变文》,唐僖宗末年(888 年),曾派遣散骑常侍李内甫等人到敦煌宣慰,张淮深"受敕"后,"即引天(子)使入开元寺,亲拜我玄宗圣容"。见玄宗时所建开元寺和玄宗圣容像均得到完好保存,使臣感叹道:

---

① 按:文书此处有四字被涂抹掉,以符号"○"表示。

②《法藏敦煌西域文献》(第 26 册),上海古籍出版社,2002 年,第 296 页。

③ 陆离:《敦煌写本 S.1438 背〈书仪〉残卷与吐蕃占领沙州的几个问题》,《中国史研究》2010年第 1 期。

敦煌虽百年阻汉,没落西戎,尚敬本朝,余留帝像。其于(余)四郡,悉莫能存。又见甘、凉、瓜、肃,雉堞彫(凋)残,居人与蕃丑齐肩,衣着□忘于左衽。独有沙州一郡,人物风华,一同内地![①]

吐蕃吸收并倚重汉魏世家大族的代表杜氏辅政,为其有效稳定社会秩序,笼络汉人上层势力,提供了更多的合法性,也建立了社会安定的基础,这无疑对保持汉文化在敦煌的延续发挥了积极的作用,也是张议潮能够一呼百应,驱逐吐蕃统治者,归附唐朝的一个重要因素。

然而蕃据时代的敦煌民族矛盾十分激烈,汉人都督也处在进退两难的境地,杜都督同样也受到过猜忌和压制。P.T.1077《都督为女奴事诉状》记述了都督"悉诺结"因受到吐蕃人百户长朗·绮布的指控而进行申辩的有关内容。但对都督的姓名文书并无记载。王尧认为:"(诉讼案)两造都是吐蕃人,或有一方系吐蕃治下的少数民族。"[②]但笔者认为此"悉诺结"即汉人杜都督("杜悉诺结"或"杜大客"),根据如下:第一,文书明确提到"都督悉诺结多次上诉禀告"[③],这与前揭P.T.1089文书中的杜都督的名字吻合。

第二,都督在申诉中,所表现的"唐人"立场十分鲜明,如称:

本来,吐蕃人有盟誓之习,沙州唐人无盟誓之习,恕我直言无讳:沙州唐人当初就与其他地方不同,效忠于赞普,现已归于吐蕃,属于同一律令之内,亦有结盟发誓之习。

又:

本人一介蛮貊鄙夫,不通吐蕃律令,肯定会有出语无状及法理欠妥之

---

① 王重民称此文书"则淮琛御寇奏捷及朝廷使命往还之事,灿然满帙",极大补充了张淮琛执政时期的"家事""边情、国事"。《敦煌古籍叙录》,中华书局,2010年,第366页。
② 王尧:《都督为女奴事诉状译释——P.T.1077号吐蕃文书写卷研究》,《王尧藏学文集》(第四卷),中国藏学出版社,2012年,第102页。
③ 王尧:《都督为女奴事诉状译释——P.T.1077号吐蕃文书写卷研究》,《王尧藏学文集》(第四卷),中国藏学出版社,2012年,第105页。

词,请依盖印之律令慎重审判处理。

按:"蛮貊鄙夫"在蕃据敦煌时期的文书中常见,是汉人的卑称。[1]按文义,都督如是吐蕃人,当不会不知"吐蕃律令",更不会自称"蛮貊鄙夫"。

第三,借贷发生的时间为吐蕃兔年,王尧据文书中出现"丝绵部落"判断应在790年划分部落以后,即799(己卯)至811(辛卯)年之间。[2]诉状中特别提到:

> 上峰官人对吾都督,一贯信任,下令赐我褒奖之恩告身。另,我都督家族从无未完成差事之过错。

"下令赐我褒奖之恩告身"一事,应指P.T.1089中鼠年赞普巡视陇州,任命杜悉诺结为都督,并颁赐都督"大颇罗弥告身"予以重用奖赏一事,因此,该借贷应发生在另一兔年(823年)。总之,梳理诉状可知:是年冬,朗·绮布"盖印立契"向杜都督借贷青稞;翌年,朗·绮布欠债逾期,以女奴抵债,但至马年(826年),又称女奴本系其妻,设法将女奴带走,同时诉都督强占其妻。从借债至"违背律令"逾期"将近三年时",朗·绮布已欠下杜都督共计粮39吐蕃斗,[3]但他仍能置杜都督于被告地位,迫使后者不得不言辞卑怯,反复为自己辩解。此案固然表明蕃据敦煌时期,"吐蕃律令"在民事纠纷中的应用,也反映了在吐蕃推行的汉官"字(告身)高位卑"政策下,掌管民政的汉官,地位上总体不如掌管军政的蕃官,朗·绮布就属后者。因此,对于杜都督所代表的汉官所处的地位,似不能做过高估计。

大约与杜都督活跃在政界的同时,敦煌佛教界也有杜姓高僧成为重要的领袖人物。在P.3947《龙兴寺应转经僧分两蕃定名牒》(亥年819或831)、P.2613《转经文》及P.T1261V5-6-7《诸寺僧尼支给谷物历》、P.3301V《僧人分配

① 杨铭:《敦煌藏文卷子中的"蛮貊"研究》,《吐蕃统治敦煌西域研究》,商务印书馆,2014年,第145~147页。

② 王尧:《〈都督为女奴事诉状〉译释——P.T.1077吐蕃文书写卷研究》,《王尧藏学文集》(第四卷),中国藏学出版社,2012年,第103页。

③ 王尧:《〈都督为女奴事诉状〉译释——P.T.1077吐蕃文书写卷研究》,《王尧藏学文集》(第四卷),中国藏学出版社,2012年,第102页。

斋僦录》中，①"杜法律""杜和尚"出现频率很高。据P.3726智照撰《释门都法律杜和尚写真赞》，②"都法律"是杜和尚生前所达到的最高僧阶，处于僧团组织的中间位置，其上有都僧统（僧统）、寺院僧统、都判官，下有判官、法律、寺官。郑炳林据此赞及S.2729a-b《□□□□□□论悉诺啰谨勘牌子历》（即788年敦煌诸寺院僧尼名录，以下简称《牌子历》）③认为"都法律"杜和尚，即乾元寺僧杜离珍，因为在《牌子历》中，敦煌诸僧中仅有杜氏一人。④其实在S.2729b及尾题中，还有另一位杜姓和尚，即灵修寺僧杜无碍。⑤另据DX.6065a《乘恩帖》，大约在817年（酉年）前后，⑥莫高窟弥勒佛像进行了一次大的维修工程，，杜法律作为工程的负责人之一出现在"亲赴窟检校"的高僧名录中，但其名上方有"二人"两字。⑦这表明，当时敦煌确有两位杜法律。然而，他们当中究竟哪一位从"法律"晋升为"都法律"，并在身后有智照撰《故都法律杜和尚写真赞》传世，却无明确的史料能说明。如果从寺院地位与个人影响来推测，乾元寺高于灵修寺，⑧杜离珍的活跃度高于杜无碍，因此杜离珍为都法律的可能性更大。

无论如何，出身"上京甲族"的杜和尚，⑨在敦煌宗教生活中产生过深远影

---

① 《法藏敦煌西域文献》（第30册），上海古籍出版社，2003年，第275页；第16册，258~59页；第23册，第114~118页。

② 郑炳林：《敦煌碑铭赞辑释》，甘肃教育出版社，1992年，第104~225页。按：此文书与P.4660《索公夫人杜氏邈真赞》笔迹相同，为同一人抄写，这或许从一个方面说明了杜氏夫人与都法律杜和尚的某种关联。

③ 此定名参见敦煌研究院编：《敦煌遗书总目索引新编》，中华书局，2000年，第84页。

④ 郑炳林：《敦煌碑铭赞辑释》，甘肃教育出版社，1992年，第223页。又：S.2729记载的788年敦煌乾元寺僧籍文书名为《牌子历》。姜伯勤《敦煌邈真赞与敦煌名族·京兆杜氏》亦认为杜氏高僧只一人（饶宗颐主编：《敦煌邈真赞校录并研究》，新文丰出版公司，1994年，第35~36页）。

⑤ 姜伯勤认为："在《牌子历》中，乾元寺有僧杜离珍，诸僧中杜氏仅此一人，未知是否杜和尚。"姜伯勤：《敦煌邈真赞与敦煌名族·京兆杜氏》，饶宗颐主编：《敦煌邈真赞校录并研究》，新文丰出版公司，1994年，第36页）。显然作者遗漏了S.2729b僧籍中的另外一位和尚杜无碍（杜离珍名字在第2行，杜无碍名字在倒数第1行）。

⑥ 姜伯勤：《敦煌本乘恩帖考证》，《敦煌艺术宗教与礼乐文明》，中国社会科学出版社，1996年，第381~382页。

⑦ 上海古籍出版社等编：《俄藏敦煌文献》（第12册），上海古籍出版社，2000年，第343页。

⑧ 据研究，"灵修寺"仅见于一座石窟、一条题记，而"乾元寺"见于六座石窟、19条题记。两者地位甚悬殊。参徐自强《敦煌莫高窟题记研究》中《题窟中所记各寺庙出现时间数量统计表》，郝春文主编：《纪念敦煌藏经洞发现一百周年国际学术研讨会论文集》，辽宁人民出版社，2001年，第335~336页。

⑨ P.2854《杂向回文》，《法藏敦煌西域文献》（第19册），上海古籍出版社，2001年，第122~123页。

响,其写真赞称:

> 髫年学道,众口皆称。非论持律,修禅最能。因兹秉节,编入高僧。昔时罗什,当代摩腾。……助佛扬化,法王股肱。[1]

依智照"释门大蕃瓜沙境大行军衔知两国密遣判官"的蕃官身份,这样的评语应代表了吐蕃上层的意图。杜氏都法律曾有过"不求朱紫贵,高谢帝王庭"的志向或经历,背景和身世可能更为复杂。他自幼即一心向佛,精通佛教经义,造诣深厚,积极推广禅宗,在翻译禅宗经典和弘法方面做出了杰出贡献,遂有"昔时罗什,当代摩腾"之誉。在吐蕃占领时期,敦煌的佛教界保持了较大的自由空间和相对独立,并恢复了与中原地区的联系,新的禅宗经典得以传入,其中一部分被译成吐蕃文,[2]792—794年,敦煌高僧摩诃衍曾受邀前往吐蕃与印度僧人辩论顿悟与渐悟问题,扩大了禅宗在吐蕃上层的影响。这种局面是与杜法律等高僧的活动和努力分不开的。在当时,敦煌的一些汉僧往来于敦煌与吐蕃之间,他们既是传法者,又是信使。[3]"非论持律,修禅最能"。不知杜都法律是否也曾到过吐蕃传法,但写真赞称他去世后,"门人聚哭","奔□千僧",或非溢美之词。

二、从《杜氏夫人邈真赞》看归义军时期的杜、索联姻

目前学界大体将归义军政权分为前后两个时期,前期为张议潮父子执政,时间为848—914年;后期为曹议金及其后裔执政,时间约为914—1036年,其间,曾发生北宋咸平五年(1002年)归义军上层的内乱,以及景德三年(1006年)黑韩王朝攻灭于阗事件。无论是在张氏抑或曹氏执政期间,杜氏家族都程度不同地参与了敦煌上层的政治、宗教活动,也自然陷入其中的矛盾和争斗,成为敦煌政治史的组成部分。

在敦煌莫高窟发现的百余件邈真赞中,只有两篇赞主为女性,其中一位即

---

① P.3726《故前释门都法律京兆杜和尚写真赞》,《法藏敦煌西域文献》(第27册),上海古籍出版社,2002年,第143页。

② 『講座敦煌』2『敦煌の歴史』五,山口瑞鳳:『吐蕃支配時代』三『敦煌の仏教界』,大东出版社,1980年,227-230页。

③ [法]戴密微:《吐蕃僧诤记》,耿昇译,甘肃人民出版社,1984年,第347页。

京兆杜氏,文书由 P.4986、P.4660 拼接而成,全称为《前河西节度押衙银青光禄大夫检校国子祭酒兼殿中侍御史勾当沙州□①司都渠泊使钜鹿索公故贤妻京兆杜氏邈真赞并序》(以下简称《杜氏邈真赞并序》)。此赞对于揭示敦煌杜氏与索氏家族的关系,以及归义军时期世家大族的沉浮都具有重要价值,虽已有学者先后做过详细释录,但其中所包含的历史信息仍有进一步发掘的空间。

据笔者管见,对此邈真赞做过释录及研究的学者尚无人明确解答"索公"的身份。本文据有关史事和史料推断,"索公"应是此后篡夺张氏权位、一度位至归义军节度使的索勋,根据如下:

第一,邈真赞题"索公"的职衔称"前"表明杜氏去世时"索公"尚健在,且其职务后已发生变化。索勋是张议潮之婿,890年篡夺了张氏归义军政权。值得注意的是,邈真赞称杜氏"获何殃丧,交祸所钟",表明杜氏属非正常死亡,似又有所隐晦。

第二,邈真赞落款时间为"龙纪二年二月蓂落柒叶",即唐昭宗大顺元年(890年)二月二十二日。②此日或为撰写之日,也可能为杜氏亡日,而正是当日,归义军上层发生了严重的流血事变,张淮深夫妻与六子全部"殒毙",③由张淮鼎代为归义军节度使。④由于缺少正史权威性的记载,仅凭零散的文书和邈真赞中讳莫如深的只言片语,无法揭示归义军政权内部诡谲、血腥的权力斗争黑幕以及杜氏之死是否与事变存在关联,但可以肯定的是,索勋是杀害张氏全家的元凶。⑤因此,邈真赞作者悟真对"索公"职衔只能称"前",即曾经担任过

---

① 按:此字由上"丙"下"女"两部分构成,应系笔误。

② 按:龙纪是唐昭宗年号,仅一年后就改大顺,因敦煌此时与中原隔绝,信息不畅,故仍称龙纪二年。蓂荚:《竹书记年》卷上:"有草夹阶而生,月朔始生一荚,月半而生十五荚。十六日以后日落一荚,及晦而尽"。故古时用蓂荚以计时,"蓂荚柒叶"即二十二日。

③ P.2913V《归义军节度使检校司徒南阳张府君墓志铭》,《法藏西域文献》(第20册),上海古籍出版社,2002年,第50页。

④ 荣新江《归义军史研究——唐宋时代敦煌历史考索》之《归义军大事年表》大顺元年,上海古籍出版社,2015年,第89~91页。

⑤ 如向达《罗叔言〈补唐书张议潮传〉补正》认为:"作乱者,即索勋其人也";"索李二家俱属懿亲,索氏既肆篡夺,李氏遂以孤子遗孙为口实,大张挞伐。卒之,'辜恩剿毙,重光嗣子,再整遗孙'"。《唐代长安与西域文明》,商务印书馆,2015年,第433页。

的职务,而回避了较为敏感的实际职权。①

第三,赞题中提到索公曾"勾当沙州□司都渠泊使"一职,②这是揭开"索公"身份的关键。据郑炳林考证:"□司"之□应为"水"字之误写;水司是敦煌归义军时期掌管水利的官员,其长官即为"都渠伯使",又称"管内都渠伯使",或"应管内都渠伯使",掌水利灌溉、修造渠堰、祭祀水神及水田测量。③据《大唐河西道归义军节度索公纪德之碑》(以下简称《索勋纪德碑》):

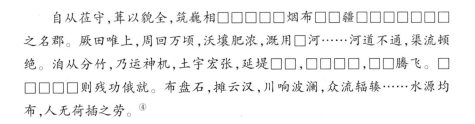

自从莅守,葺以貌全,筑巍相□□□□□烟布□□疆□□□□□□之名郡。厥田唯上,周回万顷,沃壤肥浓,溉用□河⋯⋯河道不通,渠流顿绝。洎从分竹,乃运神机,土宇宏张,延堤□□,□□□□,□□腾飞。□□□□□则残功俄就。布盘石,摊云汉,川响波澜,众流辐辏⋯⋯水源均布,人无荷插之劳。④

《索勋纪德碑》是一份非常重要的历史文献,素为学者所重。但此碑断后经修补,部分文字漫漶残渺难以辨识,但记述索勋兴修水利的文字保存较多。张议潮起义收复瓜州后,瓜州已隶属于沙州归义军节度使,因此掌管沙州水利自然也包括了瓜州,"勾当沙州水司都渠泊使"且成效卓著者,正是索勋,他修筑堤堰,使一度绝流的河水重新畅通,万顷良田得以灌溉。另外,上碑还提到他修葺了位于"城内东北隅""有古昔龙(以下缺九字)相壁犹存,模仪尚宛,直以风摧雨烂,尊象尘蒙,栋宇疏廓,空余基陛"的建筑,"四厢创立,八壁重修。南建门楼,北安宝殿"。⑤按P.2005《沙州都督府图经》,沙州城东有"雨师"神祠,

① 在杜氏夫人死后两年(892年),索勋被敕授归义军节度使,但不久(894年)即以"僭越"罪,被其外甥女、张淮深第十四女所杀。大概是因上台并非名正言顺,索勋在位期间使用过大夫、将军、常侍等各种称号,但始终未敢自称归义军节度使,死后也无赠官。参见荣新江:《归义军史研究——唐宋时代敦煌历史考索》之《归义军大事年表》,上海古籍出版社,2015年,第89～91页。

② 对原件此字,学者有不同判断,饶宗颐主编《敦煌邈真赞校录并研究》第40《杜氏邈真赞》作"要司"(《香港敦煌吐鲁番研究中心丛刊》,第200～201页),郑炳林在《敦煌碑铭赞辑释·京兆杜氏邈真赞并序》中作"水司"解,本文同意郑说。

③ 郑炳林:《敦煌碑铭赞辑释》之《京兆杜氏邈真赞并序》,甘肃教育出版社,1992年,第105页。

④ 碑文转引自郑炳林:《〈索勋纪德碑〉研究》,《敦煌学辑刊》1994年第2期。另:拓片"河"字前一字仅残渺,故河流名称暂无考。

⑤ 郑炳林:《〈索勋纪德碑〉研究》,《敦煌学辑刊》1994年第2期。

东汉基址犹存,一直为祈雨祭祀之地,[1]与碑中描述相近。总之,索勋在担任河西节度使前,做过沙州(包括瓜州)水利官员的经历,与"勾当沙州水司都渠泊使"的事迹多相吻合。只是由于碑身断为两截(一说三截[2]),上部残泐严重,索勋履历的完整性被破坏,以至无法与杜氏邈真赞中索公的职衔完全吻合。

第四,如前所述,藏经洞发现的百余件邈真赞中,只有两篇赞主为女性:一为《曹夫人宋氏邈真赞并序》(P.4638)中的宋氏、曹议金夫人(在她之外,曹议金还有回鹘、索氏两夫人),[3]拥有归义军节度使夫人的高贵身份;二为京兆杜氏夫人。以宋氏情况推之,杜氏也应是拥有归义军节度使夫人身份的人,换言之,邈真赞题中的"索公",即当时已实际掌握归义军统治权的索勋。索氏乃敦煌豪族,早年曾为张议潮光复河西立过功勋,故得娶张议潮女。笔者推测,杜氏为索勋后娶之妻,杜、索婚姻存在时间短暂。

总之,受史料的限制,我们还无法详知杜、索婚姻的更多内容,但杜、索两家的邈真赞多为悟真所作,且被收藏在一起,[4]也说明了两个家族间存在着密切关系。杜氏借此建立了广泛的社会关系,很多杜姓人物进入了归义军上层,在张、曹两届归义军政权中,仍得以保存自己家族的影响。

三、"杜家亲情社"与"杜家窟"

日本学者土肥義和曾对敦煌八至十一世纪初的人口进行了统计,列出共150姓、10500人的姓氏一览表,其中杜氏有187人,排第29位。[5]但杜氏人口的总数显然不止于此。据敦煌唐代籍帐文书,如天宝六年(747年)前,效谷乡、龙勒乡、都乡里就有若干杜氏的定居点,其中有杜怀奉及姐妹、子侄等共12口人,

---

① 李正宇:《古本敦煌乡土志八种笺证》,甘肃人民出版社,2008年,109页。

② 吴景山、张洪:《索勋碑辨证》,《敦煌学辑刊》2012年第1期。

③ 曹议金的第一夫人应该是钜鹿索氏,第98窟供养人像中,索氏列于宋氏之前,题记为"郡君太夫人钜鹿□索氏",所缺字被认为是"故"(敦煌研究院编:《敦煌莫高窟供养人题记》,文物出版社,1986年,第32页)。另据P.3781《受戒方等道场祈会文》,仅提到北方圣天公主、广平宋氏夫人,说明索夫人未出现在这次法会上,很可能已经去世。

④ 本人从IDP数据库中看到,高僧索法律邈真赞与杜氏夫人邈真赞编号相连;从纸张上看也是同样的,而笔迹似出自同一人。

⑤ 土肥義和编:『八世纪末期～十一世纪初期燉煌氏族人名集成·氏族人名篇』,汲古书店,2015年。

属于联合家庭；①都乡里还有杜常住一家；此外，在寿昌乡居住着一个规模更大的杜姓家族，多达7户，显然是族人聚居的大户。与杜家通婚的有氾氏、张氏，均属敦煌大姓。蕃占时期，曾分敦煌为13部落，据S.2228《亥年丝绵部落丁役簿》，"丝绵部落"有杜氏居住并服役。在P.2162、S.2214、S.5822文书中，有杜氏交纳地租、供菜、卖粟、为寺院服"车牛役"等活动的记录。据P.3418《归义军沙州诸乡欠枝户名目》，②归义军时期的龙勒乡共有6户杜姓人家，③敦煌乡、神沙乡各有1户。以上是仅限于籍帐中的、身份为地主或自耕农的杜氏族群。

另据S.8160R.V《杜家亲情社追补社条》残卷，敦煌杜氏建有以宗族和姻亲关系为纽带、自助合作性质的结社，④即"杜家亲情社"。据文书，社条定立的时间约为十世纪前叶；杜章三为社官，录事王庆住以及"外甥索少仏"等人，均为杜家姻亲。"亲情社"成员平时"各自家中同居合活"，但当遭遇成员死亡等紧急事件时，需捐助赠赠，每人"各遂净粟一斗"。另外，在赋予社员权利的同时，还要求社员承担一定的义务，在入社时完成"三赠"，即3驮粟、1角好酒，并设局席与诸亲享用，方能成为社员。驮是蕃占时期敦煌的计量单位，3驮粮食应是不小的数目。⑤这种类似"投名状"的"投社状"所规定的义务直到归义军晚期还保留在该社的补充条款中，说明杜氏及姻亲王、索等家社员较为富裕，能够承担如此负担。

据土肥义和研究，S.8160R.V社条是补充性的，在它之前，还应存在一个更

---

① 杨际平、郭锋、张和平：《五至十世纪敦煌的家庭与家庭关系》，岳麓书社，1997年，第18、187页；唐耕耦、陆宏基：《敦煌社会经济文献真迹释录》（第1辑），书目文献出版社，1986年，第143、249～250页。

② 杨际平、郭锋、张和平：《五至十世纪敦煌的家庭与家庭关系》，岳麓书社，1997年，第145～146页。

③ P.3354《敦煌龙勒乡都乡里籍》，上海古籍出版社等编：《法藏西域文献》（第23册），上海古籍出版社，2002年，第303～314页。

④ 文书依土肥义和定名，参见『唐・北宋の间敦煌の杜家亲情社追补社条(S.8160R.V)について』，日本唐代史研究会编：『唐代史创刊号』，1998年，3-26頁。图版见中国社会科学院历史研究所等编：《英藏敦煌文献(汉文佛经以外部分)》（第12册），四川人民出版社，1997年，第85页。宁可、郝春文《敦煌社邑文书辑校》也有整理（江苏古籍出版社，1997年）。

⑤ 转引自土肥义和：『唐・北宋の间敦煌の杜家亲情社追补社条(S.8160R.V)について』，日本唐代史研究会编：『唐代史创刊号』，1998年，3-26頁，即"驮"为吐蕃度量衡用语，1驮为2石、20斗，3驮为6石、60斗。详见第16页。

早的社条。①而笔者发现,P.T1102.R 文书是一份早期的杜家亲情社社司转帖,内容为社员索庆庆亡故,社官杜阎子于是紧急通知社员送纳粟麦各一斗及布半匹,如有不遵守者,将按照社条处罚。签名有社官等14人,其中杜姓9人。②这件转帖的时间为申年,按公元792、804、816、828、840年均为吐蕃申年,即便从最晚的840年计起,从杜阎子到杜三章担任社官,杜家亲情社已存在近百年。

总之,根据 P.T1102.R 与 S.8160R.V 杜氏亲情社条和转帖文书,杜家亲情社历史悠久,该社以杜氏为社官和主要成员,社员中还有索氏、王氏、李氏,以及曹、常、段等姻亲。王氏为敦煌第二大姓,见于文书的人名超过1200个;索氏为敦煌第四大姓,见于文书的人名多达千人以上。③杜氏与姻亲组成的社团组织,互惠互助,是构成敦煌社会秩序稳定的重要因素。S.8160R.V 文书所说:"斯社公并鸣沙众望,西赛(塞?)良家,文包九流之才,武穷七德之美",并非虚言。

"杜家窟"同样也是考察敦煌杜氏社会关系及其在当地信仰生活中的影响的重要方面。

对敦煌世家大族与石窟的关系,特别是对张议潮、曹议金等家族的家窟(兰若),马德、贺世哲、沙武田等学者已有系统、深入的研究。在唐五代敦煌莫高窟中,杜氏共有两个家窟,分别为敦煌文研所编第5号(伯希和编号169;本文采用敦煌研究院编号)④和第76号(伯希和编号102)。此外,第98窟(伯希和编号074)也与杜氏家族有关。这三处石窟开凿的时代不同,但供养人多为拥有特殊身份的敦煌上层人物,石窟中的各类题记与相关文书,为我们提供了杜氏的宗教生活、姻亲网络,以及与归义军上层的复杂关系等信息。

第一座杜家窟、第5窟(伯希和编号第169)。

此窟形制为覆斗形顶,西壁开一龛。马德认为原建于曹氏归义军第四任

---

① 土肥義和:『唐・北宋の间敦煌の杜家亲情社追补社条(S.8160R.V)について』,日本唐代史研究会编:『唐代史创刊号』,1998年,3-26页。

② 转引自《藏文社邑文书二三种》,[日]高田時雄:《敦煌・民族・语言》,钟翀等译,中华书局,2005年,第93页。

③ 土肥義和:『八世纪末期~十一世纪初期燉煌氏族人名集成・氏族人名篇』,汲古书店,2015年,第6页序言附表。

④ 季羡林主编:《敦煌学大辞典》附录《莫高窟石窟编号对照表》,上海辞书出版社,1998年,第928页。

节度使曹元忠执政时期。①在该窟主室西壁龛下、南侧供养人像列北向第四身的供养人题名中,有"窟主"字样,现录文如下:

窟主 都 头□版筑使 银 青 光 禄大夫检校国子祭 酒 兼 御 史大夫上柱国 京 兆②郡杜彦弘一心供养。

可知该窟窟主为杜彦弘。又在主室西龛下南侧供养人像列北向第四身,即杜彦弘前两个位置,有窟主杜彦弘之兄的题记。在西壁龛下的北侧,供养人列南向第六身,有题名"故母王氏六娘子一心供养"。可知已故王六娘子是窟主杜彦弘之母,是该窟辈分最高的供养人之一。同列第七身供养人则为杜彦弘之姊杜七娘子。总之,西壁佛龛南侧的供养人像列是窟主杜彦弘的直系亲属,包括其母王氏,其兄、姊。而在南壁东西端依次为杜彦弘的侄、孙、外孙等人的题记。③这些出现在供养人中杜姓人物,足以表明这个窟的家族私窟(兰若)属性。

另外,东壁门南侧一列供养人为"女婿节度押知 兼 将务银青光禄大夫检校国子祭酒兼御史中丞上柱国阎子延"④。阎氏自称"太原鼎族""敦煌大荫",⑤抗蕃首领阎朝、张氏归义军初期的首席大将阎英、高僧会恩等,均出此家族。从窟中的人物关系来看,阎子延应是窟主杜彦弘姐夫、杜七娘子之夫、王六娘子之婿。据马德研究,阎子延参与了杜家窟的营造。⑥除阎氏外,供养人中还有张清□、吴憨子、宋保定,身份也都是杜家女婿。供养人中窟主孙辈,则有侄孙宋□□、外孙阎清海、孙女婿李富子等。此外,在南北壁及东西壁还有男供养

① 详见马德:《敦煌的世族与莫高窟》,《敦煌学辑刊》1995年第2期。敦煌文物研究所整理《敦煌莫高窟内容总录》则笼统称之为五代时窟(文物出版社,1982年,第2页)。

② 按:敦煌研究院编《敦煌莫高窟供养人题记》原录文作"□北",按文意应为"(京)兆"之误,故录为"京兆"。文物出版社,1986年,第3页。

③ 敦煌研究院编:《敦煌莫高窟供养人题记》,文物出版社,1986年,第4页。

④ 敦煌研究院编:《敦煌莫高窟供养人题记》,文物出版社,1986年,第4页。

⑤ 敦煌文书 P3630、P.3718《阎会恩邈真赞》,图版见上海古籍出版社编:《法藏西域文献》(第26册),上海古籍出版社,2002年,第153页;第27册,第105页。

⑥ 马德:《敦煌的世族与莫高窟》,《敦煌学辑刊》1995年第2期。

人28身、女供养人6身,但大多没有记录姓名。①

还须说明的是,在第5窟最显要位置——南壁,画有男供养人曹元忠等三身画像,北壁画有女供养人曹元忠夫人、凉国夫人翟氏像一身。②曹元忠为归义军节度使曹议金第三子,他与夫人的供养人像之所以会出现在杜家窟,恐怕是出自索勋之女嫁与曹议金为妻这一特殊关系,或者说,也是杜、索勋两家姻亲关系的另一种体现。

1907年,伯希和曾勘察过第5窟,他称“洞子具中等规模,其中的彩塑均被重新塑过,它属于唐代”;此外,他还记录了癸亥年的“一方汉文题识”,此题记记载了十多位杜姓兄弟一起到家窟进行礼拜之事。③

第5窟建筑结构考究,规模宏伟,据马德《新大德造窟檐计料》,其修缮还得到一位杜姓大德的有力支持。当时莫高窟多为“高大沙窟”,但也有一些有财力的“功德主”,用重修旧窟檐来庆祝或纪念自己的升迁。这位“杜大德”所造的窟檐规模宏大:高5米多,面宽8米多,进深2米多,“计料材木”花费不赀。据学者对20多个洞窟遗迹的调查,具备修造条件,且窟檐遗迹尺寸最接近《计料》者,应非杜彦弘的第5窟莫属。④主建该窟檐的杜大德应是与窟主关系密切的族人,经济实力不容低估。值得注意的是,继蕃据时代两位杜氏高僧之后,在曹元忠执政的归义军时期,又出现了一位杜姓新“大德”,杜氏在敦煌佛教界的影响力依旧得到延续。

第二座杜家窟、第76窟(伯希和编号102)。

《敦煌莫高窟内容总录》记录此窟为“唐代修建,宋、元、清重修”;《敦煌莫

① 敦煌文物研究所整理:《敦煌莫高窟内容总录》,文物出版社,1982年,第2页。另外,[法]伯希和:《伯希和敦煌石窟笔记》第169号洞(即第5窟)所记供养人题记同。(耿昇译,甘肃人民出版社,1993年,第365~367页。)

② 敦煌文物研究所整理:《敦煌莫高窟内容总录》,文物出版社,1982年,第2页;敦煌研究院编《敦煌莫高窟供养人题记》也称甬道北壁供养人像列西向第一身的题名是“敕受凉国夫人浔阳翟氏”(文物出版社,1986年,第3页)。

③ [法]伯希和:《伯希和敦煌石窟笔记》卷六《沙州千佛洞(第146a-182号洞)》,耿昇译,甘肃人民出版社,1993年,第365~366页。但因题刻漫漶不清,而“枯”“杜”形近,尤其在敦煌文书中,“杜”多俗写(“土”字常写作“玉”少上面一横),故录文中“枯”应为“杜”之误。

④ 此文书二纸,计高30cm,总长80cm;单面书写,首纸22行,次纸5行,共27行,其中第26行涂去;行6至19字不等,除首页第1、3、5行分别缺损数字外,全卷基本完整。马德有录文并校勘记。转引自马德:《九州大学文学部藏敦煌文书〈新大德造窟檐计料〉探微》,《敦煌研究》1993年第3期。

高窟供养人题记》则无任何记载。马德认为：该窟窟主亦为杜氏高僧，属于杜氏家窟，营造年代为张氏归义军时期，曹氏时期曾重修。[1]伯希和也勘察过此窟，并感叹"这个唐代的大洞受潮损坏得相当严重，也没有价值了"。但他还是记录了一条重要的题记（背屏上第4条），仅寥寥数字："濮州铁弥勒瑞像。今改濮阳郡是也。"[2]据宋刘道醇《五代名画补遗》，"濮州铁弥勒瑞像"事发生在中宗神龙二年至睿宗延和初（706—712）；[3]濮州改濮阳郡的时间应在742—758年间，[4]可知此窟开凿于唐前期，杜氏何时成为窟主不详。但杜氏供养人世世代代维护着家窟，佛教已成为家族的精神纽带，他们某种程度上赋予了家窟类似于宗祠的意义。伯希和也看到了这种现象："几乎每个石窟都世袭地由同一个家族的成员维护供养，或者是集体性地属于一个宗教的教团，也就是一种社。"[5]

此外，第98窟（伯希和编号074）也与杜氏家族存在着密切关联。此窟窟主为曹议金，后梁贞明四年（918年），为庆祝曹议金获授河西节度使始建，[6]同光三年（925年）完成，又名"大王窟"，也是曹氏开凿的第一个大型功德窟。窟内现存供养人画像多达251身，仅次于428窟；供养人题记163条，位居莫高窟之首；[7]在该窟多位身份为"节度押衙"的供养人中，有第5窟窟主杜彦弘之兄杜彦思，此外还有"节度押衙知都客将银青光禄大夫检校太子宾客监察"杜江进[8]。在归义军时代的敦煌，押衙是由节度使亲信担任的武将，他们出入使衙

---

① 马德：《敦煌莫高窟史研究》，甘肃教育出版社，1996年，第336页附录《莫高窟洞窟总表》。

② ［法］伯希和：《伯希和敦煌石窟笔记》卷三《沙州千佛洞（第73—111a号洞）》，耿昇译，甘肃人民出版社，1993年，第175页。

③《五代名画补遗·塑作门第六》，《景印文渊阁四库全书》第812册，台湾商务印书馆，1983年影印本。第443页。

④ 濮州，隋开皇十六年置，大业初州废（《隋书·地理志》）。玄宗天宝年间曾改郡，肃宗乾元中复州，五代后梁（907—923年）也称濮阳郡。但归义军后期敦煌已与中原王朝信息不畅，改元消息尚且迟滞，地名改易恐怕很难为敦煌当地人及时知晓并题刻。

⑤ 详见［法］伯希和等：《伯希和西域探险记》《敦煌藏经洞访书记》，耿昇译，云南人民出版社、人民出版社，2011年，第233页。

⑥ P.3262，P.3781。关于98窟营建的时间，学者有不同说法，本文据荣新江：《归义军史研究——唐宋时代敦煌历史考索》之《归义军大事年表》，上海古籍出版社，2015年，第89～91页

⑦ 季羡林主编：《敦煌学大辞典》，上海辞书出版社，1998年，第64～65页。

⑧ 敦煌研究院编：《敦煌莫高窟供养人题记》，文物出版社，1986年，第45、47页；[法]伯希和等：《伯希和敦煌石窟笔记》杜彦思题记完全相同（耿昇译，甘肃人民出版社，1993年，第138页），但无杜江进题记。

内外,掌握使府实权,构成归义军政权的中坚。[1]杜氏多位押衙作为供养人出现在第98窟,凸显了杜氏、索氏、曹氏三大家族的特殊关系和强大势力。

综合《杜氏夫人邈真赞》,以及莫高窟第5窟、76窟、98窟的供养人信息,可得如下图:

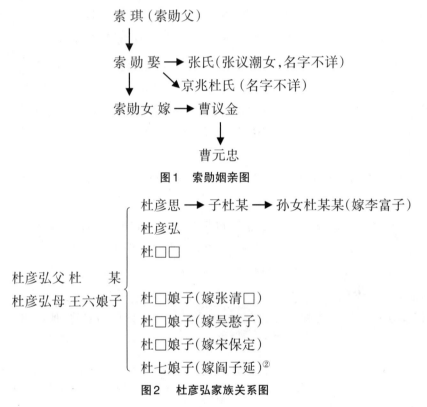

图1　索勋姻亲图

图2　杜彦弘家族关系图

(3)杜氏担任归义军官员、将领表(见于第5、76号杜家窟及第98窟者):

　　杜彦思,节度押衙知洪沙将务银青光禄大夫检校国子祭酒兼御史大夫上柱国

　　杜彦弘,都头□版筑使银青光禄大夫检校国子祭酒兼御史大夫上柱国

　　杜江进,节度押衙知都客将银青光禄大夫检校太子宾客监察

---

①《唐五代归义军武职军将考》,荣新江:《敦煌学新论》,甘肃人民出版社,2002年,第55~59页。

②按:阎子延为节度押知兼将务银青光禄大夫检校国子祭酒兼御史中丞上柱国,子阎清海,窟主外孙。

杜青见，⬚⬚行主录事兼御史中丞

杜太初，敦煌计使知上司孔目官

四、余论：从"杜氏痕迹"看藏经洞文书的"偏向性"

长期以来，由于史料和研究的不足，与张、曹、索等大族相比，敦煌杜氏的历史地位及其影响一直未能得到客观的评价。其实，无论是在唐朝统治时期，还是在蕃据以及归义军时代，杜氏都深度参与甚至长期影响过敦煌的政治、宗教及社会生活，他们与吐蕃统治者及归义军上层的复杂关系，构成了敦煌政治、宗教史的一部分，成为世家大族与敦煌历史变迁中无法回避的重要环节。

"空山不见人，但闻人语响。"[1]其实在藏经洞文书中，杜氏留下的"痕迹"十分引人注目，例如：杜预《春秋左传集解》，在藏经洞中发现了共41个编号，缀合成21件，另有5件属删节或改编写本，全部为杜预《集解》系统，显示出与中原好尚的一致性。[2]其中六朝写本8件，唐朝写本10件，五代及以后写本4件。早期写本（六朝至盛唐）行款优美、书法上乘、多带注疏，而五代以后写本则多为硬笔书写、字距细密、书法恶拙。两者优劣对比鲜明。此外，藏经洞中还发现了杜友晋撰《书仪》《吉凶书仪》和《书仪镜》类文书十余件，大多属于唐至五代时期的抄本。[3]据S.6537V.14郑余庆撰《新定大唐吉凶书仪一部并序》称：京兆杜氏的书仪比当时流行的"十余家著述"，传布更为广泛持久。在藏经洞中还发现了宋代已失传的杜正伦撰《百行章》，有多个写本，时代均为唐五代时期，其中S.1920首尾俱全，有序，前后有装轴痕迹，仅一卷，约七千字，每章以二字为题，围绕忠孝节义主题，将采自《论语》等典籍中的警句、故事通俗化，为《百行章》完秩。[4]此外，还有杜嗣先编著的《兔园策府》残卷，此书唐五代时盛行于

---

① 陈铁民校注：《王维集校注》卷五《辋川集·鹿柴》，中华书局，1997年，第417页。

② 参见许建平：《敦煌经籍叙录》卷五《春秋左氏传》，中华书局，2006年，第221~275页。

③《新唐书·艺文志》《宋史·艺文志》曾著录杜有（友）晋《书仪》二卷，但此书宋元后失传。据赵和平《杜友晋〈吉凶书仪〉及〈书仪镜〉成书年代考》考证，杜友晋此书的成书年代，大约在玄宗开元二十五年左右（《敦煌学辑刊》1990年第2期）。但王重民认为杜友晋为唐五代人，详见《敦煌古籍叙录》，中华书局，2010年，第225页。

④《百行章》具体的文书编号如下：S.1815、S.1920、S.3491、S.5540、P.2808、P.3053、P.3077、P.3306、P.3796、P.4937，以及北图卫字68号和罗振玉影印本等13件。参见邓文宽：《敦煌写本百行章述略》，《文物》1984年第9期。

私塾,南宋后亡佚①。

上述著作的抄写和收藏表明,在士族启蒙教育、礼法的传播中,杜氏撰著的影响和典范作用十分突出。在经历蕃占时期以及归义军后期的统治后,敦煌与中原王朝的关系逐渐疏远,日趋封闭、落后。但抄写经典活动与启蒙教育并未完全中断,这表明敦煌的世家大族还试图为维护汉唐文化传统而不懈努力。在藏经洞中几种氏族志抄本中,敦煌当地大族的地位每被提高(包括京兆杜氏),以至于明显有别于中原传统姓氏谱牒中的记录,如归义军时期的抄本S.2052中,杜姓在雍州京兆郡所出"卌姓"中,排在"车"后,为第二大姓。不仅杜氏如此,在敦煌位字79号文书中,张氏也为南阳第一大姓;在S.2052中,曹氏为亳州谯郡第一大姓。②以上现象说明,敦煌世家大族有意识地在强调自己所拥有的历史文化传统和影响,这似乎与敦煌地区大量经典的保存有着某种神秘的关联。

如前所述,杜氏的姻亲网络几乎覆盖了敦煌所有的名族,如索氏、曹氏、张氏、阎氏、宋氏、吴氏,而藏经洞中带有家族属性的文书,绝大多数都与上述几大家族有关。日本学者高田时雄曾指出:"……也有可能,洞中对文献的收藏有偏向性,至于原因究竟何在,尚待考证。"③事实上,世家大族问题是观察与认识敦煌历史的重要窗口。如果说藏经洞文献的确实"偏向性"存在的话,那就是世家大族在敦煌的长期影响所带来的某些特性。梳理有关史实不难发现,藏经洞的主人须兼具以下三个条件:第一,当地政治的深度参与者或归义军上层;第二,拥有众多佛教经典和艺术品的僧界领袖;第三,有充足财力建设家窟(兰若)的人。而这三个条件只有敦煌的世家大族才能具备。或许有这样一种可能——在敦煌即将进入"回鹘化"时代的前夜,某一大族(或曹氏、或杜氏或他们的懿亲)将所藏的佛经、藏书、家族档案、艺术品等封闭于藏

---

① 编号为P.2573、S.1722,系两残卷,可缀合成原书的第一卷,另有S.614、S.1086,为夹注本残卷。王国维据王应麟《困学纪闻》中"唐蒋王恽令僚佐杜嗣先仿《应科目策》,自设问对,引经史为训注"一段记载,认为该书为杜嗣先著,曾并三十卷为十卷,敦煌残卷仅为全书十之一。参见季羡林主编:《敦煌学大辞典》李鼎霞《兔园策府》条,上海辞书出版社,1998年。

② 如敦煌归义军时期抄本S.2052中杜姓在雍州京兆郡所出"卌姓"中,排在"车"后为第二大姓。不仅杜氏如此,在敦煌位字79号文书中,张氏也为南阳第一大姓;在S.2052中,曹氏为亳州谯郡第一大姓。邓文宽:《归义军张氏家族的封爵与郡望》,《敦煌吐鲁番出土文献研究》,汉语大词典出版社,1990年,第605~606页。

③ [日]高田時雄:《敦煌·民族·语言》,钟翀等译,中华书局,2005年,第7页。

经洞中。这一举动,象征着敦煌世家大族的谢幕,他们与自己漫长而辉煌的
过去长揖作别了。

本文原刊载于《敦煌学辑刊》2017年第2期。此次收入有修订。
本文作者：
王力平,生于1958年,1996年9月开始在南开大学历史系攻读隋
唐史专业博士研究生,获博士学位。先后在南开大学古籍所、历史学
院执教,任教授、博士生导师,兼南开大学社会史研究中心聘任教授,
长期从事隋唐五代史和历史文献学的研究与教学工作。

皇天与上帝之间：从殷周之际的天命观说文王受命[*]

李忠林

　　文王受命是殷周之际的悬案，也是学界一直在探讨的老问题。由于文王受天命和称王是相关联的一组历史事件，古代学者从封建礼教出发，认为文王至贤至仁，不可能反叛殷商王朝，故此大多否定文王受天命的说法，而更多人主张文王受命是受殷王之命，得以专行征伐。近年来，伴随着新材料的发现和公布，相关文章也日益增多，文王受命问题也逐渐成为西周开国史的一个热点。学界围绕文王是否受命称王，文王所受为天命抑或商王之命展开了讨论。王晖认为文王受命称王真有其事，并且利用传世文献和出土的文字材料论证了文王受命称王的具体时间在公元前1058年。[①]李桂民折中受天命和受殷王之命的观点，认为"在周文王受天命和受殷王命问题上，不能把两者割裂开来"[②]。此外，还有学者指出，从清华简《保训》篇中透露的信息表明文王并不认可自己受命，将要受大命的是武王。[③]

　　本来所谓受天命不过是天命论宣传的一种子虚乌有的事情，但在古代王朝更替中，天命转移对新兴政权的道义合法性而言，却不失为一种有效的说明。而诗、书及《史记》对文王受命的记载常常与重大政治事件的时间节点联系在一起，[④]故为学界所注意。笔者不揣浅陋，试结合新出清华简的有关篇章，

　　* 基金项目：2017年国家社会科学基金后期资助项目"商周兵制研究"（17FJS002）；2016年南开大学"百名青年学科带头人培养计划"项目（ZB16008702）。

　　① 王晖：《周文王受命称王考》，《陕西师范大学学报》2002年第4期。
　　② 李桂民：《周原庙祭甲骨与"文王受命"公案》，《历史研究》2013年第2期。
　　③ 刘光胜：《真实的历史还是不断衍生的传说：对清华简文王受命的再考察》，《社会科学辑刊》2012年第5期。
　　④ 据《史记·周本纪》，文王断虞芮之讼后，"诸侯闻之，曰'西伯盖受命之君'。明年，伐犬戎。明年，伐密须。明年，败耆国……明年，伐邘。明年，伐崇侯虎"。《史记》，中华书局，1959年，第117～118页。《尚书大传》则说："文王一年质虞芮，二年伐于，三年伐密须，四年伐畎夷。"（《尚书大传》（卷三），师伏堂刻本光绪丙申版，第21页。）两者次序虽稍有不同，但都以文王受命之年为起算点，于此可见其在周初年代学中的地位。亦可参看王和：《文王"受命"传说与周初的年代》，《史林》1990年第2期。

对文王受命问题稍做梳理，不妥之处，尚祈方家教之。

一、殷人的"上帝"崇拜与周人的"天"神崇拜

早在20世纪30年代，郭沫若就讨论过"上帝"崇拜和"天"神崇拜在殷周之际的嬗变关系。[①]"帝某"在卜辞中习见，一期到五期均有。如武丁称其父小乙为"父乙帝"（《合集》2204），祖庚祖甲称其父武丁为"帝丁"（《合集》24982），廪辛康丁称其父祖甲为"帝甲"（《合集》27438、27439、《英藏》2347），武乙称其父康丁为"帝丁"（《合集》27372），称文丁为"文武帝"的卜辞更多（《合集》35356、36168、36169、36175）。[②]"帝乙"和"帝辛"的称谓在《尚书》《逸周书》和《国语》等文献中也很多见。关于"帝"，孔颖达认为："因其生育之功谓之帝，帝为德称也。"[③]"帝"在甲骨文中做"𩁹""𥝩"等，有花蒂之形，与生殖繁衍有关。[④]卜辞中有"帝子"[⑤]，裘锡圭认为"帝子"可读为"嫡子"，"'嫡庶'的'嫡'，经典多作'适'。不论是'嫡'与'适'，都从'啻'得声，'啻'又是从'帝'声的。称父为'帝'跟区分嫡庶的观念显然是有联系的"[⑥]。的确，卜辞中对嫡亲父考先王称"帝"已如上述，但却未见称父辈旁系先王为"帝"的例子。以廪辛康丁时期的卜辞为例，称其生父祖甲为"帝甲"，然未见称祖庚为"帝庚"者。这也可从后世文献中窥知，如《礼记·曲礼下》云："天王崩……措之庙立之主，曰帝。"[⑦]

商代的金文和卜辞中有"上下帝""上帝"，[⑧]很早就引起了学者的注意。[⑨]一般认为，"下帝"是指"措之庙而立之主"的父考；"上帝"是指高祖兼为自然神

① 郭沫若：《先秦天道观之发展》，《郭沫若全集·历史编》（第一卷），人民出版社，1982年，第317～376页。

② 文中所称《合集》为《甲骨文合集》（郭沫若主编：《甲骨文合集》，中华书局，1979—1982年）的简称，《英藏》为《英国所藏甲骨集》（李学勤等编：《英国所藏甲骨集》，中华书局，1985年）的简称。

③ 李学勤主编：《礼记正义》，北京大学出版社，1999年，第766页。

④ 赵诚：《甲骨文简明词典》，中华书局，1988年，第1页。

⑤ 《合集》30390：弜亦帝子御史（事），王其悔。

⑥ 裘锡圭：《关于商代的宗族组织与贵族和平民两个阶级的初步研究》，《文史》（第17辑），中华书局，1983年，第2、4页。

⑦ 李学勤主编：《礼记正义》，北京大学出版社，1999年，第126页。

⑧ 《二祀邲其卣》（《集成》5412）：惟王二祀，既𤔲于上下帝；《合集》30388：惟五谷……上下帝若，王[受有]佑。文中所称《集成》为《殷周金文集成》（中国社会科学院考古研究所编：《殷周金文集成》，中华书局，1984年）的简称。

⑨ 胡厚宣：《殷卜辞中的上帝和王帝（下）》，《历史研究》1959年第10期。

主宰的天帝：他是高祖，因为他与人王有血缘关系，是"王者禘其祖之所自出"之帝，他又是天帝，因为他兼有主宰自然界风雨寒暑的功能。上帝和下帝父考与时王都有血缘关系，故均用"帝"称之，而其嫡系的后人也就是"帝子"。①这是对"上帝""下帝""帝子"和人王之间关系的全面表述。

殷墟卜辞中能够被称为"高祖"的先人共有五位：大乙商汤、上甲、王亥、河及夒。夒即帝喾，王国维早已论定。②《礼记·祭法》云："殷人禘喾而郊冥，祖契而宗汤。"③禘礼所祀者为其始祖，可见帝喾的地位高于冥、契、汤等商代重要的先祖。卜辞中单称"帝"时，特指上帝，其地位明显高于其他先王。《合集》1402正载：

> 贞，咸宾于帝。
>
> 贞，咸不宾于帝。
>
> 贞，大甲宾于咸。
>
> 贞，大甲不宾于[咸]。
>
> 甲辰卜，㱿贞，下乙宾[咸]。
>
> 小告
>
> 贞，下乙不宾于咸。
>
> 贞，大[甲]宾于帝。
>
> 贞，大甲不宾于帝。
>
> 贞，下乙[宾]于帝。
>
> 贞，下乙不宾于帝。

这里的"宾"是作宾陪享之意，一般是在下位的晚辈对上位的长辈"陪享"，而不能相反。文献中也不乏这样的用法，如《山海经·大荒西经》中的"（夏后）开上三嫔于天"④和《楚辞·天问》中的"启棘宾商"⑤，其宾（嫔）的用法正是陪享之意。《合集》1402正反映了上帝受其他先王陪享的事实，由此亦可见"上帝"在

---

① 王晖：《商周文化比较研究》，人民出版社，2000年，第21～22页。

② 王国维：《殷卜辞中所见先公先王考》，《观堂集林》，中华书局，1959年，第411～413页。

③ 李学勤主编：《礼记正义》，北京大学出版社，1999年，第1292页。

④ 袁珂：《山海经校注》，巴蜀书社，1992年，第473页。

⑤ 朱熹：《楚辞集注》，上海古籍出版社，2001年，第59页。

殷人心中至高无上的地位。卜辞中的风、雨、雷、电、云等自然神也无不受上帝的管制，作为至上神的上帝在殷人的祭祀系统中地位最为显赫，可能就是殷人的始祖帝喾（夒）。①

在这套以上帝为至上神的神祇系统中，其他部族的先祖也被纳入其中，并受殷人祖先神，也就是"帝"的节制。《尚书·盘庚》中盘庚对"百姓"讲道："予念我先神后之劳尔先，予丕克羞尔，用怀尔。然。失于政，陈于兹，高后丕乃崇降罪疾，曰：'曷虐朕民？'汝万民乃不生生，暨予一人猷同心，先后丕降与汝罪疾，曰：'曷不暨朕幼孙有比！故有爽德。'自上其罚汝，汝罔能迪。古我先后既劳乃祖乃父，汝共作我畜民。汝有戕则在乃心，我先后绥乃祖乃父；乃祖乃父乃断弃汝，不救乃死！兹予有乱政同位，具乃贝玉，乃祖乃父丕乃告我高后曰：'作丕刑于朕孙！'迪高后丕乃崇降弗祥！"②盘庚在这里用自己已故而居于神位的先祖来恫吓那些不愿随迁的臣民，同时还说，这些臣民已故而居于神位的先祖不仅要断弃他们，而且会请求盘庚王的先祖"作丕刑"给这些不与盘庚同心同德的子孙。显然这些作为臣属的部族，其先祖死后的神灵也受商王先祖"帝"的节制。

以商初著名的大臣伊尹为例，在卜辞中常陪祭商汤和上甲。如《合集》26955："贞，其卯羌，伊宾。[贞]王其用羌于大乙，卯惟牛，王受又。"《合集》27057："癸丑卜，上甲岁，伊宾。吉。"不仅如此，伊氏家族的多位先祖也受殷王室祭祀，《合集》32786载有："癸丑卜，侑于伊尹。丁巳卜，侑于十位伊又九。"伊氏族长作为商王的近臣，世代受祭王室固然是家族的荣耀，但也说明在商王的神灵谱系中，其仍然在天国臣属于商先王，受"帝"的节制。这也正是盘庚告诫时讲："乃祖乃父丕乃告我高后曰'作丕刑于朕孙'"的原因和依据。毕竟作为臣属的先祖可以因其卓著的功勋受王族祭祀，陪享先王，但不能相反，臣属去祭祀商王的先祖。古人所谓："国之大事，在祀与戎"③，正是这个道理。

---

① 有关卜辞中的"上帝"与殷人先祖的关系，在早期研究中就受到学界的注意，并存在不同的看法。郭沫若认为上帝是至上神和祖先神的合体，至上神便是殷人先祖，参见郭沫若：《先秦天道观之发展》，《郭沫若全集·历史编》（第一卷），人民出版社，1982年，第317~376页；陈梦家认为上帝是自然神，与殷人无血缘关系，并非商人先祖，参见郭沫若：《殷墟卜辞综述》，中华书局，1988年，第582页。王晖在综合前人研究的基础上，重申卜辞中的"上帝"即为商人高祖帝喾的观点，今从其说。王晖：《商周文化比较研究》，人民出版社，2000年，第18~65页。

② 顾颉刚、刘起釪：《尚书校释译论》，中华书局，2005年，第911~914页。

③ 杜预：《春秋左传集解》，上海人民出版社，1977年，第722页。

商人始祖帝喾,也就是卜辞中的夒,在商人的神灵谱系中居于至高无上的地位,不仅可以命令风雨雷电等自然神,而且继续节制其他部族的祖先神,通过这样一种方式保佑人间的商王居于诸侯之长的地位,统御天下。①

有学者根据殷人祭祀日神的习惯,指出这位殷人的先祖神帝喾就是日神帝俊,也就是卜辞中的夒。帝喾时代大概经过长期的观测初步掌握了一些日月运行的视运动规律,并用来指导农牧业生产活动,后代便尊他为日神上帝。②在初民社会中,太阳作为神话原型、日神被视为至上神的例子很多。众所周知,古代埃及也以太阳神崇拜闻名,至少在第四王朝时期(前2613—前2494年),国王哈佛拉就自称"拉之子",拉,音Ra,即是太阳神。作为至上神的太阳神"拉",在不同历史时期和不同的地方神结合,经历了"阿图姆-拉""哈拉赫提-拉(或者荷鲁斯-拉)""阿蒙-拉""阿吞"四种形态。③第18王朝的法老阿蒙霍特普四世(Amenhotep)进行了著名的宗教改革,取消了对阿蒙神的崇拜,推行以"阿吞"为至上神的一神教,为此,他自己改名为"埃赫那吞"(Akhenaten),意为"对阿吞有益的人"。有意思的是,在商末周初也有过类似的变革,即由崇拜日神上帝转而崇拜"天"神。

周初有关文王受命的记载中,反映"天"神崇拜的例子很多,如《康诰》篇云:"天乃大命文王殪戎殷,诞受厥命越厥邦厥民。"④《诗经·大雅·大明》云:"有命自天,命此文王,于周于京。"⑤另外,《逸周书·祭公》云:"皇天改大殷之命。"⑥《墨子·非攻下》亦云:"赤乌衔珪,降周之岐社,曰:'天命周文王伐殷有国。'"⑦金文如《大盂鼎》载:"不(丕)显文王受天有大命。"(《集成》2837)与之形成鲜明对比的是,卜辞中的"天"还没有天神之意,只是"大"的同义词或异体字。⑧殷

---

① 王国维在《殷周制度论》中认为,殷以前天子诸侯君臣之分未定,故商王为诸侯之长,而西周天子诸侯君臣之分始定,"由是天子之尊,非复诸侯之长而为诸侯之君。"王国维:《观堂集林》,中华书局,1959年,第466~467页。

② 王晖:《商周文化比较研究》,人民出版社,2000年,第24~29页。

③ 王凯:《古埃及人的太阳神崇拜》,《内蒙古师大学报》1991年第2期。

④ 顾颉刚、刘起釪:《尚书校释译论》,中华书局,2005年,第1300页。

⑤ 陈子展:《诗经直解》,复旦大学出版社,1983年,第865页。

⑥ 黄怀信等:《逸周书汇校集注》,上海古籍出版社,1995年,第994页。

⑦ 吴毓江:《墨子校注》,中华书局,1993年,第221页。

⑧ 郭沫若:《先秦天道观之发展》,《郭沫若全集·历史编》(第一卷),人民出版社,1982年,第321~322页。郭沫若的这一看法也为同时期大多数学者所接受,如齐思和:《西周时代之政治思想》,《燕京社会科学》1948年第1期。

人之不重视天，于此可见一斑。

虽然西周的文献中也有"上帝"，但在周人的祭祀中"天"神和上帝还是存在明显区别的，清人孙诒让在《周礼正义》卷十一对此有过说明："凡云昊天者，并指圜丘所祭之天。凡云上帝者，并指南郊所祭受命帝。"①可见周人"天""帝"并祭，"天"高于"帝"。但殷人则只祭"帝"，不祭"天"，甚而至于试图射杀"天"神。《史记·殷本纪》载："帝武乙无道，为偶人，谓之天神。与之博，令人为行。天神不胜，乃僇辱之。"②据《史记·龟策列传》载，商王纣也曾"杀人六畜，以韦为囊。囊盛其血，与人悬而射之，与天帝争强"③。无独有偶，作为殷商遗民的宋国国君也有类似行为，《史记·宋微子世家》载：

> 君偃十一年，自立为王。东败齐，取五城；南败楚，取地三百里；西败魏军，乃与齐、魏为敌国。盛血以韦囊，悬而射之，命曰"射天"。④

《吕氏春秋·过理》中详细地描述了这一过程：

> 宋王筑为蘖台，鸱夷血，高悬之，射著甲胄，从下，血坠流地。左右皆贺曰："王之贤过汤、武矣。汤、武胜人，今王胜天，贤不可以加矣。"⑤

这种非理性的行为，其本质是以厌胜巫术的方法压制"天神"。在武乙时代，周人作为西部最大的方国，已经对商王朝构成了威胁。而"天"神为周部族所崇拜，通过这种方式压制周人，与古埃及埃赫那吞宗教改革时关闭阿蒙神庙是一个道理。

与殷人崇拜上帝，压制天神不同，周人既"敬天保民"，也敬奉上帝。这是因为在殷商时代，上帝虽然只能由商王来祭祀，但作为至上神，也为其它部族所尊崇。在商末周初的时代变革中，周人既要扩大天神的影响，也要敬奉上帝，正是为了笼络其他部族。

---

① 孙诒让：《周礼正义》（第2册），中华书局，1987年，第433页。

② 《史记》，中华书局，1959年，第104页。

③ 《史记》，中华书局，1959年，第3235页。

④ 《史记》，中华书局，1959年，第1632页。

⑤ 陈奇猷：《吕氏春秋校释》，学林出版社，1984年，第1559页。

二、文王受命的实质和标志

周初文献和金文中关于文王或文武受命的记载很多,除前文引用的《康诰》《诗经·大雅·大明》《墨子·非攻下》及《大盂鼎》等外,还可以再补充几条:《尚书》中的《大诰》篇云:"文王惟卜用,克绥受兹命。"①《君奭》篇云:"在昔上帝割申劝宁(文)王之德,其集大命于厥躬?"②《文侯之命》说得最明白:"惟时上帝,集厥命于文王。"③另外,《逸周书》的《祭公》篇云:"皇天改大殷之命,维文王受之,维武王大翦之,咸茂厥功。"④《何尊》云:"(肆)文王受兹大令(命)。"(《集成》6014)成王以后的器铭还有讲"文武受命"的,如《乖伯簋》:"朕不(丕)显且(祖)文武膺受大命。"(《集成》4331)《询簋》:"不(丕)显文武受令(命)。"(《集成》4321)《毛公鼎》:"不(丕)显文武,皇天弘厌厥德,配我有周,雁(膺)受大命。"(《集成》2841)这些资料都表明,文王或文武"受命"是商周之际普遍认同的一种共识。

从唯物史观的无神论来讲,没有天神上帝,自然也就无所谓"受命"了。这里讨论的"文王受命",其实质乃是周人发动的一场"君权神授"的政治造势运动。从《尚书》中可以看到,殷周之际天命思想很盛行,周人不仅宣扬本族的"天命",也不否定殷商先王的君权来自神授,只是商王纣不敬祀天,而被抛弃了。

在殷末周初特定的政治气氛中,周人在代商之前,有意识的宣扬文王受命也就很好理解了。那么从汉代直到清末,儒生们为什么要竭力否定或曲解"受命",或者承认文王"受命"而否定其"称王"呢? 这是因为孔子曾经说过周文王"三分天下有其二,以服事殷。周之德,其可谓至德也已矣"⑤。儒生们不能接受文王与商王分庭抗礼的事实,于是就竭力否定文王受命称王,梁玉绳对此有过总结:"《风俗通·皇霸篇》论其谬,《泰誓疏》斥其非,《史通·疑古篇》辨其舛,唐梁肃议其'反经非圣',李觏议其'取纬乱经'。迨欧阳子《泰誓论》出,而文王之事方畅白。"⑥后来王国维解决了这个矛盾,他利用西周金文提供的材料,证

---

① 顾颉刚、刘起釪:《尚书校释译论》,中华书局,2005年,第1273页。
② 顾颉刚、刘起釪:《尚书校释译论》,中华书局,2005年,第1573页。
③ 顾颉刚、刘起釪:《尚书校释译论》,中华书局,2005年,第2114页。
④ 黄怀信等:《逸周书汇校集注》,上海古籍出版社,1995年,第994~995页。
⑤ 杨伯峻:《论语译注》,中华书局,1980年,第84页。
⑥ 梁玉绳:《史记志疑》,中华书局,1981年,第80页。

明了"盖古时天泽之分未严，诸侯在其国，自有称王之俗"。他还举例道："即徐、楚、吴、越之称王者，亦沿周初旧习，不得以僭窃目之。苟如此，则无怪乎文王受命称王，仍服事殷矣。"①也正因为如此，古代学者更倾向于将文王受命理解为"受殷天子之命而得专征"。通过王国维对早期诸侯称王的解释和将受天命解释为受殷天子之命，既未违忤诗书的记载，也维护了儒家心目中文王的形象和封建道统。

但是作为一种政治造势运动，文王受命却是不争的事实，主要有三个原因。首先，周人翦灭殷商是几代人励精图治的宏伟计划，从古公亶父时开始，商人和周人之间的矛盾已经初现，迫于商王朝的压力，周人迁至关中岐山一带，开始了翦商的计划，而文王则是其中关键的一环。②

其次，文王生前确已称王。《礼记·中庸》篇云："周公成文、武之德，追王大王、王季，上祀天公以天子之礼。"③可见文王在世已然称王，故仅"追王"太王、王季。王晖在《周文王受命称王考》一文中，较为详细的论证了文王自称王之说，他还举出了著名的文王玉环作为证据。这件在山西曲沃北晋侯墓地发现的玉环上刻有文字："文王卜曰：我暨唐人弘战贾人"。④按照周人早期的谥法，生前为美名，死后则为谥号。《利簋》中所称的"武王"也属于生前的美名（《集成》4131）。同理，玉环中的"文王"也是生前的美名，足见文王生前已经称王了。

最后，从文王"三分天下有其二"和讨伐方国的路线来看，显然不利于殷人的统治，而更利于周人灭商。《论语·泰伯》谓文王"三分天下有其二，以服事殷"⑤《逸周书·程典》云："文王合六州之侯，奉勤于商"，《逸周书·太子晋》云："（文王）三分天下而有其二，敬人无方，服事于商"。⑥关于文王的征伐之事功，《荀子·大略》云："文王诛四，武王诛二，周公卒业，至成、康则案无诛已。"⑦《墙盘》铭文云："曰古文王……敷有天下，合受万邦。"（《集成》10175）这些直接影

---

① 王国维：《观堂集林》，中华书局，1959年，第1153页。

② 李忠林：《周人翦商史实考略》，《北大史学》（第12期），北京大学出版社，2007年，第1～12页。其他学者也曾指出"古公迁岐，出于深谋远虑，不是退避，而是进去"。参见李学勤：《中国古代文明与国家形成研究》，云南人民出版社，1997年，第499页。

③ 李学勤主编：《礼记正义》，北京大学出版社，1999年，第1436页。

④ 王晖：《周文王受命称王考》，第27～38页。

⑤ 杨伯峻：《论语译注》，第84页。

⑥ 黄怀信等：《逸周书汇校集注》，上海古籍出版社，1995年，第176、1088页。

⑦ 王先谦：《荀子集解》，中华书局，1988年，第503页。

响殷商基业的行为,怎么可能是受殷天子之命而得专征呢?①文王时期以断虞芮之讼为界线,可以分为两个阶段:前一阶段对西北方及山西一带的方国部落以怀柔为主武力征服为辅,而对西南地区的方国部落则以武力征服为主以怀柔为辅;后一阶段直接由西向东向商人的方国及其商王畿内的方国进攻。②《史记·周本纪》载:"(文王受命称王之后)明年,伐犬戎。明年,伐密须。明年,败耆国。殷之祖伊闻之,惧,以告帝纣。纣曰:'不有天命乎?是何能为!'明年,伐邘。明年,伐崇侯虎。而作丰邑,自岐下而徙都邑。"③"耆"即《尚书·西伯勘黎》之"黎",系殷商的同盟方国,其地望在今山西省长治市南壶关境内。从"祖伊闻之,惧,以告帝纣"可以看出,文王的讨伐已经触动了殷商王朝的战略核心地域。这些都能说明把文王受命解释成受殷天子之命是不可取的。

新出清华简《程寤》对文王受命有着明确的记载。原文云:

> 隹王元祀贞(正)月既生明(魄),大(太)姒梦见商廷隹(惟)棌(棘),迺小子发取周廷杍(梓)梪(树)于氒(厥)间,化为松柏棫柞。惪(寤)敬(惊),告王。王弗敢占,翌(诏)太子发,卑(俾)霝(灵)名蔑(凶),攼(袚)。祝忻(忻)攼(袚)王,祘(巫)率攼(袚)大(太)姒,宗丁攼(袚)大(太)子发。敝(币)告宗方(祊)峑(社)谡(稷),忻(祈)于六末山川,攼于商神,赗(望)、承(烝),占于明堂。王及大(太)子发并拜吉梦,受商命于皇上帝。④

由简文的记载看来,作为一场政治造势运动的"文王受命"应该是史实。对武王伐商持强烈反对态度的伯夷叔齐也曾指责周人"扬梦以说众,杀伐以要利,以此绍殷,是以乱易暴也"⑤。

除过"太姒之梦"外,以前也有人将"平虞芮之讼""赤乌之瑞"看作文王受命的标志。"平虞芮之讼"一说主要见于《史记·周本纪》,其文云:"西伯阴行善,

---

① 这一说法的史源来自今本《竹书纪年》帝辛三十三年所记:"王锡命西伯,得专征伐。"(方诗铭等:《古本竹书纪年辑证》,上海古籍出版社1981年,第231页。)今本《竹书纪年》被视为伪书,不足据。

② 王晖:《周文王克商方略考》,《陕西师范大学学报》2000年第3期。

③《史记》,中华书局,1959年,第118页。

④ 清华大学出土文献研究与保护中心编、李学勤主编:《清华大学藏战国竹简》(壹·下册),中西书局,2010年,第136页。

⑤ 陈奇猷:《吕氏春秋校释》,学林出版社,1984年,第634页。

诸侯皆来决平。于是虞、芮之人有狱不能决，乃如周。入界，耕者皆让畔，民俗皆让长。虞、芮之人未见西伯，皆惭，相谓曰：'吾所争，周人所耻，何往为，只取辱耳。'遂还，俱让而去。诸侯闻之，曰：'西伯盖受命之君'。"同篇又云："诗人道西伯，盖受命之年称王而断虞芮之讼。"①《齐太公世家》亦云："周西伯政平，乃断虞芮之讼，而诗人称西伯受命曰文王。"②又《刘敬叔孙通列传》云："及文王为西伯，断虞芮之讼，始受命。"③但仔细分析"平虞芮之讼"本身不是神秘的"天谕"，并不能直接说明文王据此就可受命。它只是文王受命之后发生的一件具有深远政治意义的事件，说明文王受天命已经得到部分部族或方国的认可。

"赤乌之瑞"说最早见于《墨子·非攻》，其文云："赤鸟衔珪，降周之岐社，曰：'天命周文王伐殷有国。'"④《吕氏春秋·应同》云："及文王之时，天先见火，赤乌衔丹书集于周社。"⑤这种说法带有明显的神秘色彩，为后来的纬书所称道。如《易·是类谋》云："文王比隆兴，始霸伐崇，作灵台，受赤雀丹书，称王制命，示王意。"《尚书·中候》云："季秋，赤雀衔丹书入酆，止于昌户。昌拜稽首受。最曰：姬昌，苍帝子。"《春秋·元命苞》云："火离为凤皇，衔书，游文王之都，故武王受凤书之纪。"⑥赤乌说多见于纬书，最早的也就是《墨子》，不足为凭。"平虞芮之讼"从史实来看，主要是为了说明文王受命前后的修为，这一事件虽然构成了这场政治造势运动的一部分，但不能作为受命的标志。只有"太姒之梦"这种有几分神秘，但却似乎有案可稽的行为才可能作为受命的标志，在文王时代得以大肆宣传，这也就是史书中讲的"扬梦以说众"。新出清华简《程寤》所载就是很好的证明。

此外，《程寤》篇的佚文还散见于类书《太平御览》《艺文类聚》等，如《太平御览》卷397载：

> 《周书》曰：文王去商在程，正月既生魄，太姒梦见商之庭产棘，小子发取周庭之梓树于厥间，梓化为松柏棫柞。寤惊，以告文王。王及太子发并

① 《史记》，中华书局，1959年，第117、119页。

② 《史记》，中华书局，1959年，第1479页。

③ 《史记》，中华书局，1959年，第2715页。

④ 吴毓江：《墨子校注》，中华书局，1993年，第221页。

⑤ 陈奇猷：《吕氏春秋校释》，学林出版社，1984年，第677页。

⑥ 安居香山、中村璋八：《纬书集成》，河北人民出版社，1994年，第299、411、595页。

拜吉梦,受商之大命于皇天上帝。①

又,卷84引《帝王世纪》云:

　　十年正月,文王自商至程。太姒梦见商庭生棘,太子发取周庭之梓树之于厥间,梓化为松柏械柞。觉而惊,以告文王。文王不敢占,召太子发,命祝以币,告于宗庙群神,然后占之于名堂。及太子发并拜吉梦,遂作《程寤》。②

　　上述材料见于类书,这次清华简《程寤》的出现,也间接证明了部分类书所引早期佚籍是有根据的。
　　结合其他文献来看,周人有利用吉梦宣传政治主张,引导舆论的习惯。《国语·周语下》:"吾闻之大誓故,曰:'朕梦协朕卜,袭于休祥,戎商必克。'"③《墨子·非攻下》:"武王践功,梦见三神,曰:'予既沈渍殷纣于酒德矣,往攻之,予必使汝大堪之。'"④《逸周书》中这类记载更多,如:《文儆》篇:"维文王告梦,惧后祀之无保,庚辰,诏太子发曰:汝敬之哉! 民物多变,民何向非利?"《武儆》:"惟十有二祀四月,王告梦……命诏周公旦立后嗣,属小子诵文及宝典。"《寤敬》:"维四月朔,王告儆。召周公旦曰:呜呼,谋泄哉! 今朕寤,有商惊予。"⑤春秋时人也明确指出过周人"用梦"的事实,《左传》昭公七年史朝就说过:"筮袭于梦,武王所用也。"⑥
　　需要注意的是,文王受命的本质是周人发起的一场政治造势运动。周的统治者也明白,这种神秘的天命首先必须得到其他方国和部族的认同,得到天下人民的拥护。结合武王克商前后的若干史实来看,周人宣扬其天命的造势运动也是一个渐变的过程,其肇端则在"太姒之梦"。文王之妻太姒来自商族,《易经》中的"帝乙归妹",近人多解释为商王帝乙嫁少女给文王。高亨注《泰》

① 李昉等:《太平御览》(第4册),河北教育出版社,1994年,第322页。
② 李昉等:《太平御览》(第1册),河北教育出版社,1994年,第728页。
③ 徐元诰撰,王树民、沈长云点校:《国语集解》,中华书局,2002年,第91页。
④ 吴毓江:《墨子校注》,中华书局,1993年,第221页。
⑤ 黄怀信等:《逸周书汇校集注》,上海古籍出版社,1995年,第245~246、516~518、320页。
⑥ 杜预:《春秋左传集解》,上海人民出版社,1977年,第1305页。

卦六五爻辞"帝乙归妹"时云："帝乙归妹者,嫁少女于文王也。"①太姒从称谓来看,当是"姒"姓,未必是商王亲生女儿,但也当是商王朝的显族。通过来自商族的太姒托梦,还隐含了商人先祖欲传天下于周人的意愿。这一点在周原庙祭卜辞中尤为明显。

在周原出土的甲骨卜辞,其属性,即为周人之物还是商人之物备受争议,其中有四片涉及到对商王的祭祀,成为争论的焦点。兹列举如下：

癸巳彝文武帝乙宗,贞王其㸚祭成唐□禦𠬝□母其彝血牡三豚三由又正(凤雏 H11:1)

……文武……天□典曹周方白□□白正亡𠂤……［王］受又又(凤雏 H11:82)

贞王其□又太甲曹周方白□白正不𠂤于受又又(凤雏 H11:84)

彝文武丁□,贞王翌日乙酉其□再中□武丁豊□□□𠂤王(凤雏 H11:112)②

李桂民从钻凿形态、字体、刻辞行款、文例等方面详细讨论这组卜辞与殷墟甲骨的区别,指出其为周人遗物,当在先周时期的文王时代。H11:84意思是说:周文王举行祭祀商先王太甲的典礼,祈请册命周方伯能够承商得到天命为天子,卜兆显示能够得到商先王的保佑。H11:82卜甲也是对册封周方伯一事问卜,是关于祈请周方伯继承殷之天命之事。由于该辞残缺,祭祀的商先王是否为太戊不能确定。H11:1是关于祭祀成汤所用祭品的占卜,癸巳日在帝乙宗庙贞问。H11:112卜甲大意是说,祭祀于商王文武丁的宗庙,贞问周王在翌日乙酉祭祀武丁的典礼上是否可以建太常之旗,也属于受命代商为天子而举行的典礼。③

一直以来,囿于"神不歆非类,民不祀非族"④的成见,大家很难接受周人祭祀殷商先王的事实,但又不能很好地解释上述庙祭卜辞。李桂民综合考虑各种因素后,做出上面的解释,笔者认为是可取的。需要注意的是,周人为获得

① 高亨:《周易古经今注》,中华书局,1984年,第195页。
② 曹玮:《周原甲骨文》,世界图书出版公司,2002年,第1、62、64、78页。
③ 李桂民:《周原庙祭甲骨与"文王受命"公案》,《历史研究》2013年第2期。
④ 杜预:《春秋左传集解》,上海人民出版社,1977年,第276页。

天命而祈请的商先王均是远祖:成汤为商人开国之君,太甲是成汤之长孙,曾受伊尹辅佐。按照我们在第一部分的分析,武王克商以前的殷商时代,商王视其先祖为"帝",在神灵世界保佑和护卫殷人的统治,其始祖帝喾更是至上神上帝,其它部族的祖先死后也由"帝"节制。从周人的角度考虑,既然文王已经受"天"之命,自然有权利祭祀"帝",同时为了使其它部族和方国信服文王受天命的事实,有必要再接受商人先祖"帝"的册命。从后世文献关于文王或文武受命的记载来看,既有受命于天的,也有受命于上帝的。如《君奭》篇云:"在昔上帝割申劝宁(文)王之德,其集大命于厥躬?"①《文侯之命》:"惟时上帝,集厥命于文王。"②这也正好说明了文王既受天命,也受"上帝"之命,两者是统一的。受天命是以"太姒之梦"为标记,而受"上帝"之命则是通过庙祭占卜的方式得到印证和宣扬。

就像我们上文强调的一样,周人受天命的政治造势运动是一个持续、渐变的过程,除过"太姒之梦"和庙祭占卜之外,周人还不断使用各种手段制造受命的舆论影响,尤其是文王死后,武王为了推进灭商事业,制造了一系列的祥瑞征兆,为周人的天命造势。这也成了后世所谓"文武受命"或"武王受命"记忆的事实来源。

三、文武受命、武王受命及后稷受命

从西周中期共王开始,铜器铭文中出现了"文武受命"的表述。如《师询簋》:"丕显文武,膺受大命。"(集成4342)《乖伯簋》:"朕丕显祖文武,膺受大命。"(集成4331)新出清华简《祭公之顾命》也有这样的记载:"皇天改大邦殷之命,惟周文王受之,惟武王大败之,成厥功。……惟文武中大命,勘厥敌。"③更有直称武王受命的,《礼记·中庸》:"武王末受命,周公成文武之德,追王太王、王季,上祀先公以天子之礼。"④《史记·周本纪》云:"尹佚筴祝曰:'殷之末孙季纣,殄废先王明德,侮蔑神祇不祀,昏暴商邑百姓,其章显闻于天皇上帝。'于是

---

① 顾颉刚、刘起釪:《尚书校释译论》,中华书局,2005年,第1573页。
② 顾颉刚、刘起釪:《尚书校释译论》,中华书局,2005年,第2114页。
③ 清华大学出土文献研究与保护中心编、李学勤主编:《清华大学藏战国竹简》(壹·下册),中西书局,2010年,第174页。
④ 李学勤主编:《礼记正义》,北京大学出版社,1999年,第1436页。

武王再拜稽首,曰:'膺更大命,革殷,受天明命。'"①这说明在西周时期,周人认为武王也曾受天命。从文王受命的肇端事件"太姒之梦"的过程也能看到武王受命的蛛丝马迹。清华简《程寤》云:"王及大(太)子发并拜吉梦,受商命于皇上帝。"②因此,西周时期盛传武王受命并非臆造,而是对早期史实的一种集体记忆。

事实上,文王一死,作为受命之君却未能代商为天子,周人所掀起的这场政治造势运动受到了一定的损失,甚至可能使其他方国和部族对周人是否受天命产生了怀疑。为了推动伐商大业,武王继位后不仅积极的进行军事斗争的准备,也继续为受天命造势,通过一系列的祥瑞吉兆,扩大其受命的政治影响力。这一点《周本纪》所述较为全面。

> 九年,武王上祭于毕,东观兵,至于盟津。为文王木主,载以车,中军。武王自称太子发,言奉文王以伐,不敢自专。……武王渡河,中流,白鱼跃入王舟中,武王俯取以祭。既渡,有火自上复于下,至于王屋,流为乌,其色赤,其声魄云。是时,诸侯不期而会盟津者八百诸侯。诸侯皆曰:"纣可伐矣。"武王曰:"女未知天命,未可也。"乃还师归。
>
> 居二年……遂帅戎车三百乘,虎贲三千人,甲士四万五千人,以东伐纣。十一年十二月戊午,师毕渡盟津。……二月甲子昧爽,武王朝至于商郊牧野。③

这段文字叙述了武王起兵伐纣到牧野大战前的基本经过,有几处与受命有关。第一件事是武王自称太子发,载文王木主于中军,奉文王以伐,而不敢自专,其原因恰恰在于文王作为受命之君,中道崩殂,而要打起伐纣的大旗,还得推出文王。同时,武王自称"太子发",与《程寤》篇中文王与太子发并拜吉梦,受皇天上帝之命是呼应的,即武王曾以太子的身份受天之大命,现在仍以太子的身份,奉受命之君完成上天的伐商使命。第二件事就是所谓的"白鱼入舟",从武王俯身取以祭可知武王和诸侯认为是吉兆,后世也多视此事为祥

---

① 《史记》,中华书局,1959年,第126页。
② 清华大学出土文献研究与保护中心编、李学勤主编:《清华大学藏战国竹简》(壹·下册),中西书局,2010年,第136页。
③ 《史记》,中华书局,1959年,第120~121页。

瑞。①第三件事就是"赤乌之瑞",它更具有影响力。

《尚书·泰誓》辑本云:"既渡,至于五日,有火自上复于下,至于王屋,流为乌,其色赤,其声魄,五至以谷俱来,武王喜,诸大夫皆喜。"②《汉书·律历志》云:"伐纣之岁","岁在鹑火",又云:"自文王受命而至此十三年,岁亦在鹑火。"③《尔雅·释天》云:"柳,鹑火也。"④按十二星次讲,鹑火在第八次,按星宿讲,柳宿为南方朱雀第三宿。在岁星纪年时代,十二年一个周期,再加算外一次,每隔十三年处于同一星次。文王受命和武王伐纣之年都是岁在鹑火之次。而鹑火正当柳宿,⑤居于朱雀之嘴。当柳宿上至南中天时,自上向下覆盖,像一个倒置的古文"火"字,随着地球的自转,鹑火柳宿西流,又像朱雀之嘴,故云"流为乌"。而鹑火为周人分野,史书中多见,《国语·周语》云:"昔武王伐殷,岁在鹑火……岁之所在,则我有周之分野也。"⑥《汉书·律历志》亦云:"故传曰:岁在鹑火,则我有周之分野也。"⑦另有将这种瑞应解释为赤乌衔丹书降天命于文王。如《诗经·大雅·文王》孔疏引纬书云:"赤雀衔丹书入丰,止于昌户。再拜稽首受。"⑧鸟本为商人的图腾,这里又成了上天的使者,代表殷人先祖和上天降命于文王。这一解释迂曲穿凿,不足为训。要之从文献来看,文王和武王时期都出现过"赤乌之瑞",而武王时期的时间地点更为明确。这正是为了进一步强化武王受天命,凝聚人心的需要。

尽管出现了"白鱼入舟"和"赤乌之瑞",但武王仍然告诫诸侯"未知天命",商纣不可伐。这显然是武王根据敌我双方力量的对比,尤其是其它部族和方国响应呼声是否高涨得出的判断。或许武王认为,在受命之君文王未完成克殷大业而离世的情况下,自己能否成为其他部族和方国认可的新的受命之君

---

① 如《尚书大传》卷三云:"八百诸侯俱至孟津,白鱼入舟。"(师伏堂刻本光绪丙申版,第38页。)《汉书·终军传》云:"盖六鹢退飞,逆也;白鱼登舟,顺也。"《汉书》,中华书局,1962年,第2817页。

② 孙星衍:《尚书今古文注疏》,中华书局,1986年,第272~274页。孙书中的《泰誓》辑自《史记》等书,其名称虽与伪孔传古文尚书一致,但内中的经文则已完全不同。

③《汉书》,中华书局,1962年,第1015页。

④ 胡奇光等:《尔雅译注》,上海古籍出版社,2004年,第243页。

⑤ 据《汉书·律历志》,鹑火次起于柳宿九度,终于张宿十七度。《汉书》,中华书局,1962年,第1006页。

⑥ 徐元诰撰,王树民、沈长云点校:《国语集解》,中华书局,2002年,第123、125页。

⑦《汉书》,中华书局,1962年,第1015页。

⑧ 毛亨:《毛诗正义》,北京大学出版社,1999年,第952页。

成为核心问题。通过此次观兵盟津既达到了检验人心向背的目的，也完成了新君受命的政治造势，为两年后的伐商行动扫清了舆论上的障碍。

所谓受天命，其实质是统治者主导的一种政治造势运动，随着受命之君文王的死去，及时将受命的主体身份向武王转移是很自然的想法。在特定历史时期，周人甚至宣扬过"后稷受命"，《逸周书·祭公》篇云："天之所锡武王时疆土，丕维周之□□□后稷之受命，是永宅之。"①虽然有过武王受命，但这场政治造势运动还是应以"太姒之梦"为开端。从"后稷受命"的只言片语，可以看出周人对受命主体有着不同的宣传口径，也可能是为了应对不断变化的政治形势。不过，"文王受命"无疑是最核心的政治命题，"后稷受命"和"文武受命"是主要的补充形式，前者在文献中的记载很少，其最初时间已无从查证，但后者赖于铜器铭文，尚可稽考。

言及"文武受命"的青铜器，最早的当在共王时代，属于西周中期。按，《左传》僖公二十四年载："昔周公弔二叔之不咸，故封建亲戚以蕃屏周。管蔡郕霍，鲁卫毛聃，郜雍曹滕，毕原酆郇，文之昭也。邘晋应韩，武之穆也。凡蒋邢茅胙祭，周公之胤也。"②这说明周初的封建已经有了文王、武王和周公三支胤嗣。随着时间的推移，武王和文王的后裔自然会形成不同的宗法性政治集团，由于利益上的分化，武王一支有意识的宣扬文武受命，也有抬高本支地位的意图。

四、结语

周初的文献和金文中有关文王、武王或文武并称受命的记载很多，应该不都是空穴来风。受命是对权力转移的非理性解释，笼罩着神秘色彩，是天命论思想下的产物，本为子虚乌有的事情。如果将商周之际，周人从文王开始的受命看做一场政治造势运动，许多疑窦便可冰释。

新出清华简《程寤》等篇表明，"太姒之梦"是文王（也可能包括武王）受命的肇端，所谓平虞芮之讼，只是显示了文王受命得到了其它方国的认可，或者印证了文王是受命之君。《史记·周本纪》云："诗人道西伯，盖受命之年称王而

① 黄怀信等：《逸周书汇校集注》，上海古籍出版社，1995年，第997页。
② 杜预：《春秋左传集解》，上海人民出版社，1977年，第345页。

断虞芮之讼。"①正好说明文王受命在前,平虞芮之讼在后。

与周人崇拜"天神",视"天"为至上神不同,殷商王朝崇拜的至上神为其祖先"帝"。而始祖帝喾,也就是夒,又是最尊贵的上帝,这也受到包括周人在内的其它部族和方国的认同。因此,文王时期还在周原举行过祈请商远祖先王成汤、太甲等册命周方伯为天下共主的典礼,西周甲骨中四条庙祭卜辞记录了事件的全过程。

受命之君文王过早的离世,无疑是周人伐商大业的重大损失,或许还降低了文王受命在其它部族和方国中的可信度。因此,在积极进行军事准备的同时,武王还有必要进一步推动周人受命的政治造势运动。观兵盟津不仅是军事力量的检验,也为武王受命张本,通过"白鱼入舟"和"赤乌之瑞"等一系列的吉兆瑞应,完成了武王天命在身的形象塑造。

本文原文刊于《史学月刊》2018年第2期。

本文作者:

李忠林,1970年生,陕西宝鸡人,教授,博士生导师。2007年在南京大学获得博士学位,2016至2018年在南开大学工作。

---

① 《史记》,中华书局,1959年,第119页。

中国中古时期乐浪郡形象的变迁

王安泰

乐浪郡是汉武帝平定卫氏朝鲜后,于朝鲜半岛北部设置的四郡之一。直至西晋时期,乐浪郡都是帝国东北方的重要据点,也是中原与海东诸国交流的重要中继点。公元313年,原居辽东半岛以北的高句丽攻占乐浪郡,并于414年将首都迁至平壤,朝鲜半岛情势剧变,高句丽与新兴的百济、新罗并立,被称作朝鲜半岛的前三国时期。

以此一历史发展为背景,学界对于古代乐浪郡的研究,主要分有几个方向:一是以西晋以前的乐浪郡为中心,探讨乐浪郡的地理位置,并分析乐浪郡作为三韩、倭国与汉晋朝廷往来时的中继点等。[①]二是着重于313年以后的乐浪郡,多数研究以高句丽的统治为核心,探索高句丽如何强化对乐浪郡的支配,乐浪郡的汉人集团与高句丽集团的关系,以及当时乐浪郡与周边政权的关

[①] 参见《乐浪郡考》,池内宏:『满鲜史研究(上世第一册)』,吉川弘文馆,1951年,19-61页;《乐浪郡考》,李丙焘:『韩国古代史研究——古代史上の诸问题』,学生社,1980年,128-149页;权五重:《乐浪郡研究——中国에대한事例의检讨》,一潮阁,1992年;《关于汉代辽东、乐浪两郡地理位置问题的探讨》,李健才:《东北亚史地论集》,兰州大学出版社,2010年,第304～331页;《중국군현으로서이나랑》,李成珪等编著:《나랑문화연구》,东北亚历史财团,2006年,第17～128页;《汉乐浪郡属县今地考定质疑》,徐德源:《求实集》,黑龙江人民出版社,2012年,第39～44页;甘怀真:《东北亚古代的移民与王权发展——以乐浪郡成立为中心》,《成大历史学报》2009年第36期;孙慰祖:《汉乐浪郡官印封泥的分期及相关问题》,《上海博物馆集刊》(第11期),上海书画出版社,2008年,第168～189页。关于20世纪90年代出土乐浪郡简牍的介绍与分析,尹龙九:《平壤出土〈乐浪郡初元四年县别户口簿〉研究》,桥本繁译,《中国出土资料研究》第2009年13号;杨振红、尹在硕:《韩半岛出土简牍与韩国庆州、扶余木简释文补正》,《简帛研究2007》,广西师范大学出版社,2010年,第277～299页;郑威:《汉帝国空间边缘的伸缩——以乐浪郡的变迁为例》,《社会科学》2016年第11期。考古整理可见王培新:《乐浪文化——以墓葬为中心的考古学研究》,科学出版社,2007年。

系等。①另有学者关心东晋十六国以来所设置的侨置乐浪郡与乐浪太守,从乐浪郡流徙至中原的遗民,以及在北朝占有一席之地的乐浪王氏,或是汇整两汉魏晋南北朝时期乐浪郡演变的状况。②大体而言,乐浪郡的相关研究甚丰伙,看似已无再深入研究的余地。

　　然而与玄菟、带方等郡相比,东晋至隋唐时期的乐浪郡始终作为官爵称号存在,此现象之成因、相关制度是否别有用意,历来讨论较少。尽管这类官爵仅有名号而无实质意义,③但乐浪长期作为地方行政单位名号,在虚名之外可能还存在其他意义。进一步而言,过往学界对高句丽统领乐浪郡后局势的分析,多集中于乐浪郡与高句丽、侨置乐浪郡与中国的关系。那么东晋南北朝究竟如何看待乐浪郡,实体与侨置乐浪郡之间又有何关连性,这些问题仍有待厘清。

　　高句丽以异民族之姿入主乐浪郡,在东晋十六国时期并非特例。当时遍布华北的五胡诸政权,同样是以非汉族群的身份成为各地的统治者,这些胡人政权统治的州郡,并未被东晋排除于天下秩序之外。因此若将视角置于乐浪郡,考虑东晋南朝与十六国北朝如何将"乐浪"纳入地方行政体系,将有助认识各政权对于乐浪郡的态度,并呈现各政权建构天下秩序的具体作为,与彼此间的差异。

　　此外,魏晋南北朝时期的东亚国际秩序,是运用将军号、都督诸军事等官

---

① 三上次男:『乐浪郡社会の支配構造』,《朝鲜学报》1964年第30期。窪添庆文:『乐浪郡と带方郡の推移』,『东アジア世界における日本古代史讲座(第三卷)』,学生社,1981年,第21~55页。神崎胜:『辽东、玄菟、乐浪、带方诸郡の解体』,『古代文化』1995年第47卷第3期。田中俊明:《高句丽の平壤迁都》,《朝鲜学报》2004年第190期。赵俊杰、王新英:《4世纪西北朝鲜地区主要民族集团的动向与势力格局》,《边疆考古研究》第10辑,科学出版社,2011年,第277~294页。

② 西本昌弘:『乐浪、带方二郡の兴亡と汉人遗民の行方』,『古代文化』1989年第41卷第10期。罗新:《十六国北朝时期的乐浪王氏》,北京大学韩国学研究所编:《韩国学论文集》(第六辑),新华出版社,1997年,第15~19页。园田俊介:『北魏时代の乐浪郡と乐浪王氏』,『中央大学アジア史研究』2007年第31期。赵红梅:《乐浪郡太守考》,《通化师范学院学报》2010年第1期。全面性的整理论述可参见苗威:《乐浪研究》,高等教育出版社,2016年,第9~31页。

③ 顾颉刚、史念海:《中国疆域沿革史》,商务印书馆,1999年,第100~101页。胡阿祥:《魏晋南北朝之遥领与虚封述论》,《南京师范大学学报(社会科学版)》2011年第5期。胡阿祥、孔祥军、徐成:《中国行政区划通史(三国两晋南朝卷)》,复旦大学出版社,2014年,第74~83页。

职建构而成。①不仅是东晋南北朝政权将官爵授予周边诸国,周边诸国有时亦会主动要求相应官职。以高句丽而言,公元355年前燕册命高句丽王官爵,其目的是为了强化前燕与高句丽的支配关系,因此是由前燕提出册命要求;而东晋于413年授予高句丽王官爵,则可能是高句丽王向东晋朝廷请求的结果。②其余如东晋南北朝册命百济、倭等国时,亦见有受封者主动索求称号的情形。③乐浪郡在东晋南北朝的册封体系是否存有特殊性,相当值得关注。

本文以官爵制度为中心,首先探讨汉晋时期对于乐浪郡的认识,考察西晋以前乐浪郡的特殊性,以及乐浪郡形象转化的过程。其次分析立国于江南的东晋南朝政权,如何建立与乐浪的连结,以及十六国北朝如何藉由册封与侨郡方式宣示领有乐浪,至北齐隋唐又发生何种改变,并重新思索中国中古时期如何理解与看待乐浪郡。

一、"国之东界"形象的塑造

汉武帝于元封三年(108年)派兵平定卫氏朝鲜,设立乐浪、玄菟、真番、临屯四郡,正式将朝鲜半岛北部纳入以皇帝为核心的郡县体制。其后真番、临屯二郡陆续废省,玄菟郡数次迁移治所,至东汉以后,乐浪郡成为辽东半岛以东最大之郡,且负责与海东诸国的接洽往来。④而汉武帝以后至西晋时期,中原政权如何看待国土东界的乐浪郡,值得再作探讨,以下从几个方向观察乐浪郡的形象变化。

---

① 关于魏晋南北朝时期东亚的政治局势与国际秩序,可参见西嶋定生:『东アジア世界と册封体制——六一八世纪の东アジア』,西嶋定生:『中国古代国家と东アジア世界』,东京大学出版会,1983年,415-468頁。《天下秩序原理的探讨》,高明士:《东亚古代的政治与教育》,台湾大学出版中心,2004年,第1~16页。《所谓"东亚世界"的再省思:以政治关系为中心》,甘怀真:《皇权、礼仪与经典诠释——中国古代政治史研究》,台湾大学出版中心,2004年,第507~531页。韩昇:《东亚世界形成史论》,复旦大学出版社,2009年,第31~44页。

② 谷川道雄:『东アジア世界形成期の史的构造——册封体制を中心として』,唐代史研究会编:『隋唐帝国と东アジア』,汲古书院,1979年,第87~111页。堀敏一:『中国と古代东アジア世界——中华的世界と诸民族』,岩波书店,1993年,第153~155页。三崎良章:『北魏の对外政策と高句丽』,《朝鲜学报》1982年第102期。

③ 『中国史书における百济王关系记事の检讨』,坂元义种:『百济史の研究』,塙书房,1978年,121-231頁。『倭の五王——その遣使と授爵をめぐって』,坂元义种:『古代东アジアの日本と朝鲜』,吉川弘文馆,1978年,第340~384页。

④ 相关沿革可见周振鹤:《西汉政区地理》,人民出版社,1987年,第207~209页。苗威:《乐浪研究》,高等教育出版社,2016年,第141~171页。

汉代中期以前史料尚未以郡县为疆界区别标准,叙述疆域东界时,多是以概略的地理名称作为标示:

[1](禹贡)东渐于海,西被于流沙,朔南暨声教,讫于四海。①

[2](琅邪刻石)六合之内,皇帝之土。西涉流沙,南尽北户。东有东海,北过大夏。人迹所至,无不臣者。②

[3](秦朝)地东至海暨朝鲜,西至临洮羌中,南至北嚮户,北据河为塞,并阴山至辽东。③

上述三例中,传述大禹治水事迹的《禹贡》,以及秦始皇所立的《琅邪刻石》,皆以海为东界、流沙为西界,仅简略说明四界范围。史料[3]《史记》司马迁对秦疆域的描绘,东界为海与朝鲜,西界是临洮、羌中,南界与北界也使用更明确的标示点,东界除了保留海的说法,又新增朝鲜。可见生于西汉中期的司马迁,已试图用更为详细的方式叙述古代疆域边界。

汉武帝平朝鲜,设置乐浪、临屯、玄菟、真番四郡,《后汉书》对四郡的省并经过有扼要概述:

[4]元朔元年,濊君南闾等畔右渠,率二十八万口诣辽东内属,武帝以其地为苍海郡,数年乃罢。至元封三年,灭朝鲜,分置乐浪、临屯、玄菟、真番四部。至昭帝始元五年,罢临屯、真番,以并乐浪、玄菟。玄菟复徙居句骊。自单单大领已东,沃沮、濊貊悉属乐浪。后以境土广远,复分领东七县,置乐浪东部都尉。④

昭帝时省并临屯郡与真番郡,并迁移玄菟郡的治所(即所谓第二玄菟郡),乐浪郡遂成为汉朝廷最东的大郡,统领周边的异民族。自西汉后期开始,玄菟郡逐渐西移,东汉时期的乐浪郡主统与三韩、倭等国的使者往返,完全成为汉

①《尚书》卷三《夏书·禹贡》,中华书局编辑部编:《汉魏古注十三经》,中华书局,1998年,第18页。
②《史记》卷六《秦始皇本纪》,中华书局,2014年,第315页。
③《史记》卷六《秦始皇本纪》,中华书局,2014年,第308页。
④《后汉书》卷八五《东夷传》,中华书局,1965年,第2817页。

朝与东方诸国往来的中继点,①乐浪郡作为汉朝东方门户的轮廓,遂日渐清晰。

另一方面,随着州郡制度的定型,汉代人也开始以更确切的郡名作为边陲疆界的标示:

> [5]西连诸国至于安息,东过碣石以玄菟、乐浪为郡,比却匈奴万里,更起营塞,制南海以为八郡,则天下断狱万数,民赋数百,造盐铁酒榷之利以佐用度,犹不能足。②

> [6](祭)肜之威声,畅于北方,西自武威,东尽玄菟及乐浪,胡夷皆来内附,野无风尘。乃悉罢缘边屯兵。③

> [7]其后京师贵戚,必欲江南檽梓豫章楩柟;边远下土,亦竞相仿效。……东至乐浪,西至敦煌,万里之中,相竞用之。此之费功伤农,可为痛心!④

史料[5]是汉元帝时贾捐之对于局势的探讨,当时玄菟郡方才西移,因而贾捐之仍以乐浪与玄菟并举。史料[6]则是对东汉前期祭肜声威的描述,祭肜长期担任辽东太守,因此将位于辽东郡以东的玄菟、乐浪二郡一并纳入。而史料[7]《潜夫论》更明确以乐浪、敦煌为东汉的东、西两界,描述当时流行厚葬的影响范围。由此看来,乐浪郡不仅在地理上成为汉代极东之郡,也成为汉代以后人们所认知的汉代东界。⑤

除了政治地理空间以外,就文化地理而言,汉代与乐浪郡的关联也日趋紧密。西汉末年扬雄所编的《方言》,是扬雄"采集先代绝言、异国殊语",并访问上计孝廉与内郡卫卒各地词语整理而成。《方言》将汉代疆域分作数大方言区,其分类是以先秦的大地理区为准,而非州郡名。因此以乐浪郡为主的朝鲜半

---

① 甘怀真:《东北亚古代的移民与王权发展——以乐浪郡成立为中心》,《成大历史学报》2009年第36期。

② 《汉书》卷六四下《贾捐之传》,中华书局,1962年,第2832页。

③ 《后汉书》卷二十《祭遵传》,中华书局,1965年,第745页。

④ 《潜夫论笺校正》卷三《浮侈》,中华书局,1985年,第134页。

⑤ 如《通典》云汉代疆域"东乐浪郡,西燉煌郡,南日南郡,北鴈门郡",唐人顾况甚至将此形象扩及至周代,云"在周之兴,西至流沙,东至乐浪",将乐浪纳入周代的疆域中,皆可见乐浪为汉代东界的形象,已深植于后人心中。《通典》卷一七一《州郡一·序目上》,中华书局,1988年,第4457页。《文苑英华》卷四一《高祖受命造唐赋并序》,中华书局,1966年,第184页。

岛北部,遂被划归为朝鲜、洌水的区域,不称乐浪郡。相较之下,河西四郡与岭南等地的新设郡却未被收入《方言》,可知扬雄特意将朝鲜半岛北部纳入汉代的文化地理区。

到了东汉,随着郡县制度的进一步深化,关于乐浪郡物产及方言的记录日渐增加。例如《说文》有11条的解释与乐浪郡有所联系,其中7条是鱼的产地,3条是关于地名的说明,另外1条则与丝织品有关。除乐浪外,《说文》另有4条提及朝鲜,其描述方式与乐浪截然不同,而与《方言》相近。①详细内容请参见表1"《说文》乐浪、朝鲜相关词条表"。

表1 《说文》乐浪、朝鲜相关词条表②

部首	字	内容	出处(书/卷/页)
言	詽	詽詽,多语也。从言幵声。乐浪有詽邯县。	说文解字/3上/55
日	暆	日行暆暆也。从日施声。乐浪有东暆县。读若酏。	说文解字/7上/138
水	浿	水。出乐浪镂方,东入海。从水贝声。一曰出浿水县。	说文解字/11上/228
鱼	鱙	鱼名。出乐浪潘国。从鱼房声。	说文解字/11下/244
鱼	鲅	鱼名。出乐浪潘国。从鱼妾声。	说文解字/11下/244
鱼	鲄	出乐浪潘国。从鱼市声。	说文解字/11下/244
鱼	鰅	出乐浪潘国。从鱼匊声。一曰鰅鱼出江东,有两乳。	说文解字/11下/244
鱼	魦	出乐浪潘国。从鱼,沙省声。	说文解字/11下/244
鱼	鱳	出乐浪潘国。从鱼乐声。	说文解字/11下/244
鱼	鰅	鱼名。皮有文,出乐浪东暆。神爵四年,初捕收输考工。周成王时,扬州献鰅。从鱼禺声。	说文解字/11下/244
糸	絾	乐浪挈令织。从糸从式。	说文解字/13上/271
口	喔	朝鲜谓儿泣不止曰喔。从口,宣省声。	说文解字/2上/30
目	盱	张目也。从目于声。一曰朝鲜谓卢童子曰盱。	说文解字/4上/71
疒	瘄	朝鲜谓药毒曰瘄。从疒劳声。	说文解字/7下/156
金	鈏	朝鲜谓釜曰鈏。从金典声。	说文解字/14上/294

不仅《说文》记述乐浪所出物产,日后许多史书与文学作品,也经常引用乐浪郡出土的物产。例如《三国志》描述濊人时云"乐浪檀弓出其地",除了标示檀弓出于濊人之手,也将檀弓作为乐浪郡的贡物。③三国时期吴国陆玑对鹭的

---

① 关于《说文》纪录的方言问题,参见江敏华:《〈说文〉〈释名〉中所反映的汉代方言现象》,《台大中文学报》2002年第16期。

② 本表使用《说文》版本为《说文解字》(中华书局,1963年)。

③《三国志》卷三十《魏书·东夷传》,中华书局,1959年,第849页。

解释是"鹭,水鸟也……齐鲁谓之春锄,辽东乐浪吴杨谓之白鹭",提及辽东乐浪与扬州、吴郡都将鹭称作白鹭。[①]夏侯开国《吴郡赋》云"名练夺乎乐浪,英葛光乎三辅",亦提及乐浪生产高质量的布料。[②]凡此种种,都可看出乐浪的物产、语言、习俗,已为汉晋时人熟知。

综上所述,可知乐浪郡在建立之初,只是汉武帝于朝鲜半岛北部所立四郡之一,在历经数次整并后,乐浪郡成为汉代的极东之郡。随着郡县制的稳定,汉代人开始使用"东至乐浪"标志疆土东界,乐浪所产或上贡的物品,也为时人所认识。从"东至海"到"东至乐浪",不仅反映了汉代政治与地理方面的变化,也是乐浪郡与汉代政治体系的连结日益紧密的具体表现。

二、魏晋南朝时期乐浪郡名官爵的变化

自黄巾起事后,东汉的政治体系渐趋瓦解,天下局势由群雄割据转为三国鼎立,魏蜀吴三国皆自称正统,并与周边势力缔结关系。其中具有代表性之例,就是魏吴二国各自派遣使者册命公孙渊官爵一事。

自公孙度于东汉末年统治辽东,至公孙渊已经历三代。孙权称帝后,为拉拢公孙渊,遂于232年遣使册命公孙渊为大将军、幽青二州牧、辽东太守(如故)、燕王;公孙渊随即向曹魏请降,魏明帝乃于隔年册命公孙渊为大司马、乐浪公,辽东太守如故。[③]孙权为了拉拢公孙渊,不惜打破汉代以来异姓不王的原则,[④]给予公孙渊燕王的爵位,又赐予茅土、九锡等重礼,足见孙权对公孙渊的重视。[⑤]而孙权所授予的燕王称号,显然是期勉公孙渊能够统领汉代的幽州

---

① (唐)欧阳询撰,汪绍楹校:《艺文类聚》卷九二《鸟部下·白鹭》,上海古籍出版社,1982年,第1606页。

② (宋)李昉等撰:《太平御览》卷八二○《布帛部七·布》引夏侯开国《吴郡赋》,中华书局,1960年,第3651页。

③ 《三国志》卷四七《吴书·孙权传》,中华书局,1959年,第1137页;卷三《魏书·明帝纪》,中华书局,1982年,第101页。

④ 自两汉至南北朝,除了少数例外(如北魏、北齐等),多数王朝皆以异姓不王为封爵的原则。参见杨光辉:《汉唐封爵制度》,学苑出版社,2002年,第115~124页。

⑤ 『亲魏倭王册封に至る东アジアの情势——公孙氏政权の兴亡を中心として』,西嶋定生:『中国古代国家と东アジア世界』,东京大学出版会,1983年,第472~475页。

乃至青州,成为曹魏的北方威胁。[①]相较之下,曹魏授予公孙渊的乐浪公爵,尽管仍超越一般大臣可获得的列侯爵位,但并未逾越异姓不王的规范,也非唯一特例(如汉献帝及其后裔亦为山阳公)。因而魏明帝给予公孙渊乐浪公爵,已是曹魏所能授予异姓大臣的极限。

值得注意的是,公孙渊的本籍与根据地皆位于辽东,其所获命亦为辽东太守,按理曹魏可迳授公孙渊辽东公爵。然而曹魏最后选择授予公孙渊乐浪公,理由除了正式承认公孙渊对乐浪郡的支配权,[②]也是不希望将辽东郡的行政权与名义上的诸侯地位一并授予公孙渊。不仅如此,此次册命也是中国古代第一次将乐浪郡作为封国授予大臣。自此以后,乐浪郡(以及曹魏新设的带方郡)成为魏晋南北朝常态授予的封国。乐浪郡被纳入封国体系意味着将乐浪郡归类为"诸侯"可达之处,而诸侯与天子有君臣之义,代替天子管理封国,因此乐浪郡就被纳入中国的"封建"体系。[③]

曹魏派兵平定公孙渊后,依循公孙渊所置,以辽东、乐浪、带方、玄菟等郡新成立平州,位于平州的乐浪郡,再次成为曹魏与西晋的极东之郡。[④]西晋末年爆发永嘉之乱,华北再度陷入大乱,定都于建康的东晋朝廷以继承西晋正统为念,并且要配合士庶恢复中原的期待。东晋因此设置侨州郡县,安置南渡的士族与人民,藉此宣示仍统有这些地区。[⑤]另一方面,东晋也藉由授予留在华北诸势力官爵,来缔结君臣关系,其中最重要的两股势力就是前燕慕容氏与前凉张氏。

---

① 孙权以公孙渊为幽州、青州牧,又以幽青二州十七郡册命公孙渊为燕王,都显示孙权希望依赖公孙渊控制幽青二州,也是吴蜀交分天下后,孙权对自己所领半分天下的"实质"支配。《三国志》卷四七《吴书·孙权传》裴注引《江表传》。吴蜀交分天下的分析见王安泰:《"恢复"与"继承"——孙吴的天命正统与天下秩序》,《厦门大学学报(哲学社会科学版)》2016年第5期。

② 大庭脩:『古代中世における日中関係史の研究』,同朋社,1996年,第49~50页。

③ 关于曹魏时期的封国安排,参见王安泰:《开建五等——西晋五等爵制成立的历史考察》,花木兰出版社,2009年,第54~63页。

④ 曹魏平公孙渊后,分辽东、昌黎、玄菟、带方、乐浪五郡为平州,后一度还为幽州。至西晋咸宁二年(276年),再次将昌黎、辽东、玄菟、带方、乐浪等五个郡国置为平州。亦即平州至西晋方成为常设之郡。严格来说,曹魏时期自乐浪郡析出的带方郡,亦为魏晋时期极东之郡。然而带方郡成立时间较短,且地位与重要性不如乐浪郡,因此本文仍统称乐浪郡为汉晋极东之郡。《晋书》卷十四《地理志上》,中华书局,1974年,第426~427页。

⑤ 关于东晋南朝时期侨郡的分析,参见胡阿祥:《六朝疆域与政区研究(增订本)》,学苑出版社,2005年,第243~321页。胡阿祥、孔祥军、徐成:《中国行政区划通史(三国两晋南朝卷)》,复旦大学出版社,2014年,第83~153页。

西晋常设平州后,乐浪郡就成为平州的固定属郡;对东晋来说,获得东晋所授平州刺史的身份,就拥有对乐浪郡的统辖权。东晋并未侨置平州,也没有为平州移民设置侨郡县,理由除了由辽东半岛南渡的人口甚少以外,①也是因东晋将平州的统辖权交付给慕容氏所致。东晋建立之初,即任命慕容廆为监平州诸军事、平州刺史,此后又晋升慕容廆为都督幽州东夷诸军事、平州牧、辽东公,等同将平州所有的军政大权都交由慕容廆。自东晋初年授予慕容廆平州刺史始,直至慕容儁称帝为止,慕容氏三代一直是东晋朝廷治下的平州管理者,东晋朝廷与平州乃至乐浪郡之间,仍有名义上的统属关系。东晋朝廷以恢复中原为目的,其最终目标是恢复西晋所设置的所有州郡。对东晋君臣来说,从平州到凉州都是应该要恢复的区域,乐浪郡自然也包含在其中。因此东晋前期藉由授予慕容廆平州刺史的官职,确认自身对平州的统辖地位,同样道理亦可用于前凉张氏的凉州刺史。既然东晋长期任命平州在地势力为平州的军政长官,如果再于江东侨置平州,不仅叠床架屋,也变相否定或削弱了原平州刺史与都督平州诸军事的正当性。

当慕容儁于354年称帝后,东晋失去了名义上统辖平州的管道,即便如此,直至370年前燕灭亡为止,东晋并未另授予他人平州刺史或乐浪太守等官职。除了史料阙漏的可能性外,也不排除是东晋朝廷依然以慕容氏为东晋藩臣,即使双方已无册封关系,东晋仍期待慕容儁(与其子慕容暐)有朝一日"重新"接受东晋官职,因而搁置平州刺史与相关官职的任免。

前燕于370年为前秦所灭,东晋朝廷随即于372年授予百济王余句镇东将军、领乐浪太守。②此一安排是东晋需在前燕灭亡后寻求新的平州与属郡代理者,因而以百济王余句为乐浪太守。当时的乐浪郡仍为高句丽所控制,非百济所能治理,无论东晋是否有意拉拢百济,都代表东晋将乐浪郡的统治权交给百济王余句,亦即以百济代替原来前燕的部分职责。尽管此次册命宣示意义大于实质意义,仍可看出东晋试图维系与乐浪郡的联系。

东晋在372年册命百济王为乐浪太守后,至413年以高句丽王为乐浪公的40余年间,不再见到东晋朝廷授予任何平州或乐浪有关的官职,其理由或许在

---

① 《晋永嘉丧乱后之民族迁徙》,谭其骧:《长水集》,人民出版社,1987年,第199~223页。

② 坂元义种认为,东晋咸安二年对百济册命的记载,虽未提及"百济王",但东晋南朝史料在记载对倭、宕昌等国的册命时,也经常省略其王号,因此东晋还是存在授与余句百济王的可能性。『中国史书における百济王关系记事の检讨』,坂元义种:『百济史の研究』,第124~129页。

于,384年慕容垂趁淝水战后建立后燕,东晋仍希望以慕容氏为统领平州的代理者。这个期望随着后燕的灭亡再度消失,东晋必须再次寻求新的代理者,遂将目标转至高句丽。

至东晋末年,随着北魏兴起,东晋朝廷开始与高句丽、柔然、吐谷浑等北魏周边势力建立密切关系,试图建立对北魏的包围圈,[①]高句丽也希望能与东晋缔结良好关系。[②]因此在413年,东晋朝廷初次以高句丽王高琏为乐浪郡公,乐浪郡公遂成为东晋南朝册命高句丽王的主要爵位。[③]东晋南朝选择以乐浪郡为高句丽王的封国,一方面是因应高句丽统治乐浪郡的现实,并延续前燕先例,以高句丽王为东晋统治乐浪郡的代理者(诸侯);另一方面,东晋南朝也是着眼于乐浪郡具有汉晋东界的形象,刻意以乐浪作为自身与区域连结的标示。即使东晋南朝不再任命平州刺史,仍得与朝鲜半岛北部(汉晋时期国之东界)建立名义上的统属关系。[④]

三、十六国北朝时期乐浪郡官爵的沿革

永嘉之乱后,十六国与北朝致力建构政权的正统性,[⑤]除了使用社稷、宗庙等礼仪建筑,亦多侨置州郡,并将封国安置于疆域之外,以宣示为天下的领有

---

① 鬼头清明将南朝与北朝周边政权的联合,称作"封锁连环"的同盟。卢泰敦认为,北魏统一华北后,刘宋希望连结北魏周边国家,共筑对北魏的环状包围圈。而高句丽也由于北魏的压力,而选择与南朝建立朝贡册封关系。『推古朝をめぐる国际的环境』,鬼头清明:《日本古代国家の形成と东アジア》,校仓书房,1976年,第61~72页。卢泰敦:《高句丽史研究》,张成哲译,台湾学生书局,2007年,第210~225页。

② 韩昇:《东亚世界形成史论》,复旦大学出版社,2009年,第94~97页。

③ 关于东晋南朝历次册封高句丽王的整理,参见『五世纪の日本と朝鲜——中国南朝の册封と关连して』,坂元义种:『古代东アジアの日本と朝鲜』,吉川弘文馆,1978年,261-300页。《中原、南方政权对高句丽的管辖册封及高句丽改称高丽时间考》,魏存成:《高句丽渤海考古论集》,科学出版社,2015年,第74~82页。

④ 公元495年,在百济王牟大给南齐明帝的上表中,亦包含乐浪太守的官名,但此乐浪太守非南齐朝廷所任命,而是百济王牟大所假授的官衔。目前仅知南齐正式授予百济王僚佐将军号,至于南齐是否承认牟大所授乐浪、城阳、朝鲜等太守的职称,尚无法确认。《南齐书》卷三九《东夷传》,中华书局,1972年,第1012页。

⑤ 《五胡十六国、北周的天王称号》,谷川道雄:《隋唐帝国形成史论》,李济沧译,上海古籍出版社,2004年,第239~253页。『五胡十六国、北朝时代における"正统"王朝について』,川本芳昭:『魏晋南北朝时代の民族问题』,汲古书院,1998年,66-102页。罗新:《十六国北朝的五德历运问题》,《中国史研究》2004年第3期。

者。①学界探讨十六国北朝与乐浪郡的关系,多以前燕开始设置的侨乐浪郡为重点,又由于前燕、后燕、北燕乃至北魏的乐浪郡都是侨置,与汉晋时期的乐浪郡除了名称并无重叠之处。即便如此,十六国北朝多与统治乐浪郡的高句丽相邻,双方地缘位置紧密,透过十六国北朝的官爵安排或可发现北朝政权与乐浪关系的蛛丝马迹。

东晋初年慕容廆获得东晋朝廷册命的辽东公、平州刺史等官爵,慕容廆就成为东晋在平州地区的代理者。辽东公是对应慕容廆所统辖的区域,而平州刺史则是东晋将平州的统辖权委交慕容廆的象征。慕容廆在受命为平州刺史后,名义上有统治平州诸郡的权力,除了自身统领的(州治)辽东郡与昌黎郡外,又接纳辽东以东的流民,侨置乐浪、带方等郡。②尽管乐浪与带方郡实际为高句丽所控制,慕容廆仍需于其辖境内设置乐浪、带方等侨郡,象征自己统有完整的平州,其意义与东晋侨置华北州郡的道理相近。

不过慕容廆与其僚佐并未因此而满足,在辽东局势稳定后,慕容廆遂遣部属向东晋朝廷请求燕王的爵位,理由是如果慕容廆没有如同燕王般的地位,则不足以镇摄统领周边的华夷:

> 方今诏命隔绝,王路崄远,贡使往来,动弥年载。今燕之旧壤,北周沙漠,东尽乐浪,西暨代山,南极冀方,而悉为虏庭,非复国家之域。将佐等以为宜远遵周室,近准汉初,进封廆为燕王,行大将军事,上以总统诸部,下以割损贼境。使冀州之人望风向化,廆得祗承诏命,率合诸国,奉辞夷逆,以成桓文之功,苟利社稷,专之可也。③

在此一奏表中,慕容廆及其僚佐将乐浪郡纳入"燕之旧壤",范围大抵等同于汉武帝以降幽州(魏晋析为幽平二州)的区域,如此大范围的燕国,并非西汉后期以来仅存一两郡的燕国,必然是战国或西汉前期之燕国。然而乐浪郡是

---

① 相关研究参见王安泰:『汉、赵の封国と天下秩序について』,『中央大学アジア史研究』第38号,2014年,第31~74页。王安泰:《皇帝的天下与单于的天下——十六国时期天下体系的构筑》,童岭主编:《皇帝·单于·士人——中古中国与周边世界》,中西书局,2014年,第78~94页。

②《十六国疆域志》,《二十五史补编》,开明书店,1936年,第4120页。牟发松、毋有江、魏俊杰:《中国行政区划通史(十六国北朝卷)》,复旦大学出版社,2016年,第202~203页。

③《晋书》卷一百八《慕容廆载记》,中华书局,1974年,第2810~2811页。

汉武帝平朝鲜后新设之郡,慕容廆君臣所描绘的燕国版图,显然是将汉武帝以后所置幽州的统辖区域,比附为汉初以前燕国的地理范围,其目的无疑是希望慕容廆能成为乐浪至代郡的统治者。从另一角度观之,慕容廆君臣以乐浪郡为"燕之旧壤",也呼应前文所述乐浪郡为国之东界的标志。

慕容儁平定后赵,遂自立为帝,并大封宗室为王。其中慕容度获封乐浪王,慕容温获封带方王,①显见慕容儁在最初册封宗室时,就已经将乐浪与带方视作自身统治可及的范围,并且派遣诸侯统领。②不久前燕与高句丽发生冲突,高句丽王高钊遣使请和,慕容儁遂以高钊为乐浪公。高钊为乐浪公,符合高句丽领有乐浪郡的实情,一如过往东晋朝廷以慕容廆为辽东公之例。既然高钊成为前燕的乐浪公,与慕容儁建立君臣关系,高句丽所统领的乐浪郡,自然就成为前燕治下。无论乐浪公虚封与否,关键在于慕容儁与高钊由此产生"天子-诸侯"的关系,③亦即前燕明确将乐浪郡纳入自身的天下秩序。后燕、北燕时期继承前燕以乐浪郡为封国的政策,后燕以慕容温、慕容惠为乐浪王,北燕时期亦有乐浪公主,④凸显诸燕天下秩序具有连贯性。⑤而平州与侨乐浪郡并未随前燕灭亡而消失,不仅平州延续建置,⑥侨乐浪郡也一直存在于十六国

---

① 《资治通鉴》卷九九《晋纪二十一·穆帝永和十年》,中华书局,1956年,第3140页。

② 王安泰:《十六国时期诸燕的天下秩序——以封国分布为中心》,宣读于明治大学文学部主办,"第3届'中国中世(中古)社会诸形态'国际大学院生若手研究者学术交流论坛"(2014.2.28—3.1,日本明治大学)。

③ 学者认为,前燕册命高钊的两种爵号,乐浪郡公是表明高句丽仍在中国王朝的体制之下,高句丽王则是不受中原礼法约束的蛮夷王号。而前燕授予高钊郡公之号,显示前燕以中原正统自居。《四至五世纪东亚世界的形成与东晋南朝——以中国史料为中心》,张学锋:《汉唐考古与历史研究》,生活·读书·新知三联书店,2013年,第387~404页。

④ 《资治通鉴》卷一百五《晋纪二十七·孝武帝太元九年》,中华书局,1956年,第3327页;卷一百九《晋纪三十一·安帝隆安元年》,第3445页。《晋书》卷一二五《冯跋载记》,中华书局,1974年,第3130页。

⑤ 后燕另册命高句丽王高安为辽东带方二国王、平州牧,显然是刻意略过乐浪郡,而以辽东、带方二郡为高句丽王封国,其理由应是为了避免与后燕宗室的高句丽王重叠。《梁书》卷五四《东夷传》,中华书局,1973年,第803页。

⑥ 前秦灭前燕后,分幽州设立平州,后燕、北燕亦置平州,显示十六国对平州的设置是一脉相承。《十六国疆域志》,《二十五史补编》,开明书店,1936年,第4145、4191、4199页。牟发松、毋有江、魏俊杰:《中国行政区划通史(十六国北朝卷)》,复旦大学出版社,2016年,第245、293~294、327~328页。

的地方行政体系。①

北魏平定北燕后,依然延续北燕体制,设立了乐浪等侨郡,但并未立即以乐浪设置封国。此外,北魏在435年册命高句丽王高琏为辽东郡公,之后也没有将高句丽王徙封为乐浪郡公的打算。此前的前燕、东晋与同时期的刘宋皆以高句丽王为乐浪公,北魏显然未循前例。实际上,北魏授予外藩爵位,多刻意与东晋南朝的封国名称错开。例如刘宋先后以吐谷浑氏为陇西王、河南王,北魏以之为西平王;刘宋以仇池杨氏为武都王,北魏则封之为南秦王等,可知北魏有意回避南朝所授的相同爵号。②因此,鉴于东晋与刘宋皆以高句丽王为乐浪公,北魏为求不授予同一爵称,遂改以高句丽王为辽东公。

尽管北魏未以高句丽王为乐浪公,但北魏朝廷实未放弃以乐浪为封国的作法。461年,北魏文成帝册命其弟拓跋万寿为乐浪王,③其后至北魏灭亡,除了短时间的断绝,拓跋万寿及其子孙长期担任乐浪王爵。在此之前,文成帝已册命乳母常太后的族属为辽西公(常英)、带方公(常喜)、朝鲜侯(常泰)、辽东公(王睹)等爵位,④皆是辽西郡以东的封国。其中常太后的妹夫王睹,于兴安二年(453)担任平州刺史、辽东公,常太后云"本州、郡公,亦足报耳"⑤,代表王睹为平州人,极可能属乐浪王氏后裔。而北魏文成帝之妻冯氏,其母亦为乐浪王氏,因此文成帝以拓跋万寿为乐浪王,或许有血缘与地缘的因素。⑥

带方、辽东等郡与乐浪同样都属平州(辽西属营州),然而北魏文成帝并未将乐浪郡作为常英等人的封国,而是授予宗室拓跋万寿作为王爵。相较于带

---

① 前秦灭前燕后,似仍保留侨乐浪郡;后燕慕容熙时有乐浪太守游鳝,北魏攻打北燕之际,"(冯)文通营丘、辽东、成周、乐浪、带方、玄菟六郡皆降",亦代表北燕仍有侨乐浪郡,并为北魏所继承。《十六国疆域志》,《二十五史补编》,开明书店,1936年,第4145页。《魏书》卷五五《游明根传》,中华书局,1974年,第1327页;卷九七《海夷冯跋传》,第2303页。

② 北魏在授予外藩爵位时,多刻意与东晋南朝的封国名称错开。例如刘宋先后以吐谷浑氏为陇西王、河南王,北魏以之为西平王;刘宋以仇池杨氏为武都王,北魏则封之为南秦王,皆可见北魏有意回避与南朝授予同样爵称。南北朝授予周边势力爵位的整理,参见『五世紀の日本と朝鮮の国際的環境——中国南朝と河南王、河西王、宕昌王、武都王』,坂元义种:『古代東アジアの日本と朝鮮』,吉川弘文館,1978年,第226~260页。王安泰:《再造封建——魏晋南北朝的爵制与政治秩序》,台湾大学出版中心,2013年,第263~296页。

③《魏书》卷五《高宗纪》,中华书局,1974年,第143页。

④《魏书》卷八三上《外戚传上》,中华书局,1974年,第1963页。

⑤《魏书》卷八三上《外戚传上》,中华书局,1974年,第1964页。

⑥ 另卢道裕娶北魏献文帝之女乐浪长公主,亦是北魏以乐浪郡作为封邑(汤沐邑)的佐证。《魏书》卷四七《卢玄传》,中华书局,1974年,第1159页。

方、辽东等郡,乐浪郡更具有汉晋极东之郡的标志性,因此北魏以宗室为乐浪王,显然是将乐浪的地位立于辽东、带方之上,因而以宗室王爵统领,更能加深北魏统有乐浪郡的印象。

北齐建国后,为与新罗建立更密切的往来,于河清四年(565)封新罗王金真兴为乐浪郡公。①然而北齐为了解决当时地方行政的紊乱,于天保七年(556)即已大规模省并州郡,侨乐浪郡亦于此时被并入昌黎郡。②尽管北齐并非刻意针对乐浪等郡行事,仍弱化了北齐与乐浪的连结,前燕以来的侨乐浪郡遂正式消亡,仅保留以乐浪为封国的"天子-诸侯"关系。③

自北齐以新罗王为乐浪郡公,其后直至唐代,乐浪一直作为新罗王的专属封国。④自唐朝与新罗结束册封关系,直到清代为止的一千余年,除了明初濮英死后获赠乐浪郡公,⑤乐浪郡不再为中国王朝封爵称号,仅存有乐浪郡为汉代东界的印象。因此乐浪郡自隋唐地方行政体系中消失,并非隋文帝废郡存州后直接造成的影响,而是十六国时期以来逐步转化的结果。

四、小结

汉武帝于朝鲜半岛北部设置四郡,乐浪郡仅为其一,并不具备特殊性与代表性。然而随着西汉行政建置的调整,乐浪郡成为朝鲜半岛的主要行政单位,也是汉代的极东之郡。汉人又以郡为国土四界的代称,乐浪郡为汉代极东之郡的印象深植人心,其风土物产也为人所注意。尽管如此,乐浪郡作为偏远边郡,尚未成为汉代王侯的封国。三国时期,魏吴二国皆试图拢络辽东的公孙渊,为此魏明帝特别授予公孙渊乐浪公的爵位,这是中国古代首次以乐浪作为

---

①《北齐书》卷七《武成帝纪》,中华书局,1972年,第94页。另一方面,北齐后主于天统三年(567年)以高仁约为乐浪王,但《校勘记》认为此处疑是乐平王高约、字仁邕,见《北齐书》卷八《后主纪》,中华书局,1972年,第100、118页。

②施和金:《北齐地理志》卷一《河北地区(上)》,中华书局,2008年,第133~134页。牟发松、毋有江、魏俊杰:《中国行政区划通史(十六国北朝卷)》,复旦大学出版社,2016年,第1037页。

③北周沿用北齐建置,仅设置侨昌黎郡,属南营州。隋开皇三年废省侨昌黎郡,侨乐浪郡所依附的对象也一并消失。王仲荦:《北周地理志》卷十《河北下》,中华书局,1980年,第1002页。牟发松、毋有江、魏俊杰:《中国行政区划通史(十六国北朝卷)》,复旦大学出版社,2016年,第967~968页。施和金:《中国行政区划通史(隋代卷)》,复旦大学出版社,2009年,第373~374页。

④『中国皇帝と周边诸国の秩序』,金子修一:『隋唐の国际秩序と东アジア』,名著刊行会,2001年,第53~61页。韩国磐:《南北朝隋唐与百济新罗的往来》,《历史研究》2017年第2期。

⑤《明史》卷一三三《濮英传》,中华书局,1974年,第3894页。

诸侯封国,乐浪因此具有郡与封国的两种形象。

永嘉乱后,东晋以恢复大晋天下为念,乐浪郡也是尚待光复的地区。东晋未直接任命乐浪太守,而是以慕容氏为平州刺史,作为统治乐浪等郡的代理者。其后东晋南朝为了对抗北魏,与高句丽等国建立更密切的关系,并授予高句丽王乐浪公的爵位,承认高句丽统领乐浪、以高句丽王为协助东晋统治乐浪的诸侯。鉴于乐浪为汉晋极东之郡的特殊地位,以乐浪为高句丽王封国,便能塑造东晋南朝辖有汉晋东界的形象。尽管东晋南朝未设置侨乐浪郡,多数时间仍保有名义上对乐浪郡的统治权力。

而以辽东为据点的慕容氏,因以平州刺史起家,不仅常置侨乐浪郡,在慕容儁称帝后又以乐浪为封国,前燕至北燕皆然。北魏平北燕后,沿用侨乐浪郡的设置,并以乐浪为宗室王爵,高句丽王为辽东郡公。十六国北魏时期乐浪侨郡与封国并存的二重体制,至北齐出现转变,北齐省并州郡之际,将乐浪郡整入他郡,又以新罗王为乐浪郡公,乐浪转变为外藩封地,仅剩下诸侯的虚名,与皇帝之间的关系更加疏离。因此当唐代与新罗结束册封关系,乐浪郡没有随着中国行政区划的变化而与时俱进,仅存汉朝极东之郡的形象,成为历史名词。

因此,乐浪郡从汉武帝朝鲜四郡之一转为该地大郡,又塑造出国之东界的形象,使得乐浪郡具有高度象征意义,自然也被纳入东晋南北朝的天下秩序。各王朝纷纷保留(侨)平州、(侨)乐浪郡或乐浪王公爵号,以确保自身(名义上)能够统领汉晋故地。但是中原政权几经兴革,平州刺史与乐浪太守等官相继撤废,只有徒具虚名的乐浪王公爵,乐浪郡最终消逝于地表,成为人们遥想汉晋当年的一则历史记忆。

本文原刊载于《南开学报》(哲学社会科学版)2018年第5期。

本文作者:

王安泰,台湾大学历史学系博士,现任南开大学历史学院副教授、南开大学韩国研究中心副主任。研究领域为魏晋南北朝史、中国政治制度史、东亚古代史等。著有《开建五等——西晋五等爵制成立的政治史考察》《再造封建——魏晋南北朝的爵制与政治秩序》等书,以及研究论文二十余篇。

资源区位、技术工具与区域社会
——明清以降中国西北地区的水力加工业

方万鹏

　　水力作为重要的自然力,在西欧早期工业化或者说工场手工业时期被赋予了重要意义。马克思指出,在蒸汽动力出现以前,能够产生比人力更大动力的通常就是畜力、风力、水力。较之畜力和风力,"在大工业的发源地英国,水力的应用在工场手工业时期就已经很普遍"①。彭慕兰在研究中亦发现,"较早期的工厂以水为动力而不是煤……水一度可能比煤为更多的磨提供了动力"②。其中的"磨",即水磨,是以水为动力、以制粉为主要特点的大型加工机械,在中西文明史上都曾发挥过重要作用。与一般的人力、畜力磨相较,水磨在动力来源、传动装置、工具机组合等方面都更加先进并富于形制结构变化。马克思盛赞水磨具备了机器的形态和要素——发动机、传动机和工具机,③并构成了"在工场手工业内部为机器工业作好准备的"④两种物质基础之一。

　　就中国历史的发展脉络来讲,水磨是隋唐以后中国北方最典型的水力加工工具,不仅用于谷物制粉,还可用来磨茶、制香、造纸、榨油等。然而由于历史经验和学术语境的差异,水力磨坊在中国的学术探索多在农业史或科技史的框架中进行,其在经济史中的角色和意义较少被阐释,尤其是从动力的角度。较早地关注动力问题并践行这一探索的是李伯重关于江南早期工业化的研究。诚然,江南经济发展水平较高,且年度降水丰沛、河网密布,但由于整体地势较为平缓,"除了浙西山区某些地方外,江南几乎不存在可用传统技术利用的水力资源。水力在明清江南工业生产动力结构中比重微不足道"⑤。然而通过检阅史料,我们发现向以经济落后、干旱少雨、地表水资源匮乏为显著标

---

　　①《马克思恩格斯全集》(第23卷),人民出版社,1972年,第414页。

　　②[美]彭慕兰:《大分流:欧洲、中国及现代世界经济的发展》,史建云译,江苏人民出版社,2008年,第54页。

　　③《马克思恩格斯全集》(第23卷),人民出版社,1972年,第411~412页。

　　④《马克思恩格斯〈资本论〉书信集》,人民出版社,1976年,第174页。

　　⑤李伯重:《江南的早期工业化(1550—1850)》,中国人民大学出版社,2010年,第215~216页。

签的西北地区①却在明清以降分布着数以千计的水力磨坊,这无疑对既定的概念化环境印象与经济、技术发展水平相关性的判断造成了冲击。那么该如何看待这种反差? 这不仅是经济史研究的工业动力问题,亦涉及环境史研究中的基本概念认知问题。基于这一问题意识,本文将在前人探究的基础之上,②就明清以降西北地区水力加工业的技术工具、经营群体、经济意义等问题进行探讨。

一、技术工具的生命力:资源区位与社会需求

从文字记载来看,西北地区的水力加工活动最早可追溯至汉代。王利华曾梳理中国水力加工活动的早期记载,发现相关的"四条材料中有两条明确指出了利用水力进行加工的地区,一在上郡龟兹县一带,一在陇西、天水、安南一带,均在关中以西"③。从技术工具形态角度来看,其时尚是水碓,应跟加工对象有关。而从敦煌吐鲁番文书所反映的情况来看,迟至隋唐五代,西北地区的水力碾硙尤其是水硙(磨)已经有了一定规模的发展。④明清时期,西北地区的水力磨坊发展至极盛。明人毕自严在《洮岷考略》中称,岷州一地"境内水磨约千盘有奇"。⑤嘉靖《河州志》卷1《地理志·山川水利附》亦称其地水磨"州卫共一千八百有奇"。至光绪二十二年(1896年),甘肃水磨普查,最终得出的数字

---

① 本文所指西北地区界定为今青海、甘肃、宁夏、新疆四地。

② 关于明清以降西北地区水力加工活动方面的研究,前辈学者已有一定学术积累,如魏丽英《西北水硙考》(《甘肃社会科学》1988年第4期)、戴良佐《新疆的水磨业》(《新疆地方志》1989年第2期)等。这些研究据以地方文献,呈现了若干水力加工现象,其不足在于材料收集缺乏系统性,对西北地区水力加工的历史发展脉络把握不够,存在史实认识偏差,未对现象背后的自然与社会动因做充分挖掘。本研究意在前贤研究的基础上,着眼于新的问题意识和审视维度,发掘相关史料,力图超越现象罗列,探索背后的深层环境与社会经济问题。

③ 王利华:《古代华北水力加工兴衰的水环境背景》,《中国经济史研究》2005年第1期。

④ 那波利贞:『中晚唐时代に於ける燉煌地方佛教寺院の碾磑经营に就きて』(上、中、下),『东亚经济论丛』1941—1942年第1卷第3、4号及第2卷第2号;谢和耐:《中国5—10世纪的寺院经济》,上海古籍出版社,2004年;唐耕耦:《关于敦煌寺院水硙研究中的几个问题》,《文献》1988年第1期;姜伯勤:《唐五代敦煌寺户制度(增订版)》,中国人民大学出版社,2011年。

⑤ 毕自严:《石隐园藏稿》卷三《文二》,《景印文渊阁四库全书》(第1293册),台湾商务印书馆,1983年,第441页。

是5296盘。①

西北地区水力磨坊不仅规模庞大，其技术体系亦至为完备。中国水磨的类型大体可以分为卧轮磨、立轮磨、船磨以及复合型磨②四种。就西北地区而言，以目前所掌握的材料来看，除了复合型磨很少见到外，其他如卧式水磨、立式水磨、船磨以及水转二磨、三磨等均有利用。嘉靖《河州志》卷一《地理志·山川水利附》称，其地"水磨每一渠有三轮二轮一轮者，视水之大小也"。前述水磨普查亦提到，"其磨分平轮、立轮，大磨、小磨"③。迟至20世纪后半期，西北地区仍然存在立式水磨。④此外，值得一提的是船磨。船磨在中国的利用相对较少，历来文献记载亦不多见，但是自明清至民国，乃至20世纪后半期，船磨在西北地区一直有持续利用，⑤其技术体系之完备在中国可谓罕见。明代肃昭王朱缙炯《观船磨》一诗描述了兰州地区船磨的运转情形："一板隔深渊，双轮夹小船。势长冲急磴，水正击孤舷。波浪随消长，机关自转旋。熏风堪遣兴，夜雨却惊眠。用尽人间巧，心中未晏然。"⑥就清代而言，康熙《陕西通志》卷九《贡赋》记征赋税即有"船磨"之项。民国时期，《西北揽胜》亦记"船磨"一项，称"兰垣金城关外，有二小舟，连系河边如墩船。船以磨粉，故名船磨。其法在船傍置一木轮，接于船中之磨，亦恃水力之推动以磨粉。每磨一盘，一昼夜可制面粉千斤。较水磨房尚省开渠引水之费，亦巧思也"⑦。

---

①《甘肃全省财政说明书》次编上《磨课》，《清光绪年二十二省财政说明书·甘肃卷（全二册）》第一册，全国图书馆文献缩微复制中心，2008年，第69页。这个数字与实际情况可能仍有差距，因为从调查表已经列出的州县来看，仍有部分州县未列其中，如秦州礼县、阶州文县、康县等，或有部分水磨位于人迹罕至的深山而难以调查到。

②所谓复合型磨，主要是基于工具机种类的考量，即在同一水轮的驱动之下，工具机至少有磨、碾、碓、砻等其中的两种同时工作或轮换工作。水转二磨、三磨、四磨、五磨或连磨等因其工具机均为磨盘，仍然属于基于卧轮或立轮的分类，故不在复合型磨的分类之列。

③《甘肃全省财政说明书》次编上《磨课》，《清光绪年二十二省财政说明书·甘肃卷（全二册）》（第一册），全国图书馆文献缩微复制中心，2008年，第66页。

④2010年，青海西宁发现一座保存完好的立式水磨，参见《百年水磨和榨油坊藏身医院》，《西海都市报》2010年1月16日。刘星在《临洮水磨千年"转"不休》（《大陆桥视野》2008年第1期）一文中亦指出："洮河水磨……按磨盘数量分，有四盘、三盘、二盘、一盘。……立轮磨多建于山地河窄水涩之处，以便提供较大的动力，使水流冲动立轮旋转，立轮带动齿轮，齿轮带动立柱传导石磨转动。"

⑤祁国润：《黄河天车和船磨》，包继红主编：《永靖史话》，甘肃文化出版社，2006年，第48～50页；朱进成：《故乡的船磨》，《中国土族》2011年第4期；于进：《洮河水磨》，《飞天》1998年第6期。

⑥康熙《兰州志》卷四《艺文志》。

⑦邵元冲主编，许师慎摄影：《西北揽胜·黄河上游之水利》，正中书局，1936年，第75页。

在诸多形制的水磨中,卧式最为常见,民国《重修镇原县志》卷六《水磨》详细记录了西北卧式水磨的若干技术细节,兹征引如下:

> 兰州、河州、岷州近水之地,藉水力以转磨,是为水磨。……其建筑之法,于水势湍急处建矮屋,跨于水傍,多则五六楹,最少亦须三间。构造与楼相似,地铺木板,板穴中贯以木柱,柱之尖用铁,柱下用平木轮,置之水中,木轮中贯以长铁柱。又从上流头置木槽一,引水归槽,则水力厚,水性紧,喷涌而出,流至轮口,铁轴自然旋转。虽藉水力,而机器之构造亦足见华人心思之巧。至磨面之法,房内有垫板,上安石磨扇,面由磨口而出,质稍粗,非箩不可,所以磨傍另为木柜,人用两足踏而摇之,箩以上则为麸片,箩以下则为细面。比驴磨能快十分之九者,纯系水之力也。①

关于水磨的具体构造,大体由三种材料构成,分别是木质轮、柱,石质磨盘和铁质轮辐、衔接部件。在长期的技术发展和环境适应过程中,水磨的建筑、维修催生了当地相应的技术工种、匠人及构件制造,亦是其技术成熟之见证,如"水磨,本境临湟水干流处,磨渠深广,有四五轮排于一塘者,其水轮以桦木为之,随时修理,其工匠获资颇厚"②;又如"磨扇分大小三等,最大者轮径三四尺许,厚七八寸,专资水磨磨面之用","六面六角,水磨所用。六面作立方形,置于水底以受六角,六角安于轮下以承六面。上者皆以生铁铸成之,大半本境所制"。③

那么水力磨坊何以能够在地表水资源匮乏的西北地区存在并发展壮大?其先决条件有二:一是自然条件,即要有丰富的水力资源作为支撑;二是社会经济领域对制粉的需求。这两个方面是水力磨坊在西北地区自汉代至清末民初两千年间保有生命力的根本推动因素。

---

① 民国《重修镇原县志》卷六《水磨》。
② 光绪《丹噶尔厅志》卷四《物产·植物》。
③ 光绪《丹噶尔厅志》卷四《物产·矿物》。

(一)水力资源区位的形成

西北地区水力资源区位的形成与其特定的自然地理条件密切相关,充足的水源与一定的地势落差成为该地水力资源形成的两个前提条件。

就地势来讲,西北地区南倚青藏高原,北临蒙古高原,东至黄土高原,西接帕米尔高原,有不少河流在此发源,如新疆境内的塔里木河、伊犁河、额尔齐斯河,而青海更是长江和黄河的发源地。就本文界定的地理范围而言,涉及长江水系的主要包括嘉陵江及其上游支流白龙江、西汉水,涉及黄河水系的则包括湟水、洮河、大夏河、庄浪河、渭河、泾河等。此外,甘肃还有石羊河、黑河、疏勒河三条内流河。这些河流流经西北地区的河段大多都是河身的上游或上中游,巨大的地势落差便形成了丰富的水力资源。古人在日常观察中早已认识到了这一点,只不过由于缺乏现代科学手段的精确计量,往往局限于用"水力迅猛""水势湍急"等语汇来进行描述,如嘉靖《雍大记》卷一一《考迹》称:"水磨川,在永昌卫西三十里,一名云川,其源出自鸳鸟平羌脑儿都山口,水势迅急,激之转磨。"

至民国时期,随着水力发电的推广应用,西北地区的水力资源逐渐进入人们的视野当中。程学敏在《中国水力资源的利用和分布》一文中指出:"中国的地形,总括的说一句是'西北高而东南低'。就水力资源的立场来看,第一可注意的是高原的边缘地带,这是大水力最可能存在的地方,高原上的河流,在流到高原边缘上的时候,由于地势的急剧下降,造成巨大的落差,就有极大的水力可以利用。"[1]黎小苏的《西北的水力资源》就西北地区的若干河段、河渠、峡谷的水力作了估算,"黄河干支各流及山地冰川之水力,可资利用者不少,尚待吾人渐次开发耳。考西北河流水势湍急,蕴藏之水力极富";睹及其利用现状,则为之惋惜,"惟水力一项,以技术财力及器材上之困难,未能举办,仅民间利用河渠跃水,安设水轮、水磨、水杵,以为轧花、碾米、磨粉、榨油及汲水之用"。[2]

新中国成立后,在多次全国水力资源勘察中,西北地区都不容小觑。李世东等人在《中国水力资源状况及开发前景》[3]一文中列出了全国除港、澳、台以

---

[1] 程学敏:《中国水力资源的利用和分布》,《电世界》1949年第4卷第4期。
[2] 黎小苏:《西北的水力资源》,《陕行汇刊》1944年第6期。
[3] 李世东、陈萍、刘一兵:《中国水力资源状况及开发前景》,《水力发电》2001年第10期。

外各个省份(其中川渝、京津冀均为合并考察)可开发的水能资源数量及其占全国的比例。在分省排名的前十名中,西北地区占三席,分别为青海、甘肃和新疆;其他七席除湖南、湖北之外,均位于西南地区,分别为四川、重庆、西藏、广西、贵州。值得注意的是,西南、中南、华南地区之所以水力资源丰富,除特定的地势条件外,还与其位于秦岭淮河以南、属于典型的东亚季风气候区、终年降水丰沛有关,而干旱、半干旱的西北地区的水力来源则多赖冰川融水和山间降水,因此水力资源的形成殊为不易。

就水源来讲,西北地区的冰雪融水是河流补给的重要来源。乾隆二十年(1755年),陈宏谋在《饬修渠道以广水利檄》中称:"河西之凉、甘、肃等处,历来夏间少雨,全仗南山积雪入夏融化,流至山下分渠导引,自南而北,由高而下,溉田之外,节节水磨,处处获利。凡渠水所到,树木荫翳,烟村栉列,否则一望沙碛,四无人烟,此乃天造地设。年年积雪,永供灌汲,资万民之生计,普美利于不言,较之他省浚泉开井有时而涸者,其利更溥,其法更便也。"①此外,新疆、甘肃、青海等地均有泉水资源可资转磨。道光《哈密志》卷九《舆地志七·川泉》称:"哈密城北,天山南山口水,流至黑帐房不见,入地中流,行至西新庄南坡下,复从地中出,名曰坡头脑泉。水南流至草湖,而草湖中百泉涌出,水势愈大,过草湖出南流,名苏巴什河。设立激水坝,分左右流,一支南流,营中官水磨三处,资其水力。"陈宏德《居延郡赋》载,其地"雪积祁连,似银屏之,前列东山,晚照如绛,怅之横开。弱水西流于石峡,清泉转碨于城隈"。高缙《甘泉赋》亦称:"张掖之郡闾阖之旁有泉……吐取不尽而用不竭……绕西郭以激碨轮。"②彭泽《仙堤赋》则描述了今靖远地区的泉水资源,"睹靖境之为景也,秋冬常雪,春夏多风,三时少雨,四泽泉充。凭决渠以灌流,岁收敛以为丰。……南激水以转碨,中通流以穿墉"③。康县地区亦是如此,吴鹏翱《武阶备志》卷一《山水》载:"尹家沟上之水洞寺,三泉济涌,即能运碨,寺亦以此得名。"④民国《新纂康县县志》卷一五《古迹》载,"古洞在县西二十余里之水洞寺,右边有干河一道,出没无常。院旁有水一泓,从洞流出,即能运碨,水甚清冽"。再如道光《循化志》卷七《水利》称,循化厅"境多山田,惟起台、边都二沟有水泉之利,

---

① 贺长龄、魏源等编:《清经世文编》卷一一四《工政二十》,中华书局,1992年,第2782页。
② 乾隆《甘州府志》卷一四《艺文中》。
③ 乾隆《甘州府志》卷一三《艺文上》。
④ 吴鹏翱:《武阶备志》卷一《山水》,清同治十二年(1873年)刻本。

番回引以为渠,溉田转磨"。不能尽举。

水力加工业通常易与灌溉、水运等水利活动发生矛盾,进而影响到水力加工业的发展,这一矛盾在西北地区的情况如何? 一种情况是河流水力迅猛,灌溉、水运之利不易得,故其潜在矛盾会缓和许多。嘉靖《平凉府志》卷二《河渠》载:"高山西北镇原之阴,固原诸水汇为东西海子,北为黑水,东北以入黄河,寒不任灌溉,浅不胜舟楫,颇为磨硙才足汲牧。"民国《渭源县志》卷二《舆地志·形胜》载:"清源河又名南河,发源南谷山麓,北流经河源庄、五竹镇、六麻滩、柳家寨、朱家堡、高家堡,绕渭城之南,至书院庄入于禹河,始名渭水。历善家泉、陈家磨、锹家铺出界,入陇西,长凡五十余里,水性陡急,不可以灌溉。又浅狭多石,不可以行舟。惟沿岸水磨相续如贯珠,享其水利者,亦复不少。"由此可见,这些地区特殊的地理、气候环境使得灌溉、水运较少与水磨争利,而"水性陡急"的特点又为水磨的发展提供了天然的水力条件,所谓"相续如贯珠",可见其盛。

另一种情况是灌溉和转磨可以兼得,史籍于此记载颇多。"塔尔巴哈台山之锡伯图、阿布达尔莫多、板厂沟、楚呼楚、乌里雅苏图诸河,由北而南,皆下注于额密尔河。所有各屯工引用诸河之水,不惟收应时灌溉之利,收秋时无需于水之际,且又宣洩有方,下游不致肆溢漫流之患,诚万年润溉之利也,因之而又安设水碾磨七座。"①又石羊河流域,"古浪有三渠,曰古浪渠、土门渠、大靖渠,皆赖水以转磨、灌田也"②。顾炎武在《肇域志》中描述了渭河流域尤其是上游地带水磨之盛,"渭河,在府北一里。源出鸟鼠山,东过渭源县,经府城北,其初出才滥觞,纳南山诸流,至此遂大。自陇遡宁伏至秦清资浇溉,转硙磨者四百里,民赖之"③。

道光《皋兰县续志》卷三《水利》记载了皋兰的"泉水之利",颇资灌溉及水力磨坊之用,非常典型,兹不避烦琐,征引如下:

筍萝沟在县治西南十里,众山汇聚,泉流五十余里,灌田一千三百余

① 永保:《塔尔巴哈台事宜》卷三《水利》,台湾成文出版社有限公司1969年影印本,第147~148页。

② 乾隆《古浪县志》卷一《地理志·古浪水利图说》。

③ 顾炎武:《肇域志(四)》,华东师范大学古籍研究所整理,黄坤、严佐之、刘永翔主编:《顾炎武全集》(第9册),上海古籍出版社,2011年,第2546页。

亩,灌园圃六处,转水磨二十三轮。黄峪沟在县治西南十五里,山多巨石,其水经流三十余里,灌田五百余亩,园圃十一处,转水磨十三轮。曹家沟在县治西二十里,大小金沟在县治西二十里,三沟共入一沟,水经流五里余,灌地一百六十四亩,灌园圃三处,转水磨四轮。寺儿沟在县治西四十里,泉水经流十里许,灌田一百余亩,园圃二处,转水磨一轮。西柳沟在县治西四十里,水经流四十里,至白家岸入河,灌地一千零四十亩,转水磨十六轮。又县治东三十里,有方家泉,水经流二里,灌地三百亩,园圃三处,转水磨二十四轮。又县治东四十里东柳沟,水经流十五里,灌地三百余垧,灌园圃二十余处,转水磨十一轮。又县治东五十里买子堡,其水从金县属之寺儿沟接流,经五六里,灌地二顷余,由小水子入河。又县治东北五十里万眼泉,高厓悬瀑,泉涌如星,皋兰境在泉上流,金县引渠转水磨,致水流趋下甚驶,不能分溉山田,注买子堡,溉稻田数十顷,则在金县界矣。五泉、山泉、红泥岩泉,水绕流南园六七里许,灌地四百五十余垧,园圃六处,转水磨十四轮。

西北地区的水力资源为水力磨坊的发展壮大创造了基本前提条件。大体来讲,水力磨坊依水力资源区位主要分布于三个区域:新疆哈密及乌鲁木齐以西地区,涉及水系包括塔里木河、额敏河等;甘肃河西走廊地区,涉及水系包括黑河、石羊河水系等;青海东北部、甘肃东南部、宁夏南部地区,涉及水系包括黄河干流、湟水、洮河、大夏河、庄浪河、渭河、泾河、嘉陵江、白龙江、西汉江等。

(二)社会经济领域的需求

小麦制粉是水力磨坊的一个重要功能。一般认为,小麦自西亚、中亚传入中国,当前已知的最早麦作遗存即位于西北地区。[①]中国北方地区的传统主粮是粟,随着旋转磨的普及,小麦亦由"粒食"转变为"粉食"。自中古伊始至唐代中后期,小麦逐渐取得与粟平分秋色的主粮地位,西北地区亦是如此。根据华林甫的研究,至唐代,陇右的绿洲地区亦是小麦分布的密集区。[②]而小麦作为西北地区的主粮自此一直延续至明清乃至于当下。

毕自严《洮岷考略》记载了岷州地区的麦作、面食习俗,庞大的加工制粉需

---

① 曾雄生:《从"麦饭"到"馒头"——小麦在中国》,《生命世界》2007年第9期。
② 华林甫:《唐代粟、麦生产的地域布局初探(续)》,《中国农史》1990年第3期。

求使得境内水磨多达千盘，兹引如下：

> 岷城外即洮河，颇号巨津。初谓可种稻，询之土人，塞上蚤寒，粟谷且不能生，况稻乎？岷人止种大豌豆及青颗，即青大麦也，间或种春小麦，俱用作饼。虽缙绅武弁家，率止食此，即有外来稻米聊市，些须作汤已耳。四五月间始见鲜菜，春麦青颗以六月熟，大豆以七月熟，过此则霜降矣。……面稍佳者，谓之府面云，是秋种者。顾土人嗜利，间以春麦面杂之，作饼犹可，若作面食馄饨之类，则糜烂不堪矣。境内水磨约千盘有奇，大豆青颗藉此成屑，势不得不多也。①

除了加工小麦、青稞、大豆外，水磨还可用来榨油、制香、造纸、酿酒等。嘉靖《平凉府志》卷二《河渠》载，华亭诸水"自兹以上溪涨，峻驶奔流，可方椻也，咸疏为磨硙以治面、造纸"。顺治《华亭县志》卷上载，"嘉靖中，知县临晋王官始因郡人赵时春言作惠民渠，通汭以灌县川，大为民利。今日久渠湮，居人或引为磨硙治纸及麦"。嘉庆《华亭县志》卷一《地理·河渠》亦载，居人引水"为磨硙，治纸及麦"。至民国时期，"近河居民多凿渠引水，创修水磨水碾，以制麦粉谷米。县西近山之民地高水峻，亦有建擦磨制木泥供香料者"②。此外，前引黎小苏《西北的水力资源》一文亦称，当地民人"安设水轮、水磨、水杵，以为轧花、碾米、磨粉、榨油及汲水之用"③。不能尽举。

简言之，在水力磨坊涉及的诸经济行业中，制粉以供面食所需是其基本功能，也是最主要的功能；其次是榨油，这一点在前引光绪年间的水磨普查中有明确体现，其中油水磨的数量颇为可观。④

---

① 毕自严：《石隐园藏稿》卷三《文二》，《景印文渊阁四库全书》（第1293册），台湾商务印书馆，1983年，第441页。

② 民国《增修华亭县志》第2编《建置志·水利》。

③ 黎小苏：《西北的水力资源》，《陕行汇刊》1944年第6期。

④ 据《甘肃全省财政说明书》次编上《磨课》统计，共有榨油水磨91座、油梁819条半。《清光绪年二十二省财政说明书·甘肃卷（全二册）》第一册，全国图书馆文献缩微复制中心，2008年，第69页。

二、经营群体：经国大事与地方生业

水力加工效率很高，可以在较短时间内解决特定区域大量人口的粮食供应问题，早在发明应用之初的汉晋时代即为官方、军队所重，在军粮供给和战乱之后的社会重建中发挥过重要作用，是故关涉经国大事。《后汉书》卷八七《西羌传》载："因渠以溉，水春河漕。用功省少，而军粮饶足。"①《三国志·魏志》载，张既"假三郡人为将吏者休课，使治屋宅，作水碓，民心遂安"②。又《晋书》卷四《帝纪第四》载，晋惠帝太安二年（303年）十一月，"王师王攻方垒，不利。方决千金堨，水碓皆涸。乃发王公奴婢手春给兵廪，一品已下不从征者、男子十三以上皆从役"③。《魏书》卷六六《崔亮传》称其"及为仆射，奏于张方桥东堰谷水，造水碾磨数十区，其利十倍，国用便之"④。兹不尽举。

明清以降，西北地区的政局和社会变迁决定水力磨坊经营既涉经国大事，又是重要的地方生业。一方面，明清时期尤其是有清以来的西北地区战事频仍、屯垦兴盛，水力磨坊对于官方和军队都具有重要意义；另一方面，西北地区社会经济领域的生业需求有力推动了水力磨坊的发展。大体来讲，西北地区水力磨坊的经营群体包括官府、军队、地方权势之家和普通民众，具体的经营方式通常有三种：一是主要为满足经营者自身加工需求，兼及为他人加工并收取加工费用，由于官府、军队需要加工大量谷物以满足众多人口的口食所需，故多采用此种方式经营；二是专事提供加工服务并收取加工费用；三是经营者自身购入原料并加工成商品出售。官府和军队的经营目的多是自给，而其他经营则以营利为目的，在具体生产加工环节往往都需要雇用一定数量的雇工或者匠人。

（一）官府和军队经营

明清以来，西北地区水磨经营的官民分野清晰，万历《临洮府志》卷八《食货考下·磨课》明确记载："狄道县官水磨三十一轮，民水磨四百轮。"就官府经营而言，水磨可视为官产的组成部分，如"洮城西官地内有水磨一轮，引洮水激

① 《后汉书》卷八七《西羌传》，中华书局，1965年，第2893页。
② 《三国志·魏志》卷一五《张既传》，中华书局，1959年，第472页。
③ 《晋书》卷四《帝纪第二四》中华书局，1974年，第101页。
④ 《魏书》卷六六《崔亮传》，中华书局，1974年，第1481页。

之"①,又如苏巴什河设有"激水坝,分左右流,一支南流,营中官水磨三处,资其水力"②。除自身经营水磨外,官方还修造、分配水磨于民,这些举措在特定时期为维持社会稳定、加速社会重建发挥了一定作用。乾隆《重修肃州新志·安西下》在论及安置瓜州当地回民生产生活时称:"除此萨克公额敏和卓外,头目回民共二千三百八十八户、八千一百一十六口,每四十口给旱磨一盘外,共给水磨六盘,共籽种五千石,每十石给碾碡一条。"③

军队经营水磨,不仅有专门的兵丁负责,还配备专门的匠人来完成日常维护工作。乾隆《塔尔巴哈台事宜》称,塔尔巴哈台有"水磨水碾七座,安设于头、二、三工渠水之上。查水磨五盘,磨办官兵口粮白面,水碾二合,碾办官兵口粮米谷。每年磨面百余万斤,四季不停,全赖水力。其需用器具俱随农具于乌鲁木齐及内地调取,亦随农具报部核销"④。又称,有"石匠三名。查本处水碾磨采办碾磨石料以及不时修整磨齿需匠供差,系由甘省肃州雇觅民匠,随同绿营换班官兵五年更换,每名月支工食银三两,不支口粮"⑤。

嘉庆《三州辑略》卷四《粮饷门》记载了军队经营水磨的一些细节。乾隆三十八年(1773年),"移驻头二起满兵抵城。准户部咨照,依伊犁之例在于粮厅屯所办供面斤,以资兵食。因粮厅尚未设有碾磨,而各处营屯止敷办供本屯口粮,不能供应满营兵食,遂踏勘距城十五里之热水塘地方有民人自立水磨二盘,用价银二百四十两买获,归入满营。又借粮厅房租银二千八十三两,修造水磨十盘,前后共水磨十二盘,交六协领承管。至三十九年十月,将所借粮厅银两解还归款。在磨当差兵丁每日赴州仓领麦磨面,供支二十四佐领官兵口食,将所获麸子变价作为雇人工价及水磨月费,至年底清算,将余剩银两呈明分给兵丁"⑥。

军队设水磨加工军粮,但并非所有粮食都是通过该途径加工,具体情况还要根据市场行情来定,例如,"哈密原额通融银一万两,系乾隆十五年三月间,从安西提督衙门拨运到哈密存贮营库。但查此项银两原为接济兵丁之需,于

---

① 贺愈:《偕乐园记》,万历《临洮府志》卷二四。
② 道光《哈密志》卷九《舆地志七·川泉》。
③ 乾隆《重修肃州新志·安西下》。
④ 永保:《塔尔巴哈台事宜》卷三《水利》,第149页。
⑤ 永保:《塔尔巴哈台事宜》卷三《匠役》,第154页。
⑥ 和瑛:《三州辑略》卷四《粮饷门》,台湾成文出版社有限公司,1968年影印本,第147页。

每年陆续预为拨给营中,采办麦石而备兵糈,以防昂贵之举。将此项粮石存贮营仓,陆续发交水磨兵目,磨面仍行交仓存贮,散放兵食。若遇粮食昂贵之际,而兵丁在仓食面者多,如面价贱,则兵丁在城外粮店买食,而仓中请领面者少矣。倘在营仓中食面若干斤,每季按兵所食多寡,即在本身所关饷银内扣除,以归原款而昭核实也"①。

官府和军队经营的水磨不仅用于供给兵丁食粮所需,亦出租谋取租息以备他用。那彦成提道:"道光八年(1828年)十一月初三日,会同喀什噶尔参赞大臣武公隆阿奏为查明……各逆犯地亩房产,除喀、英、叶三城勘定新建城基,在于叛产地亩内,照数拨还回户耕种,并酌留地亩、房屋、水磨,收取租息,供支操兵赏需。"②

(二)地方生业

水磨作为地方生业,既为宗室及地方权势之家所有,亦有普通民众经营。嘉靖《平凉府志》卷一《城郭》称:"山谷诸水北接泾流,为园囿、台榭、水磨、竹木、蔬果之饶,悉归宗室,六厢之民莫得而有焉。"③贾三近于万历元年(1573年)十二月《冒袭亲王请求无厌乞严加杜绝以正宗藩疏》中称:"如以该府岁用浩繁为词,则自正禄外,尚有旬子川等庄田,兰州东川等处园圃、水磨、房屋、绒机、磁窑等项,亦自足用。"④

关于普通民众的水磨经营,史籍记载颇丰。"阿干河在州西三里,源出马衔,自分水岭分为二,南入金县为浩叠河,北入兰州阿干峪为阿干河,灌溉甚溥,各沿河居民多为水磨。"⑤"回人亦知稼穑,其种植者大率以麦为重……有水处水磨甚多,藉以收利。"⑥至于州境水磨的分布地点及数量,亦有详细记录。"州境水磨。朱清寨,水磨八轮。韩家店,五轮。治平州,一轮。威戎镇,四轮。乾硇镇,十七轮。下峡口,二轮。上峡口,五轮。贝河子,四轮。曹务镇,十三轮。计都镇,十四轮。底店镇,十四轮。通边镇,二十六轮。野照店,五十轮。章麻林,三十八轮。良垫店,五十六轮。下张节,三轮。人当川,十二轮。焦韩

---

① 道光《哈密志》卷三〇《武备志四·营库营仓》。
② 那彦成:《那文毅公奏议》卷七六《筹画回疆善后事宜奏议》,清道光十四年刻本。
③ 嘉靖《平凉府志》卷一《城郭》。
④ 光绪《峄县志》卷二三《艺文志》。
⑤ 万历《临洮府志》卷三。
⑥ 乾隆《回疆志》卷二《耕种》。

店,九十八轮。水洛城,八十四轮。朱家店,七十八轮。以上水磨共四百八十座。"①天水"县境水磨。附城五十二座,东乡四百二十六座,三岔七十三座,南乡二百九十六座,西乡三百三十一座,北乡一百九十九座,共有水磨一千三百七十七座"②。崇信"县西铜城、临芮二堡,汭河两岸,民修水磨七盘。南乡赤城依黑河岸,民修水磨二盘"③。不能尽举。

西北地区民人经营水磨之广泛,使得水力磨坊所在之处俨然已经具备地理坐标意义。"四渠,自潘家磨下流,接庄浪河水起,至水磨渠止,流行十五里,灌地三十二顷一十大亩九分三厘。本城迤东南水磨沟,自鲁家磨下流,接庄浪河水起,至古城渠止……"④类似于潘家磨、鲁家磨这样颇有地理坐标意味的称谓并不局限于平番,在西北地区水磨分布密集之处是一种很普遍的现象。作为地方生业,水磨关乎民众生计,官方在必要情况下对民众经营的水力加工业亦会予以扶持。正德间,进士杨应奎"擢守临洮……引洮水灌田转碨,民利之,有去思碑"⑤。光绪二十二年,"杨增新赴新任,嘱其将,河州原有水磨,自经兵劫,有为回匪所争夺者,勒令交还原主;有为回禄所焚烧者,催令恢复旧观;有贫民拆卖房屋而磨盘尚存者,由公家酌量资助,以便补修"⑥。

除用来加工谷物外,水磨制香和榨油亦颇资生计。康熙《岷州志》卷一一《风俗·贸易》称:"小东路屯民多从擂鼓等山伐取柏木,就水磨碾为末,制饼如镜大,每数饼为一串,为临、兰造香者所必需,每串可得二百文,颇资日用。其地曰黄香沟,盖由于此。"⑦民国《大通县志》第1部《水利·附水磨》记载了该地区水磨油的分布,数量颇为可观,"河东川六堡,共计水磨油一百三十八盘;河西川八堡,共计水磨油一百四十八盘;河南川十堡,共计水磨油五十八盘;河北川八堡,共计水磨油一百二十盘;河北川红山堡,共计水磨油五十九盘。以上共计水磨油五百二十三盘"⑧。

---

① 乾隆《静宁州志》卷三《赋役·杂税》。
② 民国《天水县志》卷四《民政志·水利》。
③ 民国《崇信县志》卷一《舆地志·水利》。
④ 乾隆《平番县志》《地理志·水利图说》。
⑤ 嘉靖《青州府志》卷一四《人物》,明嘉靖刻本。
⑥ 慕寿祺:《甘宁青史略正编》卷二五"六月令各县推广水磨"条,俊华印书馆,1936年,第40b~41a页。
⑦ 康熙《岷州志》卷一一《风俗·贸易》。
⑧ 民国《大通县志》第1部《水利·附水磨》。

水磨经营多在近水之地,有兼营林业的情况。光绪《丹噶尔厅志》卷三《森林》称:"磨林河柳,湟水冲积之地缘滩自生者最多,惟近水磨而经人护持者始能成林。然高仅八九尺至丈余,枝条丛生,缘阴被地夏时仅供游人憩息之所,其材无甚用处,间取其枝编成大笼盛石以御水。惟沈、宋二磨林占地略大,余皆窄小,境内合计约百余亩。此等树株,皆随处水磨各业户所有。"①又卷四《物产·植物》称:"红柳沿湟水一带夹岸丛生,然惟偏近水磨之区,因地围护,始能培养成林。余俱斫伐无存,木质盘曲,不中绳墨,惟桑条初生时可编笼笮之属,土人呼曰河柳。"②

水磨经营在具体操作中可分为诸多环节。以比较普遍的小麦加工为例,簸扬、淘洗、磨面、罗面等4个环节是必需的,而这些工作需要多人来完成,因此磨坊主往往会雇人来完成不同的环节。《水磨沟》诗云:"水磨转旋如碓舂,沿河崖际几回逢。簸蹂备赁贫家子,早夜辛勤代力农。"③所谓"备赁",即体现了水磨经营雇工的情况。除此之外,在制香、榨油、造纸等经济行业,生产环节和工序较之加工小麦要更为复杂,雇工的数量可能会更多一些。

三、磨课:"利可坐致"与领帖纳银

要明确水力磨坊的经济意义,须把握"磨课"这一核心概念。磨课有两重含义:其一是指磨坊经营者提供加工服务时收取的费用,其二是指经营者向官方交纳的税银。需要指出的是,水力磨坊不仅可以作为商业性质的营利工具,还可以充当具有公共性质的不动产,例如作为地方学堂学产的一部分。因此,从收入角度来讲,磨课既可以是磨坊主的私人经营收益,亦可成为地方公共事业经费的来源。实际上,作为税银的磨课具有地方营业税性质,官方收取该款项亦多用于地方警政、教育事业开支。

(一)"利可坐致"

水力磨坊经营获利相当可观。汪士铉《岷州竹枝词》其五称,"山村何事代农桑,水磨千盘抵稻秧。决溜引渠如激箭,不烦人力富穷乡"④。又如,"至若临

---

① 光绪《丹噶尔厅志》卷三《森林》。
② 光绪《丹噶尔厅志》卷四《物产·植物》。
③ 道光《皋兰县续志》卷一一《艺文·诗》。
④ 康熙《岷州志》卷一九《艺文下·诗》。

巩需油,多从岷人贸易。而马坞镇羌活、当归等物,近发东陕,远且及于各省,此又生殖于林木之外者也。其不事跋涉,利可坐致者,则惟油房水磨"①。由此可见,能坐以致利、代农桑、抵稻秧之乡村生业,唯水力磨坊是也。

磨户经营水磨所收取的磨课通常是实物而非货币,一般是从所加工的谷物中直接按照相应比例扣除。如果说经营水力磨坊能够获利较多,那么其加工费用一般是多少?岷州"碾粮食者,就水磨磨主所获,每斗一升,日碾一石,可得一斗"②,即磨户收取的加工费用占加工谷物总量的10%。关于这一问题,早期史籍亦有所体现。唐耕耦根据伯希和非汉文文书1088(A.B.C)号硙课历,计算得出吐蕃占领敦煌时期,乾麦、罗麦、粟的加工费用占比分别为10%、25%、20%。唐先生指出,照此比例,则"磨面加工费是相当昂贵的",因此他强调,"这是吐蕃占领时期的加工费,其他时期是否也是如此,缺乏材料,不得而知"。③但是如果结合明清以降的数字,乾麦10%的比例似乎是较为普遍的一种情况。这一数字很有可能是水力磨坊的惯用比例,因为直到20世纪后半期,洮河流域水磨坊的加工费用仍照此标准执行。④

水磨经营对地方教育的经济意义也可分为两种情况。一种情况是水磨作为不动产,与田地、房屋等一样都可作为学产的一部分,地方书院、学校获捐水磨后可以通过收取租金来充作办学费用。武威义学,"一在张义堡,一在永渠孟家庄,俱有书房学地。一在东关,以税课局改设书房九、小铺一"⑤。而"子弟从师,每岁元旦、端阳、中秋,惟行束修以上仪,乡庄尽以米麦代修脯,然数苦无多。近有立之家塾增重束修者,有乐捐田庄、水磨而为义学者,此民风渐厚之一征乎"⑥。乾隆《甘州府志》卷七《学校·书院公业考》称:"一署张掖县陈澍于乾隆四十三年冬月,准武举冯魁捐入乌江堡水碾一处,岁收租银三两。查原印契价银七十五两,交县存房,如原业主取赎,将价银交商生息。"⑦又以青海的河阴书院为例。"乾隆十二年佥事杨应琚、知府刘弘绪创建义学二处,同治五年同治承顺添设义学六处,分设城关各乡,延师教读,逐户派童,煞费心机。同治六

① 康熙《岷州志》卷一一《风俗·贸易》。
② 康熙《岷州志》卷一一《风俗·贸易》。
③ 唐耕耦:《关于敦煌寺院水硙研究中的几个问题》,《文献》1988年第1期。
④ 于进:《洮河水磨》,《飞天》1998年第6期。
⑤ 乾隆《武威县志》《建置志·学校》。
⑥ 乾隆《武威县志》《风俗志·师》。
⑦ 乾隆《甘州府志》卷七《学校·书院公业考》。

年,回乱,遂毁。光绪四年同知甘时化添设义学三处,筹拨叛产园落十二处,并水磨油房地基,按收租钱以作修金奖赏之费,此项均提拨教育局经收矣。"①甘时化《重修河阴书院碑记》对此事有详细记录,"随与绅董等商酌,除将城关所设铺面租钱二十二串零仍归书院外,拨叛产园落、房屋、水磨等处,另佃收租,每年得钱七十八串文"②。

另一种情况是由磨户直接为书院、学校捐资。光绪二十五年(1899年),杨增新在《禀请由磨户捐资以作宁河书院经费》中详细记录了由水磨户捐资作为宁河书院经费的筹办事宜:

> 查敝州四乡,向有水磨八百数十轮,前知州潘牧、李牧、查牧各任内,皆领换新帖,磨户领帖一张,酌纳规费银两,以作办公津贴。卑职莅任正值大乱之后,从前水磨半被焚毁,虽经逐渐补修,然民力艰难,元气未复,是以前藩宪两次扎饬,催令领帖,卑职体察情形,未敢轻于举办者,恐致扰民之故。查民间水磨每轮值银数百金,或数千金不等,有水磨者,家半小康,或帖已失遗,或磨经价买,有磨无帖,易启讼端。卑职现拟饬各户遵扎换领新帖,每户领帖一张,捐河市平银一两四钱,通计约可集款千金之谱,归入宁河龙泉书院,发商生息所得息银,作每岁延师主讲之资。除每磨捐银一两四钱外,所有衙门规费名目悉予裁革,不许书差人等再有需索。似此办理,在宁河得此捐款,于学校固有裨益,即磨户领帖之费,较前任亦省数倍矣。所有卑州拟令领帖磨户,每帖一张,捐银一两四钱,归入宁河龙泉书院,发商生息,以作延师经费。③

其他如天水、崇信、化平等地亦有类似明确记载,兹不尽举。

(二)领帖纳银

水力磨坊交纳课利,自唐五代始即有明确记载,此后历朝有存有废,征纳额度亦不统一,概因多被归为地方税收,支出亦归地方支配,故存废与时局关系颇大。明清时期西北地区的水力磨坊经营规模庞大,官方所征税额一般包

---

① 民国《贵德县志稿》卷二《地理志·学额》。
② 民国《贵德县志稿》卷四《艺文志·碑文》。
③ 民国《和政县志》卷九《艺文门·公牍》。

括两个方面：一是经营者要纳银领帖，取得营业凭证，这笔款项数额通常较大；①二是经营者要交纳税课，其数额较小，但逐年都要上缴。无论是帖银还是税银，不同时代、不同地区、不同类型、不同用水量的水磨都有不同的征收标准。"甘肃沟渠河道流水之处，民间建置水磨，领帖纳税，列入民赋奏销，向有编审之例，久已不行。其磨分平轮、立轮，大磨、小磨，税额或分三等，或分六等，大率以水力之大小定课额之轻重，每磨一轮，多者岁征银五六钱，少者一二钱，亦有仅征银数分者。"②兹以时间为序，选取若干典型地区的磨课缴纳情况予以说明。

明代水磨税的缴纳一度是实物而非银钱，如嘉靖《河州志》卷一《地理志·山川水利附》称："水磨每一渠有三轮二轮一轮者，视水之大小也，州卫共一千八百有奇。课程，山水一轮二石四斗，川水四石八斗，民甚不便。嘉靖壬午，奏准山水磨纳银二钱四分，川水磨纳银三钱六分。嘉靖乙未，边备副使马纪奏革山川轮，俱征银一钱五分，军民利焉。"③又万历《临洮府志》卷八《食货考下·磨课》记载了临洮府下辖州县的水磨数量及相应课程银数，兹据记载列于表1。

表1　明代临洮府水磨课征统计表

地点	种类	数量（轮）	课程总额	课额（两/轮）
狄道县	官水磨	31	59两4分7厘	0.137
	民水磨	400		
渭源县	水磨	125	17两1钱2分7厘	0.137
兰州	水磨	93	钞1008贯	9.600（贯/轮）
	水碾	12		
金县	水磨	40	5两2钱2分8厘	0.131
河州	水磨	1371	204两9钱	0.149

说明：课额计算，小数点后保留三位，下余诸表皆如此，不再重复说明。假定狄道县官、民水磨课额相同，假定兰州水碾与水磨课额相同。府志载称金县水磨四十余轮，具体未详，兹按40轮计。

资料来源：万历《临洮府志》卷八《食货考下·磨课》。

---

① 民国《闻喜县志》卷一六下《名贤传下》载清人刘鹏任职甘肃文县时称，"县与阶州接壤，中多水碾，换行帖，则税款甚钜"。

② 《甘肃全省财政说明书》次编上《磨课》，《清光绪年二十二省财政说明书·甘肃卷（全二册）》（第一册），全国图书馆文献缩微复制中心，2008年，第65页。

③ 嘉靖《河州志》卷一《地理志·山川水利附》。

万历时期,钞币已经严重贬值,故兰州地区的课额没有换算成两,兹可不作参考。但从其他地区计算得出的课额平均值来看,与前述备副使马纪奏征的1钱5分都颇为接近。入清以来,水磨课额又因地区差异和类型不同而略有浮动。康熙四十八年(1709年),"题准四川成都府邛州所属州县,新立水碾水磨二十二座,课银五两三钱三分,于四十九年起征"。雍正年间,为了规范各地牙帖征收,"著直省督抚饬令各该藩司因地制宜,著为定额,报部存案,不许有司任意加增"①,查《钦定大清会典则例》所载牙帖名目,只有甘肃、四川、陕西三地有磨课,说明这三地是水力磨坊分布较多的地区,兹据其所载详细数额列于表2。

表2　雍正年间甘肃、四川、陕西磨课数额表

地点	牙税总额	磨课数额	磨课占比
甘肃	万四千二百五十七两二钱五分有奇	3530两5钱7分	24.8%
四川	十有九万一千二百九十五两一钱六分有奇	1114两6钱1分	0.6%
陕西	二万六千九百五十两八钱九分五厘有奇	94两7钱5分7厘有奇	0.4%

资料来源:乾隆《钦定大清会典则例》卷50《户部·杂赋下》,《景印文渊阁四库全书》(第621册),台湾商务印书馆,1983年,第555页。

从表2可以看出,不论是磨课数额还是其占牙税总额的比例,甘肃都是最为突出的。如果根据康熙四十八年所定四川水碾水磨课银之例,即新立水碾水磨22座、课银5两3钱3分来换算,那么四川磨课数额"千一百十有四两六钱一分"就意味着征收了大约4600座水力碾磨的磨课,而同比换算到甘肃,则多达14500多座,可见其规模之巨。

康熙《岷州志》卷八《田赋上·厅属杂税》称"洮卫磨课并归岷厅",并载岷州水磨税课征收分川水、山水、天水三种,洮州则分上水、油房、中水、下水四则,所征额度各不相同,兹据相关记载分列于表3和表4。

---

① 乾隆《钦定大清会典则例》卷五〇《户部·杂赋下》,《景印文渊阁四库全书》(第621册),台湾商务印书馆,1983年,第556~567页。

表3　岷州水磨课征统计表

名称	数量（轮）	课额（两/轮）	总额	共计	遇闰
川水磨	1033	0.150	154两9钱5分	169两3钱7分	遇闰每两加银8分3厘3毫3丝3忽3微3纤3塵3渺3漠，共加银14两1钱1分4厘1毫1丝6忽6微6纤6塵6渺
山水磨	101	0.120	12两1钱2分		
天水磨	20	0.115	2两3钱		

资料来源：康熙《岷州志》卷8《田赋上·厅属杂税》。

表4　洮州水磨课征统计表

名称	数量（轮）	课额（两/轮）	总额	共计	遇闰
上水磨	84	0.300	25两2钱	10两7钱7分	遇闰每两加银8分3厘3毫3丝3忽3微3纤3塵3渺3漠，共加银9两6分4厘1毫6丝6忽6微6纤6塵6渺
油房	59（座）	0.250	13两5钱7分		
中水磨	224	0.250	56两		
下水磨	70	0.200	14两		

资料来源：康熙《岷州志》卷八《田赋上·厅属杂税》。

雍乾时期，西宁府的水磨、旱磨、油梁课征税额情况见于表5。

表5　西宁府水磨课征统计表

地点		数量（盘）	课额（两/轮）	分类课额	总额
西宁县	山水磨	原额1281	0.250 赢余银5分	367两5钱,赢余银73两6钱	573两
	油梁	原额189	0.250 赢余银5分		
	山水磨	新增288	0.300	132两	
	油梁	新增152	0.300		
碾伯县	水磨	原额413,新增1,总计414	0.300	253两5分	278两4钱
	旱磨	新增859	0.150		
	大油梁	原额53	0.300	24两9钱	
	小油梁	新增60	0.150		

续表

地点		数量(盘)	课额(两/轮)	分类课额	总额
大通卫	山水磨	原额193,新增30,总计223	0.250	67两5钱6分	80两8钱1分
	旱磨	原额63	0.120		
		新增34	0.125		
	油梁	原额37,新增16,总计53	0.250	13两2钱5分	

资料来源:乾隆《西宁府新志》卷一六《田赋志·岁榷》。

此外,甘州府"水磨一盘,课银全者五钱,半二钱,油梁一条,课银全者三钱,半一钱"①。平番县,有"四百八十五盘,每盘每年征税课二钱五分,共银一百二十一两二钱五分。……西大通水磨九十七盘,每盘每年征税银二钱五分,共征税银二十四两二钱五分。城北水磨四盘,每盘每年征税银三钱,共银一两二钱"②。静宁州境水磨"共四百八十座,每座每年纳银一钱二分"③。莎车地区,有"水磨租钱,一千五百文"④。兰州府州县"磨课额银",其中"皋兰县,三十八两一钱六分;狄道州,二百三十二两六钱八分二厘;渭源县,八两八钱五分三厘;金县,二两三钱八分一厘;河州,一百三十五两二钱四分八厘;靖远县,五钱二分"⑤。由此可见,虽然不同时代、不同地区、不同类型的水磨课征额度多少不一,但大率不出前引"多者岁征银五六钱,少者一二钱"之说。

综上,从文字记载来看,明清以降西北地区水力磨坊领帖纳银事宜似有章可循,但是在实际的征纳操作中,情况却非常复杂,地方官、胥吏、磨头假手操作渔利,磨户不肯呈报纳银等,都是不确定因素。诸如,"盖以课额虽微,领帖需费甚钜,故磨户不肯报明领帖,胥吏与磨头从中渔利,转多私征,地方官亦有明知故纵、借资分润者,沿成惯例。有领帖纳课者,有不领帖而帮课者,更有不领帖并不帮课者,或以上等报中等,以中等报下等,尽凭胥吏上下其手。如能遵照从前编审之例,饬令各属分路清查某乡、某堡方向、某人水磨几轮,分平

---

① 乾隆《甘州府志》卷六《食货·赋役》。
② 乾隆《平番县志》《地理志·赋则》。
③ 乾隆《静宁州志》卷三《赋役·杂税》。
④ 嘉庆《回疆通志》卷八《叶尔羌·租税》。
⑤ 道光《兰州府志》卷五《田赋志·杂税》。

轮、立轮、大磨、小磨,常流水、暂流水,逐一查明,编立字号,其已领帖纳课者,查核相符,换给新帖,不缴帖费,其未领帖纳税者,勒令一律呈报……不准仍前隐匿弊混,自当筹一巨款"①。

民国以来,随着币制改革,水磨课征亦有相应调整。民国《渭源县志》卷三《建置志·田赋·税课》称:"原额磨课银八两八钱五分三,现在改征洋三百四十六元。原额水磨七十四盘,现有双轮水磨五盘,单轮水磨二百二十一盘,立轮水磨四十一盘。每磨一盘票一张,收钱五十文,现在全解。"民国《新编化平县志》卷二《经政志·税课》"磨税"一项称:"县政府经收共水磨二十七座,科则不等。民国十四年分,实收洋二十九元,现在征收洋六十五元。"民国《贵德县志稿》卷三《人文志·岁榷》"契税"项称:"丙等油房水磨一百零四盘,每盘每年收洋二元,共收洋一百十五元。乙等油磨三十八盘,每盘每年收洋三元,共收洋一百一十四元。"

1934年,孔祥熙主持编写《全国各省市减轻田赋附加废除苛捐杂税报告书》,其中《各省市整理财政概要》之甘肃省部分提到,"甘肃省年来因军费负担过重,致使财政益感枯窘。于是就地征敛,名目繁多。近该省已力图整理,以符财会之决议。其捐税中之类近苛细者,拟有分期废除办法。择其最急要者列为第一期,计磨税年约四万余元,驼捐年约十二万余元,茶课年约十三万余元,拟即实行宣布废除,以纾民困"②。此次废除磨税,概与20世纪30年代国民政府县政改革有关,但是实际执行效果及其维继时间则很难判定。笔者曾考察过河北地区的类似情况,至少以制香为功用的部分水力磨坊未能得以免除。③其实早在清前期,亦有一度豁免磨课的情形。乾隆二十四年(1759年),曾以"甘省远处边陲,地方寒瘠,比岁收成歉薄,生计未免拮据"为由,"将近年正供杂项,并历年积欠带缓银粮草束,概予豁免",其中"雍正七年起至乾隆二十二年止,未完牙税磨课等银两普行蠲免"。④但是,磨税作为地方杂税之一种,与地方之局势密切相关。尤其是地方财政匮乏的情况下,肆意征收的情况

---

① 《甘肃全省财政说明书》次编上《磨课》,《清光绪年二十二省财政说明书·甘肃卷(全二册)》(第一册),全国图书馆文献缩微复制中心,2008年,第65~66页。
② 孔祥熙主编:《全国各省市减轻田赋附加废除苛捐杂税报告书》,1934年,第15~16页。
③ 方万鹏:《"相地作磨":明清以来河北井陉的水力加工业——基于环境史视角的考察》,《中国农史》2014年第3期。
④ 《清高宗实录》卷五七八,乾隆二十四年正月甲申,中华书局,1986年,第360~370页。

时有存在。

四、余论

综上,我们分别探讨了明清以降西北地区水力磨坊的水力环境、经营群体和经济意义,结合开篇的问题设定,大致可以得出如下两点认识:

其一,在环境史的研究中,水力环境与水环境是两个应当有所区别的概念。水环境往往以地表水资源的丰富程度作为参考指标,而水力环境则应该重点关注水源和地势落差,一般意义上的水环境优越并不一定能够代表水力环境同样优越。比如江南河网纵横,但除了浙西山地外,整体水力资源极其贫乏,而西北地区虽然终年干旱少雨,但丰富的冰川融水、泉水和天然的地势落差却形成了优越的水力资源,从而为水力磨坊的规模化存在、发展提供了不可或缺的前提条件。而江南与西北的对比差异也生动地诠释了资源区位的差异对技术工具的运用和社会生产力产生的影响。

其二,作为一种经济现象,明清时期西北地区的水力加工业在经济史中该作何定位?水力加工这一被众多学者赋予了重要经济意义的生产技术,[1]在经济发展水平较高的江南由于缺乏相应的区位资源难以得到规模化利用,[2]反而在经济落后的西北地区得以发展兴盛。当然,所谓的技术先进性要放在特定的时代背景下来考量,坦诚来讲,在明清以降已不能一味予以强调和夸大。至少从生产组织形式来看,西北地区的水力加工业始终停留在相对原始的阶段,缺乏技术层面的重要创新和突破,技术应用显然没有带动经济成长方式的整体转变,个中原因,需要我们进一步思考和研究。但是作为水动力应用意义上的突出现象,西北地区规模庞大的水力加工业仍然敦促我们在做经济史研究尤其是中西比较观察时,须对既定的学术典范和中国社会结构的多元作出更为审慎的认知和反思。

---

① [法]马克·布洛克:《水碓的出现及其胜利》,康乐译,《年鉴史学论文集》,远流出版公司,1989年,第35~69页。E. M. Carus-Wilson, "An Industrial Revolution of the Thirteenth Century", *The Economic History Review*, Vol. 11, No. 1, 1941, pp. 39-60; Jean Gimpel, *The Medieval Machine: The Industrial Revolution of the Middle Ages*, Penguin Books, 1976. 持类似相近观点的还有不少学者,兹不尽举。

② 在浙西山地有地势落差的地方,水力可得到一定程度的应用,李伯重亦有若干举证。

本文原刊载于《中国经济史研究》2019年第1期。

本文作者：

方万鹏，河南唐河人，现任南开大学历史学院副教授。2016年毕业于南开大学，获历史学博士学位。主要研究方向为环境史、技术史。发表学术论文十余篇，主持国家社科基金、国家民委民族研究项目等若干项，先后入选天津市"131"创新人才培养工程（第3层次）、教育部课程思政教学名师和团队成员，兼任中国环境科学学会环境史专业委员会副秘书长。

"县官"之由来与战国秦汉时期的"天下"观

杨振红

一、关于"县官"的学术史

"县官"一词,传世文献中先秦时期仅两现。一为《墨子·杂守》:"寇近,亟收诸杂乡金器若铜铁及他可以佐守事者。先举县官室居、官府不急者,材之大小、长短及凡数,即急先发。寇薄,发屋伐木,虽有请谒,勿听。入柴勿积鱼鳞簪,当队,令易取也。材木不能尽入者,燔之,无令寇得用之。"①一为《史记·范雎列传》:"秦王乃拜范雎为相。收穰侯之印,使归陶,因使县官给车牛以徙,千乘有余。到关,关阅其宝器,宝器珍怪多于王室。"②时当秦昭王四十一年(前266)。出土材料方面,睡虎地秦简所出秦王政二十年(前227)四月南郡郡守腾颁布的《语书》中,也提及"县官":"有(又)且课县官独多犯令而令、丞弗得者,以令、丞闻。以次传;别书江陵布,以邮行。"整理小组注释:"县官,县中官吏。"③

秦汉以后文献中则大量出现"县官"一词,如《史记》中含注共出现36次,《汉书》中含注共出现82次,《后汉书》中含注共出现28次。《史记·平准书》《汉书·食货志》中出现次数最多,分别为21次(加三家注共22次)和23次(加颜师古注共24次)。④

关于"县官"的含义及来源,《史记·绛侯周勃世家》:"居无何,条侯子为父买工官尚方甲楯五百被可以葬者。取庸苦之,不予钱。庸知其盗买县官器,怒而上变告子,事连污条侯。"唐代司马贞《史记索隐》:

---

① 吴毓江:《墨子校注》卷一五《杂守》,孙启治点校,中华书局,1993年,第975页。

②《史记》卷七九《范雎蔡泽列传·范雎》,中华书局点校本修订本,2014年,第2926页。

③ 陈伟主编,彭浩、刘乐贤等撰著:《秦简牍合集(释文注释修订本)(壹)》,武汉大学出版社,2016年,第29、32页。《合集》在注释中又加引《墨子·杂守》。

④ 以中华书局点校本统计。

> 县官谓天子也。所以谓国家为县官者,夏家王畿内县即国都也。王者官天下,故曰县官也。①

说县官指天子,天子与国家义同,县官一词缘于夏代王畿内县即国都之制,王者"官"天下,故称县官。《汉书·霍光传》:"(霍)禹为大司马,称病。禹故长史任宣候问,禹曰:'我何病?县官非我家将军不得至是,今将军坟墓未干,尽外我家,反任许、史,夺我印绶,令人不省死。'"颜师古注引如淳曰:

> 县官谓天子。②

《汉书·宣元六王传·东平思王刘宇》:"(刘)宇谓中谒者信等曰:'汉大臣议天子少弱,未能治天下,以为我知文法,建欲使我辅佐天子。我见尚书晨夜极苦,使我为之,不能也。今暑热,县官年少,持服恐无处所,我危得之!'"颜师古注引张晏曰:

> 不敢指斥成帝,谓之县官也。③

清代刘宝楠《愈愚录》卷四"县官"条总结秦汉时期"县官"有三义:

> 秦制,县令称县官。《史记·范雎列传》"秦王因使县官给车牛以徙",是也。然《李斯列传》云:"十公主矺死于杜,财物入于县官",此县官当谓天子,盖不敢斥言,而托词于县官也。汉武帝时,言利之臣赋敛无度,一切取民,亦托词于县官。《平准书》:"大将军击胡房,数万人衣食仰给县官"……县官并指天子,此必当时旧文,故太史公承用之,所以著其实也。班、范书亦称县官……李贤注《刘盆子传》云:"县官谓天子也。"案:二史所称县官,皆是有所指斥,不敢直言也。此承用太史公语,疑亦当时原文。《汉书·两龚传》:"使者至县请舍,欲令至廷拜授印绶,舍曰:'王者以天下为家,何必

---

① 《史记》卷五七《绛侯周勃世家》,第2524、2525页。《校勘记》第23条"夏家":殿本作"夏官",凌本作"夏者"。张文虎《札记》卷四:"此二字疑即上文'官者'二字之误衍。"(第2529页)
② 《汉书》卷六八《霍光传》,中华书局,1962年,第2953页。
③ 《汉书》卷八〇《宣元六王传·东平思王刘宇》,中华书局,1962年,第3323、3324页。

县官?'遂于家受诏。"《后汉书·刘矩传》："为雍邱令,告民曰:'忿恚可忍,县官不可入。'"县官谓县舍,犹学官之比。《汉书·循吏传》："修起学官于成都市中"。师古曰:"学官,学之官舍也。"《传》又云:"至武帝时,乃令天下郡国皆立学校官。"此别一义。①

其一,秦制的县令称县官。其二,汉代的县官指天子,是当时人用语,前三史是照录当时人的说法。其三,汉代县官还有县舍的含义,犹如学官。

清朝郭嵩焘《礼记质疑》卷五在讨论《礼记·王制》时案:

> 郑意以《周礼》未尝名国都为县,《商颂》但言邦畿,而《夏书》已有"酒荒于厥邑"之文,因通邑于县,以为夏时之称。陈氏祥道引《周礼》有在乡之县,有在遂之县,有采邑之县,有间田之县,故王畿统谓之县。其说近之而义未尽。《周礼》:"四井为邑,四甸为县。"邑县地至小。而《诗》《书》多称国都曰邑:《汤誓》"率割夏邑",《立政》"其在商邑",《周书》"用附我大邑周",及诸言"作新大邑""宅新邑"是也。《诗》:"商邑翼翼""作邑于丰",无云县者。《史记》:邹衍名中国曰"赤县神州"。《始皇纪》"宇县之中",《陈书·高祖纪》"光宅区县",《唐书·礼乐志》"福流寰县",谢庄文"扫耻瀛县""缔寓开县",皆承邹衍之遗,名天下曰县。《绛侯世家》:"盗买县官器。"《索隐》:"县官谓天子。"疑秦汉之际乃有此称。经云"天子之县内"亦汉时语也。郑据夏时言之,似属无征。②

郭嵩焘认为,商周时称邑,不称"县",郑玄认为邑通县,故说"县内是夏时天子所居州界名",但这种说法缺乏依据。据《史记》记载,邹衍始将中国称作"赤县神州",因此,秦始皇以后的"宇县""区县""寰县""瀛县"等说法,都是承袭邹衍的遗绪,把"天下"称为县。《索隐》"县官谓天下"的说法也缘于此,当最早出现在秦汉之际。《礼记·王制》所说"天子之县内"也是汉代人的说法。换言之,郭嵩焘认为《王制》的成书晚至汉代。

日本泷川资言《史记会注考证》:

---

① 《愈愚录》卷四,清光绪十五年广雅书局刻本,中国基本古籍库。笔者标点。
② 《礼记质疑》(卷五),邬锡非、陈戍国点校,岳麓书社,1992年,第139页。

中井积德曰：县官犹言公家也。本郡县人之言，指各处县治而言，遂转为指国家之言，是后世官府文字之类，难据文义作解。张文虎曰：索隐"夏官"二字疑衍。①

中井积德认为，县官意为公家，是郡县人称县治之语，遂演变为代指国家，属于官府文书用法，很难根据文义加以解释。张文虎怀疑"夏官"是衍字。从其"难据文义作解"可以看出，中井积德的观点属望文生义。

赵伯雄认为，《墨子·杂守篇》和睡虎地秦简中的"县官"指县一级的官吏，到了两汉，在《史记》《汉书》等书中，才开始转变为国家或天子义。两周金文里的县字还看不出与地域区划间的关系。《周礼》中的"县"不指国都。孙诒让说《周礼》的县鄙"皆公邑也"，是天子、国君直接统治的"邑"。在战国秦汉时人心目中，"县"与天子、君主的直接统治密切相关。《吕氏春秋·季秋纪》里说："是月也……合诸侯，制百县。"百县与诸侯对举，显系指天子直辖的地方而言。汉代"县官"一词可能就是由这种"县"的观念中发展出来的。汉人所说的县官，其初义是指中央政府或国家，后加以引申，才出现了代表天子的含义。②

张家山汉简中也大量出现"县官"一词。如《二年律令》简4—5："贼燔城、官府及县官积寙（聚），弃市。贼燔寺舍、民 室 屋 庐 舍 、积 寙 （聚）， 黥 为城旦春。其失火延燔之，罚金四两， 责 （债）所燔。乡部、官啬夫、吏主者弗得，罚金各二两。"整理小组注释：

官府，官衙。县官，指官方。③

综上，先秦时期三条史料中的"县官"均指一级地方行政机构——县的官府或官吏。汉代文献中的"县官"多数指天子或国家，但个别情况下也指郡县之县的官府或官吏。

---

① ［日］泷川资言考证：《史记会注考证（伍）》卷五七，杨海峥整理，上海古籍出版社2015年，第2662页。
② 赵伯雄：《两汉"县官"释义》，《历史教学》1980年第10期。
③ 张家山二四七号汉墓竹简整理小组：《张家山汉墓竹简（二四七号墓）（释文修订本）》，文物出版社2006年，第8页。

二、秦始皇改"王室""公室"为"县官"

2009年,里耶秦简整理者公布了一方木牍,内容是秦始皇统一中国后颁布的名号更替汇编,其中有两条规定:

......

诸官为秦尽更。A XXII

故皇今更如此皇。A XVIII

......

毋敢曰王父曰泰父。A XXII

毋敢谓巫帝曰巫。A XXIII

......

王马曰乘舆马。A XXV

泰【王】观献曰皇帝。B I

天帝观献曰皇帝。B II

帝子游曰皇帝。B III

王节弋曰皇帝。B IV

王谴曰制谴。B V

以王令曰【以】皇帝诏。B VI

承【命】曰承制。B VII

王室曰县官。B VIII

公室曰县官。B IX

内侯为轮(伦)侯。B X

彻侯为【死〈列〉】侯。B XI

以命为皇帝。B XII

受(授)命曰制。B XII I

□命曰制。B XIV

为谓□诏。B XV

庄王为泰上皇。B XVI

......

王宫曰□□□。B XIX

王游曰皇帝游。B ⅩⅩ

王猎曰皇帝猎。B ⅩⅪ

王犬曰皇帝犬。B ⅩⅫ

……(8—461)①

　　由此可确定,"县官"的称谓始于秦始皇二十六年(前221年)统一中国后,颁布诏令将"王室"和"公室"改称为"县官"。②

　　"王室""公室"常见于先秦文献。王室最初仅用于周天子(也称周王),公室则为诸侯国国君称"公"者所用。例如《尚书·微子之命》:"钦哉! 往敷乃训,慎乃服命,率由典常,以蕃王室。"孔安国传:"敬哉,敬其为君之德,往临人,布汝教训,慎汝祖服命数,循用旧典无失其常,以蕃屏周室。戒之。"③《史记·周本纪》:"厉王即位三十年,好利,近荣夷公。大夫芮良夫谏厉王曰:'王室其将卑乎? 夫荣公好专利而不知大难……'"④正如孔安国所传,以上的王室均指周王室。《左传》宣公十八年:"公孙归父以襄仲之立公也,有宠,欲去三桓,以张公室。与公谋,而聘于晋,欲以晋人去之。"⑤这里的公室则指鲁宣公。

　　春秋战国时期,周天子地位衰微,势力强大的诸侯国纷纷僭越礼制,先是称"侯""伯"者僭越称"公",至战国中后期又僭越称"王"。如《史记·秦本纪》载:"孝公卒,子惠文君立。""惠文君元年,楚、韩、赵、蜀人来朝。二年,天子贺。

---

　　① 张春龙、龙京沙:《湘西里耶秦简8-455号》,武汉大学简帛研究中心主办《简帛》第四辑,上海古籍出版社,2009年,第11～15页。此后在公布的第一册释文中简号改为8-461。湖南省文物考古研究所编著:《里耶秦简(壹)》,文物出版社,2012年。本释文据陈伟主编,何有祖、鲁家亮、凡国栋撰著:《里耶秦简牍校释(第一卷)》,武汉大学出版社,2012年,第156～157页。

　　② 游逸飞说:"秦更名方似乎揭示'县官'指涉皇帝、朝廷,为秦始皇的创举。'王室'本指统治者之私家,在家国难分的周代,'王室'自然具有政府、朝廷的意涵。'县官'既取代'王室',便继承其意义。这就是'县官'为何既指皇室,又指政府的缘故。"游逸飞:《里耶8-461号"秦更名方"选释》,魏斌主编:《古代长江中游社会研究》,上海古籍出版社,2013年,第83页。《秦简牍合集》注释:"今按:里耶秦简8-455:'王室曰县官。公室曰县官。'其中的'县官'或指县级政府,或指各级政府。简文'公室告'似指官府按规定可受理的告诉。'非公室告'指官府按规定不可受理的告诉,即法律规定不予接受的告诉。"陈伟主编,彭浩、刘乐贤等撰著:《秦简牍合集(释文注释修订本)(壹)》,武汉大学出版社,2016年,第222页。

　　③《尚书正义》(卷一二),黄怀信整理,上海古籍出版社,2007年,第522页。

　　④《史记》卷四《周本纪》。

　　⑤《春秋左传诂》(卷一〇),李解民点校,中华书局,1987年,第434页。

三年,王冠。四年,天子致文武胙。齐、魏为王。"①秦孝公时尚称公,其子惠文君继位三年(前335)时就改称"王"。次年,齐、魏两国也不甘落后,改称"王",即齐威王、魏惠王。随后,秦王便改称"王室"。如《史记·穰侯列传》:"昭王于是用范雎。范雎言宣太后专制,穰侯擅权于诸侯,泾阳君、高陵君之属太侈,富于王室。于是秦昭王悟,乃免相国,令泾阳之属皆出关,就封邑。穰侯出关,辎车千乘有余。"②但"公室"可能依然沿用。如《史记·李斯列传》载李斯上《谏逐客书》:"昭王得范雎,废穰侯,逐华阳,强公室,杜私门,蚕食诸侯,使秦成帝业。"③

睡虎地秦简中亦出现"王室""公室"之语。如《法律答问》简103:"'公室告'【何】(殹)(也)?'非公室告'可(何)殹(也)?贼杀伤、盗它人为'公室';子盗父母,父母擅杀、刑、髡子及奴妾,不为'公室告'。"④这里的"公室"也是代指秦国家,"公室告"相当于后世的公诉。因此可推测这条法律应当是秦国君未改称王时制定的法律。此外,《法律答问》还有两条关于王室的法律解释。简28:"可(何)谓'盗埱垔'?王室祠,貍(薶)其具,是谓'垔'。"简161:"'擅兴奇祠,赀二甲。'可(何)如为'奇'?王室所当祠固有矣,擅有鬼立(位)殹(也),为'奇',它不为。"⑤这两条相关法律当是秦国君改称王后才出现的法律。因此,睡虎地秦简和里耶秦简中的"公室"当为秦国国君称"公"时对秦公及其家室的称呼,"王室"则是秦僭越称"王"后对秦王及其家室的称呼,但"公室"的称号应当没有禁绝,有时人们仍习惯性使用。

现在,随着统一大业完成,秦始皇下令将"公室""王室"的称号改为"县官",其动机是什么呢?《史记·秦始皇本纪》有一段著名的记载:

> 秦初并天下,令丞相、御史曰:"……寡人以眇眇之身,兴兵诛暴乱,赖宗庙之灵,六王咸伏其辜,天下大定。今名号不更,无以称成功,传后世。其议帝号。"丞相绾、御史大夫劫、廷尉斯等皆曰:"昔者五帝地方千里,其

---

①《史记》卷五《秦本纪》。

②《史记》卷七二《穰侯列传》。

③《史记》卷八七《李斯列传》。

④陈伟主编,彭浩、刘乐贤等撰著:《秦简牍合集(释文注释修订本)(壹)》,武汉大学出版社,2016年,第221页。

⑤陈伟主编,彭浩、刘乐贤等撰著:《秦简牍合集(释文注释修订本)(壹)》,武汉大学出版社,2016年,第193、243页。

外侯服夷服,诸侯或朝或否,天子不能制。今陛下兴义兵,诛残贼,平定天下,海内为郡县,法令由一统,自上古以来未尝有,五帝所不及。臣等谨与博士议曰:'古有天皇,有地皇,有泰皇,泰皇最贵。'臣等昧死上尊号,王为'泰皇'。命为'制',令为'诏',天子自称曰'朕'。"王曰:"去'泰',著'皇',采上古'帝'位号,号曰'皇帝'。他如议。"制曰:"可。"追尊庄襄王为太上皇。制曰:"朕闻太古有号毋谥,中古有号,死而以行为谥。如此,则子议父,臣议君也,甚无谓,朕弗取焉。自今已来,除谥法。朕为始皇帝。后世以计数,二世三世至于万世,传之无穷。"①

秦始皇认为自己完成了"平定天下,海内为郡县,法令由一统"的丰功伟业,亘古未有,如果"名号不更",就无法彰显自己的成功,传颂于后世。于是在群臣意见基础上,将自己的称号从"王"改为"皇帝","命为'制',令为'诏',天子自称曰'朕'","追尊庄襄王为太上皇",并废除谥号,以数计。正如以往学者所论,里耶秦简8-461记载的内容应当也是秦始皇统一后关于更定名号的规定,秦始皇更定名号的范围远远超过《本纪》所载,《本纪》只是择要记载。因此,正如"王"代表秦统一前的秦王,"皇帝"代表统一后的秦皇帝一样,"王室""公室"代表的也是诸侯国君的秦王,"县官"则代表的是统一天下后的秦皇帝。

顺带提及一个有意思的现象,即秦汉时期完全不见"皇室"的称呼,偶见"帝室"的称呼,如《史记》仅注中出现1次,《汉书》中出现7次(若加注共10次),《后汉书》中出现3次。由此可知,"帝室"的称呼是西汉中期以后才渐多起来的,但远比不上"县官"出现的次数,也就是说秦汉时人仍惯用"县官"的称呼。关于帝室,《汉官仪》卷下:

帝室,犹古言王室。②

表明帝室其实和统一前的"王室"、统一后的"县官"义同。

那么,秦始皇君臣为什么会选择"县官"的称呼呢?"县官"与"王室""公室"相比,其高大上在哪里呢?

---

① 《史记》卷六《秦始皇本纪》。
② 《汉官仪》,(清)孙星衍等辑:《汉官六种》,周天游点校,中华书局,1990年,第190页。

三、"县官"一词源于"四海九州县内"的"天下"观①

前引唐人司马贞《索隐》对"县官"的解释,应本于《礼记·王制》②及郑玄注。《礼记·王制》对世界和王制有一套系统的理论:

> 凡四海之内九州,州方千里。州建百里之国三十,七十里之国六十,五十里之国百有二十,凡二百一十国。名山大泽不以封,其余以为附庸、间田。八州,州二百一十国。

> 天子之县内,方百里之国九,七十里之国二十有一,五十里之国六十有三,凡九十三国。名山大泽不以盼。其余以禄士,以为间田。

> 凡九州,千七百七十三国,天子之元士、诸侯之附庸不与。

> 天子百里之内以共官,千里之内以为御。

> 千里之外设方伯。五国以为属,属有长;十国以为连,连有帅;三十国以为卒,卒有正;二百一十国以为州,州有伯。八州八伯,五十六正,百六十八帅,三百三十六长。八伯各以其属属于天子之老二人,分天下以为左右,曰二伯。

> 千里之内曰甸。千里之外曰采,曰流。③

---

① 关于中国的"天下"观,世界范围内都有丰富的研究,此仅列举数种:Joseph R. Levenson(列文森),"T'ien-hsia and Kuo, and the 'Transvaluation of Values'", *The Far Eastern Quarterly*, Vol.11, No.4,(Aug.,1952), pp.447-451;[日]安部健夫:『中国人の天下観念—政治思想史の試論』,ハーバード·燕京·同志社东方文化讲座委员会,1956年;《略论山海经的写作时代及其产生地域》,蒙文通:《巴蜀古史论述》,四川人民出版社,1981年;童书业:《春秋时人之"天下"观念》,其著《春秋左传研究》,中华书局,1980年;[日]渡边信一郎:『中国古代の王権と天下秩序—日中比較史の視点から』,校仓书房,2003(中译本徐冲译《中国古代的王权与天下秩序:从中日比较史的视角出发》,中华书局,2008年)。

② 关于《礼记》的成书年代,历来有很大争议。徐喜辰曾总结为七说:孔子门徒所撰说、六国时人所撰说、二戴据古礼所删说、二戴所传说、二戴据《曲台记》所删成说、汉初诸儒编定说、东汉末年说。主流观点认为,其独立成书或晚至汉代,但其中保存着许多先秦时期的材料,其史料价值丝毫不逊色于《周礼》《仪礼》。徐喜辰:《〈礼记〉的成书年代及其史料价值》,《史学史研究》1984年第4期;王文锦:《礼记译解·前言》,中华书局,2016年,第1~7页("前言"作于1994年9月)。关于《王制》篇的成书同样也有多种说法,受篇幅所限,笔者不详述。由于《礼记》及《王制》篇的成书问题甚为复杂,本文无力涉及,但根据本文所引传世文献和新出材料,至少可以证明《王制》篇的思想在战国后期已经形成。

③《礼记正义》卷一五《王制》,吕友仁整理,上海古籍出版社,2008年,第458~470页。

……天子使其大夫为三监,监于方伯之国,国三人。

天子之县内诸侯,禄也。

外诸侯,嗣也。①

……自恒山至于南河,千里而近。自南河至于江,千里而近。自江至于衡山,千里而遥。自东河至于东海,千里而遥。自东河至于西河,千里而近。自西河至于流沙,千里而遥。西不尽流沙,南不尽衡山,东不尽东海,北不尽恒山,凡四海之内,断长补短。方三千里,为田八十万亿一万亿亩。方百里者,为田九十亿亩。山陵、林麓、川泽、沟渎、城郭、宫室、涂巷三分去一,其余六十亿亩。

……天子之县内,方千里者,为方百里者百,封方百里者九,其余方百里者九十一。又封方七十里者二十一,为方百里者十,方十里者二十九,其余方百里者八十,方十里者七十一。又封方五十里者六十三,为方百里者十五,方十里者七十五,其余方百里者六十四,方十里者九十六。

……天子之大夫为三监,监于诸侯之国者,其禄视诸侯之卿,其爵视次国之君,其禄取之于方伯之地。方伯为朝天子,皆有汤沐之邑于天子之县内,视元士。诸侯世子世国,大夫不世爵。使以德,爵以功。未赐爵,视天子之元士,以君其国。诸侯之大夫不世爵禄。②

郑玄注:

县内,夏时天子所居州界名也。殷曰畿。《诗·殷颂》曰:"邦畿千里,维民所止。"周亦曰畿。畿内大国九者,三公之田三;为有致仕者副之,为六也;其余三,待封王之子弟。次国二十一者,卿之田六;亦为有致仕者副之,为十二;又三为三孤之田;其余六,亦待封王之子弟。小国六十三,大夫之田二十七,亦为有致仕者副之,为五十四;其余九,亦以待封王之子弟。三孤之田不副者,以其无职,佐公论道耳,虽其致仕,犹可即而谋焉。③

①《礼记正义》卷一六《王制》,吕友仁整理,上海古籍出版社,2008年,第476～478页。
②《礼记正义》卷二〇《王制》,吕友仁整理,上海古籍出版社,2008年,第580～586页。
③《礼记正义》卷一五《王制》,吕友仁整理,上海古籍出版社,2008年,第461～462页。

《王制》说四海之内为九州,每州千里,每州有大(百里)、中(七十里)、小(五十里)封国两百一十个;天子所居独为一州,称"县内",有大、中、小封国九十三个。四海"西不尽流沙,南不尽衡山,东不尽东海,北不尽恒山","断长补短",方三千里。县内也称作甸。县内外的八州也称作采,王设方伯进行统治。县内和八州的采形成九州。县内和八州内也实行分封,但县内分封的诸侯其性质为禄,八州即采分封的诸侯是嗣。九州之外是流,是王统治之外的区域。九州加流就构成了四海。四海、九州、县内、采、流即《礼记·王制》所构架的世界。

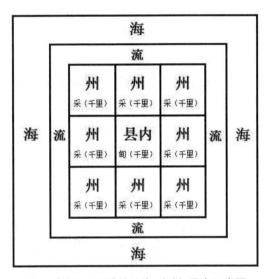

图1 《礼记·王制》的四海、九州、县内示意图

以下材料可以佐证"天子之县内"的说法在汉代影响很大。《盐铁论·地广》载文学语:

> 文学曰:"古者,天子之立于天下之中,县内方不过千里,诸侯列国,不及不食之地,《禹贡》至于五千里;民各供其君,诸侯各保其国,是以百姓均调,而徭役不劳也。今推胡、越数千里,道路回避,士卒劳罢。故边民有刎颈之祸,而中国有死亡之患,此百姓所以嚣嚣而不默也。夫治国之道,由中及外,自近者始。近者亲附,然后来远;百姓内足,然后恤外……"①

---

① 《盐铁论校注》卷四《地广》,中华书局,2015年,第229~230页。

《白虎通·京师》：

> 禄者，录也。上以收录接下，下以名录谨以事上。《王制》曰："天子三公之田视公侯，卿视伯，大夫视子男，士视附庸……天子之县内，有百里之国九，七十里之国二十一，五十里之国六十三，凡九十三国。名山大泽不以封，其余以禄士，以为间田。"
>
> 诸侯入为公卿大夫，得食两家采不？曰：有能然后居其位，德加于人，然后食其禄，所以尊贤重有德也。今以盛德入辅佐，得两食之。故《王制》曰："天子之县内诸侯禄也，外诸侯嗣也。"①

两书均沿袭了"天子居县内""县内方千里"的说法。但《礼记·王制》说"九州三千里"，而《盐铁论》所引《禹贡》则说五千里，表明当时人对天下、世界的认识已经扩大。

此外，《说文》宀部：

> 寰，王者封畿内县也。从宀，睘声。户关切。②

《礼记·王制》"天子县内"的观念当源于《逸周书·作雒》。其文载：

> 武王克殷，乃立王子禄父，俾守商祀。建管叔于东，建蔡叔、霍叔于殷，俾监殷臣。武王既归，乃岁十二月崩镐，肂予岐周。周公立，相天子……周公敬念于后曰：予畏周室克追，俾中天下。及将致政，乃作大邑成周于土中。城方千七百二十丈，郭方七百里。南系于雒水，地因于郏山，以为天下之大凑。制郊甸方六百里，国西土为方千里。分以百县，县有四郡，郡有□鄙。大县城，方王城三之一；小县立城，方王城九之一。郡鄙不过百室，以便野事。农居鄙，得以庶士；士居国家，得以诸公、大夫。凡工贾胥市臣扑，州里俾无交为。③

---

① 《白虎通疏证》卷四《京师》，吴则虞点校，中华书局，1994年，第157~165页。
② 《说文解字》卷七下"新附"，中华书局，1963年。
③ 黄怀信等《逸周书汇校集注（修订本）》，上海古籍出版社，2007年，第510~532页。

说周公时在雒邑建立东都,"为方千里,分以百县"。这一观念流传甚广。《说文》邑部:

> 郡,周制,天子地方千里,分为百县,县有四郡。故《春秋传》曰:"上大夫受县,下大夫受郡"是也。至秦初,天下置三十六郡以监县。从邑。君声。①

此外,《风俗通义·佚文》:

> 周制:天子方千里,分为百县,县有四郡。郡者,群也。故《左氏传》曰:"上大夫受县,下大夫受郡。"至秦始皇初,置三十六郡以监县,县,平也。②

此段佚文辑自《意林》、《史记·秦始皇本纪》张守节《正义》、《艺文类聚》卷六、《太平御览》卷一五七、《天中记》卷一三,可见流传之广。其文字几乎和《风俗通义·佚文》相同,不排除《风俗通义》抄自《说文》,也不排除两者有一个共同的文本来源。此外,《吕氏春秋·季夏纪》:"是月也,令四监大夫合百县之秩刍,以养牺牲。令民无不咸出其力,以供皇天上帝、名山大川、四方之神,以祀宗庙社稷之灵,为民祈福。"高诱注:

> 周制,天子畿内方千里,分为百县,县有四郡,郡有鄙,故《春秋传》曰:"上大夫受县,下大夫受郡。"周时县大郡小,至秦始皇兼天下,初置三十六郡以监县耳。此云"百县",说周制畿内之县也。四监,监四郡大夫也。③

由此来看,《逸周书·作雒》以及《礼记·王制》在汉代应被奉为圭臬。

四、驳"县官"源于邹衍"赤县神州"说

如前所述,清人郭嵩焘《礼记质疑》在探讨《礼记·王制》时提出质疑,认为

---

① 《说文解字注》第六篇下,中华书局,2013年,第285页下栏~第286页上栏。
② 王利器校注:《风俗通义校注·佚文·古制》,中华书局,2010年,第492页。
③ 许维遹集释:《吕氏春秋集释》卷六《季夏纪》,梁运华整理,中华书局,2009年,第131页。

此说不符合《周礼》。周的王畿制度，四井为邑，邑36家；四甸为县，2304家。①邑、县的规模都很小，因此，县不可能是国都、王畿。《诗》《书》中均将国都称作"邑"，无称作"县"的，所以他怀疑"天子之县内"的说法很可能缘于邹衍。邹衍把中国称作"赤县神州"，所以，《史记·秦始皇本纪》"宇县之中"，《陈书·高祖纪》"光宅区县"，《唐书·礼乐志》"福流寰县"，谢庄文"扫耻瀛县""缔宇开县"，都是"承邹衍之遗"，把天下称作县。他认为县官的说法是秦汉之际才有的，《礼记·王制》"天子之县内"之说也是汉代人的说法。郑玄说是夏制也是无稽之谈。

邹衍"赤县神州"的说法见载于《史记》《盐铁论》《论衡》等书。其中，《史记·孟子荀卿列传》曰：

　　其次驺衍，后孟子。驺衍睹有国者益淫侈不能尚德，若《大雅》整之于身，施及黎庶矣，及深观阴阳消息而作怪迂之变，《终始》《大圣》之篇十余万言。其语闳大不经，必先验小物，推而大之，至于无垠。先序今以上至黄帝，学者所共术，大并世盛衰，因载其禨祥度制，推而远之，至天地未生，窈冥不可考而原也。先列中国名山大川通谷禽兽水土所殖、物类所珍，因而推之，及海外人之所不能睹。称引天地剖判以来，五德转移，治各有宜，而符应若兹。以为儒者所谓中国者，于天下乃八十一分居其一分耳。中国名曰赤县神州。赤县神州内自有九州，禹之序九州是也，不得为州数。中国外如赤县神州者九，乃所谓九州也。于是有裨海环之，人民禽兽莫能相通者，如一区中者，乃为一州。如此者九，乃有大瀛海环其外，天地之际焉。其术皆此类也。

《索隐》：

　　裨海，小海也。九州之外，更有大瀛海，故知此裨是小海也。且将有

① 《周礼·地官司徒·小司徒》："乃经土地而井牧其田野，九夫为井，四井为邑，四邑为丘，四丘为甸，四甸为县，四县为都，以任地事而令贡赋，凡税敛之事。"郑玄注："此谓造都鄙也。采地制井田，异于乡遂，重立国。小司徒为经之，立其五沟五涂之界，其制似井之字，因取名焉……四甸为县，方二十里。四县为都，方四十里……五十里之国凡四县，一县之田税入于王……"《周礼正义》卷二〇《地官司徒上·小司徒》，王文锦、陈玉霞点校，中华书局，2013年，第786~787页。

禆将,禆是小义也。①

司马迁所述邹衍九州说认为,天下由九州组成,每州内又有九州,故共有九九八十一小州。九州外由禆海即小海环绕,州与州之间不相连。中国为其中之一,叫"赤县神州",又分为九州,就是大禹所序九州。大九州外又有瀛海即大海环绕,瀛海的边界就是"天地之际",也就是天地相交的地方。但是,其说有不可解之处,如说"中国外如赤县神州者九",如果中国外还有九个州的话,那么总共有十州,小州就有十个,而不是九个。所以杨希枚认为"九"是"八"之误。

《盐铁论·论邹》的说法比《史记》简略:

> 大夫曰:"邹子疾晚世之儒墨,不知天地之弘,昭旷之道,将一曲而欲道九折,守一隅而欲知万方,犹无准平而欲知高下,无规矩而欲知方圆也。于是推大圣终始之运,以喻王公,先列中国名山通古,以至海外。所谓中国者,天下八十一分之一,名曰赤县神州,而分为九州。绝陵陆不通,乃为一州,有大瀛海圉其外。此所谓八极,而天地际焉。《禹贡》亦著山川高下原隰,而不知大道之径。故秦欲达九州而方瀛海,牧胡而朝万国。诸生守畦亩之虑,间巷之固,未知天下之义也。"

> 文学曰:"尧使禹为司空,平水土,随山刊木,定高下而序九州。邹衍非圣人,作怪误,荧惑六国之君,以纳其说。此《春秋》所谓'匹夫荧惑诸侯'者也。孔子曰:'未能事人,焉能事鬼神?'近者不达,焉能知瀛海?故无补于用者,君子不为;无益于治者,君子不由。三王信经道,而德光于四海;战国信嘉言,而破亡如丘山。昔秦始皇已吞天下,欲并万国,亡其三十六郡;欲达瀛海,而失其州县。知大义如斯,不如守小计也。"②

《史记》所说的"天地之际"在这里也被称作"八极"。但是,"分为九州"的"州"是指赤县神州再分为小九州,还是天下分为九州,其说"绝陵陆不通,乃为一州"的大九州,不甚清楚。依"大瀛海"的说法,八十一州之间是否有小瀛海

---

①《史记》卷七四《孟子荀卿列传》。

②《盐铁论校注》卷九《论邹》,中华书局,2015年,第613~614页。

也未详。

《论衡》有两处谈到邹衍的大九州说。《论衡·谈天篇》：

> 邹衍之书，言天下有九州，《禹贡》之上所谓九州也。《禹贡》九州，所谓一州也。若《禹贡》以上者，九焉。《禹贡》九州，方今天下九州也，在东南隅，名曰赤县神州。复更有八州，每一州者四海环之，名曰裨海。九州之外，更有瀛海。此言诡异，闻者惊骇，然亦不能实然否，相随观读讽述以谈。故虚实之事，并传世间，真伪不别也。世人惑焉，是以难论。①

此处说天下九州，赤县神州在东南角，又分为九州，即《禹贡》九州。大九州，每州之外有"裨海"。圈大九州之外有瀛海。《论衡·难岁篇》：

> 儒者论天下九州，以为东西南北，尽地广长，九州之内五千里，竟三河土中。周公卜宅，经曰："王来绍上帝，自服于土中。"雒则土之中也。邹衍论之，以为九州之内五千里，竟合为一州，在东南位，名曰赤县州。自有九州者九焉，九九八十一，凡八十一州。此言殆虚。地形难审，假令有之，亦一难也。使天下九州，如儒者之议，直雒邑以南，对三河以北，豫州、荆州、冀州之部有太岁耳。雍、梁之间，青、兖、徐、扬之地，安得有太岁？使如邹衍之论，则天下九州在东南位，不直子、午，安得有太岁？②

《论衡》所述邹衍说是：天下共有九州，为大九州，州与州之间为海所阻隔。中国为大九州之一，称赤县神州，其内又分九州，为小九州。

可以看到，邹衍的"大九州说"是在《禹贡》九州的基础上构架起来的，因此时代肯定晚于《禹贡》九州说。《禹贡》九州的世界范围是九州（中国）—流（荒）—四海，中国九州居于天下之中。邹衍的"大九州说"，世界范围远远扩大，赤县神州（九州、中国）仅仅占大九州的八十一分之一，其外还有八十州，加上裨海和瀛海，其在世界上所占的比例更小。中国也不再是世界的中心，而是偏于东南隅的一个小州，从这一意义上"中国"的称号也不再贴切符实。这样

---

① 《论衡校释》卷一一《谈天篇》，中华书局，1990年，第473～474页。
② 《论衡校释》卷二四《难岁篇》，中华书局，1990年，第1019～1020页。

的认识表明,邹衍时代人们对地理的认识已经大大丰富,对中国的认识也更客观。然而,这样的新认识对以《禹贡》九州构架起来的天下观产生了巨大冲击,因而不为多数人所接受,特别是笃信儒家经典的学者。

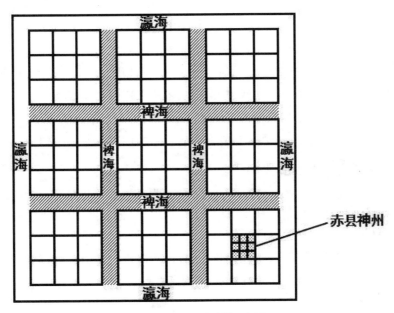

图2　邹衍"大九州"示意图

司马迁说邹衍大九州说是"作怪迂之变","其语闳大不经"。昭帝时文学说"邹衍非圣人,作怪误,荧惑六国之君","此《春秋》所谓'匹夫荧惑诸侯'者也"。就因为秦始皇信奉了他的学说,结果造成"亡其三十六郡""而失其州县"的覆灭下场。王充也批判邹衍大九州说:"此言诡异,闻者惊骇","此言殆虚。地形难审"。由此可知,汉代人一般都认为邹衍的大九州说荒诞不经,不采信其说。但是采信者似乎也不少,如昭帝时御史大夫桑弘羊,桑弘羊和文学还说秦始皇也信其说。①

然而,若仔细加以考察,就会发现"天子县内"的观念成于先秦,即便是在

---

① 关于邹衍大九州的研究十分丰富,例如《邹衍九州考》,杨树达:《积微居小学述林》卷六《故书古史杂考之属》,中华书局,1983年,第244~245页(原刊1936年);顾颉刚:《邹衍及其后继者的世界观》,《中国古代史论丛》1981年第1期;常金仓:《邹衍"大九州说"考论》,《管子学刊》1997年第1期;高建文:《邹衍"大九州"神话宇宙观生成考》,《民俗研究》2016年第6期;胡阿祥:《赤县神州:邹衍的海陆世界》,《唯实》2016年第10期。

郡制普遍发展起来的战国时期,仍然是主流观念,并一直流行至汉。例如,《管子·山国轨》:

> 桓公问管子曰:"请问官国轨。"管子对曰:"田有轨,人有轨,用有轨,乡有轨,人事有轨,币有轨,县有轨,国有轨。不通于轨数,而欲为国,不可。"桓公曰:"行轨数奈何?"……管子对曰:"某乡田若干?……民邻县四面皆櫎,谷坐长而十倍。上下令曰:'赀家假币,皆以谷准币,直币而庚之。'谷为下,币为上。百都百县轨据,谷坐长十倍。环谷而应假币。国币之九在上,一在下。币重而万物轻,敛万物,应之以币。币在下,万物皆在上,万物重十倍。府官以市櫎出万物,隆而止。国轨:布于未形,据其已成,乘令而进退,无求于民,谓之国轨。"①

《商君书·垦令》:

> 声服无通于百县,则民行作不顾,休居不听。休居不听,则气不淫;行作不顾,则意必壹。意壹而气不淫,则草必垦矣。②

《管子》《商君书》虽然成书年代有疑问,但不应晚于战国。另,《战国策·魏三·秦败魏于华走芒卯》:

> 秦败魏于华,走芒卯,而围大梁。须贾为魏谓穰侯曰:"……臣闻魏氏悉其百县胜兵以止(上)戍大梁,臣以为不下三十万。以三十万之众,守十仞之城,臣以为虽汤、武复生,弗易攻也……"③

此外,如《吕氏春秋·孟夏纪》:

---

① 黎翔凤:《管子校注》卷二二《山国轨》,梁运华整理,中华书局,2004年,第1282~1285页。
② 蒋礼鸿:《商君书锥指》卷一《垦令》,中华书局,1986年,第10页。
③ 范祥雍:《战国策笺证》卷二四《魏策三》,范邦瑾协校,上海古籍出版社,2006年,第1365~1366页。亦见《史记》卷七二《穰侯列传》;湖南省博物馆、复旦大学出土文献与古文字研究中心编纂,裘锡圭主编:《长沙马王堆汉墓简帛集成(叁)·战国纵横家书·须贾说穰侯章》,中华书局,2014年,第226页。

是月也,天子始絺。命野虞出行田原,劳农劝民,无或失时。命司徒循行县鄙,命农勉作,无伏于都。

高诱注:

县,畿内之县。县,二千五百家也。鄙,五百家也。司徒主民,故使循行。[1]

再如,前引《吕氏春秋·季夏纪》及高诱注。再如,《吕氏春秋·季秋纪》:

是月也,大飨帝,尝牺牲,告备于天子。合诸侯,制百县,为来岁受朔日,与诸侯所税于民轻重之法。贡职之数以远近土地所宜为度,以给郊庙之事,无有所私。

高诱注:

百县,畿内之县也。五家为邻,五邻为里,四里为攒,五攒为鄙,五鄙为县,然则谓县者二千五百家也。[2]

成书于汉武帝时期的《淮南子·时则》及高诱注仍沿用了这一说法。文曰:

上丁,入学习吹,大飨帝,尝牺牲,合诸侯,制百县,为来岁受朔日,与诸侯所税于民轻重之法,贡岁之数,以远近土地所宜为度。

高诱注:

是月上旬丁日,入学官吹笙竽,习礼乐。飨上帝,用牺牲。合诸侯

---

① 许维遹集释:《吕氏春秋集释》卷四《孟夏纪》,梁运华整理,中华书局,2009年,第86页。
② 许维遹集释:《吕氏春秋集释》卷四《孟夏纪》,梁运华整理,中华书局,2009年,第195~197页。

之制,度车服之差,各以其命数也。百县,圻内之县,言百,举全数尔。五家为邻,五邻为里,四里为酇,五酇为鄙,五鄙为县。然则县二千五百家也。①

成书时间不详的《礼记·月令》记载也大体与两书同。

上述文献中,均是天子或国—诸侯、百县的模式。也就是说,天子封诸侯,而直接统治的是百县。即便《管子》《商君书》成书稍早,但《战国策·魏策三》和《吕氏春秋》所载均是秦始皇统一前夜之事,由此可以确定,当时对秦始皇改制起决定影响的仍是"天子之县内"的王制观念。

五、结语

"县官"一词源于《礼记·王制》。《王制》云"县内"为"王畿",即"天子所居州界名也"。秦始皇统一六国后,认为已经实现王制(天子之制),遂进行一系列改制、改称号举措,其中之一便是将"王室""公室"改为"县官",取天子居县内、官天下之义。战国秦汉时人所说的"天下"有广义、狭义之分。狭义的天下=国家=九州。广义的天下=四海之内=海内。《礼记·王制》"四海、流(荒)、九州、县内"观念的形成可能经历了漫长的过程,但其下限当在县制已经形成,但郡尚未成为县上一级地方行政机构时期。其社会基础应当包括以下两个因素:第一,实行分封制,即天子将大部分国土分封给诸侯,自己仅统治王畿地区,王畿在国都外采取设县统治。换言之,"王制"是分封制下王畿制度与县制相结合的产物。第二,当时人活动范围主要局限于黄河中下游流域一带的中原地区,东面已达大海,但北、西、南三面的活动范围都不会太远,与中原以外地区的交流也十分有限。战国时期,随着兼并战争的扩大以及交通的发达,对外交流增加,对世界范围的认识也随之扩大,故而产生邹衍的"大九州"说,认为中国的疆域在世界之中仅占八十一分之一。但由于《礼记·王制》和《逸周书·作雒》已经成为人们心目中的"圣经",不可撼动,故秦始皇统一中国后,仍依照这一王制观念,将新王朝和自己的帝室取名为"县官",意为自己从诸侯国君升格为天子,成为居住在县内(王畿)统治天下的官。

---

① 何宁集释:《淮南子集释》卷五《时则训》,中华书局,1998年,第419页。

本文原刊载于《中国史研究》2019年第1期。

本文作者：

杨振红，生于1963年，浙江诸暨人。现任南开大学历史学院教授、博士生导师。曾任中国社会科学院历史研究所研究员，日本大阪市立大学客座研究员、日本京都大学人文科学研究所客座教授。出版《出土简牍与秦汉社会》《出土简牍与秦汉社会（续编）》等著作，在《历史研究》、《中国史研究》、（日）《东方学报》、（韩）《东洋史学研究》等杂志发表论文数十篇。论著曾获郭沫若中国历史学奖、中国社会科学院优秀科研成果奖、李学勤中国古史奖、天津市社会科学优秀成果奖等奖项。

商周东土夏遗与夏史探索*

陈　絜

关于夏代存在与否的争论已持续一个世纪,而近年讨论尤为热烈。[①]各家主张各异,但争议的核心观照是一致的,即《尚书》《左传》《国语》《孟子》《大戴礼记》《史记》《竹书纪年》等传世文献有关夏的记载是否可信? 周代文献与西周金文关于夏代(如大禹治水等)的文字记录,是否为周人杜撰? 晚商甲骨是否存在相关记录或线索? 恐怕在考古发掘取得"一锤定音"的证据之前,上述问题仍要经历一段"存疑"时间。那么在此期间,对于文献史学研究者来说,是否仍有可供用力之处? 诚如有学者主张,目前文献史学与考古学研究,不必强行牵合,首先应将文献史学本身做深做透。[②]笔者认为,若以商周时期夏遗的分布为切入点,推测夏代的政治地理框架,进而检讨方法论等相关问题,不失为一种可行方案。[③]

有关诸姒及其姻亲、与国乃至敌对势力的分布及活动范围、夏代各时期都城地望等有关夏代政治地理诸要素的研究,王国维、杨向奎、邹衡、沈长云、孙

*本文系国家社科基金重大项目"出土先秦文献地理资料整理与研究及地图编绘"(18ZDA176)的阶段性成果,承蒙四位匿名审稿专家提出中肯而重要的修订意见,谨致谢忱!

① 胡适《中国哲学史大纲》"导言"(1918年)及《研究国故的方法》演讲词(1921年)所提出的"东周以前无史"之论,可谓是近代学术史上夏代非信史之说的滥觞,其后明确持此论者有杨宽、陈梦家等,新近具此倾向的有陈淳、龚辛,参见《二里头、夏与中国早期国家研究》,《复旦学报》2004年第4期。西方汉学界对夏的存在往往持否定或存疑态度。当然,国内多数学者,大致还是信从中国历史有一夏王朝。近期的争论可参见沈长云:《夏代是杜撰的吗——与陈淳先生商榷》,《河北师范大学学报》2005年第3期;许宏:《关于二里头为早商都邑的假说》,《南方文物》2015年第3期;许宏:《学术史视角下的二里头"商都说"与"夏都说"》,《中国文物报》2015年11月20日;孙庆伟:《界说与方法——夏代信史考古学重建的途径》,《中国文化研究》2018年秋之卷。

② 朱凤瀚:《夏文化考古学探索六十年的启示》,《历史研究》2019年第1期。

③ 沈长云:《关键是要弄清楚夏的地域问题》,《中国社会科学报》2019年5月27日。

庆伟等已作有益探索。①近年来，随着上古地理研究手段的更新，商周卜辞金文政治地理框架的重新勾稽，特别是牵涉夏早期史的诸多甲金文地名、族名的组群性出现，为进一步探寻夏族群活动的地域空间提供了契机。

商周出土文字资料与先秦文献中，与夏早期历史相关的古族、古地与古国颇多。如据《史记·夏本纪》，诸姒之族有夏后氏、有扈氏、有男氏、斟寻氏、彤城氏、褒氏、费氏、杞氏、缯氏、辛氏、冥氏与斟戈（灌）氏，加上见诸金文及其他文献记载的鲍、繁、癍、虎诸氏，共计16个。涉及的东土姻亲则有寒、雍、举、邦（或凷）、卫5个，其他与夏早期历史有关的地名、族名有甘、过、戈、鬲、洛、邍（原）、纶、薛等。上述族名、地名，对探索夏早期历史地理空间所能起到的作用各有侧重，相对重要的当属商周诸姒及东土姻亲小族。唯古姓使用始自周初，传世文献对古族族姓记载每多抵牾，为避免先入为主，文章以能否得到金文验证为标准，对诸姒16族作分类处理，由实至虚，其可验证者与相关姻族合并为一组，目前尚无明确佐验者，则与其他重要地名、族名另组讨论。

一、甲骨文、金文所见东土诸姒及其姻族

对于上古族群、族属的划分，殆以族姓为唯一标准。依照传统观点，夏人姒姓，商人子姓，周人姬姓。子商姬周，应该比较确凿。故姒姓夏族之说，恐亦不能轻易否定。商周诸姒族居地及其分布区域的考察，可以从一个侧面折射出夏的政治疆界及活动地理方位，而目前可考者主要分布在古济水及以东区域的"东土"之地，这需要引起研究者关注。此外，受交通条件影响，上古互通婚姻的族群，相互间的空间距离有限，故与诸姒通婚的各姻族，尤其是政治地位不高、名不见经传的弱小族群，对其族居地或活动范围的考证结果，于推测夏族地理分布也能起到一定的辅助作用。目前所知商周时期的诸姒之姻族如寒、雍、举、邦（或凷）、卫等，名不见经传者占多数，同样团簇于东土。下面分别

---

① 王国维：《殷周制度论》，《观堂集林》，中华书局，1959年；杨向奎：《夏民族起于东方考》，《禹贡》第7卷第6、7合期；杨向奎：《大禹与夏后氏》，《绎史斋学术文集》，上海人民出版社，1983年，第5～17页；邹衡：《夏文化分布区域内有关夏人传说的地望考》，《夏商周考古学论文集》，文物出版社，1980年，第219～251页；沈长云：《夏后氏居于故河济之间考》，《中国史研究》1994年第3期；沈长云：《禹都阳城即濮阳说》，《中国史研究》1997年第2期；沈长云：《夏族兴起于古河济之间的考古学考察》，《历史研究》2007年第4期；孙庆伟：《鼏宅禹迹——夏代信史的考古学重建》，生活·读书·新知三联书店，2018年。

梳理能够得到甲金文验证的东土诸姒及其姻族。

1.两周金文的东土诸姒

尽管诸姒之族有16个之多,但族姓明确见载于目前两周金文的仅7个,其中虎叔簋(《殷周金文暨青铜器资料库》NA1611,以下简称《资料库》)所载虎氏或在晋南,此处不做讨论。[①]洙泗与汶水间的姒姓繁氏此前已有所论述,[②]不再展开。缯氏姒姓虽不见金文等出土资料,但考虑到它与杞族关系尤为紧密,说是姒姓,恐怕问题不大,故附列于后。

(1)费氏

费氏姒姓,可得周代金文印证。例如1972年山东省邹城市峄山镇纪王城前村邾国故城址出土弗奴父鼎一件,[③]年代大概在春秋早期,铭文曰:"弗奴父作孟姒府媵鼎,其眉寿万年永宝用。"(《集成》2589)其中寿字作"𠂤",具有显著的齐鲁文字特征,与该器出土地点十分吻合。前引杨、沈诸家均认为"弗"字可读"费",可信;而器物又属媵器,故东土费氏姒姓殆可据信。《尚书》有《费誓》之篇,《书序》云:"鲁侯伯禽宅曲阜,徐夷并兴,东郊不开,作《费誓》。"据《书序》,费地在曲阜以东,地望与临沂费县较契合。换言之,西周之初东土可能就有费地。《国语·楚语》记"鲁有弁、费",《左传》隐公元年有"费伯帅师城郎"之辞,《左传》隐公二年言及鲁大夫费庈父,据高士奇《春秋地名考略》,费地即今费县。这个问题前辈学者多已论及。另据《史记·殷本纪》,商纣有异姓嬖臣飞廉、费仲,飞廉出自东土嬴姓之族,费仲恐亦出自东土姒姓费氏。

可作补充的是,卜辞哀氏或亦与文献所载费氏有关。《史记·鲁周公世家》"费誓"作"肸誓",司马贞《索隐》:"《尚书》作'粊誓'。"这为探索卜辞中是否有相应记录提供了重要线索。殷墟卜辞有一"𠂤"字,过去释为"依"。该字从衣、从匕,自当隶定作"哀",[④]匕为其声符,故读音与粊(费)同。[⑤]"哀"于卜辞多作族名,例如:

---

①……呼哀、嶉（趄）。王占曰：其呼……

勿呼哀、嶉（趄）。（《合》4730，宾）

②己亥卜，争贞：呼哀……

己亥卜，争贞：出𡌗土（社）……（《合》13420，宾）

③贞：哀敦郭。

[出]𡌗土（社）于[之]。（《合》7047，宾）①

④癸酉卜，殻贞：令多奠哀、束、郭。（《合》6943，宾）

例①商王所呼令的对象有哀、趄二族。趄即《春秋》桓公十七年"公会邾仪父，盟于趄"之趄，杜预注："趄，鲁地"，位于曲阜东南近郊，②故与之并辞的哀族，似与之相邻。据例③和例④，哀似与束、郭二族密迩，尤其是例④所言，商王命令多抚定哀、束、郭三族，③或可推测三者有一定的地缘联系。《春秋》襄公十九年："诸侯盟于祝柯，晋人执邾子，公至自伐齐，取邾田自漷水。"《左传》则曰："诸侯还于沂上，盟于督扬，曰大毋侵小。执邾悼公，以其伐我故。遂次于泗上，疆我田。取邾田，自漷水归之于我。"《春秋》哀公二年又有"季孙斯、叔孙州仇、仲孙何忌帅师伐邾，取漷东田与沂西田"之记载，漷水为滕州境内的主要河流，系泗水重要支流之一，位于鲁都曲阜东南，上引卜辞中的"郭"，殆指漷水附近的邑落，这也符合卜辞金文中邑聚名、族名与附近水体名往往一致的惯例。而卜辞束族，主要活动在东土，周初则有分支厚氏盘踞汶水下游，故束族可能为鲁中或鲁南一带的东土故族。④商王命令多抚定哀及东方束、郭二族，可见哀亦可能在东土，将之与周代费邑相联系，无论读音还是地理位置，都是比较契合的。

（2）杞氏

---

① 残辞据同文卜辞《合集》13421 补。

② 郑杰祥：《商代地理概论》，中州古籍出版社，1994 年，第 164 页；彭邦炯：《甲骨文农业资料考辨与研究》，吉林文史出版社，1997 年，第 636～637 页。

③ 按"奠"可径训为"定"，抚定、平定之谓，即如曾侯与编钟"𪛄𪄩天下"当读作"抚定天下"者是。参李学勤：《曾侯膡（与）编钟铭文前半释读》，《江汉考古》2014 年 4 期。束，过去亦有读作尔（迩）者，今暂取束字说。

④ 据西周早期厚趄方鼎铭文（《集成》2730），厚为束族分支或束族族居地，而厚即汶水下游东平一带之郘邑，故说束族为东土故族应有其理据。

周代杞氏姒姓,《春秋》内外传等传世文献记载较明确。此外,金文中亦有例证,如山东东平墓葬所出叔夛父簋有铭文:"邾叔夛父作杞孟姒馈簋,其万年眉寿子孙永宝用享。"(《集成》4592,春秋)此器乃邾国贵族叔夛父为其配杞孟姒所铸祭祀用器,"杞孟姒"之称,可说明杞氏姒姓。

周代杞族究竟何在,学界有所分歧,一说河南杞县,一说山东新泰,主张山东杞族自河南杞县迁徙而至。①窃以为此说仍有探讨的余地。东土杞族有大量的传世与出土材料证据。例如《春秋》庄公二十七年"公会杞伯姬于洮"、《左传》昭公七年"晋人来治杞田,季孙将以成与之"。此可说明春秋时期鲁之东北自有一杞国。山东新泰曾出土成批的杞伯每亡器,在地望上与文献所记契合。西周史密簋(《资料库》NA0636)记载:"南夷卢虎会杞夷、舟夷、雚不坠广伐东域",说明早在西周中期东土或有杞地,且当与汶水下游的舟(山东平阴、东平间)、雚(即斟灌氏,在山东肥城南界)诸地邻近,这同样与文献所记契合。再如商末周初有亚醜杞妇卣(《集成》5097),说明杞与山东青州苏埠屯一带的亚醜之族关系密切,杞族于东土的存在或能上溯至晚商。而尤为关键的是卜辞中各种有关杞族、杞地的占卜记录,例如:

①丁酉卜,殻贞:杞侯炅弗其骨同(痛)屮(有)疾。

　贞:子姪不延屮(有)疾。(《合》13890,宾)

②己卯卜,行贞:王其田,亡灾。在杞卜。(《合》24473,出)

③壬戌卜,贞:王其田阢,亡灾。

　甲子卜,贞:王其逖斝(寻),亡灾。

　乙丑卜,贞:王其逖壹,亡灾。

　　戊辰卜,贞:王(于?)杞田,亡灾。

　　辛未卜,贞:王田敦,亡灾。

　乙亥卜,贞:王其田丧,亡灾。

　戊寅卜,贞:王其……

　辛卯卜,贞:王其田壹,亡灾。

　……贞:王其田敦,亡灾。(《屯南》660,无名)

---

① 高士奇:《春秋地名考略》卷12"杞"条,李先勇主编:《中国历史地理文献辑刊》第3编《诗礼春秋四书尔雅文献集成》(第3册),上海交通大学出版社,2009年,第186~188页。

④丙戌卜,在卜(外)亘贞:今[日]王步于[香],亡灾。

庚寅卜,在香贞:王步于杞,亡灾。

壬辰卜,在杞贞:今日王步于𤰝,亡灾。

癸巳卜,在𤰝贞:王逐𤰝,往来亡灾。于次北。

甲午卜,在𤰝贞:王步于剌(索),亡灾。(《合》36751,黄)

由上述卜辞可知,杞属晚商泰山田猎区内的田猎点之一,同时又为商末征人方的经由地,距离山东东平接山镇附近的𤰝地(属"商鄙三邑")仅一日行程。据此,卜辞杞地与商周金文及《春秋》经传中的"杞"所指相同,大致在今山东新泰西境。①而且在武丁时期,由于东讨夷族的需要,商王朝曾在杞地设置斥候。

(3)辛氏

辛氏又作莘、先、侁、姺,如《诗经·大雅·大明》曰:文王"缵女维莘,长子维行,笃生武王"。毛传:"缵,续也。莘,大姒国也。"即是说文王从有莘氏续娶大姒而生武王,反映先周时期周人与姒莘已有联姻。又《楚辞·天问》曰:"成汤东巡,有莘爰及。何乞彼小臣,而吉妃是得。"一则说明子、姒二族通婚,二则反映有莘氏的相对方位在汤都以东。《左传》昭公元年记"商有姺邳"之乱,姺即莘。此外,《左传》中多处提及莘地,如:

①初,卫宣公烝于夷姜,生急子,属诸右公子,为之取于齐而美。公取之,生寿及朔,属寿于左公子。夷姜缢,宣姜与公子朔构急子,公使诸齐,使盗待诸莘,将杀之。(《左传》桓公十六年。杜注:"莘,卫地,阳平县西北有莘亭。")

②晋侯登有莘之虚以观师。(《左传》僖公二十八年)

③师从齐师于莘。(《左传》成公二年。杜注:"莘,齐地。")

就上引内容判断,莘地似当在卫、鲁、齐之间寻找,在大方位上与"成汤东巡,有莘爰及"颇相吻合,杜注强分为二,未知所据为何。

山东滕州庄里西村M3出土西周早期铜器新姒鼎一对,铭文相同,曰:"新

---

① 陈絜、赵庆淼:《"泰山田猎区"与商末东土地理——以田猎卜辞"盂""𡕥"诸地地望考察为中心》,《历史研究》2015年第5期。

妣作饋簋。"其中"新"可读"辛","辛妣"这一自名形式,可理解为由父氏、父姓两部分构成。又西周晚期有叔向父簋组器,有铭曰:"叔向父作新(辛)妣尊簋,其子子孙孙永宝用。"(《集成》3849)其中"辛妣"殆叔向父之配,其称名亦由父氏、父姓构成。藉此可知,文献辛氏妣姓之说当可据信。而殷墟卜辞有先地、先侯,亦能印证辛氏为东土故族,例如:

①乙丑卜,殻贞:子商弗其获先。(《合》6834,宾)
②丁酉卜,争贞:乞令挈田于先侯……(《合》10923,宾)
③己卯卜,王:咸截先。余曰……(《合》7020,宾)
④贞:乎子画以先新射。

允其敦。

贞:师般以瘸左。

……吾……(《合》5785,宾)

子商属东土诸妊之族;[1]挈于金文又作㲋,据商周之际仲子㲋彔觥铭(《集成》9298)可知,挈与东土诸姜之一的㲋族相牵涉,[2]即《公羊经》定公十四年"公会齐侯、卫侯于坚"之坚,陆德明《音义》曰"坚本又作挈",左氏《春秋》作"牵",其地大致在今济南附近;咸或即《春秋》桓公七年之"咸丘",在曲阜周边;画族在临淄西南;师般之师,或与《谷梁经》文公十六年"公子遂及齐侯盟于师丘"相关,范宁注:"师丘齐邑。"左氏《经》则作"郚丘";瘸族则为东土诸妣之一(后文详述)。此外,宾组卜辞《合》14370与先同版的人与地,除了挈,还有𧻹、毕、唐、㜪等,亦均与东土故族相关。也就是说,武丁时期与先地、先族相牵连者,不是东土之人,便是东土之地,故说先在东方应是近理。即便二百余年后的商末,先族依旧盘踞东土,如黄组卜辞《合》36536有征伐先氏之占卜,处于对贞关系的则为诸妊之挚氏。这与两周时期东土辛族相衔接。总之,大概在古济水下游地带,从商至春秋,有一妣姓莘族存在。

(4)鲍氏

---

① 对此问题,笔者另有《郳国墓地所出毕仲簠与殷墟卜辞中的毕族》一文作相应讨论,此暂不赘。
② 陈絜:《试论殷墟聚落居民的族系问题》,《南开学报》2002年第6期。

齐国鲍氏姒姓之说，最早见于《国语·齐语》韦昭解，后得到铜器资料的印证，例如发现于西安的春秋晚期鲍子鼎，有铭文："鲍子作媵仲匋姒，其隻（获）正（?）男子，勿或（有）柬（阑）巳（已），它它熙熙，男女无期，仲匋姒及子思，其寿君毋死，保而兄弟，子孙孙永保用。"（《资料库》NB1646）铭文"寿"字作"🈂"，具有明显的齐鲁风格。同时，鲍子鼎的形制与临朐齐趫父墓所出上曾太子鼎基本相同，尤其是附耳、蹄足之风格，如出一辙。故此鲍子或为齐桓公时代的鲍叔牙之后，吴镇烽以为即鲍叔牙五世孙鲍牧，[①]可备一说。"仲匋姒"则为鲍子之女，所以齐国鲍氏姒姓殆无可疑。这一问题李学勤已有讨论，[②]可参考。

(5)瘕氏

故宫博物院所藏西周早期迻父鼎（《集成》2141），有铭文6字，曰："獣（迻）父作🈂（瘕）姒鼎。"其中🈂字其左部从爿（牀），右部有人形及手形"左"，惟人形下方笔画交代不清，影响释读的准确性。窃以为🈂字或即卜辞习见之🈂字，今姑且隶定作"瘕"。依照器物铭文的一般规律，迻父与瘕姒殆属夫妇，当时似存在一个姒姓瘕族。这一瘕族，据商末金文资料判断，殆出自先族，如《集成》5722著录父乙尊铭曰："先瘕。父乙。"依照复合氏名的惯例，瘕族乃出自有莘氏。又《资料库》NA0812收录一卣，其中盖铭亦有复合族名"先瘕"，而器铭则作"🈂瘕。父丁"，按"🈂"即封字之初文，于此殆属族氏铭文中习见的地名附赘要素，也就是说，瘕氏别族后曾居住于封地。结合殷墟卜辞判断，封地应在东土鲁中一带，例如：

> 癸丑卜，行贞：王其步，自㫃（良）于封，亡灾。
> 癸丑卜，行贞：今夕亡祸。在封。
> 甲寅卜，行贞：王其田，亡灾。在二月，在封。（《合补》7257，出）

以上节引的卜辞涉及前后衔接的两天内的商王活动，癸丑日从㫃到封，当晚在封地驻跸，甲寅日则准备在封地附近田猎。就目前研究可知，晚商王室田猎区固定在以泰山为中心的东土范围内，故封地亦可能在泰山周边，而作为封地前站的㫃地，或是《春秋》隐公元年"费伯帅师城郎"与隐公九年"城郎"之郎

---

① 吴镇烽：《鲍子鼎铭文考释》，《中国历史文物》2009年第2期。
② 李学勤：《试论山东新出青铜器的意义》，《文物》1983年第12期。

地,在春秋鲁国的辖境之内。

黄组征人方卜辞《合》37434记载了商王从丙辰至壬戌历时7天的一段路程,线路为奠→敖→旧→敖→偁→勄→雍→封。①此中地名基本可考:如奠在莱芜新泰间;敖即《国语·晋语》"范献子聘于鲁,问具山、敖山"之敖,在新泰境内;②旧为田猎点,去敖半日行程,卜辞有"人方邑旧"之记载,亦能佐证旧、敖二地方位;偁即正侯之正,与勄地均位于汶水上游地带;③雍地则可能在淄汶源头。④所以作为此行最后一站,封也应坐落在泰山以东区域,此亦与前引《合补》7257所记相契合。

至于瘕族,晚商时期其主要活动区域恐亦在东土。例如:

辛丑贞:毕叀瘕以龤。

毕叀束人以龤。(《合》34240,历)

此中提及由毕征讨瘕或束人,所含地理指向上的信息与前文讨论杞族所引《合》5785同。毕属东土诸妊,束族亦在东土,所以与束处于对贞位置的瘕族,想必亦活跃在东土。此外,宾组卜辞《合》4415载:

贞:勿日视㲋(部)。

辛巳卜,贞:令夆衝旃、圕、韦(?)、瘕族。五月。

上引卜辞先说是否侦察㲋地(即部邑,似在山东莱芜一带),再说命令夆用临衝之类的攻城器具攻打旃、圕、韦(?)、瘕四族,被攻击的四个族可视作一个与有商势力有摩擦的地方军事联合体,依常理推断,它们的地理方位应大体一致。其中圕族为东土故族。如宾组卜辞《合》6通版涉及沚、系、京、奠、旂、爻、

---

① "奠"地据《合集》36501+36752+37410+36772补,"封"字据《合补》11269释读。

② 按敖字过去多隶定为"魃"而读作"羌",今从刘钊之释。刘钊:《释甲骨文耤、羲、蟺、敖、栽诸字》,《吉林大学社会科学学报》1990年第2期。

③ 《合集》37517有在勄地占卜前往麦麓田猎的记录,可见勄地近汶水上游之麦。

④ 陈絜:《卜辞雍地地望及其他》,《中华之源与嵩山文明研究》(第3辑),科学出版社,2017年,第199~206页。

壴、柴、延、𣪕、䖒、䍧方等地名、族名与方国名，无一不在殷墟以东。[①]该版卜辞中同时还有圃地，似应坐落在殷墟以东区域。又《合》5857有“圃允㚔（执）沚”之占，即占卜圃是否能够捕获沚人，而沚恰恰在东土，既是商末征人方经由地，同时在《东大》B0945有“人方沚伯”之辞，具有十分明确的地理指向性。类似例子还有《合》5900、6623、7242、10022等。另，上海博物馆藏晚商趋方彝盖一件，铭文曰：“癸未，王在圃藋京，王赏趋贝，用作父癸宝尊。”（《集成》9890）“王在圃藋京”一句，既可理解为商王在圃、藋（讙，肥城南境）、京（京兹，平阴肥城间）一带，也可以断读为“王在圃，藋（观）京”，即在圃地遥望京兹。总之，圃地在汶水流域一带似最为合理。所以与圃同受王朝势力征讨的其他三族，在东土的可能性最大。

此外，就卜辞记载看，“旐”亦经常在东土出没，如：“贞：令旐田于皿。勿令旐田于皿。”（《合》10964，宾）武丁时期的田猎区与商末同，故皿地大致亦在泰山周边，东土之人受商王之命在泰山田猎区田猎，也就非常顺畅了。对于旐、圃、韦（?）与瘕四族何以并辞联称、一并遭受武力惩戒，也可以得到合理解释了。

设若金文字隶释为“瘕”无误，则说明殷墟以东地区有一姒姓瘕族存在，属先氏之分支，结合金文“封瘕”之族名，故大体应在汶水流域找其线索。

（6）缯氏

缯氏姒姓，《国语》《左传》等有明确记载。周代以曾为国名者有二，一是与随州叶家山曾侯墓地相对应的曾国，但属姬姓南宫氏之封国，与诸姒无关；[②]二是见诸《春秋》经传的东土鄫国：“夏六月，季姬及鄫子遇于防，使鄫子来朝”，（《春秋》僖公十四年）“夏，宋公使邾文公用鄫子于次睢之社，欲以属东夷”。（《左传》僖公十九年）《春秋》僖公十四年杜预注：“鄫，国，今琅邪鄫县。”当时鄫国的地望大致在今山东临沂兰陵（旧名苍山）一带。

又山东临朐齐趟仲墓曾出土上曾太子鼎，殆属齐国掠夺所得，其铭文有“上曾太子般殷□择吉金自作䵼彝”云云之辞，李学勤认为，上曾太子鼎可视为山东姒姓缯器之标准。[③]考虑到周代杞国在今新泰一带，缯国则在去杞不算太远的临沂，结合文献杞、缯往往并辞之现象，上曾应该就是诸姒之一的缯国。

① 陈絜、田秋棉：《卜辞“龟”地与武丁时期的王室田猎区》，《故宫博物院院刊》2018年第1期。
② 李学勤：《试论山东新出青铜器的意义》，《文物》1983年第12期。
③ 李学勤：《试论山东新出青铜器的意义》，《文物》1983年第12期。

其实武丁时期的卜辞中亦记有曾地,如:

①……卜,殼贞:王次于曾,廼呼敢屮[方]。(《合》6536,宾)
②癸巳卜,殼贞:王勿次于曾。七月。(《合》7354,宾)
③乙未卜,贞:立(莅)事于南,右从我,中从舆,左从曾。(《合》5504、5512残辞互足,宾)

学者多将卜辞曾地与湖北曾国相联系,但赵庆淼认为,曾在山东平阴一带。^①其大方位的判断有一定道理。按辞①"敢"字为征讨动词,商王在曾地驻跸,紧接着命令相关人员征讨屮方。据常理推测,曾地近屮。又卜辞屮方与山东蒙阴一带的蒙方关系密切,^②即如《合》6542、6543诸辞所示,故屮地亦当在蒙山附近。由此推测说晚商曾地即春秋时期临沂之缯国,似合理。辞③"从"字过去有研究者释为"比",与字形不符,辞中所及"我"地,亦是习见的东土地名,大致应该在鲁中偏西地区,舆或即《左传》哀公十四年司马午"葬于丘舆"之鲁邑丘舆,在今费县西,^③曾地在左,位置最东,足可佐证曾在今山东临沂兰陵的推测结果基本属实。

综上可知,目前所知的比较确定的诸姒八族,除虎氏外,其余诸族族居地均可能在今山东境内,且多从晚商延续至两周。商周时期诸姒在东土集中分布,为探寻夏族起源及其族群早期活动区域提供了重要线索。

2.商周时期的东土诸姒之姻族

目前所知东土诸姒的姻亲,大致有五族:寒、雍、举、邾(或凷)、卫。

(1)寒

《左传》襄公四年:后羿"弃武罗、伯困、熊髡、龙圉而用寒浞。寒浞,伯明氏之谗子弟也"。杜预注:"寒,国。北海平寿县东有寒亭。伯明,其君名。"汉魏北海平寿即今潍坊(潍城)一带,今有寒亭区,通常以为与寒氏相关。

---

① 赵庆淼:《卜辞之曾地望考》,《中原文物》2015年第4期。

② 《合集》6545有伐蒙方之残辞,同时又出现了商末征人方经由地"葟",后者或即"韒"字异写,可与《左传》僖公二十二年"及邾人战于升陉"之升陉相联系,春秋时其地属鲁,故蒙方当与东土蒙山有关之推测不可谓无据。

③ 江永:《春秋地理考实》(卷3),《清经解》(卷254第2册),上海书店,1988年,第257页。此丘舆属鲁,与淄水上游的齐邑丘舆有别。

陈介祺旧藏一小子发鼎,就器物全形拓判断,形制与毛公鼎同,故其铸造年代似可断在西周晚期。器内壁铸有铭文21字:

> 朿史(使)小子发作寒妣好尊鼎,其万年子子孙孙永宝用。(《集成》2598)

"朿史小子发"可以理解为朿遣使小子发,也就是说朿为宗子,而"小子发"为宗氏内不具有独立祭祀权的庶子,他与"寒妣"或为族内庶子与宗妇的关系,故"寒妣"之名属臣子称,与旗鼎铭文(《集成》2704)旗口中的"王姜"同,由夫氏、父姓两部分组成。[1]也即是说,寒与诸妣某族通婚。

此外,殷墟卜辞亦有"寒"之记载,以田猎卜辞最为多见,如:

> 于丧,亡灾。
> 戊申王叀宫田省,亡灾。
> 叀丧田省,亡灾。
> 叀沓田,亡灾。
> ……
> 叀寒田……
> 叀殷田,亡灾。(《合》28982,无名)

此中涉及的地名若丧、若宫、若殷,均在鲁北。[2]依据商末二祀邲其卣铭(《集成》5412)记载,沓属夆(逢)地之田,而商末逢国大致在今山东青州一带,周初则迁至济阳。所以与上述诸地处于对贞关系的寒地,可能也在鲁北,当能与文献所记的寒氏相契合。

(2)雍

传世器有雍妣鼎,旧先后庋藏于端方、溥沧二氏,年代为西周早期,器内壁铸有铭文:"雍妣作宝尊彝。"(《集成》3568)器主雍妣,其名殆属自称,故"雍"为

---

① 陈絜:《商周姓氏制度研究》,商务印书馆,2007年,第327页。
② 陈絜:《墙方鼎铭与周公东征路线初探》,李宗焜主编:《文字与古代史》(第4辑),台北"中研院"历史语言研究所,2016年,第261~290页。

夫氏。①即是说,雍与诸妘某族通婚。

东土自有雍地,如前掌大墓地M18所出秦盉,其铭文有"奉罩人方灘(雍)伯"云云,②而卜辞中的雍地又是晚商田猎区内最为重要的田猎点,据相关资料推测,与《史记·齐太公世家》所载齐地"雍林"相当,大致位于淄水上游地带。③

(3)举

陕西长安沣西大原村曾出土周初举族妘尊(旧称"子黄尊")一器④,有铭文:"乙卯,子见(献)在大室:白□一、絤琅九,生(牲)百牢。王赏子黄瓒一、贝百朋,子光赏妘贝,用作己宝□。举。"(《集成》6000)大意是说举族首领"子"在太室献礼,得到了周王的赏赐。"子"又将部分货贝转赐妘,妘藉此而铸祭器。因器主为女性之"妘",且文末署"举"之族名,说明"妘"可能是举族内具有祭祀权的宗妇一类人物,此中"子"与"妘",以夫妇关系的可能性最大,可据此推测举族曾与妘姓某族通婚。

举为晚商至周初的东方大族,武丁时期的卜辞就有记载,如"举以巫"(《合》5769)、"叀举令禓射"(《合》5770)等,且该族铸有大量青铜礼器,相关铭文有重要史料价值。目前看来,晚商举族宗氏及其分支如亚秜、亚棘与戲,均盘踞于东土,即举族宗氏在济南长清一带,亚秜族亦在长清,亚棘族则在肥城,而戲族似在莱芜、泰安之间。入周后,举氏宗氏成员大概依然居住于长清,而某些分支则分迁各地。⑤

(4)邾(或屮)

安徽宿县所出繁伯我君鬲(《数据库》NA1314),有"繁伯我君塍朱(?)妘宝鬲"之辞,其中"朱"字笔画不清,故李学勤早先释为"屮"字。但无论是朱(邾)抑或屮,据卜辞等判断,均在东土无疑。⑥按《合》5622有"令郭以屮族尹�屮友"之

---

① 周代女子自称形式的规律,参见陈絜:《商周姓氏制度研究》,商务印书馆,2007年,第297～305页。

② 中国社会科学院考古研究所:《滕州前掌大墓地》(上),文物出版社,2005年,第303页。

③ 陈絜:《卜辞雍地地望及其他》,《中华之源与嵩山文明研究》(第3辑),科学出版社,2017年,第199～206页。

④ 陈贤芳:《父癸尊与子尊》,《文物》1986年第1期。

⑤ 陈絜:《小臣缶鼎与晚商䵣族族居地》,《青铜器与金文》(第2辑),上海古籍出版社,2018年,第7～89页。

⑥ 吴镇烽《铭图》释为"告妘",若其说成立,则可与周代邿国(山东成武)相联系。惟其释与字形不合,暂予存疑。

占,其中郭与溮水有关,在曲阜东南。《合》6571正则曰:"贞:曰子商至于㞢,围乍山,截。"这里的乍山,疑即《左传》昭公七年"辞以无山,与之莱柞"之柞,其地殆在今莱芜一带。卜辞记子商抵达㞢地后合围柞山,说明㞢就在柞山附近。此外,《合》6582有"癸卯贞:㞢启龙,王比,受㞢(有)又(祐)"之辞,也就是说军事行动中让㞢作为龙的前导。龙族盘踞于今泰安、新泰间,㞢与龙共事,殆因二族邻近所致。相关的证据还有《合》8235、8964、8987等。至于朱(邾)地,学界普遍认为在今山东曲阜以南邹城一带,不再赘述。而邾与诸姒通婚最为确凿的证据便是大家熟悉的杞伯每亡组器。

(5)卫

传世器中有卫姒鬲(《集成》594),年代为春秋早期,有铭文:"卫姒作鬲,以从永征。""卫姒"乃女子自称,卫为夫氏,姒属父姓。此卫一般认为是卫康叔所封之卫国,姬姓。春秋时期卫国政治中心在今河南濮阳,其东界即古济水,势力范围与东方鲁国交错,大致属《诗经·小雅·大东》"小东、大东,杼柚其空"的小东范围。

以上东土诸姒之姻亲,除卫国外,在商周政治等级体系中,只能算中下等族体,但他们同样具有长期盘踞东土的特征,这也从侧面证明东土是商周诸姒的主要活动区域。我们并不否认诸姒的姻族亦有其他地域的诸侯甚至更高阶层的贵族,如据《楚辞·天问》,成汤曾迎娶有莘氏之女子。而《诗经·大明》所载文王续娶太姒,亦出自东土有莘氏。另如周金文所见"王姒"(《集成》2718,王室,姬姓)、燕"姒"(《集成》2628,姬姓)、"会姒"(《集成》536,姬姓)与"芮姒"(《铭图》14514,姬姓),均属姬姓顶级贵族与诸姒间的通婚,多出于特殊政治目的(如姬周以继承夏统自命)而促成的联姻关系,就地理指向而言,似不具有普遍参照作用。其他如寮(《集成》899)、年(《集成》3579)均为商遗旧族"𢀛"之分支,[1]南阳一带的邓(《集成》2643)或属东土旧族南迁所立,[2]原本便有与诸姒通婚的习惯,所以其地理指向性也不是很强。相对例外的是族居地或在洛阳的

---

[1] 据《集成》一书统计,𢀛族器共计17件,只有3器有相对明确的出土地点,即河南浚县、辉县或汲县一带,也即晚商王朝的核心地带,必属殷遗无疑。

[2] 黄组征人方王步卜辞有斝地,应该就是《左传》僖公二十二年"及邾人战于升陉"之升陉,其地在曲阜东。又山东昌邑曾出土晚商斝盉共(《资料库》0243),殆亦与卜辞斝地有关。商周更代后,东土旧族受齐鲁挤迫,纷纷外迁,其中南迁淮水流域的有江、黄诸族,邓大致亦属此类,且与东土斝族或相牵连。

鬷氏(《集成》2193、3567),其等级不算太高,究竟与诸姒中的哪一支通婚亦不得而知,其背景殆与虎叔簋铭所记载的诸姒姻族晋南偪氏相类。①

二、甲骨文、金文所涉夏早期史传中的族与地

与有夏史传相关的族与地,包含的范围自然相对宽泛,诸如文献记载的夏王朝各都城、重大历史事件发生地,以及有夏友敌各族的活动区域等。当然,因材料不足征的其余诸姒之族,也应涵盖其中,尤其如斟灌、斟寻与有扈诸氏,均与夏早期重大事件相牵涉,其地望较之是否为姒姓更显重要。今择可考者如下:

(1)有扈氏

有扈氏见于《史记·夏本纪》《尚书·甘誓》序。另据《春秋》庄公二十三年"公会齐侯,盟于扈",杜预注:"扈,郑地,在荥阳卷县西北"。②鲁、齐二国国君在今郑州荥阳一带会盟,似过于迂远,故王夫之《春秋稗疏》以为扈当为齐邑,推测在山东观城废县境内,③也即今山东聊城莘县观城镇一带,以符合文献"夏有观扈"之辞。是说似较杜注更有合理,但距离上依然迂远不合。就目前所能复原的先秦齐鲁交通路线而言,齐、鲁会盟多在西路(沿古济水北行,至济南而东折)或中路(沿汶水、淄水而行)交通线上,若绕道莘县观城镇,显然不尽合理。

依据晚商卜辞记载,今山东泗水、新泰间有一雇地,窃以为与《春秋》齐鲁国君会盟的扈地十分契合。例如:

①癸亥王卜,贞:[旬亡]祸。在九月,王征人方,在雇。(《合》36485,黄)
②癸亥卜,黄贞:王旬亡祸。在九月,征人方,在雇。
[癸酉]……黄……祸……征人……彝。(《合》36487,黄)
③丁酉卜,宾贞:妇好出受生。
贞:呼取雇伯。

---

① 此外还有㠱公鼎、䵼姒鼎等,因其铭文真伪尚有争议,另平顶山应侯墓地M257墓葬所出考史簋来历与性质不明,故暂不讨论。
② 杜预注、孔颖达疏:《春秋左传正义》,(清)阮元校刻:《十三经注疏》(第6册),艺文印书馆,2007年,第171页。
③ 杨伯峻:《春秋左传注》,中华书局,2017年,第225页。

贞：龟(部)侯屮……(《合》13925正，宾)

④辛丑卜，行贞：王步，自*N*于雇，亡灾。

癸卯卜，行贞：王步，自雇于勀，亡灾。在八月，在次雇。

己酉卜，行贞：王其步，自勀于麦，亡灾。(《合》24347，出)

就例①和例②判断，雇地为征人方途中的占卜地，故应坐落于殷东。例③雇伯与汶水上游的部侯同版，[①]大致也能佐证雇地在东土之推测。例④王步卜辞涉及地名有四：其中*N*为卜辞习见田猎地名，[②]似在泰山南麓的汶水沿岸；勀地则是商末征人方经由地，当于今新泰、莱芜间寻找；就相关刻辞资料可知，麦地近淄水上游地带的召，[③]当位于莱芜谷地，也即今莱芜境内；而雇介于*N*、勀二地，依照王步卜辞的一般规律推测，离勀大致就在一日行程内，所以很可能是在今泗水、新泰间，与学界通常认定的古济水以西、今范县东南方向的文献"韦顾"之顾恐非一地。《毛诗》郑笺谓济西之顾乃改姓之国，[⑤]所以卜辞所载今泗水、新泰间的雇，似能与姒姓有扈氏相联系。[⑥]若与后文将要讨论的卜辞"甘"地近雇这一事实一并考虑，上述推论是比较合理的。[⑦]

（2）甘

《尚书·甘誓》序云："启与有扈，战于甘之野，作《甘誓》。"《史记·夏本纪》亦有类似说法。据《孔传》，甘为"有扈郊地名"，可见甘地应近雇地方始合理。

――――――――――

① 陈絜：《四祀*邲*其卣与晚商东土交通》，《青铜器与金文》(第1辑)，上海古籍出版社，2017年，第78~89页。

② 如《花东》480，字作"*N*"，与之相牵涉的东土地名还有觞(阳，泰安、新泰间)、索(兖州)等地。

③ 国家文物局主编：《安阳殷墟殷代大墓及车马坑》，文物出版社，2006年，第59~61页；刘钊：《安阳殷墟大墓出土骨片文字考释》，李宗焜主编：《古文字与古代史》(第2辑)，台北"中研院"历史语言研究所，2009年，第123~142页。

④ 朱凤瀚：《有关*邲*其卣的几个问题》，《故宫博物院院刊》1998年第4期；陈絜：《四祀*邲*其卣与晚商东土交通》，《青铜器与金文》第1辑，第78~89页。

⑤ 《毛诗正义》，艺文印书馆，2007年，第803页。

⑥ 《铭图续》1064所著录的*N*户戈，其内部正背各铸"户"与"*N*"，依照复合氏名的一般规律推测，周代户氏或为嬴姓*N*氏之分支。当然氏同姓异现象亦时有所见，应从族居地主人的历时性变化这一角度加以观察。

⑦ 有学者将宝鸡石鼓山墓葬所出户器与有扈氏及陕西鄠县相联系，前说可信，后者则不可从。关中出土户器，实际上是西土之族参与东征进而"分器"之结果。这一问题将作专门讨论，此暂不赘。

甘亦见于殷墟卜辞。武丁曾因某事而前往该地,如"王往于甘"(《合》8001,宾)、"王往出于甘"(《合》8002,宾);又曾在甘地行祭祀之礼,如"庚戌卜,丙:酚十宰于甘"(《合》15782,宾)。又据其他相关卜辞可知,甘诚属东土地名,且与雇地适相毗邻。例如:

①贞:于庐。
　　贞:王去(祛)涑(束)于甘。(《合》5129,宾)
②呼鬲。
　　呼出目。
　　墙出(有)鹿。
　　于甘攺。(《合》10936正,宾)
③……小臣墙比伐,罿弁美……□四十、□人五百七十、隹臣二百……丙(辆)、车二丙(辆)、□百八十三、函五十、矢……□□□麐于大乙,用隹伯见……于祖乙,用美于祖丁。僮甘京,易(锡)……(《合》36481,黄)

　　例①"去"字可读作"祛"或"佉",祛退之谓,当与战争行为有关。"涑"即束地附近水域名,本卜辞中殆指称或属诸狁的束人与束族。①甘与庐,乃商王祛退束人的备选地点。庐地为习见卜辞田猎点,应在泰山周边。又据宾组《合》8310"庐哭于商(郭)""庐不哭于商(郭)"对贞之辞可知,庐地似与东平接山镇郭城村的郭邑不远。《春秋》昭公十八年鲁国"筑鹿囿",这一鹿地殆能与卜辞庐相吻合。据此可知,甘地似乎也应该在汶水下游一带。
　　例②与甘地同版地名或族名有三,分别是鬲、目、墙。鬲即后文要讨论的有鬲氏,依传统注疏家的认识,大致在今德州东南部,邻近济南。又据黄组《合》37478记载,目地产象,且比邻鲁北葵丘等地,例如:

　　叀循(沓)田,亡灾。
　　王其田毁,至于目北,亡灾。
　　弜至,其每(悔)

_____
①《合集》5218作"王去束于敦"。据保束爵铭(《集成》8170),束或为保氏之分支,而保亦可读"褒"。若然,诸狁之一的褒氏,也就有了可供讨论的线索。

　　……衮……　　　　（《合》29285，无名）

　　此中所涉地名如沓者曾属有逄氏，所以应该在今青州附近；毁即《左传》庄公八年"齐侯使连称、管至父戍葵丘"之葵丘，在淄博淄川一带；衮地则在山东章丘东南，穿越齐古长城的锦阳关便进入鲁中汶水源头。商王田畋葵丘而至目地之北，可知目在淄水上游一带。①墙地应为武丁时期王室田猎区内田猎地之一，据宾组《合》10937记载，墙地邻近汶水下游的矢、兆等地。也就是说，墙位于泰山以南。②所以与鬲、目、墙同版之甘地，想必亦属东土地名。

　　例③属比较罕见的商末战争纪事长篇刻辞，记录了小臣墙会同商王征讨弇美并有所斩获，最后在行宫甘京论功行赏之事。③弇美为弇族首领之名，弇则为商末征人方经由地，据学者考证，即鲁国洙泗流域上的卞邑。④所以作为行赏庆贺之地的甘，恐怕亦在附近。

　　总之，卜辞所记甘地，殆位于汶水以南、洙泗以北相对狭小的区域内，与泗水、新泰间的扈地密迩相接。由此可见，传世文献"启与有扈战于甘之野"之辞亦非虚妄。

　　（3）斟灌氏

　　《左传》襄公四年有"使浇用师灭斟灌及斟寻氏"之辞，杜注："二国，夏同姓诸侯，仲康之子后相所依。乐安寿光县东南有灌亭，北海平寿县东南有斟亭。"即斟灌在今青州寿光，斟寻则在今潍坊市境。《夏本纪》斟戈氏殆斟灌氏之误。据黄组《合》36968、《英藏》2563、《合》36630+36938诸卜辞判断，商末征人方曾经由"矢""蘿""涡"，所以东土灌地似在汶水下游沿岸肥城一带。这里的蘿可与《春秋》桓公三年"公会齐侯于蘿"之蘿相联系，涡地则可参照《春秋》襄公十五年"齐侯伐我北鄙，围成。公救成，至遇"。矢地与蘿、涡并辞联称，可能也在汶水下游。⑤总之，在今肥城南端的汶水沿岸应有一蘿地。此外，西周时期的

---

　　①　陈絜：《商周东土开发与象之南迁不复》，《历史研究》2016年第5期。

　　②　陈絜、田秋棉：《卜辞"龟"地与武丁时期的王室田猎区》，《故宫博物院院刊》2018年第1期。

　　③　其中"僱"即临时住所之通名，参见裘锡圭：《释殷墟甲骨文里的"远""狱（迩）"及有关诸字》，《古文字研究》（第12辑），中华书局，1985年，第85～98页；李学勤：《小臣墙骨牍的几点思考》，《三代文明研究》，商务印书馆，2011年，第49～53页。

　　④　赵平安：《释甲骨文中的"♀"与"♀"》，《文物》2000年第8期。

　　⑤　陈絜、田秋棉：《卜辞"龟"地与武丁时期的王室田猎区》，《故宫博物院院刊》2018年第1期。

史密簋铭有“南夷卢虎会杞夷、舟夷、雚(讙)不坠,广伐东域齐师、族徒、遂人,乃执鄙宽亚”(《数据库》NA0636)之辞。所谓“雚不坠”是南夷侵扰东土时的联合对象,与之一同叛乱的东土之族还有新泰的杞夷及东平古济水沿岸的舟夷,所以“雚不坠”似为肥城讙地首领之名。由此可知,商周时期的汶水下游沿岸,有一支以雚或讙为名的族群,于商于周,均时服时叛,应该属于历史悠久的东土故族。讙、灌悉以雚为声符,所以笔者认为或即姒姓斟灌氏。

(4)斟寻氏

据前引《左传》杜注,斟寻在今山东潍坊市境。从无名组《合》33552、《缀合》308等卜辞资料,以及鄩氏诸器、[1]䱷镈(《集成》271)等两周金文资料来看,今章丘与青州之间应有一寻氏。以往学者多认为此鄩氏与有夏之斟鄩相关。[2]但鲁北鄩氏实为子姓,[3]所以鲁北寻氏与文献中的斟鄩氏究竟是怎样的关系,可以再讨论。[4]

需要注意的是,殷墟晚期卜辞中还有一卣([illegible])地,早期卜辞往往写作[illegible](即《盘庚》“若颠木之有甹櫱”之甹的表意初文,文献亦作“由”),即卣字所从之寻,实起注音作用,所以卣亦可读作寻。[5]据上节“杞”氏条所引《屯南》660,卣地与㕓、[illegible]、杞、敦、丧成组,依无名组《合》33532,则与盂、向、𨸏(升陉,鲁邹之间)集群,《花东》363又与觞(阳)、[illegible]同版,故可推知其地理方位大致在淄汶流域。而据黄组《合补》11142,卣地则与桑、雈(殆即𨸏字异写)、弁成组,且邻近曲阜以东的弁地,故在泗水、曲阜、宁阳、新泰与平邑间的可能性较大。既然鲁北之鄩在族姓上与斟鄩不合,这一不知族姓的鲁中卣氏,[6]便尤须关注了。

---

① 临朐县文化馆、潍坊地区文物管理委员会:《山东临朐发现齐、鄩、曾诸国铜器》,《文物》1983年第12期。

② 李学勤:《试论山东新出青铜器的意义》,《文物》1983年第12期;孙敬明、何琳仪、黄锡全:《山东临朐新出铜器铭文考释及有关问题》,《文物》1983年第12期。

③ 陈絜:《鄩氏诸器铭文及其相关历史问题》,《故宫博物院院刊》2009年第2期。

④ 宾组《合集》6057有“王步自[illegible](宜)于[illegible]”之辞,其中“[illegible]”字从言、从覃,当隶定作譚,即《春秋》庄十“齐师灭谭”之谭,其地似在齐、莒之间的今山东沂水县北部。

⑤ 按甹之本义为“木生条”,上古为幽部字,而寻为侵部字,清代以来便有幽、侵对转之说,现代学界亦多有认可。参见陈复华、何九盈:《古韵通晓》,中国社会科学出版社,1987年,第26~29页;李学勤:《续释“寻”字》,《故宫博物院院刊》2000年第6期;沈培:《上博简〈缁衣〉“䜿”字解》,《新出土文献与古代文明研究》,上海大学出版社,2004年,第136页。

⑥ 西周早期由伯尊(《集成》5998)、由伯卣(《集成》5356)其铭文均标注族氏铭文“𨛜”,可见由氏或为莱芜𨛜(部)族之分支,这一由氏恐怕与卜辞所见的卣族有关。

（5）戈

《左传》襄公四年载有"处薲于戈"，杜预注云："戈在宋、郑之间。"所指即《左传》哀公十二年"宋、郑之间有隙地焉，曰弥作、顷丘、玉畅、嵒、戈、锡"之戈。杜说是否可信，目前不易判断。但至少说明春秋时期河济之间有一戈地存在。

亦有学者将戈地与商周青铜器铭文中习见的戈族相联系，亦合理。遗憾的是，现存戈族器数量虽大，但出土地明确的不多，且极为分散，豫、晋、陕、鲁、鄂、湘等地均有发现。即便比较集中的安阳殷墟一带，也无成组成套的器物出自同一墓葬。

不过戈族明确见载于殷墟卜辞，例如：

①丁未卜，争贞：令挚衝圕，乎御戈，执。

……画。（《合》5900，宾）

②癸巳卜，争贞：廪截獸（狗）。八月。

……争贞：曰雀翌乙酉至于鬯。

……戈敢上亘，截。（《合》6939，宾）

③辛巳卜，殷贞：呼雀伐哭。

辛巳卜，殷贞：勿呼雀伐哭。

辛巳卜，殷贞：雀得上亘、我。

辛巳卜，殷贞：雀弗其得上亘、我。

辛巳卜，殷贞：呼雀敦桑。

辛巳卜，殷贞：呼雀敦亘。

乙未卜，殷贞：……敦戈。（《合》6959，宾）

上引例①是说令挚攻击圕，同时呼令抵御戈人。挚，窃以为即东土诸妊中的挚氏，另据前文论述，圕在汶水流域一带。令挚氏攻击圕的同时，派人抵御戈人，可以推测戈与圕或属同盟，在地理位置上有比邻的可能。同版中还有残辞"画"，即指鲁北画族，这也从一个侧面说明该版卜辞所记可能是东土之事。

例②尚存卜辞3条。其一，令廪截杀狗族。狗族活跃于东土，据《合》10957"狩廪麓"可知，廪地为武丁时期王室田猎区内的田猎点，而《合》6937有呼令廪会同东土沚方首领"沚"一起讨伐狗族的占卜记录，证明东土有廪地。其二，占卜雀何时抵达菑地。据王步卜辞《合》33147、田猎卜辞《合》22299+《合》22473+

《京人》3144①诸辞可知,辔地在泰山南麓。其三,占卜戈攻击上亘是否有所斩获。上亘恰是东土地名。可见,整版所述诸事均涉东土,这至少说明戈与东土诸部关系密切。

例③涉及卜辞7条,前6条可视为一组,是占卜雀与罢、上亘、我、桑、壹诸部的战争中是否有所斩获。桑在淄水上游、壹在宁阳与曲阜间,②外亘则属商末征人方经由地,所以罢与我一样,应在东土。最后1条"敢戈"的施动者残缺,但结合前6辞推测,这次针对戈族的战事可能亦由雀负责,由此至少可以推定,戈位于殷墟以东区域,将之与春秋时期"宋、郑之间"的戈地相连,应较合理。

(6)鬲

夏早期的史传中有夏遗臣靡避祸有鬲之记载,而鬲地恰恰见载于殷墟卜辞,除上引《合》10936之外,重要者尚有:

①丙申卜,宾贞:㐹(部)获羌,其至于鬲。

贞:㐹(部)获……于鬲。(《合》201正,宾)

②癸酉卜,尹贞:旬亡祸。甲戌酚祭于上甲,在……

……尹……在自鬲。(《合》24280,出)

例①中的部地大致在今莱芜境内,③去其南边的扈地不远。卜辞"获羌"之羌,窃以为是一种特殊人群的身份词(诸如小规模零散居住的"野人"),所指与人牲近似,无关种族,故有"胥获正羌"(《合》191,宾)、"在岭羌"(《合》529,宾)之辞。部所至鬲地,恐怕不会距离部地过远。需要注意的是,该版卜甲背面左甲桥处有涉及龟甲贡纳的纪事刻辞之残辞,曰:"……以自我。"说明该龟版来自东土我族,这也可以作为鬲地大致方位的一种推测凭据。例②则说明商王(祖甲)曾在鬲地驻跸。李学勤、彭裕商等曾对此类卜辞做过系统研究,认为是祖甲在短时间内集中出行的占卜记录,④涉及地名25个左右,但以汶水沿岸地名居多,如香、杞、雷(或丘雷)、索、自壹(即壹)、自滴(即部)、自美、𤰆、扈、劲、麦、

---

① 黄天树主编:《甲骨拼合四集》,学苑出版社,2016年,第140页。

② 陈絜:《卜辞滴水与晚商东土地理》,《中国史研究》2017年第4期。

③ 陈絜:《四祀㓝其卣与晚商东土交通》,《青铜器与金文》(第1辑),上海古籍出版社,2017年,第78~89页。

④ 李学勤、彭裕商:《殷墟甲骨分期研究》,上海古籍出版社,1996年,第396~405页。

爻、自襄（或襄）、自萋（或萋，即邿）、自奠（或奠）、自攸、自虎、自析、自哭（即峄）、良（郎）、旒、夹（夹谷）等。所以自黽可能也是东土地名。结合前引《合》10936具体内容，东土应有黽地，惟其地望与传统诸家所定略有差别，似应在汶水流域。

（7）邍（原）

《竹书纪年》有"帝宁（杼）居原"之说，此原地过去常被认为是《左传》隐公十一年苏忿生之田"温、原、絺、樊"之原，地处今豫西济源一带，以合乎夏族起源于晋南、豫西之说。沈长云则指出，帝杼所都之原，实为《左传》僖公三十三年"郑之有原圃犹秦之有具圃也"之原，地处今河南中牟一带。[1]原圃即圃田泽，郑原之说虽不必是，但较传统旧注为胜。

河南商水县杨家庄一带的周代墓葬，曾出土邍仲簋一组3件，[2]就形制、纹饰与铭文字体判断，年代为春秋早期，有铭文："唯正月初吉丁亥，邍（原）氏仲作沦（纶）仲妫家母媵簋，用祈眉寿万年无疆，永寿用之。"（《资料库》NA0397）这显然是一组由邍仲为其女"仲妫家母"出嫁沦族所铸之媵器，可知当时邍氏为妫姓之族。《春秋》庄公二十七年："秋，公子友如陈，葬原仲。"杜预注："原仲，陈大夫。原，氏。"孙本书以为铭文"邍氏仲"即《春秋》之陈大夫原仲，大致可信。

周代妫姓为虞舜之后，史称周初褒封胡公满于陈，与宋、杞一起备为"三恪"，建都于今商水县东北方向的河南柘城胡襄镇一带，邻近鲁西南曹县等地。作为陈国公族的原氏，其族居地应在国都，但其采邑"原"（也即其氏名的来历），似应坐落在国都以外区域，而晚商卜辞中的邍地，或能与之相吻合：

①辛未卜，子其亦往田邍，若，用。（《花东》59，子卜辞）
②乙丑卜，殻贞曰舌方其至于邍土，其出……（《合》6128，宾）

就上引卜辞可知，邍地属晚商田猎区内的田猎点，且曾遭受舌方侵袭。晚商王室田猎区的核心区域在泰山周边，向南可延伸至鲁东南、鲁南与鲁西南地带，个别甚或进入豫东，其典型者如爻、朕与嚞、戈。一般认为爻即郜之绞，朕即滕，均在今滕县；嚞与戈均位于"宋郑之间"的豫东地区。故卜辞中出现频率

① 沈长云：《夏后氏居于古河济之间考》，《中国史研究》1994年第3期。
② 孙本书：《周口市博物馆藏有铭青铜器》，《考古》1988年第8期。秦永军、韩维龙、杨凤翔：《河南商水县出土周代青铜器》，《考古》1989年第4期。

不甚高的邍地,可能位于晚商田猎区边缘地带。至于卜辞舌方与有商势力发生各种摩擦的地点与族群,基本都在东土,如氾、嵩、棘、举、徙、簸、旎、商、敦等。故舌方可能是活跃于殷墟以东的古老族群,无关西土鬼方。既然邍地曾遭舌方侵袭,故地处东方的可能性较大。这也符合邍地可行田猎的特点。卜辞邍地又与淄汶源头的目、鬱诸地有所牵连,例如:

> 贞:乎雀征目。
> 戊午卜,宾贞:乎雀往于鬱。
> 戊午卜,宾贞:勿乎雀往于鬱。
> 庚申卜,㱿贞:乎王族延从邍。
> 庚申卜,㱿贞:勿乎王族从邍。
> 甲子卜,争贞:雀弗其乎王族来。
> 雀其乎王族来。(《合》6946正,宾)

上引卜辞共计7条,内容上互相关联,大意是商王命令雀征伐鲁北淄水上游之目地。殆因鬱地近目,所以又让雀前往鬱。[1]或是虑及实力不敷和其他困难,又让雀从邍地征调王族一起行动。由此看来,"呼王族从邍"之邍,位于殷墟以东区域的可能性较大,推测它在鲁西南甚至豫东,亦合理。这一见诸甲骨、金文与东周文献的东土邍地,是否即"帝杼居原"之原?考虑到它与沦地的内在联系,这种推测是有合理性的。

(8)沦(纶)

《左传》哀公元年记少康"逃奔有虞……虞思妻之二姚,而邑诸纶",其中的纶地,杜注"虞邑"。对于有虞氏的认知,先秦时期的看法比较一致,如《孟子·离娄下》说虞舜"生于诸冯,迁于负夏,卒于鸣条,东夷之人也",即舜之一生始终是在东土。而今人多认为,有虞氏的核心政治区域在今豫东与鲁西南交界地带。故作为"虞邑"之纶,应在东方。

前述邍仲簋组器乃媵器之属,所媵对象就是嫁于沦氏的仲妫。该组器所出墓葬当与沦氏有关,春秋初年沦族居地在今河南商水县一带。此地介于陈、

---

[1] "鬱"字之释从吴振武,吴振武:《说"苞""鬱"》,《中原文物》1990年第3期。据《合集》8182"令往䎽(寻)""令往鬱"之对贞之辞可知,鬱地离鲁北寻地不远。

蔡之间,也正是传说时代有虞氏部族势力范围内。考虑到原氏乃妫姓陈国之公族,追溯其族源,恰好与有虞氏相关。所以,"沦中妫"之沦,可以与"虞邑"之纶相联系。据《左传》,少康通过联姻取得了有虞氏的政治支持,即"妻之二姚而邑诸纶,有众一旅,有田一成",后杼继位后,在其舅族势力范围内的"原"地建其都城,亦属合理。

(9)冥氏

据《夏本纪》,诸如有冥氏之族,因受资料所限,过去罕有讨论。而据卜辞可知,晚商时期汶水流域下游存在一个冥族。例如:

①贞:冥受年。

　　贞:妇(嬯)受年。(《英藏》808,宾)

②捍弗截,在冥。(《合》7842,宾)

③丁酉卜,殻贞:来乙巳王入于冥。(《合》7843,宾)

④乙丑卜,宾贞:隹冥人。

　　贞:不隹冥人。(《合》7851,宾)

⑤贞:呼去伯于冥。(《合》635正,宾)

⑥贞:冥亡祸。

　　龙……出……(《合》7850,宾)

⑦辛未卜,争贞:我截獸(狗),在宁。

　　甲寅卜,殻:乎子汏酚缶于冥。

甲寅卜,殻:勿乎子汏酚缶于冥。

于商(郼)酚缶。 (《合》3061,宾)

就上引资料可知,武丁时期有一冥地,商王曾涉足于冥,也为冥之休咎、年成及战事而占卜,冥地之人则称"冥人"。其中具有地理判别价值的材料主要是后三例。例⑤"去伯"即去族首领之称,按黄组卜辞《合》37392有"丁卯卜,在去贞:囷告曰:兕来羞"之辞,此卜与田猎有关,且囷乃与举族关系密切的东土之人,故去地似应在泰山周边寻找。例⑥同版所涉及的"龙"为东土族邦,其族居地在柴汶一带。[①]例⑦后三条自成一组,主要占卜是否令子汏酚祭缶,在何地酚

---

① 陈絜:《卜辞中的柴祭与柴地》,《中原文化研究》2018年第2期。

祭更合适,卜选地点有冥、商二地。其中商即春秋时期的郚邑,在今东平接山镇,所以冥地恐怕亦应在汶水下游寻找。而同版中尚有在宁地截杀东土狗族占卜记录,其中宁地在今宁阳一带,[①]卜辞狗族出没地带多在东土,如据宾组《合》6942"狗伐棘(曹)其截",狗曾侵伐今鲁西南之曹地。此亦能佐证冥地似在汶水下游的推测。《左传》文公十五年"一人门于句鼆"之辞,杜注:"鲁邑。"按鼆即螟字,句鼆或即卜辞冥地。

卜辞冥地与文献姒姓冥族究竟有无必然联系,目前尚无确证,但至少说明商周时期鲁中与鲁西南间有一冥地存在,或可作为推测姒姓冥族族居地的一种参考。

此外,"处浇于过"(《左传》襄公四年)之"过"及"薛之皇祖奚仲,居薛以为夏车正"(《左传》定公元年)之"薛",也应位于东土。[②]

三、《左传》夏史体系与夏文化探寻方向

通过以上梳理可知,商周时期,东土不仅有数量众多的夏遗诸姒之族及其姻族,也包括与夏早期史有关的地与族。这为我们进一步推进夏文化相关问题的探讨,提供了启示。限于篇幅,下面仅讨论《左传》所记有夏早期"逸史"体系的价值问题,或可为考古工作提供线索。

今人熟知的夏史体系,出自《史记·夏本纪》。但司马迁采用的史料主要是《尚书》的《尧典》《皋陶谟》《禹贡》《甘誓》《汤誓》《洪范》诸篇及《五子之歌》与《胤征》之《书序》,此外尚有《孟子·滕文公》《万章》及当时"儒者所不传"的《帝系姓》与《五帝德》等。上述材料基本属于今文系统,因此《夏本纪》说禹事独详,其余大多一带而过,仅有一个14代17王的王朝世系框架留存至今。由于西汉时期今文经位列学官,以战国文字形式呈现的古文经学仅在民间授受,司马迁虽接触过《春秋》古文(也即《左传》),[③]但引用者仅有昭公二十九年神话色

---

① 卜辞有"狩宁"(《合集》11006)、"焚宁"(《合集》11007)等田猎记录,说明宁地应在泰山周边。

② 陈絜:《过甘敦鼎铭与商周东土过族》,《邯郸学院学报》2019年第3期;据亚𢖷(薛)父己鼎,薛为东土史族分支,又据《合集》28409有"射薛兕"之田猎记录,可知其地在东土。

③ 史迁所谓"春秋"或"春秋"古文实指《左传》,参见王国维:《史记所谓古文说》,《观堂集林》(卷七),中华书局,1959年,第307~312页;金德建:《司马迁所称春秋系指左传考》,《司马迁所见书考》,上海人民出版社,1963年,第105~111页;赵伯雄:《春秋学史》,山东教育出版社,2004年,第153~162页。

彩极浓的"孔甲豢龙",借以表达自孔甲始"夏后氏德衰"。

《左传》所记夏代资料颇丰,尤以羿浞代夏、少康中兴等记载最为重要,今录相关材料如下:

(1)昔有夏之方衰也,后羿自鉏迁于穷石,因夏民以代夏政。恃其射也,不修民事而淫于原兽,弃武罗、伯困、熊髡、龙圉而用寒浞。寒浞,伯明氏之谗子弟也。伯明后寒弃之,夷羿收之,信而使之,以为己相。浞行媚于内,而施赂于外,愚弄其民。而虞羿于田,树之诈慝,以取其国家,内外咸服。羿犹不悛,将归之田,家众杀而亨(烹)之,以食其子。其子不忍食诸,死于穷门。靡奔有鬲氏。浞因羿室,生浇及豷,恃其谗慝诈伪而不得于民。使浇用师灭斟灌及斟寻氏,处浇于过,处豷于戈。靡自有鬲氏收二国之烬,以灭浞而立少康。少康灭浇于过,后杼灭豷于戈,有穷由是遂亡,失人故也。(《左传》襄公四年)

(2)昔有过浇杀斟灌以伐斟鄩,灭夏后相,后缗方娠,逃出自窦,归于有仍,生少康焉。为仍牧正。惎浇,能戒之。浇使椒求之,逃奔有虞,为之庖正,以除其害。虞思于是妻之以二姚,而邑诸纶,有田一成,有众一旅。能布其德,而兆其谋,以收夏众,抚其官职。使女艾谍浇,使季杼诱豷。遂灭过、戈,复禹之绩,祀夏配天,不失旧物。(《左传》哀公元年)

(3)昔有仍氏生女……名曰玄妻。乐正后夔取之,生伯封,实有豕心,贪惏无厌,忿颣无期,谓之封豕。有穷后羿灭之,夔是以不祀。(《左传》昭公二十八年。杜注:"有仍,古诸侯也。")

上引前两条资料可以合而观之,涵盖相、少康与杼三世三帝,其中相为仲康之子、太康之侄、夏启之孙,同时还牵涉与相等同时代的东夷人物及有夏的臣属,如后羿、寒浞、浇、豷与靡等。依《夏本纪》等记载,有夏从大禹到夏桀,共历14世17王。其中自禹至杼,合计6世7王,实为有夏之早段。从《左传》所记诸多事件看,这一时期王朝重要事件几乎均发生在东土,与之相关的族与地,亦多能得到甲骨与商周金文资料印证。

第一条材料,据杜注,鉏为后羿本国名,有穷氏为后羿迁穷后的新国名。鉏、穷二地,古今学者有各种考证,但考虑到后羿实出东土夷族,故鉏、穷似应在东方寻找较为合理。①杜注以为寒在"北海平寿县",即今潍城寒亭区一带,虽未必严丝合缝,但有其一定的依据。如前所述,今卜辞与商金文所见之寒地,适在鲁北。依照杜预等旧注,鬲在今德州与济南间。同样,卜辞所载之鬲地应该在泰山周边,与杜说所划定的范围相去不远。其他斟鄩或即卜辞斟地,在鲁中泗水、新泰、宁阳间;斟灌或可与卜辞蘿地相联系,在汶水下游沿岸的肥城、泰安一带;过与戈,前者在今曲阜附近,后者则似在豫东、鲁西南交界带,同样属于商周时期的东土范围内。第二条材料涉及有缗、有仍、有虞,目前学界认识比较一致,多主张在鲁西南及豫、鲁、苏、皖结合部,具体而言,有虞在今河南虞城,有缗在山东金乡,有仍在山东曹县西北。②至于少康所得之纶地,过去以为在虞城东南,但结合周代金文资料可知,也可能在河南商水县东北部。第三条材料所言后羿灭伯封之说,亦与仍地在曹县之说相吻合。

《左传》所述,同时可以得到《书序》的印证。按《甘誓》序云:"启与有扈,战于甘之野,作《甘誓》。"前文已述,据卜辞,在洙泗与汶水之间有扈、甘二地,完全符合甘为有扈之郊的说法。

又《五子之歌》序:"太康失邦,昆弟五人须于洛汭,作《五子之歌》。"这里的"洛汭",传统注疏之家通常以为与河南洛水有关,如《伪孔传》曰:"太康五弟与其母待太康于洛水之北,怨其不反,故作歌。"这也成为今人讨论相关问题的一个基调。不过太康失国事涉后羿,以当时的交通论,实难想象夷族后羿可以远赴豫西,篡夺有夏之大位。今据卜辞记载,东土自有一洛地,辞曰:

①……自婚(香)……至于虗\唐(?)……亡灾。

……卜,在洛……其自□……[矢]蘿(謹)凋(遇)……亡灾。(《合补》11281,黄)

②癸卯卜,在河东兆贞:王旬亡猶(祸)。

癸丑卜,在洛贞:王旬亡猶(祸)。

癸亥卜,在卤(鄙)谷[遇]次:王旬亡猶(祸)。

癸酉卜,在铸贞:王旬亡猶(祸)。

---

① 按《左传》襄公二十三年齐侯"袭莒,门于且于"之且于,或可与鉏地相联系,另如卜辞敔方亦是备选之一。至于穷地,卜辞、金文中的东土瑪地似可考虑。穷古音冬部、群纽,瑪字东部、匣纽,声为一系,韵属旁转,就音理言,亦可通。如"穷桑"又作"空桑",即其例也。

② 沈长云:《夏后氏居于故河济之间考》,《中国史研究》1994年第3期。

癸未卜,在铸贞:王旬亡猒(祸)。

癸巳卜,在犅贞:王旬亡猒(祸)。(《合》36896+《合补》11283,黄)

例①第2辞言商王在洛地占卜,欲前往汶水下游沿岸的"矢、謹、遇"。一般而言,占卜地与行进目的地相去不会过远,故卜辞洛地应在东土寻找。而与之关系密切的第1辞,出现了香(莱芜新泰间)、寉(泰山南麓)或閝(泰山东南麓)等卜辞习见的汶水流域地名,亦可进一步验证洛地在东土的推测。例②则为商末敦伐阴美方相关军事行动中的卜旬卜辞,即商王从河东兆出发,次第经由洛、郿谷遇、铸、犅诸地,这一连串地点,均坐落在安阳以东区域,且可与先秦两汉文献中的东土地名相联系。据考证,卜辞与商周金文中的犅即《史记·秦本纪》"客卿灶攻齐,取刚、寿"之刚,在宁阳堽城镇一带;卜辞铸地即《左传》襄公二十三年"臧宣叔取于铸"之铸,《秦本纪》作"寿",在肥城汶阳镇一带;"郿谷遇"为三地联称,其中郿即《春秋经》僖公元年"公子友帅师败莒师于郿"之郿,遇即《春秋》襄公十五年"齐侯伐我北鄙,围成。公救成,至遇"之遇,谷地亦当在郿、遇附近,结合同为数地联称的"矢謹遇"可知,这三个联称的地名又与謹地相邻近,大致都在肥城安驾庄镇周边;而洛地殆即《春秋》闵公元年"公及齐侯盟于落姑"之落姑,在古济水沿岸的平阴、东平交界带。至于"河东兆",则可与《春秋》定公十四年"秋,齐侯、宋公会于洮"相联系,在今山东菏泽鄄城一带。①而"五子须于洛汭"之洛,可与卜辞洛地相拟合。

此外,春秋初年原仲簠铭反映的原、纶二地的内在联系,加之春秋大冥属陈所隐含的虞(妫)、夏(姒)之间的天然密切关系,又可将古本《竹书纪年》"后杼居原"与《左传》少康"邑诸于纶"二事有机结合,互为印证。

通过以上论证可知,夏初发生于有夏、东夷间的政治军事争斗,基本是在河济与海岱地区展开,东方也是夏王朝早期史的重要政治舞台:启伐有扈的"甘之战"发生在东土,太康失国、后羿篡夏、浞羿相代同样在东土,五子待兄之地洛汭亦可能在东土,后杼立都于原,则可能在豫东、鲁西南一带。在如此背景下理解《左传》后相被灭、少康复国继而中兴,以及东土薛族先祖薛仲任有夏车正诸事,也就不再唐突。由此可知,《左传》所记有夏早期史,与甲骨文、金文中的地理线索合辙、与传世文献中的某些记载也可对应,故说周人杜撰夏史,

---

① 陈絜、田秋棉:《卜辞"龟"地与武丁时期的王室田猎区》,《故宫博物院院刊》2018年第1期。

恐怕须谨慎对待。退一步而言,如果周人真有意造出一个有利于维护自身正统地位的夏史体系,应从西土入手才算合理。

目前对夏文化的探索以豫西晋南为主要方向,并取得了相当的成绩,但这并不妨碍我们对东部地区之于探索夏史重要意义的估计。夏代的政治地理版图可能经历了由东向西的变化,中期以后其势力大概伸入豫西晋南,所以《左传》僖公三十二年有"殽有二陵焉,其南陵,夏后皋之墓也"之说,据杜注,殽"在弘农渑池县西",《左传》定公四年追忆周初封建,曰封唐叔虞"于夏虚,启以夏政,疆以戎索"。即便如此,夏与东夷及其他东土族群的交流依然频仍,古本《竹书纪年》有后芬三年"九夷来宾"、后荒元年"命九(夷)东狩于海"、后发元年"诸夷宾于王门,再保庸会于上池,诸夷入舞"、"后桀伐岷山,进女于桀二人,曰琬曰琰"等记载,岷山即有缗。《左传》昭公十一年亦有"桀克有缗,以丧其国"之说。由此看来,有夏一代从未断绝与东土诸族的联系。杨向奎曾明确指出:"夏代中世以前,政治中心在今山东省,其势力及于河北、河南;晚期则移居河东及伊、洛流域,然而东方仍有其孑遗"。[1]单从文献史学角度考虑,窃以为这一总结非常到位,与本文通过甲骨、金文梳理所得结果吻合。因此,对于探索夏文化源头及其早期政治核心区域而言,今山东及河南东部、北部一带,似应引起我们的进一步关注。

通过对甲骨文、金文资料中与夏代历史相关族、地分布区域的考察,可以得出以下结论:

第一,商周时期多数诸姒之族及相当数量的诸姒姻族分布在今山东省境内。第二,涉及有夏早期史的地与族,基本亦在山东及豫东、豫东北一带,而以山东为主。第三,《左传》襄公四年、哀公元年相关记载反映的夏王朝早期历史,不仅与甲骨文、金文中的地理线索合辙,也与其他传世文献中的相关记载对应。这一夏史体系,不会出自周人杜撰,亦非商人所能臆造。第四,对夏文化的探索,特别是探寻夏代早期历史,海岱地区及山东、河南交界地带需要引起考古、历史等相关领域学者的充分关注。

本文原刊载于《历史研究》2020年第1期。

本文作者:

---

① 杨向奎:《大禹与夏后氏》,《绎史斋学术文集》,上海人民出版社,1983年,第17页。

陈絜,生于1969年。历史学博士,现为南开大学历史学院教授,古籍与文化研究所所长。主要从事先秦史、历史文献学及甲骨文、金文、简帛文书的研究与教学工作。已出版《商周姓氏制度研究》《商周金文》等3部专著,整理点校孙诒让《籀廎述林》,合作整理《张政烺批注〈两周金文辞大系〉》,担任《大辞海·文物考古卷》副主编,在《中国社会科学》《历史研究》《中国史研究》《汉学研究》《古文字与古代史》等刊物上发表论文50余篇,承担国家社科基金项目及教育部人文社科规划项目多项。入选教育部"新世纪人才培养计划",曾任韩国高丽大学史学科外籍教授、台湾"中研院"史语所访问学者及"2011计划"出土文献与中国古代文明研究协同创新中心"金文与青铜器研究平台"PI。

《西凉建初籍》与魏晋时期的职役户籍

张荣强

1915 年，翟林奈首次公布了入藏英国国家图书馆的《西凉建初十二年(416)正月敦煌郡敦煌县西宕乡高昌里籍》(S.113)[①]，此后该籍很长一段时间被视作最早的纸本户籍引起了学界的高度关注。一批著名学者如陈垣、杨联陞、滨口重国、池田温、仁井田陞等先后对《西凉建初籍》的性质发表过意见，提出了包括"民籍""兵籍""吏兵籍"在内的不同观点。最近这些年，"吏兵籍"的说法逐渐占据了学界主流。2006 年，吐鲁番洋海赵货墓地又出土了一件同属十六国时期，具体时间比《西凉建初籍》早三十余年的《前秦建元二十年(384)三月高昌郡高宁县都乡安邑里籍》。前秦建元籍的出现，不仅取代了《西凉建初籍》最早纸本户籍的地位，同时也为我们进一步讨论《西凉建初籍》的性质提供了新的契机。

《前秦建元二十年籍》原本有三个断片，后经整理小组缀合为两片。其中，编号 2006TSYIM4：5-1 残存文字 13 行，尺寸 25.2×16.7 厘米；编号 2006TSYIM4：5-2 残存文字 20 行，尺寸 24.8×25 厘米。我们看保存比较完整的张晏户：

6. 高昌郡高宁县都乡安邑里民张晏年廿三

7.　　　　叔聪年卅五物故　　奴女弟想年九　　桑三
亩半

8.　　　　母荆年五十三　　晏妻辛年廿新上　　城南
常田十一亩入李规

9.　　　　叔妻刘年卅六　丁男一　　　　　得张
崇桑一亩

---

① Lionel Giles, "A census of Tun-huang", *T'oung Pao*, Vol.16, (Jan.1, 1915), pp.468, 488. 中译文见[英]齐尔士:《千五百年前之敦煌户口册与中国史籍上户口数之比率》，王庸译，《东方杂志》1928 年第 25 卷第 4 号。

10.　　　晏女弟婢年廿物故　丁女三　　　沙车
城下道北田二亩

11.　　　婢男弟隆年十五　次丁男三　　率加
田五亩

12.　　　隆男弟驹[年　]　[小女二]　　　[舍一
区]

13.　　　驹女弟[□年　]　凡口九　　　[建元
廿年三月籍]

14.　　　聪息男[奴年　]①

　　《西凉建初籍》现存11户人家,完整或基本完整的共8户,按户主的身份标注,计有"兵"3户、"散"4户及"大府吏"1户。我们任举一例:

燉煌郡燉煌县西宫乡高昌里大府吏随嵩年五十
妻曹年五十　　　　　丁男二
息男寿年廿四　　　　女口三
寿妻赵年廿五　　　　凡口五
姊皇年七十四附籍　　居赵羽坞
建初十二年正月籍②

　　400年,河西大姓李暠占据敦煌,建立西凉政权;405年遣使奉表东晋,并迁都酒泉。西凉的基本政治架构和制度模式直接脱胎于北凉,但主要因袭两晋,这从《西凉建初籍》记载的丁中身分也能看出来。相比《前秦建元二十年籍》,《西凉建初籍》明显不同的地方有:

　　1.前者分为三栏,第一栏著录家庭人口,第二栏统计丁中身份,第三栏登载田宅等资产;后者只有前两栏,没有第三栏。

---

　　① 原录文参见荣新江、李肖、孟宪实主编:《新获吐鲁番出土文献》,中华书局,2008年,第176~179页;笔者最终修订文见《再谈〈前秦建元二十年籍〉录文问题》,《史学史研究》2015年第3期。
　　② 最新录文见郝春文主编:《英藏敦煌社会历史文献释录(修订本)》(第一卷上册),社会科学文献出版社,2001年,第324页。

2.前者户主名字前标注的身份无一例外是“民”，后者在同样位置分别标注了“兵”“散”“大府吏”等。

3.前者在丁中统计中，无论男女，严格按照“丁”“次丁”“老”“小”的身份分类；后者只对男子如此，女子泛称女口，不再详分丁中。

4.后者除一户特殊外，其余诸户凡户籍末尾完整者均注明了居住地，前者没有这项内容。

学者对《西凉建初籍》有不同看法，“吏”“兵”尤其“兵”的身份好理解，分歧主要集中在对“散”的认识上：

滨口重国认为“散”是“非番之兵”亦即不值班的士兵，故将该籍理解为兵户籍。①

陈垣以为“散者，无常职，《周礼》所谓‘闲民，无常职，转移职事’者也，倾向将该籍解释成一般民籍。②池田温赞同陈垣的解释，进一步论述道：“本籍的兵和散的记事，是记在汉代名籍中爵的位置上；另一方面，被视为劳役的驿子之注，则记在人名、年龄的下方。若是将这一点加以考虑，那么，与其谓散为不值班的兵，不如以非兵、即不担负劳役者解为散，岂不较为妥当些吗。当时，散吏虽亦存在，但以本籍之散为散吏，按散吏所限定的人数考虑，恐亦有困难吧。”从而将该籍明确判定为郡县掌握的一般民户的籍。③关尾史郎新近撰写的文章中，也有将《西凉建初籍》与《前秦建元二十年籍》一体把握的倾向。④

近年来，更多的学者如杨际平⑤、王永兴⑥等撰文指出籍中的“散”即散吏的简称，认为《西凉建初籍》是不包括一般民户的兵吏籍。杨际平说过一段有代表性的话：“本籍所见的散，并非闲民无常职者，因为倘若本籍所见的‘兵’‘吏’是指各户户主本人，那么该籍裴丑、裴溱、裴金、裴隆、吕元、吕117、随寿等七丁男都是非兵非吏，故亦当注为散。然而实际上此七丁男无一注为散。可见散者

① 濱口重國:『呉·蜀の兵制と兵戸制——附説建初十二年正月籍』,『秦漢隋唐史の研究(上)』,東京大学出版会,1966年,454頁。

② 陈垣:《跋西晋户籍残卷》,《北京师范大学学报》1963年第2期。

③ 池田温:《中国古代籍帐研究·概观》,龚泽铣译,中华书局,2007年,第52页。池田温所说“视为劳役的驿子”是指《西凉建初籍》a片不知名户下“道男弟德年廿一 驿子”的记载。

④ 关尾史郎:《“五胡”时代户籍制度初探——以对敦煌·吐鲁番出土汉文文书的分析为中心》,《敦煌吐鲁番研究》(第十四卷),上海古籍出版社,2014年,第224～225页。

⑤ 杨际平:《敦煌吐鲁番出土经济文书杂考》,《中国社会经济史研究》1987年第1期。

⑥ 王永兴:《读敦煌吐鲁番文书札记》,《北京大学学报(哲学社会科学版)》1994年第1期。

并非闲民无常职者。若谓散者为'非番之兵',那么此籍番上之兵皆45岁以上,而45岁以下的又悉不番上,这与常理又显然不合。"

陈垣释"散"为"闲民",出自《周礼》卷二《天官》载大宰之职:

> 以九职任万民:一曰三农,生九谷;二曰园圃,毓草木;三曰虞衡,作山泽之材;四曰薮牧,养蕃鸟兽;五曰百工,饬化八材;六曰商贾,阜通货贿;七曰嫔妇,化治丝枲;八曰臣妾,聚敛疏材;九曰闲民,无常职转移执事。①

根据《周礼》的划分,民众的职业有农业、园艺业、商业、牧业等9种,"无常职"的"闲民"是做什么的呢?孔颖达对此解释说:"其人为性不营已业,为闲民而好与人佣赁,非止一家转移为人执事,以此为业者耳。"②闲民就是没有固定职业、以雇佣为生的流动人口。所以汉代史籍常将流民称为"流散",走马楼孙吴简中也有"收散"或"散民"一说:

> 南乡劝农掾番琬叩头白:被曹勒,摄召私学刘银将送诣廷言。案文书,辄部岁伍李孙等录银。孙今关言:"银,本乡正户民不为收散,愿曹列言府,琬诚惶诚恐,叩头死罪死罪
> 诣功曹
> 十一月廿四日庚戌白③(伍·3725)
> □……乡郎中陈最举散民(肆·4573)④

吴简有多例举私学的材料。王素指出,孙吴嘉禾年间的私学是一种特殊身份的人口,多从流亡户口产生。⑤这种判断是否准确,暂不讨论,但上举吴简中说的"收散""散民",无疑是指流民。《西凉建初籍》中著录的"散"不可能

---

①《周礼注疏》,(清)阮元校刻:《十三经注疏》,中华书局,2009年,第1392页下栏。
②《周礼注疏》,(清)阮元校刻:《十三经注疏》,中华书局,2009年,第1392页上栏。
③长沙简牍博物馆、中国文化遗产研究院、北京大学历史学系"走马楼简牍整理组"编著:《长沙走马楼三国吴简·竹简(伍)》,文物出版社,2018年,第806页。
④长沙简牍博物馆、中国文化遗产研究院、北京大学历史学系"走马楼简牍整理组"编著:《长沙走马楼三国吴简·竹简(肆)》,文物出版社,2011年,第731页。
⑤王素:《长沙走马楼三国孙吴简牍三文书新探》,《文物》1999年第9期。

是流民。

对比作为民籍的《前秦建元二十年籍》,我们显然无法将《西凉建初籍》视作民籍。除了户主标注的身份外,至少还有两个重要原因:

其一,我们知道,魏晋时期的户调制是建立在按资产划分户等的基础上,西晋户籍上登载家庭资产正源于此。①有迹象表明,十六国时期继续实行户调制,如后赵征赋税的标准为"户赀二匹,租二斛"②,成汉是"其赋,男丁岁谷三斛,女丁半之,户调绢不过数丈、绵数两"③,北魏前期也有"户收绢一匹、绵一斤、租三十石"④的记载。西凉政权直接继承北凉,我们目前也能见到吐鲁番出土的北凉赀簿和计赀献丝帐;如果《西凉建初籍》属于民籍,其不登载民户资产状况似乎不可思议。

其二,西凉基本上沿用西晋的丁中制度,但无论秦汉时期做为课役身份的"大""小",还是西晋创立的新的丁中身份,毫无疑问都是涵盖男子、女子的。我们从《北凉承阳二年(426)十一月籍》中,也可以看到北凉时期对"丁女""小女"的统计。⑤《西凉建初籍》只统计男子丁中,并不是当时女子不划分丁中,只是表明在这件户籍中,女子的丁中无关紧要,所以就忽略不计了。我们在湖南郴州出土的晋惠帝时期的计簿数据中,也可以见到类似情况:

(1)其口二百六十二老男　　　　　　　　　　　　(1—11)

口二百卌八年六十一以上六十五以还老男　　　(2—33)

口五千五百六十三小男　　　　　　　　　　　　(2—96)

口六百卅四年十三以上十五以还小男　　　　　(2—139)

凡丁男二千六百七　　　　　　　　　　　　　　(1—21)

---

① 有关西晋户籍登载家产的讨论,参见张荣强:《甘肃临泽晋简中的家产继承与户籍制度——兼论两晋十六国籍的著录内容》,《中国史研究》2017年第3期。

②《晋书》卷一〇四《石勒载记上》,中华书局,1974年,第2724页。

③《晋书》卷一二一《李雄载记》,中华书局,1974年,第3040页。

④《魏书》卷七上《高祖纪上》,中华书局,1974年,第139页。

⑤ 最初由西胁常记公布在『ベルリン・トルファン・コレクション漢語文書研究』,京都大学総合人間学部國際文化学科日本・中国文化・社会論講座西脇研究室,1997年,圖版11,81頁;后被录入 Tun-huang And Turfan Documents concerning Social and Economic History.Supplement: (A)Introduction& Texts, The Tokyo Bunko,2001,p.9。荣新江进一步探讨了该籍的格式问题,参见《吐鲁番新出〈前秦建元二十年籍〉研究》,《中华文史论丛》2007年第4期。

(2)口三千六小女　　　　　　　　　　　　　　　(1—57)

　　口一百卅六老女　　　　　　　　　　　　　　(2—327)

　　口二千一百九十六丁女　　　　　　　　　　　(1—51)①

　　西晋户调式中,民众的课役身份按年龄分成"老""次丁""丁""次丁""小"五个阶段。第一组数据中的"六十一以上六十五以还老男"和"十三以上十五以还小男",分别对应的就是介于"丁"与"老"、"小"与"丁"之间的"次丁男"。与之不同的是,第二组数据中的女子仅分为"丁女""老女"和"小女",未像男子一样对"老女""小女"作进一步划分。这是因为按照西晋户调式的规定,次丁女没有课田的义务,做户主也无需交纳户调,其和"老女""小女"一样,属于"不事"的人群;所以简文只对"老女""小女"作了笼统统计,没有再细分出"六十一以上六十五以还老女"和"十三以上十五以还小女"来。这一现象在奴婢统计上体现得更突出,郴州简中有"口七百八十三老小奴"(2—130)、"三百九十八老小奴"(2—376)等记载,对不承担国家义务的贱口索性连"老""小"都不分了。

　　《西凉建初籍》中,只统计男子丁中,不及女子的做法,表明了这件户籍著录的是只有男子承担国家义务的特殊人户,性质既非一般民籍,也非郡县编制的包括民户在内各种人户的基本户籍,其应该属于专门的职役户籍。

　　如果将《西凉建初籍》理解成兵户与吏户的合籍,也有问题。我们看一下该籍所载各户的排列顺序,b片:裴晟(兵)、阴怀(散)、裴保(兵),c片:吕沾(散)、吕德(兵)、随嵩(大府吏)、随杨(散),d片:唐黄(散);尤其从吕沾与吕德、随嵩与随杨同姓比邻这点,可以看出各户并非按兵、吏(包括散)的身份分别排列,而是按居住地邻近的原则混编在一起的。唐长孺最早提出吏户的概念,其主要论据来自《三国志》卷四八《吴书·孙休传》永安元年(259)十一月壬子诏:

　　　　诸吏家有五人三人兼重为役,父兄在都,子弟给郡县吏,既出限米,军出又从,至于家事无经护者,朕甚愍之。其有五人三人为役,听其父兄所欲留,为留一人,除其米限,军出不从。②

---

　　① 湖南省文物考古研究所、郴州市文物处:《湖南郴州苏仙桥遗址发掘简报》,湖南省文物考古研究所编:《湖南考古辑刊》(第八集),岳麓书社,2009年,第93～117页。

　　②《三国志》卷四八《吴书·孙休传》,中华书局,1959年,第1157页。

这是研究孙吴吏户的关键材料。学者如唐长孺、黎虎、王素等对这条诏令有不同的解释,笔者对此也专门做过分析。①诏书说得很清楚,吏户平日承担的主要任务是按照三五发丁的原则,在中央、郡县各级行政机构服役,只有大规模战事爆发时,才会被额外抽调随军服役。就管理职役户籍的机构而言,吏户的户籍应当归属于民政系统,他们与属于军事系统的兵户户籍不可能混编在一起。我们注意到,在走马楼孙吴简中,临湘侯国广成乡劝农掾区光在嘉禾四年(235)八月廿六日这一天,分别上报了"军吏父兄子弟状、处、人名、年纪簿"和"州吏父兄子弟状、处、人名、年纪簿"两份簿籍。②军吏作为下层军官,身份性质与兵户类似;临湘属荆州,州吏是荆州府的吏户,这两份身份性质不同的簿籍也没有编在一起。

《西凉建初籍》中明确标注吏的,就是随嵩作为户主身份的"大府吏"。陈垣解释说"大府指太府,掌财赋之所,太府吏者,给事财赋所者也",王永兴怀疑仿照中原分官设职的西凉不会设立掌财赋的太府机构。③但西凉有太府的说法确实见诸史籍,据《晋书》卷八七《凉武昭王传》:

> 隆安四年,晋南太守唐瑶移檄六郡,推玄盛为大都督、大将军、凉公、领秦、凉二州牧护羌校尉。……(玄盛乃以)张林为太府主簿。④

不过,这里说的"太府"显然并非掌管财赋的机构,而是李暠的凉州大都督府。以凉州都督府为太府的说法应该沿承前凉,《晋书》卷八六《张轨传》记载张轨僚属中就有太府主簿、少府司马,胡三省注此事曰"盖以都督府为太府,凉州府为少府也"⑤。太府、少府实际上就是大府、小府,对应的分别是作为军府的都督府和行政的州府。西凉的"大府吏"也就是凉州都督府的军事人员。十

---

① 张荣强:《西晋黄籍再考——以〈太平御览·文部·札〉引〈晋令〉为中心》,《中国历史研究院集刊》2021年第1期。

② 前枚简收录于长沙简牍博物馆编著:《长沙走马楼吴简书法研究》,西泠印社出版社,2019年,第29~32页;后枚简文字考释及研究见王素:《长沙吴简劝农掾条列军州吏等人名年纪三文书新探》,《魏晋南北朝隋唐史资料》第二十五辑,武汉大学出版社,2009年,第1~18页。

③ 王永兴:《读敦煌吐鲁番文书札记》。

④《晋书》卷八七《李玄盛传》,中华书局,1974年,第2259页。

⑤《资治通鉴》卷八六,"晋怀帝永嘉二年二月"条,中华书局,2011年,第2736页。

六国时期的后秦同样实行兵户制度,姚苌将亲自率领的军队称作"大营",《晋书》卷一一六《姚苌载记》载姚苌下书:

> 兵吏从征伐,户在大营者,世世复其家,无所豫①。

这些与兵并称的吏,也是携带家属居住在兵营中;他们的具体服役内容与士兵或有不同,但身份性质差不多。②我们知道,东晋南朝的军镇中除了士兵外,也拥有数额庞大的吏。东晋孝武帝时,范宁批评迎亲送故的弊端:"方镇去官,皆割精兵器仗以为送故,……送兵多者至有千余家,少者数十户。既力入私门,复资官廪布。兵役既竭,枉服良人,牵引无端,以相充补。若是功勋之臣,则已享裂土之祚,岂应封外复置吏兵乎!"③前面言兵户,后面说"吏兵","吏"的身份同样属于兵户。《宋书》卷九九《刘劭传》记刘劭为平定四方起义,下令"自永初元年以前,相国府入斋、传教、给使,免军户,属南彭城薛县",这些从事入斋、传教、给使等职任的吏,身份也都属于军户。同书《江夏王义恭传》记载了这样的事例:

> (大明)三年,省兵佐。加中书监,以崇艺、昭武、永化三营合四百三十七户给府,更增吏僮千七百人,合为二千九百人。④

宋孝武帝担心宗王力量过大,一度减省他们的领兵数量;刘义恭兼任中书监后,刘骏为了表示优宠,就给刘义恭调拨了四百多兵户,以此增加刘义恭可供驱使的役力,增置的一千七百名吏僮显然就是来自这些兵户。所以唐长孺指出,东晋南朝的吏许多其实是以吏的名义编制的兵。⑤《西凉建初籍》中的大

---

① 《晋书》卷一一六《姚苌载记》,中华书局,1974年,第2972页。
② 魏晋南朝史籍中的"吏"涵义很复杂,同是军府中的吏,也有"兵吏""将吏"之分。《宋书》卷二《武帝纪中》载义熙十一年(415年)三月,刘裕平定荆州司马休之后,下书云:"荆、雍二州、西局、蛮府吏及军人年十二以还,六十以上,及扶养孤幼,单丁大艰,悉仰遣之。穷独不能存者,给其长赈。府州久勤将吏,依劳铨序。"(中华书局,1974年,第35页)享受依劳铨序的"将吏"中的"吏"指下级军官,而到了年龄要被遣还以及需要救济的"吏及军人"中的"吏",身分就和兵户一样。
③ 《晋书》卷七五《范宁传》,中华书局,1974年,第1987页。
④ 《宋书》卷六一《刘义恭传》,中华书局,1974年,第1650页。
⑤ 唐长孺:《魏晋南北朝时期的吏役》,《江汉论坛》1988年第6期。

府吏在凉州都督府服役,其性质仍当属于兵户。

持兵吏籍论者认为《西凉建初籍》中的"散"就是史籍中记载的散吏。按《晋书》卷二四《职官志》有"郡国户不满五千者,置职吏五十人,散吏三十九人。五千户以上,则职吏六十三人,散吏二十一人。万户以上,职吏六十九人,散吏三十九人",下面又接着说"农月,郡国及县,散吏为劝农"。①"散吏"与"职吏"相对,是指如祭酒、从史位、从掾位这些无实际执掌的吏员。②无论《职官志》说的"职吏"还是"散吏",都是国家机构正式在编的员吏,其身份仍属于"治民人者"③的统治阶层,与职业世袭且身份卑微的吏户恐怕还有区别。再者说,官吏的"职"与"散"不过是其个人当时的职业状态,即如论者常引以为据的《西凉建初二年(406?)功曹书佐左谦奏为以散翟定□补西部平水事》:

1 谨案严归忠传口

2 令:以散翟定□□补西部平水。请奉

3 令具刺板题授,奏诺纪识奉行。

4   建初二年岁在庚午九月廿三日功曹书佐左谦奏

5 扬武长史   来 子

6   功曹史   安④

"平水"一职也见于P.3018《唐天宝年代(750)敦煌郡敦煌县差科簿》⑤和敦煌莫高窟第98窟五代供养人题记⑥,是一种负责农田水渠灌溉的职役。翟定以前的身份属于《晋书·职官志》说的散吏,现在被版授为"西部平水",随之也就从散吏变为了职吏。"散吏"与"职吏"的身份可以随着个人任职经常转换,这显

---

① 《晋书》卷二四《职官志》,中华书局,1974年,第749页。

② 严耕望:《中国地方行政制度史》甲部《秦汉地方行政制度》,台北"中研院"史语所,1997年,第115~116页。

③ 汉末曹魏时期徐干就说:"今自斗食、佐吏以上,至诸侯王,皆治民人者也。"(见徐干撰,孙启治解诂:《中论解诂·佚篇二》,中华书局,2014年,第388页)《晋书·孝愍帝纪》卷末史臣曰,也将出身青冀豪族、在本州任职的王弥称之为"青州之散吏"。(中华书局,1974年,第134页)

④ 中国文物研究所等编:《吐鲁番出土文书(壹)》,图录本,文物出版社,1992年,第87页。

⑤ 唐耕耦、陆宏基编:《敦煌社会经济文献真迹释录》(第一辑),书目文献出版社,1986年,第253、256页。

⑥ 敦煌研究院编:《敦煌莫高窟供养人题记》,文物出版社,1986年,第35、45页。

然与以户役为特征作为人户类别的"散"不同。池田温也从人数限定方面,质疑将《西凉建初籍》中的"散"解读成散吏的合理性。《西凉建初籍》有完整记载的8户中,"散"占了4户,如果再加上大府吏1户,吏户总数已超过兵户。与保家卫国的兵户不同,吏户主要在官府服杂役,《三国志》卷四八《吴书·孙皓传》裴注引《晋阳秋》,说晋武帝太康元年(280)平吴时,孙吴有:

> 户五十二万三千,吏三万二千,兵二十三万,男女口二百三十万。[1]

这里的"吏三万二千""兵二十三万"无论是指户数还是口数,兵户数额都是几倍于吏户;如果说西凉拥有的吏户远远超过兵户,显然不正常。

我们又该如何理解"散"呢?《说文解字》卷七《宀部》有对"冗"的解释:"木枚(散)也,从宀,人在屋下,无田事。"[2]冗与散的本义就是指不从事本业,闲散无事;以前学者将《西凉建初籍》的"散"释作散民或者散吏,取的也都是无实际职任的意思。滨口重国将"散"解释成不上番的士兵,表述确实有些含混;所以池田温就此质疑说,如果这是指单个士兵而言,其是否上番应标注于本人之下而非户主的身份上。前引杨际平的观点,也是这个意思。标注在户主姓名前的"散",与标注在户主姓名前的"兵""大府吏"性质一样,当然不应该指个人身份,只能是人户身份。我们知道,在兵户制度下,并非全部的兵户都会被抽调服役;即使在其境遇最悲惨的两晋时期,也存在着一部分军户因不符合征发条件被免除现役的情况。晋武帝咸宁五年(279)伐吴,在全国范围内征发士兵,根据《文馆词林》卷六六二《晋武帝伐吴诏》记载:

> 今调诸士家有二丁三丁取一人,四丁取二人,六丁已上三人。限年十七已上,至五十已还。先取有妻息者。[3]

抽调的对象限于家中有两丁以上且适龄的兵户,家中仅有一丁或达不到年龄标准的兵户就不在征发之列。东晋明帝讨伐王敦时,下诏揭露其罪状:

① 《三国志》卷四八《吴书·孙皓传》,中华书局,1959年,第1177页。
② 许慎撰,徐铉校定:《说文解字》,中华书局,2013年,第148页上栏。
③ 罗国威整理:《日藏弘仁本文馆词林校证》,中华书局,2001年,第221~222页。

敦之将士,从敦弥年,怨旷日久,或父母陨没,或妻子丧亡,不得奔赴,衔哀从役,朕甚愍之,希不凄怆。其单丁在军无有兼重者,皆遣归家,终身不调,其余皆与假三年,休讫还台,当与宿卫同例三番。①

朝廷为瓦解王敦叛军军心,示以恩惠,下令单丁军户一生不被征发入伍。需要说明的是,这只是优免他们不用再服现役,而非解除其兵户身份。刘裕平定司马休之后,也下令"荆、雍二州,西局、蛮府吏及军人年十二以还,六十以上,及扶养孤幼,单丁大艰,悉仰遣之。穷独不能存者,给其长赈"②,免除单丁士兵现役外,还对孤苦无依的士兵给予赈济。当时,各个政权为了保证兵户自身的繁衍生息,不征发单丁服役是通行做法,吐鲁番出土的《北凉玄始十二年(423)兵曹牒》为我们提供了一份士兵的替补名单:

1 ┌──────┐范晟□佃,请以外军张成代晟┌──────┐

2 ┌──────┐隗休身死,请以外军王阿连代┌──┐

3 ┌───┐张安明一人补。箭工董祖□身死,请┌──┐
类

4 ┌──────┐明々代媚入外军,以李子强代祖子。外┌──┐

5 ┌──────┐称:卒□属以强补陨,一身不┌──┐

6 ┌───┐强信单身,请如事脱;以外军┌──┐

7 ┌──────┐称:李蒙子之卞(近)白芳还,求具┌──┐
注

8 ┌──────┐纪,请如解○簿。

(下略)③

针对以李子强"补陨"的建议,兵曹经过调查核实,发现其确实属于单丁兵户,"请如事脱",也就是按照制度放免他的现役。

①《晋书》卷九八《王敦传》,中华书局,1974年,第2562~2563页。
②《宋书》卷二《武帝纪中》,中华书局,1974年,第35页。
③ 中国文物研究所等编:《吐鲁番出土文书(壹)》,图录本,文物出版社,1992年,第30~31页。

滨口重国注意到了"散"的家庭结构。《西凉建初籍》保存完整的8户家庭中,3户"兵"及1户"大府吏"户内均拥有2名丁男;而标明"散"的4户中除吕沾户外①,只有1个丁男,这显然属于晋明帝诏令中说的不被征发的范围。史书说李暠统治期间,"深慎兵战,保境宁民,俟时而动"②,故当时大体上还能遵循不征单丁的原则;等到建初十三年(417)李歆继位后,西凉与北凉战争连绵,这一制度恐怕就形同虚设了。

明白"大府吏""散"的身份后,《西凉建初籍》的性质似乎就昭然若揭了。但这里还有一个问题,就是如何理解该籍著录的兵户与其标注的郡县乡里之间的关系?

《西凉建初籍》这些兵户多数居住在赵羽坞。翟林奈根据服虔《通俗文》"营居曰坞"的说法,将赵羽坞解释为由一个名叫赵羽的人负责建的兵营。我们知道,坞最初是从西北边境兴起的一种军事防御设施,汉末尤其西晋永嘉乱后,地方大族为了对抗频繁的战争侵扰,往往率领宗族部曲结坞自保,坞的性质也随之发生变化。《魏书·释老志》说十六国时期在张轨之后,河西地区"村坞相属"③,表明这时坞已经从单纯的军事城堡逐渐演变成了乡村聚落。翟林奈将坞解释成兵营,言外之意,是说这些人属于营居的兵户。滨口重国说的兵户籍,也是这样的理解。魏晋时期兵户携带家属随营居住的现象确实非常普遍,前引《晋书·姚苌载记》记载的大营,《宋书·刘义恭传》提到的崇艺营、昭武营、永化营等,都是兵户集中驻扎所在。营居兵户与郡县民最大的不同,就是他们直接隶属军府,拥有单独的户籍,不属郡县管理。东晋后期的史籍中,经常可以见到朝廷为了鼓舞军队士气,下诏放免兵户、改设郡县管理的举措。④已往学者认为魏晋时期实行兵、民分治政策,兵户不属州县管辖,其实说的就是这

① 吕沾户有两丁,除了56岁的户主外,还有17岁的儿子吕元。西凉时期起役点较西晋低,15岁就算正丁,《西凉建初籍》标明的造籍时间是建初十二年正月,亦即籍中的全部数据都是以十二年正月为标准登载的,则此时的吕元成为丁男不过一年的时间。不过,与之情况类似的吕德户被标注成了兵户。相较而言,吕德户虽然也有一个17岁的儿子,但户主吕德只有45岁,比吕沾年轻,同时还有一个更接近次丁年龄的10岁的儿子(吕沾的第二个儿子只有7岁)。

②《魏书》卷九九《李暠传》,中华书局,1974年,第2202页。

③《魏书》卷一一四《释老志》,中华书局,1974年,第3032页。

④ 如《宋书》卷三五《州郡志一》"南徐州"条记载:"蕃令,别见。义旗初,免军户立遂诚县,武帝永初元年,改从旧名。薛令,别见。义旗初,免军户为建熙县。"(中华书局,1974年,第1043页)上引《宋书·刘劭传》刘劭也下令"自永初元年以前,相国府入斋、传教、给使,免军户,属南彭城薛县","焚京都军籍,置立郡县,悉属司隶为民"。

些营居兵户。

《西凉建初籍》显然不是这样，其登载的每户户主身份前均标注"敦煌郡敦煌县西宕乡高昌里"，说明这些兵户居住在地方郡县，与民户一样被纳入了地方行政管理体制。①

事实上，魏晋时期的兵户并非全部随营居住，也有一部分居住在原籍，隶属郡县管理。我们先看几个具体事例，《晋书》卷三六《刘卞传》：

> 刘卞字叔龙，东平须昌人也。本兵家子，质直少言。少为县小吏，功曹夜醉如厕，使卞执烛，不从，功曹衔之，以他事补亭子。有祖秀才者，于亭中与刺史笺，久不成，卞教之数言，卓荦有大致。秀才谓县令曰："卞，公府掾之精者，卿云何以为亭子？"令即召为门下史，百事疏简，不能周密。令问卞："能学不？"答曰："愿之。"即使就学。无几，卞兄为太子长兵，既死，兵例须代，功曹请以卞代兄役。令曰："祖秀才有言。"遂不听。②

刘卞兄长是太子卫率府的兵士，应该在京师服役，但刘卞在本县先后做过小吏、亭子、门下史，刘卞兄长死后，县功曹就想借补代的机会，征发刘卞服兵役，结果被县令拒绝。显然刘卞家就住在须昌县。名士王尼也出身兵家，史书说他原籍城阳，以后寓居洛阳，实际上他已经在洛阳落了籍。《晋书》卷四九《王尼传》说：

---

① 也许有人提出，这些兵户身分前标注的郡县乡里可能是原籍，他们实际上是集中居住在兵营的。这一推测不能成立，且不说这件文书本身出土于这些兵户的户籍所在地，就是"大府吏""兵""散"这几种身分服役或居住的具体地点也不在一起。建初十四年李嵩的凉州都督府已迁到酒泉，时任"大府吏"的兵户如果营居就应该驻扎在酒泉附近的兵营，其他未标明服役机构的"兵"即使服行现役恐怕也不在凉州都督府，而放免现役的"散"，据前引晋明帝下诏，"其单丁在军无有兼重者，皆遣归家，终身不调"，不被征发的"散"是要被遣散返回本籍的。我们不清楚两晋时期营居兵户的户籍上是否会注原籍或以何种形式注原籍，但隋文帝开皇十年（590年）五月的诏书说，北朝后期"兵士军人，权置坊府，南征北伐，居处无定。家无完堵，地罕包桑，恒为流寓之人，竟无乡里之号"，当时营居的府兵不存在乡里籍贯称谓。《隋书》卷二《高祖纪下》，中华书局，1973年，第34～35页。与之相反，我们在长沙走马楼孙吴简中，却可以见到临湘县编制的本地私学名籍上同时标注籍贯与居住地的情况，如"□□长沙李俗年廿 状俗白衣居临湘东乡茗上丘帅郑多主（肆·3991）"。长沙简牍博物馆、中国文化遗产研究院、北京大学历史学系"走马楼简牍整理组"编著：《长沙走马楼三国吴简·竹简（肆）》，文物出版社，2011年，第718页。

② 《晋书》卷三六《刘卞传》，中华书局，1974年，第1077～1078页。

初为护军府军士,胡毋辅之与琅邪王澄、北地傅畅、中山刘舆、颍川荀邃、河东裴遐迭属河南功曹甄述及洛阳令曹摅请解之。摅等以制旨所及,不敢。辅之等赍羊酒诣护军门,门吏疏名呈护军,护军叹曰:"诸名士持羊酒来,将有以也。"尼时以给府养马,辅之等入,遂坐马厩下,与尼炙羊饮酒,醉饱而去,竟不见护军。护军大惊,即与尼长假,因免为兵。①

曹摅在齐王冏执政之前,曾两度出任洛阳令。功曹一职本来是负责选举,但结合上引《刘卞传》的例子看,郡县功曹也负有发遣、补代所在地兵士的职责。胡毋辅之等人一再请求曹摅、甄述,原本是希望王尼所在的郡县在征兵之始就将其从征发名单中剔除,②这个想法没有实现,最终还是由王尼服役的军府出面放免了他的兵役。又如学界周知的士家赵至,《晋书》本传说:

赵至字景真,代郡人也。寓居洛阳。缑氏令初到官,至年十三,与母同观。母曰:"汝先世本非微贱,世乱流离,遂为士伍耳。尔后能如此不?"至感母言,诣师受业。闻父耕叱牛声,投书而泣。师怪问之,至曰:"笔者小未能荣养,使老父不免勤苦。"师甚异之。③

"寓居洛阳"中的"洛阳"是个大的地理概念,赵至实际居住在河南郡缑氏县。《晋书》这段史料来源于嵇绍《赵至叙》:"至字景真,代郡人。汉末,其祖流宕客缑氏。令新至官……与母共道傍看。"④与王尼一样,代郡不过是赵至的原籍,他祖父这一代就已经迁到缑氏县并在当地落了籍。⑤赵至随母亲目睹

---

①《晋书》卷四九《王尼传》,中华书局,1974年,第1381页。
②笔者已往将"迭属河南功曹甄述及洛阳令曹摅请解之"解释为请求解免王尼的兵户身分,但从传中说王尼"初为护军府军士"一语看,这种解释不太准确。
③《晋书》卷九二《文苑·赵至传》,中华书局,1974年,第2377页。
④《世说新语笺疏》卷上之上《言语》,中华书局,2007年,第88页。
⑤西晋初年,盛彦批评当时士人高标郡望的风气,指出他们籍贯已改,但习惯上仍称本籍而将新籍说成寓居,"今日侨居之族,其先人始祖不出是国,枝叶播越,居之数代,公实编户而私称寓客,营家则号为借壤,进官则名曰寄通。"《通典》卷六八《礼·嘉礼》,中华书局,1988年,第1891页。盛彦卒于太康中,西晋尚未出现白籍,流民如果不返回原籍,就必须在现居地著籍。所以赵至应该是在缑氏落了籍。

缑氏令上任时的浩大场面,说明他全家一直生活在缑氏县,并没有住在专门的兵营。

以上是史籍记载的具体事例,新近公布的郴州苏仙桥西晋简也有:

> 定丁男一千九百八十九军将州郡县吏民士卒家丁(1-35)
> 定丁男八百三军将郡县吏民士卒家丁(3-402)[①]

这是晋惠帝时期的上计簿。秦汉时期的"吏民"泛指编户齐民,孙吴简中也经常沿用旧称,将登载包括士卒、吏、民在内的人口簿称为"吏民"簿;但此处既称"军将吏民士卒家",也就意味着"军将家""吏家""民家""士卒家"分列。由此可以看出,当时郡县除了统计、掌握郡县民、吏户等一干人户外,还有"士卒"即兵户。我们在走马楼孙吴户籍类简中,也可以见到户主身份前标注"郡卒""县卒",其所在的里集计中有若干户给卒的记载。[②]这里的郡县卒户也就是兵户。[③]走马楼吴简保存了两份标有"黄簿"字样的户籍簿,崔启龙对"嘉禾五年春平里黄簿民户口食人名簿"做了复原,其拟定属于里结计简的统计项目有:

> 集凡春平里魁唐升领吏民〇〇户口食〇〇人
> 其〇〇户县吏 〇品
> 其〇〇户郡县卒 〇品
> ……
> 定应役民〇〇户[④]

学界普遍认为此处说的黄簿也就是西晋的黄籍。春平里黄簿除了载录郡

[①] 湖南省文物考古研究所、郴州市文物处:《湖南郴州苏仙桥遗址发掘简报》,湖南省文物考古研究所编《湖南考古辑刊》(第八集),岳麓书社,2009年,第93～117页。

[②] 如梨下里吏民簿中,就有"其一户给州卒"(肆·294)、"其二户给县卒"(肆·297)等。参见长沙简牍博物馆、中国文化遗产研究院、北京大学历史学系"走马楼简牍整理组"编著:《长沙走马楼三国吴简·竹简(肆)》,文物出版社,2011年,第628页。

[③] 走马楼吴简柒·770有"草言府大男五杭不是卒子弟不应给卒事 八月卅日兼兵曹潘掾因(?)"一语,只有士卒子弟才能承担兵役,普通的郡县民不能被征发为兵。见长沙简牍博物馆、中国文化遗产研究院、北京大学历史系、故宫研究院古文献研究所"走马楼简牍整理组"编著:《长沙走马楼三国吴简·竹简(柒)》,文物出版社,2013年,第748页。

[④] 见本书第三章《走马吴简所见"黄簿民"与"新占民"再探——以嘉禾五年春平里相关簿籍的整理为中心》。

县民户外,也包括了郡县士卒户在内的各类人户。

为了加强对重点人户的管理和控制,地方郡县编制当地包括各类人户在内的基本户籍的同时,也会再编造各类专门的职役户籍。前引郴州简记桂阳郡领有"军将州郡县吏民士卒"诸户,据《太平御览》卷六〇六引《晋令》:

> 郡国诸户口黄籍,籍皆用一尺二寸札,已在官役者载名。①

"诸"修饰"户口","诸户口"就是多种户口、多种人户,此处的"皆"字也表明当时郡县编制的户籍并非一种。这种造籍制度应当是从前代发展演变来的。走马楼吴简除了上引著录各种人户在内的黄簿外,还可以见到多种属于专门人户的户口簿籍。我们先看孙吴时期身份性质与兵户差不多的军吏。《三国志·吴书·张温传》提到了营居的军吏,②走马楼户籍简也著录了居住在郡县的军吏。我们不仅见到诸如"▨▨▨▨军吏父兄子弟人名年纪簿"(贰·7091)、"▨ 模 乡谨列军吏父兄人名年纪为簿"(叁·3814)、"集凡南乡领军吏父兄弟合十九人 中"(叁·464)③等记载,同时也发现嘉禾四年广成乡劝农掾区光条列军吏父兄子弟人名、年纪的账簿:

> 1 ▨▨广成乡劝农掾区光言:被书,条列军吏父兄子弟状、处、人名、年纪为簿。辄料核乡界,军吏
> 2 ▨▨五人,父兄子弟合十七人。其四人老钝、刑、盲、踵病,一人宫限佃客,一 人 为禽狩所害击,一人给郡吏,九人
> 3 ▨▨细小,一人给限佃客,下户民代。隐核人名、年[一]相应,无有遗脱。若后为他官所觉,光自坐。嘉禾四年八月廿六

---

①《太平御览》卷六〇六《文部·札》,中华书局影印本,1960年,第2726页下栏。

②《三国志·吴书·张温传》说选曹郎暨艳"弹射百僚,核选三署,率皆贬高就下,降损数等,其守故者十未能一,其居位贪鄙,志节污卑者,皆以为军吏,置营府以处之"(中华书局,1959年,第1330～1331页),说明军吏与兵户一样,也有携带家属随营居住者。举一个具体例子,《三国志·吴书·孙皓传》裴松之注引《吴录》就记载孟仁"初为骠骑将军朱据军吏,将母在营"(第1169页)。

③长沙简牍博物馆、中国文物研究所、北京大学历史学系"走马楼简牍整理组"编著:《长沙走马楼三国吴简·竹简(贰)》,文物出版社,2005年,第862页;《长沙走马楼三国吴简·竹简(叁)》,文物出版社,2007年,第808、728页。

4 乂‖日破莂保据。①

此处只保留了乡吏的呈文,毫无疑问,呈文前还应附有登录军吏相关家庭成员的户口簿。广成乡呈报户口簿的时间是在八月二十六日,这大概是沿承汉代八月造籍的旧制;同一天,我们也见到都乡、南乡、平乡等上报调查军吏父兄子弟情况的呈文。多数学者认为此类户口簿与编造户籍相关,王素观点略有不同,主张秦汉及承汉而来的孙吴都是三年造籍,嘉禾四年非造籍年,认为此类文书属于括户文书。②事实上,秦汉以及孙吴时期都是一年一造籍,我们在吴简中见到标注嘉禾四年、嘉禾五年、嘉禾六年的户口籍中,就有嘉禾四年广成乡平乐里的吏民人名年纪口食簿。③笔者也不赞同此类户口簿就是户籍,从乡吏调查、统计的名目看,这些簿籍只登载家庭内的男性成员,著录范围除土著人口外,还包括外来人口,这都与《西凉建初籍》的情况有所不同,但编制目的是一样的。

具有专业技术才能的工匠同样是古代管控的重点群体,孙吴户籍简也著录有专门的师佐户,如"其一户给锻佐下品之下"(壹·5429)、"领锻佐一户下品"(贰·836)等。④这些工匠隶属郡县行政管理以外,也接受作部的发派调遣,吴简多次提到"监作部都尉王晫"(捌·3303、3730),⑤从"都尉"的官称看,作部与军府关系密切。我们也可以发现如下简文:

兵曹言部诸乡典田掾蔡忠等重复隐核锻师事

---

① 长沙简牍博物馆等编著:《长沙简牍博物馆藏长沙走马楼吴简书法研究》,西泠印社出版社,2019年,第29~32页。

② 相关学术史以及王素的观点,参见王素:《长沙吴简劝农掾条列州军吏等人名年纪三文书新探》,《魏晋南北朝隋唐史资料》2009年。

③ 相关简文如:"嘉禾四年平乐里户人公乘侯□年廿第一"(肆·1973)、"嘉禾四年平乐里户人公乘邓□年卅二 腹心病"(肆·1974)、"嘉禾四年平乐里户人公乘谷兑年九十二"(肆·2720)等。长沙简牍博物馆、中国文化遗产研究院、北京大学历史学系"走马楼简牍整理组"编著:《长沙走马楼三国吴简·竹简(肆)》,文物出版社,2011年,第668、686页。

④ 长沙简牍博物馆、中国文物研究所、北京大学历史学系"走马楼简牍整理组"编著:《长沙走马楼三国吴简·竹简(壹)》,文物出版社,2003年,第1007页;《长沙走马楼三国吴简·竹简(贰)》,文物出版社,2005年,第735页。

⑤ 见长沙简牍博物馆、中国文化遗产研究院、北京大学历史系、故宫研究院古文献研究所"走马楼简牍整理组"编著:《长沙走马楼三国吴简·竹简(柒)》,文物出版社,2013年,第792页。

嘉禾六年三月十四日 书 佐 吕 承 封（柒·2585）①

吴简中负责诸乡事务的官吏最初称劝农掾，嘉禾五年后称典田掾，两者职责一样。从简文看，诸乡乡吏调查工匠的结果需由兵曹向上汇报。在分裂割据时期，工匠最主要的工作大概就是为军队制造兵器，所以官府对工匠户采用与兵户同样的管理体制，《南齐书·百官志》就记载大凡"兵士百工补役死叛考代年老疾病解遣"等事宜由尚书右丞一体负责。②学者对吴简所见的两套"作部工师簿"做了复原，③从这两套尤其是《竹简[壹]》收录的工师簿中可以看出，其应当是县廷在辖乡呈报专门登载师佐家庭的簿籍基础上编造全县的师佐籍，再按照派役需要，在簿籍上分别注明"见""留""别使""屯将行"等注记，最后上报郡府。这种操作步骤和上引《晋书·刘卞传》《王尼传》反映的征兵程序差不多。

当然，与孙吴时期的户籍简册相比，西晋户籍使用纸张，两者在造籍制度以及因应而来的籍贯书写方式上会有一些不同。④两晋史籍缺少郡县编制兵户户籍的相关记载，后世情况比较清楚。明代的人户分军、民、匠、灶等籍，其赋役黄册虽称民黄册，实际上载有各种人户；地方在十年大造民黄册的同时，还要将民黄册所载包括军户在内的其他重要人户摘出，分类编造军黄册等专门职役户册籍，编好后再上呈中央机构。⑤

《晋令》谓"郡国诸户口黄籍"，魏晋时期除了与郡县民分治、独立于地方行政机构的屯田民、营居兵户之外，郡县也管理有多种人户，地方在编造辖内包括各类人户的基本户籍的同时，也分类编制特定人户的户口簿籍，此后逐渐发展成专门的职役户籍。从著录的"兵""散""大府吏"的身份以及丁中统计内容看，《西凉建初籍》显然是一件兵户户籍；该籍在户主前标明了郡县乡里，说明

---

① 长沙简牍博物馆、中国文化遗产研究院、北京大学历史学系、故宫研究院古文献研究所"走马楼简牍整理组"编著：《长沙走马楼三国吴简·竹简（捌）》，文物出版社，2015年，第731、741页。

② 《南齐书》卷一六《百官志》，中华书局，1972年，第321页。

③ 韩树峰：《长沙走马楼所见师佐籍考》，北京吴简研讨班编：《吴简研究》（第一辑），崇文书局，2004年；沈刚：《长沙走马楼三国吴简·竹简（壹）所见师佐籍格式复原及相关问题探讨》，《人文杂志》2008年第6期；凌文超：《走马楼吴简两套师佐籍比对复原整理与研究》，《简帛研究二〇〇九》，广西师范大学出版社，2009年，第162～237页。

④ 张荣强：《〈前秦建元二十年籍〉与汉唐间籍帐制度的变化》，《历史研究》2009年第3期。

⑤ 栾成显：《明代黄册研究》，中国社会科学出版社，1998年，第35～38页。

这些兵户也被纳入了地方户籍管理体制。爰是之故,《西凉建初籍》就应该是敦煌行政机构编造的郡县兵户户籍。

本文原刊载于《中华文史论丛》2021年第2辑。

本文作者:

张荣强,生于1973年,先后在河北师范大学、武汉大学获得硕士、博士学位,曾任北京师范大学历史学院副院长,古籍传统文化研究院院长,教授、博士生导师,2021年受聘为南开大学历史学院教授、博士生导师。2012年入选教育部新世纪人才计划,2015年入选教育部首届青年长江学者。担任国家社会科学基金重大课题"中国古代户籍制度研究与数据库建设"首席专家。社会兼职有中国魏晋南北朝史学会副会长、中国敦煌吐鲁番学会理事、中国隋唐史学会理事、中国社会科学院历史研究所专业技术资格评审委员会委员、故宫研究院客座研究员等。

秦汉时期的"妖言"

尚宇昌

　　秦汉以言论入罪,其中尤以对妖言的关切程度最高。秦汉时期的妖言与妖言案也成为学界关注的重点问题。对妖言的定义是相关讨论展开的基础,也是学者争论的焦点所在。这方面,既有研究主要从法律史与社会史两个角度进行。前者多将秦汉时期的妖言与诽谤、非议国家政治联系起来,如大庭脩提出妖言案的共同特点在于"依据经术与律历理论批判当时的政治与制度,困扰国政"①。后者则更关注妖言中的灾异、神鬼内容,如吕宗力认为妖言具有"不祥"和"惑众"两个特性,所谓"不祥之辞"即语涉阴阳灾异、吉凶鬼神。②妖言的特征与定义,仍有进一步厘清的必要。

　　吕后元年(前187)诏:"前日孝惠皇帝言欲除三族罪、妖言令,议未决而崩,今除之。"③这条诏书要求废除"妖言令",但两汉史料常见的妖言案却显示出"此法终汉世未尽除也"④。此前尚未发现秦代是否也有类似的律令,2017年刊布的《岳麓书院藏秦简(伍)》中出现了一条被学者称为"以不反为反令"的简文,其中说到秦代存在"行訞律",填补了这方面的空缺。⑤"行訞律"律名的出现证明秦代也有针对妖言设置的律令。如何理解相关律令,也需一同考察。

　　本文拟在前人成果的基础之上,对秦汉妖言的特征与定义重新讨论,并分析岳麓秦简"以不反为反令"的制定背景。秦汉时期的妖言案,以及统治者采

---

① [日]大庭脩:《秦汉法制史研究》,徐世虹等译,中西书局,2017年,第82页。还可参见沈家本:《历代刑法考·明律目笺》卷三《贼盗·造妖书妖言》,中华书局,1985年;刘俊文:《唐律疏议笺解》卷一八《贼盗·造祆书祆言》,中华书局,1996年;徐世虹:《中国法制通史·战国秦汉》,法律出版社,1999年。

② 吕宗力:《汉代的谣言》,浙江大学出版社,2011年,第43页;还可参见宋洁:《两汉"妖言"与"祝诅"关系探析》,《湖南大学学报(社会科学版)》2014年第2期,等等。

③《汉书》卷三《高后纪》,中华书局,1962年,第96页。

④ 程树德:《九朝律考》卷一《汉律考》,中华书局,1963年,第102页。

⑤ "行訞",整理者注云:"訞为訞言,惑乱人心之语。……行訞,即散布訞言。"陈松长主编:《岳麓书院藏秦简(伍)》,上海辞书出版社,2017年,第42、73页。

取的有关举措,也是本文想要思考的内容。

一些语汇的使用需要提前说明。"妖言",典籍或作"訞言""袄言"。据学者研究,典籍常用"妖"替代"袄""訞"。①这种文字替代至迟在汉末已经发生。②为行文方便,这里在尊重原文的前提下,统以典籍通用的"妖言"称之。

一、秦汉妖言的特征与定义

对秦汉妖言进行定义,首先要把握妖言的特征。秦汉时期的妖言,在内容、形式、评定等三个方面表现出以下特征,成为妖言有别于其他言论的三个要素。

1.妖言的内容:指向在位者统治的颠覆

先秦已有妖言。据《国语·吴语》,吴王夫差意欲伐齐,伍子胥预言:"越人必来袭我",夫差伐齐成功后以此怪罪伍子胥"扰乱百度,以妖孽吴国",韦昭注"妖孽吴国":"妄为妖言'越当袭吴'。"③随后夫差欲杀子胥,伍子胥说:"高置吾头,必见越人入吴也",结果"吴王闻,以为妖言"。④无论是伐齐前的"越人必来袭我",还是之后的"必见越人入吴",伍子胥的言论都有越将伐吴而吴亡的内容,这样的言论在吴王夫差看来均属于妖言。类似的故事还有《韩诗外传》所述伊尹之事:"伊尹知大命之将至,举觞告桀,曰:'君王不听臣言,大命至矣!亡无日矣!'"夏桀回应说:"子又妖言矣。吾有天下,犹天之有日也。日有亡乎?日亡吾亦亡也。"⑤故事中伊尹也是做出了社稷将倾的判断,而这也被桀笑为妖言。上述妖言的共同点即在于言论内容指向本政权的颠覆。

由于同时代史料的缺失,在讨论秦汉律令制度时,学界常以唐律作为参考

---

① 王力主编:《王力古汉语字典》,中华书局,2000年,第1266页。

② 汉末的《曹全碑》有文曰:"訞贼张角,起兵幽冀",同时期的《太尉刘宽碑》则称"狂寇张角,□□妖逆",说明至迟在汉末,"訞""妖"二字在使用中就已经出现混淆了。王昶辑:《金石萃编》(卷一八),上海古籍出版社,2020年影印本,第310页上;(宋)洪适:《隶释隶续》,中华书局,1986年,第124页下。

③ 徐元诰撰,王树民、沈长云点校:《国语集解》,中华书局,2002年,第543、544页。

④ (汉)袁康撰,李步嘉校释:《越绝书校释》(卷一四),中华书局,2013年,第369页。

⑤ (汉)韩婴撰,许维遹校释:《韩诗外传集释》(卷二),中华书局,1980年,第58、59页。正如学者所说,战国以来流传下来的这些语类故事的素材很可能来自同一个"数据库",这个"数据库"是战国秦汉学术所使用的通用材料。据此,这里伊尹的故事虽难视为信史,但至少也能反映出战国时人的观念。参见李零:《简帛古书与学术源流》,生活·读书·新知三联书店,2004年,第204页注3;李开元:《解构〈史记·秦始皇本纪〉——兼论3+N的历史学知识构成》,《史学集刊》2012年第4期。

对象。唐律《贼盗》篇"造祆书祆言"条:"诸造祆书及祆言者,绞。"本注曰:"造,谓自造休咎及鬼神之言,妄说吉凶,涉于不顺者。"《疏议》也说:"观天画地,诡说灾祥,妄陈吉凶,并涉于不顺者,绞。"①"不顺"是本注与《疏议》共同强调的地方。唐律《职制》篇又有"私有玄象器物"条,《疏议》曰:"若将传用,言涉不顺者,自从'造祆言'之法。"②"言涉不顺"即被视为区分"私有玄象器物"与"造祆言"两个罪名的关键因素。元人王元亮将这里的"不顺"解释为"预占国家兴废"③,其观点值得重视。

　　无论是先秦的故事,还是唐律的规定,都提示妖言的一个特征是言论内容指向本政权的颠覆。④这种颠覆性,此前已有学者注意到。齐继伟、温俊萍即指出,"对皇帝一姓统治秩序的反逆是妖言罪的本质特征"⑤。需要补充的是,妖言与其说是对皇帝"一姓"统治秩序的反逆,不如说是对在位者"一人"统治地位的颠覆。汉武帝时淮南王安欲叛,当时彗星出现,"或说王曰:'先吴军起时,彗星出长数尺,然尚流血千里。今彗星长竟天,天下兵当大起。'"于是淮南王安"积金钱赂遗郡国诸侯游士奇材。诸辩士为方略者,妄作妖言,谄谀王,王喜,多赐金钱,而谋反滋甚"⑥。从彗星之语和淮南王安的反应来看,不难推知辩士所作妖言也是指向天下有变、兵将大起,对淮南王安有利的内容当在其中。又据《三国志·吴书·孙晧传》,吴主孙晧时"会稽妖言章安侯奋当为天子"⑦。三国去汉未远,其时对妖言的看法或许可以反映自汉以来的时代意识。两则案例中,淮南王安为汉高帝之孙,与汉武帝同为刘姓;章安侯奋为孙权之子,也与吴主孙晧同姓。这说明妖言其实仅以在位者本人为对象。

　　2.妖言的形式:预言

　　上举史料还显示出一个信息,即妖言常以预言的形式出现,如伍子胥、伊尹"必见越人入吴""亡无日"的言论、会稽妖言所谓"章安侯奋当为天子"等,都

---

　　① 刘俊文:《唐律疏议笺解》卷一八《贼盗·造祆书祆言》,中华书局,1996年,第1329~1330页。
　　② 刘俊文:《唐律疏议笺解》卷九《职制·私有玄象器物》,中华书局,1996年,第764页。
　　③《唐律疏议》(卷一八),日本京都大学藏元抄本,第31页。
　　④ 秦汉文献虽未明确这一点,但也并非无迹可寻。《后汉书》卷五七《刘陶传》:"高门获东观之辜,丰室罗妖叛之罪。"将"妖"与"叛"连称,当有其用意。《后汉书》,中华书局,1965年,第1843页。
　　⑤ 齐继伟、温俊萍:《秦汉"妖言"再认识——基于岳麓简"以不反为反"令的考察》,《简帛研究·二〇二〇(春夏卷)》,第134页。
　　⑥《史记》卷一一八《淮南衡山列传》,中华书局,1959年,第3082页。
　　⑦《三国志》卷四八《吴书·三嗣主传·孙晧》,中华书局,1959年,第1170页。

是对未来之事的预言。王元亮解释唐律时也强调了"不顺"的"预占"属性。

为何妖言具有预占性？先秦两汉时人认为，"祥"是福瑞的先导、"妖"是灾祸的预兆。《吕氏春秋·制乐》："祥者福之先者也，见祥而为不善，则福不至。妖者祸之先者也，见妖而为善，则祸不至。"[①]汉人也认为"人且吉凶，妖祥先见"[②]。先秦两汉将灾祸的征兆称为"妖"，而妖言言论常以预言的形式出现、其内容指向在位者统治的颠覆，这或许便是此种言论被称为"妖言"的原因。

预言本身即带有一定的神秘色彩，这使妖言或多或少地具有了一些神秘性。而这种神秘性为妖言言论与灾异、神鬼等内容的结合提供了天然的土壤。就目前所见而言，先秦的妖言与灾异现象、神鬼之事尚无明显联系。但至迟在西汉中期，双方的结合就已现倪端。如史称汉昭帝时有大石自立、枯木复生，眭孟以为"当有从匹夫为天子者"，结果汉廷"以孟妖言，诛之"[③]。东汉光武帝时也有"卷人维汜，訞言称神"[④]，其后维汜亦伏诛。眭孟说灾异，维汜称鬼神，类似事例不胜枚举。上引唐律中，本注与《疏议》对于"祅书祅言"的解释中也有"自造休咎及鬼神之言""观天画地，诡说灾祥"的内容，这与汉代的情形一脉相承。此前学者将语涉阴阳灾异、吉凶鬼神视为妖言的特征之一，或即出于这方面的考量。

不过，灾异、神鬼内容其实并非妖言的必要条件。这主要是由于两方面的原因：

第一，妖言中的灾异、神鬼内容更多是工具性的存在，而非妖言的本质特征。即以前述眭孟案、维汜案为例，眭孟与维汜的言论，灾异、神鬼内容表象背后的本质，仍是妖言的颠覆性和预占性特征。眭孟案：

> 孝昭元凤三年正月，泰山莱芜山南匈匈有数千人声，民视之，有大石自立，高丈五尺，大四十八围，入地深八尺，三石为足。石立后有白乌数千下集其旁。是时昌邑有枯社木卧复生，又上林苑中大柳树断枯卧地，亦自立生，有虫食树叶成文字，曰"公孙病已立"，孟推《春秋》之意，以为"石柳皆阴类，下民之象，泰山者岱宗之岳，王者易姓告代之处。今大石自立，僵

---

① 许维遹撰，梁运华整理：《吕氏春秋集释》（卷六），中华书局，2017年，第144页。
② 黄晖：《论衡校释》卷二二《订鬼》，中华书局，1990年，第940页。
③ 《汉书》卷二七《五行志》、卷七五《眭弘传》，中华书局，1962年，第1412、3154页。
④ 《后汉书》卷二四《马援传》，中华书局，1965年，第838页。

柳复起,非人力所为,此当有从匹夫为天子者。枯社木复生,故废之家公
孙氏当复兴者也。"孟意亦不知其所在,即说曰:"先师董仲舒有言,虽有继
体守文之君,不害圣人之受命。汉家尧后,有传国之运。汉帝宜谁差天
下,求索贤人,禅以帝位,而退自封百里,如殷周二王后,以承顺天命。"孟
使友人内官长赐上此书。时,昭帝幼,大将军霍光秉政,恶之,下其书廷
尉。奏赐、孟妄设祆言惑众,大逆不道,皆伏诛。①

可以看到,眭孟的言论旨在说明汉昭帝应"求索贤人,禅以帝位"。其言用
预言的形式直指昭帝统治的颠覆,灾异是眭孟借用的表达工具和手段。再看
维汜案,维汜伏诛后,其弟子单臣、傅镇等"复妖言相聚,入原武城,劫吏人,自
称将军"②。"复"字暗示单臣等人妖言的内容或是承自其师维汜,维汜案与单臣
案应视为同一事件,即单臣案是维汜案的延续。从单臣等人妖言导致"入原武
城,劫吏人"的叛乱可推测,维汜的妖言应当也涉及光武帝统治的颠覆。因此,
眭孟、维汜所作妖言中,灾异、神鬼内容更多是工具性的存在,其言论的本质特
征仍然是颠覆性和预占性。

第二,汉唐间还有不涉灾异、神鬼内容的妖言。上引三国时期孙奋事,相
比《孙皓传》的笼统言之,孙奋本传中有更详细的记载:

> 建衡二年,孙皓左夫人王氏卒。皓哀念过甚,朝夕哭临,数月不出,由
> 是民间或谓皓死,讹言奋与上虞侯奉当有立者。奋母仲姬墓在豫章,豫章
> 太守张俊疑其或然,扫除坟茔。皓闻之,车裂俊,夷三族,诛奋及其五子,
> 国除。③

这里的"讹言"就是妖言。④"奋与上虞侯奉当有立者",此即《孙皓传》所说
的"会稽妖言"。"上虞侯奉"即孙策之孙孙奉,在该案中也被诛死。⑤与眭孟据

---

① 《汉书》卷七五《眭弘传》,中华书局,1962年,第3153~3154页。

② 《后汉书》卷一八《臧宫传》,中华书局,1965年,第694页。

③ 《三国志》卷五九《吴书·吴主五子传·孙奋》,中华书局,1959年,第1375页。

④ 《尔雅·释诂》郭璞注:"世以妖言为讹。"(清)阮元校刻:《十三经注疏》(尔雅注疏·下),艺文
印书馆,2001年影印本,第23页。

⑤ 《三国志》卷四六《吴书·孙策传》,中华书局,1959年,第1112页。

灾异言禅位、维汜单臣借神鬼以起事不同,"会稽妖言"预言孙奋、孙奉有当立者的依据是吴主孙晧"数月不出"、民间"或谓晧死",不涉灾异、神鬼内容。《旧唐书·刘蕡传》所载唐代的一则事例或许更能说明问题,唐文宗大和二年(828)策试贤良:

> 时对策者百余人,所对止循常务,唯蕡切论黄门太横,将危宗社。对曰:臣诚不佞,有匡国致君之术,无位而不得行;有犯颜敢谏之心,无路而不得进。但怀愤郁抑,思有时而一发耳。常欲与庶人议于道,商旅谤于市,得通上听,一悟主心,虽被妖言之罪,无所悔焉。①

刘蕡在"无路不得进"时本欲"与庶人议于道,商旅谤于市","虽被妖言之罪,无所悔焉";在有路得进之后,刘蕡所言却是"黄门太横,将危宗社",不及灾异神鬼事。《刘蕡传》在这段文字之后详细记录了刘蕡对策的言论,也不以灾异、神鬼为意,唯预言颠覆颇多:"或一日不念,则颠覆大器""此社稷之所以将危也"等等。②刘蕡未尝以灾异鬼神为旨,却认为自己的言论可能会被治为妖言罪,也说明灾异、神鬼内容并非妖言的必要条件。

3.妖言的评定:被认为有害于国家统治

上述妖言的颠覆性、预占性,是就言论自身而言。还应看到,由于立场不同,对同一言论性质的评定会因人而异。昌邑王为帝时,夏侯胜"当乘舆前谏曰:'天久阴而不雨,臣下有谋上者,陛下出欲何之?'王怒,谓胜为祅言,缚以属吏。"而霍光等奏废昌邑王时说:"文学光禄大夫夏侯胜等及侍中傅嘉数进谏以过失,(昌邑王)使人簿责胜,缚嘉系狱。"是一谓"祅言",一谓"谏"。③汉宣帝时杨恽"作为妖言,大逆罪腰斩,国除"。时为太子的汉元帝则认为杨恽"坐刺讥辞语为罪而诛",是一谓"妖言",一谓"刺讥辞语"。④这启示我们,对妖言言论性质的评定具有强烈的主观色彩,评定者意愿的向背往往比言论本身更能起到决定性的作用。在对秦汉妖言进行定义时,除言论本身的颠覆性、预占性等

①《旧唐书》卷一九〇《刘蕡传》,中华书局,1975年,第5065页。
②《旧唐书》卷一九〇《刘蕡传》,中华书局,1975年,第5068、5069页。
③《汉书》卷六八《霍光传》、卷七五《夏侯胜传》,中华书局,1962年,第2944、3155页。
④《史记》卷二〇《建元以来侯者年表》,中华书局,1959年,第1066页;《汉书》卷九《元帝纪》,中华书局,1962年,第277页。

客观要素外,评定者的主观要素也不应忽视。

这种来自评定者的主观要素,石冈浩认为在于彼时的为政者视其为利还是为害。①汉武帝时淮南王安事发后,胶西王端议曰"淮南王安废法行邪,怀诈伪心,以乱天下,荧惑百姓,倍畔宗庙,妄作妖言"②,就是一种视淮南王言论"为害"的评定。汉成帝时灾异频繁,谷永据此上书称内将有"征舒、崔杼之乱"、外将有"樊并、苏令、陈胜、项梁奋臂之祸",认为这是"安危之分界,宗庙之至忧",而汉成帝却"甚感其言"。③汉成帝"甚感其言"便是将谷永言论视为"为利"的评定。同样是预言在位者统治颠覆的言论,却被分别评定为"为利"或"为害",评定者的主观要素起到了决定性的作用。也就是说秦汉时期所谓的妖言,事实上是预言在位者统治颠覆的言论中,被评定为有害于国家统治的部分。

总言之,颠覆性、预占性、被认为有害于国家统治,是秦汉妖言的三个要素。颠覆性、预占性是妖言言论本身的客观特点,有害的评定结果则来自评定者的主观判断。评定者对妖言言论的评定发生在该言论成形之后,但其在言论的定性中更能起到决定作用。或者可以说,某言论已经具备颠覆性、预占性两个要素时只是具备了成为妖言的潜质,最后的定性仍有赖于评定者对其利害的判断。

这三个要素,使妖言有别于其他言论。即以学界关注较多的"诽谤"为例。诽谤言论虽然也被评定者认为是有害的,但它不具备妖言的颠覆性和预占性。如淳说"诽谓非上所行"④,所谓"非上所行",即非议在位者的举动。汉章帝时孔僖上书称"臣之愚意,以为凡言诽谤者,谓实无此事而虚加诬之也"⑤。无论是"非上所行"还是"虚加诬之",都不涉及在位者统治的颠覆,也不是对未来之事的预言。而且,妖言的颠覆性要求言论内容指向在位者本人,但诽谤言论却可以指向其他人。汉章帝时梁郁"阴上书告(崔)骃、(孔)僖诽谤先帝,刺讥当世"⑥。这里的先帝指汉武帝,梁郁的指控即将汉武帝作为诽谤的对象,而非当

---

① [日]石冈浩:『三国魏文帝の法制改革と妖言罪の弾圧——古代中国法の一分岐点』,《法制史研究》第59卷,32頁,中文版收入周东平、朱腾主编:《法律史译评》,北京大学出版社,2013年。

②《史记》卷一一八《淮南衡山列传》,中华书局,1959年,第3094页。

③《汉书》卷八五《谷永传》,中华书局,1962年,第3468、3472页。

④《史记》卷三〇《平准书》裴骃集解引,中华书局,1959年,第1424页。

⑤《后汉书》卷七九《儒林列传·孔僖》,中华书局,1965年,第2561页。

⑥《后汉书》卷七九《儒林列传·孔僖》,中华书局,1965年,第2560页。

时在位的汉章帝。汉灵帝时"中常侍曹节、王甫疾(董)萌附助太后,诬以谤讪永乐宫,萌坐下狱死"①。董萌所坐"谤讪"的对象"永乐宫"是汉灵帝母董氏,亦非汉灵帝自身。

论述至此,尝试对秦汉时期的妖言进行定义:秦汉时期的妖言,指预言在位者统治颠覆并被认为有害于国家统治的言论。言论内容的颠覆性是妖言的核心特征;言论形式的预占性为妖言与灾异、神鬼内容的结合提供了条件;对颠覆性、预占性言论的利害评定,最终决定了该言论是否为妖言的定性。

二、岳麓秦简"以不反为反令"制定背景蠡测

妖言需具有上述三个特征,但岳麓秦简的一条秦令却显示,秦代的妖言罪似乎出现了扩大化的现象。近年刊布的《岳麓秦简(伍)》中有这样一条简文:

012/1017:【●】自今以来,有诲传言以不反为反者,辄以行讠巂律论之,其有不□者,徙洞庭,洞庭处多田所。·十三②

简文大致是说:

从此以后,有教唆、传播"以不反为反"言论的人,就按行讠巂律来判决。他们之中有不……的,迁徙到洞庭郡,洞庭郡把他们安排在田地多的地方。·十三

综合考虑原简残缺情况与简文内容,这里怀疑该简之前尚有缺简,难以断定其具体时间与完整内容,③故下文暂依学界习惯将其称为"以不反为反令"。令文中提到"行讠巂律",显示出秦代存在针对妖言的处罚规定,而"以不反为反令"可以视为在原有律令体系基础上的附加条文。

"以不反为反"言论妄说某地某人有反事,用前揭妖言的三个要素衡量,"以不反为反"言论不具有颠覆性、预占性特点,似不应被视为妖言。但该令却

①《后汉书》卷一〇《皇后纪》,中华书局,1965年,第446页。
②陈松长主编:《岳麓书院藏秦简(伍)》,上海辞书出版社,2017年,第42页。
③秦桦林:《〈岳麓书院藏秦简(伍)〉札记(一)》,简帛网,http://www.bsm.org.cn/show_article.php?id=3013,2019年6月24日。

要求此类言论也按行詃律处罚:"辄以行詃律论之。"这是将传播"以不反为反"言论与传播妖言视为同等类型的犯罪。

徐世虹指出秦汉律中存在"扩大解释",即"在表述此罪之后,以与此行为性质相关的彼罪律文作为论罪依据",常见的一个表述便是"以某某律论";这种扩大解释有一个重要特征,就是"此罪与彼罪存在一定的关联,在立法者的意图中被认定为同一类型的犯罪","所引证罪名与此罪具有可比照性"。①

这种"可比照性",往往是就行为结果而言,即两个罪行往往会导致同样的后果。例如张家山汉简《二年律令·盗律》77简:"□□以财物私自假貣(贷),假貣(贷)人罚金二两。其钱金、布帛、粟米、马牛殿(也),与盗同法。"78—79简:"诸有段(假)于县道官,事已,段(假)当归。弗归,盈廿日,以私自段(假)律论。"②私自假贷与假借逾期都会带来损害公有财产的后果,因此后者可"以私自段(假)律论",二者具有可比照性。又如《二年律令·捕律》146简:"群盗、盗贼发,告吏,吏匿弗言其县廷,言之而留盈一日,以其故不得,皆以鞫狱故纵论之。"③官吏隐瞒案情、拖延上报使罪犯得以逃脱,与"鞫狱故纵"造成的后果一致,所以这种行为也"以鞫狱故纵论之",二者同样具有可比照性。

由此观之,秦令要求将"诲传言以不反为反"的人"以行詃律论之",二者显然也具备这种可比照性。这说明二者所造成的后果,在一定程度上可以说是一致的。那么,为何"以不反为反"言论会与妖言产生同样的后果?令文中"自今以来"的说法提供了一方面的线索。

秦汉律令使用"自今以来"的说法时,其前项往往是说现行律令体系下出现了某些不利于国家统治的负面现象,其后项则是针对该现象所采取的解决措施。例如:

●御史言:予徒隶园有令,今或盗牧马、牛、羊徒隶园中,尽踩其嫁(稼)。请:自今以来盗牧马、牛、羊徒隶园中壹以上,皆赀二甲。(后略)

---

① 徐世虹:《秦汉法律的编纂》,收入陈伟等编:《秦简牍整理与研究》,经济科学出版社,2017年,第132页。

② 彭浩等主编:《二年律令与奏谳书——张家山二四七号汉墓出土法律文献释读》,上海古籍出版社,2007年,第121页。

③ 彭浩等主编:《二年律令与奏谳书——张家山二四七号汉墓出土法律文献释读》,上海古籍出版社,2007年,第150页。

（《岳麓秦简（伍）》035、036简）

　　朕惟耆老之人，发齿堕落，血气衰微，亦亡暴虐之心，今或罹文法，拘执囹圄，不终天命，朕甚怜之。自今以来，诸年八十以上，非诬告杀伤人，佗皆勿坐。（《汉书·宣帝纪》）①

　　可以看到，"自今以来"后项的措施是旨在对其前项负面现象进行修正。同样的，秦简"以不反为反令"中的"自今以来"，其后项"有诲传言以不反为反者，辄以行詑律论之"等措施也是针对其前项的某个负面现象制定的。正是该负面现象导致传播"以不反为反"言论与传播妖言会导致同样的后果，从而使二者被立法者认为是同一类型的犯罪。换言之，该负面现象即为岳麓秦简"以不反为反令"出台的直接原因。

　　由于简文具体语境的缺失，令文前项的这个负面现象已难以考竟。不过，通过对秦代妖言与类似言论的考察来对该负面现象进行推测，也不失为一条可行的路径。除明确被记载为妖言的案例外，秦代还存在一些兼具颠覆性和预占性的言论。这方面的记载以《史记》最为详细：

表1　秦代兼具颠覆性、预占性的言论事例

序号	时间	言论/案例	地点	言者	出处
1	始皇三十六年（前211）	有坠星下东郡，至地为石，黔首或刻其石曰"始皇帝死而地分"。始皇闻之，遣御史逐问，莫服，尽取石旁居人诛之，因燔销其石。	东郡	黔首	《史记·秦始皇本纪》
2	始皇三十六年	秋，使者从关东夜过华阴平舒道，有人持璧遮使者曰："为吾遗滈池君。"因言曰："今年祖龙死。"使者问其故，因忽不见，置其璧去。	华阴平舒道	"山鬼"	《史记·秦始皇本纪》
3	二世元年（前210）	（陈胜）又间令吴广之次所旁丛祠中，夜篝火，狐鸣呼曰"大楚兴，陈胜王"。	大泽乡	陈胜等	《史记·陈涉世家》
4	二世二年（前209）	（范增）往说项梁曰："陈胜败固当。夫秦灭六国，楚最无罪。自怀王入秦不反，楚人怜之至今。故楚南公曰'楚虽三户，亡秦必楚'也。今陈胜首事，不立楚后而自立，其势不长。……"	薛	范增	《史记·项羽本纪》

---

　　① 陈松长主编：《岳麓书院藏秦简（伍）》，上海辞书出版社，2017年，第50页；《汉书》卷八《宣帝纪》，中华书局，1962年，第258页。

表1显示出,至迟在秦始皇末年,关东地区已经出现了一些指向秦帝国崩溃的预言。这些言论或是未经过统治者的评定,或是统治者的评定未被记载下来,故均未以妖言的面貌保留在史籍中。不过,从言论本身的客观属性来看,表中所列言论与妖言是同质的事物。

这些言论发生的地点,十分引人注意。事例1发生在东郡,其地在战国末期为齐魏交界之地;事例2提到了"华阴平舒道",学者指出,秦代陆路交通网主要由三川东海道、南阳南郡道、邯郸广阳道等组成,①而华阴位于关中平原东端、平舒位于华阴西北,②从地理位置看"华阴平舒道"应是三川东海道进入关中的一部分,事件中的使者很有可能就是从东郡或齐地由三川东海道返回咸阳的。③事例2的故事颇具神秘色彩,应是时人或后人捏造,但故事并未选择通向荆楚的南阳南郡道或通向燕赵的邯郸广阳道为背景,其原因值得思考。事例3、4的言者均为楚人,其言论也以楚国为中心。可以看到,上述言论均产自齐楚两地。虽然不能据此认为其他地区没有出现类似的言论,但司马迁撰述时着意突出齐楚之事,也能体现出齐楚两地在关东政治格局中的代表意义。

统一战争甫一结束,秦廷中就有人意识到了齐楚地区统治的不稳固。《史记·秦始皇本纪》:"丞相绾等言:'诸侯初破,燕、齐、荆地远,不为置王,毋以填之。'始皇下其议于群臣,群臣皆以为便。"扶苏也曾上谏"天下初定,远方黔首未集"④,三晋近秦,扶苏说的"远方"更多仍是丞相绾提到的"燕、齐、荆"等地。学界对于秦楚矛盾与楚人反秦热潮已有许多精彩的论述,此处不再赘言。⑤这里仅就秦末动乱中容易被忽视的秦齐矛盾做一些补充。

秦齐矛盾似乎没有秦楚矛盾那样尖锐,齐国甚至还在战国末期与秦国保持了较为良好的外交关系。然而,这种良好外交关系的前提是齐国的中立。⑥

---

① 王子今:《秦汉交通史稿》,中国人民大学出版社,2013年,第24~32页。

②《史记》卷六《秦始皇本纪》正义引《括地志》:"平舒故城在华州华阴县西北六里。"中华书局,1959年,第260页。

③ 三川东海道联通咸阳与东海,途经砀郡,不能排除事例2故事中的使者是从楚地返回咸阳的可能性。但事例2与发生在东郡的事例1均是秦始皇三十六年事,两则言论"始皇帝死""祖龙死"也都预言了秦始皇的离世,这与楚人言论多以楚国复兴为意仍有所不同。

④《史记》卷六《秦始皇本纪》,中华书局,1959年,第238~239、258页。

⑤ 田余庆:《说张楚》,《秦汉魏晋史探微(重订本)》,中华书局,2011年;陈苏镇:《〈春秋〉与"汉道":两汉政治与政治文化研究》,中华书局,2011年。

⑥ 关于战国末期齐国的中立倾向,参见孙闻博:《东郡之置与秦灭六国——以权力结构与郡制推行为中心》,《史学月刊》2017年第9期。

齐地的这种中立传统直到楚汉之际仍是如此。①可以说,中立是战国末期至楚汉时期齐地的一贯政治诉求。

齐地欲中立,必先独立。现代研究表明,在社会出现冲突、矛盾等情况时人们普遍缺乏安全感,迫切需要宣泄、合理化自己的情绪,"发现"对当前处境的合理解释,以及可以满足其"集体期望"与"合理想象"的预言。②秦始皇末年齐地产生的"始皇帝死而地分""今年祖龙死"等言论,或许正是齐人所迫切宣泄出的基于独立与中立政治诉求的"集体期望"与"合理想象"。这种期望与想象,在这一时期齐地的政治军事行动中发挥了重要的作用。

在以齐楚为代表的关东反秦热土上,任何政治动向,尤其是某地出现了叛乱的消息,都有可能引起连锁反应,进而导致整个关东地区的剧烈动荡。陈胜起事后不久便"楚兵数千人为聚者,不可胜数"③可为一方面的佐证。"以不反为反"言论虽然不具备颠覆性和预占性,但在彼时动荡的政治局势中,传播这种言论却可起到与传播妖言同等的危害作用,从而威胁到秦的统治。这就是二者在法律上具有可比照性的原因。岳麓秦简这条秦令中的"自今以来",其前项可能就是在说"以不反为反"言论已经危害到秦对关东地区的统治,但此前秦律令缺少对这类言论的严格处罚规定。而将"以不反为反"言论按行訞律进行处罚,可以说与秦始皇末年关东地区日益动荡的政治背景有着密切的联系。

三、关于秦汉时期的妖言案

妖言指向在位者统治的颠覆,在结合灾异、神鬼内容之后,妖言又具备了更为强大的传播能力。这使得统治者不得不重视对这种言论的治理。检索史籍,秦汉时期被评定为妖言的案例大致有如下 17 例:

---

① 林聪舜:《齐国的视角——楚汉之际至汉初几个重要阶段的天下变局之诠释》,《清华学报》(台北)2017 年新 47 卷第 3 期。

② Shibutani Tamotsu, *Improvised News: A Sociological Study of Rumor*, The Bobbs-Merrill Company, 1966, p.49.吕宗力:《汉代的谣言》,浙江大学出版社,2011 年,第 207 ~ 208 页。

③《史记》卷四八《陈涉世家》,中华书局,1959 年,第 1953 页。

表2　秦汉时期的妖言案例

序号	朝代	在位者	案例	言者	史料出处
1	秦	秦始皇	诸生在咸阳者,吾使人廉问,或为妖言以乱黔首。	诸生	《史记·秦始皇本纪》
2	西汉	汉武帝	淮南王安废法行邪,怀诈伪心,以乱天下,荧惑百姓,倍畔宗庙,妄作妖言。	淮南王安	《史记·淮南衡山列传》
3	西汉	汉昭帝	寿王猥曰安得五家历,又妄言太初历亏四日之三,去小余七百五分,以故阴阳不调,谓之乱世。劾寿王吏八百石,古之大夫,服儒衣,诵不详之辞,作袄言欲乱制度,不道。	张寿王	《汉书·律历志》
4	西汉	汉昭帝	昭帝富于春秋,霍光秉政,以孟妖言,诛之。	眭孟	《汉书·眭弘传》
5	西汉	昌邑王	胜当乘舆前谏曰:"天久阴而不雨,臣下有谋上者,陛下出欲何之?"王怒,谓胜为袄言,缚以属吏。	夏侯胜	《汉书·夏侯胜传》
6	西汉	汉宣帝	坐上书为妖言,会赦,免。	温水侯安国	《汉书·王子侯表》
7	西汉	汉宣帝	作为妖言大逆罪,腰斩,国除。	杨恽	《史记·建元以来侯者年表》
8	东汉	汉光武帝	卷人维汜,訞言称神,有弟子数百人,坐伏诛。	维汜	《后汉书·马援传》
9	东汉	汉光武帝	妖巫维汜弟子单臣、傅镇复妖言相聚,入原武城,劫吏人,自称将军。	单臣等	《后汉书·臧宫传》
10	东汉	汉明帝	楚王英与颜忠等造作妖〔书〕谋反,事觉,英自杀,忠等皆伏诛。	楚王英等	《续汉书·天文志》
11	东汉	汉章帝	帝所生母左姬,字小娥,小娥姊字大娥,犍为人也。初,伯父圣坐妖言伏诛,家属没官。	左圣	《后汉书·章帝八王传》
12	东汉	汉和帝	东平清河奏訞言卿仲辽等,所连及且千人。香科别据奏,全活甚众。	卿仲辽等	《后汉书·黄香传》
13	东汉	汉桓帝	南阳黄武与襄城惠得、昆阳乐季訞言相署,皆伏诛。	黄武等	《后汉书·桓帝纪》
14	东汉	汉桓帝	后岁余,甘陵刘文、魏郡刘鲔各谋立蒜为天子,梁冀因此诬固与文、鲔共为妖言,下狱。	刘文等	《后汉书·李固传》
15	东汉	汉灵帝	时巨鹿张角伪托大道,妖惑小民。	张角	《后汉书·刘陶传》
16	东汉	汉献帝	定得使持节平东将军领徐州牧温侯布上术所造惑众妖妄,知术鸱枭之性,遂其无道,修治王宫,署置公卿,郊天祀地,残民害物,为祸深酷。	袁术	《三国志·吴书·孙策传》裴松之引《江表传》
17	东汉	汉献帝	主簿耿包密白绍曰:"赤德衰尽,袁为黄胤,宜顺天意,以从民心。"绍以包白事示军府僚属,议者以包妖妄宜诛。	耿包	《后汉书·袁绍传》

表2所列妖言案例中,部分以叛乱为意,另外的部分却更多是属于谏议一类的言论,不可等同视之。下面拟分别论述:

1.妖言与叛乱

案例8、9、15,维汜、单臣、张角等人的言行已导致了民间成规模的动乱,动乱的领导者也被称为"妖贼"。黄巾之乱中汉安平王续"为张角贼所略",赖汉廷赎回,李燮上奏曰:"续在国无政,为妖贼所虏,守藩不称,损辱圣朝,不宜复国。"①即将张角称作"妖贼"。案例14中的刘鲔,也是"妖贼"身份:"建和元年,甘陵人刘文与南郡妖贼刘鲔交通,讹言清河王当统天下,欲共立蒜。"②在《后汉书》中,也记载了许多"妖贼"叛乱事件。

张角等人叛乱以自立为意,刘文、刘鲔则谋立清河王蒜为天子。这显示出"妖贼"叛乱并非只有民众行为,其在一定条件下也可与统治集团内部成员尤其是与宗室诸侯相勾连。汉昭帝初立,燕王旦"即与刘泽谋为奸书,言少帝非武帝子,大臣所共立,天下宜共伐之。使人传行郡国,以摇动百姓"③。二人"谋为奸书,言少帝非武帝子",可与案例10楚王英与颜忠"造作妖〔书〕谋反"事参看;而"使人传行郡国,以摇动百姓"的做法又与案例2淮南王安"荧惑百姓"的行为同质。刘旦、刘泽的言论虽不明确具有预占性,但"少帝非武帝子""天下宜共伐之"却也暗含了这层意思。

涉及宗室诸侯的妖言案中,宾客的作用也不应忽视。这些宾客以妖言游说诸侯,或直接参与到诸侯谋反事中。前举淮南王安便"积金钱赂遗郡国诸侯游士奇材",于是"诸辩士为方略者,妄作妖言,谄谀王"。东汉明帝时楚王英"大交通方士",谋反事发后有司奏:"英招聚奸猾,造作图谶。"④曹魏时魏明帝赐赵王干玺书,称魏武帝曹操"重诸侯宾客交通之禁,乃使与犯妖恶同。"⑤曹魏使"诸侯宾客交通"与"犯妖恶"同罪,或即鉴于两汉诸侯与宾客通过妖言相交通的教训。

无论是民众中兴起的"妖贼"叛乱,还是诸侯与宾客引导的谋反,妖言都因蕴含着潜在的动乱风险而受到统治者的重视和压制。而由于统治者的重视,

①《后汉书》卷六三《李燮传》,中华书局,1965年,第2091页。
②《后汉书》卷五五《章帝八王传·清河王蒜》,中华书局,1965年,第1805页。
③《汉书》卷六三《武五子传·燕刺王旦》,中华书局,1962年,第2753页。
④《后汉书》卷四二《光武十王列传·楚王英》,中华书局,1965年,第1429页。
⑤《三国志》卷二〇《魏书·武文世王公传·赵王干》,中华书局,1974年,第586页。

妖言案又极易引发大狱。案例12东平清河所奏卿仲辽案"所连及且千人"便是一例;案例1诸生相告引最终牵连四百六十余人,则早在秦代就已打造出妖言大案的模板。①汉明帝时的楚王英案"连年不断,囚相证引,坐系者甚众"②,寒朗上书说:"臣见考囚在事者,咸共言妖恶大故,臣子所宜同疾,今出之不如入之,可无后责。是以考一连十,考十连百。"③"出之不如入之"的宁滥勿缺考虑,或是导致妖言案易"考一连十,考十连百"终至"坐系者甚众"的原因之一。

不过,虽然秦汉时期重视打击妖言,甚至不惜兴起大狱,但也有学者指出汉代的统治者曾多次废止妖言律,体现出一种"经常反省且慎重"的态度。④所谓多次废止妖言律,主要是据以下两条诏书而言:

> 前日孝惠皇帝言欲除三族罪、妖言令,议未决而崩,今除之。(吕后元年诏)

> 今法有诽谤訞言之罪,是使众臣不敢尽情,而上无由闻过失也。将何以来远方之贤良?其除之。民或祝诅上,以相约而后相谩,吏以为大逆,其有他言,吏又以为诽谤。此细民之愚,无知抵死,朕甚不取。自今以来,有犯此者勿听治。(汉文帝二年诏)⑤

据岳麓秦简,秦代在存在"行訞律"的同时还有"以不反为反令"作为补充条文,形成了"行訞律-以不反为反令"的律令组合。汉初或许在"妖言令"之外,也有类似于秦"行訞律"的律文。宋人以为"文帝除诽谤、妖言,除秘祝法,皆萧何法之所有"⑥,程树德据此认为"是《九章》原有此律也"⑦。若依程氏观点,则汉初可能也存在如同秦代"行訞律-以不反为反令"结构的"某律-妖言令"律令组合。吕后元年废除的仅为妖言令,相关律文可能并未废止。若从律令组合的角度思考

---

① 据岳麓秦简,秦代犯有妖言罪或行訞罪的人,其家属也要受到牵连且终身不得赦免。王博凯:《秦简牍所见秦代地方治理问题研究》,湖南大学,博士学位论文,2020年,第53页。

② 《后汉书》卷一〇《皇后纪》,中华书局,1965年,第410页。

③ 《后汉书》卷四一《寒朗传》,中华书局,1965年,第1417页。

④ [日]大庭脩:《秦汉法制史研究》,徐世虹等译,中西书局,2017年,第84页

⑤ 《汉书》卷三《高后纪》,中华书局,1962年,第96页;《汉书》卷四《文帝纪》,第118页。

⑥ (清)黄以周等辑注,顾吉辰点校:《续资治通鉴长编拾补》卷六《神宗熙宁二年》,中华书局,2004年,第260页。

⑦ 程树德:《九朝律考》卷一《汉律考·律令杂考》,第102页。

吕后元年诏,或有助于理解汉初相关律令的行用与废止情况。

关于汉文帝二年诏,宋洁从立法与司法层面加以辨析,指出这条诏书所言是司法层面的问题,不涉及立法层面的律令废除。①汉代是否曾经在立法层面全面废除过关于妖言的法律尚不清楚,但汉统治者确实常在妖言案事后通过赦免等方式对受牵连者予以宽释。东汉时曾数次针对妖言案颁布赦令:

(汉章帝元和元年诏)书云:"父不慈,子不祗,兄不友,弟不恭,不相及也。"往者妖言大狱,所及广远,一人犯罪,禁至三属,莫得垂缨仕宦王朝。如有贤才而没齿无用,朕甚怜之,非所谓与之更始也。诸以前妖恶禁锢者,一皆蠲除之,以明弃咎之路,但不得在宿卫而已。

(汉安帝永初四年诏)自建初以来,诸袄言它过坐徙边者,各归本郡;其没入官为奴婢者,免为庶人。

(汉桓帝建和三年诏)盖闻天生蒸民,不能相理,为之立君,使司牧之。君道得于下,则休祥著乎上;庶事失其序,则咎征见乎象。间者,日食毁缺,阳光晦暗,朕祗惧潜思,匪遑启处。传不云乎:"日食修德,月食修刑。"昔孝章帝愍前世禁徙,故建初之元,并蒙恩泽,流徙者使还故郡,没入者免为庶民。先皇德政,可不务乎!其自永建元年迄乎今岁,凡诸妖恶,支亲从坐,及吏民减死徙边者,悉归本郡;唯没入者不从此令。②

此外,东汉和、殇之际,临朝的邓太后也曾下诏宽赦建武以来犯妖恶者。③几次赦令显示出东汉统治者相对宽缓的施政特色。不过,上述史料表明东汉时对妖言罪的惩罚可以导致犯罪者三族以内无法仕官,受妖言案牵连的人可能会被发配至边疆或没为奴婢。而四条诏令并未在制度上对这些惩罚措施予以否定,只是针对已受罚群体的一时宽恕。若以宋洁"立法-司法"系统的划分,东汉的四次赦令体现的仍是在司法层面的"反省"和"慎重",而非立法层面。也就是说,汉代统治者虽曾多次宽恕受妖言案牵连者,但在国家统治的基本方向上仍是坚持以妖言入罪的。

---

① 宋洁:《汉文帝"除诽谤妖言诏"发覆》,《史学月刊》2014年第3期。

② 《后汉书》卷三《章帝纪》、卷五《安帝纪》、卷七《桓帝纪》,中华书局,1965年,第147~148、215、293页。

③ 《后汉书》卷一○《皇后纪》,中华书局,1965年,第422页。

2.妖言与谏言

表2中的案例,虽然多数确实以反对在位者的统治为宗旨,但也可见到一些与其说是反动,不如说是谏议的言论。案例3张寿王主张变更历法,认为现行历法导致了阴阳不调,其目的在于通过调整历法,维护在位者统治。又如案例5,夏侯胜在昌邑王外出时拦下车驾,进言"臣下有谋上者",即是为了提示昌邑王、阻止其外出,其目的也是维护昌邑王的统治。这样的言论大可以不被评定为妖言,东汉光武帝"尝轻与期门近出,(铫)期顿首车前曰:'臣闻古今之戒,变生不意,诚不愿陛下微行数出。'帝为之回舆而还"①。可与案例5夏侯胜事对比参看。

具有颠覆性、预占性的谏言,史籍多以"直谏""极谏""切谏"等称之。汉成帝时刘向称述夏侯胜"名敢直言,天下美之",刘向本人也曾针对外戚问题"上封事极谏",言"如不行此策,田氏复见于今,六卿必起于汉"。②夏侯胜、刘向的言论具有颠覆性和预占性,但评定者认为其有利于国家统治,故以谏言视之。

部分在位者将这种谏言评定为妖言,实际上反映出一种杜谏的态度。汉人论亡秦之鉴,杜谏是一个重要部分。贾谊说秦时"忠谏者谓之诽谤,深计者谓之妖言"③,路温舒也称秦"正言者谓之诽谤,遏过者谓之妖言"④。唐人说:"自古上书,率多激切。若不激切,则不能起人主之心。激切即似讪谤,惟陛下详其可否。"⑤激切的谏言是否会被认为是诽谤妖言,关键在于在位者杜谏或纳谏的态度。

宋人说"秦以诽谤妖言之法亡"⑥,或许是鉴于秦的历史教训,两汉的统治者似乎有意彰显对这种激切谏言的包容,前举汉文帝二年诏就体现了这一点。此外,汉统治者还曾多次下诏要求举荐这类"极谏之士"。如汉宣帝地节三年(前67)十月诏:"有能箴朕过失,及贤良方正直言极谏之士以匡朕之不逮,毋讳有司。"汉章帝建初五年(80)二月诏:"公卿已下,其举直言极谏能指朕过失者

---

①《后汉书》卷二〇《铫期传》,中华书局,1965年,第733页。

②《汉书》卷三六《楚元王传》,中华书局,1962年,第1931、1962页。

③《汉书》卷四八《贾谊传》,中华书局,1962年,第2251页。

④《汉书》卷五一《路温舒传》,中华书局,1962年,第2369页。

⑤(唐)吴兢撰,谢保成集校:《贞观政要集校》卷二《纳谏》,中华书局,2003年,第106页。

⑥(宋)徐自明撰,王瑞来校补:《宋宰辅编年録校补·续编》卷一一《理宗·端平二年乙未六》,中华书局,1986年,第1525页。

各一人,遣诣公交车,将亲览问焉。"。①这也体现出汉统治者对妖言案的反省和慎重。初步统计,汉代同类诏令的颁布可达二十余次。汉灵帝时蔡邕上封事:"先帝虽有圣明之姿,而犹广求得失……危言极谏,不绝于朝。"②可以看出在时人眼中,统治者褒誉谏臣、朝中多极谏之言已成为良政的一个表现。

总之,秦汉时期的妖言容易引起损害国家统治稳定的叛乱,因而备受统治者重视;部分被评定为妖言的言论实为谏议言论,将这种言论评定为妖言表现出在位者杜谏的态度;而汉代几度赦免受妖言案牵连的人,并多次下诏"举直言极谏"显示出汉代统治者对妖言案的反省和慎重。

本文原刊载于《中国史研究》2021年第4期。

本文作者:

尚宇昌,2012—2018年先后于中国人民大学国学院就读本科、硕士研究生,专业方向为秦汉史。2018—2022年在南开大学历史学院就读博士研究生,专业方向为秦汉史、简帛学。现为南开大学历史学院讲师。

---

①《汉书》卷八《宣帝纪》,中华书局,1962年,第249页;《后汉书》卷三《章帝纪》,中华书局,1965年,第139页。

②《后汉书》卷六〇下《蔡邕传》,中华书局,1965年,第1994页。

唐代地方官府水旱祈祷与水利资源控制

——以泉神祠庙石刻为中心

夏 炎

近来偶读唐人在水旱祈祷获验后所立的纪念刻石，其中一些围绕泉神祭祀的祠庙石刻，引起了笔者的关注。唐代地方官府水旱祈祷的神祇对象虽然复杂、多样，但总体上可以划分为自然神与人格神两大类。其中，作为自然神的泉神是重要的地方神祇之一。然而与作为王朝固定祭祀对象的岳镇海渎、山林川泽不同，各州县境内"灵验"的诸官方神祠却是地方官府精心选择的结果。[①]具体到泉神祭祀，地方官府为何会选择某一特定的泉水资源及其神祇作为祭祀对象？为何会在此泉水旁特意举行盛大的水旱祈祷、修建祠庙等仪式，又为何会在祠庙内建立起纪念性的碑石？这些疑问实际上关涉唐代地方地方官府区域治理的相关话题。对于这一系列问题，目前学界尚无关注。[②]为了解答这些疑惑，本文拟以现存且文本完整的唐代泉神祠庙石刻为分析个案，揭示地方官府围绕特定泉水资源及其神祇而实施的祈祷、修庙、立碑等行为背后的历史真相，从官府权力与地方信仰的互动层面，发现唐代地方官府实现区域治

[①]《开元礼》规定岳镇海渎为中祀，山林川泽为小祀，州县诸神祠并同小祀，皆为官方承认的祠神信仰。萧嵩等：《大唐开元礼》卷一《序例上·择日》，民族出版社，2000年，第12页。

[②] 唐代地方官府水旱祈祷研究是一个传统论题，历史学界已从多个层面进行了探讨，论题主要集中在祈雨制度、宗教影响、灾害应对及祭祀空间等方面。如雷闻从唐代州县祈雨的理论与实践两个视角，分别对礼制规定、地方神祠的祈雨对象、巫者在祈雨中的作用、佛道二教对地方政府祈雨的参与等问题加以讨论，是在礼制、宗教层面进行的研究。雷闻：《郊庙之外——隋唐国家祭祀与宗教》，生活·读书·新知三联书店，2009年，第322~334页。杨俊峰关注唐代地方官府祈雨的实践层面，选取的两个视角是祈祭的过程和祈祭对象，旨在深入分析地方祠祀传统、国家制度与古典礼经的立祀原则三者之间复杂的互动关系，同时关心唐宋之间的变化（杨俊峰：《唐宋之间的国家与祠祀——以国家和南方祀神之风互动为焦点》，上海古籍出版社，2019年，第37~49页）。么振华试图从灾害史的视角，通过官方禳灾与淫祠祈祷两个层面探讨唐代的祷祭禳灾及礼仪（么振华：《唐代自然灾害及其社会应对》，上海古籍出版社，2014年，第190~202页）。江田祥则关注到唐代地方的祈雨空间问题（江田祥：《唐代桂州地方神祠与祈雨空间研究——以李商隐诗文集为中心》，《社会科学战线》2018年第12期）。在上述相关研究所需的各种史料中，经常被利用的是以水旱祈祷为主题的祠庙碑文。然而学者一般仅仅关注碑刻文本中那些关于祈雨礼制规定、祈雨对象、修庙立庙的内容，却忽视了立碑行为本身所传达出的历史信息。

理的独特方式。

一、寻找石刻背后的大事件：从"百门陂碑"谈起

武周长安四年(704年)九月九日,在卫州共城县的百门陂神祠,当地官民树立起一通祠庙碑,这就是保留至今的"百门陂碑"。碑文记录了卫州共城县令曹怀节在长安二年至四年(702—704年)率领官民在百门陂神祠多次祈雨、祈晴获验的史事。此碑现存于河南省新乡市辉县市百泉卫源庙清辉殿台基上东侧,碑额断裂,有基座,疑非原物。经实地测量,除去基座,碑高1.73米(额0.5米,身1.23米),广0.83米,侧0.18米。碑额题"百门陂碑",篆书。碑身四面刻字,行书,碑文有武周新字。碑阳为《卫州共城县百门陂碑铭并序》,碑阴为记录地方官府祈雨祈晴经过的《碑阴记》及题名与赞诗,碑两侧为题名。①关于碑阳的撰者、书者,碑文题作"前成均进士陇西辛怡谏文、张元琮记、孙去烦书",

① 文中涉及此碑的现状及各项数据均基于2019年3月16日笔者实地调查情况。石野智大近年来亦对"百门陂碑"进行了原石、拓本与文本的调查与研究,其所提供的原石收藏情况、各项数据的实测值、绘制的实测图、碑文的行款字数、重新核校的录文、碑文的撰书刻者、立碑时间、碑文中的武周新字、文本中的相关史事等信息,颇具参考价值。参见石野智大:『武周时代の村落制度と基層社会の人的結合—河南省辉县市文物管理局蔵「百門陂碑」の分析を中心に—』,『法律論叢』第90卷第2、3合并號,2017年、39-88頁。本文所用原石数据为2019年3月16日实地所访。拓片参考中国国家图书馆藏碑阳、碑阴清拓本(两侧失拓);北京大学图书馆藏碑阳、碑阴、碑侧清拓本。出版物所载拓片缩微图版参见北京图书馆金石组编:《北京图书馆藏中国历代石刻拓本汇编》第19册,中州古籍出版社,1989年,第112~113页(碑阳、碑阴);政协辉县市委员会文史资料委员会编:《百泉翰墨》,辉县市政协文史资料委员会等,1996年,第4页(碑阳);王建新主编:《辉县碑碣石刻》,中州古籍出版社,2012年,第9页;潘思源:《施蛰存北窗碑帖选萃》,上海古籍出版社,2012年,第236页(碑阳);石野智大:『武周时代の村落制度と基層社会の人的結合—河南省辉县市文物管理局蔵「百門陂碑」の分析を中心に—』,『法律論叢』第90卷第2、3合并號,2017年,49-51頁(碑阳、碑阴、碑侧)。录文参见王昶:《金石萃编》卷六五《唐二五》,新文丰出版公司编辑部:《石刻史料新编》(第1辑第2册),新文丰出版公司,1982年,第1110~1113页(碑阳、碑阴、碑侧);陆增祥:《八琼室金石补正》卷四九《唐二一》,新文丰出版公司编辑部:《石刻史料新编》(第1辑第7册),新文丰出版公司,1982年,第4790~4791页(对王昶录文的校订);董诰等编:《全唐文》卷二六〇张元琮《卫州共城县百门陂碑序》,中华书局,1983年,第2636~2637页(碑阳);《全唐文》卷二六〇辛怡谏《卫州共城县百门陂碑铭》,第2637页(碑阴);周际华修、戴铭篆:《道光辉县志》卷十四《碑碣志·唐》,《中国地方志集成·河南府县志辑17》,上海书店出版社,2013年,第670~672页(碑阳、碑阴);石野智大:『武周时代の村落制度と基層社会の人的結合—河南省辉县市文物管理局蔵「百門陂碑」の分析を中心に—』,『法律論叢』第90卷第2、3合并號,2017年,52-54頁(碑阳、碑阴、碑侧)。

一般认为辛怡谏所作之文为铭,张元琮所作之记为序。①《碑阴记》落款为"丹青人巫尤勖、刘廷玉,镌字人新乡县高思礼"。关于"丹青人",叶昌炽认为:"古造象碑,有画人者少矣。塑人更少。惟唐百门陂碑阴,有丹青圣巫尤勖刘廷玉。圣,武后所制人字。丹青圣即画人也。"②但经实地考察,碑阴无画,推测此"丹青人"或专指绘制祠庙壁画或塑像之匠人。自南宋以来,历代金石学家对"百门陂碑"多有关注。③在历史学界,学者们多利用碑文中的信息,研究唐代前期的经济、礼制、县政以及乡里社会诸问题。经济方面主要探讨的是寄庄、丝织业问题。④礼制方面主要研究唐代地方官府的祈雨仪式。⑤县政方面是对县级录事、仓督及"七司佐"问题的研究。⑥在乡里社会方面,研究焦点有三:一是乡

① 王昶《金石萃编》按语:"右《共城县百门陂碑》题云:辛怡谏文,张元琮记。盖辛制铭,而张撰序,与'宗圣观''尉迟迥''苏许公'诸碑同例。"参见王昶:《金石萃编》卷六五《唐二五》,新文丰出版公司编辑部:《石刻史料新编》(第1辑第2册),新文丰出版公司,1982年,第1113页。叶昌炽亦有类似观点:"又考唐'百门陂碑',既题辛怡谏文,又题张元琮记,而碑又有铭而无记,或是前为记,后为铭。碑题以铭为主,故怡谏列衔在前耳。"参见叶昌炽撰,柯昌泗评,陈公柔、张明善点校:《语石 语石异同评》(卷六),中华书局,1994年,第392页。《全唐文》卷二六〇亦按照张元琮作序、辛怡谏撰铭的体例安排二文。

② (清)叶昌炽撰,柯昌泗评,陈公柔、张明善点校:《语石 语石异同评》(卷六),中华书局,第410页。

③ "百门陂碑"最早著录于南宋陈思《宝刻丛编》卷六。至明清,其影响逐渐扩大,主要著录于谈迁《北游录》、顾炎武《金石文字记》卷三、叶奕苞《金石录补》卷十一、李光暎《观妙斋藏金石文考略》卷九、毕沅《中州金石记》卷二、钱大昕《潜研堂金石文跋尾》卷五、王昶《金石萃编》卷六五、孙星衍《寰宇访碑录》卷三、洪颐煊《平津读碑记》卷五、嵇璜《续通志》卷一七〇《金石略》、倪涛《六艺之一录》卷七五、陆增祥《八琼室金石补正》卷四九、吴式芬《捃古录》卷七、缪荃孙《艺风堂金石文字目》卷四等。

④ 参见王仲荦:《隋唐五代史》,上海人民出版社,1990年,第356页;冻国栋:《唐代人口问题研究》,武汉大学出版社,1993年,第274页;程民生:《古代河南经济史》(下),郑州大学出版社,2012年,第79页;王义康:《唐北宋时期河北地区的蚕桑丝织业》,《首都师范大学学报(社会科学版)》2004年第3期。

⑤ 参见雷闻:《郊庙之外——隋唐国家祭祀与宗教》,生活·读书·新知三联书店,2009年,第322页。李军:《遵从与悖离:唐代地方政府救灾中的禳弭行为》,杜文玉主编:《唐史论丛》(26),三秦出版社,2018年,第59~60页。

⑥ 参见杜文玉:《唐五代州县内部监察机制研究》,《江西社会科学》2013年第2期;黄正建:《〈天圣令(附唐杂令)〉所涉唐前期诸色人杂考》,荣新江主编:《唐研究》(12),北京大学出版社,2006年,第208页(该文后收入黄正建主编:《〈天圣令〉与唐宋制度研究》,中国社会科学出版社,2011年);张雨:《唐代州县曹司划分与中国古代政务分类体系的发展》,《国学学刊》2017年第2期。

望、父老问题;①二是里正等杂任与地方宗族势力结合的问题;②三是围绕里正、村正、坊正的记载,对唐前期的村落制、乡里制进行重新思考。③

"百门陂碑"属于祠庙碑,若就石刻文本的创作特征而论,祠庙碑文在文本创作上是具有一定共性的,主要体现在两方面:一是祠庙碑因神祇与祠庙而立,其主旨自然是颂神。④因此,祠庙碑文一般在第一部分均有描写被祭祀神祇及祠庙的基本情况以及颂扬神祇"灵验"的文字。二是祠庙碑在颂神的同时,亦对地方官等主事之人进行赞扬。清人王芑孙在讨论东汉"岳渎祠庙碑

例"时,指出:"汉碑大抵部掾颂其府主之辞,虽岳渎祠庙之碑不专为岳渎祠庙而作,必兼颂其献享之人、陈乞之事,或即纪于文后,或就纪于文中。亦即昌黎'南海神庙'、东坡'表忠观'之所从出。"⑤王芑孙的这一结论十分重要,他不仅发现了东汉祠庙碑文本具有既颂神又赞人的叙述结构特征,亦指出了唐

---

① 参见中村治兵衛:《再び唐代の郷について—望郷と耆老—》,《史渊》(96),1966年,第47~48页(该文后收入《中国聚落史の研究》(中村治兵衛著作集3),刀水书房,2008年);杉井一臣:《唐代前半期の郷望》,唐代史研究会编:《中国の都市と農村》,汲古書院,1992年,第299~301页;穴沢彰子:《唐·五代における地域秩序の認識—郷望の秩序から父老の秩序へ變化を中心として—》,《唐代史研究》第5号,2002年,第46~71页。

② 参见船越泰次:《唐代均田制下における佐史·里正》,《文化》(31—3),1968年,第72~77页(该文后收入《唐代両税法研究》,=汲古書院,1996年);石田勇作:《唐·五代における村落支配の変容》,宋代史研究会编:《宋代の社会と文化》(宋代史研究会研究報告第一集),汲古書院,1983年,第7~8页。

③ 参见石野智大:《唐代前期村落制度構造の再検討》,《唐代史研究》(第17号),2014年,第36~38页。同:《武周時代の村落制度と基層社会の人的結合—河南省輝県市文物管理局蔵「百門陂碑」の分析を中心に—》,《法律論叢》第90卷第2、3合并号,2017年,第39~88页;鲁西奇:《唐代乡里制度再认识》,《中国文化》第48期。

④ 叶昌炽总结"立碑之例,厥有四端",即述德、铭功、纪事、纂言。但叶氏并未言明祠庙碑的具体归属,似置于述德与纪事之例下。参见叶昌炽撰,柯昌泗评,陈公柔、张明善点校:《语石 语石异同评》卷三《立碑总例》,第180—181页。现代学者对祠庙碑的定义则比较明确,如赵超将祠庙碑归入"功德碑"一类,根据立碑的对象与颂词内容来看,祠庙碑的用途是"赞颂神明的灵异与恩泽,祈求护佑"。参见赵超:《中国古代石刻概论》(增订本),北京:中华书局,2019年,第139页。徐自强、吴梦麟则认为:"如果是在宗庙、祠堂等建筑物旁和殿院内竖立的实用碑上,刻画文字,使行人阅读后能知晓这些宗庙、祠堂等建筑物的情况以及受祭者的功绩、道德、行为,这种碑就叫做祠庙碑。"参见徐自强、吴梦麟:《古代石刻通论》,北京:紫禁城出版社,2002年,第101页。

⑤ 王芑孙:《碑版文广例》,新文丰出版公司编辑部:《石刻史料新编》(第3辑第40册),新文丰出版公司,1986年,第237~238页。永田英正亦有类似结论,认为汉代"在数量上仅次于墓碑的,是与祠庙有关的碑。其中有包含彰显长官事迹的内容,在这一点上与德政碑有相同之处"。参见永田英正:《汉代石刻概说》(上),周长山译,《文物春秋》2002年第5期。然而祠庙碑文本虽具有赞颂地方长官德政的叙述特征,却在性质上与德政碑存在较大差异,不可同一而论。

宋祠庙碑例与汉代的继承关系。诚如斯言，东汉以降，祠庙碑这种既颂扬神祇之"灵验"，又注重宣扬地方官政绩与美德的文本叙述传统，对后世影响深远。

具体到"百门陂碑"的文本创作，亦具备上述两个特征。综观碑文，作者一方面对百门陂神祇的祈祷"灵验"之力进行宣扬，亦对以共城县令曹怀节为首的地方官员进行赞颂。钱大昕认为此碑的最终意图是借神赞人，"碑为县令曹怀节祷雨有应而作"[①]，其他学者亦有类似看法。[②]然而颂神赞人仅仅是祠庙碑所要表达意涵的一个方面。

文学的创作实际上并不能如实地反映复杂的历史现象，在这些结构性文字的背后，祠庙碑文的叙述应当暗藏某种历史特殊性。每一通石刻文字虽然在文字表达上看似"千碑一面"，实则都在讲述那个属于自己的故事，即"一碑一事"。那么"百门陂碑"所讲述故事的独特性又在哪里呢？经查，在宋代以降关于唐代石刻的著录中，涉及百门陂神祠的唐代石刻目前仅此一通，"百门陂碑"似具备空前绝后的特性。事实确实如此！实际上，官方树立祠庙碑在传统时代并非普遍行为，今天我们在某一祠庙中见到的"碑林"景象，不过是历代碑刻被集结于特定空间后所产生的一种叠加式景观罢了。对于古人而言，立碑绝对是一个重大事件。立碑需要耗费大量的人力、物力和财力，其背后一定隐藏着一个极具特殊意义的动机，绝非颂神赞人如此简单。从这个角度讲，"百门陂碑"应该就是建立于百门陂的为数不多的唐碑之一，而此碑建立的背后一定隐藏着主事者精心策划的大事件。那么这一大事件究竟是什么呢？

---

① 钱大昕：《潜研堂金石文跋尾》卷五《唐二》，陈文和主编：《嘉定钱大昕全集》（增订本），凤凰出版社，2016年，第123页。

② 围绕《百门陂碑》的立碑旨趣，船越泰次认为碑文是显颂县令曹怀节祈雨祈晴获验而救济民众苦难而作。石田勇作认为碑文记载了祈雨祈晴救济农桑之功。穴沢彰子认为此碑是为彰显共城县令曹怀节及丞、主簿、尉等僚佐为了终止灾害而向祠庙祈愿之德。雷闻则延续钱大昕的观点，认为此碑系县里乡望等因县令曹怀节祷雨有应而立。石野智大进一步指出碑阳序文，表面上是对百门陂的彰显，但实际上却是彰显实施祈祷的县令曹怀节等人的事迹。参见船越泰次：『唐代均田制下における佐史・里正』，『文化』31-3，1968年，72頁；石田勇作：『唐・五代における村落支配の変容』，宋代史研究会编：『宋代の社会と文化』（宋代史研究会研究報告第一集），汲古書院，1983年，7頁；穴沢彰子：『唐・五代における地域秩序の認識—郷望の秩序から父老の秩序へ變化を中心として—』，『唐代史研究』第5號，2002年，47頁；雷闻：《郊庙之外——隋唐国家祭祀与宗教》，生活·读书·新知三联书店，2009年，第322页；石野智大：『武周時代の村落制度と基層社会の人的結合—河南省輝県市文物管理局蔵「百門陂碑」の分析を中心に—』，『法律論叢』第90卷第2、3合并號，2017年，67頁。

　　若就"百门陂碑"碑文所记录的核心史事而言,县令曹怀节等人的数次水旱祈祷获验似乎就是需要纪念的大事件。然而对于唐人而言,祈雨祈晴成功在当时实在算不上是一件大事,因此并不需要特别纪念。因为在唐代的官员考课体系中,本就存在"水旱—民户—政绩"的联动关系,这一关系使得水旱祈祷这一颇具仪式性的行为进入到地方官府日常施政的环节中来,而祈祷获验遂成为官员德政的一种日常表现。①可以说,对于唐代的地方官而言,水旱祈祷是一种比较普遍的日常施政行为,是唐代朝廷对地方官实施地方治理的一项基本要求。正因为如此,唐代《祠令》《大唐开元礼》中才会有对州县祈雨祈晴仪式的相关规定。②由于地方官府水旱祈祷具有一定的日常性,因此在唐代长达289年的漫长时光里,共城县绝不会仅有曹怀节一位县令举行过水旱祈祷仪式。而如果官府在每次祈祷获验后都要立石纪念的话,百门陂神祠恐怕真的要变成当地一处名副其实的碑林了。

　　可见,这通具有特殊意义的"百门陂碑"绝不会仅仅是为了纪念地方官水旱祈祷获验而立,石碑建立的背后当亦有深意。据碑阳序文,当地官民"佥以为百门之利,千载无易,增修旧烈,不亦可乎!犹恐岁光忽变,灵迹无纪,式刊翠琰,将表鸿休"③。可见,"百门陂碑"因"百门之利"而立,那么抛开祠庙碑文创作中关于神祇"灵验"、官员德政等结构性要素不谈,石碑建立背后的秘密还需从百门陂本身的独特价值中去寻找。

二、仪式背后的真相:百门陂水旱祈祷与水资源控制

　　关于百门陂的较早记录始自先秦时代,据《左传·定公十四年》记载:"冬,十二月,晋人败范氏、中行氏之师于潞,获籍秦、高疆。又败郑师及范氏之师于

---

　　① 关于德政碑中的政绩与官员考课的关系,已有学者讨论。刘馨珺考察了唐代德政碑的颁授制度与考课制度的关系,参见刘馨珺《从唐代"生祠立碑"论地方信息法制化》,《法制史研究》2009年第15期。刘琴丽亦将德政碑的政绩书写与官员考课加以联系讨论,参见刘琴丽:《德政碑与唐代州县官员的政绩书写》,《四川师范大学学报(社会科学版)》2015年第4期。

　　② 参见萧嵩等:《大唐开元礼》卷三《序例下·祈祷》、卷七〇《吉礼·诸州祈社稷、诸州祈诸神、诸州禜城门》、卷七三《吉礼·诸县祈社稷、诸县祈诸神、诸县禜城门》,第32、358~361、369~372页;仁井田陞:『唐令拾遺·祠令第八』,東京大學出版會,1933年,209-211頁。

　　③ 王昶:《金石萃编》卷六五《唐二五》,新文丰出版公司编辑部:《石刻史料新编》(第1辑第2册),新文丰出版公司,1982年,第1111~1112页。碑文部分文字据2019年3月16日实地所访原石及拓片、相关文献修订,下文不再注明。

百泉。"①此"百泉"即为"百门泉",乃"百门陂"之他称。在此之后,关于百门陂的知识则主要见于北朝后期的相关文献。《魏书·地形志》载司州林虑郡共县有栢门山、栢门水,由于"栢"与"百"相通,此"栢门水"亦即"百门陂"。②此外,今本《水经注》卷九《清水》则有更为详细的记载:"重门城……城在共县故城西北二十里,城南有安阳陂,次东又得卓水陂,次东有百门陂,陂方五百步,在共县故城西。"③又张元琮撰"百门陂碑"碑阳序文称:"百门陂,案《水经》,出自汲郡共山下,泉流百道,故谓百门。会同于淇,合流于海,鱼盐产利,不可谈悉。"④但今本《水经注》并无碑文中的此段文字,陈桥驿推测碑序中的"百门陂出自汲郡共山下",当是今本《水经注》"次东有百门陂"以下佚文。⑤从张元琮引《水经注》文字入序的情况看,唐初知识界对于百门陂的认知当主要来自以《水经注》为代表的北朝后期地志。

至唐后期,唐人关于百门陂的认知日趋详细且完整。据《元和郡县图志》:"百门陂,在县西北五里。方五百许步,百姓引以溉稻田,此米明白香洁,异于他稻,魏、齐以来,常以荐御。陂南通漳水。"⑥《元和郡县图志》不仅明确记录了百门陂的位置与面积,更为重要的是它指出了百门陂在水利灌溉方面所具有的重要功能。张泽咸指出,唐代的河南北部地区有着长期种植水稻的历史,卫州共城百门陂灌溉的稻田产出的水稻,"自北朝魏、齐以至于唐,常以之进贡朝廷。唐末五代,仍设稻田务于此,负责官营水稻的生产"⑦。可见,自北朝以至唐代,百门陂逐渐成为当地重要的农田水利灌溉资源。在此后的宋元时代,当地水稻种植面积不断扩大,百门陂依然是重要的灌溉用水。直至明清时期,百

① 杜预注,孔颖达疏:《春秋左传正义》,(清)阮元校刻:《十三经注疏》,中华书局,2009年,第4672页。

②《魏书》卷一〇六上《地形志上》,中华书局,1974年,第2460页。

③《水经注校证》卷九《清水》,中华书局,2007年,第226页。

④ 王昶:《金石萃编》卷六五《唐二五》,新文丰出版公司编辑部:《石刻史料新编》(第1辑第2册),新文丰出版公司,1982年,第1110页。

⑤《水经注校证》卷九《清水》,中华书局,2007年,第247页;陈桥驿编著:《水经注地名汇编》附录一《〈水经注〉佚文》,中华书局,2012年,第1615页。

⑥ 李吉甫撰,贺次君点校:《元和郡县图志》卷一六《河北道一·卫州》,中华书局,1983年,第462页。

⑦ 张泽咸:《试论汉唐间的水稻生产》,《文史》第18辑,中华书局,1983年,第36页。

泉的水利又得到了大规模的开发。①

关于唐初百门陂所具有的灌溉功用,"百门陂碑"碑阳序文中亦有所体现。碑文开门见山便提出了"则知水之为德,其大矣哉"②的主旨,突出了百门陂作为灌溉水资源的重要性。接下来又详细描述了百门陂的自然景观与水利灌溉功能,尤其是提炼出百门陂所具有的"以利万人"③的义、仁、勇、智四德,以及利、清、险、神四性,进一步彰显百门陂的重要水利意义。同时,在碑阳的铭文部分,辛怡谏亦强调了百门陂"分派逾广,飞湍靡极,吐纳堤防,周流稼穑"④的水利灌溉价值。可见,百门陂重要的水利灌溉价值在唐初已被时人所认知。

据P.2507《开元水部式残卷》:"泾、渭白渠及诸大渠用水灌溉之处……其州县每年各差一官检校。长官及都水官司时加巡察。若用水得所,田畴丰殖,及用水不平并虚弃水利者,年终录为功过附考。"⑤此式文的内容是对长安周边泾、渭白渠及全国诸大渠的水利管理规定。据此可知,保护并合理利用水利资源是唐代地方官的重要职责,并成为考课的重要项目。百门陂乃当地水利灌溉之源头,加之其与贡品水稻产出之间的密切关系,百门陂的水资源保护理当成为共城县官府重点关切的问题。然而朝廷虽有如《水部式》这样的水利法规对地方水资源的利用和保护进行约束,但受约束的对象实际上仅是地方官及相关人员,具体到基层社会,这类制度设计并不能完全阻止当地民众对水资源的盗用与破坏。虽然目前并没有唐代民众破坏百门陂的直接证据,但一通元代的碑刻文字片段却可以作为一个重要的旁证对相关现象进行补充论证。

元贞二年(1296年)四月,周义撰《获鹿县创修白鹿泉亭记》:

> 本朝自天辅以来,名山大川,古今事迹,无不□显而新其名者。近蒙朝廷遣使,汲泉煎造汤药;诸王经过,取水酝造酒浆。如此见重,有司忍不

---

① 参见孟祥晓:《济漕与否:明清卫河水利用与沿岸水稻种植变迁研究——以辉县为中心的考察》,《中国农史》2019年第6期。

② 王昶:《金石萃编》卷六五《唐二五》,新文丰出版公司编辑部:《石刻史料新编》(第1辑第2册),新文丰出版公司,1982年,第1110页。

③ 王昶:《金石萃编》卷六五《唐二五》,新文丰出版公司编辑部:《石刻史料新编》(第1辑第2册),新文丰出版公司,1982年,第1111页。

④ 王昶:《金石萃编》卷六五《唐二五》,新文丰出版公司编辑部:《石刻史料新编》(第1辑第2册),新文丰出版公司,1982年,第1112页。

⑤ 刘俊文:《敦煌吐鲁番唐代法制文书考释》,中华书局,1989年,第326～327页。

敬哉！是泉也，□靠荒村，牧饮者狼籍秽污。严行榜示，难禁愚顽。于是
邑宰承事□公渊，始议创建泉亭一所，以承上□见用之意。①

　　这段碑文记载元代前期河北获鹿县的白鹿泉专供朝廷煎药以及诸王造
酒之用，但由于县级官府保护不力，致使泉水遭到了当地民众的严重破坏。
虽然通过张榜的形式，晓示民众不得破坏，但收效甚微。面对这种情况，官府
遂采取官方建亭的方式，借以保护泉水资源。从元代的情况推测，地方民众
对水资源的随意使用与破坏现象在唐代抑或有之。如何在缺乏长效监管机
制的情况下，让民众自觉地合理利用并保护泉水资源，成为摆在地方官府面
前的一道难题。

　　上文已述，"百门陂碑"因"百门之利"而立，此"利"除去水利灌溉之利外，
还有另一"利"，即水旱祈祷之利。百门陂"带苏门以雾杳，望太行而烟接"②，苏
门山乃太行之余脉，百门陂正位于苏门山南麓，山水的完美结合为水旱祈祷提
供了"灵验"的自然空间氛围。"百门陂碑"的碑文中反复提及"祠堂""申祈""奠
祭""庙""庙坛""祠坛"等，说明武周长安年间的百门陂已有祠庙，碑序云："每
至玄律既谢，韶阳肇开，紫莺娇春，红蕚笑日，申祈者倏来忽往，奠祭者烟交雾
集。绮罗缛野，远增芳岁之色；泉濑吟吹，闇合云龢之音。乐哉盛哉！抑亦旷
古之异迹也。"③可见，百门陂神祠在武周时期香火繁盛，已是共城当地一处重
要的地方祠庙。关于百门陂祠庙的营建史，嘉靖《辉县志》卷三《寺观》称"庙创
于隋"④，但由于目前并无确凿旁证，似不可尽信。而据"百门陂碑"碑序"其庙
有二古碑，篆隶磨灭，不可复睹"⑤之语，似可证百门陂神祠当在唐前已存在。
祠庙中尚存的"篆隶磨灭"的古碑，似不应为距唐较近的隋碑，或为时代更古之

---

　　① 沈涛：《常山贞石志》卷一六《元二》，新文丰出版公司编辑部：《石刻史料新编》（第1辑第18
册），新文丰出版公司，1982年，第13448页。

　　② 王昶：《金石萃编》卷六五《唐二五》，新文丰出版公司编辑部：《石刻史料新编》（第1辑第2
册），新文丰出版公司，1982年，第1110页。

　　③ 王昶：《金石萃编》卷六五《唐二五》，新文丰出版公司编辑部：《石刻史料新编》（第1辑第2
册），新文丰出版公司，1982年，第1111页。

　　④ 张天真纂修：嘉靖《辉县志》卷三《寺观》，据明嘉靖六年刻本影印，朱鼎玲、陆国强编：《天一
阁藏明代方志选刊续编》（第61册），上海书店，1990年，第43页。

　　⑤ 王昶：《金石萃编》卷六五《唐二五》，新文丰出版公司编辑部：《石刻史料新编》（第1辑第2
册），新文丰出版公司，1982年，第1111页。

碑,亦未可知。总之,百门陂的祠神信仰当在唐前业已形成,不仅建有祠庙,且在当地拥有良好的信仰基础。

由此可见,百门陂作为自然资源与信仰基础,同时兼具水利灌溉与水旱祈祷的双重价值,这种双重价值不仅在中古时代被当地民众广泛认知,亦对地方官的施政产生重要影响。地方官正是在处理百门陂水资源的保护与破坏的矛盾中,找到了百门陂水利灌溉与水旱祈祷之间的契合点,进而产生利用祠神信仰进行水资源保护的做法。

沿着这一思路,我们便可以对长安年间共城县官府在百门陂的这一系列水旱祈祷仪式背后的历史真相重新进行审视,这一真相就是:共城县官府出于保护百门陂水利资源的动机,县令曹怀节利用当地民众浓厚的百门陂祠神信仰,通过举行水旱祈祷仪式,间接地完成了对百门陂的保护与掌控。可以说,水旱祈祷仪式是表象,水资源保护才是真相。

具体而言,曹怀节主要是通过两种方式完成了百门陂水资源保护从表象到真相的转化:一种方式是官方控制,另一种方式是信仰强化。所谓官方控制是使百门陂重新回到官府的掌控之下,而所谓信仰强化是使百门陂在不断强化的信仰的护持下尽量免遭破坏。具体而言,这两种方式主要体现在曹怀节精心设计的五次水旱祈祷仪式中。

“百门陂碑”《碑阴记》:

> 长安二年夏五月,州符下县祈雨。六月一日,公准《祠令》,乃先祈社稷,遍祈山川,躬临庙坛,亲自暴露。其时,西北山顶有云团团而上,雷起岩突,电发墙蕃,须臾之间,降雨一境。当共七司佐廉谨、郭敬,里正郭仙童、贾瑾,乡望焦德贞、魏夷简等,父老光温古,上诗贺公曰:“锦色陈川后,丝雨降桐乡。”
>
> 又三年春四月,祈雨,公至诚启请如前。是时,云从苏门山起,俄而骤雨盈郊,当共录事隗弘允,七司佐杨讃、耿恪等,里正高延斐、李俨、孙九儿,坊正郭贞、郭□,乡望光古、贾祚等,同祈。
>
> 又四年春三月,时雨不晴,农蚕有废。四月七日,共主簿程列,仓督张行璋,佐郭敬、李元,里正张机、张篡、张旱,村正郭思敬乞晴,应时获霁,得毕蚕麦,始雨。又晚夏雨多,至七月七日,共七司佐、录事隗允等乞晴。十日,当时雨霁,得如所愿。其日有瘿陶县令尔朱昂、寄庄贝州临清县令萧衰辅。

又秋八月,霖霈逾旬,不得收刈。邑老隗芝玄、王天生,请公乞。时冒雨而临祠坛,端笏启请,顾仰山河乞晴。百姓毕其收刈,应时雨止。共七司佐□守义、张处明、廉思昉,市史齐山,里正马弘节。①

在官方控制方面,上引《碑阴记》在叙述长安二年夏的首次祈雨时,着意突出祈祷行为所具有的官方性质。一方面,"州符下县祈雨"明确提到是州下符到县,再由县级秉承州级的指令实施祈雨,表达出鲜明的官方程式。另一方面,碑文对县令曹怀节祈雨行为的描写亦具有明显的官方性质:"公准《祠令》,□先祈社稷,遍祈山川,躬临庙坛,亲自暴露。"这里提到了曹怀节是依据《祠令》的相关规定而举行祈雨仪式的。据开元七年(719年)《祠令》:"诸州县旱则祈雨,先社稷,又祈界内山川能兴云雨者,余准京都例。"②可见,开元《祠令》对州县祈雨的相关规定当沿袭自唐初《祠令》,碑文所记曹怀节的祈雨行为的确与《祠令》的相关规定十分吻合。总之,曹怀节在百门陂神祠的首次祈雨,是在接到州符之后,根据州级的意志,严格按照《祠令》关于州县"旱则祈雨"的程式进行的一次官方祈祷活动。在仪式现场,曹怀节一定要宣读州下到县的符文,同时,亦会让现场观看祈雨仪式的民众了解到,自己是按照朝廷《祠令》的规定举行祈雨仪式的。曹怀节巧妙地利用了州级下令县级祈雨的机会,赋予了百门陂神祠官方性质。当百门陂神祠进入官方祭祀体系后,就会配备相关的神祠管理人员,③由于百门陂及神祠属于同一管理体系,这样便可以从官方的角度实施对百门陂及其神祠的日常管理与维护。

在强化信仰方面,地方官府通过多次祈雨祈晴仪式及扩大仪式规模等手段,进一步强化民众对百门陂祠神的信仰。这些手段都被碑文以仪式再现的方式呈现出来。所谓仪式再现,就是碑文创作者选择性地再现当时的祈祷、修庙、立庙、立碑诸仪式的盛况,这一再现主要是通过描述仪式过程及刻写参与仪式重要人物题名的方式实现的。

---

① 王昶:《金石萃编》卷六五《唐二五》,新文丰出版公司编辑部:《石刻史料新编》(第1辑第2册),新文丰出版公司,1982年,第1112页。

② 仁井田陞:『唐令拾遗·祠令第八』,東京大學出版會,1933年,209頁。

③《唐六典》卷三〇《三府督护州县官吏》有关于五岳、四渎的庙令、祝史、斋郎等相关官吏的设置、职掌规定的记载。参见李林甫等撰,陈仲夫点校:《唐六典》卷三〇《三府督护州县官吏》,中华书局,1992年,第756页。按州县官方确认的诸神祠,亦属于官方祠庙,理当依据五岳四渎的体制设置相关管理人员。

一方面,碑阳序文及《碑阴记》的作者详细记录了共城县令曹怀节在长安二年至四年率官民在百门陂神祠举行的五次祈雨、祈晴活动,这种对仪式的烦琐记录在其他祠庙碑文中是不易见到的。对于当地民众而言,从长安二年六月到翌年四月,在不到一年的时间里当地官府就举行了两次盛大的祈雨仪式,这些仪式不可不算当地的大事件。更有甚者,在长安四年的夏秋季节竟然又连续举行了三次祈晴仪式。这种高频度的祈雨、祈晴活动,势必会在当时共城县的民众中留下极深刻的印象。

另一方面,"百门陂碑"碑文中的题名信息引人注目。据笔者统计,碑阳共出现人名17个,碑阴人名46个,碑两侧人名约136个。除去碑侧一些无职位的人名之外,碑文所涉的人物主要包括县级品官如县令、丞、簿、尉,县级胥吏包括县录事、七司佐(佐、史、帐生①)、市令、市史、仓督、里正、坊正、村正、县博士、医博士等杂任以及地方乡望、父老、邑老等。可以说,"百门陂碑"是现存唐代祠庙碑中保留地方官民信息最为丰富且完整的文本。碑文中这些数量众多的题名格外引人关注。实际上,从县令、丞、簿、尉,到县级胥吏,再到那些乡望、父老、邑老,都是当时参与祈祷仪式的主要人物。每一次祈祷仪式,县令都会要求全县的重要人物悉数到场,仪式的盛况极具视觉冲击力,这种效果亦会在当地民众心中留下深深印记。

曹怀节之所以要设计如此频繁的祈雨、祈晴活动,而且每次祈祷均要求全县重要人物出席,就是要让民众产生一种强烈的意识,即百门陂神祇非常"灵验",且从官方到基层社会的重要人物都对神祇的"灵验"深信不疑。只要民众对百门陂及其神祠持有坚定的信仰,他们就不会去任意破坏这些神圣之物,反而会发自内心地保护这些"灵验"的自然资源。

总之,曹怀节从制度层面,赋予百门陂神祠以官方性质,实现了对百门陂及其神祠的官方日常管理。又从信仰层面,通过对多次盛大的水旱祈祷仪式逐渐强化了地方民众对百门陂神祠的信仰。基于官方控制与信仰强化的理念,地方官府间接实现了对百门陂水利资源的掌控与保护。

更为重要的是,为了使这一隐形的保护举措长期维持下去,碑刻在这里便发挥出其应有的作用。能够在现场观看祈祷仪式的民众毕竟是少数,这种仪

---

① "帐生"不见于传世文献,而唐代诸县设有"帐史"。参见(唐)李林甫等撰,陈仲夫点校:《唐六典》卷三〇《三府督护州县官吏》,中华书局,1992年,第751~753页。

式的现场感并不具备延时性。为此,曹怀节决定树立一通石碑。碑文不仅按照祠庙碑应有的叙述结构描写神祠"灵验"、官员德政等内容,以达到宣扬神祇、赞颂官员之目的,更重要的是其通过文字将当时的官方控制理念与盛大仪式现场进行选择性地再现,这就是我们如今看到的记录有那五次详细的祈雨祈晴仪式、百余人的题名和祈雨官方仪式的文字。

据嘉靖《辉县志》卷三记载:

> 卫源庙,在百门泉上。殿名清辉,泉乃卫河之源。庙创于隋,以主此水,世称灵源公。宋宣和七年,封威惠王。元至元二十一年,加封洪济威惠王。历代累修,元末兵毁。国朝洪武十一年,改称卫源之神。本府知府,岁以四月八日致祭,每遇旱涝,祈祷有应。[①]

可见百门陂神祠在唐代之后,其香火延续不断,神祇得到历代朝廷的崇祀与加封。关于"世称灵源公",宋真宗咸平元年(998年)四月《赐灵源庙额诏》记载:"卫之百门庙,门之水出焉。神灵攸居,貌像斯设。凡所请祷,答以勤诚。不有嘉名,孰谓昭报。宜赐额曰灵源。"[②]可见"灵源庙"之称实始于北宋前期。县志称宋宣和七年(1125年),改封威惠王。实际上当年十月,金兵大举南下攻宋。十二月,徽宗让位于钦宗,北宋王朝已然穷途末路。在此危急时刻,北宋朝廷将神号由"公"晋封为"王",不知是否有祈求神灵护佑京城开封之意。而县志所谓元至元二十一年(1284年),加封洪济威惠王,则有李谦《洪济威惠王庙碑》为证。[③]至明代,由于自元代以来人们认为百门陂乃卫河之源,故庙又改称"卫源庙",延续至今。可见,宋元时期,百门陂神祠的地位从地方逐渐上升到朝廷级别,其神祇亦被封公、封王。这种祠神香火延续且地位提高的现象,充分证明了历朝官府对曹怀节通过官方控制与信仰强化的途径保护百门陂水利资源行为的高度认可,而这种认可的知识来源便是当时知识阶层对"百门陂

---

① 张天真纂修:嘉靖《辉县志》卷三《寺观》,据明嘉靖六年刻本影印,朱鼎玲、陆国强编:《天一阁藏明代方志选刊续编》(第61册),上海书店,1990年,第43页。

② 司义祖整理:《宋大诏令集》卷一三七《典礼二二》,中华书局,1962年,第483页。

③ 李谦《洪济威惠王庙碑》记叙了元至正到元贞年间,朝廷加封洪济威惠王以及官方修葺祠庙的情况。参见李谦:《洪济威惠王庙碑》,张天真纂修:嘉靖《辉县志》卷六《文章》,据明嘉靖六年刻本影印,朱鼎玲、陆国强编:《天一阁藏明代方志选刊续编》(第61册),上海书店,1990年,第105~109页。

碑"背后隐藏的历史真相的发现。

三、"百门陂碑"模式：唐中后期泉神祠庙石刻与水资源控制

开元二十四年（736年）三月，恒州鹿泉县修建了一所新的白鹿泉神君祠，并树立起一通石碑，这就是"有唐白鹿祠碑"。此碑最先当立于今河北省石家庄市鹿泉区白鹿泉乡白鹿泉村南的泉神祠，今已不存，但有拓本流传。据国家图书馆藏拓本，碑阳、碑阴均高 1.83 米，宽 1.02 米，碑额高 0.32 米，宽 0.35 米。碑额题"有唐白鹿祠碑"，篆书；碑身四面刻字，碑阳、碑阴文字接续为《白鹿泉神君祠碑》，隶书，碑阴后四行字号略小，恒州刺史韦济文，岠岳山人裴抗书，恒州参军元谅监勒。又据沈涛调查，碑左侧为三川野叟七言绝句诗一首，正书。碑右侧为三段，第一段为东京大福□沙门湛□词，正书；第二段为北宋政和二年（1112年）范文甫、李公南题名，正书；第三段为白鹿泉神主杜神泉等题名，隶书。①历代金石学著作对此碑多有著录，②学界主要利用此碑探讨祠神信仰、地方军职以及家族史相关问题。③

"有唐白鹿祠碑"亦属于祠庙碑，主要记述了开元二十三年（735年）恒州刺史韦济于恒州鹿泉县的白鹿泉边主持的一场盛大的祈雨仪式。据碑阳：

开元乙亥岁，日在东井，自春不雨，至于是月。济肃承嘉命，有事名

---

① 沈涛：《常山贞石志》卷九《唐六》，新文丰出版公司编辑部：《石刻史料新编》（第 1 辑第 18 册），新文丰出版公司，1982 年，第 13308 页。

② 关于此碑的收录，首见于南宋陈思《宝刻丛编》卷六《河北西路·真定府》引《诸道石刻录》。此外，佚名《宝刻类编》卷三亦收录。至清代，学者始重点关注此碑，诸如孙星衍《京畿金石考》卷下，叶志诜《平安馆藏碑目》，赵之谦《补寰宇访碑录》卷三，吴式芬《金石汇目分编》卷三之二、《攈古录》卷八，沈涛《常山贞石志》卷九，陆增祥《八琼室金石补正》卷五五，缪荃孙《艺风堂金石文字目》卷五，光绪《畿辅通志》卷一四五《略一百·金石八》，陆心源《唐文拾遗》卷一八，周荣纂修《乾隆获鹿县志》卷一，俞锡纲修、曹鍒纂《光绪获鹿县志》卷十三，欧阳辅《集古求真续编》卷七等均有关于此碑的收录及相关研究。其中，沈涛、陆增祥关于此碑的录文校订、相关史事考证尤为精审。

③ 雷闻：《唐代地方祠祀的分层与运作——以生祠与城隍神为中心》，《历史研究》2004 年第 2 期；杨俊峰：《唐宋之间的国家与祠祀——以国家和南方祀神之风互动为焦点》，上海古籍出版社，2019 年，第 44 页；李浩：《论隋唐五代民间神灵崇拜的整合》，《民俗研究》2010 年第 3 期；张国刚：《唐代藩镇军将职级考略》，《学术月刊》1989 年第 5 期；冯金忠：《唐后期地方武官制度与唐宋历史变革》，《河北师范大学学报（哲学社会科学版）》2008 年第 1 期；赵满：《开元天宝年间河北的地方社会与安禄山叛乱中的新兴文士》，《唐史论丛》2019 年第 2 期；王楠：《唐代书家兰陵萧氏家族碑志集证——以萧诚昆仲为中心》，《故宫博物院院刊》2018 年第 6 期。

山,斋宿泉源,静恭旁祷,神必响答,灵液□□,嘉苗来苏,岁以穰熟。夫后造化而出,奇功也;活三军之众,立勋也;广利百姓,善化也;施不违素,善信也。非夫圣祉旁通,坎灵潜发,是能迈种于德,左右挈人若兹者乎?①

关于白鹿泉,据碑阳:

粤泉之由来尚矣,盖不知其古始焉。故老相传,或言汉将韩信,东下赵,涉井陉,壁于峥嵘,军用渴绝。俄有白鹿跑地,飞泉出焉,百万之师,壹朝以济。永徽中,邑尉皇甫哲,导泉自陉口东注郭,落四十余里,余波入于滹沱。屯云行雨,膏凝脉散,漫渥浸润,所蒙盖多。②

据此可知碑文的作者韦济关于白鹿泉的来历亦不甚明了,他的相关认知主要来自"故老相传"的地方传说。碑文中关于韩信军队取水的故事,虽然不可尽信,却成为后世关于白鹿泉信仰的重要知识来源。此后,元朝元贞二年(1296年)四月周义撰写的《获鹿县创修白鹿泉亭记》,③与至正十七年(1357年)二月所立"重修鹿泉神应庙碑"④碑文,均载有关韩信传说,虽然详略不一,却可与唐碑相互印证。除白鹿泉的传说,上引碑文中还透露出一个重要信息,即永徽年间鹿泉县尉皇甫哲主持的一次水利工程。正是这次水利工程,使得白鹿泉从此获得了重要的水利灌溉价值。据《新唐书·地理志》记载:

获鹿,中。本鹿泉,天宝十五载更名。有故井陉关,一名土门关。东北十里有大唐渠,自平山至石邑,引太白渠溉田。有礼教渠,总章二年,自石邑西北引太白渠东流入真定界以溉田。天宝二年,又自石邑引大唐渠

① 沈涛:《常山贞石志》卷九《唐六》,新文丰出版公司编辑部:《石刻史料新编》(第1辑第18册),新文丰出版公司,1982年,第13305页。碑文部分文字据拓片及相关文献修订,下文不再注明。
② 沈涛:《常山贞石志》卷九《唐六》新文丰出版公司编辑部:《石刻史料新编》(第1辑第18册),新文丰出版公司,1982年,第13305页。
③ 沈涛:《常山贞石志》卷一六《元二》,新文丰出版公司编辑部:《石刻史料新编》(第1辑第18册),新文丰出版公司,1982年,第13448页。
④ 沈涛:《常山贞石志》卷二四《元十》,新文丰出版公司编辑部:《石刻史料新编》(第1辑第18册),新文丰出版公司,1982年,第13598~13600页。

东南流四十三里入太白渠。[①]

可知唐代鹿泉县的水利资源比较丰富，诸如大唐渠、礼教渠等，对当地的水利灌溉具有重要意义。鹿泉县的一些重要河渠经太白渠而入恒州治所真定界用以灌溉，成为真定县水利灌溉的重要水源。因此，永徽中鹿泉县的这次引白鹿泉水入县城城郭，继而入滹沱的水利工程，不仅使白鹿泉成为鹿泉县城用水的重要水源，亦为恒州治所真定县的农田灌溉提供了新的保障。鉴于白鹿泉在鹿泉县乃至恒州整体水资源体系中的重要地位，对白鹿泉实施保护必然成为恒州刺史与鹿泉县令的重要职责。

此外，与百门陂一样，白鹿泉亦是自然资源与信仰资源的结合体，兼具水利灌溉与水旱祈祷的双重价值。恒州刺史韦济也是利用官方控制与信仰强化的方式，逐步实现地方官府对白鹿泉的掌控与保护。据碑阳，韦济于白鹿泉祈雨获验后，随即采取了一系列官方控制措施：

> 宜蒙法食，昭著祠典。而荒凉苔石，埋秽榛芜，历代弥年，莫之莅赏，碑板无纪，堂象缺然，非所谓无德不酬，有功必祀。乃命县属，率彻俸钱，扫除林麓，修创庭庙。吏人欣愿，不日而成，兼旁构数亭，以休神憩侣。因石为室，即山取材，□□以茨，不皮不斲。[②]

韦济采取的行动首先是"宜蒙法食，昭著祠典"，将白鹿泉列入官方祀典之中，赋予该神祇以官方合法地位。其次是"修创庭庙"。据元贞二年四月周义撰《获鹿县创修白鹿泉亭记》记载，由于传说中白鹿泉对于韩信大军有重要意义，"汉室成平，郡人义之，于泉左立胡王神祠，是其迹也。是故祈祷，以致感应焉"[③]。可见，白鹿泉在汉代即建有祠庙，此胡王神祠或即为白鹿泉神君祠，亦未可知。但据开元碑文推断，在韦济命鹿泉县"修创庭庙"之前，此处已无祠庙建筑，亦无相关碑刻。因此韦济在将白鹿神君列入官方祀典之后，便在原先白

---

① 《新唐书》卷三九《地理志三》，中华书局，1975年，第1015页。

② 沈涛：《常山贞石志》卷九《唐六》，新文丰出版公司编辑部：《石刻史料新编》（第1辑第18册），新文丰出版公司，1982年，第13305页。

③ 沈涛：《常山贞石志》卷一六《元二》，新文丰出版公司编辑部：《石刻史料新编》（第1辑第18册），新文丰出版公司，1982年，第13448页。

鹿泉祠庙的基址上修建了新的祠庙,以此作为官方祭祀的信仰空间。最后是"旁构数亭",即通过修建亭类建筑的方式,一方面营造景观气氛,另一方面使其成为官方管理体系中的一环。韦济通过以上措施,使白鹿泉完全置于地方官府的管控之下。

在信仰控制方面,韦济的祈雨虽然不像曹怀节那样频繁,但亦通过举办规模盛大的祈雨、建亭、立碑等仪式,强化当地民众关于白鹿泉的信仰基础。长安年间卫州共城的水旱祈祷、立碑是由县级官民所主持的仪式,开元二十三年至二十四年的祈雨、建亭、立碑仪式的主持者则是州级官府,其仪式的规模、影响要比前者更大。当时这种强烈的仪式感是通过碑阴文字表达出来的。碑阴主要记录了州县官员向刺史进言请求立碑之事,这些官员分别是别驾荥阳郑韬光、别驾汲郡尚景述、长史赵郡李眺、长史河东薛昭、司马兰陵萧诚、司马武功苏晓、真定县令柳令誉、鹿泉县令窦钦望、井陉县令于怀赞等。碑文在记录上述官员请求立碑之事并加以赞颂之后,又附几行小字,描写了白鹿泉池亭竣工后,恒州州县官员再次请求立碑一事。

> 开元二十有四年壬春三月,鹿泉县主簿杨景新监修池亭毕。时司功参军杨慎言,司法张慆,司士邱□,司仓□□诚,参军□俊、参军吉祥、参军长孙晙、参军卢泽,恒阳军总管元贤宰、教练使李乔,藁城县令柳浩,石邑县令杨承庆,九门县令王庆,灵寿县令朱昂,房山县令鲁拱庭,真定县丞姚□、主簿张惟肃、尉王灵仙、尉蔺庆、尉王老言,鹿泉县□□□客、尉□光朝,井陉县丞姚怀□、主簿周仲□、尉司徒惟良,石邑县尉史凛然等,群公毕会,□□建碑。故勒诸其名,用昭不朽矣。①

当白鹿泉附属池亭修建完毕之日,恒州刺史及州级僚佐,恒阳军总管、教练使和恒州属县除行唐之外的真定、鹿泉、井陉、藁城、石邑、九门、灵寿、房山八县官员悉数到场,举行盛大仪式,庆贺祠庙、池亭修建完毕,并再度倡议立碑。随后,"有唐白鹿祠碑"便被树立起来。上引文字之所以是以小字的形式镌刻在碑阴上,是因为这些文字是后刻上去的。官员们为了纪念祠庙碑的树

---

① 沈涛:《常山贞石志》卷九《唐六》,新文丰出版公司编辑部:《石刻史料新编》(第1辑第18册),新文丰出版公司,1982年,第13306页。

立,"故勒诸其名,用昭不朽矣"。我们发现,碑阴小字所列这次群官聚会的名单恰恰是碑阴大字向刺史进言官员名单之外的州县官员,经过这次补刻,这两份名单便共同构成了一整套恒州地方官员名单。我们绝不能将这一官员名单视为简单的碑刻题记,因为这并非普通的题名,而是一种通过题名的方式再现当时仪式现场的独特写作手法。

可见,恒州刺史韦济亦通过官方控制与信仰强化的方式,间接完成了白鹿泉的水资源保护工作。据至正十七年(1357年)二月立"重修鹿泉神应庙碑"碑文所载,至正十五年(1355年)四月,真定路获鹿县尹成益善在白鹿泉神祠旧址祷雨有应,"厥后累祷累应,而侯之诚愈坚。于是仰瞻神宇,四顾寥廓无依,惟唐、宋、金故碑可考,乃得神之所自出"①。这里的唐碑或许就是开元二十四年的"有唐白鹿祠碑",可见其后历朝关于白鹿泉的传说基本依据唐碑而又有所增益,"有唐白鹿祠碑"遂成为后世通过崇祀白鹿神君而实现对泉水进行官方保护的重要文本依据。

综上所述,我们发现"有唐白鹿祠碑"与"百门陂碑"在碑文的撰写方面,具有多处的一致性。"百门陂碑"碑文中关于泉水的水利灌溉功能与泉水的祠神信仰基础的描写,地方官府官方控制与信仰强化理念的表达等,在"有唐白鹿祠碑"中均有所体现。可见,虽然两通石碑处于不同的时空之下,但在碑文撰写模式以及通过祠神信仰保护泉水资源的理念方面却具有高度的一致性,体现出唐人在这方面认知的一贯性。由于"百门陂碑"是现存最早的利用祠神信仰进行泉水保护的碑刻,具有一定的文本典型性特征,因此我们可将这种祠庙碑的撰述模式称为"百门陂碑"模式。实际上,除"有唐白鹿祠碑"外,我们亦可以在唐后期的泉神祠庙石刻中发现这一模式的痕迹。

大和六年(832年)夏,陕虢群牧使袁孝和、芮城县令郑泽在芮城北龙泉祈雨获验,遂整修祠庙,并刻石纪念,此石便是大和六年七月郑泽撰、姚全书的"龙泉记"刻石。②石上所刻《龙泉记》一文首先对芮城县北一处泉水资源进行了叙述:"县城北七里有古魏城,城西北隅有一泉。其窦如线,派分四流,浇灌

---

① 沈涛:《常山贞石志》卷二四《元十》,新文丰出版公司编辑部:《石刻史料新编》(第1辑第18册),新文丰出版公司,1982年,第13599页。

② 该石刻现镶嵌于山西省运城市芮城县广仁王庙后墙,呈方形,自清乾嘉代以来始有著录及研究,参见钱大昕《潜研堂金石文跋尾》卷八、洪颐煊《平津读碑记》卷八、胡聘之《山右石刻丛编》卷九。为与元和《龙泉记》相区别,《山右石刻丛编》称大和《龙泉记》为《龙泉后记》。

百里。活芮之民,斯水之功也。"①据石刻文字所述,位于芮城县北七里的古魏城西北隅的这处泉水,水资源丰沛,对于当地的农业灌溉具有重要意义。接下来,《龙泉记》又叙述了泉水祠神信仰之来源:

> 顷年已上,遇旱歉,前令尹因而祷之,遂得神应,乃降甘雨,始命为龙泉。已制小屋,图其形,写龙之貌,为乡人祷祀之所。尔来十有余载,神屋坏漏,墙壁颓毁,图形剥落,日为牛羊踩践,秽杂腥臊之地。②

据石刻文字可知,芮城某县令曾因干旱在此泉处祈雨获验,遂将此泉命名为"龙泉",并在其旁建立祠庙,供人祭祀。但其后由于地方官府监管不力,祠庙年久失修。可见,《龙泉记》开门见山便将龙泉所具有的水利灌溉与水旱祈祷的双重价值表达出来,这种叙述方式正是"百门陂碑"模式的延续。下面再看一看《龙泉记》是如何表达官方控制与强化信仰理念的。

关于上述县令祈雨、建庙的故事,在元和三年(808年)龙泉祠庙所立"龙泉之记"碑中可以得到印证。③碑有额,额题"龙泉之记",正书,裴绩书额。碑阳为《广仁王龙泉记》,乡贡进士张铸撰,裴少徽书。据碑文:

> 邑大夫于公顾而言曰:"水之积也不厚,固不能以流长;吏之志也必勤,此亦可以及物。"于是开夫填淤,广夫濬潏,缘数尺之坳,致湛淡之势,周回止百三十有二步,浅深□之而尽江湖胜赏□□。菰蒲殖焉,鱼鳖生焉,古木骈罗,曲屿映带。前瞻荆岳,却背条岭,全□故堞,峥嵘左右,是足以盖邑中之游选矣。傍建祠宇,亦既增饰,意者祠因于泉,泉主于神,能御旱灾,适合祀典。其东南酾为通渠,广深才尺,脉□支引,自田徂里,虽不足

---

① 胡聘之:《山右石刻丛编》卷九《唐》,新文丰出版公司编辑部:《石刻史料新编》(第1辑第20册),新文丰出版公司,1982年,第15110页。石刻部分文字据2019年7月2日实地所访原石及拓片、相关文献修订,下文不再注明。

② 胡聘之:《山右石刻丛编》卷九《唐》,新文丰出版公司编辑部:《石刻史料新编》(第1辑第20册),新文丰出版公司,1982年,第15110页。

③ 此碑现亦镶嵌于山西省运城市芮城县广仁王庙后墙,自清乾嘉以来始有著录研究,参见钱大昕《潜研堂金石文跋尾》卷八、洪颐煊《平津读碑记》卷七、胡聘之《山右石刻丛编》卷八。

以救七年之患,然亦于此见百里之泽。①

碑文中的"邑大夫于公"或即为大和《龙泉记》中的"前令尹"。②碑文叙述了于姓县令疏浚龙泉、开凿水渠、创建祠庙的过程,可与大和《龙泉记》中的相关史实互为补充。从大和《龙泉记》的记载来看,赋予泉水以祈雨"灵验"特性的正是这位于姓县令。同时,"龙泉"之名亦是这位县令所始创。然据《水经注》载古魏城"城内有龙泉,南流出城"③,可见"龙泉"之名至迟在北魏时期便已存在,并非于姓县令所创。碑文的作者之所以要将祈雨"灵验"、建立祠庙以及命名龙泉等行为均捆绑于这位县令身上,其目的很明确,是为了向碑文的读者表明龙泉祭祀所应有的官方性质。同时,《广仁王龙泉记》亦有"能御旱灾,适合祀典"一句,说明地方官府已明确将龙泉祭祀纳入官方诸神祠体系,赋予其官方祭祀性质。

据大和《龙泉记》,元和初年芮城县令创建的龙泉祠庙,由于年久失修,沦为"日为牛羊蹂践,秽杂腥臊之地"。这不仅仅是对祠庙破败景象的描述,亦反映出龙泉水遭到破坏的现实。面对泉水资源遭到破坏的现实,时任陕虢群牧使的袁孝和与芮城县令郑泽商议,决定趁芮城"大和五年秋、六年春,历四甲子无雨,虽有风雪,亦不及农用。土地硗确,首种不入"④之时机,举行一次大规模的祈雨仪式,以强化当地民众对龙泉之神的信仰。与"百门陂碑"仅仅通过仪式、题名的方式进行信仰强化不同,大和《龙泉记》还记述了一个更为神异的故事:

夏四月中夜,有神人贻梦于群牧使袁公:"此土愆阳日久,子何不亲告龙所?"察神之有托袁公之意者,表居止危塌,图形曝露,欲其知也。袁公

---

① 胡聘之:《山右石刻丛编》卷八《唐》,新文丰出版公司编辑部:《石刻史料新编》(第1辑第20册),新文丰出版公司,1982年,第15088页。石刻部分文字据2019年7月2日实地所访原石及拓片、相关文献修订,下文不再注明。

② 胡聘之认为:"碑云前令尹图形祷祀者,即指元和三年县令于公所立之记。元和三年至太和五年,二十二年,碑不曰二十余年,而曰十余载者,庙之废祀,必在元和末也。"参见胡聘之:《山右石刻丛编》卷九《唐》,新文丰出版公司编辑部:《石刻史料新编》(第1辑第20册),新文丰出版公司,1982年,第15111页。

③《水经注校证》卷四《河水》,中华书局,2007年,第110页。

④ 胡聘之:《山右石刻丛编》卷九《唐》,新文丰出版公司编辑部:《石刻史料新编》(第1辑第20册),新文丰出版公司,1982年,第15110页。

梦觉曰:"我以职司此地,所部非少。况黎人悬悬之心,思雨如渴,神梦若生,胡不为之行,即我惠人之念何在?"乃命驾率所部诣神,致酒脯,敬陈夜梦,阴祝之:"如神三日之内,下降甘雨,即神应可知,我当大谢至灵;如或不刻,即梦不足征矣。"言讫告归,其夜二更,风起云布,甘泽大降,稍济农人之急也。乃撰吉日,备椒浆、桂醑、三牲,具足大飨,以答神应。爰命官僚同观罇俎之盛也。①

为了强化信仰,袁孝和编织了一个"神人贻梦"的故事,说是有神人托梦于自己,告知芮城之所以连年荒旱,皆因龙泉祠庙年久失修之故。袁孝和梦醒之后,为了黎民苍生,率僚佐亲至龙泉祈雨,并许下获验报祠之愿。祈雨归来之后,果然天降甘霖。石刻文字关于梦境的描写栩栩如生,这种创作手法与唐后期古文运动的影响不无关联。与"百门陂碑""有唐白鹿祠碑"的碑文相比,虽然大和《龙泉记》的创作手法发生了一些变化,但在强化信仰旨趣的表达方面却始终如一。碑文的作者就是要通过神人托梦的文学笔法,使当地的龙泉信仰更为坚实稳固。

此外,大和《龙泉记》亦通过仪式再现的手法,进一步筑牢民众的龙泉信仰。就在袁孝和祈雨获验后,他立即率领僚佐举行了盛大的报祠仪式,从"爰命官僚同观罇俎之盛也"的记载来看,当时报祠仪式的盛大场面仍历历在目。尤其值得关注的是碑文之末的题名:"陕虢群牧使、登仕郎行内侍省掖庭局宫教博士、上柱国袁孝和,群牧使判官张积,朝议郎行丞、上柱国裴凝,承奉郎行主簿独孤景俭,通直郎行尉刘元,给事郎行尉崔申伯。"②可见,就在这70余厘米见方的石面上,碑文作者依然要将参与祈雨、报祠的主要官员之名记录下来,就是为了再现当时仪式的盛况。

大和《龙泉记》在信仰强化理念的表达方面,除去描述神人托梦、袁孝和祈雨报祠等桥段外,作者还进一步叙述了一个更为神奇的故事,那就是作者本人芮城县令郑泽的二次祈雨获验经历:

① 胡聘之:《山右石刻丛编》卷九《唐》,新文丰出版公司编辑部:《石刻史料新编》(第1辑第20册),新文丰出版公司,1982年,第15110页。
② 胡聘之:《山右石刻丛编》卷九《唐》,新文丰出版公司编辑部:《石刻史料新编》(第1辑第20册),新文丰出版公司,1982年,第15110页。

泽乃诣神祝曰："泽官忝字人,昧于前知,致令神居处隘狭,牛羊无禁,斯泽之政阙也。然今日再启明神,前所感应,甘泽救人,降即降矣;其于耕种之劳,足即未足。神感如是,能更驱作百神,加之大雨。使耕者无碍于捍格之窳,种者不怀焦焠之患。如神响应,可以致之。泽即集谕乡人,划除旧舍,建立新宇,绘捏其形,丹臒其壁。炎炎赫赫,必使光明。"①

就在郑泽跟随袁孝和进行报祠的当日,他竟然在龙泉祠庙进行了二次祈雨。从祝文来看,郑泽认为前者袁孝和的祈雨虽然获验,但雨量并未充足,希望龙神再降甘霖,以满足当地灌溉之需。此时郑泽许下的报祠之愿便是重修祠庙。按照碑文的叙述,在郑泽祈雨许愿之后,果然又是"大降甘雨,势如盆倾"。郑泽之所以要将二次祈雨的经历写进石刻文字,就是要向石刻文字的读者表明,此处的龙神非常"灵验",并且屡试屡验。

郑泽在祈雨获验后,也履行了当时的承诺,组织人力对祠庙进行了大规模的重修。大和六年这次的重修是以元和年间的祠庙为基础进行的施工,现存芮城县广仁王庙大殿便是大和六年唐构之遗存。②据大和《龙泉记》所载,在祠庙维修期间,出现了"俄有斑蛇丈余,锦背龙目,盘屈废蹋之上"③的情况,似乎龙神显灵,郑泽亦写下了"故知灵不得不信,人不得不知。众之所睹,诚曰有神,岂曰无神"④之语,进一步强化了民众的龙神信仰,使当地民众更加坚信龙神的存在。

在古文运动的影响下,祠庙石刻从"碑"到"记"转换的过程中,⑤大和《龙泉

---

① 胡聘之:《山右石刻丛编》卷九《唐》,新文丰出版公司编辑部:《石刻史料新编》(第1辑第20册),新文丰出版公司,1982年,第15110页。

② 贺大龙:《山西芮城广仁王庙唐代木构大殿》,《文物》2014年第8期。

③ 胡聘之:《山右石刻丛编》卷九《唐》,新文丰出版公司编辑部:《石刻史料新编》(第1辑第20册),新文丰出版公司,1982年,第15110页。

④ 胡聘之:《山右石刻丛编》卷九《唐》,新文丰出版公司编辑部:《石刻史料新编》(第1辑第20册),新文丰出版公司,1982年,第15110页。

⑤ 就碑题而言,唐代的祠庙碑文本包括"实录""碑""文""颂""记"等几种文体。其中,"实录"作为碑刻的文体在唐代并不多见,当归入"碑"类;"颂"亦属于"碑"的一种标题形式;而"文"则与"记"近似。因此,祠庙碑文本便可以分为"碑"与"记"两大类文体。综观唐代的水旱祈祷主题祠庙碑题,我们会发现一个现象,即唐前期的祠庙碑多为"碑"的形式,而从天宝开始,被称为"记"的祠庙碑(即庙记)的发展渐成普遍之势,尤其是从元和至咸通年间,唐前期的"碑"类祠庙碑更加式微,庙记俨然成为祠庙碑文本的主流。"碑"的文本结构一般由序与铭(颂)组成,文字多以骈体表现,文学性较强。而"庙记"则以叙事为主,空泛的文学性描写明显减少。

记》的创作手法与"百门陂碑""有唐白鹿祠碑"的碑文出现了明显的变化。后者依然具有明显的骈文结构与风格,而前者的文字则更为自由灵动,尤其是在托梦、祈雨、报祠、再祈雨、龙神显灵、修庙诸事的描写方面,已近似笔记小说,这种文字风格更易为广大民众所接受。但从总体叙事结构来看,"百门陂碑"模式在唐后期依然在泉神祠庙石刻中得到延续,诸如关于泉水的水利灌溉功能与泉水的祠神信仰基础的描述,以及官方控制与信仰强化的理念表达等,在大和《龙泉记》中也能够找到相关痕迹。这一现象说明这种利用祠神信仰管控泉水资源的理念,至少是八九世纪的唐王朝河北、河南地区地方官府区域治理的一种共识。

若按照上述历史逻辑对传世文献进行重新审视,除去石刻,我们在正史中亦能发现类似的案例。贞元九年(793年),杨朝晟起复左金吾大将军同正、邠州刺史,"初,军次方渠,无水,师徒嚣然,遽有青蛇乘高而下,视其迹,水随而流。朝晟令筑防环之,遂为停泉,军人仰饮以足,图其事上闻,诏置祠焉"①。这是一个贞元年间杨朝晟率军取水的故事。故事记载杨朝晟率军至庆州方渠县,无水供军。危急时刻,有青蛇带来水源,军队赖此水源得活。为了保护水源,杨朝晟绘成水源分布图上奏,朝廷遂下诏在水源处建立蛇神祠。我们发现,故事中关于军队取水的叙事,实则与"有唐白鹿祠碑"中关于韩信军队取水的传说极其雷同。而青蛇出现的神异现象,亦与大和《龙泉记》中的斑蛇显灵叙事类似。军队取水的故事是为衬托此泉对于驻军的重要性,而神蛇显灵的描写则是为彰显泉神信仰而服务。而无论是军队取水还是神蛇显灵的故事设计及祠庙的修建,其最终目的都是为了对这一重要军需水源实施保护。可见,地方官府通过官方控制与强化信仰的方式,对辖区内重要的泉水资源进行保护的理念,在8世纪末的西北地区亦能够得到贯彻执行。

结 语

长安四年、开元二十四年、大和六年,在卫州共城县的百门陂、恒州鹿泉县的白鹿泉与陕州芮城县的龙泉,分别建立起三通祠庙碑刻。虽然时空各异,但碑文背后隐藏的史事及三通石刻的立石旨趣却具有高度的相似性。无论是共城县令曹怀节、恒州刺史韦济,还是陕虢群牧使袁孝和与芮城县令郑泽,几位

---

① 《旧唐书》卷一四四《杨朝晟传》,中华书局,1975年,第3927~3928页。

地方长官都在不谋而合地利用当地民间具有悠久传统的泉神信仰,对具有重要水利资源价值的百门陂、白鹿泉与龙泉实施官方保护。地方官通过赋予这些地方神祇以官方祭祀性质来实施官方管控,同时通过举行规模宏大的祈祷、修庙、立碑等仪式进一步强化民众的相关信仰。

透过结构化的文字描述,展现在碑文读者面前的是文字再现出的仪式盛况。地方官通过祈祷、神祠官方化、修庙、立碑等仪式,强化祠庙的官方性质与民众对神祇的信仰,利用官方与信仰的双保险,实现对自然资源的保护。地方官当然不仅仅是为纪念水旱祈祷获验而立碑,立碑的意图不但是要颂扬神祇、宣扬官员德政,更重要的是通过仪式再现的方式传达仪式背后隐藏的理念。碑文中的祈祷获验仅仅是表相,保护水源才是仪式背后的真正动机。祠庙碑的建立体现出唐代地方官府权力与民间信仰之间的互动,是地方官府实现区域治理的重要手段,具有鲜明的时代特色。从这个意义上讲,唐代树立于自然资源崇拜神祠的祠庙碑,实际上与后世的自然资源官禁碑的性质极其相似,只不过在本文表达方式上,唐人更为含蓄罢了。①

若欲以祠庙碑作为历史研究素材,力图探究区域史相关话题,则必须尽力拨开上述石刻文学撰述的迷雾,发现那些结构化文字背后隐藏的历史真实。若论每一通石刻背后隐藏的历史信息而言,则不是"千碑一面",而是"一碑一事"了。简言之,若欲突显祠庙碑在区域史研究中的重要价值,则必须认识到每通祠庙碑的历史特殊性,此为研究的一个重要起点。

本文原刊载于《史学集刊》2021年第6期。

本文作者:

夏炎,历史学博士,南开大学历史学院暨中国社会史研究中心教授、博士生导师,研究方向为中古社会史、制度史及环境史。

---

① 参见李雪梅:《明清禁碑体系及其特征》,《南京大学法律评论》2012年第2期。

8世纪末吐蕃占领于阗史事钩沉

沈 琛

安史之乱后,吐蕃在763—786年间自东向西占据河西,790—792年与唐、回鹘激烈争夺西州与庭州,最后夺取四镇。由于河陇路断,因此唐人对吐蕃、回鹘争夺西域的战事几乎一无所知,今人仅能依靠零星的出土材料进行复原。尤其关于于阗陷蕃的时间,学界争讼已久。

斯坦因(Aurel Stein)最早指出和田丹丹乌里克遗址出土汉文文书的年代下限为790年,据此认为于阗应在此后不久陷于吐蕃。[1]森安孝夫《吐蕃在中亚的进出》一文注意到P.t.1287《吐蕃赞普传记》所载的赤松德赞时期向于阗征税的记载,由于主流意见认为赤松德赞是755—796年在位,因此他推定吐蕃占领于阗的时间是在790—796年之间,[2]这一观点也为当时学界所接受。[3]张广达、荣新江在1997年发表《8世纪下半叶至9世纪初的于阗》一文,根据Hedin 24《唐贞元十四年(798年)闰四月四日典史怀仆牒》将唐代统治于阗的下限后推至798年,推进了对这一问题的认识。吉田丰在《九姓回鹘可汗碑与于阗文文书》一文中,根据《九姓回鹘可汗碑》关于吐蕃与回鹘争夺龟兹、疏勒的记载,以及于阗语文书中出现的798年驻扎坎城的吐蕃大使的信息,认为"贞元"年号并不能作为唐军镇守于阗的标志,因此仍然坚持790—796年于阗陷蕃说,对张、荣的说法提出了挑战。[4]随后荣新江在《于阗史丛考》增订本中回应了吉田丰的观

---

① Aurel Stein, *Serindia*, Clarendon Press, 1921, p.208.

② 森安孝夫:『吐蕃の中央アジア進出』,『金泽大学文学部论集·史学科篇』第4號,1984年,第56～57頁。

③ Ch. I. Beckwith, *The Tibetan Empire in Central Asia: A History of the Struggle for Great Power among Tibetans, Turks, Arabs, and Chinese during the Early Middle Ages*, Princeton University Press, 1987, p.155;王小甫:《唐、吐蕃、大食政治关系史》,中国人民大学出版社,2009年,第190页。

④ Y. Yoshida, "The Karabalgasun Inscription and the Khotanese Documents", *Literarische Stoffe und ihre Gestaltung in mitteliranischer Zeit: Kolloquium anlässlich des 70. Geburtstages von Werner Sundermann*, eds. by Desmond Durkin-Meisterernst, Christiane Reck und Dieter Weber, Reichert Verlag, 2009, pp.349-362.

点,认为"贞元"年号作为唐统治权的标志是没有问题的,但是在790—798年间吐蕃可能曾在反复争夺中一度占据了于阗。[①]虽然这一假说能够解释不同材料之间的龃龉,但是仍然缺乏相关的直接证据,这一问题并没有得到彻底解决。本文拟结合各语言材料对于阗陷蕃的时间进行重新考证,兼论吐蕃在西域进军的路线。

一

首先需要解释丹丹乌里克遗址所出汉文文书的年代下限问题。丹丹乌里克遗址并未出土过藏文文书,主体为唐朝统治时期的于阗文、汉文文书。目前所见年代最晚的汉文文书是一件私人藏汉文文书《贞元七年(791年)七月杰谢乡头没里曜思牒》,[②]这件文书的发现将丹丹乌里克所出文书的下限后推了一年。Hedin 24《唐贞元十四年(798年)闰四月四日典史怀仆牒》是目前和田所见年代最晚的有唐朝年号的于阗语-汉语双语文书,在贞元七年至十四年之间没有相关的汉文文书,这6年的空档期成为此时于阗陷蕃的重要论据。

但持此主张的学者忽略了一点,即这两组文书的出土地点不同。丹丹乌里克遗址原为于阗六城州下辖的杰谢乡,也是唐代于阗镇守军的杰谢镇所在,其出土汉文文书的年代集中于767—791年。而Hedin 24出土于达玛沟一带,达玛沟在唐代为于阗六城州下辖的拔伽乡一带。[③]吉田豊将Hedin 24归入第3组于阗语文书,这一组文书的年代基本都是在于阗王尉迟曜三十二至三十六年(798—802年)之间,大多属于吐蕃统治之下。[④]出土文书的随机性决定了出土文书分布年代的不规则,不同地点的出土文书年代也各有区分,因此不能将两地文书年代之间的差别简单视作政权转换的结果,而必须要仔细分析出土地的历史背景。就丹丹乌里克遗址而言,由于杰谢乡孤悬大漠,与达玛沟附近的六城其他各乡以及坎城相距甚远,一旦遇到敌情,常常整体迁移他处。如Or. 6405 (M 9A)《大历三年(768年)典成铣牒》就反映了南迁六城的杰谢百姓请

---

① 张广达、荣新江:《于阗史丛考》(增订本),中国人民大学出版社,2008年,第264~266页。

② 张铭心、陈浩:《唐代乡里制在于阗的实施及相关问题研究——以新出贞元七年和田汉文文书为中心》,《西域研究》2010年第4期。

③ 文欣:《于阗国"六城"(kṣa au)新考》,朱玉麒主编:《西域文史》(第三辑),科学出版社,2008年,第121~122页。

④ [日]吉田豊撰:《有关和田出土8—9世纪于阗语世俗文书的札记(二)》,荣新江、广中智之译,朱玉麒主编:《西域文史》(第三辑),科学出版社,2008年,第94~96页。

求返回杰谢收粮之事:

> 杰谢百姓状诉杂差科等。右被镇守军牒称:得杰谢百姓胡书,翻称
> "上件百姓……深忧养,苍生频年被贼损,莫知其计。近日蒙差使移到六
> 城。去载所著差科,并纳足。□□慈流,今年有小小差科,放至秋熟,依限
> 输纳。其人粮并在杰谢,未敢就取,伏望商量者。"使判:"一切并放
> 者。"……使又判:"任自般运者。"故牒。大历三年三月廿三日典成铣牒。①

可见早在768年,杰谢乡百姓即曾南迁到六城质逻一带。791年之后,很有
可能由于西域局势的动荡,杰谢百姓永久迁移到了六城地区,这在达玛沟出土
的于阗语文书中也有体现。②杰谢乡的南迁导致了其地的荒废,因而在此之后
丹丹乌里克罕有文书出土。791年不能视作吐蕃统治于阗的时间节点,只能作
为杰谢乡南迁的时间节点。

另一个关键的时间节点是赤松德赞的在位年限,森安孝夫与吉田豊采信
了796年之说,据此认为于阗在796年之前陷蕃。实际上,关于赤松德赞的去
世时间并不确定,藏史中有796、797、800、802、804年说等不同的记载,而以796
年之说较为主流。那么这一说法是否可靠呢? 杜晓峰(Brandon Dotson)在《牟
如赞与〈旁塘目录〉》一文中对赤松德赞的在位年代提出了新的见解,他通过比
对藏文碑铭、传世藏史与《旁塘目录》的记载,指出在797年赤松德赞曾短暂退
位,将皇位传给其子穆尼赞普(Mu ne btsan po),但是在798年穆尼赞普猝死,赤
松德赞复位与幼子赤德松赞共同秉政,直到800年方去世。不过赤松德赞之兄
牟如赞(Mu rugrtsan)趁机夺取赞普之位,802年逊位于赤德松赞。③作者对相关
事件的年代考订非常严谨,其结论基本可信。

不过,杜晓峰对于赤松德赞在位年代的判断仍然是建立在旁证的基础上,
需要更为直接的证据支撑。实际上,P.t.1287《吐蕃赞普传记》(392~397行)的

---

① 张广达、荣新江:《〈唐大历三年三月典成铣牒〉跋》,《于阗史丛考》(增订本),中国人民大学
出版社,2008年,第106~117页;沙知、吴芳思《斯坦因第三次中亚考古所获汉文文献(非佛经部
分)》(第2册),上海辞书出版社,2005年,第331页。

② 沈琛:《吐蕃统治时期于阗的军事体制考论》,叶炜主编:《唐研究》,北京大学出版社,2019
年,第91~82页。

③ B. Dotson, " 'Emperor' Mu-rug-brtsan and the Phang thang ma Catalogue", *Journal of the International Associationfor Tibetan Studies,* No. 3, 2007.

相关记载暗含了关于这一问题的重要线索,学界其实并没有对此进行仔细的辨析。以下对这段记载进行重新分析:

rgyal po 'dI 'I ring la / 'bro khri gzu' ram shags kyis / stod pyogs su drangste/ II 'bangs su bkug nas dpya'phab bo // 'ung gI 'og du myva dkar po 'bangs su mnga'ba las / glo ba rIngs pa'I tshe / dmag phon 'bro ram shags / /bka'stsal nas /bragrtser nol thabs bkye ba'i tshe // 'jang mang po bkum nas //spyan chen po nying rim dang / sna la gthogs pa dang / dmangs yanchadsumbrgya'rtsa bcu gnyIs bzung nas/'jang rje gol gyis kyang pyag' tshal te /'bangs rnal mar bkug nas /dpya'phab ste snga mkho bzhin du bkod do //

此王(赤松德赞)之时,没庐('Bro)Khri gzu'Ram shags 出兵西域,征服于阗,征其贡赋。其后,白蛮(即南诏)虽然已臣服,忽生叛乱,遂任命没庐(Khri gzu')Ram shags 为将军,于山巅交战,杀众多蛮人。上自大悉编本人、各级头目,下至平民,擒获312人。南诏王 Gol 亦前来致礼,自然将其收为编民,征其贡赋,亦如往昔安置。[①]

征讨于阗的将领没庐 Khri gzu'Ram shags 随后就前往南诏平定叛乱。那么此次征讨南诏之役发生在什么时候呢? 佐藤长将此事置于770—780年间,认为其与大历十年(776年)西川节度使崔宁"合南诏兵"破吐蕃于西山一役有关。[②]杜晓峰在对《吐蕃大事纪年》的译注中认为此事系指韦皋791年遣段忠义致书南诏时被吐蕃所俘的事件。[③]这两个说法都未见直接证据。

这里的关键人物是先后征讨于阗、南诏的没庐 Khri gzu'Ram shags。此人见于 P.T.1287《赞普传记》所附《大相名表》中,[④]是出身于四大尚族(zhang,舅

---

① 王尧、陈践:《敦煌古藏文文献探索集》,上海古籍出版社,2008年,第37、115~116页。译文与之稍异。

② 佐藤长:『古代チベット史研究』,同朋舍,1959年,第602~604页。

③ Brandon Dotson, *The Old Tibetan Annals: An Annotated Translation of Tibet's First History*, Wien: ÖAW, 2009, p.381.

④ 王尧、陈践:《敦煌古藏文文献探索集》,上海古籍出版社,2008年,第26、105页;Brandon Dotson, *The Old Tibetan Annals: An Annotated Translation of Tibet's First History*, Wien: ÖAW, 2009, pp.150-153.

族)之一的没庐氏,在尚结赞(Sna nam zhang Rgyal tshan lha snang)之后出任大相。804年的《蔡雅仁达摩崖石刻》中提到他当时作为大相与内大相韦论乞心热多赞(Dba's blon Khri sum bzher Mdo' brtsan)与唐朝议和,[1]在812年的《噶迥寺兴佛盟誓碑》中他作为大相在诸尚论之中领衔盟誓[2]。814年《语合二卷》(Sgra sbyor bam po gnyis pa,又译作《法门名义释词二卷》或《声明要领二卷》)序言中提到他作为大相与次任大相blon Mang rje lha lod对唐作战取胜之事。[3]因此,他至少是在804—814年之间担任大相,基本上相当于赤德松赞的第二次执政时期(802—815年)。唐人称其为"尚绮里徐"(zhang Khri gzur),贞元二十年(804年)六月唐使张荐、吕温赴吐蕃吊哀,途经渭州薄寒山(又作薄安山)以西的蕃帅帐幕,见蕃相尚绮里徐与论乞心热。[4]论乞心热(blon Khri sum bzher)其实就是804年《蔡雅仁达摩崖石刻》中与尚绮里徐共同主持对唐议和的内相韦

---

① 转写: / : / spre'u gi lo'i dbyar / mtsan po khri sde srong brtsan gyi ring la /…//bka' chen po la gtogs pa'i dge slong bran ka yon tan dang lho don dam dang blon chen zhang bro' khri gzu'ram shags dang nang blon dba's blon khri sum bzher mdo' brtsan la rtsogs pa / chab srid la bka' stsa lte / rgya dang mjal dum kyI mgo' brtsams pa'i las la/;译文:"猴年夏,赞普赤德松赞之世……同平章事比丘勃兰伽、允丹、洛顿丹(Lho don dam)、大相没庐·尚Khri gzu'ram shags、内臣韦·论乞心热多赞(Dba's blonKhri sum bzherMdo' brtsan)等平章事开始与唐议和之时。"参见恰白·次旦平措撰:《简析新发现的吐蕃摩崖石文》,郑堆、丹增译,《中国藏学》1988年第1期;Yoshiro Imaeda, "Re-examination of the ldan ma drag Inscription (II) in Eastern Tibet," in Old Tibetan Studies, Dedicated to the Memory of Professor Ronald E. Emmerick (1937-2001), ed. by Cristina A. Scherrer-Schaub, Leiden: Brill, 2007, pp.116-117;谢继胜:《川青藏交界地区藏传摩崖石刻造像与题记分析》,《中国藏学》2009年第1期;张延清、杨本加:《唐蕃和平与文化交流的使者——吐蕃僧团》,《藏学学刊》2016年第2期;巴桑旺堆:《关于仁达吐蕃摩崖石刻的几个问题——仁达吐蕃摩崖石刻实地考察心得》,《中国藏学》2017年第2期。

② 巴卧·祖拉陈瓦:《贤者喜宴——吐蕃史译注》,黄灏、周润年译注,中央民族大学出版社,2008年,第245页。

③ Sgrasbyor bam po gnyis pa,民族出版社,2003年,第70页;Mie Ishikawa, ACritical Edition of the SgrasByor Bam Po Gnyis pa, An Old and Basic Commentary on the Mahāvyupatti, The Tokyo Bunko, 1990, p.1;李晓楠:《〈语合二卷〉研究与译注》,北京大学,硕士学位论文,2019年,第21页。

④ "蕃相绮里徐",四部丛刊本《吕衡州文集》作"吐蕃相绮里徐",文渊阁四库全书本《吕衡州集》《全唐文》误作"蕃胡尚绮里徐",应为蕃相尚绮里徐。论乞心热之官职,四部丛刊本作"拨阐布论乞心热",文渊阁本、《全唐文》作"拨布论乞心热"。"钵阐布"为吐蕃官名"dpalchen po"(僧相)之音译,"拨布"不通。不过此时吐蕃钵阐布(僧相)为勃兰伽·云丹(Bran ka Dpalkyi yon tan),非论乞心热,且钵阐布为僧人,不能加"论"这一吐蕃官员的尊称,"钵阐布"当是吕温之误解。参见吕温:《代张侍郎起居表》《代郑监使奏吐蕃事宜状》,收于《吕衡州文集》卷五,四部丛刊本,第51、54页;《吕衡州集》卷五,上海古籍出版社影印文渊阁四库本,1993年,第42、44页;《全唐文》卷六二六、六二七,中华书局,1983年,第6322、6327页。

论乞心热多赞（Dba's blon Khri sum bzher Mdo' brtsan）。唐使张荐、吕温与尚绮里徐在渭州相衙与绮里徐的外交交涉实际上正是这次唐蕃议和的一部分。汉文史料中又有"尚览铄"（zhang Ram shag）其人，786年他被大相尚结赞遣往唐朝交涉奉天盟约之事，陆贽代唐德宗所撰的《赐吐蕃将书》就是写给尚览铄的敕书，①张云指出此人正是没庐 Khri gzu'Ram shags，②此说可信。可知他很早就在吐蕃东境参与对唐事务。

那么《吐蕃赞普传记》中提到的尚绮里徐率领的南诏之战在汉文史料中是否有记载呢？实际上，《新唐书·南诏传》对此事有明确的记载，贞元十五年（799年）十月，吐蕃曾进攻南诏：

> 吐蕃大臣以岁在辰，兵宜出，谋袭南诏，阅众治道……赞普以舅攮都罗为都统，遣尚乞力欺徐滥铄屯西贡川。……欺徐滥铄至铁桥，南诏毒其水，人多死，乃徙纳川，壁而待。是年，虏霜雪早，兵无功还，期以明年。吐蕃苦唐、诏掎角，亦不敢图南诏。③

"尚乞力欺徐滥铄"，《新唐书》点校者点断为"尚乞力、欺徐滥铄"，这是错误的。"尚乞力欺徐滥铄"其实就是"zhang Khri gzu'Ram shags"的完整对译。没庐氏为戚族之一，故亦可不称"没庐"而称"尚"，"乞力欺徐"（Khri gzhu'）为其前名（mkhan），系"绮里徐"之别译，"滥铄"（ram shags）为其后名（ming），又写作"览铄"。欧阳修编纂《新唐书》时不解吐蕃的命名方法，径称其为"欺徐滥铄"，使后人误以为"尚乞力"与"欺徐滥铄"为二人。

《新唐书·南诏传》此处与《吐蕃赞普传记》所记实为一事，不过两者对于战役的结局记载颇为不同，《南诏传》说吐蕃"虏霜雪早，兵无功还"，前引《赞普传记》则说吐蕃大胜，南诏再度归附吐蕃，南诏王 Gol 前来致礼。众所周知，南诏在794年叛蕃降唐之后再未降附于吐蕃，《赞普传记》的记载并不可靠。王尧、陈践先生将南诏王 Gol 还原为阁罗凤（Kag la bong），然此时南诏王为异牟寻，并非阁罗凤，有可能是《赞普传记》为掩饰此役吐蕃无功而返，将阁罗凤致礼之事

---

① 《陆贽集》卷一〇《赐吐蕃将书》，中华书局，2006年，第307页；王素：《陆贽评传》（增订版），江苏人民出版社，2020年，第239～241页。

② 张云：《唐蕃之间的书函往来、对话与沟通》，《中国藏学》2011年第S1期。

③ 《新唐书》卷二二二《南诏传》，中华书局，1975年，第6276～6277页。

移花接木到赤松德赞之时。《赞普传记》记载的"擒获312人"的战果少得可怜，也暗示了吐蕃此役并未成功。此事为《赞普传记》所记载的年代最晚的事件，可以断于799年无疑。由此既能够确证赤松德赞的去世时间不早于799年，也可以确定吐蕃征服于阗的时间下限定于799年之前，与张广达、荣新江早先考订的于阗798年陷蕃说在时间上若合符契，尚乞力欺徐滥铄在798年征服于阗，次年即率兵攻打南诏，这一假说是完全可以成立的。

二

对于吐蕃占领于阗的具体时间和占领过程，仍然要依靠和田出土文书来讨论。Hedin 24《于阗语-汉语双语唐贞元十四年(798年)闰四月四日典史怀仆牒为尽收人畜入坎城事》是关于于阗陷蕃的最为直接的材料，引文如下：

（前缺）

1   ]□□乘驼人桑宜本口报称:闻神山堡 鼓

2   ]□三铺人并驼三头,今日卯时到濡马屈萨

3   ]得消息,便即走报来者。准状各牒所

4   由者,六城]人畜一切尽收入坎城防备,如有漏失,

5   ]罪科所由者,故牒。

6   贞元十四年闰四月四日辰时,典史怀仆牒。

7   判官简王府长史富惟[谨

8   节度副使都督王 尉 [迟曜]①

这件牒文是由于阗国都下达至于阗东部的六城州，神山堡击鼓传警，沿途烽铺派三人向于阗王汇报，于阗王遂命令六城州将一切人畜都收入坎城防备。这里有两点引起了学者的争论。其一是该文书所针对的敌人是吐蕃还是回

---

① 张广达、荣新江:《于阗史丛考》(增订版),中国人民大学出版社,2008年,第242页。张湛对于阗语部分进行了译释,并据此补了几处汉文缺字,见 Zhang Zhan, *Between China and Tibet: A Documentary History of Khotan in the Late Eighth and Early Ninth Century*, Dissertation of Harvard University, 2016.09, pp.110-111;吉田豊:『カラハルカスン碑文に見えるウイクルと大食の関係』,『西南アジア研究』2019年第89號。

鹘？神山堡处于自于阗北至龟兹的南北大道上，即今麻札塔格遗址所在，①因此敌情应该是从北面传来。荣先生认为是驻扎神山堡的唐朝军队防备从北方来的吐蕃军队，而吉田豊则结合《九姓回鹘可汗碑》的记载，认为此牒针对的是回鹘击败吐蕃于龟兹之事，此时吐蕃军队已经占领于阗，因此传警。《九姓回鹘可汗碑》的记载如下：

汉语第16行：

复吐蕃大军，攻围龟兹，天可汗领兵救援，吐蕃畜□，奔入于术，四面合围，一时扑灭。尸骸臭秽，非人□□。□□□山，以为京观，败没余烬。②

粟特文第18～19行：

他也多次击败龟兹城外的吐蕃军队，将四吐火罗之地及人民纳入治下，以及其他许多被占领的地方。③

此处的天可汗是指795—808年在位的怀信可汗。这是关于吐蕃与回鹘在龟兹的战事的唯一记载，吉田豊因此将此事与Hedin 24提到的北方敌情联系在一起，认为Hedin 24中是神山堡的吐蕃守军防备龟兹的回鹘军队。根据《九姓回鹘可汗碑》的粟特文题记，可知吐蕃军队围困龟兹的时间可能并不短，怀信可汗亲征龟兹，多次与吐蕃大军作战，在回鹘顷举国之力的打击之下，吐蕃军队才最终战败，吐蕃败军东逃入焉耆以西七十里的于术城。吉田豊认为798年于阗已属吐蕃，因此吐蕃军队是从于阗进军龟兹的，这一观点可能并不成立，吐蕃并未向南奔逃于阗，而是向东逃至于术城。那么吐蕃军队是否有可能是从焉耆进军龟兹呢？这需要结合吐蕃在东天山一带的经略进行分析。791年吐蕃与回鹘、唐朝联军二争北庭，吐蕃最终夺得北庭，792年吐蕃进占西州。大约在此后不久，吐蕃占领焉耆。《吐蕃赞普传记》亦载此事（380～381行）：

---

① 侯灿：《麻札塔格古，戍堡及其在丝绸之路上的重要位置》，《文物》1987年第3期；陈国灿：《唐代的"神山路"与拨换城》，《龟兹文化研究》（第三辑），新疆大学出版社，2008年，第9～19页；沈琛：《吐蕃统治时期于阗的行政地理——兼论神山的地位》，荣新江主编：《唐研究》（第二十二卷），2016年，第410～417页。

② 森安孝夫，吉田豊：『カラバルガスン碑文漢文版の新校訂と訳註』，『内陸アジア言語の研究』2019年第34號。

③ Yoshida Yutaka, "Studies of the Karabalgasun Inscription: Edition of the Sogdian Version", *Modern Asian Studies Review*, Vol.11, 2020, p.64.

Sbrang rgyal sgralegzigskyis / stod phyogs su drangste / mu yungsu g. yul bzlog nas/ lunggI rgyalpo nung kog man chad 'bangs su bsdus /

章·结札勒息(Sbrang Rgyal sgra leg zigs)进兵上部,破敌于牟庸(Mu yungs),将龙之国王侬廓以下收为编民。[1]

根据《赞普传记》的记载顺序,可知吐蕃占领焉耆是在占领于阗之前,应是在 792—798 年之间。疏勒陷蕃的时间未知,不过根据于阗语文书 Hedin 20 和犹太-波斯语古信札,可知 802 年回鹘从吐蕃手中夺取了疏勒。[2]在吐蕃已经占领焉耆的情形之下,继续向西进攻龟兹是非常自然的步骤。从路线上来看,吐蕃从西州、焉耆进攻龟兹更为便捷,这也是中古时期汉地军队征讨龟兹的常用路线。那么 Hedin 24 提到的北方敌情是指什么呢? 一种可能是吐蕃在围困安西的同时,派出另一支军队南下于阗,接近神山堡时堡中镇兵击鼓传警。原先镇守于阗的唐朝镇守军主力可能已经北上龟兹防御,因此吐蕃很快就占领于阗。而龟兹的安西守军抵抗吐蕃最为激烈,最后拖到回鹘援军赶到,才最终击败吐蕃。

吐蕃与回鹘争夺龟兹一役在于阗语文书中也有体现,斯坦因第四次中亚考察在达玛沟所获的于阗语文书照片 OIOC Photo 392/57 T.O.46(Domoko F)是一件于阗六城百姓纳钱文书,兹转引如下[3]:

1/ cu 30 6 mye kṣuṇi ttāṃjiri 20 2 mye haḍai erma tsūkāṃva hirä pa-jistādi

2/śāna śe hvaṃdye haṃbā himye paṃ - se muri mūra-haurā hvaṃdi hi-mya 40 6mūri

......

---

① 黄布凡、马德:《敦煌藏文吐蕃史文献译注》,甘肃教育出版社,2000 年,第 291、294 页。翻译与之不同。相关讨论参见陆离:《关于唐宋时期龙家部族的几个问题》,《西域研究》2012 年第 2 期。

② Yoshida, "The Karabalgasun Inscription and the Khotanese Documents", pp.349-360; 张湛、时光:《一件新发现犹太波斯语信札的断代与释读》,《敦煌吐鲁番研究》(第 11 卷),北京大学出版社,2008 年,第 71~99 页。

③ 转写、翻译,参见 Zhang Zhan, *Between China and Tibet*, pp.152-156。

10 [spāta sudārrj]āṃtta parī pharṣa sāṃdari vara u darauki yseviṭi

11[khu parau pvī'r]au ttye nva samauci hiri pajitta u pāra-vaysdān -ī hauḍa thyau ttāṃjiri

12 [20 x mye haḍai parau ttā t]sv[e] 押字-SU

1. 王在位36年七月二十二日,他们为那些前往Erma的人征钱。

2. 每人应纳500文,应纳钱者有46人。

……(纳钱人名单略)

10. 萨波 Sudārrjāṃ 牒破沙 Sāṃdara、Darauka、Yseviṭa[

11. 得牒后,准籍簿征收。且速将欠负历寄于彼处[

12. 七月……日牒。(押字)副

文书开头的年代贝利(H. W. Bailey)与施杰我(Skjærvø)最早读作"王在位34年",此处采用张湛的最新释读,应作"王在位36年"。达玛沟出土的于阗语文书属于吐蕃统治于阗初期,此时正是于阗王尉迟曜在位后期,因此"王在位第36年"即尉迟曜第36年,即公元802年。[1]而关于地名"Erma",又出现在钢和泰卷子的于阗语地名表中,写作"'Ermvābisekaṃtha",[2]藏文《于阗国授记》中提到于阗公主嫁到龟兹(Gu zan)为妃,在其地建立 Er mo no 伽蓝,[3]据此学者基本确定 Erma 应是龟兹或龟兹境内的某地。[4]这件文书反映出802年吐蕃与回鹘在争夺龟兹之时,曾向治下的于阗百姓征钱为军费,甚至有可能征调于阗百姓参加在龟兹的战斗。不难推测,龟兹应是安西四镇中最后陷蕃的军镇。结合同年回鹘与吐蕃在疏勒的战事来看,802年应是回鹘与吐蕃旷日持久的西域争夺战中的关键之年。

---

① H. W. Bailey, *Khotanese Texts II*, Cambridge, 1954, pp.63-64; P. O. Skjærvø, *Khotanese Manuscripts from Chinese Turkestan in the British Library. A complete catalogue with texts and translations*, with contribution by U. Sims-Williams, London: British Library Publishing, 2002, p.582; Zhang Zhan, *Between China and Tibet*, pp.152-156.

② H. W. Bailey, "The Staël-Holstein Miscellany", *Asia Major, New series*, Vol. 2, 1951, pp.14-15; H. W. Bailey, *Khotanese Texts VII*, Cambridge, 1985, p.18.

③ 朱丽双:《〈于阗国授记〉译注(下)》,《中国藏学》2014年第S1期。

④ 黄盛璋:《于阗文〈使河西记〉的历史地理研究(续完)》,《敦煌学辑刊》1987年第1期;付马:《丝绸之路上的西州回鹘王朝:9—13世纪中亚东部历史研究》,社会科学文献出版社,2019年,第141~142页。

　　不过,和田出土的古藏文文书和木简显示,吐蕃占领于阗后戍守其地的吐蕃将士主要是来自象雄,岩尾一史指出,这些象雄的军队很有可能是从西路跨越昆仑山进入北上于阗的。①这与我们上述推论是冲突的。关于这个问题有两点可以解释,第一是象雄军队不仅在西域活动,汉文史料记载羊同军队曾至少两次在唐蕃边境的松州作战。②第二,和田出土的古藏文文书中,也有少量苏毗、吐谷浑戍兵驻扎在于阗,③而苏毗和吐谷浑的军队是吐蕃征服河西、鄯善的重要依靠力量。可知象雄士兵并非是吐蕃的于阗守军唯一来源,也未必一定从南方征服于阗。有可能是吐蕃从南北两面夹击于阗,也有可能是吐蕃自北方攻占于阗之后,后来由象雄就近派兵镇守。

　　二是关于贞元年号的行用问题。荣新江先生认为贞元年号代表唐朝的统治,而且严格遵守了唐代官文书的格式,吉田丰则持否定意见。其实,在吐蕃时期的敦煌汉文题记中也有几处使用贞元年号的例子,例如P.3918贞元九年的西州破落官赵彦宾写经题记④、P.2732v贞元十年的西州落蕃僧怀生校经题记⑤、P.2132贞元十九年西州僧义琳《金刚般若经宣演》听记⑥,但无一例外都是在佛经题记中出现的。P.3918是沦落为甘州大宁寺寺户的西州落蕃官赵彦宾所写,抄写之经为西州所传经本。P.2132则是西州所写佛经传至敦煌者,贞元年号的使用正是反映了西州在贞元九年陷蕃之后不久唐朝的统治秩序得以短暂恢复的事实。⑦而吐蕃时期的汉文公私文书则一律使用干支系年,于阗语文书则多用于阗王在位年份系年,藏语文书用生肖系年,绝无正式文书使用唐朝年号者。包括于

---

　　① [日]岩尾一史撰,沈琛译:《吐蕃的茹与千户》,《西域文史》(第八辑),科学出版社,2014年,第47~48页,附表3。

　　② 第一次是贞观十二年(638年)松赞干布由于向唐朝请求和亲失败,"弄赞遂与羊同连,发兵以击吐谷浑。……其国人畜并为吐蕃所掠。于是进兵攻破党项及白兰诸羌,率其众二十余万,顿于松州西境"。第二次是吐蕃末年论恐热之乱时,驻扎渭州的吐蕃洛门川讨击使论恐热击败当时驻东境的宰相尚思罗,"(尚)思罗败走松州,合苏毗、吐浑、羊同兵八万保洮河自守"。《旧唐书·吐蕃传》,中华书局,1975年,第5221、6105页。

　　③ Or.8212/1880 (M.Tagh.0426), Or.15000/145 (M.T.a.IV.00158), Or.15000/62r (M. Tagh.a. i.0031.), See Takeuchi Tsuguhito, *Old Tibetan Manuscripts from East Turkestan in the Stein Collection of the British Library*, Vol.2, The Tokyo Bunko, The British Library, 1998, pp.15,29,68.

　　④ 池田温:《中国古代写本识语集录》,东京大学东洋文化研究所,1990年,第315~316页。

　　⑤ 池田温:《中国古代写本识语集录》,东京大学东洋文化研究所,1990年,第316页。

　　⑥ 池田温:《中国古代写本识语集录》,东京大学东洋文化研究所,1990年,第327页。

　　⑦ 荣新江:《摩尼教在高昌的初传》,《中国学术》(第1辑),2000年,第167~170页;后收入荣新江:《中古中国与外来文明》,生活·读书·新知三联书店,2001年,第381~383页。

阗王及其汉人官僚仍然使用唐朝的年号和牒状格式来下达敕令,基本上不可能是在吐蕃统治下的作为,此时于阗应该仍然处于唐朝控制之下。

798年闰四月末于阗的政治形势发生了变化,于阗语文书Hedin 21《于阗语尉迟曜三十二年(798年)闰四月廿八日于阗王敕下六城质逻上师(stāna ḍa)并六城百姓为输送兵器于坎城事》提到,于阗王传递藏文敕书于吐蕃人请求通融六城百姓制造兵器之事,"我(尉迟曜)将代表你们向他们(吐蕃人)寄送关于此事的藏文敕书"[①]。这确实足以说明当时于阗应该已经是在吐蕃的统治之下。吉田丰认为,于阗王使用藏语书信显示藏语在于阗流行了一段时间,但很有可能于阗王府中原来就有精通于阗语、藏语的译语人,吐蕃攻占于阗后于阗王通过译语人可以与吐蕃占领军进行迅速而有效的沟通,这在当时是很正常的。唯一的解释是在贞元十四年闰四月四日至二十八日之间,于阗为吐蕃军队所攻占,闰四月初,于阗唐军已经面临吐蕃军队的攻势,唐军很快被驱逐,吐蕃军队取而代之。但仍然面对唐朝与回鹘军队的反扑,因此急令六城百姓制造兵器。将于阗陷蕃时间置于798年闰四月,所有的问题都可以迎刃而解。

综上所述,我们可以得出以下两点结论:

第一,吐蕃在贞元十四年(798年)闰四月占领于阗,吐蕃军队应是在由焉耆围困龟兹之时,派兵向南进占于阗,Hedin 24正是于阗为防备南下的吐蕃军队所下的牒文。

第二,《吐蕃赞普传记》中所提到的赤松德赞时期率军攻占于阗的吐蕃将领'Bro Khri gzu' ram shags正是《新唐书·南诏传》中的"乞力欺徐滥铄",此人在798年占领于阗之后,又在799年率兵进攻南诏,但无功而返。

本文原刊载于《西域研究》2022年第3期。

本文作者:

沈琛,生于1989年,北京大学博士,2019年起年任南开大学助理研究员,主要研究领域为古代中外关系史、隋唐史、敦煌吐鲁番文献。

[①] H. W. Bailey, *Khotanese Texts IV*, Cambridge University Press, 1961, pp. 34, 125-126; Zhang Zhan, *Between China and Tibet: A Documentary History of Khotan in the Late Eight and Early Ninth Century*, pp.231-234.

仲爯父簋铭文所见人物关系与宗法史实

——兼论"南申""西申"的名号问题

赵庆淼

　　1981年,南阳市北郊砖瓦厂出土一批青铜器,包括鼎一、簋二、盘一及车马器若干,根据当地文物考古部门的现场调查,该处遗存的性质当为墓葬。[①]其中的两件铜簋即所谓"仲爯父簋",器物敛口鼓腹,下置圈足,两侧设一对兽首半环形耳,并附垂珥;盖、器为子母口,盖沿和口沿均饰有凸目窃曲纹,腹部和圈足分饰瓦纹和垂鳞纹一周。综合来看,其形制、纹饰与宣王时期的师寰簋、颂簋、梁其簋诸器最为接近,年代定在西周晚期偏晚为宜。[②]

　　鉴于仲爯父簋铭文中出现了"𩇍(申)"的字样,加之器物的年代和出土地点,恰与《大雅·崧高》所载周宣王改封申伯于南土的史事相吻合,因而学界通常认为,上述铜器的发现足以证明申伯所封就在今南阳附近。李学勤进一步指出,申国地处周王朝南土,簋铭之所以在"申伯"前冠以"南"字,可能是为了与"西申"相区别。[③]在当时的背景下,他针对"南申"的解释不仅合乎理据,而且颇富胜意,得到较为广泛的认同。

　　不过,随着仲爯父簋铭文的全面刊布,我们经过反复对比读释发现,两簋器、盖诸铭在内容上其实颇有出入,而"南申"一辞的确切含义,也洵有重新审视之必要;更为关键的是,通过对该铭文意的重新梳理及人物关系的勾稽,犹可为探讨周代贵族家族内部的作器制度与宗法等级结构等问题提供新的史实素材,其意义可见一斑。故笔者不揣鄙陋,谨将浅见草陈如下,不妥之处,敬祈方家郢正。

---

① 崔庆明:《南阳市北郊出土一批申国青铜器》,《中原文物》1984年第4期。
② 刘启益:《西周纪年》,广东教育出版社,2002年,第396页;李学勤:《膳夫山鼎与周厉王在位年数》,《中华文史论丛》2011年第4期。需要指出的是,同墓出土的一件铜盘圈足外撇呈喇叭形,腹内壁口沿下饰鱼纹一周,带有较为典型的春秋早期风格,若据时代最晚的随葬器物判断,则该墓的年代下限或可进入东周。此承韩巍提示,谨致谢意。
③ 李学勤:《论仲爯父簋与申国》,《中原文物》1984年第4期。

一

据目前刊布的拓本可知,仲再父簋甲簋器、盖同铭(图1),乙簋器铭与前者文字、行款近乎全同,很可能系同一批次所铸,而乙簋盖铭则有明显差异(图2)。为方便讨论,先分别将其文字移录如次:

1.仲再父大宰南䯧(申)厥辞:作其皇祖考遟(夷)王、监伯尊簋。用享用孝,用赐眉寿,纯佑康勖,万年无疆。子子孙孙永宝用享。

(《集成》①4188.1-2,4189.2)

2.南䯧(申)伯大宰仲再父厥辞:作其皇祖考遟(夷)王、监伯尊簋。用享用孝,用赐眉寿,纯佑康勖,万年无疆。子子孙孙永宝用享。

(《集成》4189.1)

盖铭,《集成》4188.1　　　　　　　器铭,《集成》4188.2

图1　甲簋

盖铭,《集成》4189.1　　　　　　　器铭,《集成》4189.2

图2　乙簋

———————

① 中国社会科学院考古研究所编:《殷周金文集成》(修订增补本),中华书局,2007年。本文简称《集成》。

以往学者主张"南申"为国名、"南申伯"即申国之君的贵族名号,主要是侧重于乙簋盖铭立说。如李学勤认为,"南申伯大宰仲再父厥辞"都是其后动词"作"的主语,"南申伯"即《大雅·崧高》所见徙封南土的申伯,"大宰"系职官名,相当于申国之相,而"仲再父"与"厥辞"则为一字一名。①仅就乙簋盖铭而言,照此理解自然未尝不可;但其余三篇铭文通作"仲再父大宰南申厥辞"云云,若同样从名、字相因的角度加以解释,则未免存在一定的窒碍。有鉴于此,刘雨另辟蹊径,又提出了其他的解决思路。他说:

> 甲簋"大宰南申"置于"仲再父"后,乙簋"南申伯大宰"置于"仲再父"之前,语词次序不固定是本铭的一大特色。②

基于这一考虑,他将簋铭首句的"厥辞"二字改释作"又(有)嗣(司)",并认为"有司"连同"大宰南申"一并构成"仲再父"的修饰语,前置或后置并不固定,而正常语序当作"南申伯大宰有司仲再父"。

客观地说,"厥""又"二字的金文形体接近,不排除偶有相混的可能。但是上揭簋铭该字皆作 ㇇ 形,书写及铸形均十分清晰,释"厥"并无任何疑问,恐难一概视作"又"字之讹。此外,金文所见名词或名词性词组后置充当修饰成分,主要是用作中心语的后置定语,如"虎冟熏里""玄衣黹屯""銮旂五日""戈瑁戚缘柲彤沙"等,此已为研究者所熟知。③不过,在国名、职官名与人名连缀构成的名词性词组中,国名和职官名基本都居于人名之前,而未尝出现一并后置的句式现象,④所以倒装的假说并无成例可供验证。退一步讲,即便是甲簋器、盖及乙簋器铭都存在倒文问题,那么作为正常语序的"南申伯大宰仲再父",其中的修饰成分在发生后置时,也务必要遵循固有词序,至少不能随意变换国名与职官名的位置而作"仲再父大宰南申",这是完全不符合语法规则的。

综上所论,尽管"南申""大宰""仲再父"和"厥辞"四种成分在各篇铭文中

---

① 李学勤:《论仲再父簋与申国》,《中原文物》1984年第4期。

② 刘雨:《南阳仲再父簋不是宣王标准器》,《古文字研究》(第18辑),中华书局,1992年,第390~397页。

③ 赵平安:《两周金文中的后置定语》,《金文释读与文明探索》,上海古籍出版社,2011年,第192~202页;张玉金:《西周汉语语法研究》,商务印书馆,2004年,第332~333页。

④ 周法高:《中国古代语法:造句编》,台北"中研院"历史语言研究所,1993年,第107~112页。

均有出现,但彼此构成的组合形式并不一致,若将它们分别视作国名、职官名、贵族表字和私名,则很难兼容于不同语境,其中尤以"南申"一词无法得到合理的解释,这就促使我们重新检视并尝试寻找释读诸铭的最佳契合点。此外,学界针对仲爯父簋铭文的理解,其实也存在不同的看法。例如,陈絜认为簋铭所云"申厥辞",或可与西周金文常见的"今余唯申先王命"相比况,其意犹言作器者被"仲爯父"再次册命。①吴镇烽编著《商周青铜器铭文暨图像集成》一书在著录仲爯父簋时,亦于器名后括注作"南龘厥辞簋"②。这些意见虽不尽相同,但思路是值得重视的。

鄙意以为,欲正确把握仲爯父簋所蕴含的历史信息,首先必须破除对单篇铭文先入为主的倾向,即不宜预设某一文例属于正常语序,其余均为词语倒置甚至误铸所致。事实上,倘若客观审视诸铭并加以综合考察,则不难发现首句的两种表述原本并无抵牾之处,而是各自独立成辞且含义基本趋同的。

具体来说,甲簋器、盖及乙簋器铭(下简称铭①)首句的"仲爯父大宰南申厥辞"一语,应断读为"仲爯父大宰南/申/厥辞",并视作"仲爯父大宰南"与"申厥辞"构成的主谓句式。其中,"南"用为人名,与"仲爯父大宰"属于同位语关系,意即"仲爯父"的大宰名叫"南"者。而"申"有"重申"之义,在此用作动词。③至于所谓"申厥辞",其文法结构适与"申先王命""申爇(就)乃命"等金文恒语完全一致,依字面意思来看,最直接的解释就是"仲爯父的大宰南重申了他的命辞"。至于命辞的具体内容,即下文提到的祭祀祖考云云。

那么上述命辞的始作俑者究竟是谁?该答案自可通过乙簋盖铭(下简称铭②)来予以揭示。按照前文的统一理解,铭②所言"南/申/伯大宰仲爯父厥辞"者,其中的"南"当为人名,乃施动的主语,"申"为动词,作"重申"讲,宾语则为其后所跟的"伯大宰仲爯父厥辞"。就"申+伯大宰仲爯父厥辞"这一动宾结构而言,西周金文中尚有不少相同文例可循,如作册令方彝(《集成》9901)曰:扬明公尹厥宫",同簋铭文(《集成》4271)亦云"扬天子厥休"。"厥"在这里均为代词,分别复指前面出现的"伯大宰仲爯父""明公尹"和"天子",用法相当于代

①陈絜:《应公鼎铭与周代宗法》,《南开学报》2008年第6期。
②吴镇烽:《商周青铜器铭文暨图像集成》(第11册),上海古籍出版社,2012年,第218、221页器号5199、5200。本文简称《铭图》。
③裘锡圭、李家浩:《谈曾侯乙墓钟磬铭文中的几个字》,《裘锡圭学术文集》(第3卷),复旦大学出版社,2012年,第50~60页。

词的"其"。准此,铭②的主干部分亦可提炼为"南申厥辞",其句式和含义均与铭①"仲禹父大宰南/申/厥辞"完全吻合,足以互洽。两相对比来看,二者之间虽然存在异文,但无非是在表述上各有轻重,总体却无关宏旨:铭①于人名"南"之前冠有"仲禹父大宰"五字,用以标识施动者的具体职事;铭②则在省略前者的基础上,增缀"伯大宰仲禹父"作为"厥辞"的补充修饰成分,意在表明这一命辞原本来源于"仲禹父","南"不过是继为重申、并铭之于宗器罢了。由此不难看出,所谓"仲禹父簋"的作者者,实际是"南"而非"仲禹父"。那么按照铜器定名的一般原则,该器更称"南簋"或"大宰南簋"大致更为确切。

二

基于以上讨论,我们可将簋铭所见人物身份及其关系试作梳理如下:"南"作为"仲禹父大宰",曾受后者之命而铸造祭器,并将命辞施于其上,可见"南"的身份当为"仲禹父"属下。按"大宰"一词,不仅用于周王或诸侯宰官的称谓,同时也可以指贵族家族内部的宰官,如金文人名"井姜大宰巳"(《集成》3896)即为井氏之内宰。因而"南"所任"大宰"一职,实际就相当于"仲禹父"家族的家宰,亦即家臣之长。"南"又尊称"仲禹父"为"伯大宰",这就说明"仲禹父"担任的职事同样属于宰官序列。结合同时期伯大师簋(《集成》4395)、伯克壶(《集成》9725)诸器的"伯大师"来看,本铭的"伯大宰"地位较为显赫。李学勤以《周礼》"冢宰"当之,认为"仲禹父"位在卿大夫一级,[1]很有道理。换言之,簋铭两次出现的"大宰"之称,各自的具体内涵犹有不同,此中差异与其分别对应的人物身份是一致的。

进一步讲,本铭所反映出"仲禹父"与"南"的社会关系,恐怕并非仅是一般家主与家宰的"统治-隶属"关系那样简单。从"仲禹父"命"南"作器祭祀祖考

---

① 李学勤:《论仲禹父簋与中国》,《中原文物》1984年第4期。

的情形推断,二者理当具有相应的血缘宗法联系。[①]毕竟,按照当时盛行的"神不歆非类,民不祀非族"这一基本观念,异族家臣的私家祭祀活动往往相对独立,他们可以自行铸器祭祀本族先人,而不必受到家主所在家族的干预,有关现象在西周金文中比比皆是。[②]相较而言,倒是同一宗族内部诸亲属成员的祭祀行为,通常要接受宗族长的领导和支配,如:

> 遣伯作再宗彝,其用夙夜享卲文神,用禣祈眉寿。朕文考其亟(经)遣姬、遣伯之德言,其竞余一子。朕文考其用乍厥身,念再哉,亡勾(害)!
>
> (再簋甲,西周中期,《铭图》5213)
>
> 遣伯、遣姬赐再宗彝眔逆小子禹倗(朋)以(与)友卅人,其用夙夜享卲文神,用禣祈眉寿。朕文考其亟(经)遣伯、遣姬之德言,其竞余一子。朕文考其用乍厥身,念再哉,亡勾(害)!
>
> (再簋乙,西周中期,《铭图》5214)

就再簋人物而言,吴振武已指出"遣伯""遣姬"乃夫妻关系,其身份分别为宗子和宗妇,"再"的地位要低于前者,或即小宗之长。[③]据铭文可知,"再"

---

① 西周春秋时期各级贵族所任用的宰官中,具有异族身份者往往占据较大比重,但也不时可见同姓甚至同族成员的身影。先以王室为例。师毁簋(《集成》4325)的"宰琱生"和《左传》僖公九年的"宰周公"均为周王之宰,其人即分别出自周室同宗的召公和周公家族。而穆公簋盖(《集成》4191)和师遽方彝(《集成》9897)铭文中出现的"宰利",可能是清华简《祭公》的"井利",属于"周公之胤"的井氏贵族。参见李学勤《清华简九篇综述》,《文物》2010年第5期。其次看诸侯公室。鲁宰驷父鬲(《集成》707)和鲁大宰遼父簋(《集成》3987)的器主均任鲁君之宰,同时又为姬姓女子铸作媵器,说明其身份当为鲁公室贵族。楷侯作姜氏簋盖(《集成》4139)云"方事姜氏",即是说"方"效命于宗妇,身领公室内宰之职,但其身份属于楷侯家族成员,这从他祭祀"文母楷妊"便可得到证实。卿大夫一级贵族任用本族人员担任家宰之例,如师毁簋铭(《集成》4311)载伯龢父称师毁为"小子",同时又命其"尸(司)我家","小子"即与伯龢父同族。至于五祀卫鼎的"卫小子""厉叔子夙"(《集成》2832)和九祀卫鼎的"颜小子"(《集成》2831),则分别属于裘卫、邦君厉和颜氏的家族成员。据相关铜器铭文所示,他们都曾作为各自家族长的代表,会同"厉有司申季""颜有司寿商"等贵族家臣,出面处理土田交割等涉及家族财产之事宜,在身份和职掌方面均与文献所见的家宰极为接近。另外,《左传》襄公十七年记载"华臣弱皋比之室,使贼杀其宰华吴",亦即宋国华氏任其宗室成员为宰的明证。综合上述实例来看,血缘因素恐怕并不能构成周代贵族选任宰官的唯一依据。

② 朱凤瀚:《商周家族形态研究(增订本)》,天津古籍出版社,2004年,第314~321页。

③ 吴振武:《新见西周再簋铭文释读》,《史学集刊》2006年第2期。

的父亲便已效命于上一代"遣伯"夫妇,此"遣伯"与"爯"在辈分上虽为同族兄弟,但前者在宗族内部居于宗子地位。"遣伯"特意为"爯"制作宗器,命之祭祀其父,不但是出于维系宗亲情谊的需要,同时也体现出宗子对族内祭权的控制。

至于支子等一般宗族成员,尽管也有作器祭祀先人的权力,未必尽如后世礼书所谓的"庶子不祭,明其宗也"①,但无论是祭器的铸造、持有和使用,还是所祭对象的涵盖范围,通常都要受到宗法制度的约束。例如:

> 毘。由伯曰(谓)**𣇸**御,作尊彝,曰毋入于公。曰(谓)由伯子曰:"**𣇸**为厥父彝,丙日,唯毋入于公。"
> (由伯尊,西周早期,《集成》5998)
> 毘。由伯曰(谓)明作父丙宝尊彝。
> (由伯卣,西周早期,《集成》5356)

上揭两铭的"由伯曰"云云,均是"由伯"对其族人遣命的具体内容,裘锡圭指出"曰"当训为"谓"②,甚是。尊铭提到"由伯"命"**𣇸**"作器祭祀,③并吩咐作器之后"毋入于公",意即不必归于宗族所有,可见"由伯"的身份应是宗子无疑。卣铭则言"由伯"指示"明"为"父丙"作器,由于该先人的日名与尊铭祭日恰好重合,说明"**𣇸**""明"二人当为同父兄弟。他们作为"由伯"的宗族成员,同受宗子之命为亡父作器,而尊铭更特别强调,"**𣇸**"对祭器的持有是缘于"由伯"的允许,其用意无非是彰显宗子对族人的关怀与恩惠,但客观上也反映出同一宗族成员在祭祀权力方面具有明显的差异。

通过上文对"由伯"器铭的分析,不难发现大宰南簋铭文中也存在相似的现象。该铭称"南"在作器祭祀祖考的同时,特意重申此举是遵循"仲爯父"的命令,可见"仲爯父"对"南"的行为不但知情,而且起到实质性的支配作用,这

---

① 《礼记·大传》,(清)阮元校刻:《十三经注疏》,中华书局,2009年,第3268页。

② 裘锡圭:《从几件周代铜器铭文看宗法制度下的所有制》,《裘锡圭学术文集》(第5卷),复旦大学出版社,2012年,第202~209页。

③ 殷墟卜辞和西周金文中的"御"每与祭祀活动有关。如"御于祖某"等文例的"御"用作祭祀动词,又作册嗌卣(《铭图》13340)云"用作大御于厥祖妣、父母、多神",此"御"则为名词,可能表示某种祭仪。

一线索对于重新审视簋铭所隐含的人物关系，无疑是很有帮助的。《礼记·曲礼下》曰："支子不祭，祭必告于宗子。"孔疏云："支子，庶子也。祖祢庙在適子之家，而庶子贱，不敢辄祭之也。若滥祭亦是淫祀。'祭必告于宗子'者，支子虽不得祭，若宗子有疾，不堪当祭，则庶子代摄可也。"[1]据此可知，在古代宗法制度下，宗族长对整个宗族的祭祀活动拥有主祭权，支子等一般宗族成员的宗法地位要低于宗子，所以他们在宗族祭祀中必须服从前者的安排。关于西周贵族宗族内部作器祭祖的具体情况，朱凤瀚、刘源、黄国辉曾从不同角度结合金文资料加以讨论，指出大宗在祭祀活动及相关礼器制造方面具有主导权与决定权，小宗与普通宗族成员则处于从属地位。[2]这一意见是符合史实的。相较来看，"仲再父"与"南"应该也是同一宗族的亲属成员，而且"仲再父"的宗法地位明显要高于后者，至于二人在宗族内部的具体身份，通过"南"对"仲再父"的称谓——"伯大宰"即可窥知其详。类似"伯+职官名"的人称形式，又见于周原出土的师𩚵鼎、伯公父簠及宋人著录的伯克壶诸铭，即：

　　1.𩚵拜稽首，休伯大师肩𢽟𩚵臣皇辟，天子亦弗忘公上父㲃德，𩚵蔑历。伯大师不自作，小子夙夕溥由先祖刺德，用臣皇辟……𩚵敢肇王，俾天子万年，㪰（范）𩎟（围）伯大师武，臣保天子，用厥刺祖介德。𩚵敢对王休，用绥作公上父尊于朕考郭季易父㲃（逸）[3]宗。

　　　　　　　　　　　　　　　　　　（师𩚵鼎，西周中期，《集成》2830）

　　2.伯大师小子伯公父作簠，择之金：唯镐唯卢，其金孔吉，亦玄亦黄，用盛糦稻糯粱。我用召卿事辟王，用召诸老诸兄，用祈眉寿，多福无疆。其子子孙孙，永宝用享。

　　　　　　　　　　　　　　　　　　（伯公父簠，西周晚期，《集成》4628）

　　3.唯十又六年七月既生霸乙未，伯大师赐伯克仆卅夫，伯克敢对扬天右（君）王（皇）伯友（贿），用作朕穆考後仲尊壶。克用匄眉寿无疆，克克其

　　①（唐）孔颖达：《礼记正义》卷五，（清）阮元校刻：《十三经注疏》，中华书局，2009年，第2747页。
　　②刘源：《商周祭祖礼研究》，商务印书馆，2004年，第350～355页；朱凤瀚：《卫簋与伯狱诸器》，《南开学报》2008年第6期；黄国辉：《江陵"北子"器所见人物关系及宗法史实》，《历史研究》2011年第2期；朱凤瀚：《金文所见西周贵族家族作器制度》，北京大学出土文献研究所编：《青铜器与金文》（第1辑），上海古籍出版社，2017年，第24～45页。
　　③杨坤：《师𩚵鼎"作公上父尊于朕考郭季易父㲃宗"解》，《中国国家博物馆馆刊》2020年第5期。

子子孙孙永宝用享。

（伯克壶，西周晚期，《集成》9725）

关于师𩵦鼎铭中的人物关系，于豪亮认为"伯大师"和"师𩵦"是同祖不同父的兄弟，"公上父"乃二人的祖父。[①]朱凤瀚也指出，"师𩵦"既称"伯大师"为"伯"而自称"小子"，并一再追述先祖"公上父"的美德，可知二人当为同宗兄弟关系，"伯大师"即此共祖家族的大宗本家，"师𩵦"属于小宗别支。[②]是说可从。据鼎铭所言，"师𩵦"制作了祭祀先祖"公上父"的铜器，却放置在其父"郭季易父"的宗庙里，这就表明"师𩵦"恐怕无权自行祭祀更早的祖先，因而只能为之作器并献于祢庙，故其所在之分族，即相当于《礼记·大传》所讲的"继祢者为小宗"。而"伯大师"既为"师𩵦"的同宗嫡兄，同时更兼大宗宗子的身份，所以"师𩵦"才会念念不忘效法他的作为，并引为准则以求自勉。[③]

伯公父簋铭文出现了两位称"伯"的贵族。其中，"伯公父"相对于"伯大师"犹自称"小子"，而"小子"一般认为可指分族之长，[④]这就说明"伯大师"和"伯公父"各自所在的家族，理应代表同一宗族组织内部并立的不同分支。换句话说，正是因为"伯公父"一支已从"伯大师"家族分衍出来，成为相对独立的小宗，那么在此前提下，"伯公父"按照个人在分族内部的排行为称，于是便可以和大宗本支的"伯大师"并称为"伯"。同样的情形尚见于伯克壶。据该铭所示，器主"伯克"一方面以其在族内同辈中的排行称"伯"，同时又尊赏赐他的上级贵族"伯大师"为"天君皇伯"，[⑤]无非表明"伯大师"和"伯克"当属于大、小宗的关系："伯大师"显然代表大宗本支，"伯克"则为分族之长，而祭祀对象"穆考後仲"正是这一小宗分支的始祖，其角色即相当于师𩵦鼎的"郭季易父"。

通过对比不难看出，在上揭三例"伯大师"的称名形式中，"伯"已不再单

---

①于豪亮：《陕西扶风县强家村出土虢季家族铜器铭文考释》，《于豪亮学术文存》，中华书局，1985年，第7～24页。

②朱凤瀚：《商周家族形态研究（增订本）》，天津古籍出版社，2004年，第363页。

③关于"范围"一词的解释，参见裘锡圭《说𡔆白大师武》，《考古》1978年第5期。

④朱凤瀚：《商周家族形态研究（增订本）》，天津古籍出版社，2004年，第309～314页；裘锡圭：《从几件周代铜器铭文看宗法制度下的所有制》，《裘锡圭学术文集》（第5卷），复旦大学出版社，2012年，第202～209页。

⑤壶铭为《考古图》所录宋人摹本，"天右"实乃"天君"之误摹，前人多已指出此点。

纯用于揭橥贵族的个人排行,而是作为大宗宗子的特定称谓。至于其中缘由,不妨通过宗族组织的形成过程加以考察。我们知道,在血缘组织内部产生新的分支后,原先表示各分族始祖个人排行的"伯""仲""叔""季",均可转化为同一宗族之下不同宗支的区别标识。而三位"伯大师"的直系先人,相对于"伯公父""伯克"及"师翻"等小宗别支的始祖,无一例外具有"嫡长称伯"的身份。①那么作为小宗别支来说,自然可以使用"伯"这一宗支名,来称呼"伯大师"所代表的大宗本支及其历代宗子。这也就意味着,无论贵族个体在其每代同辈中的实际排行如何,一般均可沿用特定的宗支名作为称谓,继而世代相承。正如以氏名形式出现的"井叔"(《集成》356)和"虢季"(《集成》10173),即分别是指井叔氏和虢季氏这两个宗支,②其中的"叔""季"均来源于其分族始祖的同辈行第,实际就相当于"叔氏"和"季氏",春秋鲁"三桓"的氏名亦是如此。排行名"伯"在转化为宗支名后,则因其本身所具有的"嫡长"含义,遂可用于明确大宗本支与其他宗支之间的名分关系,从而被赋予相应的宗法意义。

当然,从"律例兼备"的角度来说,以上所论仅限于"律"的范畴,而实际用例仍不可或缺。如伯大祝追鼎铭(《新收》③1455)既言"伯大祝"为丰叔姬作器,又云"伯氏其眉寿黄耇万年",便可直接证实"伯+职官名"结构中的"伯"即"伯

---

① 李曦:《周代伯仲排行称谓的宗法意义》,《陕西师范大学学报(哲学社会科学版)》1986年第1期。

② 如金文人名有"虢季氏子组"(《集成》661~662)和"虢季氏子餀"(《集成》683),又虢季钟铭(《新收》)云"季氏受福无疆",足见"虢季"实即"虢季氏"。至于井叔叔采钟(《集成》356)的器主名,也同样含有分族氏名"井叔",而"叔采"则为"排行+私名"的结构。参见韩巍:《重论西周单氏家族世系》,朱凤瀚主编:《新出金文与西周历史》,上海古籍出版社,2011年,第176~179页。

③ 钟柏生、陈昭容、黄铭崇、袁国华等编:《新收殷周青铜器铭文暨器影汇编》,艺文印书馆,2005年。本文简称《新收》。

氏",是代表大宗本支的特定标识。①而不嬰簋铭(《集成》4329)出现的"伯氏"一词,恰与"小子"构成对文,可见"伯氏"是指大宗宗子无疑。②既如此,设若某一代的嫡长子先行弃世,或出于某些特殊原因而无法成为宗子,那么也不妨碍继统的其余诸子以"伯"为称。如《春秋》桓公十五年"郑伯突入于栎",此"郑伯"即庄公之子公子突,其人本不具有嫡长身份,却在即位后仍称"郑伯"。另据铜器铭文所见,不仅有贵族排行为"叔"而称"伯氏"者,如"棠汤叔伯氏荏"(《集成》10155);同时也有贵族排行为"伯"却兼号曰"季",如"黄季之伯府父"(《铭图》19239),凡此皆是由于宗支名与个人行第并见而有别之故。所以本铭的"仲再父"又被称作"伯大宰",主要是因为位居宗子的特殊身份,这里的"伯"犹言"伯氏",其内涵已从单纯的排行名演变成为宗族长的称谓,与表字所反映的排行为"仲"并无矛盾。

综上,根据大宰南簋铭文中"南"尊称"仲再父"为"伯大宰"的现象,适可佐证二人所具有的同族背景。其中,"仲再父"的身份当为宗子,而"南"属于支子,他们在宗族内部的行辈亦为兄弟。依笔者拙见,簋铭言"南"重申"仲再父"之命,作器祭祀本族所自出的先祖"遟王"和先考"监伯",实际就是宗子"仲再父"通过命辞的形式,将祭祀宗族先人的特定权力赋予支子。职是之故,作为支子的"南"方有资格铸造祭器,以供宗族内部祭祀之用。"南"对宗子此举显

---

① 1960年,扶风齐家村东南的一处窖藏出土有幾父壶2件及柞钟8件,柞钟铭(《集成》133~139)记载器主"柞"的上级贵族为"仲大师",郭沫若认为"仲大师"即幾父壶铭(《集成》9721~9722)的"凡仲",而"柞"与"幾父"为同一人。参见郭沫若:《金文丛考补录》,科学出版社,2002年,第348页。不过,综合器型、纹饰观察,幾父壶与懿、孝时期的三年癲壶最为接近;而"凡仲"作为右者,又见于厉王元年的师兑簋铭(《集成》4274),故幾父壶的年代定在西周晚期早段为宜。相较之下,柞钟纹饰则与宣王时期的克钟相似,铭文风格也带有偏晚特征,且其历日合于幽王三年。因此,"幾父"和"柞"当为同一家族内部的两代贵族,他们先后效命于"凡仲"和"仲大师"。参见朱凤瀚:《商周家族形态研究(增订本)》,天津古籍出版社,2004年,第354~357页;夏商周断代工程专家组《夏商周断代工程1996—2000年阶段成果报告》(简本),世界图书出版公司,2000年,第35页。那么若从世族世官的角度考虑,"仲大师"应是"凡仲"的子辈,且二人均以"仲"字为称,具有世代相承的特征,说明"仲"很可能也是宗支名。其中,"凡仲"属于"大宗氏名+宗支名"的形式,与"井叔""虢季"同例,故可"以氏称人";而"仲大师"属于"宗支名+职官名"的形式,表示担任太师一职的(凡)仲氏贵族,与"伯大师""伯大宰""伯大祝"等称谓结构相同。

② 琱生诸器铭文(《集成》4292、4293)屡见"伯氏"之称,与"君氏""妇氏"并举,此指召氏的宗族长召伯虎。至于新见肃卣铭(《铭续》882,参见吴镇烽主编:《商周青铜器铭文暨图像集成续编》,上海古籍出版社,2016年)言"伯氏赐肃仆六家",又宗人簋铭(《铭续》461)云"伯氏命宗人舞",同样也是"伯氏"作为宗子身份标识的用例。

然也是心怀感念,遂将"仲禹父"的命辞著于器铭,以示恭谨而不敢自擅之意。不难看出,这样既凸显宗子在族内祭祀中的主祭权,从而有效维护了宗法制度的基本精神,同时也有助于发挥祭祀活动在维系宗族团结方面的纽带作用,切实加强整个宗族的凝聚力,一举实现"尊祖、敬宗、收族"之目的。如是,大宰南簋所体现的人物关系和宗法史实,遂可得以初步确认。

需要指出的是,"仲禹父"与"南"虽为同一宗族内部的"棠棣之亲",却又兼具家主与家臣之间的政治支配关系,表现出浓厚的家族政治色彩,这种看似复杂的现象,其实正是周代血缘宗法社会的特殊产物。我们知道,在当时的贵族宗族组织内部,由于受到宗法制度的深刻影响,原本作为维系家族共同体的血缘宗亲纽带,通常又被严格的尊卑等级秩序所笼罩。因此,身为宗子的父、兄与其他宗族成员之间的亲属关系,往往表现为政治化的君臣隶属关系。如:

> 虎拜稽首,休朕叕君公伯赐厥臣弟虎井五量(粮),赐衿、冑、干、戈。虎弗敢忘公伯休,对扬伯休,用作祖考宝尊彝。
>
> (虎簋,西周中期早段,《集成》4167)

虎簋的"公伯"与"虎"乃兄弟行,然"虎"自称"臣弟",而尊奉身为宗子的兄长"公伯"为"君",其族内成员的身份等差之森严即可见一斑。针对上揭这类现象,林沄曾有一段论述甚为精辟,他说:

> 商代晚期的省卣记载"子赏小子省贝五朋,省扬君赏",西周的虎簋(三代6.52)记载:"休朕叕君公伯赐厥臣弟虎",均可证家族内部诸成员和族长的关系,是君臣关系。《左传·哀公十一年》记鲁国三分公室之后,"孟氏使半为臣,若子若弟"。《左传·桓公二年》"士有隶子弟"。可见,子弟对族长的关系,至少是半奴隶性的。①

林沄指出,族内子弟对其族长至少保持着"半奴隶性"的关系,实际就是本文所讲的"统治-隶属"关系,这种父权制大家庭成员依附并效命于父系家长的

---

① 林沄:《从武丁时代的几种"子卜辞"试论商代的家族形态》,《林沄学术文集》,中国大百科全书出版社,1998年,第54页。

现象,在古代文明范畴内部是较为普遍的。

不少学者都已注意到,西周各级贵族官员所配置的僚属群体中,往往有相当一部分是以同族的亲属成员充任。①究其缘由,主要是因为周人统治者格外重视血缘因素,遂将原本用于维护宗族内部关系的血缘宗法纽带,广泛渗透到政治统治的各个层面当中,从而导致国家行政与贵族家族管理呈现出高度一致性的"家国同构"倾向。准此,若将关注的目光下移并聚焦于"仲爯父"为代表的卿大夫之家,则宗子与族人之间分属君臣、情同手足的特殊关系,便自然不难理解了。

三

至此,不妨附带讨论大宰南簋的国别及"南申"的名号问题。如前所述,簋铭"南申"应理解为主谓短语,而非国族名号,所以无法视作南土之申尝称"南申"的直接证据,但这并不妨碍该器与申国有关。毕竟从出土墓葬的年代和地望来看,学者多主张该组器物属于南阳申国的遗存,应当是有道理的。据簋铭所言,"仲爯父"与"南"的先祖、父考分别为"遟王"和"监伯"。李学勤、刘启益指出,"遟王"即周夷王燮,"监伯"乃是夷王之子、厉王从弟。②刘雨则认为,本铭的"监伯"为非姬姓贵族,可能是邘分三国中的滥国之君。③后说主张"监"非姬姓的主要依据,即西周晚期的叔硕父鼎(《集成》2596):

> 新宫叔硕父、监姬作宝鼎,其万年子子孙孙永宝用。

按照刘雨的观点,鼎铭称"叔硕父"与其妻"监姬"共同作器,类似的情形尚见于陕西武功出土的獃叔獃姬簋(《集成》4062)。对比可知"叔硕父"或即"监伯",而"监姬"则为姬姓之女嫁与监氏者,如此说明"监"非姬姓。

---

① 何景成:《论西周王朝政府的僚友组织》,《南开学报》2008年第6期。

② 刘启益:《西周纪年》,广东教育出版社,2002年,第396页;李学勤:《膳夫山鼎与周厉王在位年数》。需要补充的是,周代贵族家族内部的各位支子,无论是否别族而另立宗氏,通常都是以其特定的排行名"仲""叔""季"为称,至第二代方才可能改称"某伯",如周初有"康叔""唐叔",其子为"康伯""唐伯"。因此据称谓来看,夷王当为"仲爯父"家族所自出的大宗祖先,而"监伯"应是夷王之孙,与宣王同辈,其间省去了称"叔"的一代。这种现象很可能是因为,"监伯"乃是出居南土、担任"监"职的首代,其家族至此得从大宗(即王室)别出,以"监"为氏,故在祭祀对象中特予体现。

③ 刘雨:《南阳仲爯父簋不是宣王标准器》,《古文字研究》(第18辑),中华书局,1992年。

然而事实上,周代金文所见贵族夫妇共同作器的情况下,女性称名形式中出现的族氏名号,往往未必要与夫家氏名保持一致,例如:

> 唯王正月初吉乙丑,猷叔、信姬作宝鼎,其用享于文祖考,猷叔眔信姬其赐寿考,多宗永命。猷叔、信姬其万年,子子孙永宝。

> (猷叔信姬鼎,西周中期晚段,《集成》2767)

上揭猷叔信姬鼎亦是贵族夫妇共同作器的例证。其中,"信姬"作为"猷叔"之配,仍以父家氏名连缀女姓自称,而未尝追随其夫更称"猷姬",便很能说明问题。由此而论,叔硕父鼎"监姬"之"监"属于女子父家氏名的可能性,显然无法轻易排除。至于夫名"新宫叔硕父"之"新宫",若与西周金文中常见的"南宫""西宫"等贵族氏名一般,均是由职官名转化而来的家族名号,则适可证明监氏当为姬姓。[1]况且,东土滥国之名在同时期金文中本写作"泧",现已得到枣庄徐楼村东周墓所出宋公圂鼎(《铭续》209)的证实。[2]因此,窃以为将"仲禹父"所在的监氏一族,视作周夷王后裔的姬姓别支,目前还是较为允当的。[3]

此外,与大宰南簋时代相近的邓孟壶(《集成》9622)也曾提到监氏,即:

> 登(邓)孟作监曼尊壶,子子孙孙永宝用。

该铭称"邓孟"为贵族女子"监曼"作器,邓为曼姓,故此壶应是邓国公室成员嫁女于监氏所铸的媵器。邓国故地在今湖北襄阳西北的邓城遗址,[4]监氏则定居于南阳境内,彼此恰好相去不远,缔结政治婚姻是极为自然的事情,

---

[1] "南宫""西宫"本为宫室名及宫内职事之名,后来往往转化为氏名,如"南宫柳"(《集成》2805)、"南宫乎"(《集成》181)、"西宫襄"(《集成》10176)等,其例不胜枚举。

[2] 赵平安:《宋公圂作泧叔子鼎与滥国》,《中华文史论丛》2013年第3期。

[3] 此监氏可能属于以官为氏。西周晚期仲幾父簋(《集成》3954)云"仲幾父使幾使于诸侯、诸监","诸监"即众位"监"官的集合名词,而金文所见尚有"应监"(《集成》883)、"庮监"(《新收》1149)、"噩监"(《铭图》04441)等职官。参见田率《新见鄂监簋与西周监国制度》,《江汉考古》2015年第1期。

[4] 石泉:《古邓国、邓县考》,《古代荆楚地理新探》,武汉大学出版社,1988年,第105~126页;湖北省文物考古研究所、襄樊市考古队、襄阳区文物管理处:《襄阳王坡东周秦汉墓》,科学出版社,2005年,第405~407页。

这也可以从侧面佐证"仲再父"家族与申国的内在联系。徐少华认为,"监伯"一支应是周宣王徙封申伯的同时,派往申国协助经营南土的周人贵族。[①]其说可从。

关于"南申"名号的缘起问题,若排除大宰南簋铭文的误读,另有"西申"可资对比参考。据《逸周书·王会解》载,西周初年成周之会时"西申"曾以凤鸟来献。[②]近年刊布的清华简《系年》第二章中,同样也出现了"西申"之名:

> 王与伯盘逐平王,平王走西申。幽王起师,围平王于西申,申人弗畀。缯人乃降西戎,以攻幽王,幽王及伯盘乃灭。[③]

简文称平王出奔"西申",与古本《竹书纪年》所载相同,直接证实亡周之申应即宗周以西的"西申",而非南阳盆地的申国,这一历史公案终告澄清。

不过,即使在南土出现申国、申地以后,它与"西申"在同时期史料中通常都仅作"申"之本名。例如:

1. 齫仲瞀曰:丕显朕皇祖考穆季穆趠克享辟天子,德纯亡啟,赐顮休无疆。

   （齫仲瞀簋,西周晚期,《铭图三编》[④]523）

2. 唯王三月初吉辛丑,伯硕父作尊鼎,用道用行,用孝用享,于卿事辟王、庶弟元兄,我用与齫赤戎骏(驭)方。伯硕父、齫(申)姜,其受万福无疆,蔑天子光,其子子孙孙永宝用。

   （伯硕父鼎,两周之际,《铭图》2438）

3. 唯正月初吉壬申,齫(申)子旎氏大叔作孟姜烈匿簋。孟姜烈其眉寿万年无疆,子子孙孙永保用之。

   （申子旎氏大叔簋,春秋早期,《铭续三编》584—585）

---

① 徐少华:《周代南土历史地理与文化》,武汉大学出版社,1994年,第32页。

② 黄怀信等:《逸周书汇校集注(修订本)》,上海古籍出版社,2007年,第858页。

③ 清华大学出土文献研究与保护中心编、李学勤主编:《清华大学藏战国竹简》(贰·下册),中西书局,2011年,第138页。

④ 吴镇烽主编:《商周青铜器铭文暨图像集成三编》,上海古籍出版社,2020年。本文简称《铭图三编》。

4. 唯正十又一月,矗(申)公彭宇自作列簠,宇其眉寿,万年无疆,子子孙孙,永宝用之。

(申公彭宇簠,春秋中期,《集成》4610)

5. 矗(申)公寿择其吉金,自作飤簠,其眉寿无期,永保用之。

(申公寿簠,春秋晚期,《铭续》498)

6. 矗(申)伯谚多之行。

(申伯谚多壶,春秋晚期,《新收》379)

7. 矗(申)王之孙叔姜,自作飤簠,其眉寿无期,永保用之。

(叔姜簠,春秋晚期,《新收》1212)

据例1所示,"矗仲瑳"及先祖、考累世担任王臣之职,其身份应是入事周王的西土申氏贵族。伯硕父鼎出土于甘肃合水县何家畔乡。铭中的"申姜"即申国姜姓之女,与"伯硕父"为夫妻关系。梁云认为,此"申"是指西申,"伯硕父"之所以负责管理"赤戎"及西北边域的民族事务,与其夫人的家族背景有着很大关系。[①]例3称"申子旌氏大叔"为姜姓女子作器,器主当是申国公族"子旌氏"成员,从时代来看,其国别为南阳之申的可能性较大。申公彭宇簠和申公寿簠分别出自南阳西关及卧龙区物资城楚墓,[②]"申公"即楚人因申国故地所置的县公,"彭宇"则是《左传》哀公十七年的楚令尹彭仲爽之后。申伯谚多壶与叔姜簠的年代均在春秋晚期,彼时南阳申国已为楚人所灭,故二器当为入楚以后的申遗贵族所作,只是在铭文中刻意凸显自己的出身而已。

前揭诸例足以表明,尽管在陇东和南土并有申国、申地的情况下,时人也

---

① 梁云:《陇山东侧商周方国考略》,《西部考古》(第8辑),科学出版社,2015年,第100~117页。

② 王儒林、崔庆明:《南阳市西关出土一批春秋青铜器》,《中原文物》1982年第1期;李长周:《从南阳申公寿墓的铭文说起》,《中国文物报》2012年12月7日,第6版。2000年,卧龙区物资城发现的另一座春秋楚贵族墓中,出有一件申公之孙无所鼎,时代亦为春秋晚期。参见南阳市文物考古研究所《南阳市物资城一号墓及其相关问题》,《中原文物》2004年第2期。

并未立即改用新的名号对二者进行区分。①徐少华曾指出,即便在申伯被支封于南土后,留居西土故地的本族很可能仍称为"申",至于《纪年》称其为"西申",当是以后来的格局言之。②这是有道理的。管见所及,目前出现"西申"之名的文献资料,如《逸周书·王会解》、古本《纪年》及清华简《系年》等,其撰作年代基本都在战国阶段,③甚至不排除有后人的改易或增附,因而所谓"西申"恐怕是东周以降才出现的国名和地理称谓。

众所周知,先秦时期的各区域之间经常存在国族名、地名相同的情况,这在方国林立、族邑遍布的封建时代属于常态。约至东周以后,为了有效区分重名的政治地理实体,时人陆续在原有专名的基础上增加方位词、区别字一类的前缀或后缀,以便准确地标示具体对象。如作为"夏馀"的姒姓鄫国,与南土姬姓曾国同时并存却源流殊异,因前者相对方位在北,故又名"上曾"(《集成》2750)以示区别。④至于春秋早期金文中出现的"上鄀"(《集成》4183)和"下鄀"(《集成》2753),也是较早采用方位词前缀来辨识地名的代表,只不过类似例证在当时仍相对有限。此后,由于兼并战争的日益加剧,列国的势力范围逐渐由

---

① 吴镇烽编著的《铭图三编》474、475号收录有两件同铭铜簋,据说为日本大阪私家所藏,此前未见著录。就器物特征来看,该簋与随州出土的曾伯克父簋、三门峡虢国墓M2012出土的列簋最为接近,时代约在春秋早期。铭文均作"南虉伯虔父作尊簋,其万年子子孙孙永宝用",但谛审照片和拓本不难发现,其中的若干细节仍有可疑之处。第一,该铭的行款布局甚为特殊,文字间距疏密不一,尤其是铭末的"用"字,居然由于空间不足,转而铸在尾行与倒数第二行之间的下端空隙处。这种现象从未见于同时期铜器铭文,说明作铭者未能预先对文字布局妥善安排。毕竟,西周晚期至春秋早期是金文发展史上一个相对成熟的阶段,典型表现即为铭文布局合理,行款相对整齐,不太可能出现单字无法排入而随意窜行的情形。第二,该铭字体总体显得圆润而缺乏力度,特别是"南""虉""虔""其"等部分关键字,皆与常见写法存在差异。第三,就文例而言,"南虉伯虔父"这种"方位词+国族名+贵族表字"的称谓形式,目前在同时期金文中同样缺乏成例可循。类似人称如"曾伯公父"(《集成》699)、"曾仲斿父"(《集成》4673～4674)、"奠伯筍父"(《集成》730)、"奠叔觏父"(《集成》579)等,都未尝在重名国族名之前加缀方位词以指类。此外,乙簋著录的器铭照片与器铭X光片也无法吻合。综合以上因素考虑,两件簋铭的可靠程度也许需要谨慎对待。

② 徐少华:《"平王走(奔)西申"及相关史地考论》,《历史研究》2015年第2期。

③《王会解》曾提到空同、大夏、莎车、姑他、旦略、貌胡、戎翟、匈奴、楼烦、月氏等部族,这些概念显然不会出自西周时人的史地认知。杨宽即指出:"这部《逸周书》中,就收辑有假托西周历史的故事,最为后人所爱读的就是《王会解》。《王会解》是描写周成王在成周会见四方少数民族贡献特产的盛大典礼的……尽管它是小说性质,并非真有其事,但它是战国的作品,所叙述的先秦少数民族的情况,还是很值得我们珍视的材料。"参见杨宽:《论〈逸周书〉》,《中华文史论丛》1989年第1期。

④ 孙敬明、何琳仪、黄锡全:《山东临朐新出铜器铭文考释及相关问题》,《文物》1983年第12期。

层级不一的若干"据点"连缀成"面",最终形成完整的疆界幅员。①在这样的时代背景下,一国内部的地名重名问题,无疑会给领土国家的集权化和基层行政治理带来诸多不便。随着东周国家的领土扩张及区域联系的不断加强,统治者和知识阶层的空间视域均得到相应的拓展,其"天下"观念与地理认知亦呈现出新的变化,②这也有助于人们依据方位特征和构词机制,有意识地对"异地同名"现象进行改造。例如,魏惠王将都城迁至今开封附近的梁地,乃将地名改为"大梁",以别于今陕西韩城境内的本国梁地,后者在《左传》文公十年又名"少梁";而今河南汝州西南的梁地,《战国策》《史记》诸书则称之为"南梁"。③再如周文王母弟虢仲、虢叔,分别受封于荥阳广武和宝鸡虢镇,而关中虢氏又在两周之际东迁至今三门峡地区,其家族封邑原本一概以"虢"为称。然《汉书·地理志》云:"北虢在大阳,东虢在荥阳,西虢在雍州。"④这种派生式的国名和地名称谓,显然出自后世的刻意创设。⑤由是观之,东周时人在申伯本国的名号前加缀方位词"西",应是为了跟南土的申国、申地有所区分,至于后者是否也在同时更称"南申",目前尚需确凿证据以供确认,若从行文方便的角度考虑,称之"南申"亦不失为一种便宜之计。

本文原刊载于《中国史研究》2022年第3期。

本文作者:

赵庆淼,江苏淮安人,南开大学历史学院副教授。历史学博士,北京大学历史学系博士后。主要从事出土文献、古文字与中国上古史研究,在《历史研究》《中国史研究》《考古》等刊物上发表学术论文。

---

①王玉哲:《殷商、西周疆域史中的一个重要问题——"点"和"面"的概念》,《古史集林》,中华书局,2002年,第202页。

②[日]渡辺信一郎:《中国古代的王权与天下秩序——从日中比较史的视角出发》,徐冲译,中华书局,2008年,第60—64页。

③《史记·田敬仲完世家》:"(齐宣王)二年,魏伐赵。赵与韩亲,共击魏。赵不利,战于南梁。"索隐引晋《太康地记》曰:"战国谓梁为'南梁'者,别之于'大梁''少梁'也。"参见《史记》,中华书局,1982年,第1894页。

④《汉书》卷28《地理志》,中华书局,1962年,第1549页。

⑤彭裕商:《虢国东迁考》,《历史研究》2006年第5期。

编 后 记

本卷所录文章凡二十七篇,为南开中国古代前期史数辈学人代表作之汇编。每篇论文或系作者本人遴选,或由同行专家推介,并经编辑委员会审定后予以收录。

回顾南开史学百年历程,中国古代前期史学科自王玉哲、杨志玖二位先生筚路蓝缕,奠定基业,此后历经各位贤哲辛勤耕耘,名家辈出,迄今形成了断代完备、特色鲜明、优势突出、传承有序的发展格局,具有重要的学术地位和显著的影响力。而文丛的编辑出版,即可充分展现本学科之学术传统与发展次第,是为踵迹前贤、再创辉煌的基础。

本卷得以顺利梓行,有赖于南开大学历史学院、南开大学中外文明交叉科学中心的鼎力支持,亦离不开各位荣休和在职同人的竭诚襄助,天津人民出版社的编辑团队董理覈校,乃底功成,谨此一并致以诚挚感谢。

赵庆淼

2023 年 7 月 20 日